KB069236

중국철학사의
이해

중국철학사의 이해

류 성 태 지음

學古房

서 문

철학이란 진리탐구는 물론 우리의 삶에 있어서 의미와 가치를 부여해주고 지고의 인간상을 추구하는데 도움을 준다. 서양의 소크라테스와 플라톤, 동양의 공자와 노자 등은 인간 존재의 의의와 가치를 드러내주었고, 인문주의에 근거하여 우리에게 보편적 삶의 지혜를 가르쳐주는 학문으로서 역할을 충실히 해왔던 것이다.

중국철학은 특히 공맹의 호학정신과 노장의 자연무위에 근거한 우주론, 인성론, 수양론의 정신세계를 축으로 전개되어 왔다. 더욱이 생명경외의 정신에 기반한 유불도 철학으로서도 그 역할을 다해온 것이다. 여기에서 한국철학의 연원이 된 중국철학은 한중일 3국을 중심으로 한 동북아시아의 공동가치를 창출하는 보고로서의 상징성도 무시할 수 없다.

필자는 이러한 철학의 인문주의적 보편정신과 동양의 정신가치 추구에 관심을 갖지 않을 수 없었으며, 『중국철학사의 이해』 연구는 이러한 관심사에 바탕하고 있다. 유불도 교학에 근간하면서도 노장철학을 전공하는 필자로서는 중국철학에 관심을 갖지 않을 수 없었던 관계로 감히 이와 관련한 학적 흔적을 남기게 된 것이다.

『중국철학사』에 관심을 기울였던 탓에 2000년에 초판본을 발간한 후 16년이 지난 지금의 시점에서 『중국철학사의 이해』라는 저술로 거듭나는 기회를 가지게 되었다. 당시는 학부생들에게 『중국철학사』를 강의한 것이 기연이 되었으며, 지금의 상황에서는 동양철학을 전공하는 석박사 과정의 철학도들을 위해 교재 발간에 고심하던 차에 본 『중국철학사의 이해』를 발간하게 되었다.

물질문명이 범람하여 인간성이 상실된 이 시점에서, 문학을 알고 역사를 이해하며 철학을 음미하는 인문학의 가치는 여하한 이유로도 간과될 수 없는 것이다.

　　인간의 존엄성과 인문주의적 지평을 확대하도록 『중국철학사의 이해』 발간에 도움을 준 학고방 하운근 사장님과 임직원들께 감사드리며, 본 저서가 석학제현들에게 철학사와 관련한 학문적 기반이 되기를 여망하는 바이다.

2016년 9월 1일

철산　류성태

목 차

서문

제4편 **근대철학**

제3장 공양학과 개혁사상가 · 457

제4장 민국과 혁명기 · 477

제1편 고대철학

I. 중국철학사의 개념과 연구방법론

중국철학의 흐름에서 볼 때 원래 '철학사'니 '철학발전사'니 하는 저술이 거의 없었다. 다만 우리가 거론할 수 있는 것은 『송원학안』이니, 『명유학안』이니 하는 저술이 그 큰 흐름의 서적으로 알려져 왔다. 근래에 들어 중국철학사와 관련한 저술들이 봇물을 이루고 있으며, 필자의 저술 역시 이러한 흐름의 하나일 따름이다. 중국철학사의 전개는 동양철학적 고유의 방법론이 동원될 필요가 있으며, 서양철학적 접근법의 시도는 다소 어려움이 따른다. 다만 서구적 방법론으로 중국철학사를 동원한 학자는 근대의 호적[1]이며, 이 방식으로 그는 『중국철학사 대강』상권이라는 책을 저술하였다. 그의 방법론 전개는 중국철학사를 새롭게 전개하는데 하나의 자극제가 되었다.

중국철학사를 저술함에 있어 우선 파악해야 할 것이 있다. 그것은 중국철학의 특성을 파악하는 일이다. 중국철학 구성의 주된 특징으로는 우주론, 본체론, 인생론, 수양론이다. 서양철학의 경우는 존재론, 인식론, 가치론 혹 과학론의 경우가 그 축을 이룬다는 면에서 동양철학의 방법론과 대비적 성향을 지니고 있다. 이른바 중국철학에서 두루 나타나는 특징 가운데 하나는 철학의 주된 과제가 인생 문제에 집중되어, 경중의 차이는 있지만 우주론이니 본체론이니 하는 초월적이고 근원적인 문제가 거론되었다.[2] 이러한 논의는 우주적 기운 속에 인생 문제를 깊이 개입하여 음미하는 풍조가 중국인들에게 강하게 나타났다는 증거이다. 이 사유의 흐름은 결국 인생의 수양론과 결부된다. 어떻게 하면 참된 수양을 통해 인생의 가치를 발휘할 것인가 하는 것들이 이와 관련된다.

따라서 중국철학사는 상고로부터 근대까지의 역사를 통해 이루어진 경서의 핵심적 내용들을 통해 연마해야 한다. 다시 말해서 중국철학은 서양철학적 언어철학 내지 분석철학의 성향이 아니라 온고지신적 고금의 심신연마 차원에서 이루어진 경서학이라고 해도 틀린 말은 아니다. 곧 중국철학은 논리학을 통해서 엄밀해지기 보다는 역사 사례를 통해서 응변 능력을 원활히 하는 쪽으로 발전해 갔다.[3] 결국 중국철학사에서 강조되는 바,

---

1) 張起鈞 外著, 宋河璟 外譯, 『中國哲學史』, 一志社, 1984, p.4.
2) 김충열, 『노장철학강의』, 예문서원, 1995, p.36.

"『육경』六經은 모두 역사이다"六經皆史라는 말은 중국철학사를 분명하게 언급하는 내용이라 본다. 이것은 중국의 철학을 연구하는데 있어 고금의 역사적 이해를 거쳐야 한다는 철학 연구의 방법론을 제시해주고 있기 때문이다.

이러한 고금의 철학적 경서를 접함으로써 우리는 중국철학사를 비로소 말할 수 있다. 고금의 중국철학 기반은 주지하듯이 '하은주' 3대를 거론할 수 있다. 대체로 중국철학사를 조명해 보면, 중국철학은 하에서 은까지 약 1천여 년간의 전주기와 은·주 교체기로부터 춘추 말기까지 약 500년의 배태기를 거쳤다. 이어서 춘추 말의 세 철학자인 노자·공자·묵자에 의해 이른바 제자학諸子學이라는 학문의 길이 열리게 되는데, 이것을 일반적으로 춘추 이전의 3대(하은주) 사상 시기라고 한다.[4] 하은주 3대 즈음에 이루어진 중국철학의 골격은 동양철학의 뿌리이자 핵심이라고 말하는 이유가 여기에 있다. 따라서 중국철학을 언급함에 있어 중국 고대사상을 빠트릴 수 없는 것이다.

아울러 고대의 중국철학사를 연계할 경우, 중국철학 사상의 2대 지주는 유교와 도교라는 사실도 고려해 볼 수 있다. 불교는 위진남북조 시대에 유행한 것이고 보면, 중국불교가 중국철학사 속에 언급되는 시대는 한참 후의 일이다. 결국 중국사상의 2대 지주는 유학과 도교이며, 유학이 정부나 왕조 안의 관료지성인을 중심으로 하는 교학이라면, 도교는 대체로 농민과 일반 백성의 신앙을 가리킨다.[5] 유불도 3교의 정립鼎立에 의한 중국철학적 사조가 나타난 것은 주로 명대 이후의 일이라는 것도 알아둘 필요가 있다. 중국철학사에서 주로 거론되는 사상적 축은 중국 고대로부터 이어온 공맹의 유학사상과 노장의 도가사상이라는 점은 알려진 사실이다.

그렇다면 이러한 중국철학사를 학습하는 '방법론'의 문제를 거론해 보자. 우선 중국철학사를 연구할 때는 반드시 중국철학의 개념과 범주를 이해해야 한다. 그리하여 중국 사상가의 철학 학설에 대해 비교적 정확한 이해를 할 수 있으며, 그 개념·범주의 연역과정을 이해해야만이 중국철학 사상의 발전 과정을 비교적 깊게 인식할 수 있다.[6] 따라

---

3) 김충열, 『노장철학강의』, 예문서원, 1995, p.36.
4) 위의 책, pp.37-38.
5) 韓國哲學思想硏究會, 『韓國哲學』, 예문서원, 1995, p.98.

서 중국철학사에서 주로 거론되는 천天의 개념이나 천리, 인욕, 성정, 인의예지, 이기 등의 개념에 대한 이해 없이 중국철학의 정수를 파악하기가 어렵다. 또한 중국철학사의 흐름, 즉 중국학파의 전개도 우리가 알아두지 않으면 안 된다. 그것은 다음과 같은 학파적 전개 범주를 분명히 이해함으로써 중국철학사의 흐름 내지 방법적 접근에 용이해진다는 의미이다. 즉 고대 말 중국의 학파는 자장파, 안연파, 칠조자파, 중량자파, 자사파, 맹자파, 악정자파, 순자파가 있다.7) 이러한 학파의 범주를 분명히 아는 것이 필요하다. 노자철학 경우도 같은 접근을 시도해서 이해해야 한다. 이를테면 노자철학의 역사적 전개 과정에서 고찰하면 남방도가를 대표하는 장자철학파는 주관적 측면이 강조되어 있으며, 북방도가를 대표하는 직하학파는 객관적 측면이 강조되었다는 것이다. 사실 위의 학파 형성에 있어 교조격인 공자와 노자 학파의 분립은 전국시대 제자諸子의 사상적 파벌을 낳게 하였고, 그 후로는 중국문화의 정·반의 흐름을 형성하면서 현실주의 내지 초현실주의라는 큰 구별을 낳게 했다.

다음으로 중국철학을 연구함에 있어 고려할 점으로는 원전의 이해와 교의敎義 인식에 관한 것이다. 즉 중국 고전의 연구는 둘로 나눌 수가 있는 바, 그 하나는 원전(원문 중심) 연구이며, 다른 하나는 교의 연구이다. 이 양자는 밀접한 관계가 있으므로 그중 어느 한쪽을 뺀 연구는 정도가 아니다. 만약 원문 연구에만 힘을 쓰고 교의 연구를 빠트린다면, 고전 원문의 언어학적인 해석은 할 수가 있더라도 하나의 학설에 대하여 개괄적 지식을 얻을 수가 없다. 이와 반대로 교의 연구에 힘을 기울인 나머지 원문 연구를 소홀히 한다면 그 연구는 마치 모래 위에 누각을 짓는 것과 같아서 그 근거가 박약하다.8) 따라서 중국철학의 핵심인 고전의 연구에 있어 원문과 교의 파악이라는 양면적 연구 방법이 필요하다.

이에 더하여 중국철학사를 연구할 때 다음 네 가지 학습과 훈련9)이 필요하다. 이를테면 대학생 또는 연구생이 중국철학사를 학습할 때에는 첫째 마르크스주의 철학사에 관한

---

6) 張岱年 著, 양재혁 外 2人 共譯, 『中國哲學史 方法論』, 理論과 實踐, 1988, p.148.
7) 우노 세이이찌 編, 김진욱 譯, 『中國의 思想』, 열음사, 1986, p.23.
8) 가노 나오키 著, 吳二煥 譯, 『中國哲學史』, 乙酉文化社, 1986, p.26.
9) 張岱年 著, 양재혁 外 2人 共譯, 『中國哲學史 方法論』, 理論과 實踐, 1988, p.154.

기본 원리를 깊이 이해하는 일이고, 둘째 철학사의 원초재료를 고찰해야 한다. 셋째 서양 철학사의 기본 지식을 구비하여 서양철학의 같고 다른 것에 대해 초보적인 이해를 가져야 하며, 넷째 중국철학의 역사와 현상을 분명히 이해해야 한다. 이러한 네 가지 방법론을 통해 중국철학사를 연구한다면 보다 용이하게 중국철학의 본질에 접근할 수 있으리라 본다.

II. 중국철학사의 분류와 흐름

'분류'라는 것은 주변의 만물 내지 인간 내면에 흩어진 사유, 개념, 현상 요소, 관점들을 종합 정리하는 차원에서 각자의 유형 내지 성격에 따라 체계적으로 구분하는 작업을 말한다. 이와 관련해서 모든 것의 분류는 다음의 사항이 참조될만한 일이다. 리차드슨 (Richardson, 1930)은 가장 보편적인 분류의 유형으로 다음 9가지를 들고 있다.[10] ① 논리적 분류, ② 지리적 분류, ③ 연대순 분류, ④ 유전적 분류, ⑤ 역사적 분류, ⑥ 진화적 분류, ⑦ 역동적 분류, ⑧ 자모(이름)순 분류, ⑨ 수학적 분류(수치 순서) 등이 바로 이것이다. 이러한 분류법에 의해 질서 없이 나열되어 있는 모든 현상은 질서정연하게 분류되어 여기에 인간의 의미설정 내지 가치부여가 가능해진다.

이를 좁혀보면 서양철학이든 중국철학이든 그것이 우리 인생의 가치지향적 삶에 도움이 되는 이론으로써 이는 우리에게 소중한 지식으로 등장한다. 이러한 지식은 여러 학문 중에서 '철학'이라는 분류를 가능하게 한다. 이른바 지식의 분류는 지식의 기본 단위인 개념의 유사성에 따라 분류하는 방식으로 다음 세 가지 유형을 예시할 수가 있다. 첫째는 과학적 지식의 분류로서 과학 분야에 관련된 전문적인 지식을 분류하는 것을 말하며, 둘째는 지식의 철학적 분류이고, 셋째는 도서관 지식의 분류이다.[11] 여기에서 말하는 철학적 분류는 과거로부터 수천 년간 주장되어온 철학자들의 개념과 이념을 분류하는 것이

---

10) 정영미, 『지식구조론』, 한국도서관협회, 1997, pp.37-38.
11) 위의 책, p.38.

다. 곧 동서 각국 철학자들의 개념과 이념의 상호 관계에 따라 그 개념과 이념을 집단화하고 분류하여 서로의 순서를 정하는 작업이 있어 왔다.

이를 중국철학사의 시대적 분류와 연결해 본다. 중국철학사를 분류하는 방법은 다음 몇 가지가 있다. 첫째 중국철학사의 연대를 고대(태고~한대), 중세(삼국~당말·오대), 근대(송~청조), 최근세(중화민국)로 하는 경우이다.[12] 둘째 중국철학사의 연대를 상고, 춘추전국시대, 한당시대, 위진남북조시대, 송대, 원대, 명대, 청대, 현대로 분류하는 경우가 있다. 셋째 고대, 한당, 송명, 현대로 분류하는 경우도 있다. 이러한 분류법의 하나로서 다음과 같은 학문적 성향을 더한 경우를 언급해 본다. 즉 가노 나오키에 의하면 고대의 경우 경학 내지 제자학諸子學으로 보았고, 한당대의 한당학·훈고학, 송원명대의 성리학, 청대의 고증학으로 보았다.[13] 이런 분류는 중국철학사를 분류하는 대표적 성격을 지닌다. 다만 필자는 고대, 중세, 근세, 근대라는 분류법으로 본 저술의 틀을 정하였다.

이 같은 분류는 각 학자의 관점에 따라 상호 다른 점이 있더라도 한결같이 다음의 공동체적 목적을 지니고 있다. 즉 고대로부터 이어온 중국철학사의 이상적 목표는 세도世道를 위해 학문을 닦는 거대한 흐름 속에 있다. 유가가 특히 그 정신을 일관하여 이어받고 있으므로, 그들은 '내성외왕의 학문과 수양을 표방함으로써 구세·구인의 뜻을 실현하고자 한 점'[14]을 상기하지 않을 수 없다. 시공을 초월해서 고대로부터 한당에 이르기까지, 한당에서 송명에 이르기까지, 또 청대와 근대에 이르기까지 중국철학사는 수제치평적 내성외왕의 길을 공동체적 목표로 삼아왔다. 시간의 단절이나 공간의 단절이 아니라 시공 자재의 측면에서 중국철학사는 공동체적 목적에 하나같이 심대한 관심을 부여했던 것이다.

좀 더 구체적으로 중국철학사의 흐름을 살펴보면, 우선 주초에서 한초까지 BC 1~BC 2세기로서 황하 문명기~공맹의 제자백가 사상의 출현기, 즉 중국철학의 탁근기가 이때이다. 다음으로 한나라 왕조체제의 확립과 더불어 당말 5대까지로 BC 2~AD 10세기로서 왕조체제의 확립, 동중서 등에 의한 유교의 권위 정립,[15] 불교와 도교의 등장 등 3교 정립

---

12) 宮崎市定 著, 曹秉漢 編譯, 『中國史』, 역민사, 1984, p.16.
13) 가노 나오키 著, 吳二煥 譯, 『中國哲學史』, 乙酉文化社, 1986, p.25.
14) 張起鈞 外著, 宋河璟 外譯, 『中國哲學史』, 一志社, 1984, p.8.

의 시기가 거론된다. 이어서 송초에서 청말까지의 기간으로서 10~19세기는 유교사상의 개화가 이뤄진 때이다. 이때는 성리학의 형성, 주자학의 전파, 양명학의 등장 시기이다. 나아가 청말의 아편전쟁~근대까지의 시기를 현대 중국사상의 근간으로 삼는다. 이 시기는 중국사상이 서양의 개화 정책과 관련되어 상호 교류 속에 중국 전통사상이 근본적으로 변화를 요청받는다. 이러한 흐름을 살피는 것이 중국철학사의 대체를 이해하는 하나의 첩경이다.

Ⅲ. 중국사의 연대와 군주

중국사의 흐름를 거론함에 있어 상고, 중세, 근세, 근대의 대별大別을 통해 정리할 수가 있다. 이와 관련하여 필자는 「중국역대세계간도」中國歷代世系簡圖[16]를 참고하였음을 밝힌다. 우선 상고시대의 연대와 군주를 언급해 보면 다음과 같이 정리할 수가 있다. 당시는 요순우탕 문무주공 등이 활동하던 시대임을 상기할 필요가 있다.

우선 황제는 BC 2698년癸亥의 인물이며, 이때 5주主 341년의 세월이 지났고, 1대 황제 헌원씨~5대 제지까지의 제왕이 주재하였다. 그리고 당요唐堯는 BC 2357년甲辰 당시의 요 임금을 말하며, 이 시기는 100년 동안 지속되었다. 또한 우순虞舜은 BC 2257년甲申 시기의 순임금을 말하며, 당시의 시기는 50년 동안 지속된 것이다.

그리고 하대는 BC 2207년甲戌에 시작되었고 당시 17주의 주재가 441년 동안 지속되었다. 하대의 1대 하우~17대 제걸까지의 통치가 본 시기에 이루어졌다. 이어서 은대는 BC 1766乙未에 시작되었다. 당시는 28주 644년간 지속되었으며, 은나라는 1대 성탕~28대 제주까지 통치가 진행되었다. 그리고 주대는 BC 1122년己卯에 시작되었고, 그 기간은 34주主 주재 속에 667년간 지속되었다. 주나라의 통치기간은 1대 무왕 희발~12대 유왕까지였다.

---

15) 武帝가 문화정책을 제정할 때 동중서의 의견을 받아들여 공자를 밝혀 높이고, 백가를 억눌러 내쫓았다(侯外盧 主編, 양재혁 譯, 『中國哲學史』(上), 일월서각, 1988, p.186).

16) 筆者는 이와 관련한 圖表를 入手하여, 수시로 中國哲學史 수업시간에 자료로 활용하였다.

이어서 동주는 BC 770년辛未에 시작되어, 1대 평왕~22대 난왕까지의 통치가 이루어졌다.

다음으로 중세시대의 연대와 군주를 다음과 같이 정리할 수가 있다. 즉 중세란 진나라, 한나라, 위진 남북조, 수나라, 당나라, 5대 때를 총괄하여 언급하는 것이 가능하다. 진대는 BC 248년癸丑에 비롯되었고, 그 기간은 3주 42년간 지속되었다. 진나라의 통치기간은 1대 시황제~3대 자영(시황제의 장자)까지였다. 또 한대는 BC 206년乙未에 시작하였고, 그 기간은 27주 425년간 지속되었다. 한나라의 통치기간은 1대 고제 유방~14대 갱시제 현까지이다. 동한은 25년乙酉에 비롯되었으며, 1대 광무제 수~13대 헌제 협까지 이어졌다.

그리고 위진대가 시작되는데, 위는 AD 220년庚子에 비롯되었고 당시는 5주主 45년간 지속되었다. 위나라는 1대 문제 조비~5대 원제 환까지 통치되었다. 진은 AD 265년乙酉에 시작되었으며, 이때 15주의 통치가 155년간 계속되었다. 진나라는 1대 무제 사마염~4대 민제 업까지 통치되었다. 그리고 동진은 AD 317년丁丑에 비롯되었고, 이 기간은 1대 원제 예~11대 공제 덕문까지 통치된 것이다.

위진에 이어 남북조대와 수·당대가 시작되었다.[17] 송은 AD 420년庚申에 비롯되었고, 당시의 주재는 8주의 59년간 지속되었다. 그리고 통치기간은 1대 무제 유유~8대 순제 준까지였다. 또 양은 AD 502년壬午에 비롯되고 4주主 55년간 지속되었다. 당시의 통치는 1대 무제 소연~4대 경제 방지까지 이뤄졌다. 진은 AD 557년丁丑에 비롯되었고, 당시는 5주主 32년간 지속되었다. 진의 통치기간은 1대 무제 진패선~5대 후주 숙보까지였다.

수나라는 AD 589년乙酉에 시작되었고, 당시 제왕의 주재는 3주主 29년간 지속되었다. 수나라의 통치기간은 1대 문제 양견~3대 공제 유까지였다. 당나라는 AD 618년戊寅에 비롯되었고, 당시는 21주主 289년간 지속되었다. 그 당시의 통치기간은 1대 고조 이연~21대 소선제 조까지였다.

---

17) 北方에서는 西晉이 멸망한 뒤에 몇십 개의 작은 나라들이 黃河와 萬里長城 안팎에 건립되었는데 장기간의 混戰을 지나 최후로 魏王朝로 통일되었다. 그리고 魏나라는 다시 분열되어 東魏, 西魏로 되었고 이것은 또 다시 北齊, 北周로 바뀌었다. 그리고 최후로 楊堅이 세운 隋 왕조에 의해 통일되었다(李康洙 外, 『中國哲學槪論』, 한국방송통신대학교출판부, 1995, p.142).

수를 이어서 5대가 시작된다. 후양은 AD 907년丁卯에 비롯되었고, 2주 16년 동안 지속되었다. 이때의 통치기간은 1대 태조 주전충~2대 말제 우정까지였다. 후당은 AD 923년癸未에 비롯된다. 당시는 4주 13년간 지속되었으며, 1대 장종 이존력~4대 노왕 종가까지 통치기간이 전개되었다. 그리고 후진은 AD 936년丙申에 비롯되었고, 2주의 주재가 11년 동안 이어졌다. 당시의 통치기간은 1대 고조 석경당~2대 출제 종귀까지였다. 후한은 AD 947년丁未에 비롯되었으며, 2주 4년간 활동이 지속되었다. 당시의 통치는 1대 고조 유지원~2대 은제 승우까지였다. 후주는 AD 951년辛亥에 시작되었다. 당시는 3주 9년간 지속되었으며, 통치는 1대 태조 곽위~3대 공제 종훈까지였다.

다음으로 근세의 군주를 정리해 보면 다음과 같다. 근세 및 근대18)란 송나라, 원나라, 명나라, 청나라, 민국으로 대별하여 말할 수 있다. 송대는 AD 960년庚申에 비롯되었고, 당시 17주 320년 동안 지속되었다. 통치기간은 1대 태조 조광윤~9대 흠종 환까지였다. 그리고 남송은 AD 1127년丁未에 시작되었고, 1대 고종 구~9대 제병까지 통치되었다. 원대는 AD 1280년庚辰에 시작되었고, 당시 8주 88년간 지속되었다. 통치는 1대 세조 기악온 홀필열~8대 순제 타환첩목이까지 전개되었다. 명대는 AD 1368년戊申에 비롯되었고, 16주ᅟᅳ 276년간 지속되었다. 통치는 1대 태조 주원장~16대 사종 유검까지였다. 청대는 AD 1644년甲申에 시작, 10주 268년간 지속되었다. 통치는 1대 세조 애신각라복임~10대 선통제 부의까지 이루어졌다.

근·현대 중화민국의 출발은 다음과 같이 말할 수 있다.19) 1912년壬子 민국의 원년이 시작되었으며, 국부로서 쑨원孫文 선생은 1912년 민국의 임시대통령이 되었다. 이어서 1949년 마오쩌둥毛澤東의 통일 신민주주의 혁명론이 주장되었다. 마오쩌둥은 '아편전쟁'이 일어난 1840년부터 1919년의 5·4운동까지를 근대로 규정하고, 5·4운동 이후를 현대로 규정하기에 이르렀다. 여기서 말하는 근·현대라는 것은 바로 그러한 시점에서 비롯된

---

18) 中國哲學을 전공하는 學者에 따라 近世와 近代를 하나로 보는 경우가 있다. 필자는 이를 분류하여 近世와 近代 두 가지로 論述하였으며, 近世는 본 著述의 第3篇에 해당하고, 近代는 第4篇에 해당한다. 이에 대한 구체적 理解는 본 著述의 內容을 參照하면 된다.

19) 구보 노리따다 저, 최준식 역, 『도교사』, 분도출판사, 1990, p.373.

것임을 알 수 있다.

Ⅳ. 중국 민족의 특성

중국문화를 풍토와 문물에 따라 남방문화와 북방문화로 나누어 보아야 한다는 분류 방식을 제기하는 한편, 민족에 따라 나타나는 차이점을 들어 중국 고대의 사상과 문학을 분석한 인물이 아오키 마사루青木正兒이다. 그는 매우 흥미 있게 이를 분류하고자 하였다. 이와 관련한 언급이 다음에도 나온다. 『중용』 10장에 나오는 다음의 내용을 보면 잘 알 수 있다. 자로가 강함을 묻자, 공자는 "남방의 강함인가, 북방의 강함인가, 아니면 네가 강하게 하여야 할 것인가, 너그럽고 유순히 하여 가르쳐주고, 무도에 보복하지 않는 것이 남방의 강함이니 군자가 이에 처한다. 병기와 갑옷을 깔고 자서 죽어도 싫어하지 않음은 북방의 강함이니 강한 자가 이에 처한다"[20]라고 하였다. 중국의 남방지역 사람들은 부드러움을 대변하고, 북방지역은 군사적 강함을 대변하는 특성을 지닌다.

막스 베버는 중국을 부정적 관점에서 바라보아 다음과 같이 중국인의 특징을 말하고 있다. 즉 중국은 옛날부터 광대한 지역의 수요 충족에 필요불가결한 국내 교역이 이루어지던 곳임에도 불구하고 농업 생산이 다른 것에 비해 차지하고 있는 압도적인 중요성으로 인해, 화폐경제는 근대에 이르기까지 이집트의 프톨레마이오스 왕조(기원전 332~304)에서처럼 거의 발달하지 못하였다[21]는 것이다. 그가 의도하는 것은 중국이 근래 과학이나 자본주의가 발달하지 못한 측면을 부각하려는 것이다. 이처럼 그는 중국이 경제적으로 뒤처지는 이유를 분명히 설명하고 있는데, 이는 서구인의 동양인 편견과도 같이 오리엔탈리즘(Orientalism)의 전형처럼 설명하는 논조이다.

---

20) 『中庸』 10章, 子曰 南方之强與 北方之强與 抑語辭而汝也 寬柔以敎 不報無道 南方之强也 君子居之 寬柔以敎 謂含容巽順 以誨人之不及也 不報無道 謂橫逆之來 直受之而不報也 南方風氣柔弱 故以含忍之力勝人爲强 君子之道也 衽金革 死而不厭 北方之强也 而强者居之.

21) 막스 베버 著, 이상률 譯, 『儒敎와 道敎』, 文藝出版社, 1993, p.9.

일반적으로 중국 민족의 특성을 보면 다음과 같이 몇 조항으로 언급할 수가 있다.

첫째, 중국인은 평화와 문교文敎를 중시한다. 이는 문인을 중시하는 풍조라든가, 문제와 무제의 활동에 있어 평화를 향한 그들의 통치 활동이 활발했던 점과 관련된다. 이와 관련해서 묵자는 다음과 같이 말한다. "옛날의 성왕인 우임금, 탕임금, 문왕, 무왕 같은 분들은 천하의 백성들을 아울러 사랑하였고, 그들을 거느리고 하늘을 높이며 귀신들을 섬기어 사람들을 이롭게 하는 일이 많았다."[22] 아울러 중국 문화의 동화라든가 외적 침입의 자제가 이러한 평화와 문교를 중시하는 모습이다. 또 중국에 예술이나 영화가 발달한 것도 문교와 관련해서 언급될 수 있는 사항이다.

둘째, 중국인은 상고尙古와 관례의 형식을 중시한다. 여기에는 공자의 '술이부작'과도 같은 온고지신의 자세가 대표적으로 거론될만한 일이다. 공자는 술이부작하였으니 사실 정식 작품을 가지고 있지 않았다. 이를테면 구설舊說은 『춘추』를 공자가 지은 것이라고 하였으나, 여러 가지의 사료를 고찰하면, 공자는 노나라 『사기』를 정리하여 강의 자료로 삼았을 뿐, 결코 스스로 어떤 책을 찬술한 일이 없다.[23] 이처럼 술이부작의 정신으로 요순 우탕을 섬기는 마음에서 상고의 정신을 그는 드높였다. 또한 유교 국가의 중국인들은 『예기』 정신을 실행에 옮기듯, 풍속의 관례는 물론 동방예의 문화를 중시하는 위의 3천 · 예의 3백건을 지니고 있었다. 오늘날 관혼상제의 풍속 문화도 이와 관련되는 사항들이다.

셋째, 중국인은 경천과 숭천하는 민족이다. 그들은 자연신(天神, 地祇, 人鬼)을 숭배하는 것은 물론이고, 『서경』에서 황천 호천 황천상제라 하여 이를 신앙의 대상으로 숭배하고 있다. 『예기』에서도 천자는 천지에, 제후는 산천에, 경대부는 오사五祀에, 사士는 선조에 제사를 지낸다고 하였다. 이는 모두가 경천과 숭천하는 모습이다. 아울러 중국의 군주가 천의天意에 따라 선정을 하면 상을 주지만 학정을 하면 재앙을 내린다는 것도 이러한 경천사상과 연결된다. 그리고 천인합일의 사상도 주로 이와 관련된다. 『역』에서는 천도와 인사를 하나로 관련짓고, 또한 천인합덕을 인간의 이상적 인격으로 표방하는 등 하늘과 사람이 하나 되는 천인조화의 자연철학적 경향을 견지하였다.[24] 이러한 천인의 조화

---

22) 『墨子』 「法儀篇」, 昔之聖王禹湯文武兼愛天下之百姓 率以尊天事鬼 其利人多.

23) 勞思光 著, 鄭仁在 譯, 『中國哲學史』-古代篇-, 探求堂, 1988, p.63.

적 관계가 경천과 숭천의 참 모습이다.

넷째, 중국인은 혁명과 평등사상을 선호한다. 이를테면 천의에 따라 통치하는 군주에게 복종하고, 그렇지 않을 경우 복종할 의무가 없다며 맹자는 천명론에서 혁명사상을 강조한 것이 이것이다. 맹자가 말한 역성혁명의 원문은 다음과 같다. "제후위사직 즉변치"諸侯危社稷 則變置.[25] 이를 해석하면 "제후가 사직을 위태롭게 하면 다른 사람을 제후로 삼는다"는 것으로, 역성혁명이란 통치를 잘못하는 왕은 혁명(쿠데타)을 일으켜서라도 통치를 잘하는 자로 대신하자는 논리이다. 또한 그는 민본사상을 강조하여 평등의 정신을 드러내고 있다. 아울러 중국의 위정자들은 인도와 같은 사성제의 계급제가 아니라 덕행과 재능에 따라 인재를 등용하는 평등의 정신을 고취시켜 왔다.

다섯째, 중국인은 가족주의와 인륜을 중시한다. 『서경』의 「요전」에 준덕俊德을 밝히어 9족[26]을 친목케 하고, 9족이 친목하면 백성이 평화롭고 백성이 밝으면 만방이 화합한다고 가르치고 있다. 아울러 『효경』에는 5형刑으로, 묵墨(문신하는 형), 의劓(코 베는 형), 비剕(발 베는 형), 궁宮(생식기 없애는 형), 대벽大辟(사형 또는 중형)에 속하는 죄가 3천 가지나 있다고 한다. 그런데 이보다 더 큰 죄는 가족 인륜을 파괴하는 불효라고 한다. 다시 말해 『주례』에는 팔형八刑(不孝·不睦·不婣·不任·不恤·造言·亂民 등) 중에서 불효를 첫째로 한다. 물론 『맹자』에서도 자손이 없음을 불효라 하여 가족 간의 인륜을 강조하고 있다. 맹자는 특히 성선설의 사단 인륜을 말하고 있으며, 한대 때 형성된 삼강오륜에서 인륜을 강조하고 있다.

여섯째, 중국인은 농경에 따른 이재理財에 밝고 실리를 추구하는 성향이다. 그것은 중국인들이 농경사회에 맞게 재산 중시의 풍조와, 자녀들에의 유산 상속의 전통에 잘 나타나 있다. 그리고 『대학』에서 "재산을 생하는 도가 있다. 재산을 생하는 자는 많고, 먹는 자는 적으며, 빨리 쓰는 것을 더디게 하면 재산은 항시 넉넉하게 된다. 인자仁者는 재산으로써

---

24) 김학권, 「朱熹와 李滉의 易哲學 비교연구」, 『汎韓哲學』 제17집, 汎韓哲學會, 1998.6, p.134.
25) 『孟子』 盡心 下.
26) 父族4 : 고모의 자녀, 자매의 자녀, 딸의 자녀 및 자기의 동족, 母族3 : 외조부, 외조모, 이모 자녀, 妻族2 : 장인, 장모.

몸을 발하고, 불인자不仁者는 몸으로써 재산을 발한다"[27]라고 하였다. 아울러 근래 실학의 등장과 더불어 의식주를 준비하는 성향이 강해서 그들은 항상 분주하게 노력하고 있다. 동남아를 비롯하여 세계 곳곳에서 중화인들이 경제적 부를 축적하는 것도 그들이 이재에 밝기 때문이다.

일곱째, 중국인은 대륙의 기질에 따른 대국적 자부심이 강한 민족이다. 중국의 넓은 대륙의 영향인지는 몰라도 그들은 대륙적 기질을 가지고 있으며, 이에 대한 자존심도 상당하다. 그리고 그들은 '중국'이라는 단어에서 보듯이 세계에서 으뜸가는 '중심국가'라는 사고 속에서 그들의 역량을 극대화하려 하고 있다. 중국인은 이따금 외적·이적이라는 관념을 표출하여 동이, 서융, 남만, 북적이라는 사고로써 자국만이 중심 국가라는 사고를 강하게 가지고 있다. 예컨대 기원전 700년에 중국 대륙에서는 가장 길고 가장 넓은 유역을 지닌 장강이 본격적으로 개발되었으며, 황하 유역의 한족은 하나라 이래 이 지역을 '남만'으로 부르며 천시해 왔다.[28] 주변국에 대한 오랑캐라는 의식은 역시 그들이 갖는 대륙적 성향에 기인한다.

V. 중국사상사의 전개

중국 사상은 고대로부터 현대에 이르기까지 어떠한 흐름을 거쳐 전개되었는가. 이를 역사적으로 살펴보면 중국 사상사의 윤곽을 대략 알 수가 있다. 시대적으로 명확한 구분을 통해보면 중국사상사는 나름대로의 특성을 지니고 전개되었음을 알 수 있다.

우선 고대와 춘추전국시대에 전개된 중국 사상의 특징을 살펴보자. 고대의 중국사상은 공맹의 '경학과 제자백가학'으로, 여기에 중국사상의 뿌리가 정립되어 있다. 제자백가에서 나타나는 것은 백가쟁명으로, 이 당시 노장, 법가, 명가, 묵가 등의 사상이 난립하였다. 제자백가 중 명가 사상을 말하면, 혜시는 무한한 시간관에서 "생사는 같다"[29]라고 하였다.

---

27) 『大學』 10章, 仁者以財發身 不仁者以身發財 發猶起也 仁者散財以得民 不仁者亡身以殖貨.
28) 세계사신문 편찬위원회, 『세계사신문』1, 사계절출판사, 1999, p.35.

혜시에 이어 BC 3세기의 공손룡 역시 명가사상의 대가라고 볼 수 있다. 장자는 공손룡과의 대화에서 "지식으로 도를 알려하는 것은 마치 모기에게 산을 지우고 노래기에게 황하를 달리게 하는 거나 같다"(『莊子』秋水篇)라고 했으니 제자백가다운 모습이 주목된다.

다음으로 한대에 전개된 중국사상은 '훈고학'이라는 특성을 지닌다. 한대의 유학은 경학의 한 방법론인 훈고학이 그 주류를 이루어왔다. 훈고학은 자구 하나하나를 중시한다는 측면에서 경학 중시적 사유에서 나온 연구 성향이 아닐 수 없다. 상식적으로 '훈'訓과 '고'詁 두자는 『이아』에서 따온 것이다. 『이아』를 곽박이 주석하여, "고금의 상이한 문자를 해석하는 것을 고詁라고 한다"(釋古今之異言曰詁)라고 하였다.30) 이처럼 훈고학은 고대와 춘추전국시대의 경학을 숭경하는 의미에서 경학의 자구를 하나하나 새기며 연구했던 학풍을 말한다. 다시 말해 상고의 성향에 의해 경학의 의미를 정신적으로 새기고자 했던 것이다.

이어서 위진 남북조六朝시대 사상의 경우 '현학·불학'이 심화되었다. 주지하듯이 위진시대에는 『주역』, 『노자』, 『장자』의 세 가지 신묘三玄를 중시하는 현학이 유행하였는데, 그들은 대단히 사변적이고 이상적인 경지를 깨달았지만 아직 그것을 일용일상에 통일시키지는 못하였다.31) 또한 중국의 본격적인 불교 수용은 정치적 혼란기이자 사상적 과도기인 위진남북조 시기였다. 다시 말해서 인도에서 형성된 다양한 갈래의 불교사상은 위진 남북조에 소개되어 중국 불교화라는 심화과정 속에 이루어졌다.

위진 시대를 이어 당대가 전개된다. 이때의 사상은 '사장학·한당학'이라고 하는 중국사상의 특성을 이루었다고 할 수가 있다. 당송 8대가라는 말이 바로 당대 사장학의 유행 속에 나온 학자들이며, 이로인해 사장詞章 일변도의 유학 전개가 우려되기도 하였다.32) 하지만 주자는 유가에서 사장학의 학습이 공효가 크다(俗儒記誦詞章之習, 其功倍於小學而無用)라고 『대학장구서』에서 말하여 사장학적 학습을 긍정적으로 평가하기도 하였다.

---

29) 金容治 著, 조성을 譯, 『中國思想史』, 이론과 실천, 1988, p.71.
30) 張岱年 著, 양재혁 外 2人 共譯, 『中國哲學史 方法論』, 理論과 實踐, 1988, p.111.
31) 김수중, 「양명학의 입장에서 본 원불교 정신」, 제18회 원불교사상연구 학술대회《少太山 大宗師와 鼎山宗師》, 원광대 원불교사상연구원, 1999년 2월 2일, p.36.
32) 尹絲淳, 『韓國儒學思想論』, 열음사, 1986, p.22.

다만 유가는 사장학 중심으로 흘렀고 불가는 선종의 불립문자로 흘렀던 것이 당대의 학문적 분위기였다고 볼 수 있다. 시와 문학의 세계에서 전개되는 인생의 심오한 인식이라는 측면에서 당대의 학풍은 반드시 부정적으로만 볼 수 없다.

중국사상사에서 가장 활발한 사상의 전개, 즉 중국철학이 꽃피었던 시대는 뭐라 해도 송대철학이다. 송대의 학풍은 한마디로 '성리학'이라 할 수 있고, 여타 이학, 송학, 도학이라고도 말한다. 송대 성리학은 도교와 불교, 그중에서도 특히 불교가 지닌 사회 경시의 성향에 반발하여 발흥한 것인 만큼, 그 불교의 사회윤리 사상보다는 적극적인 유교(성리학)의 사회윤리 의식을 심어주는 실제성으로 간주한다.[33] 그리하여 송대의 성리학자들은 맹자의 성선설을 자신들의 인간론으로 받아들여 맹자를 공자 사상의 정통으로 계승한 공로를 인정하였다. 이러한 성리학은 이정과 주자에 의해 맹자사상이 사서의 하나로 정착되는데 도움을 주기도 하였다.

송대를 이어 원대와 명대를 거론하는데, 명대 때에 육왕학이 전개되어 성리학에서 말하는 성즉리에 대항하여 심즉리를 주창하기에 이르렀다. 이 심즉리 설은 곧 '내 마음이 곧 이치'라고 보는 사상적 입장에서 전개된 학설이다. 심즉리를 주창한 대표적 학자는 명대의 왕양명이다. 왕양명의 심즉리 이론은 정주 이학에서의 성즉리에 비해 화엄이나 선학禪學의 영향을 훨씬 더 받았다.[34] 이러한 심학은 근세 유학에 있어 주자의 성리학에 이어, 육상산·왕양명의 심학, 장횡거 왕부지의 기학 흐름에서 확연히 대비적 관점으로 부각되었다. 어쨌든 왕양명은 인간의 마음과 행위의 일치라는 심학 체계를 완성했다.

근대로 접어들어 청대 사상이 전개되는데, 그것은 '고증학'이라는 철학적 특색을 지닌다. 청대의 고증학이 한학漢學의 훈고풍을 이어받았다. 곧 청대유학의 일반적 경향은 널리 자료를 수집해서 정리하고 문자 용어의 고의古義나 고제古制 등을 규명하는 경학과 사학 등 이른바 고증학이 학계의 주류를 이루는 모습을 보였다.[35] 당시 고증학의 인물로는

---

33) 尹絲淳, 「制度意識에 있어서의 실학적 변용-원불교와 실학」, 『원불교사상』 제8집, 원불교사상연구원, 1984, p.282.
34) 宋在雲, 『양명철학의 연구』, 思社硏, 1991, p.114. 김수중, 「양명학의 입장에서 본 원불교 정신」, 제18회 원불교사상연구 학술대회《少太山 大宗師와 鼎山宗師》, 원광대 원불교사상연구원, 1999년 2월 2일, p.31再引用.

고염무를 들 수 있다. 그는 고전에서 방증을 얻어 종합적으로 살피고 착오가 없다고 확신할 때 정설定說을 내리는 등 고증학자로서 치밀함을 보였다. 이러한 고증학은 공양학으로 이어져, 그 이름을 떨친 강유위나 양계초 같은 인물을 낳았다.

현대民國 사상으로 이어지면서 그간 중국사상사의 전개는 커다란 전환기를 맞는다. 중국 혁명의 아버지라 불리는 쑨원이 삼민(민족, 민권, 민생)주의를 처음 표방한 것은 1905년의 일이며, 이는 중국혁명동맹회를 결성한 시점이다. 그런데 사회주의 이데올로기의 등장과 더불어 고대사상의 왜곡 현상, 신민주주의 혁명과 마오쩌둥 사상이 등장한 것이다.36) 이어 1915년 5·4 문화혁명(신해혁명)은 우선 낡은 전통사상과 구태의 정치사회 체제적 굴레를 철저히 부정하려는 심정에서 출발하였다. 문화혁명의 등장으로 전통사상이 부정되었으나, 서구의 근대사상을 수용하려는 개방파의 중국인들이 서구 개방을 주장하면서 19세기 이후 서양의 근대사상이 도입되었다.

---

35) 한국철학사상연구회, 『韓國哲學』, 예문서원, 1995, p.35.
36) 金容治 著, 조성을 譯, 『中國思想史』, 이론과 실천, 1988, p.409.

제2장

중국의 보고, 사서오경

I. 『시경』의 구성과 의미

중국에서도 『시경』이 만들어진 곳은 남방지역이다. 곧 중국 남북의 대표적인 작품으로 북방에서는 『시경』을, 남방에서 『초사』를 들었다.[1] 북방지역에서는 『시경』을 만들어 그들 공동체의 경서로 활용했다면, 남방지역에서는 그들에 맞는 초사를 만들어 인생 좌표로 삼았던 것이다. 『초사』란 한대의 유학자 유향이 굴원과, 그의 문인인 송옥 등의 영향을 받은 한대의 가의와 더불어 자신의 작품을 모은 책이다. 『초사』는 총 16권으로 중국 남방의 초나라 문학을 뜻하는 것에서 비롯되었다. 『시경』이 현실적인 내용인데 비해 이와 상대적으로 『초사』는 환상적인 의미를 지니고 있다.

이제 『시경』의 유래에 대해서 살펴보자. 『시경』은 BC 2500년 전 중국의 각 지방에 유행하던 노래의 가사들을 모아 놓은 것으로 중국에서 가장 오래된 시가집에 해당한다. 『사기』 「공자세가」에는 시 3천여 편이 있었는데 공자가 중복되는 것을 삭제하여 305편을 편집했다고 한다. 『시경』의 해설서로서 가장 오래된 것은 서한 초기 모씨가 지은 『모시』이며, 이것은 당대 공영달의 『모시정의』를 통해 전해지고 있다.[2] 이처럼 『시경』이 유래된 연유는 후대 학자의 공헌이 크지만, 『시경』이 담고 있는 노래의 가사들이 당시 중국인들에게 끼친 영향이 컸으므로 오늘날까지 전수되었다.

그렇다면 『시경』이란 한마디로 뭐라 할 수 있는가. 공자는 이에 대해서 다음과 같이 말한다. "『시경』 300(원래는 311편)편의 뜻을 한마디 말로 대표할 수 있으니, 생각함에 간사함이 없다는 말이다."[3] 수많은 『시경』의 내용이 있다고 해도 백성들의 사유에 기여하는 바가 없으면 그것은 영향력이 없는 경서로 전락하고 만다. 공자가 언급하였듯이, '생각함에 간사함이 없다'는 의미 부여가 바로 『시경』의 본질이라 본다. 『시경』을 읊으면 우리의 사심 잡념을 없앨 수 있으므로 간사함이 없다는 언급이 공자를 통해 강조되고 있음이 주목된다.

---

1) 조민환, 『유학자들이 보는 노장철학』, 예문서원, 1996, p.26.
2) 儒敎事典編纂委員會 編, 『儒敎大事典』, 博英社, 1990, p.819.
3) 『論語』 「爲政」, 子曰 詩三百 一言蔽之 曰 思無邪.

구체적으로『시경』의 구성은 어떻게 되어 있는가를 살펴보자.『시경』에는 모두 305편의 시가 실려 있는데, 크게 풍風, 아雅, 송頌의 3부분으로 나누어지고 있다.4) '국풍'은 황하에서 수집된 것으로 주대周代 여러 제후의 나라에 유행하던 민간 가요를 모아놓은 부분(160편의 詩)이다. 또 '아'는 왕조를 중심으로 한 중원 지역에 유행하던 음악을 모아 놓은 사대부들의 작품으로 대아와 소아로 나누어져 있다. 또 '송'은 왕실에서 조상에게 제사지낼 때 그들의 공덕을 찬양하던 노래가사를 모은 것이다. 이를 종합해 본다면『시경』에는 주대의 시대상, 생활감정, 사회상이 잘 드러나 있으며, 서민들의 희로애락과 집권자들의 포부와 경륜이 드러나 있다.

『시경』을 아무리 잘 알아도 현실적 상황에서 정치를 제대로 해야 고전의 본질에 다가선다. 이에 공자는 말한다. "『시경』3백편을 외우면서도 정치를 맡겼을 때 제대로 해내지 못하고, 사방에 사신으로 나가 혼자서 처리하지 못한다면 비록 많이 외운다 한들 어디에 쓰겠는가."5) 반고의『한서』「예문지」에 의하면, 조정에 채시관採詩官이 있어 지방에 유행하는 시가들을 모았는데, 임금은 이를 보고 민심을 살피며 정치를 바르게 하였다고 하는 것은 바로 공자의 현실구제 의식을 잘 반영해주는 것이다.

II.『서경』의 구성과 의미

『서경』즉『상서』의 유래를 언급해 보자. 반고의『한서』「예문지」에서 말하듯이『서경』의 기원을 보면,『주역』「계사전」의 하수에서 도圖가 나오고 낙수에서 서書가 나왔다고 한다. 이처럼『서경』은 낙수에서 나온 경서라고 신성시한다.『서경』이 발견된 곳이 이같이 흥미로운데,『상서』는 가장 문제가 많았던 책으로, 숱한 학자들에게 의심과 호기심을 불러 일으켰다.6) 그렇다고『서경』이 흥미 위주로 만들어진 것은 아니다. 인륜을

---

4) 儒教事典編纂委員會 編,『儒教大事典』, 博英社, 1990, p.818 參照.
5) 『論語』「子路」, 子曰 誦詩三百 授之以政不達 使於四方 不能專對 雖多亦奚以爲.
6) 김충열,『노장철학강의』, 예문서원, 1995, p.23.

강조한 대목이 여기에 나오는데, 공자가 『논어』 「위정편」에서 『서경』의 효에 대해 언급했다. 그가 정치를 하는데 있어 효를 실천토록 하는 것 역시 넓은 의미의 정치라는 의미에서 『서경』의 효를 말한 것이다.

우선 『서경』이란 무엇인가에 대해서 알아보자. 『서경』은 고대 군왕들의 언론·연설집으로,[7] 군왕들이 백성을 통치하는 경서였다. 상고의 성왕 제요帝堯로부터 주대에까지 여러 제왕들의 정치관련 발언과 행위를 기록한 책이 곧 『서경』이다. 본 경서는 최고의 산문집 형식으로 구성되었고, 이는 선진 때 단지 서書라고 칭하다가 한대부터 『상서』라고 칭하기도 하였다. 『서경』은 당시의 소중한 기록물이면서도 선왕의 서로서 전승된 귀중한 자료가 아닐 수 없다.

『서경』의 내용 중에서 주목되는 바는 재지인 재안민在知人 在安民이라는 항목으로, 이는 인재를 알아보고 백성을 안정시키는 일을 강조하고 있다. 또 『서경』에 표현된 정치사상으로는 '민본' 관념이다. "하늘의 총명은 우리 백성의 총명으로 비롯되고, 하늘이 밝히는 (시비선악의) 위엄은 우리 백성이 밝게 살피는 위엄으로 비롯된다."[8] 이처럼 『서경』에서는 주로 인재의 양성과 민본의 정신이 언급되고 있다. 오늘날 정치에 있어 무엇이 강조되어야 할 것인가는 바로 『서경』에 잘 나타나 있다.

공자 역시 정치를 언급함에 있어 『서경』을 인용하고 있다. 어떤 사람이 공자에게 "어찌하여 정치를 하지 않는가"라고 물었다. 이에 공자 말하기를 "『서경』에 효를 말하였거늘, 오직 효하며 형제에게 우애하여 정사를 베푼다고 하니 이것이 또한 정사이다. 어찌 그 정사를 아니한다 하리오"[9]라고 하였다. 그가 벼슬을 하지 않으면서도 정사에 참여하는 명분을 『서경』에서 찾고 있다. 그리고 『춘추좌씨전』에는 공자 이전에 이미 『서경』이 널리 유포되어 지식인의 교양서로 쓰였다는 기록을 보이고 있다. 공자가 『서경』을 편집한 것은 『사기』에 나타나며, 그는 『서경』의 전승 순서를 바로잡아 위로 당우唐虞의 일을 기록하고 아래로 진 목공 때까지 기록하여 그 사적을 편집하였다.

---

7) 劉明鍾, 『中國思想史』(1), 以文出版社, 1983, p.93.
8) 『書經』 「虞書」, 天聰明 自我民聰明 天明畏 自我民明威.
9) 『論語』 「爲政篇」, 書云孝乎 惟孝 友于兄弟 施於有政 是亦爲政 奚其爲不政.

현행본의 『서경』은 58편이다. 전국 말기에는 100여 편이 있었지만, 진시황의 분서갱유로 거의 산실되었다. 한대의 경학에는 금문(당시의 통용체인 隷書) 『상서』와 고문(선진시대의 蝌蚪문자) 『상서』가 있었다. 이처럼 『서경』은 원래 고대 관방官方 문헌을 한데모아 놓은 책으로 고대 사료로 삼을 수 있어서[10] 『서경』에 대한 연구는 고래로 빈번하였다. 곧 자체에 대한 철저한 분석과 비판은 송대에 가해졌다. 『서경』의 원문이 비록 난해하다고 해도 원전 강독의 심오한 의의를 새기면서 독서에 임할 필요가 있다. 『서경』 독해에 있어 난감한 면이 적지 않을지라도 『서경』은 고대 중국사상의 주요 자료로 인지해야할 것이다.

Ⅲ. 『역경』의 구성과 의미

『주역』의 연원과 유래는 어떻게 거론될 수 있는가. 우선 하도의 출현을 보면 복희가인정仁政을 하였는데, 그때 황하에서 용마龍馬가 나왔다고 한다. 그리고 낙서洛書의 출현역시 우임금이 치수 사업을 할 때 낙수洛水에서 거북이 나온 데서 비롯된다. 이 거북의등에 아름다운 무늬가 있었는데 1~9까지 숫자가 조리 정연하게 배열되었다고 한다. 『주역』의 유래가 곧 하도낙서를 시원으로 하고 있다. 이를 유추해 볼 때, 우리가 말하는 『역경』의 성립은 어느 한 사람에 의해 이루어지지 않았고 오랜 세월을 지난 후 완성되었다. 흔히 역易은 천지 자연의 역, 복희의 역, 문왕·주공의 역, 공자의 역+翼[11] 등 여러 명칭의역으로 거론될 수 있다.

이러한 역의 세 유래를 보면 석역설이 있는 바, 이 상형문자에서 보면 도마뱀은 매일12번 색깔을 바꾼다고 하였으며, 역은 바로 그 변화의 의미를 지시하는 것이라고 한다. 그리고 일월설이 있는 바, 역을 일월日月의 복합자로 보아 음양으로 풀이한다. 또 자의설字意說이 있는데 역 자체에 뜻이 내포되어 있다는 것이다. 이러한 유래를 보면, 『주역』에

---

10) 勞思光 著, 鄭仁在 譯, 『中國哲學史』-古代篇-, 探求堂, 1988, p.37.
11) 곽신환, 『주역의 이해』, 서광사, 1990, p.23.

는 삼역三易이 있다고 한다. 『주례』의 기록에 근거하면 아주 오랜 옛날 태복太卜이란 관직은 삼역을 관장하고 있었다. 『연산역』, 『귀장역』, 『주역』이 그것이다. 이 책들의 성격은 모두 음양 관념을 주로 하는 점복서였다.[12] 삼역이 오늘날 말하는 『주역』의 연원서인 셈이다.

다음으로 역의 세 가지 의미와 우주론에 대해 언급해 보자. 역의 세 가지 의미로는 첫째, 간이簡易·이간易簡으로 천지의 역은 간이하다는 뜻이다. 둘째, 변역變易으로 역은 항시 변화한다는 뜻이다. 셋째, 불역不易으로 천지의 역은 영원하다는 의미를 지니고 있다. 이러한 세 의미를 담고 있는 『주역』의 본질은 우주론에서 모색된다. 중국 고대철학에서 우주론을 찾으려면, 도가의 유기체적 우주론에 이어 유가의 경우 『주역』으로까지 내려와야 할 것이다.[13] 물론 『주역』은 유가와 도가에서 공히 연구 대상으로 삼는 고서임에 틀림없으나, 특히 유가에서 『주역』에 근거하여 많은 우주론이 언급된다.

풍요로운 변화의 우주론을 함유하고 있는 『주역』은 천인합일의 정신에서 그 의미가 부각되고 있다. 역은 천도와 인사를 하나로 묶어서 말하고 있고, 또한 천인합덕을 인간의 이상적 인격으로 표방하는 등 우주와 인간이 하나로 어우러져 천·인 조화를 지향하는 자연철학적 경향을 견지하게 되었다.[14] 다시 말해서 천지의 운행 질서를 토대로 한 인도가 정립되고, 천지인 3재가 유기체적으로 이어져 주역철학이 탄생되었다는 뜻이다. 『주역』이 우주론적 철학 이해의 주 경서로서도 그 진가를 발휘하는 이유가 여기에 있다. 오늘날 『주역』은 천지의 기운에 응해 미래와 인간 운명을 판가름하는 예언서로서 탐구되는 성향이 있기도 하다.

그렇다면 공자가 말하는 『주역』의 임무는 무엇인가에 대해 이해할 필요가 있다. 공자는 말하기를 "대저 『주역』은 무엇을 하는 것인가. 무릇 『주역』은 만물을 개발하여 임무를 완성하는開物成務 천하의 도를 간추린 것이니, 이와 같을 따름인지라. 이런 까닭으로

---

12) 김낙필, 「도교와 여성」, 정산종사탄생100주년기념 학술세미나 《여성·종교·생명공동체》, 영산원불교대 소태산사상연구원, 1999년 6월 4일, p.43.
13) 곽신환, 「儒學의 유기체 우주론」, '93 한국 동양철학회 추계국제학술회의, 『기술·정보화 시대의 인간 문제』, 한국 동양철학회, 1993.10, 別紙 p.2.
14) 김학권, 「朱熹와 李滉의 易哲學 비교연구」, 『汎韓哲學』 제17집, 汎韓哲學會, 1998.6, p.134.

성인이 천하의 뜻을 통달하여, 천하의 사업을 결정하며, 천하의 의심을 판단한다"[15]라고 하였다. 그는 『주역』을 통해서 '개물성무'開物成務 즉 만물을 개발하고 임무를 완성하여 결국 천하의 도를 실천한다는 것이다. 이러한 업무를 담당하는 자는 곧 성인으로 부각돼 있다. 우리는 천지의 도를 보아다가 인사를 다하는 것이 『주역』의 심오한 철리를 실천하는 셈이다.

다음으로 공자가 만들었다고 하는 십익에 대해 알아본다. 이를 나열하면 단전상, 단전하, 상전상, 상전하, 문언전, 계사상전, 계사하전, 설괘전, 서괘전, 잡괘전으로 분류할 수가 있다.[16] 간략하게 이의 각 조항들을 설명해 보자. 단전상은 상경 30괘에 대한 문왕의 단사彖辭를 공자가 해석하였고, 단전하는 『주역』 하경 34괘에 대한 문왕의 단사를 공자가 해석했다. 이어서 상전상은 『주역』 상경 30괘에 대한 괘상卦象과 30괘의 180효에 대한 주공의 효사를 공자가 해설한 것이며, 상전하는 『주역』 하경 34괘에 대한 괘상과 34괘의 204효에 대한 주공의 효사를 공자가 해설한 것이다.

그리고 문언전의 출현배경을 보자. 공자가 64괘의 단전과 64괘의 대상전 그리고 384효의 소상전을 완성하였으나 만족하지 못했다. 그래서 공자는 『주역』의 첫머리를 펼쳐 놓고 건괘와 곤괘를 반복하여 다시 설명했는데, 그는 문리를 밝힌다고 하여 이를 문언전이라 한 것이다. 이어서 계사상전이 있는데, 이는 『주역』 사상체계로써 총체적 역학의 내용을 담고 있고, 계사하전은 각론의 실례를 기술하고 있다.[17] 또 설괘전은 점치는 법, 『주역』 저술의 목적, 복희 8괘와 문왕 8괘의 배열 순서를 밝히고 있다. 여기에는 괘의 위치, 성질, 형상 등이 설명되고 있다. 아울러 서괘전은 64괘의 배열 순서를 변증한 것이라면, 잡괘전은 주역 64괘의 괘체가 아름다운 문채를 가지고 있다는 것을 표출한 내용이다.

환기컨대 공자는 『주역』을 배우는 것을 큰 자부심으로 삼았던 것 같다. 그는 50세 이

---

15) 『周易 繫辭傳』 上傳 11章, 夫易何爲者也 夫易開物成務 冒天下之道 如斯而已者也 是故聖人以通天下之志 以定天下之業 以斷天下之疑.

16) 이와 관련한 理解를 돕기 위해서 용이한 入門書로는 『새 시대를 위한 周易』(上下)(徐正淇 譯註, 글, 1992)를 推薦하고자 한다.

17) 『繫辭傳』上·下는 周易 전반의 심오한 哲理를 이해하는데 많은 도움을 주며, 특히 孔子의 저술로서 평가받는 이상, 주역의 64卦 이해 이전에 반드시 必讀할 것은 이러한 『繫辭傳』上·下이다.

후인 만년에 시간과 정력을 『주역』 연구에 기울이고 여기서부터 진정한 사상가요, 철학가의 신분으로써 성명학의 근원을 연 것이다.[18] 그리고 송대 장횡거는 범중엄의 권유로 『중용』을 읽고서 힘을 기울인 것은 『역경』이었음을 상기할 일이다. 우리나라도 『주역』이 전래된 것은 이미 삼국시대에 대학에서 『주역』을 강의했다는 기록이 있고, 5경박사도 두었다고 한다. 김부식, 정지상, 우탁과 같은 고려시대 주역학자가 있었으며, 조선조 권근의 『주역천견록』 내지 퇴계의 『계몽전의』, 또 정약용의 『주역사전』周易四箋 등이 있다. 고금을 통해 동양학의 이해에 『주역』만큼 많이 읽히는 책은 가히 드물 것이다.

Ⅳ. 『예기』의 구성과 의미

『예기』란 학문의 마침표와 같은 것이다. 이는 그만큼 『예기』를 통해서 새로운 인생의 좌표를 확립한다는 의미이다. 이와 관련하여 순자는 다음과 같이 언급하고 있다. "학문은 어디에서 시작하여 어디에서 끝나는 것인가. 그 순서는 (『시경』, 『서경』 등) 경서를 외우는 것에서 시작하여 『예기』를 정독하는 것에서 끝난다."[19] 그가 말하는 것처럼 『예기』를 통해서 인생의 완성을 이룩하는 일이 가능한 것이다. 우리가 아무리 학문을 많이 연마하였다고 해도, 이를 실행에 옮기지 못한다면 지행합일의 고준한 인생관의 정립은 불가능해진다. 그가 말한 『예기』는 도덕 향상의 극치라고 하지 않을 수 없다.

이러한 주요 경으로서 『예기』는 주대말~진한시대에 여러 유학자들이 고례古禮에 대한 학설을 집대성한 것이다. 『예기』의 구성은 총 49편으로 되어 있다. 개괄적으로 『예기』의 내용을 살펴보면 통론편, 제도편, 명당음양기, 상복, 세자법, 자법, 제사, 길예, 길사, 악기 등이 그 주류를 이루고 있다. 아울러 우리가 『예경』이라 부르지 않고 『예기』라 한 것은 예에 관한 기록, 또는 주석이라는 뜻으로 이해해야 한다. 그리고 공자 이후 학자들은 예설을 늘려 한대에 이르러 200편이나 되었다고 하니, 과연 『예기』에 대한 연구가 대단했던

---

18) 金忠烈, 『中國哲學散稿』Ⅰ, 온누리, 1990, p.96.
19) 『荀子』「勸學篇」, 學惡乎始 惡乎終 曰 其數則始乎誦經 終乎讀禮.

것이다.

『예기』에 수록된 범주는 어느 정도였을까가 주목된다. '예기'라는 제목에 나타나듯이 『예기』의 조항들은 많았을 것이기 때문이다. 이른바 『예기』의 경문은 1,800여 조, 16,500 여 자가 수록되어 있다. 가히 엄청난 분량이다. 유교가 후래 형식적 예의에 얽매여 비판을 받았던 것도 어쩌면 이처럼 방대한 분량이 후에 고착되는 성향이 없을 수 없었기 때문이다. 도가의 경우 특히 유가의 세밀하고 엄격한 명교 예법名敎 禮法을 근본적으로 부정해 버리는 성향[20]을 간과할 수 없다. 그러나 방대한 예절의 조항에 구애되지 않고 예의 본의를 살려서 일상생활의 실천조목으로 삼는다면 바람직할 것이다.

예절이 발달한 주나라 때, 주공은 백성들의 농경생활을 획기적으로 개선하기 위한 방편으로 정전제를 제정, 실시키로 했다. 한편 주 왕실은 '주를 개국한 것은 하늘의 명'이라며 덕치를 강조하는 천명사상과 가족제도 및 제례의식을 중시하는 예 사상을 널리 유포하였다.[21] 주나라 예절을 수용한 공자는 하은주 3대 이래 문물제도, 의례, 예절 등을 집대성하고 체계화하는 것을 하나의 책무로 여겼던 것이다. 그리하여 유학에 있어서 예의禮 義의 강조라든가 예절과 관련한 문화가 그 핵심을 이루고 있다. 『대학』과 『중용』도 송대의 이정과 주자에 의해 『예기』에서 분장되어 나왔다.

그러면 『예기』에서 우리는 어떠한 것을 배울 수 있는가. 이와 관련하여 다음과 같이 말 할 수 있다. 『예기』의 정신에 의해 예의 근본과 악의 원리에 주목하여 도덕적·교육적 의의를 강조함으로써 삶을 승화하고 형성하는 도덕적 교화를 추구하는 것이다.[22] 따라서 『예기』는 전국시대와 진한시대의 유교와 사회사상을 연구하는데 도움이 되며, 유교의 예치주의, 인륜도덕, 교화론을 파악하는 데에도 도움이 된다. 『예기』에서 얻을 수 있는 것은 우리가 인륜강기를 바르게 하도록 현실적 삶에서 예절을 실천에 옮기는 당위성이다. 유교의 상례를 3년상(『논어』 양화편에 나오는 宰我)으로 하는 것이나, 관혼상제의 철저화를 통한 동방예의지국으로의 지속이 주로 이와 관련된다.

---

20) 임채우, 「老莊의 세계이해 방식-整體와 部分」, 『道敎와 自然』, 도서출판 동과서, 1999, p.69.
21) 세계사신문 편찬위원회, 『세계사신문』1, 사계절출판사, 1999, p.29.
22) 劉明鍾, 『中國思想史』(1), 以文出版社, 1983, p.94.

V. 『춘추』의 구성과 의미

순자는 『춘추』의 의미를 보다 심오하게 여긴 나머지, 그가 사유하는 과정 속에서 『춘추』를 통해 정미精微함을 얻는데 보다 즐겼던 것 같다. 그는 다음과 같이 말한다. "『예기』의 공경·절문節文, 『악경』의 중화, 『시경』과 『서경』의 광대함, 『춘추』의 정미함에서 천지간 모든 이치는 끝나는 것이다."23) 그가 말한 바대로 『춘추』의 저술에서 심오한 철리를 취하였으며, 이는 『예기』라든가 『시경』과 『서경』의 경우와 마찬가지로 순자가 『춘추』를 매우 중요시했다는 것을 증명해준다. 『춘추』를 기점으로 하여, 심오한 동양철학의 이념 세계가 순자의 의식 속에 깊이 자리하고 있다.

『춘추』는 이미 맹자에 의해 그 의미 심대함이 거론되고 있다. 맹자는 말하기를 "『시경』의 세계가 사라지고 도의가 문란해지자 공자가 『춘추』를 지었다"24)라고 한다. 다시 말해 『맹자』의 「등문공」하편에서 보면, 당시 주왕조의 권위가 행해지지 않고 난신적자들이 판을 치자, 공자는 이에 대의명분을 세우고 인륜기강을 바로잡고자 『춘추』를 지었다고 하였다. 『춘추』의 경문에 공자의 예절과 명분을 중시하는 정치 이념이 잘 나타나 있음을 맹자는 확인시켜 주고 있다.

일반적으로 『춘추』는 공자가 노나라의 사료를 정리한 것으로 인식되고 있다. 『춘추』는 노나라 사관이 기록한 궁정의 연대기였는데, 이에 공자가 독자적으로 역사의식과 가치관에 따라 첨삭하였다. 여러 가지 사료를 고찰하면, 공자는 사실 노나라 『사기』를 정리하여 강의에 참고하였을 뿐, 스스로 어떤 책을 찬술한 일이 없다.25) 하지만 『춘추』는 전국시대의 유가가 편집하였던 바, 공자의 저작이라고 선전하려는 성향도 적지 않았다. 분명한 사실로서 『춘추』는 공자가 한자한자 미언대의微言大義를 엮은 춘추시대의 편년사로 이해하면 좋을 것이다. 공자가 저술한 『춘추』는 당대의 왕王존중 사상을 고취하기 위한 교재로 사용되었다. 그리고 『춘추』에 기록된 범위를 보면, 노은공 1년(BC 722)부터

---

23) 『荀子』「勸學篇」, 禮之敬文也 樂之中和也 詩書之博也 春秋之微也 在天地之間者畢矣.
24) 『孟子』「離婁」下, 詩亡然後 春秋作.
25) 勞思光 著, 鄭仁在 譯, 『中國哲學史』-古代篇-, 探求堂, 1988, p.63.

경왕 39년(BC 481) 때까지라고 기록돼 있다.

이어서 『춘추』에는 세 종류가 있다. 전국시대의 『춘추』 3전은 『공양전』(공양고 저), 『곡량전』(곡량적 저), 『좌씨전』(좌구명 저)이 있다. 우리나라에서는 조선조 남상길이 『춘추』에 나오는 일식을 고증한 『춘추일식고』春秋日食攷가 있다. 그런데 『춘추 좌씨전』의 기술은 후세에 첨삭이 있어 진위를 분간하기 어렵다. 『춘추 공양전』은 손孫제자인 공양고라는 자가 저술해서 한의 경제景帝 때 세상에 드러난 것이다. 이는 천자 통치하에 명분을 바로잡아 도의를 밝혀 『춘추』 사실史實에 의거하여 공자의 가르침을 국교화한 것이다.26) 『춘추』 3전이 전래되어 후래 춘추학을 연구하는 학자들이 많이 배출되었다.

환기컨대 『춘추』의 역할과 기능을 간략히 언급해 본다면, 『춘추』는 단지 노나라 역사서만을 의미하는 것이 아니며, 진, 초, 주, 연, 송, 제나라의 역사서로서도 주요 역할을 했다. 그리고 역사를 바탕으로 이루어진 『춘추』는 맹자의 공자 존숭의 정신에서 잘 나타나 있다. 맹자는 '공자는 나를 칭찬할 자나 벌줄 자는 『춘추』만을 바탕해야 함'(滕文公下)을 지적하였다. 맹자는 이에 말한다. "공자가 춘추를 완성하니 난신적자들이 두려워한다."27) 이러한 공자의 『춘추』 저술 배경은 혼란의 시대상을 바로잡는 데서 기인된다. 송대의 이정도 '『춘추』는 약을 써서 병을 치료하는 것'과 같은 것임을 선포했다.

VI. 『사서』의 구성과 의미

중국철학의 고전으로 가장 널리 원용되고 있는 것은 다름아닌 『사서』이다. 『사서』는 중국철학을 전공하는 철학자들에게 바이블과도 같은 위상을 지니고 있다. 『논어』를 통해 공자의 근본정신을 되돌아보고, 『대학』과 『중용』을 통해 도학의 공부와 처세의 방법을 알아낼 수가 있다. 또 『맹자』를 통해 인성론을 살펴볼 수가 있다. 이처럼 바이블과도 같은 동양의 『사서』는 어떠한 내용을 담고 있을까. 구체적으로 『논어』와 『대학』, 『중용』

---

26) 우노 세이이찌 編, 김진욱 譯, 『中國의 思想』, 열음사, 1986, p.27.
27) 『孟子』 「滕文公」 下, 孔子性春秋 而亂臣賊子懼.

과 『맹자』에 관하여 언급을 하고자 한다.

먼저 『논어』를 소개하여 본다. 공자 사상을 연구하는 직접적인 자료는 그 문인들이 공자의 언행을 기술한 『논어』라는 것이다. 『논어』의 체제는 대체로 대화집에 가까우며, 이 가운데 기재된 것은 결코 문인이 위탁한 것이 아니며, 오늘날 공자 학설을 논하는 주요 자료로 손꼽힌다.[28] 『논어』에서 공자는 그 유명한 인仁사상을 전개하고 있다. 현재 우리가 접하는 『논어』는 전한 말기 안창후 장우가 노론魯論·제론齊論을 비교하여 20편으로 편집한 것이다. 이보다 전에 알려진 노론·제론·고론古論 등 세 종류는 이미 전한 말기에 유실되었다.

다음으로 『대학』에 대해 언급하여 보자. 증자가 지었다고 하는 『대학』에서는 삼강령 팔조목이라는 유교 교리의 강령이 드러나 있다. 명명덕明明德, 친민親民, 지어지선至於至善이라는 삼강령이 바로 그것이다. 『대학』의 도는 사람이 하늘로부터 얻어 온 허령불매한 것으로서 모든 이치를 갖추어 온갖 일에 응해가는 명덕을 밝히는데 있으며, 백성을 인간된 본성에 돌아가 최대한으로 실현하도록 하는데 있다는 것이 유가의 입장이다.[29] 우리는 『대학』을 통해서 도학 연마 즉 마음공부의 순서와 방법을 터득할 필요가 있다.

이어서 『중용』에 대해 언급해 본다. 송대에 사서로 추존된 『중용』은 『대학』과 더불어 『예기』에서 분장되었다. 즉 『예기』의 49편 중에서 『대학』은 42편에 있었다면, 『중용』은 31편에 있었던 것이다. 『중용』은 인간이 생활을 함에 있어 항상 중도 철학을 강조하고 있다. 철학자인 풍우란은 『신원도』新原道라는 그의 저술에서 중국철학의 정신은 『중용』에 나오는 바, "고명한 것을 다하면서도 『중용』에 말미암는다"(極高明而道中庸)는 구절로 요약할 수 있다고 하였다. 주자 역시 『중용』에 대해 말하기를 "내가 15~16세 무렵에 『중용』에서 '남이 한 번 하면 나는 백 번을 하며, 남이 열 번을 하면 나는 천 번을 한다'는 구절을 읽어 … 엄하게 경계하고 열심히 분발하지 않을 수 없었다"[30]고 술회하였다.

아울러 『맹자』란 무엇인가를 살펴보자. 『맹자』는 전한 문제 때에 『논어』, 『효경』, 『이아』

---

28) 勞思光 著, 鄭仁在 譯, 『中國哲學史』-古代篇-, 探求堂, 1988, p.63.
29) 曺玟煥, 「朱熹의 老莊觀」, 한국도교사상연구회 編, 『老莊思想과 東洋文化』, 亞細亞文化社, 1995, p.274.
30) 『朱子語類』 卷4, 「性理一」, 某年十五六時 讀中庸人一己百 人十己千一章 … 讀之未嘗不竦然厲奮發.

와 함께 학관으로 내세워졌고, 무제 때에는 오경박사에 꼽혔으며, 그 후로는 제자諸子의 하나로 되었다. 하지만 한대로부터 송대 이전까지 『맹자』는 비판을 받아온 적도 있다. 그러나 송대에 이르자 주자에 의해 『맹자』는 『대학』 및 『중용』과 더불어 『사서』로 높이 받들어졌으며, 오늘에 이르기까지 널리 읽히고 숭상되었다.31) 주지하듯이 『맹자』는 『논어』와 더불어 공맹 사상을 연구하는 원전으로서 그 역할을 충실히 하고 있다. 『논어』에 나오는 인仁이 맹자에게서 의義로 전개되고, 특히 맹자의 사단설이 언급되고 있다.

우리나라의 경우도 『사서』를 유학 연구의 정통 고전으로 삼는다. 이제현의 『역옹패설』에 의하면 주자의 『사서집주』가 우리나라에 본격적으로 전파되기 시작하여 유학이 활발하게 연구되었다고 한다. 고려조 정포은의 경우 『대학』의 강령과 『중용』의 회극會極에 있어 도를 밝히고 도를 전하는 뜻을 얻었고, 『논어』와 『맹자』의 정미함에 있어서는 조존操存과 함양涵養의 요체와 체험 충광充廣의 방법을 얻었다32)고 술회한다. 『사서』는 동양철학의 정수와도 같은 셈이다.

그밖에 유교의 경전은 보통 13경이라고 부르는 것도 알아둘 필요가 있다. 유교에서 말하는 경서란 13경으로, 그것은 송나라 이래로 정해진 이름인데 지금도 사용하고 있다. 유가의 경서로 최초 6경이 있었다. 이를 육예六藝라고 불렀고 뒤에 『악경』이 없어졌으므로 5경이라고 했다. 이 5경으로는 『시경』, 『서경』, 『예기』, 『역경』, 『춘추』이다. 그 뒤 7경이라는 말도 거론되었는데, 6경에 『논어』를 더한 것이라는 설이 주류를 이루었다. 그리고 당대로 내려와서 9경이란 명칭이 있었다. 9경으로 『역경』, 『서경』, 『시경』, 『주례』, 『의례』, 『예기』, 『춘추』, 『논어』, 『효경』이라 거론되고 있다.33) 7경과 9경의 항목으로 이설들이 있다. 송나라에는 12경이 있었는데, 그것은 『역경』, 『서경』, 『시경』, 『주례』, 『의례』, 『예기』, 『춘추좌전』, 『공양전』, 『곡량전』, 『논어』, 『효경』, 『이아』 등이다. 그 뒤 주자는 『맹자』를 경의 항렬에 넣어 13경이 탄생하였다.

---

31) 張基槿 譯, 『孟子新譯』(上), 汎潮社, 1986, p.26.
32) 『圃隱集』 續 卷3, 「圃隱奉使藁序」(尹絲淳, 『韓國儒學思想論』, 열음사, 1986, p.30).
33) 이종호 편, 『유교경전의 이해』, 중화당, 1993, p.17.

제3장

상고 및
공자·맹자·장자

I. 하은주 삼대의 문명

1. 하대의 문명

하나라는 중국사에서 지극히 상고의 시대이다. 하나라의 시작은 BC 2천년대의 일이며 하나라의 존속 연대는 약 250~300년의 일이라고 할 수 있다. 곧 하나라(17主 441년)의 성립의 연대를 보면 BC 2207년甲戌의 일로, 당시는 1대 하우~17대 제걸까지의 통치기간이었음을 알 수 있다. 고대 하왕조는 13년 동안 치수사업으로 황하의 대홍수를 다스린 우禹가 세운 나라이다. 전설적인 황하의 지도자 순舜 밑에서 강의 범람을 막는 대역사를 성공시킨 우는 나라의 제도를 정비한 뒤 만인의 추대를 받아 왕위에 오른 것이다.[1] 하나라의 치적으로 우왕이 물 관리를 잘하여 문명이 발달하였다.

이러한 문명의 발달에 따른 하나라의 문화는 자연주의적 성향이었다고 할 수 있다. 곧 하나라의 문화는 소박한 자연주의적인 성격을 띠고 있는데, 이때 자연은 모두가 어울려 각자의 공능을 교섭함으로써 비로소 만유가 생성될 수 있다는 뜻이다.[2] 하나라의 소박한 자연관에 근거하여 백성들은 일체를 평등시하는 횡적이고 다원적인 교류를 행하는 데 정성을 다하였다. 순수 소박하고 자연주의에 바탕하여 인생의 삶을 설계하는 하나라의 백성들은 자연 그대로의 순박한 모습이었다.

자연주의적 순박함의 분위기를 반영하듯 공자도 하나라에 대해 언급한 적이 있다. 즉 하은주 3대 문화의 특성에 대해 공자는 다음과 같이 평가하였다. "하나라는 자연을 숭상하고 삶의 절실한 문제에 충실하여 사람들이 서로 친애하고 평등하였다. 아직 문화가 미개하여 질박하기는 하지만 어리석고 꾸밀 줄을 몰랐다."[3] 이처럼 하나라는 오늘의 이기주의적 지교智巧가 없었고, 자연 그대로의 순수함을 지니는 소박한 민중들이었다. 더불어 그들은 상호 정감을 건네고 모두 자연 앞에 겸손하며, 평등한 존재임을 스스로 깨닫게 되었다.

---

1) 세계사신문 편찬위원회, 『세계사신문』1, 사계절출판사, 1999, p.21.
2) 김충열, 『노장철학강의』, 예문서원, 1995, p.39.
3) 위의 책, p.40 參照.

아울러 하나라의 문명에 있어 농경과 건축이 발달하기 시작했다. 하나라 사람들의 활동 무대는 정주鄭州였다. 그곳에서 그들은 서로 협조하며, 평등의 가치를 즐기며 의식주 해결을 위한 농경생활 내지 건축사업을 전개하였다[4] 그들 스스로의 의식주를 해결하기 위한 원시적 방법은 바로 농토에 씨 뿌리고 곡식을 가꾸는 농경생활이 필수적이었다. 보다 풍요로운 보금자리를 마련하기 위해 건축을 하여 추위와 더위를 막고 금수로부터 안전을 확보할 수가 있었기 때문이다.

그러나 하나라 역시 역사의 부침을 따라 멸망하지 않을 수가 없게 되었다. 기원전 1500년경의 일로써 황하 중류에 새 왕조가 수립된 것이다. 이 지역에 산재해 있던 여러 성읍의 하나인 박河南省의 지도자 탕이 폭군 걸왕의 하왕조를 무너뜨리고 은나라를 세웠다. 걸왕의 포악한 정치는 하나라의 멸망으로 이어졌다. 또한 탕이 은을 세울 수 있었던 것은 '발달한 청동기 문화를 바탕으로 주변 성읍들 사이에서 주도권을 획득했기 때문'[5]이다. 청동기 문화의 발전은 전쟁을 수행할 수 있는 무기의 개발로 이어진 것이다.

2. 은대의 문명

하남성의 지도자 탕왕이 폭군 걸의 하 왕조를 무너뜨리고 은나라를 건립하였다. 또한 은왕조는 서북·서쪽에서 쳐들어온 이민족에 대항하여 황하유역 여러 종족들의 평화를 유지하기 위해 은나라를 세웠다. 그리하여 은대商(28主 644년)는 1대 성탕~28대 제주까지의 기간을 말한다. 은나라 수립 및 유지와 관련하여 충신이 많이 나왔는데, 당시 삼인三仁의 인물은 미자, 비간, 기자였다.[6] 은나라 조정의 정치 질서는 이러한 인仁의 실천 등 종교의식에서 나왔다.

은나라 사람들은 이에 지고의 신을 상정하였다. 은허殷墟에서 출토된 갑골 복사卜辭에서는 천지 만물을 주재하는 지고의 존재를 제 또는 상제라고 불렀다. BC 1766乙未년대의

---

4) 金忠烈, 『中國哲學散稿』Ⅱ, 온누리, 1990, p.80.
5) 세계사신문 편찬위원회, 『세계사신문』1, 사계절출판사, 1999, p.25.
6) 金忠烈, 앞의 책, 1990, p.177.

제3장 상고 및 공자·맹자·장자 ••• 45

은나라에서 중국 최초의 갑골문자가 발명되어 은 문명의 도약이 시작되었다. 은나라 조정은 나라의 중대사를 결정할 때 점을 쳐왔는데 점을 친 내용이 갑골문자에 기록되었다. 갑골은 점에 사용되는 거북의 배 껍질甲이나 소의 어깨 뼈骨를 뜻하는 말로, 갑골 뒷면에 구멍을 내어 불로 지지고 이때 생긴 균열을 보고 신의 뜻을 해석한다.[7] 점을 기록하는 수단으로서 갑골에 사용된 도구로는 청동제의 칼이 쓰였다.

이처럼 은나라 사람들은 비바람과 같은 자연현상과, 전쟁의 승패와 성을 쌓는 등 인간사까지도 상제가 주재한다고 생각하였다. 그것이 우주 전체를 주관하고 인간사의 길흉화복은 물론 국가의 정치권력까지 관장한다는 것이다. 그래서 상제는 그의 뜻을 전문적으로 알아내는 일을 맡아보는 무巫와 축祝을 두고, 거북점卜을 통해 국가의 대사를 결정하였다. 특히 은나라 종교의 귀신 관념은 주재적 관념, 종교 관념과 윤리였다.[8] 다시 말해서 은대의 종교는 신권과 조상숭배를 중심으로 한 것이었다. 이처럼 은대 후반의 왕조부터 문명 발달이 시작되었고 또 예술품은 상징의 자연주의적 특징을 지닌다.

그리하여 하나라의 순박함이 사라진 시대인 은나라는 조상신을 숭배하여 백성의 모든 힘을 여기에 집중시켰으나, 백성의 실제적인 삶이 경시되는 풍조가 발생하였다. 당시에는 구체적이고 실용적인 것보다는 추상적이고 비실재적인 것을 추구함으로써 순박성이 깨지고 허탄하고 교사스러운 것에 이끌려 안정을 잃곤 하였다.[9] 이러한 풍조는 곧 청동기 시대의 발달과 더불어 전개된 것이다. 하나라의 농경사회에 이루어진 순박함 및 백성들의 질박한 사회생활은 이와 같이 은나라 문명의 시작과 더불어 사라지는 상황으로 변했다.

아쉽게도 은나라가 멸망한 것은 은나라 주紂의 악행에서 비롯되며, 그런 연유로 주나라 때에는 임금과 백성들의 심성수양 즉 성性의 절제와 수양이 중시되기에 이른다. 은이 멸망할 시점에 강태공과 백이·숙제가 거론되곤 한다. 은을 치려던 주 문왕이 강태공呂尚에게 자문을 구했다. 강태공은 그릇된 것을 알고도 바로잡지 않으면 도가 아니라면서 폭군에 저항하는 역성 혁명론을 제시한 것이다.[10] 그러나 백이·숙제의 두 형제는 주왕이 비

7) 세계사신문 편찬위원회, 『세계사신문』1, 사계절출판사, 1999, p.28.
8) 『간명 중국철학발전사』, 서남사범대학출판사, pp.5-6.
9) 김충열, 『노장철학강의』, 예문서원, 1995, p.40.

록 도리에 어긋나지만 엄연한 군주이므로 신하의 몸으로 군주를 시해한다면 인仁이 아니라며 반대의 입장을 굽히지 않았다.

한편 은의 멸망과 관련하여 상기할 사항이 있다. 이를테면 은의 마지막 왕 주왕은 방탕한 생활을 지속하여 정사는 저버린 채 '달기'라는 색녀와 온갖 기괴한 성적 유희에 빠져들었다. 급기야 그는 연못에 술을 가득 채우고 주위 나무에 고기 안주를 숲처럼 걸어놓은 뒤 수많은 남녀가 발가벗고 뛰어다니며 서로 희롱하도록 하고 달기와 낄낄거리며 재미있어 했는데, 이를 주지육림酒池肉林이라고 한다.[11] 이러한 역사적 고통스런 현장을 새기면서 오늘의 위정자와 대통령은 무엇이 국가를 멸망으로 이르게 하는가를 알아야 할 것이다. 그리고 사회 지도자들 역시 망국의 불행한 요인을 직시해야 한다.

3. 주대의 문명

주나라의 시작은 BC 1122년己卯이다. 당시 주周는 1대 무왕~12대 유왕까지 통치가 지속되었다. 묵자는 주나라의 풍조에 대해 다음과 같이 말한다. "주나라 무왕은 은나라를 쳐부수고 주紂왕을 죽이고는 천하를 통일하여 스스로 천자가 된 다음, 왕자로서 일을 이룩하고 공을 세웠으니 큰 후환이 없을 것이라 생각하고, 옛 임금들의 음악을 쓰면서 또 스스로 음악을 작곡하여 상象이라 불렀다."[12] 당시의 분위기를 말하듯이, 주 무왕은 은의 폭군 주왕을 제거하고 주나라를 굳건하게 세우는 명분을 삼았다.

그렇다면 주나라 문명의 특성은 어떻게 거론될 수 있는가. 곧 주나라는 청동기에서 철기로 접어드는 시대였다. 철기의 문명 개발과 더불어 당시에 패자들이 활개를 치기 시작하였다. 다시 말해서 주의 봉건제는 청동기 시대라는 환경을 토대로 성립했으나, 곧 철기 시대로 접어들기 시작한 것이다. 철기를 등에 업고 급부상한 초楚는 "우리가 주보다 훨씬 발전하고 잘사는데 굳이 공물을 바치고 군대를 보내줄 이유가 어디 있는가"라고

---

10) 세계사신문 편찬위원회, 『세계사신문』1, 사계절출판사, 1999, p.31.

11) 위의 책.

12) 『墨子』「三辯」, 武王勝殷殺紂 環天下自立以爲王 事成功立 無大後患 因先王之樂 又自作樂 命曰象.

항변한 것이 그런 사정을 잘 보여준다.[13] 철기시대로 이어지면서 주나라는 당연히 철기의 무기 개발로 패자들이 난립하기 시작하였다. 그러한 패자 난립이 지속되면서 후래 혼돈의 춘추시대로 나아갈 수밖에 없었다.

주나라 문화에 있어 예를 숭상하고 교화에 힘쓴 시기였음은 주대의 치적으로 나타난다. 즉 주나라는 예를 숭상하고 교화에 힘써 귀신 숭배보다는 인간을 귀하게 여기고 도덕적 가치를 중시하게 된 것이다. 그러나 인간의 지혜가 발달하고 문화가 성장함에 따라 사람들은 점차 바탕質보다는 꾸밈文, 실리보다는 허명을 좋아하여 역시 폐단을 낳았다.[14] 아무튼 주나라 초기의 문화는 종교가 도덕, 도덕이 교육, 교육이 예기화藝技化로 전개되었다. 이러한 연유로 인해서 주나라의 예절 숭배는 후래 주례周禮가 형성되는 계기로 이어졌다. 그리고 도덕적 교육이 강조되면서 후대의 공자 철학이 발아되는 상황으로 변모했다.

주나라 후반기에는 서주와 동주의 시대로 나뉘었다. 곧 주나라 유왕은 주나라 여왕의 손자로서 포사라는 여인에게 혹하여 정치를 돌보지 않다가 오랑캐 견융족의 침입으로 죽게 되었다. 그 뒤 유왕의 아들 평왕이 도읍을 낙읍으로 옮기어 나라를 다시 부흥시켰으므로 그 이전을 서주, 평왕 이후를 동주라 구분하여 부른다.[15] 여왕은 무왕으로부터 10대째의 주나라 임금인 바, 그의 이름은 호胡였다. 그는 포악 정치를 한 결과, BC 841년 왕좌에서 물러나 주공과 소공이 대신 공화정치를 행하는 상황으로 전개되었다.

주나라의 멸망은 어쩔 수 없는 결과로 나타난다. 기원전 771년 중국의 북방 견융족이 주나라를 침공하게 된 것이다. 그들은 순식간에 수도 호경을 침략, 점령하고 말았다. 주 유왕은 인근 여산으로 피난 갔는데 결국 붙잡혀 살해되고 주는 건국한지 300년도 안 되어 멸망이라는 불운의 시대를 접한다. 주가 멸망하는 사태에 직면한 직접적인 원인은 왕위 계승을 둘러싼 왕실 내부의 불화였으며, 그로인해 왕비가 폐위당했는데 그의 아버지 신후는 복수심에 불타 견융족을 불러들인 것으로 확인됐다.[16] 그리하여 견융이 주나

---

13) 세계사신문 편찬위원회, 위의 책, p.35.
14) 김충열, 『노장철학강의』, 예문서원, 1995, p.40.
15) 金學主 註解, 『新譯 墨子』, 明文堂, 1993, p.61.
16) 세계사신문 편찬위원회, 앞의 책, p.33.

라를 정복한 것은 곧 북방민족이 중원을 점령한 것이며, 이로 인해 다른 유목민도 중원 진출에 관심을 갖게 되었다.

아무튼 주나라 멸망 이후는 공맹과 노장이 중국철학의 뿌리를 세운 춘추전국시대로 이어진다. 유가 문화의 뿌리는 중국 주족이 세운 서주에서 그 모습을 드러내다가 춘추전국시대에 그 전통을 이어받은 추노鄒魯에서 자리를 잡았다. 이에 비해 도가문화의 뿌리는 동이족이 세운 상나라에서 그 모습을 드러내다가 춘추전국시대에 제초齊楚에서 자리를 잡았다.[17] 당시 공자는 은나라의 후예로서 은나라 문화를 주대 이후의 문화에 적극 참조하였다. 곧 유가 문화는 중국 서방의 주족周族에서 그 연원을 찾을 수 있으며, 이러한 연원으로 춘추전국 시대의 고대문화가 뿌리를 박게 된 것이다.

II. 춘추전국시대의 개략

주나라가 멸망의 길로 접어들자 하은주 3대는 시대의 종막을 고하여 주말周末, 춘추전국시대로 접어든다. 즉 낙읍으로 도망해 간신히 명목만 유지하고 있던 주 왕실은 세상인심의 흉흉함을 느끼지 않을 수 없었다. 해마다 공물을 바치고 유사시에 병력을 차출해 주던 제후들이 왕으로 자처하였으며, 이 패자들이 어림잡아 백 수십 명을 헤아리니 이른바 춘추시대이다.[18] 드디어 패자난립의 시대, 백가쟁명의 시대가 시작된 것이다.

그렇다면 춘추전국시대의 사회적 조건은 어떠하였는가를 알아본다. 『동양사통론』(Jacques Gernet)에서는 전국戰國 시기의 사회적 조건을 중앙집권적 국가의 성립을 목전에 두고 있는 고대 말기의 중국인 체질과 정신을 단련시키고 있던 다이나믹한 전쟁의 시대였다[19]라고 말한다. 여기에서 지적하듯이 춘추전국시대는 중국 고대의 말기로서 패자들이 수많은 전쟁을 일으키며 봉건제후국에서 중앙집권국으로의 변화를 과감히 시도

---

17) 金白鉉, 「現代 韓國道家의 研究課題」, 『道家哲學』 창간호, 韓國道家哲學會, 1999, p.331.
18) 세계사신문 편찬위원회, 앞의 책, p.35.
19) 박재희, 「黃老道家의 형성과 세계관」, 한국도가철학회 1998년도 제3회 학술발표회《발표요지》, 한국도가철학회, 1998년 7월 28일, p.20(注92).

한 시기였던 것이다.

춘추전국시대에는 그로 인해 물질 가치가 상승되어 계급간의 갈등이 일어나 각 국가의 쟁탈이 특히 심했던 때이다. 대체로 춘추 말기의 사회 혼란은 인성 문제보다 물질 문제로 인한 사회 국가의 격변에 원인이 있다고 보는 것이 더 근본적인 진단일 것이다.[20] 당시는 비교적 물질의 생산이 풍요로워졌던 탓으로 물자가 많아졌던 것이 사실이다. 이에 상대적으로 물질 풍요에 비해 그 분배가 불공정할 경우 계급간 난립은 심각해질 수밖에 없다. 춘추전국시대는 이러한 불공정성의 문제로 국가간 전쟁이 빈발하였다.

아울러 춘추전국 시대에는 전쟁 내지 과세로 백성의 고통이 심각해졌다. 제후국들이 영토 확장으로 전쟁은 그칠 날이 없었으며, 또 세금제도는 강화되어 『좌전』의 기록에 따르면 기원전 594년 노나라에서 밭이랑을 기준으로 하여 세금을 부과하였다는 사실을 알 수 있다. 춘추전국시대는 국가를 유지하기 위하여 세금을 거두어들이고, 백성들을 동원하여 성을 쌓으며, 다른 나라와 전쟁을 하는 사이에 백성들의 고통은 날로 심해졌다.[21] 혼란이 가중되었던 주요 원인은 바로 이러한 몇 가지 사실에서 기인된다.

중국고대 말기의 체제는 혈연 중심에서 국가 단위의 사회로 변화가 빠르게 진행되었다. 즉 혈연 중심의 봉건국가에서 중앙집권국가로 변해가는 중국고대 말기의 정치적인 상황은 사상과 문화 전반에 걸쳐 새로운 변동을 촉진하였으며, 새로운 시대에 부합하는 가치관의 정립이 강력하게 요구되었다.[22] 그러한 연유로 인해 가치관의 혼란이 가중되었고, 정치적 불안이 겹쳐 사상의 혼란과 백성의 가치 혼돈으로 민중은 갈피를 잡지 못하였다.

따라서 춘추전국시대는 군웅이 할거하고 권력 투쟁이 심했으며, 마침내 각자의 가치의식을 강조하는 학문의 제자諸子가 등장하는 시기였다. 이 전국시대(BC 475~BC 222년)는 중국 역사상 처음으로 나타난 격변기였기 때문이다. 기존의 사회체제가 전면적으로 해체되어가는 상황 속에서 정치적으로는 군웅이 할거하여 겸병兼倂, 전쟁과 권력 투쟁이 치열

---

20) 김충열, 『노장철학강의』, 예문서원, 1995, p.46.
21) 이강수, 『노자와 장자』, 길, 1997, p.79.
22) 박재희, 「黃老道家의 형성과 세계관」, 한국도가철학회 1998년도 제3회 학술발표회《발표요지》, 한국도가철학회, 1998년 7월 28일, p.20.

하게 벌여졌고, 학술 사상계에서는 백가쟁명으로 학술 토론과 사상 투쟁이 활발하게 전
개되었다.[23] 시대적 혼란이 영웅을 낳듯 학술적 난립, 학파적 대립이 곧 춘추전국의 유명
한 철학자들을 낳게 된 것이다.

춘추전국시대의 거두 공자와 노자의 사유가 이에 관련된다. 유가는 명名을 통해 당시
사회의 혼란상을 바로잡을 수 있으리라고 믿었다. 즉 법식에 어긋난 기물器物을 단식한
'곡불곡斛不斛'이나 대부로서 참람되게 예법을 어긴 팔일무八佾舞에 대한 공자의 탄식이 있
었다. 이는 춘추시대의 혼란 속에서 제후들이 발호하면서 친친親親과 존존尊尊의 종법적
원리에 기초한 주례가 붕괴됨으로써 당시의 명과 실이 불일치함을 한탄한 것이다.[24] 노
자 역시 유교 통치자들이 상벌에 의해 법령을 만드는 것이 눈에 거슬렸다. 춘추시대 최초
의 패자 제환공과 같은 인위적 통치자들이 노자에게 큰 반발을 샀던 이유가 여기에 있다.

이보다 조금 뒤인 전국시대에는 상업이 형성되었던 시대로 국가간 교류가 활발했다.
이 당시에 맹자와 장자가 등장하였으며, 특히 맹자는 양주와 묵적을 비판하였고, 장자는
공자를 비판하였다. 전국시대에 이르러 이미 상업이 어느 정도 발달하고, 맹자가 양주와
묵적을 "아버지의 존재를 무시하고 군주의 존재를 무시한다"無父無君고 비판하듯 학문 교
류와 학술 토론이 성행했다.[25] 제자백가의 백가쟁명이 바로 이러한 연장선상에서 거론되
는 것이다.

Ⅲ. 공자의 생애와 사상

1. 생애

공자의 이름은 구丘이며, 자字는 중니仲尼이다. 그는 주의 영왕 21년 10월(노의 양공
22년, BC 551년)에 노魯의 창평향 추읍에서 탄생하였다. 그리고 그는 주의 경왕 41년(노

---

23) 이강수, 『노자와 장자』, 길, 1997, p.21.
24) 임채우, 「老莊의 세계이해 방식-整體와 部分」, 『道敎와 自然』, 도서출판 동과서, 1999, p.67.
25) 조민환, 『유학자들이 보는 노장철학』, 예문서원, 1996, p.26.

의 애공 16년, BC 479년)에 타계하였다.[26] 그가 탄생한 곳은 오늘날 산동의 곡부이다. 공자의 혈통으로 말하면 그의 조상은 송인宋人이라고 한다. 그의 조상이 살았던 송은 은殷의 후예이며, 공자는 은나라 사람(『예기』「단궁」, 而丘也, 殷人也)이라고 하였다.

공자는 은왕 성탕成湯의 후예인으로, 은나라 멸망 후 무왕이 미자계를 송에 봉封하여 은나라의 종사宗祀를 보전케 하였는데, 이른바 공자는 그의 일족으로 알려져 있다. 공자의 아버지는 숙양흘로서 추읍의 대부이고, 어머니는 안징재이다. 숙양흘은 공자가 어린 시절에 타계했고, 가난한 가정을 돕기 위해 공자는 천역에 종사하였다. 또한 그는 창고의 관리인委吏으로서 분명하게 일처리를 하였으며, 목축 관리인乘田이 되었을 때는 가축이 번성하였다.[27] 이처럼 그는 가사가 넉넉지 못한 상태에서 곤궁한 유년기를 보냈던 것이다.

그러면 공자가 살았던 연대의 철인은 누구였을까 궁금한 일이다. 공자는 노자와 동시대의 인물이라고 전해진다. 공자는 34세에 당시 주의 서울인 낙양에 가서 노자를 보고 예文物를 물은 적이 있기 때문이다. 노자가 공자보다 다소 앞선 시대에 살았다고 주장하는 사람들이 있는데 당란, 황방강, 방동미, 서복관, 엄영봉이 그들이다.[28] 아무튼 공자와 노자는 동시대의 인물이라는 점에는 많은 학자들이 동의하고 있다.

공자의 저술로 잘 알려진 것은 『논어』이다. 이는 그 문인들이 공자의 언행을 기술한 것이라 하기도 한다. 물론 『대학』이나 『중용』, 『맹자』에도 공자에 대한 언급이 많이 나오나, 공자 문인들이 편술한 『논어』는 그의 사상을 접하는 직접적인 자료이다. 이 『논어』는 대화체로 기술되어 있다. 『논어』에 기재된 것은 결코 문인이 위작한 것이 아니며, 오늘날 공자 학설을 논하는 주요 자료로 손꼽힌다[29]. 『논어』는 공자 사상을 담은 『사서』의 주 경전으로 알려져 있다.

나아가 공자의 중반기 내지 만년기의 삶에 대해 언급해 보자. 무릇 50세 이전의 공자는 고래의 전통문화를 이어받는 입장으로 『시경』과 『서경』을 찬술하고 예악을 바로잡았으

---

26) 『史記』「孔子世家」, 孔子生魯昌平鄕陬邑 其先宋人.
27) 『孟子』「萬章」下 參照.
28) 김충열, 『노장철학강의』, 예문서원, 1995, p.27.
29) 勞思光 著, 鄭仁在 譯, 『中國哲學史』-古代篇-, 探求堂, 1988, p.63.

며, 공자 자신도 온고지신, 술이부작이라고 한 것이다.[30] 그리고 그는 만년에 이르러『주역』등을 보면서 학문의 깊이를 더하다가 아들 이鯉를 잃는 불운이 있었으며, 설상가상으로 여러 제자들(안회, 염백우, 자로)도 잃고 말았다. 공자의 유해는 노魯의 사수泗水 지류 부근에 안장되었고, 현재 그의 묘는 중국의 산동성 곡부현에 있다.

2. 인仁과 교육론

공자의 사상을 한마디로 말한다면 인仁 사상이다. 그가 말하는 인의 본질이 무엇인가를 파악해 본다. 공자는 이에 말한다. "인이란 자기가 서고자 하면 남을 세우고, 자기가 도달하고자 하면 남을 도달하게 하는 것이다."[31] 그의 이러한 언급은『중용』13장의 '나를 미루어 남을 생각하는 것'(施諸己而不願 亦勿施於人), 즉 추기급인推己及人과도 같은 것이다. 공자는 인의 본질에 대해 실제적으로 설명하고 있다. '군자는 근본에 힘쓰는 바, 근본이 서면 도가 생겨나며, 효제라는 그것이 인의 본질'(君子務本 本立而道生 孝弟也者 其爲仁之本與)이라고『논어』「학이편」에서 언급하였다.

공자는 인의 필요성에 대해서도 언급하고 있다. 그는 교언영색巧言令色하는 사람으로서 인을 실천하는 자는 드물다(學而篇)고 하면서 다음과 같이 말한다. "사람이 인하지 못한다면 예禮인들 어찌할 것이며, 사람이 인하지 못한다면 악樂인들 어찌하랴."[32] 언급된 바대로 유교에서 흔히 사람들을 교화하려면 예와 악이 거론된다. 이러한 예악론은 인仁한 사람을 만들어내는 데 그 의미가 있다. 그래서 인을 실천에 옮기지 못한다면 예악 교화가 될 수 없음은 뻔한 일이다. 그는 인격을 갖추기 위해 인을 행할 필요성을 강조하고 있다.

바람직한 인격 형성으로서 이러한 인을 실천하는 방법에 대해 공자는 구체적으로 언급하고 있다. 자장이 공자에게 인에 대해 물었다. 이에 공자는 다음과 같이 말한다. "천하에서 능히 인을 실천하는 방법이 있다. '그것이 무엇입니까' 공경, 관용, 신뢰, 민첩, 은혜

---

30) 金忠烈,『中國哲學散稿』I, 온누리, 1990, p.95.
31) 『論語』「雍也」, 夫仁者 己欲立而立人 己欲達而達人.
32) 『論語』「八佾」, 子曰 人而不仁 如禮何 人而不仁 如樂何.

등이 그것이다."[33] 나아가 공자는 나이 68세까지 이곳저곳을 철환천하하고 여러나라를 역방歷訪하면서 당시 임금들과의 대화 속에 인정仁政을 베풀도록 지속적으로 요청하기도 하였다.

이에 더하여 인을 실천함 속에 여력이 있으면 글을 배워야 한다고 하였던 점에서도 공자는 교육에 대해 관심을 표명하고 있다. '이친인 행유여력 즉이학문'而親仁 行有餘力 則以 學文(『논어』학이편)이라는 말이 그것이다. 곧 그가 예시한 교육의 내용은 인의 실천에 이어 '육예'六藝 라는 과목이 있다. 공자에게서 강조되는 인과 육예는 공문孔門의 교재 내용이라고 할 수 있다. 구체적으로 육예는 예 악 사 어 서 수禮樂射御書 數 또는 시 서 역 춘추 예악詩 書 易 春秋 禮 樂 과목이며, 공자는 인과 육예로써 지식과 덕행이 겸비된 인물을 기르고자 하였다.[34] 육예의 조목 하나하나를 보면 마치 오늘날 교육의 커리큘럼을 보는 듯하다.

공자로부터 발원한 교육, 즉 학學을 수사지학洙泗之學이라고 하는데, 그것은 공자의 학풍이 해안이나 사막이 아닌 장강수長江水 기슭에서 형성되었다는 의미이다. 공자의 학풍과 호학의 교육열은 가히 짐작할만하다는 것은 다음의 글에서 잘 알 수 있다. '학이시습지 불역열호'學而時習之, 不亦說乎(배우고 때로 익히면 또한 즐겁지 않은가)라는 문장이 그것이다. 또 그는 "먹어도 배불리 하지 않고, 거처해도 편안한 곳을 찾지 않으며, 매사에 민첩하되 말에는 삼가며, 도 있는 곳에 나가되 정도를 취하는 것은 바로 호학이라 이를 수 있다"[35]라고 하였다. 여기에 호학의 필요성과 공부 방법이 잘 나타나 있다.

요컨대 공자의 교육론이 무엇인지 그 대체를 몇 가지 조항으로 언급하여 보자. 첫째 친절과 공평무사, 둘째 획일적인 교육보다 개별적인 지도, 셋째 배움을 청하는 자에게서 속수束脩(적은 분량의 마른 고기)의 예물을 받는 것, 넷째 주입식 교육보다 피교육자의 자발적 노력, 다섯째 점진적 교육 방법에 의한 정성과 경외심, 여섯째 돈독한 사제 간의 관계[36]가 그것이다. 특히 여섯째 조항을 구체적으로 말하면 사제 간의 관계가 부자의

---

33) 『論語』「陽貨」, 子張問仁於孔子 孔子曰 能行五子於天下 爲仁矣 請問之 曰恭寬信敏惠.
34) 金能根, 『中國哲學史』, 探求堂, 1973, p.50.
35) 『論語』「學而」, 子曰 君子食無求飽 居無求安 敏於事而愼於言 就有道而正焉 可謂好學也已.

관계처럼 애정을 쏟아야 참다운 교육이 전해진다는 뜻이다. 즉 제자인 염백우의 임종시 공자가 위로한 것(『논어』 옹야편)이라든가, 제자 안연이 죽었을 때 한없는 슬픔을 표한 것(동서 선진편)이 이와 관련된다.

3. 예禮와 정치론

공자의 조상과 그 자신은 예와 관련한 벼슬을 하였다. 공자의 선대는 여러 차례 사례관司禮官에 속하였다. 공자도 어려서 예를 익혀 이에 통달한 것으로 보인다.[37] 당시의 공자 나이는 30세로 알려져 있다. 이를테면 노 정공 10년에 공자는 노나라에서 벼슬을 하였다. 그로 하여금 의식을 주관케 한 것이 이와 관련된다. 은인殷人들 중에서 지식인은 대개 주대에 하나의 직업적 예생禮生이었으며 공자의 선조들도 이 사회 집단에 속하였다.

공자가 당시 예의 실천에 관심을 갖고 이와 관련한 많은 언급을 한 이유는, 군자 성인이 되기 위한 예의 실천에 그 취지가 있었기 때문이다. 실제 공자 당시 주나라 예제禮制는 허실했으니 천자가 제후를 통어하지 못하였음은 물론 열강 제후들은 서로 다투어 예제는 붕괴되기 직전이었다. 이러한 시대 상황에 처한 공자는 주나라의 질서를 바로잡기 위해 예의 실천을 통한 주周의 문화를 활력 있게 하려고 하였다. 그가 "군자로서 의를 바탕삼고 예로 실천토록 해야 한다"[38]라고 주장한 것도 이러한 주나라 예절 문화를 강조하기 위함이다.

공자는 손수 예를 실천하는 공손함을 보이고 있다. 『논어』에서 공자는 태묘太廟에 들어가 일이 생길 때마다 반드시 물어보았다. 이 사실을 들은 자는 "누가 추인의 아들이 예를 안다고 말했는가"라고 하면서 그를 비웃으니, 공자는 "이것(물어보는 것)이 바로 예이다"[39]라고 하였다. 곧 공자는 예를 실천토록 유도하는 순수 목적에서 설사 예를 잘 알고

---

36) 金能根, 앞의 책, pp.51-52.
37) 孔子는 어렸을 때 禮에 정통하였다는 증거가 있다. 『左傳』 昭公 30년, 孟僖子가 禮에 통할 수 없음을 恨으로 여겨 임종할 때에 그 아들 南宮敬叔에게 부탁하기를 "孔子를 따라서 예를 익히라" 말한 기록이 그것이다.
38) 『論語』 「衛靈公」, 君子義以質 禮以行之.

있다고 해도 손수 태묘에 들어가 매사를 반드시 물어보는 것을 예 실천의 방편으로 보여주었다.

아울러 공자는 흐트러진 사회 상황을 바로잡기 위해 정치에 관심을 가지고 정교政教에 대해 깊은 관심을 보였다. 그의 조년早年 사상은 그 중점을 형이상학에 두어 그 취지를 비교적 현실 행동세계의 정교 방면에 기울였다.[40] 젊은 시절에 공자는 치국과 평천하의 경륜을 펴도록 한때 노력하였던 것이다. 이런 열정의 시절에 정교에 관심을 가졌던 것에 더하여 그의 후반기에는 천도·인성의 수양론에 관심을 기울였다.

사회 구제의 실제적 참여 방법으로서 공자는 정치의 표준을 덕치德治에 두고 있다. 그는 『중용』에 자신의 경륜을 표명하고 있듯이 '요순을 조술祖述하고 문무文武를 드러내려 했던 것'도 바로 주대의 덕치의 정치를 계승하려고 한 모습이다. 그는 다음과 같이 말한다. "정치는 덕치로서 한다. 이는 마치 북극성이 있는 곳에 모든 별이 향하는 것과 같다."[41] 이처럼 그는 정치를 후덕한 덕치로 해야 함을 역설하고 있다. 법치法治의 강압적 정치 행위는 절대 금해야 한다는 논리를 포함하고 있다.

덕치의 결과와도 같이 정치를 잘 하는 사회 풍토의 조성 방법에 대해서 공자는 관심을 보이고 있다. 즉 그는 정명正名의 방법을 통해 올바른 정치를 수행할 것을 주장한다. 정명론으로써 대의명분의 정치를 실행하고자 하였던 것이다. 정명론이란 제나라 경공이 공자에게 질문한 것에 대해 답한 내용이다. 그것은 '임금은 임금, 신하는 신하, 아버지는 아버지, 아들은 아들의 역할을 성의껏 다하는 것'[42]에서 실마리가 풀린다. 임금과 신하의 관계가 불편하거나, 부자 간에 갈등이 증폭된다면 결국 가정과 국가가 잘 다스려질 리가 없다.

---

39) 『論語』「八佾」, 子入太廟 每事問 或曰 孰謂鄹人之子知禮乎 入太廟 每事問 子聞之曰 是禮也.
40) 金忠烈, 『中國哲學散稿』I, 온누리, 1990, p.97.
41) 『論語』「爲政」, 子曰 爲政以德 譬如北辰 居其所 而衆星共之.
42) 『論語』「顏淵」, 齊景公問政於孔子 孔子對曰 君君臣臣父父子子.

4. 천명 및 종교론

세상을 살아가면서 우리는 인간이 갖는 한계를 잘 인지하고 이를 극복하는 방법을 터득하게 되었다. 고대의 공자 역시 이러한 인간의 무기력한 심리를 잘 파악하였던 것이다. 그는 이러한 한계 극복을 위해 천명과 귀신 등 종교적 개념을 사용하였다. 중반의 나이인 50이 되면 천명을 감지하여 이에 따른다고 하였다. "나이 50이 되자 천명을 알게 되었다."[43] 깨달음과도 같은 그의 확신은 세상을 달관한 천명관에 의함이다.

그리하여 천명을 달관적 삶의 전개에 있어 지천명의 인지 내지 실행의 대상으로 간직하였다. 그가 바라본 천명론은 삶을 살아가면서 항상 두려워해야 할 대상이자 성인 군자가 되는 실천 좌표와도 같았다. 그래서 공자는 다음과 같이 말한다. "군자에게는 세 가지 두려워할 것이 있는데, 첫째 천명을 두려워하고, 둘째 대인을 두려워하며, 셋째 성인의 말을 두려워해야 한다."[44] 이처럼 천명을 경외의 대상으로 삼는 것은 그의 천인합일적 행동 철학의 단면을 잘 드러내고 있다.

공자의 종교적 관점에 대해서도 언급해 보자. 그는 기도와 관련해 다음과 같이 말하고 있다. "하늘에 죄를 지으면 기도할 곳이 없다."[45] 죄를 짓는 것이 얼마나 무서운 일인가를 종교적으로 알게 해준다. 종교적 기도의 모습과도 같이 그는 기도의 필요성도 숙지하고 있다. 그는 언젠가 병이 들어 중태에 빠졌을 때 자로가 기도를 했으면 좋겠다는 뜻을 청했더니, "내가 기도해 온지는 오래 되었다"(『논어』, 述而篇, 丘之禱久矣)라고 하였다. 질병 치유에 대해 기도할 필요성을 크게 느끼지 않았던 것이다. 그의 이러한 언급은 종교적 기도의 필요성을 전면 부인한 것은 아니나, 기도의 위력 내지 절박함보다는 생사해탈적 천명론의 모습을 드러내는 것으로 보인다.

일반적으로 종교인이 관심을 표명하는 죽음 후의 세계에 대해 공자는 다소 소극적으로 언급하고 있다. 제자 계로와 공자의 대화를 살펴본다. "감히 죽음에 대해 여쭙습니다." "삶도 모르면서 어찌 죽음 알겠느냐."[46] 이것은 내세보다 현세를 강조하는 공자의 관점을

---

43) 『論語』「爲政」, 五十而知天命.
44) 『論語』「季氏」, 孔子曰 君子 有三畏 畏天命 畏大人 畏聖人之言.
45) 『論語』「八佾」, 獲罪於天 無所禱也.

밝히고 있는 것이며, 또 과거와 미래의 삶에 대해 명확한 입장 표명을 보류하는 것이다. 다음의 언급을 새겨 보자. 양梁의 황간이 소疏에 '이것'(공자가 삶도 모르며 죽음을 묻느냐는 『논어』 선진편의 내용)을 풀이하여, "외교外敎에는 삼생三生의 뜻이 없다. 주·공周·孔의 가르침은 오직 현재만을 설하고, 과거와 미래는 밝히지 않는다"47)라고 하였다.

전통 종교에서 주목되어 왔던 귀신에 대해서도 공자는 관심을 표명하고 있다. 그가 귀신에 대해 설한 언급을 보면, 번지가 지식에 대해 물었을 때 이에 (공자) 답하여, 백성이 의義에 힘쓰고 귀신을 공경하되 이를 멀리 한다면 지식이라고 할 수 있다48)고 하였다. 공자의 입장은 백성이 귀신을 숭배하면 성인들 역시 귀신을 숭배한다는 것이다. 그렇지만 귀신에 얽매이는 생활은 공자에 있어서 별로 탐탁하게 생각하지 않았던 것으로 보인다. 귀신을 공경하되 멀리 하라는 그의 언급을 새겨볼 일이다.

그렇다면 과연 공자의 종교관은 무엇인가. 하은주 3대로 이어온 전통 종교의 신앙생활에 대해 공자는 누구보다도 잘 인지한 것 같다. 3대의 긴 세월 동안 백성들의 종교적 신앙생활은 다소 기복적이고 미신적으로 흘렀던 것으로 공자는 인지하고 있었다. 이때에 이르러 그는 종교 신앙의 폐해를 목격하고, 종교와 도덕을 둘로 나누어 오로지 백성의 의義라는 것을 설했다.49) 공자에 있어 사람이 당연히 해야 할 도를 설하되, 이를 굳이 종교라는 범주로 넣으려하지 않았던 것 같다. 그런 까닭에 그는 기복적 귀신의 상벌 따위의 관념을 자신의 분별의식 속에 의도적으로 두지 않았으리라 추단된다.

5. 공문孔門 제자, 증자와 자사

공자는 유교의 시조로 존경받기에 충분할 정도로 덕망이 높아 그의 제자는 3천여 명이나 되었다. 그중에서 육예(禮, 樂, 射, 御, 書, 數)를 통달한 자가 72명이었다고 한다. 우리

---

46) 『論語』 「先進篇」, 季路問事鬼神 子曰 未能事人 焉能事鬼 曰 敢問死 曰 未知生 焉知死.
47) 皇侃, 『論語義疏』 卷6, 外敎無三生之義 周孔之敎 唯說現在 不明過去未來.
48) 『論語』 「雍也」, 樊遲問知 子曰 務民之義 敬鬼神而遠之 可謂知矣 問仁 曰 仁者先難而後獲 可謂仁矣.
49) 가노 나오키 著, 吳二煥 譯, 『中國哲學史』, 乙酉文化社, 1986, pp.127-128.

가 잘 알고 있는 '공문십철'孔門十哲이란 용어는 그의 훌륭한 제자 10명을 통칭해서 일컫는 말이다. 공자의 제자인 열 사람의 특성에 맞춰 그들을 나열해 보자. '덕행'의 안회, 민자건, 염백우, 중궁, '언어'의 재아, 자공, '정사'政事의 염유, 계로, '문학'의 자유, 자하50) 등을 거론할 수가 있다.

이어서 공문孔門에 잘 알려져 있는 사상가로 증자와 자사를 들 수 있다. 우선 증자는 어떠한 인물인가. 공문 제자 중 연장자로 자하를 가리키고 연소자로는 증자를 가리키는데, 순자는 자하의 학문을 계승했다면 맹자는 증자의 학문을 이어받았다.51) 특히『대학』과『효경』의 저자로 알려진 증자(BC 505~BC 436)는 공자보다 46세 연하이다. 증자는『논어』에 15번 등장하며, 공자는 증자의 인품에 대해 말하기를 '일이관지'(里仁篇)라 하였다. 증자는 또한 효행의 표본으로 알려진 인물이다.

다음으로 자사는 어떠한 인물인가. 우리는 자사를 생각할 때 세 가지 문제가 떠오른다. 그 하나는 자사가 공자의 손자라는 것이며, 둘은『중용』의 저자라는 점이고, 셋은 '천명지위성'天命之謂性을 거론했던 점이다. 그만큼 자사는 철학의 중심부에 서 있다고 해도 과언이 아니다. 자사는 증자의 학통을 이었다. 자사가 지은 것으로 알려진『중용』의 핵심 내용은 성론誠論과 덕론이다.52) 그리고 그는 수양론에 있어 존덕성愼其獨과 도문학(博學, 審問, 愼思, 明辯, 篤行)을 강조하기도 하였다.

어쨌든 공자를 포함하여 증자, 자사, 맹자가 유가의 정통을 이어온 성현으로 알려져 있는 것은 사실이다. 송대의 주자는 다음과 같이 말한다. "만약 이것은 선이고 저것은 악이라는 식으로만 품부받은 기를 논하고, 그 근원이 단지 도리라는 것을 논의하지 않는다면 또한 명확하지 않게 된다. 그것은 공자 증자 자사가 깨달은 뒤로는 아무도 그 도리를 설명하지 못했다."53) 위의 언급처럼 공자와 증자, 자사는 유교 정통의 도리를 설명한

---

50) 『論語』「先秦篇」에 孔門十哲이 나온다.
51) 金忠烈, 『中國哲學散稿』Ⅰ, 온누리, 1990, p.96.
52) 『中庸』20章, 誠者 天之道也 誠之者 人之道也 誠者 不勉而中 不思而得 從容中道 聖人也 誠之者 擇善而固執之者也 … 知仁勇三者 天下之達德也 所以行之者 一也.
53) 『朱子語類』卷4「性理一」, 若只論氣稟 這箇善 這箇惡 却不論那一原處只是這箇道理 又却不明 此自孔子曾子子思孟子理會得後 都無人說這道理.

희대의 성현으로 인지하고 있는 자가 바로 주자인 것이다.

Ⅳ. 맹자의 생애와 사상

1. 생애

맹자의 성은 맹孟, 이름은 가軻이다. 그의 자字는 자여子輿 혹은 자거子車로 불린다. 그는 노의 추현에서 출생하였으며, 주 열왕 4년(BC 372)~난왕 26년(BC 289) 동안의 생애를 살았다. 맹자는 향년 84세의 일기로 비교적 장수한 편이었다. 그리고 그는 자사의 문인에게서 수업하고, 공자를 숭경하여 사숙하였다.[54] 맹자는 유학의 정통 정맥으로 공자를 들고 있으며, 공자의 인仁에 이은 의義를 주장한 인물로 잘 알려져 있다.

맹자가 살았던 시대는 춘추전국시대로, 그는 장자와 동시대의 인물로도 알려져 있다. 다만 맹자가 장자를 만나 대화를 나누었다는 기록은 없다. 그가 살았던 춘추전국시대에는 이미 상업이 어느 정도 발달하였다. 당시는 백가쟁명의 시대였던 바, 제자백가들끼리 비판적 이데올로기의 논쟁은 뜨겁게 달아올랐다. 맹자가 양주와 묵적을 "아버지의 존재를 무시하고 군주의 존재를 무시한다"無父無君라고 비판하듯 학문 교류와 학술토론이 성행했다.[55] 제자백가의 백가쟁명이 바로 이러한 사상 논쟁의 단면들이다.

맹자를 비판한 고대의 학자도 있었으나 송대에 들어 맹자를 추존하여 그의 저술이 사서의 하나로 존숭된다. 예컨대 순자의 비십이자非十二子, 왕충의 논형論衡·자맹刺孟, 송대 사마광의 의맹疑孟 등이 이러한 맹자 비판이다. 아울러 송대 이정이 맹자를 추존하였고, 주자가 『대학』 및 『중용』과 더불어 『맹자』를 『사서』로 봉대하였던 것이다. 주자는 『사서』의 이론적 관계를 통일적으로 이해하고 그것을 자기의 사상체계 안에서 재구성했다.[56] 정주程朱가 『사서』를 경서로 보아 학문의 대상으로 삼았다는 점은 높이 평가할 일

---

54) 『孟子』 「公孫丑 上」, 乃所願則學孔子也.
55) 조민환, 『유학자들이 보는 노장철학』, 예문서원, 1996, p.26.
56) 한국철학사상연구회, 『韓國哲學』, 예문서원, 1995, p.35.

이다.

주목할 바, 맹자는 공자를 정통으로 추존하고 증자의 학문을 이어받은 인물이다. 즉 공문 제자 중 자하 및 증자를 선지자로 보았다면, 순자는 자하의 학을 계승했고 맹자는 증자의 학문을 이어 받았다.[57] 그런 면에서 유학은 공·맹을 하나의 대표적 인물로 묘사한다. 공자와 맹자는 유학의 정맥으로서 인의론을 전파했으며, 특히 맹자는 인간이 품부받은 인성의 바른 이해를 위해서 사단의 성선설을 널리 주창하였다. 이처럼 성품의 선함을 드러낸 공로에 대해 우리는 과소평가할 수 없다.

2. 성선설

중국 고대철학에 있어서 인성론의 논쟁은 알다시피 맹자와 고자의 성性 논변에서 잘 드러나 있다. 즉 맹자와 고자 두 주류는 중국 인성론의 은·주 교체기에 나타난 분위기이며, 당시 고자적 성향이 없지 않았다. 그러나 맹자는 인성의 선함을 주도적으로 주창하였다. 『중용』에서는 '도덕을 본구한 성性으로 생각하는데, 뒤에 『맹자』에서 볼 수 있는 성선설의 사고가 여기에 잠재한다.[58] 맹자는 인간의 성품이 선하다는 입장을 신념화한다. 그가 이처럼 인간의 성품이 선하다는 입장을 굽히지 않은 것은, 공자의 '성상근'性相近은 물론 자사의 '천명지위성'이라는 논조와 같은 흐름이었기 때문이다.

그런데 맹자는 성선설을 어디에 근간하고 있을까 주목된다. 이는 '사단'의 성性 확충에서 근거하고 있으며, 좀 더 구체적으로 양지·양능에 근간하고 있다. 그는 측은지심仁, 수오지심義, 사양지심禮, 시비지심智을 말하여 인성에는 이러한 사단이 확충되어 있다고 말한다. 그리고 맹자는 이목구비체耳目口鼻體의 기욕嗜欲과 마음의 기욕을 구분하고 있다. 즉 감관을 소체小體라 하고 마음을 대체大體 하는 바, 소체의 욕欲이 바로 고자가 말하는 식색食色의 성性인데, 맹자는 그것이 인간을 금수와 구별시켜 주지 않는다는 점에서 인간

---

57) 金忠烈, 『中國哲學散稿』 I, 온누리, 1990, p.96.
58) 윤사순, 「유학 윤리의 현대적 變容-欲의 관점을 위주로-」, 『汎韓哲學』 제17집, 汎韓哲學會, 1998.6, p.11.

의 성으로 보지 않았다.[59] 그는 대체의 욕심情인 사단의 성만을 인간의 성으로 보았기 때문이다. 그의 성설이 '성선설'이라고 할 수 있는 것은 사단의 성이 인간의 참된 성품이라는 확신에서 기인된다.

실제적으로 맹자가 성선설을 주장하게 된 배경은, 그가 우물에 빠지려는 아이를 보자마자 발현한 어른의 본능적 구제 감정의 발동에서 비롯된다. 『맹자』「공손추편」에서 '불인지심'不忍之心을 말하여 물에 빠지려는 아이를 '차마 그대로 두지 못하는 마음'의 발단에서 그는 성품의 선함을 발견하였다. 그리하여 그가 본 인성의 선함은 다름 아닌 자각적 가치의식에서 비롯된다. 맹자는 인간의 자각심 가운데 가치의식을 인간의 '성'으로 삼았으므로 원래 어떤 외재적인 것에 의지하지 않는다.[60] 결국 맹자의 성선설은 그의 학문의 요체로 주장되며, 인성의 선함을 설명함에 있어서 『시경』·『서경』과 선성先聖의 인성堯舜(요순칭송)·심리 내지 오관의 작용을 근거로 삼았던 것이다.

송대의 성리학자들이 『맹자』를 사서의 하나로 올린 근본적인 이유가 성선설과 관련되어 있다. 송대의 성리학자들은 맹자의 학설, 특히 성선설을 자신들의 인성론으로 받아들여 맹자를 공자 사상의 정통 계승자로 자리매김하였으며, 『맹자』를 사서의 하나로 규정하여 경전으로 격상시켰다.[61] 그간 『맹자』가 사서에 추존되지 못한 이유로는 맹자를 비판한 학자들이 적지 않았고, 또 그의 역성혁명이 주장된 점에서 비롯된다. 송대에 와서 그가 추존을 받은 근본적 이유로는 공자를 정통 유맥으로 본 점, 그리고 순자와 달리 인성이 선하다는 그의 탁견에서 비롯되고 있다.

하지만 맹자의 성선설은 송대 주자의 보충적 비판을 받는다. 본연지성과 기질지성의 분간에 있어 맹자는 본연지성만 말했다는 것이고 순자는 기질지성을 주로 언급했다는 점이 그것이다. 송대 주자가 말한 맹자 성론의 비판 내용을 소개해 본다. "맹자는 성선을 말하였는데, 그는 단지 커다란 근본을 보았을 뿐이며, 아직 기질지성의 세부적인 것은 말하지 못했다. … 맹자는 성만 말하고 기를 말하지 않았으니 곧 완전히 갖추지 못한

---

59) 위의 책, p.13.
60) 勞思光 著, 鄭仁在 譯, 『中國哲學史』-古代篇-, 探求堂, 1988, p.163.
61) 한국철학사상연구회, 『韓國哲學』, 예문서원, 1995, p.32.

것이다. 성은 말하면서 기를 말하지 않으면 성의 본령이 투철하지 못하게 된다."[62] 그의 주장은 맹자가 성의 선한 측면만을 성으로 보아 본연지성에 국한된 성을 주장한 한계가 있으며, 따라서 주자는 이미 이정二程이 구분한 기질지성을 보완된 관점으로 제시하고 있다.

3. 수양론

대체로 유교 성자들은 유교가 추구하는 이상적 대동사회를 지향하기 위해서 도덕적 수양론을 전개하였다. 다시 말해서 유교 성현들은 '민생'을 향한 민본주의를 표방하면서 그들이 설정한 대동사회의 실현을 그 이상적 목표로 삼았던 것이다. 이들에게는 될수록 자기의 사욕을 억누르고 공익의 실현에 봉사하는 높은 도덕의 수양이 언제나 강도 높게 요구되었다.[63] 성자들의 이상적 사회 구현을 향한 성자적 경륜, 즉 사회 구제의 방법론이 다름 아닌 동양의 포괄적 수양론으로 언급될 수 있다. 이에 맹자의 수양론을 다음 몇 가지로 언급하고자 한다.

첫째, 양기養氣의 수양론이 있다. 맹자는 양기에 대해 다음과 같이 말한다. "기가 되는 것은 지극히 크고 지극히 강하니, 기를 직양直養하여 해하는 것이 없으면 곧 하늘과 땅 사이에 가득 차는 것이다."[64] 그가 말하는 직양 대상으로서의 기는 곧 심신의 수양을 위해 필요한 일이다. 이러한 기는 다름 아닌, 존야기와 호연지기이다. 그는 이 두 가지의 기를 간직함으로서 심신이 고요해지고 대인이 되는 길을 추구하였다.

둘째, 지지持志의 수양론이 있다. 맹자는 「진심」 상편에서 '상지'尙志를 말하여 굳건한 의지의 지志를 숭상할 것을 강조하고 있다. 곧 인간이 세운 바의 뜻을 굳건히 지키어 나가자는 의도에서 지지를 주장하였다.[65] 그가 세운 바의 뜻志은 인륜기강을 세워 국가를 잘

---

62) 『朱子語類』卷4, 「性理一」, 孟子說性善 他只見得大本處 未說得氣質之性細碎處 … 孟子只論性, 不論氣, 便不全備 論性不論氣 這性說不盡 論氣不論性 性之本領處又不透徹.
63) 송영배, 「세계화 시대의 유교적 윤리관의 의미」, 『새로운 21세기와 유교의 禮』, 전남대 인문과학연구소, 1999. 10, p.78.
64) 『孟子』「公孫丑」上, 其爲氣也 至大至剛 以直養而無害 則塞于天地之間.

다스리고, 백성들이 정도를 지향하도록 하기 위한 성자의 경륜이다. 그러므로 삿된 생각이라든가, 법도에 어긋나는 행위의 의지意志도 여기에서는 극복의 대상이다.

셋째, 진심盡心의 수양론이 있다. 맹자는 공자의 말을 인용하여 말하기를, 잡으면 있고 놓으면 없어져, 출입에 때가 없어서 그곳을 알지 못하는 것은 오직 마음이라 이르는 것[66]이라고 하였다. 마음을 바르게 하여 진력한다면 안 될 일이 없을 것이라는 것을 맹자는 이미 파악하였다. 그래서 맹자는 일정한 생업이 없어도 항심恒心을 가지고 살면 모든 일은 원하는 바대로 유지될 것이라 하였다. 다만 항심이 없으면 치우치고 또 사치를 안 할 사람이 없다고 그는「양혜왕」편에서 말한다. 그는 '진기심자 지기성야盡其心者 知其性也'라고「진심」편에서 언급하여, 마음을 다하면 성품도 알고 하늘도 알게 된다知天고 하였다.

넷째, 지언知言의 수양론이 있다. 지언과 관련한 언급은『주역』「계사전」하의 제12장에 나온다. 이를테면 남을 배반하는 자의 말은 자신이 없고, 의심이 있는 말은 논리가 없고, 덕이 있는 자는 말이 적고, 조급한 자는 말이 많다는 것이다. 이러한 맥락에서 맹자는 다음과 같이 말한다. "흔한 말에 그 가린 것을 알고, 음란한 말에 그 빠진 것을 알며, 간사한 말에 그 떠난 것을 알고, 도피하는 말에 그 궁한 것을 알 것이다."[67] 이처럼 언어생활을 함에 있어 매우 주의해야 할 것이다. 말 한마디를 하더라도 도와 관련한 언급이어야 함을 그는 강조하고 있기 때문이다.

다섯째, 지성知性의 수양론이 있다. 맹자는 감관 작용에서 발하는 성을 군자가 인정하지 않는다고 한다. 그래서 그는 '군자소성 인의예지'君子所性 仁義禮智(盡心 上)라 하여 '군자가 성性 삼는 것은 인의예지' 사단이라고 한다. 곧 그는 인성을 논함에 있어서 인간으로 하여금 짐승과 공유한 물욕지성物欲之性을 제거케 하고 인간만이 지니는 의리지성義理之性을 간직하라[68]고 하였다. 의리지성은 천연지성으로서 양지 양능의 성선性善을 지향하는 말이다. 이러한 의리의 성품을 인지한다면(知性) 결국 하늘을 알게 될 것(知天)이다.

---

65) 拙稿,「孟子·莊子의 修養論 比較硏究」, 박사학위청구논문, 원광대학교대학원 불교학과, 1990, p.69.
66) 『孟子』『告子』上, 孔子曰 操則存 舍則亡 出入無時 莫知其鄕 惟心之謂與.
67) 『孟子』「公孫丑」上, 詖辭 知其所蔽 淫辭 知其所陷 邪辭 知其所離 遁辭 知其所窮.
68) 拙著, 『東洋의 修養論』, 서울 學古房, 1996, p.156.

여섯째, 과욕寡欲의 수양론이 있다. 우리의 감관 작용을 자극하여 유혹에 빠뜨리는 욕심을 절제하라는 말이 이것이다. 맹자는 이와 관련하여 말한다. "그 사람됨이 욕심이 적으면寡欲 비록 있지 않는 것이 있더라도 적으며, 그 사람됨이 욕심이 많으면 비록 있는 것이 있더라도 적을 것이다."[69] 그가 말하는 것처럼 우리가 심신을 요란하게 하는 욕심을 줄여야 우리의 생은 온전히 유지된다. 예컨대 '흉년이 든 해에 자제가 포악해 지는 것은 그 마음을 물욕에 빠트리는 것'(『맹자』告子 上)이라며 욕심을 없애야 함을 그는 강조하고 있다.

4. 정치론과 정전제

중국철학에 있어 정치의 이념은 한마디로 민본주의이다. 이러한 내용을 담고 있는 고전의 시원으로는 『서경』이다. 본 『서경』에서의 정치사상에 관련된 핵심 내용은 다음과 같다. "하늘의 총명은 우리 백성의 총명으로 비롯되고, 하늘이 밝히는 (시비선악의) 위엄은 우리 백성이 밝게 살피는 위엄으로 비롯된다."[70] 국가를 통치하는 천자가 총명함으로써 백성들이 총명해지며, 이런 총명의 내용은 민본을 중심으로 한 정치 실현에 있는 것이다.

그러나 맹자가 살았던 춘추전국시대는 민본의 실현과는 거리가 멀었던 바, 문자 그대로 전국戰國시대였다. 당시의 시대상을 반영하듯 맹자에 의하면, 춘추전국시대에 세상의 질서가 무너져서 사설邪說과 폭행이 난무하며 신하가 임금을 죽이고 자식이 아비를 살해하던 때라고 하였다. 또 사마천은 이에 덧붙여 춘추시대에 죽임을 당한 임금이 36명, 망한 나라가 52개국이나 되며, 제후가 도망쳐서 나라를 잃은 경우는 이루 헤아릴 수 없었다고 한다.[71] 이처럼 춘추전국시대에는 요순의 도가 땅에 떨어지고 백가쟁명의 논쟁이 벌어졌으며, 인성의 타락과 더불어 인륜 질서가 파괴된 것에 그 혼란의 원인이 있었다. 바른 지도자에 의한 민본정치가 시도되어야 하는 백성의 여망이 극에 달아올랐다.

---

69) 『孟子』「盡心」下, 其爲人也, 寡欲, 雖有不在焉者, 寡矣, 其爲人也, 多欲, 雖有存焉者, 寡矣.
70) 『書經』「虞書」, 天聰明 自我民聰明 天明畏 自我民明威.
71) 김충열, 『노장철학강의』, 예문서원, 1995, p.46.

따라서 맹자는 국가를 통치하는 위정자들이 정치를 잘해야 함을 역설하고 있다. 당시 양의 혜왕은 맹자에게 "선생(叟)이 천리를 멀다않고 이 나라에 찾아왔으니, 장차 무슨 이익 될 일이 있습니까"라고 물었다. 이에 맹자는 "왕은 하필 이(利)를 말씀하나이까. 또한 인과 의가 있을 따름입니다"[72]라고 답했다. 그가 말하는 인의는 왕도정치이다. 내성외왕과도 같은 왕도정치를 강렬히 갈망하고 있다. 백성들의 민심을 살피고 폭군의 정치를 타도하며, 인의정치를 시행할 때 국가와 사회는 안정된다는 것이 맹자의 지론이다.

맹자가 바라본 인의 정치의 실현은 다름 아닌 선정(善政)을 말한다. 백성들이 평화롭게 살 수 있도록 천자와 국왕이 통치를 잘하는 것이야말로 선정일 것이다. 그러나 그 선정마 저도 인의에 의한 가르침으로서의 덕치 즉 선교(善敎)에 의한 것이어야 함을 지적한 것이 다. 그는 선정과 선교에 대해 언급하고 있다. "선정은 선교가 민심을 얻는 것만 못하다. 선정은 백성들이 두려워하고, 선교는 백성들이 사랑하니, 선정은 백성의 재물을 얻고, 선교는 백성의 마음을 얻는다."[73] 이는 덕치의 인륜을 밝히는 것으로 정치에 있어 인륜적 교육의 문제를 심각하게 거론하였다.

다음으로 정전제의 시원과 목적에 대해 알아보자. 주공이 정전제를 처음으로 시작하였 다. 그는 백성들의 농경 생활을 획기적으로 개선하여, 백성들을 풍요롭게 할 목적으로 정전제를 제정하였던 것이다. 이 정전제는 '같이 일하고 같이 나누어 갖는' 평등한 토지제도 일 수도 있지만, 한편 권력자가 농민의 노동력을 효율적으로 통제하기 위한 제도라 해석하 기도 한다.[74] 토지정책은 국가 발전에 있어 중요한 제도 중의 하나이며, 공산주의 방식이 냐, 자본주의 방식이냐 하는 것은 오늘날 자유 민주주의와 공산주의로 차별화된다.

그러면 중국의 정전제란 구체적으로 무엇을 뜻하는가. 이 정전제는 전국의 농지를 같 은 크기의 '정'(井)자 모양으로 구획한 뒤 주위 8개 구역을 8개 가구가 경작하는 방식을 말한다. 그리고 가운데의 구역은 공동 경작지로서 그 생산물은 모두 국가에 납부해야

---

72) 『孟子』 「梁惠王」, 孟子見梁惠王 王曰 叟不遠千里而來 亦將有以利吾國乎 孟子對曰 王何必曰利 亦有仁義 而已矣.

73) 『孟子』 「盡心」 上, 善政不如善敎之得民也 善政民畏之 善敎民愛之 善政得民財 善敎得民心.

74) 세계사신문 편찬위원회, 『세계사신문』1, 사계절출판사, 1999, p.31.

하며, 이때에 각 구역의 크기는 1인당 경작 능력을 고려, 우선 100무畝로 정한다.[75] 맹자도 말하기를 "들에는 1/9 세법으로 조법助法을 쓰고, 수도에는 1/10의 세법을 써서 스스로 세금을 바치게 하라"『맹자』(滕文公 上)고 하였다.

과거 통치자들에게 있어 토지 분할의 제도가 소중했던 것은 세금 및 백성들의 의식주 생활에 있어 민심을 반영하는 주요 사안이었기 때문이다. 당시 위정자들에게 가르침을 베푸는 맹자가 토지정책에 대해 깊은 관심을 가졌던 이유가 여기에 있다. 그는 다음과 같이 말한다. "인정仁政은 반드시 토지 경계를 다스림으로부터 시작되니, 경계를 다스림이 바르지 못한다면, 정지井地가 균등하지 못하며 곡록穀祿이 공평하지 못하게 된다. 그러므로 폭군과 탐관오리들은 반드시 그 경계를 다스림에 태만히 하나니, 경계를 다스리는 것이 이미 바르게 되면 토지를 나누어주고 곡록을 제정해 주는 일은 가만히 앉아서도 정해지는 것이다."[76] 그의 언급은 왕은 물론 위정자들에게 균등 분배적 가르침의 일환에서 언급한 내용들이다.

정전제에서 토지 경작의 넓이는 어느 정도나 될까 궁금하다. 맹자는 이와 관련하여 다음과 같이 말한다. "방方 1리가 정井이니 정은 9백 무畝이며, 그 가운데가 공전公田이다. 8집에서 모두 1백 무(3천평)를 사전私田으로 받아 함께 공전을 가꾸어, 공전의 일을 끝마친 연후에 감히 사전의 일을 다스리니 이는 야인野人을 구분하는 것이다."[77] 여기에서 말하는 '무'의 넓이를 보면, 6척 4방을 1보步라 하고 1백보를 1무라 한다. 이러한 땅 넓이를 고려한 공전의 의미를 새겨보자. 그의 언급처럼 사유화를 확정하고 세금 명목으로 우물 정井자 속의 토지를 공전화한 것이다.

---

75) 위의 책.
76) 『孟子』「滕文公」上, 夫仁政 必自經界始 經界不正 井地不均 穀祿不平 是故 暴君汚吏 必慢其經界 經界旣正 分田制祿 可坐而定也.
77) 『孟子』滕文公 上, 方里而井 井九百畝 其中 爲公田 八家皆私百畝 同養公田 公事畢然後 敢治私事 所以別 野人也.

5. 역성혁명과 이단 배척

역성혁명이란 무엇일까. 역성易姓이란 문자 그대로 성씨를 바꾼다는 것으로, 임금이 정치를 잘못하면 다른 임금으로 교체한다는 일종의 쿠데타(혁명)와도 같은 것이다. 중국 고대에 있어 역성혁명에 성공한 사람은 탕 임금이다. 탕이 시도한 역성혁명의 목적은 세습 교체의 죄악을 제거하고자 하였으나 그도 같은 전철을 밟았다.[78] 어쨌든 하나라 폭군인 걸 왕을 물리치고 탕 임금이 바로 천자가 되었던 것이다.

그 뒤를 이어 주의 문왕에 의한 역성혁명이 있었다. 당시의 역성혁명은 강태공이 제안한 것이다. 은나라가 멸망할 때 반대의 길을 택한 두 지식인이 있었는데 강태공과 백이·숙제가 그들이다. 은나라를 치려던 주 문왕이 강태공呂尙에게 자문을 구한 적이 있다. 이에 강태공은 "그릇된 것을 알고도 바로잡지 않으면 도가 아니다"라면서 폭군에 저항하는 역성혁명론을 제시하였다.[79] 당시 백이와 숙제 형제는 '주왕紂王이 비록 도리에 어긋나지만 엄연한 군주'이므로 신하의 몸으로 군주를 시해한다면 인仁이 아니라며 반대 입장을 고수하였다.

춘추전국시대에 이르러 역성혁명을 주장한 이가 바로 맹자이다. 맹자는 공자의 가르침에 영향을 받은 바가 크다. 공자는 덕에 근거하여 향원과 같은 부류의 사람들에게는 인仁을 베풀 필요가 없다고 했는데, 맹자는 용서받지 못할 범죄자들이 있고 정벌되어야 할 폭군들이 있다[80]고 하였다. 그리하여 그는 폭군들에게 공자의 인을 대입할 필요성을 전혀 느끼지 못하였다. 역성혁명의 이론은 이와 같이 강력한 새 혁명의 신념에서 출발한다.

그렇다면 맹자가 직접 역성혁명을 주장한 내용에 대해 언급하여 보자. "제후(왕)가 사직을 위태롭게 하면 다른 사람을 제후로 삼는다."[81] 그는 이처럼 용기 있게 말하기를, 잘못하는 제후나 임금은 선정을 베풀 훌륭한 인물로 바꾸어야 한다며 그의 신조를 굽히

---

78) 金忠烈, 『中國哲學散稿』II, 온누리, 1990, p.341.
79) 세계사신문 편찬위원회, 『세계사신문』1, 사계절출판사, 1999, p.31.
80) 안옥선, 「初期佛敎와 先秦儒敎에 있어서의 倫理問題」, '96 韓國宗敎史學會 春季 學術發表會, 『韓國宗敎 硏究의 現況과 課題』, 韓國宗敎史學會, 1996. 5, p.5.
81) 『孟子』「盡心 下」, 諸侯危社稷 則變置.

지 않았다. 춘추전국시대에는 감히 이러한 말을 전할 수 없는 전제정치 하에 있었기 때문에 더욱 맹자의 역성혁명과 같은 주장은 파괴력이 있었던 것이다. 한대에 맹자를 비판한 학자들이 많이 나온 것도 임금을 모독한 맹자의 역성혁명적 견해 때문인 경우가 많았다.

이제 맹자의 이단 사상에 대해 알아본다. 맹자 이전에 공자도 이단에 대하여 언급한 바가 있다. 즉 공자는 "이단을 전공專攻하면 해가 될 뿐이다"[82]라고 하였다. 공자는 요순의 도가 아닌, 사도邪道를 절멸하고자 하는 의도에서 이단에 대해 언급한 것으로 이해된다. 특히 춘추시대는 제자백가의 백가쟁명이 있었던 탓에 맹자는 요순의 도와 공자의 도를 인의仁義 실현과 관련한 정통 유맥으로 삼아 이에 어긋나는 교설에 대해 강력 배척한 것이다.

맹자가 본 이단들은 누구일까. 첫째, 양주이다. 양주는 위아설을 주장하였으니 무군無君의 반 윤리[83]라고 맹자는 공격한다. 둘째, 맹자는 묵자를 비판하고 있다. 묵자는 겸애설을 주장하였으니 무군無父의 반 윤리로 간주되었다. 셋째, 맹자는 고자를 비판의 대상으로 보아 고자가 말한 성무선무악설性無善無惡說을 비판하고, 개의 성과 소의 성 그리고 사람의 성이 각각 다르다고 하며 성선설을 주장한다. 넷째, 맹자는 농가인 허행을 비판하고 있다. 허행이 말한 누구나 노동하여야 하고 물가는 획일화되어야 한다는 것에 반기를 들고, 맹자는 사회 분업을 강조하였다.

유교에서의 이단배척 사상은 불교나 도교에 비해 강한 편이었다. 유교 중에서도 맹자를 추존한 송대의 유교가 그 대표적 예인데, 송대의 성리학이 바로 이와 관련된다. 동양사상에서 이단의식이 가장 강한 것은 성리학으로서, 이 성리학을 제외한다면 동양사상에서 이단의식을 갖고 있는 것은 거의 없다고 할 수 있다.[84] 성리학 중에서도 주자의 노장과 석가 비판이 자주 등장하는 것도 바로 이를 대변하는 말이다. 주자에 의하면 "노장은 의리를 절멸하였으나 완전히 지극한 데까지 이르지 못하였고, 불가사상은 인륜을 멸진하였다"(『朱子語類』, 卷 126, 莊老絶滅義理 佛則人倫滅盡)고 말한 것이다.

---

82) 『論語』「爲政」, 攻乎異端 斯害也已.
83) 『孟子』「滕文公 下」, 楊朱墨翟之言 盈天下 天下之言 不歸楊則歸墨 楊氏爲我 是無君也 墨氏兼愛 是無父也 無父無君 是禽獸也.
84) 송항용, 「노장철학의 세계」, 한국불교환경교육원 엮음, 『동양사상과 환경문제』, 도서출판 모색, 1997, pp.43-44.

V. 순자의 생애와 사상

1. 생애

순자는 맹자에 비해 50~60년대 후의 사람이다. 그의 이름은 황況이라 하며, 당시의 사람들은 순향荀卿 또는 이와 발음이 유사한 손향孫卿이라 불렀다. 또 그는 법가인 순황荀況의 존칭이기도 하다. 춘추전국시대의 인물로 BC 313~BC 238년까지의 생애를 살았으며 조나라 사람이다. 순자는 원래 조나라 사람이었는데, 혼왕 때인 나이 50이 되어 『사기』의 기록처럼 비로소 제齊에 유학하였으며, 당시 제에서는 선왕이 사방으로부터 문학의 선비들을 초빙하여 크게 우대하였다.[85] 순자도 물론 이 무리들과 제나라에 유학하였던 것이다.

그리고 순자는 제의 양왕 때에 세 번 제주祭酒에 등용되었으나 참소로 인하여 제를 떠나 초나라에 갔다. 당시 초에는 춘신군이라고 하는 왕족인 세력가가 있었는데, 이 사람의 보호를 받고 추천을 받아 난능이란 땅의 지방관이 되었으나, 얼마 못가 춘신군이 죽자 순자도 그 지위를 잃고 말았다.[86] 당시는 매우 혼란한 시기였으므로 벼슬로써 경륜을 펴기에는 역부족이었던 것 같다. 따라서 순자는 시대 경륜을 펴는 것을 접하고 오롯이 학문 연마의 길로 나가기로 작정하였다.

순자는 학문 연마를 지속적으로 하였으며, 자하의 학문을 계승하였다. 그의 제자로는 진秦의 재상 이사, 한韓의 한비자 등이 있다. 맹자는 공자의 만년 사상을 전파한 일파로 볼 수 있다면, 순자는 공자의 조년 사상을 발휘한 일파라 할 수 있다.[87] 또 『모시』毛詩는 자하에게서 나왔으며 순자가 이를 대모공에 전했다고 하며, 『춘추좌씨전』도 자하의 문인 증신曾申으로부터 순자에게 전해졌다는 말이 있다. 물론 순자는 이를 한대 유학자들에게 전하였다. 하지만 순자를 비판적 입장에서 본다면, 정통 유학의 본원을 잃고 음양 잡가에 영향을 주어 결국 법가를 이루는 계기가 되었다.

---

85) 가노 나오키 著, 吳二煥 譯, 『中國哲學史』, 乙酉文化社, 1986, p.172.
86) 위의 책, p.173.
87) 金忠烈, 『中國哲學散稿』 I, 온누리, 1990, p.96.

아무튼 순자가 만년에 초나라에서 지낸 십수 년이라는 기간은 진나라의 무력에 의한 중국의 통일에 대해서 제국이 연합하여 최후의 저항을 시도한 시기이다. 초나라 세력가 인 춘신군이 죽은 지 수년 후에 순자는 난릉 땅에 묻혔으며, 이는 진에 의한 중국 통일을 10여년 남겨둔 때의 일이었다.[88] 이처럼 그는 만년에 중국 통일을 보지 못하고 세상을 떠났다. 중국의 통일과 더불어 학문 전파에의 생명이 연장되었으면 더욱 유학자로서 그의 입지를 확고히 했을 것이다.

2. 저술 및 비십이자론非十二子論

전한 말기에 궁중의 장서를 정리하면서 교서를 교정한 광록 대부 유향의 「서현」에는 당시 『순자』 원전은 322편이었는데, 중복되는 290편을 빼고 『손경신서』孫卿新書 1편으로 했다고 한다. 본래 그의 저술은 모두 32편인데, 문인들이 덧붙여 322편으로 하였다. 이 편수는 금본 『순자』의 편수와 일치하고 있으나, 실제로는 그후 당唐의 양경이 교정을 가하고 편차도 고치고 주를 단 원전이 현재 우리들의 손에 넣을 수 있는 『순자』의 원형[89]이라고 할 수 있다.

구체적으로 말해서 그의 저술은 모두 32편인데, 문인들이 「요문」 편 끝에 더하여 총 322편으로 편정하였다. 한대에 이르러 동중서, 유향 등이 이를 존숭하였고, 유향이 중복되는 부분 290편을 삭제하고 32편으로 정리하여 『손경신서』라고 하였다. 당대唐代에 이르러 한유는 『독순자』讀荀子를 저술하여 성악설과 「비십이자」非十二子 2편을 삭제하고 순자를 '대순이소자'大醇而小疵라고 평했으며, 양경은 이에 주석을 가하면서 『손경자』荀卿子라 고치고 20권으로 편집한 후 편차를 개정하였다.[90] 이러한 과정을 거치며 현존본으로 권학편, 수신편, 불구편不苟篇, 영욕편 등이 이루어졌다.

『순자』 책이 처음으로 간행된 것은 송대 신종 때의 일인데, 이에 소식, 이정, 주자는

---

88) 鄭長澈 譯解, 『荀子』, 惠園出版社, 1992, p.14.
89) 위의 책, pp.43-44.
90) 儒教事典編纂委員會 編, 『儒教大事典』, 博英社, 1990, p.810.

강력히 배척했으며, 그것은 「성악설」과 「비십이자」편 때문이라는 것은 잘 알려진 사실이다. 순자에 의해 배척당한 「십이자」로는 타효, 위모, 진중, 사추, 묵적, 송견, 신도, 전변, 혜시, 등석, 자사, 맹자 등이 이에 해당한다. 순자가 십이자를 비판한 이유로는 사실 혼란스럽게도 비합리적이고 기괴망측한 학설들이 난무하였기 때문이다. 다시 말해 타효·위모의 종욕주의縱慾主義, 진중·사추의 둔세주의, 묵적·송견의 고행주의, 신도·전변의 멸정주의滅情主義, 혜시·등석의 명리주의名理主義, 자사·맹자의 유학에 대한 곡해 등이 겹쳐있었다.[91] 비십이자들이 모두 순자의 눈에는 이단으로 보였던 것이다.

한편 맹자는 좌파라면 순자는 우파의 사상가라고 말하기도 한다. 그것은 순자의 성性 사상이 맹자 사상의 정반대라는 사실 때문이다. 맹자의 성선설에 비해 순자의 성악설이 이를 잘 대변해준다. 일부 인사들은 맹자가 유가의 좌파를 대표하는 반면, 순자는 그 우파를 대표한다고 말하지만, 이 주장은 시사적이나 상대적으로 단순화된 일반론이다.[92] 맹자는 개인적 자유를 강조한 점에 있어서는 좌파적이었다면, 순자는 사회적 통제를 강조한 점에 있어서는 우파적이었다고 볼 수 있다. 이와 달리 볼 경우 유학풍에서 맹자는 도덕적 가치와 종교적 인륜을 강조한 점은 우파적이었고 순자는 천인天人분리의 자연주의를 창설한 점은 좌파적이었다.

순자의 사상은 후래 그 영향력이 다소 감퇴하는 현상이 되었다. 그의 사상은 점차 활력이 감퇴되어 형이상학을 언급함에도 다만 인간의 각도에 집중되어 '군자의 자강불식' 같은 호연지기적 정신 경계에서 하락, 인간을 문화·세계·사회 구조 속에 투입시켜 행동 위주의 안배를 기도했다.[93] 이것이 맹자와 순자 사상의 차이라 볼 수 있다. 공자와 맹자로 이어지는 천인합일적 정통 유맥이 순자에 이르러 돌연 자연철학적 사조로 변한 것이다.

---

91) 張起鈞 外著, 宋河璟 外譯, 『中國哲學史』, 一志社, 1984, p.140.
92) 馮友蘭 著, 문정복 譯, 『중국철학소사』, 以文出版社, 1995, p.198.
93) 金忠烈, 『中國哲學散稿』 I, 온누리, 1990, p.99.

3. 성악설

순자 당시는 춘추 전국의 시대에 해당하므로 난신적자들이 출현하여 인륜을 파괴한 나머지 인류의 도덕이 붕괴되었다. 이는 당시의 난적들이 이기주의적 욕구에 따라 그들의 원초적 욕망을 충족시키는데 몰입하였기 때문이다. 그리하여 순자는 인간의 이기적이고 생리적 욕구란 원초적이라 하고, 인간의 성性은 곧 생生이라는 고의古義에 따라 인성은 생의 필연성, 천연, 자연으로서의 인간 욕구와 감정이라 하였다.[94] 따라서 인간의 이기주의적 욕구와 감정에 의해 발동하는 성품은 악하다고 순자는 말한 것이다.

성품이 악하다고 말한 순자는 선과 악의 개념을 분명히 하였다. 그는 맹자가 말한 성품론을 반박하며 다음과 같이 말한다. "맹자는 인간이 선하다고 하였는데 그렇지 않다. 대범 고금 천하에서 말하는 선이란 정리평치正理平治이며, 소위 악이란 편험패란偏險悖亂인 것이다. 이에 선과 악이 분기될 따름이다."[95] 이처럼 순자는 선악에 대한 개념을 분명하게 밝히고 있다. 즉 선이란 바른 이치요 평화롭게 통치하는 것이라면, 악이란 편벽되고 위험스러우며 패륜 난잡함이다. 인간의 본성이란 이처럼 편벽하다고 말하는 순자의 견해는 맹자와 정반대의 입장에 있다.

그렇다면 순자가 왜 인간의 본성은 악하다고 하였을까. 그가 말한 성악설에 대해 보다 구체적인 언급을 하여보자. "사람의 성품은 악하며, 그 선한 것은 거짓이다. 사람은 나면서부터 이利를 좋아한다. 그러므로 쟁탈이 생기고 사양이 없어진다. 또 사람은 나면서부터 미워하는 마음이 있다. 그러므로 잔적殘賊이 생기고 충신忠信이 없어진다."[96] 인간이 태어나면서부터 이기주의적인 까닭은 사양심이 없어지고 증오하는 마음이 생기기 때문이라는 것으로, 성론에 대한 그의 기본 입장이 나타난다.

또한 순자는 사람의 본성이 악하다고 하는 기준을 인간의 감관적 욕심에 의해 성색聲色

---

94) 劉明鍾, 『中國思想史』(1)-古代篇-, 以文出版社, 1983, p.376.
95) 『荀子』「性惡」, 孟子曰 人之性善 曰 是不然 凡古今天下之所謂善者 正理平治也 所謂惡者 偏險悖亂也 是善惡之分也已.
96) 『荀子』「性惡」, 人之性惡 其善者僞也 今人之性 生而有好利焉 順是 故爭奪生而辭讓亡焉 生而有疾惡焉 順是 故殘賊生而忠信亡焉.

을 좋아하기 때문이라고 한다. 그는 다음과 같이 말한다. "사람은 나면서부터 이목의 욕심이 있어 성색을 좋아한다. 그러므로 음란이 생기고 예의문리禮儀文理가 없어진다. 사람의 성정에 따라 행하면 반드시 쟁탈이 생기고 분수를 범하고 도리를 어지럽혀 포악함으로 돌아간다."[97] 성정의 욕심에 가린다면 인간은 감관의 본능적 욕구를 충족시키려 한다. 그런 까닭에 순자가 말하듯이, 우리의 마음은 음란함에 빠지기 쉽고 예의염치가 없어지는 것은 당연한 일이다.

우리는 맹자의 성선설과 순자의 성악설 중에서 어느 것이 옳은가라는 판단을 쉽게 하려는 유혹에 빠져든다. 그러나 주자는 이러한 이분법적 우열 판단을 거부하고 있다. 주자는 맹자의 성선설을 긍정적 입장에서 말함은 물론 순자의 성악설도 옳다는 입장을 표명하고 있다. 주자는 "악함도 성性이라고 말하지 않을 수 없다"[98]라고 말한다. 곧 주자에 의하면 맹자는 천지지성 내지 본연지성의 입장에서 성품을 바라보아 성선설이라 하였고, 순자는 기질지성의 입장에서 성품을 보아 성악설이라 했는데, 둘 다 각도가 다를 뿐 성품을 합리적으로 이해한 것이다. 이정二程이 본연지성과 기질지성으로 밝힌 것을 주자는 흔쾌히 수용하였다.

4. 예의·교육론

예의란 사회 각자의 신분에 따라 질서지우는 순서에서 시작되는 것이라고 순자는 말한다. 그는 당시의 사회 계층을 천자, 제후, 대부, 선비, 서민, 형여刑余, 죄인 등으로 서열지우고 이상에서 서술한 의례는 이 차별에 따라 행해져야 한다고 생각하였다.[99] 이것이 그가 말하는 신분적 예의인 셈이다. 근본적으로 순자는 이러한 예禮에 대해 언급하고 있다. 「예론편」에서 순자는 '예라는 것은 인도의 극치'(禮者 人道之極也)라고 하였던 것이

---

97) 『荀子』「性惡」, 生而有耳目之欲 有好聲色焉 順是 故淫亂生而禮義文理亡焉 然則從人之性 順人之情 必出
   於爭奪 合於犯分亂理而歸於暴.
98) 『朱子語類』 卷4,「性理一」, 惡亦不可不謂之性之說.
99) 金容治 著, 조성을 譯, 『中國思想史』, 이론과 실천, 1988, p.99.

다. 그가 말하는 예의는 사회 질서를 유지할 목적으로 각자의 신분에 따라 질서 있게 행동하는 것과 연결되고 있다.

그런데 순자는 「성악편」에서 '예의란 성현들의 가식에서 나온 것'(禮義者 是生於聖人之僞)이라고 하였던 점에 주목할 필요가 있다. 예의란 원래 인간의 본성이 아니라고 한 것이다. 순자는 또 "본성은 하늘에 의해 성취된 것이며, 사람이 학문에 의해 변화시킬 대상도 아니고, 바른 행위로 변화시킬 대상도 아니다. 예의는 성인이 창출한 것으로 사람이 학문에 의하여 획득한 것이며, 바른 행위의 성과로 얻어진 것이다"[100]라고 하였다. 예의를 통해서 바른 행위를 얻어야 하는 것이 우리에게 사명으로 주어져 있는 바, 성자들이 바로 이러한 일의 총 책임자로 존재하고 있다.

다만 순자는 예악이나 형벌로 사람이 변화될 수 있다는 것에 고집한 나머지, 인간 본연의 자율적 선한 성품을 발현하는데는 소홀한 인상을 가져다준다. 그는 '역'易이 가지고 있는 '변화통기'變化通幾나 '창진불이'創進不已를 언급하지 않았으며, 다만 면연장존綿延長存하는 것만을 중시하고 예악 형정刑政의 문화 영역에 있어서 형성된 후에 정태靜態에 사로잡혔다[101]는 비판을 면할 수는 없다. 이를테면 인간의 선한 성품의 발현이라는 자발적 관심보다는 인간의 성품이 악하다는 판정 하에 엄한 상벌을 강조한 것들이 이것이다.

다음으로 순자의 예의론과 교육론을 살펴보자. 그는 스승의 교화와 예의에 인도가 있어야 한다는 입장에서 인간의 본성이 악함을 극복하는 예의 교육론을 설파하고 있다. 그는 다음과 같이 말한다. "반드시 사법師法의 교화와 예의의 인도가 있은 후에 사양의 마음이 생기고 문리文理에 합하고 다스림으로 돌아간다. 이것으로 보아 사람의 성이 악함은 분명한 사실이다. 선이란 거짓이다."[102] 스승의 교화 내지 교육을 통하여 인간의 변화를 추구한 순자였던 것이다. 스스로의 자율적 교화보다는 스승의 가르침으로 악한 성품을 교정해야 한다는, 다소 타율적이고 법치적인 의미가 여기에서 강조되고 있다.

---

100) 『荀子』「性惡」, 凡性者 天之就也 不可學 不可事 禮義者 聖人之所生也 人之所學而能 所事而成者也 不可學 不可事而在天者 謂之性.
101) 金忠烈, 『中國哲學散稿』Ⅰ, 온누리, 1990, p.99.
102) 『荀子』「性惡」, 必將有師法之化 禮義之道 然後出於辭讓 合於文理而歸於治 用此觀之 然則人之性惡明矣 其善者僞也.

그리하여 교육을 통해 사람들을 바른 도로 인도해야 하는 것이 굽은 나무를 편다든가, 무딘 쇳덩이를 달구어 바르게 도야하는 의미로 이해한다. 따라서 순자는 「성악편」에서 '피교유성'被矯揉性을 언급하여 본성이 악하지만 교정될 수 있다고 하였다. 그릇된 성품을 변화시키기 위해 예의로써 백성들을 교화하도록 권면한 것이다. 그는 다음과 같이 말한다. "예의를 밝혀 사람들을 교화하고 바른 법을 발흥시켜 다스리고, 중형으로 벌을 내려 법을 어기지 않게 한다."[103] 이처럼 그는 요와 순 임금처럼 인의와 예의 등을 통해 교화 내지 교육의 필요성을 심도 있게 말하고 있는 것이다.

순자의 교육론은 그의 저술 첫 편인 「권학편」에 잘 나타나 있다. 그는 배워야 사람이 된다고 하는 학문의 필요성과 방법 및 내용을 설명하고, 학문의 완성된 경지를 말하여 결론을 삼고 있다. 순자의 교육 제일주의는 그의 성악설과 표리일체를 이루고 있다.[104] 다시 말해서 그는 교육을 통해 인간의 악한 본성을 극복해야 한다는 입장에서 교육 제일주의를 표방하고 있는 셈이다.

그러므로 순자의 교육론은 인간의 인위적 수행을 강요하려는 인상이 강하게 나타난다. 그는 종래의 국면을 벗어나 학설 이론을 인간의 노력과 수교修敎 방면에 집중하여 현실행동 세계로 전락시킨 것[105]이라는 비판을 면할 수 없는 이유가 여기에 있다. 예악을 지나치게 강조하고 교육을 부각시킨다면 그 이면에 있는 자율적 측면에서의 교화 내지 감화라는 면은 과소평가되기 쉽다. 이러한 면에서 지나치게 수교를 강조하는 교육 예찬론은 오늘날 강요된 교육의 시대 상황에 부응할지 몰라도 강압적이고 주입적이며 획일적 교육 지상주의의 지양이라는 과제를 남기게 된다.

5. 천론과 정명론

순자의 천天 사상을 이해하려면 그가 말한 천과 관련한 언급을 주목해볼 필요가 있다.

---

103) 『荀子』 「性惡」, 明禮義以化之 起法正以治之 重刑罰以禁之.
104) 鄭長澈 譯解, 『荀子』, 惠園出版社, 1992, p.47.
105) 金忠烈, 『中國哲學散稿』 I, 온누리, 1990, p.99.

즉 천행天行, 천직, 천공天功, 천군天君, 천양天養, 천명 등을 언급하면서 순자는 이를 종교적 측면보다 사실적 측면으로 사용하고 있다. 순자 이전의 천은 주재천 내지 종교적 천이었다. 그러나 순자 경우의 천은 과학적 천 내지 자연적 천으로 변화되어 있다. 그의 주장에 의하면, "군자의 경우 자신의 것을 공경할 따름이며 천에 있는 것을 사모하지 않는다"라고 하였던 점이나, "소인은 자기에 있는 것을 폄하고 천에 있는 것을 사모한다"[106]고 한 내용이 바로 이를 증명하는 말이다. 그는 이처럼 천에 대한 고대의 숭경적 관점에 대해 거부하는 인상을 주고 있다.

공자와 맹자의 천은 천인합일의 사상이나 순자의 경우는 천인분리의 사상이 그 주류를 이루고 있다. 순자가 말하는 '개물성무'開物成務는 천·인이 나뉜 후 가치의 중요성을 중시하여 완전히 인간 본위에 집중된 때의 개물성무인 것이니, 이는 근대 서방과학 사상의 '감천역물'戡天役物과 같이 자연을 이용의 대상으로 삼고 인간을 그 주인으로 삼는다.[107] 다시 말해서 그는 「천론편」에서 '천행유상 불위요존 불위걸망'天行有常 不爲堯存 不爲桀亡'이라고 주장하여 큰 개혁을 가져왔다. 즉 천 때문에 요순이 통치를 잘 한 것이 아님은 물론 천 때문에 걸왕이 망한 것도 아니라는 것이다. 숭경적 천인합일의 논지가 천·인 분리의 사유로 변모되었다.

천·인이 이분화된 순자의 사유 속에 천지는 자연스런 인식의 대상으로 설정된 것이다. 그는 다음과 같이 말한다. "천天은 사람이 추위를 싫어한다 하여 겨울을 폐하지 않으며, 지地는 사람들이 요원한 것을 싫어한다 하여 넓음을 폐하지 않으며, 군자는 소인들이 떠든다 하여 그 행동을 그만두지 않는다. 이처럼 천에 상도常道, 지에 상수常數, 군자에게 상체常體가 있다. 군자는 상도를 말하고 소인들은 공을 계략한다."[108] 천이 주재의 능력을 부리는 것이 아니라 인간의 인식 속에 자연스러운 한 현상으로 비추어지는 순자의 사유는 당시로서 천론에 대한 혁명적 사유였다.

---

106) 『荀子』「天論篇」, 君子敬其在己者而不慕其在天者 小人錯其在己者而慕其在天者.
107) 金忠烈, 『中國哲學散稿』I, 온누리, 1990, p.99.
108) 『荀子』「天論」, 天不爲人之惡寒也 輟冬 地不爲人之惡遼遠也 輟廣 君子不爲小人之匈匈也 輟行 天有常道矣 地有常數矣 君子有常體矣 君子道其常 而小人計其功.

그렇지만 순자에게도 사상의 한계가 없었던 것은 아니다. 순자는 사람만 알았지 '천도'는 몰랐다든가, 순자가 장자를 비웃어 '폐어천이부지인'蔽於天而不知人이라 하여 하늘에 가리워 사람을 몰랐다고 한 것은 그가 '폐어인이부지천'蔽於人而不知天을 자인한 것처럼 여겨질 만큼 '사람' 자체에 주목하였다.[109] 다시 말해서 그는 형이상학의 세계에서 형이하학의 세계로 발길을 돌려 천을 지상에서 지하의 개념으로 변화시키는 무모한 사유를 강행하였다. 이것은 공자와 맹자가 주장해온 천인합일적 사유 내지, 주재적 천의 개념이 일시에 자연의 한 현상에 불과한 천으로 격하되었으니, 이것이 갖는 한계를 순자에게 묻지 않을 수 없다.

다음으로 순자의 정명론에 대해 모색하여 본다. 우선 정명론은 공자가 주장한 것이다. 친친 현현 존존親親 賢賢 尊尊이라는 말이 『논어』에 나오기 때문이다. 공자는 당시의 정치를 맡게 된다면 정명正名 즉 명名을 바로잡아야 함을 역설하였다. 그가 말한대로 군군, 신신, 부부, 자자의 정명론은 제각기 '이름'에 걸맞은 '명분'名分을 실천함으로써 당시의 혼란한 사회를 법 있는 세상으로 만들 수 있다는 일종의 사회정치 사상이다.[110] 유가인들에게는 각자가 자신의 신분에 맞게 실천함으로써 유기체적 관계를 형성하여, 조화적이고 공동체적 사회를 유지하기 위한 발상으로 정명론이 강조되었다. 이것이 치국과 평천하의 논리인 것이다.

사회질서의 맥락에서 정명론이 거론되고 있다. 그는 정명을 통하여 천하 질서를 유지하려는 의도를 지니고 있었다. 따라서 정명의 필요성과 근거 제시 및 규범을 설정하였다. 그가 주장한 핵심은 천하 만물 모두에게 통용되는 명名이 있어야 한다는 것이다. 이에 그는 다음과 같이 말한다. "왕이 정명을 시도한 점에 있어 어디까지나 민중을 통일하는데 큰 공효가 있는 것이다. 명이 정해짐으로써 사실이 분명해지고, 도가 제대로 잘 행해짐으로써 사람의 의사가 상통되고, 이에따라 민중을 신중히 통일할 수 있다."[111] 정명론의 당위성 설명이 잘 나타난다. 따라서 그는 동류에는 동명同名, 이류에는 이명異名, 단류에는

---

109) 金忠烈, 『中國哲學散稿』 I , 온누리, 1990, p.98.
110) 임채우, 「老莊의 세계이해 방식-整體와 部分」, 『道敎와 自然』, 도서출판 동과서, 1999, p.67.
111) 『荀子』 「正名」, 王者之制名 名定而實辨 道行而志通 則愼率民而一焉.

단명單名, 겸류에는 겸명兼名을 부여하였다.

정명의 당위성을 상고하더라도, 순자의 정명론에는 사회통제 차원에서 가치가 있음을 인지할 수 있다. 곧 순자의 정명론은 그 이론이 완결하여 현대 논리학의 추리로 보아도 전연 손색이 없으며, 그의 이론은 과학적 연구의 궤도에 따랐기 때문에 혜시나 등석, 공손룡 등이 말하고 있는 궤변과는 완전히 다르다.[112] 그가 정명론을 주장한 것은 당시 혼란한 사회상을 반영한 것인지 모른다. 하지만 바람직한 사회 평정을 위해 각자가 맡은 분야에서 역할을 충실히 해야 한다는 그의 합리적 의도는 높이 평가돼야 하리라 본다.

---

112) 張氣昀 著, 中國文化硏究所 譯, 『中國思想의 根源』, 文潮社, 1984, p.181.

제4장

도가의
노자 · 열자 · 장자

I. 도가의 출현

춘추전국시대에는 제자백가가 난무하였다. 이러한 사상적 혼돈 속에서 도가사상이 한 흐름으로 자리매김을 하였던 것이다. 실제 도가철학은 유가, 묵가, 명가, 법가, 음양가로 부르는 중국 학파의 커다란 흐름으로 사상적 영향을 미쳤다. 도가는 당시 화하華夏 민족 의 주술적 신앙의 대상이었던 황제에 의탁하여 황로학이란 새로운 명칭으로 변신하였 다.1) 이와 달리 법가는 사회 질서의 법치를 강조하였으며, 유가는 공맹을 중심으로 한 왕도정치를 추구하였다. 묵가는 전쟁극복의 차원에서 겸애설을 주창하였으며, 음양가는 음양오행의 원리로 왕조의 교체와 사회변동을 예단하기도 하였다.

이러한 제자백가의 사상 중에서 유가문화와 도가문화를 비교하는 것도 흥미 있는 일이 다. 유가문화의 뿌리는 중국 주족周族이 세운 서주西周에서 선을 보이다가 춘추전국시대 에 그 전통을 이어받은 추노鄒魯에서 자리 잡았다. 이에 반해 도가문화의 뿌리는 동이족 이 세운 상商나라에서 발아하여 춘추전국시대에 제초齊楚에서 자리를 잡았다.2) 도가 문화 는 유가와 달리 동이족의 상나라에서 그 싹이 텄다고 할 수 있다. 그리고 춘추시대를 지나며 제나라와 초나라에서 도가사상이 정초되었다.

도가학파의 출신 성분은 무엇이었을까. 반고의 『한서』 「지리지」에 기록되어 있는 내용 을 소개하여 본다. "도가학파는 모두 사관史官에서 나왔다. 국가의 성패, 존망 화복 등 고금의 도를 기록하고, 그런 뒤에 요체와 근본을 잡고 청허함으로써 자신을 지키고, 겸손 함으로서 스스로의 몸가짐을 갖추는 것을 알게 하는 것이니, 이것은 바로 군주의 남면南 面 통치술인 것이다."3) 도가학파의 출현은 사관이라는 노자의 직책과 연관된 듯하다. 이 처럼 도가사상은 기후 풍토의 지리적 영향을 받았던 것을 고려하면, 강강함보다 유약함 을 추구하는 양자강 이남의 사람들이 가질 수 있는 사상이라고 본다.

---

1) 박재희, 「黃老道家의 형성과 세계관」, 한국도가철학회 1998년도 제3회 학술발표회 《발표요지》, 한국 도가철학회, 1998년 7월 28일, p.21.
2) 金白鉉, 「現代 韓國道家의 硏究課題」, 『道家哲學』 창간호, 韓國道家哲學會, 1999, p.331.
3) 班固撰, 『漢書』 「藝文志」(北京:中華書局), 道家者流 皆出於史官 歷記成敗存亡禍福古今之道 然後知秉要 執本 淸虛以自守 卑弱以自持 此君人南面之術也.

다음으로 '도가'라는 호칭은 언제부터 비롯되었을까. 이는 서한시대에 비로소 성립되었는데, 기원전 1세기경 사마천의 부친인 사마담이 춘추전국시대의 여섯 가지 학파의 요지를 설명하는 가운데 처음으로 도가라는 명칭을 사용한 것이다.[4] 그 다음으로 서기 1세기경 『한서』「예문지」를 쓴 반고가 10가를 소개하면서 도가라는 말을 사용하고 있다. 도가는 노장이라는 말을 자주 혼용하여 쓰고 있으며, 그것은 전한시대에 만들어진 것으로 『사기』「태사공자서」와 『한서』「예문지」에서 찾아볼 수가 있다.

도가사상의 세 흐름을 밝혀 보고자 한다. 도가사상을 최초로 분류한 유협에 의하면 노장의 철학, 신선술, 종교로서의 도교는 각각 다른 성격을 갖는다고 했다.[5] 다시 말해서 도가사상이 크게 세 가지의 흐름, 즉 철학과 신선 및 도교로서의 세 흐름으로 이어졌다. 직하도가(齊나라 稷下學宮을 중심으로 전국시대 학술계를 주도한 황로학)와 여러 학자들에 의하여 도가사상이 전개되었다. 도가의 인물로는 노장을 비롯하여 크게 열자와 관자, 여씨춘추, 회남자 등을 거론할 수가 있다.

도가 사상의 요체로서 상기할 바는 무위자연에 바탕한 만물 제동齊同의 사상이 있고, 박대진인博大眞人의 심학 내지 허정 사상 등이 거론된다. 도와 덕의 개념이 가져다주는 심오한 도가철학의 세계, 장자의 소요 자재적 초탈의 세계는 오늘날 철학자들에게 상상의 자유 공간을 넓혀주기에 충분하다. 다만 천박한 곡해에 의해 도가사상을 우민정치론이니 역사퇴보론이니 허무주의라거니 양비론이라고 혹평하는 경우도 있다.[6] 이러한 비판론은 유가의 사고나 다른 제자백가의 사유에서 얼마든지 거론될 수 있는 정체성 확보의 우열 논쟁과 관련되어 있는 것이다.

---

4) 김용정, 「힌두이즘의 우주관과 자연관」, 한국불교환경교육원 엮음, 『동양사상과 환경문제』, 도서출판 모색, 1997, p.79.
5) 韓國哲學思想硏究會, 『韓國哲學』, 예문서원, 1995, p.123.
6) 金白鉉, 「現代 韓國道家의 硏究課題」, 『道家哲學』 창간호, 韓國道家哲學會, 1999, p.324.

II. 노자의 생애와 사상

1. 생애

노자의 성은 이李, 이름은 담聃이며 字는 백양伯陽이다. 그가 탄생한 곳은 초나라의 고현 여향 곡인리(지금의 하남성 歸德府 鹿邑縣)이다. 노자가 태어난 곳은 중국 남방의 초나라 상현(相縣 또는 苦縣)이라고 한다. 그가 유시에 살았던 상현은 진나라에 있었다. 노자의 30세 전후, 초나라가 진나라를 멸하자 진은 초에 복속된 지 5년 뒤 독립하여 영토를 찾았다. 그 뒤 약 50년 후 진나라가 다시 초나라에게 멸망 당하면서 상相은 고苦라는 이름으로 바뀌었으니 노자의 고향은 진·초, 상·고 어느 것을 써도 무방하다.[7] 이는 노자가 춘추시대의 많은 전쟁 속에서 유랑생활을 한 탓이다. 노자의 직업으로 알려진 것은 그가 주周의 수장실守藏室(도서관)의 사史가 되었다는 사실이다.

또 노자의 위상에 있어 공자와 조우 문제가 거론된다. 패沛에서 노자는 공자 외에도 무지(기원전 540~480)와 양주(BC 520~440)를 만났는데, 본래 노자가 공자를 알게 된 것은 무지를 통해서였다.[8] 노자(BC 561~BC 467)는 공자보다 나이가 20~30세 많은 선배로 알려져 있다. 공자가 30세경에 주周의 서울 낙양에 갔을 때 노자에게 예를 물은 적이 있다. 노자는 도를 실현할 가망이 없다고 하자 공자는 이에 물러갔다. 이들의 조우는 BC 506년(주 경왕 14년, 노정공)이었고, 이의 자료는 사마천의 『사기』, 예기의 「증자문」, 『장자』 등에 언급되고 있다.

다음으로 노자라는 인물과 성격을 언급하여 본다. 노자는 자연의 정경이 물씬 풍기는 남방의 초나라에서 성장하였다. 그는 자연을 좋아하였고 순박한 삶을 동경하였다. 청년 시절에 밀고 밀리는 전쟁의 환란 속에서 고향을 떠나 객지를 유랑했고, 중년 시절에는 정치의 중심 무대인 주나라로 가서 인간의 갖은 추악상을 목격한 뒤 인간과 문화를 부정하기 시작했다.[9] 노자 사상에 나타난 초탈적이고 현실 부정적 정신은 바로 이러한 배경

---

7) 김충열, 『노장철학강의』, 예문서원, 1995, pp.43-44.
8) 위의 책, pp.45-46.
9) 위의 책, p.46.

과 무관하지 않다. 주나라 왕실의 쇠퇴함을 목격한 그는 주나라를 떠났으며, 결국 유교의 현실적 인의仁義 가치를 부정하고 자연의 세계에 나가게 되었다.

노자가 저술한 『도덕경』은 81장으로 구성되어 있다. 문체는 산문체이며, 우리가 접하고 있는 노자본은 한비자 때에 완성되었을 것으로 추단된다. 『도덕경』의 글자는 총 5천 언이며, 이는 국경 관關의 문지기였던 윤희의 간청에 의하여 저술되었다. 『도덕경』의 내용은 기본적으로 유가와 음양가, 법가 등의 여러 사상에 대한 반대 명제로 이루어져 있으며, 『노자』 전체에 풍부하게 나타나는 역설의 논술 방법은 현실 자체를 부정하는 당시의 경향까지 담고 있다.[10] 『도덕경』의 저술은 춘추 말기인 기원전 480년경에서 전국 초기인 기원전 470년 이전의 일이었다. 『도덕경』에 나타난 사상의 대부분은 천도론에 바탕한 무위의 정치, 인생론, 윤리론, 도론 등이 거론되고 있다.

그럼에도 불구하고 후학의 노자 비판도 종종 거론되곤 한다. 한퇴지에 의하면, "노자가 인의를 하찮은 것으로 여겨 비방하는 것은 그가 보는 견해가 좁기 때문이다. 우물 속에 앉아 하늘을 보고 말하기를 '하늘이 좁다'라지만 결코 하늘이 좁은 것이 아니다."[11] 아울러 송대의 정호는 자신이 이해한 노자의 학을 '우민지교'愚民之敎[12]라 비판하고 있다. 『유교와 도교』를 저술한 막스 베버 역시 노자의 구제적 신비주의는 '이기주의'라고 비판하였다. 노자의 사상이 초현실주의든, 우민정책을 표방하든, 유교 냉소주의자든 『도덕경』이 오늘날 독자들에게 많이 읽히고 있는 것은 그의 철학적 가치가 현대엔들에게 설득력이 크다는 증거이다.

2. 도론과 덕론

종교나 철학에 있어 절대 이념은 상존하기 마련이다. 이를테면 유교에서 인仁이 거론

---

10) 조민환, 『유학자들이 보는 노장철학』, 예문서원, 1996, p.27.
11) 韓退之, 『古文眞寶後集』 卷之二, 「原道」, 老子之小仁義 非毁之也 其見者小也 坐井而觀天曰天小者 非天小也.
12) 『二程遺書』 卷28, 老子以爲非以明民 將以愚之.

되고, 불교에서 자비가 거론되며, 기독교에서 사랑이 거론되고, 원불교에서 은恩이 거론된다. 이러한 연장선상에서 도가의 노자는 도를 거론한다. 그것은 다름 아닌 노자철학의 핵심 이념이기 때문이다. 도는 노자철학의 중심 관념으로, 그의 전체 철학체계는 도라는 관념을 거쳐 전개된다.[13] 이처럼 노자는 중국철학에서 최고 이념을 도라는 용어로 대신하여 우주의 근원이자 만물의 생성, 존재와 운동 그 자체로 이해하고 있다.

노자에 있어서 절대 이념인 도는 언제 형성되는가를 알아보자. 노자는 이와 관련하여 다음과 같이 말한다. "뒤범벅으로 된 한 물건이 있어서 천지보다 먼저 생겨났으니, 고요하고 쓸쓸하여 소리도 없고 형체도 없지만, 홀로 우뚝 서서 영원히 변함이 없으며, 모든 것에 두루 행하여 잠시도 게으르지 아니하니, 가히 써 천하 만물의 어머니라 하겠다. 내 이름을 알 수 없지만, 글자를 붙여 도라고 부른다."[14] 이처럼 도는 천지보다 먼저 생겨난 것으로 이해된다. 마치 혼돈의 세계에서부터 도가 이미 존재한 것으로 보인다. 이러한 도는 1을 낳고 1은 2를 낳으며, 2는 3을 낳고 3은 만물을 낳는 것(道生一, 一生二, 二生三, 三生萬物)(『도덕경』 42章)이라고 노자는 말한다.

도는 말로 무어라 표현하면 더 이상 상도常道가 아님을 노자는 말하여 언어도단의 경지가 도라고 한다. 『도덕경』 1장에서 거론된다. "도라고 일컫는 도는 상도가 아니고, 이름名으로 불리는 것은 상명常名이 아니다. 이름조차 없음은 하늘과 땅의 시작이고, 이름이 있음은 만물의 어머니이다."[15] 노자가 말하는 도는 보려고 해도 볼 수가 없고 들으려고 해도 들을 수도 없는 언어 이전의 세계인 것이다. 그는 이를 '시지불견'이요 '청지불문'이며 '박지부득'搏之不得이라 보았다. 그것은 다름 아닌 현묘한 본체의 속성인 이희미夷希微(『도덕경』 14章)의 세계이다.

노자가 말하는 현묘한 도의 세계는 여러 각도에서 언급될 수 있으며, 이러한 도의 속성에서 도의 소중함이 거론된다. 그는 다음과 같이 말한다. "도는 만물의 근본이니 착한 사람에게는 보배가 되고, 착하지 않은 사람에게는 몸을 보전하는 바가 된다."[16] 이처럼

---

13) 陳鼓應 著, 최진석 譯, 『老莊新論』, 소나무, 1997, p.18.
14) 『道德經』 25章, 有物混成 先天地生 寂兮廖兮 獨立不改 周行而不殆 可以爲天下母 吾不知其名 字之曰道.
15) 道可道 非常道 名可名 非常名 無名 天地之始 有名萬物之母.

노자는 만물의 근본이자 인간의 보배로서 도를 조명하고 있다. 아울러 불선不善을 자행하는 사람에게 도를 실천하도록 함으로써 고통으로 벗어나게 하는 길을 제공했다. 이같이 도는 인간과 만물에 있어 가장 소중한 보물로 그 위상이 세워지고 있다. 그런 까닭에 후래 도교에서는 노자의 도가 인격화되어 '태상노군'으로 숭배되고 있다.

다음으로 노자가 말하는 덕이란 무엇인가를 도와 관련지어 언급해 본다. 노자의 경우 형이상학적 본체의 도가 형이하학적 현상계에서 인격의 삶으로 작용할 때 그것을 덕이라고 부른다. 노자가 말하는 도와 덕은 융합적인 관계인데, 노자는 체와 용으로 도와 덕의 관계를 설명하면서 덕은 도의 작용이자 도가 드러나는 모습[17]으로 이해하였다. 인간의 인격상을 덕상이라 하는 것이 이와 관련된다. 이러한 도와 덕이 송대에 이르러 하나의 물사物事로 간주하는 성향이었지만, 고대의 노자는 도와 덕을 둘로 나누어 이해하였다.

어쨌든 덕을 쌓으면 세상에서 못할 것이 없다고 노자는 말한다. 물론『주역』건괘乾卦-文言는 '여천지합기덕'與天地合其德이라 하여 천지와 더불어 덕에 합한다고 하였다. 노자는 이와 관련하여 다음과 같이 언급하고 있다. "거듭 덕을 쌓으면 못하는 것이 없고, 그러면 그 다함을 알 수 없고, 그렇게 되면 가히 나라를 지킬 수 있다."[18] 노자의 사유는 덕이야말로 인격을 쌓는 덕목이고, 국가를 다스리는 덕치의 왕도정치와 다를 것이 없다는 것이다. 덕을 쌓음으로써 우리의 인격상에 적이 없는 것으로 이해하기 때문이다.

덕이 인격과 연결되는 이유로는, 노자의 덕이 무사無私와 무지無知로서 대아에 계합하는 것이기 때문이다. 그가 말하는 무사는 대아를 뜻하는 것이고, 무지는 모든 상대적 지식을 초월한 대도의 지혜를 뜻하므로, 대아大我와 대지大智의 덕을 체득한 것이 다름 아닌 현덕이다.[19] 이처럼 덕이란 인간에게 사사가 없는 것이며, 상대 관념의 지식을 극복한 대자연의 상태에 계합하는 것이다. 『도덕경』10장에서 이러한 경지를 '현덕'이라 한다. 현덕의 경지는 낳되 기르지 않고 소유하지 않으며, 뽐내지 않고 주재하지 않기 때문에

---

16) 『道德經』62章, 道者 萬物之奧 善人之寶 不善人之所保.
17) 陳鼓應 著, 최진석 譯,『老莊新論』, 소나무, 1997, p.33.
18) 『道德經』59章, 重積德則無不克 無不克則 莫知其極 莫知其極 可以有國.
19) 金恒培,『老子哲學의 硏究』, 思社硏, 1991, p.157.

체득의 대상이다. 자연 그대로 두는 상태가 최고의 인격으로서 현덕을 획득하는 셈이다.

현덕은 노자에 있어 달리 불리어지기도 한다. 그것은 곧 상덕上德이다. 『도덕경』 38장에 나오는 노자의 언급을 살펴본다. "상덕은 덕을 베푸는 상이 없으므로 덕이 있게 된다. … 상덕은 함이 없어 인위가 없다"(上德不德, 是以有德, … 上德無爲而無以爲). 이처럼 노자는 하덕인 유교의 현세 적응에 대해서 상덕을 요구하였으며, 사회적으로 상대화된 윤리에 대해서 절대적인 완전성의 윤리를 요구하였다.[20] 그런 까닭에 우리가 세속적으로 말하는 덕보다 한 차원 위에 존재하는 덕이 바로 상덕이요 대덕이며, 현덕이라 노자에게서 거론되고 있다.

3. 수양론

노자 수양론은 여러 가지로 언급될 수가 있다. 도가와 관련하여 수양론을 언급할 때 주로 심신을 맑히고 도의 경지에 일치하기 위한 방법들이 거론되곤 한다. 이를 수련이라 해도 좋고 처세론이라 해도 좋을 것이나, 보다 포괄적 의미의 수양론은 심신을 참된 삶의 세계로 나아가도록 하는 수양의 이론들이라고 할 수 있다. 그런 의미에서 노자의 수양론으로 다음 몇 가지를 거론할 수가 있다.

첫째, 장생 신선을 지향하는 수양론이다. 『도덕경』에서 말하는 '곡신불사'谷神不死라는 것도 어느 면에서 보면 신비성이 가미된 장생의 측면이 나타나고, '현빈'玄牝이라는 것도 신선의 경지에서 누리는 것이다. 어쨌든 노자 가르침의 경향이라고 하는 것은 육체적인 생명을 그 자체로서 존중하는 것, 즉 장수를 존중하는 것이다.[21] 노자에게서 요절이나 죽음은 해악인 셈이다. '천장지구능장생'天長地久能長生(천지가 장구하니 능히 장생할 수 있다)이라는 말에도 장생을 향한 인간의 구원 의지가 담겨 있다.

둘째, 복귀復歸의 수양론이다. 근원으로의 회귀가 바로 복귀 사상인데, 노자에 있어 복귀는 다음 세 가지로 거론되고 있다. 즉 '복귀기근'復歸其根, '복귀어영아'復歸於嬰兒(28장),

---

20) 막스 베버 著, 이상률 譯, 『儒敎와 道敎』, 文藝出版社, 1993, p.264.
21) 위의 책, p.273.

'복귀어무극'復歸於無極이라는 것이 그것이다. 근본에 복귀한다는 것은 도의 세계에 계합하는 것이요, 영아에 복귀한다는 것은 천진 소박한 세계에 나아가는 것이요, 무극에 복귀하는 것은 다함이 없는 진리의 세계에 복귀한다는 것이다. 자연 추구의 노자사상이 갖는 복귀의 논리는 송대 이학의 복초復初와 유사성을 띠고 있다.[22] 복귀를 통해 인간은 우주 및 본체 세계와 하나가 되는 경지를 체득하는 것이다.

셋째, 함덕含德의 수양론이다. 덕에 대한 논의로는 이미 전장에서 노자의 도덕관과 관련한 언급이 있는데, 그가 말하는 덕은 하나의 수양론으로 거론되고 있다. "덕을 함양한 자含德는 어린 아이에 비교되는데, 벌이나 뱀도 그를 쏘지 않고, 맹수도 그에게 덤비지 않고, 날새도 그를 채가지 않는다."[23] 이처럼 덕을 머금으며 살아가는 것은 자연의 소박함 그대로의 삶을 살기 때문에 어떠한 맹수도 해를 입히지 않는다는 논리는 신비롭기까지 하다. 자연의 대덕을 있는 그대로 심신 속에 간직하므로 우주 대자연의 기운에 합일하는 경지가 설명되고 있다.

넷째, 유약柔弱의 수양론이다. 노자의 사상은 유약 사상이라 해도 크게 무리가 없다. 그만큼 그는 곳곳에서 유약의 수양을 강조하고 있기 때문이다. 예컨대 '유약승강강'柔弱勝剛强, '인지생야유약'人之生也柔弱, '유약처상'柔弱處上, 그리고 '천하막유약어수'天下莫柔弱於水라는 말들이 곧 그의 유약 수양론이자 처세의 방법으로 거론되고 있다. 송대의 주자도 노자는 항상 유약柔弱 겸하謙下를 드러내며 텅 비어 만물을 훼손하지 않는 것을 실질로 삼는다고 이해한다.[24] 노자는 강강함보다는 유약을 최상의 처세로 보았던 탓에『여씨춘추』에서는 노자 사상의 특징으로 유약 즉 '부드러움을 귀히 여김'(不二篇, 老聃貴柔)을 거론하였다.

다섯째, 무지와 무욕의 수양론이다. 세속적인 지식을 추구하는 것이 아니라 대자연의 대지大智를 추구하는 노자인 이상 그는 무지와 무욕을 강조하고 있다.『도덕경』3장에서

---

22) 曹玟煥,「朱熹의 老莊觀」, 한국도교사상연구회 編,『老莊思想과 東洋文化』, 亞細亞文化社, 1995, p.263 參照.
23)『道德經』55章, 含德之厚 比於赤子 蜂蠆虺蛇不螫 猛獸不據 攫鳥不搏.
24) 曹玟煥, 앞의 책, pp.275-276.

다음과 같이 말한다. "항상 백성들로 하여금 무지하고 무욕하게 하여 저 지식이 있는 사람으로 하여금 감히 손댈 수 없게 하는 것이다."[25] 무지 무욕의 경지에서 삶을 살아간다면 그것은 바로 노자가 강조하는 무위의 세계요, 무불치無不治의 세계라고 볼 수 있다. 그와 같은 세계는 『도덕경』 34장에서 강조하는 '상무욕'常無欲으로서 만물이 이에 귀의하는 세상이다.

여섯째, 부쟁不爭의 방법이다. "어진이를 숭상하지 않으면 백성들은 다투지 않는다"(不尙賢 使民不爭)는 『도덕경』 3장의 언급이 이와 관련되며, "물은 만물을 이롭게 하되 다투지 않는다"(水善利萬物而不爭)라는 8장의 말도 바로 이와 관련된다. 이러한 부쟁의 세계는 허물이 없는 순수 소박한 세계이다. 이처럼 다툼이 없는 세계를 노자는 물水로 보았는데, 그가 말한 '상선약수'上善若水란 말이 이와 관련된다. 물이란 화합하는 것에 자연스런 성격을 지니고 있는 이상[26] 다툼을 상정하지 않아도 된다. 노자는 이러한 대 화해의 세계를 소국과민의 세계로 보아 이상적 삶의 좌표로 삼았다.

4. 윤리·정치론

유가철학이 윤리 문제에 깊은 관심을 가졌다면, 노자는 우주 문제에 보다 깊은 관심을 가졌다. 유가철학은 인생과 정치 문제에 비교적 많은 관심을 기울였으므로 윤리 도덕의 울타리에 머무르게 했는데, 노자철학의 특징은 이 한계를 넘어서 인생에서부터 우주 전체로 확장시키는데 있다.[27] 그러므로 노자철학의 윤리성을 조명하는데 상당한 어려움이 나타날 수가 있다.

다만 노자 역시 인간의 도덕성을 부활하고, 순수 소박한 인격을 지향한다는 점에서 윤리적 조명도 가능하다고 본다. 우선 그의 윤리관을 조명함에 있어 다음 '삼보'三寶를 생각해 볼 수가 있다. 여기에 그의 윤리적 실천 강령이 들어있기 때문이다. 그는 다음과

---

25) 『道德經』 3章, 常使民無知無欲 使夫智者不敢爲也.
26) 拙稿, 「老子의 處世論 硏究」, 『韓國道敎의 현대적 조명』, 亞細亞文化社, 1992, p.32.
27) 陳鼓應 著, 최진석 譯, 『老莊新論』, 소나무, 1997, p.17.

같이 말한다. "나에게는 세 가지 보배가 있어 그것을 보배롭게 지니고 있다. 첫째는 인자함이요, 둘째는 검소함이요, 셋째는 감히 천하에 앞서지 않음이다."[28] 이를 윤리적 측면으로 이해하면 인자한 마음이란 도덕적 베풂이고, 검소함이란 현실의 삶에서 청정한 윤리의식이 존재하는 것이다. 그리고 감히 천하에 앞서지 않음이란 윤리적으로 겸양의식이 있음을 말한다.

구체적으로 말해서 윤리에 있어 핵심이 되는 것은, 노자적 인격에 있어 구비해야 할 요소로써 겸양의 도이다. 그는 다음과 같이 말한다. "백성들 위에 서려는 자는 반드시 말로써 자기를 낮추고, 백성의 앞에 서려는 자는 반드시 그 몸을 뒤로 할 것이다."[29] 그가 말하는 주요 관점은 인격적으로 겸양을 갖추어 백성들에게 나아가라는 뜻이다. 지도자의 윤리의식이 잘 나타난다. 이는 춘추전국시대에 위정자들이 민심을 흉흉하게 하고, 그 결과 윤리 도덕이 땅에 떨어져 있음을 시사하는 내용이다.

그리하여 인간으로서 대자연의 세계에 하나가 될 수 있도록 윤리적으로 본받을 대상을 분명히 하고 있음이 주목된다. 그는 다음과 같이 말한다. "사람은 땅을 본받고, 땅은 하늘을 본받으며, 하늘은 도를 본받고, 도는 자연을 본받는다."[30] 인간으로서 윤리적이고 양심적으로 닮아갈 대상은 바로 천지이며, 또한 도이자 자연의 세계이다. 그것은 완벽한 인격을 갖추는 길이며, 이러한 경지에 합할 때 도덕적으로, 또 윤리적으로 성인의 경지에 들어섰다고 할 수가 있다.

이제 정치의 세계로 관심을 돌려보도록 한다. 국가의 혼란은 왜 일어나는 것일까. 물론 통치자가 정치를 잘 못해서 혼란스럽게 되기도 하며, 시대상황의 흉흉함이 사회를 어둡게 하기도 한다. 노자는 국가가 혼란하게 되는 원인을 다음과 같이 언급하고 있다. "위대한 도가 무너져 인의가 생겨났고, 지혜가 나오고 큰 거짓이 생겨났으며, 집안이 화목하지 못하고서 효도와 사랑이 생겨나게 되었고, 나라가 혼란하고서 충신이 생겨나게 되었다."[31]

---

28) 『道德經』 67章, 我有三寶 持而保之 一曰慈 二曰儉 三曰不敢爲天下先.
29) 『道德經』 66章, 是以欲上民 必以言下之 欲先民 必以身後之.
30) 『道德經』 25章, 人法地 地法天 天法道 道法自然.
31) 『道德經』 18章, 大道廢 有仁義 智慧出 有大僞 六親不和有孝慈 國家昏亂有忠臣.

유교에서 강조하는 충신과 인의 때문에 혼란하게 되었다는 것은 노자 사상의 성향이 유가와 정면 배치된다는 것을 잘 나타내 준다.

노자는 유교의 현실 치세적 측면이 아닌, 무위 대자연의 세계에서 정치를 바라보고 있다. 곧 노자 철학은 우주론에서 인생론으로, 다시 정치론으로 그의 관심을 옮겨가고 있는 것이다. 이를테면 노자철학의 체계는 우주론에서 인생론으로 넓어지고, 다시 인생론에서 정치론으로 확장된다고 말 할 수 있다.[32] 노자가 현실적 유가를 비판하고, 한비자가 초탈적 노자를 비판하여 음모와 권모술수로 이해했다는 주장도 있다. 그러나 노자는 장자보다 더 적극적으로 사회 정치적 경륜을 밝히고 있다는 것을 주목할 일이다. 이러한 그의 정치론은 우주론 및 인생론과 더불어 언급되고 있다.

노자가 말한 정치론을 보면, 나라 다스리는 일을 조심스럽게 하되 도로써 하라는 의미에서 그는 '이정치국'以正治國이라 하여 정도의 통치술을 밝힌다. 정도는 바른 도로 천하를 통치하면 어떠한 삿된 세계에도 물들지 않음을 언급하는 내용이다. 노자는 이에 다음과 같이 말한다. "큰 나라 다스리기를 작은 생선 굽듯이 하라. 도로써 천하에 임하면 귀신도 영력을 부리지 않을 것이다."[33] 작은 생선을 굽듯이 하라는 말은 매사를 조심스럽게 임하라는 뜻이다. 그가 말하는 귀신의 영력이란 어떠한 고통스러움을 자아내는 삿되고 혼란스런 세력이며, 그것이 감히 정도를 간섭하지 못하는 것이다.

결국 노자가 밝힌 정치론은 무위적 이상세계의 건설에 있다. 그는 이러한 세계를 소국과민의 세계라 말하고 있다. 다음과 같이 이상세계가 피력되고 있다. "나라는 작고 백성들은 적어서, 뛰어난 재능이 있어도 사용하지 못하게 하며 … 백성들의 음식을 달게 여기게 하고, 그들의 옷을 아름답게 여기게 하며, 그들의 거처를 편안히 여기게 하고, 그들의 풍속을 즐겁게 해야 한다. 이웃 나라가 서로 바라보이고, 닭과 개의 소리가 서로 들려도 백성들이 늙어서 죽을 때가지 서로 왕래하지 않게 해야 한다."[34] 그의 정치적 경륜이 그대로 나타나 있는 것 같다. 그가 간절히 여망한 '소국과민'의 세계는 소박 무위의 이상

---

32) 陳鼓應 著, 최진석 譯, 『老莊新論』, 소나무, 1997, p.17.
33) 『道德經』 60章, 治大國 若烹小鮮 以道莅天下 其鬼不神.
34) 『道德經』 80章, 小國寡民 … 甘其食 美其服 安其居 樂其俗 隣國相望 鷄犬之聲相聞 民至老死 不相往來.

향이기 때문이다.

5. 자연 무위론

　노자 사상의 중심은 자연 무위의 사상이다. 노자의 추구하는 바가 무위이며, 그것을 통해 자연의 소박함에 귀의하게 된다. 이와 관련하여 노자는『도덕경』2장에서 말하기를 '성인처무위지사 행불언지교'聖人處無爲之事 行不言之敎라 하여, 성인이야말로 무위의 일에 처하며 말없는 가르침을 행한다고 하였다. 그러므로 언급된 자연 무위의 관념이 노자의 중심 사상으로 거론되며 다른 중요 관념들은 이 관념을 둘러싸고 전개된다.[35] 이는 주변 개념들이 오로지 노자의 자연 무위의 개념을 지향한다는 뜻이다.

　주요 개념으로 등장하는 무위론을 노자가 주장한 배경은 유가나 법가에서 강조하는 조작 내지 인위를 극복하는 것에 있다. 노자는 당시 인위에 의해 거론되는 온갖 방법들에 대해 부정적 입장에 있다. 유가에서는 예치를 주장하였고, 묵가에서는 겸애를 주장하였으며, 법가에서는 법치를 주장하였으니, 노자의 입장에서 보면 당연히 이들은 모두 인위의 다스림으로 간주되었다.[36] 노자는 예의 형벌이나 법술과 같은 통치의 인위적 술수를 거부하였기 때문이다.

　그토록 노자가 강조하는 무위의 의미는 무엇이며, 그것이 추구하는 적극적 개념은 없는가. 이러한 무위론은 주로 그의 정치관에서 거론된다. 왜냐하면 그는 '무불위 즉 무불치'爲無爲 則無不治라고 하였기 때문이다. 무위를 할 경우 정치적으로 다스려지지 않음이 없다는 논리이다. 이러한 '무위이무불위'無爲而無不爲의 정치원칙이 노자 남면술南面術의 핵심이며 고대 통치자가 천하를 경영하는 원칙이다.[37] 그는 무위라는 것을 소극적으로 바라보지 않았다. 도의 속성은 무위하지만 무불위하기 때문이다. 곧 노자는 '도상무위이무

---

35) 陳鼓應 著, 최진석 譯,『老莊新論』, 소나무, 1997, pp.33-34.
36) 이강수,『노자와 장자』, 길, 1997, p.78.
37) 박재희,「黃老道家의 형성과 세계관」, 한국도가철학회 1998년도 제3회 학술발표회《발표요지》, 한국 도가철학회, 1998년 7월 28일, p.22(注 102).

불위道常無爲而無不爲라 함으로써 무위를 적극적 개념으로 이해하였다.

적극적 입장에서 무위를 이해하는 노자는 그의 철학을 가식과 인위의 극복을 통한 무위의 대자연에 합하는 것을 목적으로 하고 있다. 대자연의 세계야말로 도가에서 추구하는 이상향이기 때문이다. 노자철학은 마음을 지극히 허정하게 하여 인위 조작을 없애나가는 무위의 공부론을 전개하며, 또 이러한 공부를 통하여 무위자연의 도를 체득하도록 하였다.[38] 조작과 가식이 전개되는 삶은 인위성이 가미된 것이므로 도가의 철학에서 정면 거부될 수밖에 없다.

주자 역시 노자의 사상을 자연의 허정 무위에 초점을 맞춘 것이라 이해하고 있다. 주자는 이에 말한다. "노자의 학문은 대체로 허정 무위하며, 조용히 물러나 자기를 지킴을 일로 삼았다. 그러므로 그의 학설은 언제나 유약 겸하謙下를 표방하였고, 텅 비어 있지만 만물을 훼손하지 않는 것을 알맹이로 삼았다."[39] 노자의 사상을 비교적 긍정적인 입장에서 평론하고 있다. 허정 무위이자 유약 겸하의 세계가 노자사상에 있어 가장 심도 있는 이상향으로 비추어지고 있는 것은 주자의 노자 이해에서 분명히 나타난다.

요컨대 노자사상은 무위를 통한 자연의 도를 획득하는 것에 초점이 맞추어져 있다. 그는 무위에의 감화적 경지를 다음과 같이 말한다. "내가 무위하여 다스리면 백성들은 저절로 교화되고, 내가 고요함을 좋아하면 백성들은 저절로 바르게 되며, 내가 일함이 없으면 백성들은 저절로 부유해지고, 내가 욕심이 없으면 백성들은 저절로 순박해진다."[40] 무위의 실천으로 이어지면 결국 자연의 도를 체득하게 된다는 노자 사상의 대단원이 엿보인다. 백성들이 저절로 교화되고, 욕심이 없어지며, 순박해진다는 것은 곧 자연 무위의 노자사상에서 강조되는 이상적 인간상이 되는 셈이다.

---

38) 金白鉉, 「現代 韓國道家의 硏究課題」, 『道家哲學』 창간호, 韓國道家哲學會, 1999, p.332.
39) 『朱子語類』 卷125, 老子之學 大抵以虛靜無爲 沖退自守爲事 故其爲說 常以懦弱謙下爲表 以空虛不毀萬物爲實.
40) 『道德經』 57章, 我無爲而民自化 我好靜而民自正 我無事而民自富 我無欲而民自樸.

Ⅲ. 열자의 생애와 사상

1. 생애

우리가 도가 인물을 언급함에 있어 노자와 열자·장자를 거론하는데, 여기에서 열자는 공자나 노자보다는 조금 후대의 인물이나 장자보다 앞선 사람이다.[41] 노자와 장자는 널리 알려져 있으나, 열자는 잘 알려져 있지 않다. 열자는 전국시대의 사상가로서 '열어구'라고도 부르며 그의 정확한 생몰 연대는 알 수가 없다. 다만 그는 BC 400~BC 500년경의 사람이라는 정도로 알려져 있다. 또 그는 지금의 하남성인 정나라 출신으로 자열자子列子라 불리기도 한다.

열자는 충허진인冲虛眞人에 배향되었고, 뒤에 충허지덕진인冲虛至德眞人으로 호칭되기도 하였다. 그리고 『열자』는 『충허진경』으로도 불린다. 당 현종은 도가사상을 신봉하는 열의가 대단하여 742년에 노자를 현원황제玄元皇帝라는 존호를 붙여 사당에서 몸소 배향했는가 하면 장자를 남화진인南華眞人, 열자를 충허진인이라 하였다.[42] 물론 이전에 당을 세운 이연李淵은 노자의 성명이 이이李耳로 같은 이성李姓이라는 데서 노자를 극도로 숭상한 것이 이러한 흐름을 자연스럽게 유도하였다. 후학들의 열자 인식도 노자 숭배와 같은 군에 끼우기도 한다.

그러면 열자의 스승으로는 누구일까. 노자라고 생각할 수 있으나 다른 스승이 있었다. 이를테면 관윤자, 호구자림, 노상자 등이 그의 스승이었는데, 후세의 학자 중 혹자는 그는 역사상 존재하지 않았다고 한다.[43] 그가 왜 역사상 존재하지 않은 인물이라고 거론되었는가. 아마도 그는 역사적으로 분명한 생존 기록을 찾지 못한 데에서 연유한 것으로, 이를 주장한 인물로서 송나라 고사손 같은 이가 그중 한 사람이다.

열자가 역사적으로 존재하지 않았다는 추단이 있었으므로 『열자』의 저술에 위서라는

---

41) 金敬琢 譯, 『列子』(上), 明知大學校 出版部, 1985, p.23.
42) 韓國哲學思想硏究會, 『韓國哲學』, 예문서원, 1995, pp.90-91.
43) 가노 나오키 著, 吳二煥 譯, 『中國哲學史』, 乙酉文化社, 1986, p.202.

논란이 일어났다. 따라서『열자』저술이 위서라는 것을 우리는 상정하지 않을 수 없다.『열자』의 위서 문제와 그 철학적 사유의 틀에 관한 연구 역시 우리가 지나칠 수 없는 과제이다.[44] 그리고 오늘날『열자』8편이 전해진다. 천서편, 황제편, 주목왕편, 중니편, 탕문편, 역명편, 양주편, 설부편이 그것이다. 본 저술에서 천서편天瑞篇만이 그의 자작이라는 설도 있다. 그의 저술에 나타난 학문적 성격으로는 황제와 노자의 사상을 근간으로 하고 있음을 알 수 있다.

2. 우주 생성론

열자는 우주에 대해 상당한 관심을 가지고 있었으므로 고대의 철인들 중에서 비교적 구체적으로 우주를 언급하고 있다. 그가 밝힌 우주의 구성 요소는 4단계이다. "태역太易이라는 것은 무명 무형한 것으로서 기가 발현되지 않은 상태를 가리킨 것이다. 태초太初라는 것은 천지 미분 사이에 하나의 덩어리로 되어 자연히 생생하는 기의 존재 상태를 가리킨 것으로서 이것은 기의 시원이다. 태시太始라는 것은 천지가 개벽해서 만물을 생하여 각각 그 형체를 이루고 있는 상태를 가르킨 것으로서 이것은 형체의 시작이다. 태소太素라는 것은 형체가 다름을 따라 그 성질도 각각 다르게 이루고 있는 것을 가리킨 것으로서 이것은 질質의 시작이다."[45] 이처럼 구체적으로 우주 구성의 단계적 요소를 밝힌 것은 열자에 있어 처음이다.

우주의 구성 요소인 천지인 3재의 속성에 대해서 열자는 체계적으로 언급하고 있다. 이는 유교적 관점과 통하고 있는데, 그는 다음과 같이 말한다. "천지의 도는 음이 아니면 양이요, 성인의 가르침은 인仁이 아니면 의義이며, 만물의 마땅함은 유柔가 아니면 강剛이다. 이것들은 모두 마땅한 바를 따르는 것이지, 위치한 바에서 나올 수는 없는 것이다."[46]

---

44) 金白鉉,「現代 韓國道家의 硏究課題」,『道家哲學』창간호, 韓國道家哲學會, 1999, p.334.
45)『列子』「天端」, 有太易 有太初 有太始 有太素 太易者 未見氣也 太初者 氣之始也 太始者 形之始也 太素者 質之始也.
46)『列子』「天瑞」, 天地之道 非陰則陽 聖人之敎 非仁則義 萬物之宜 非柔則剛 此皆隨所宜 而不能出所位者也.

천은 음양이라면, 지는 강유, 인은 인의라는 말은 곧 천지인 3재의 속성을 분야별로 언급한 내용이다.

또 우주에 편만한 기로 인해 생명체가 생성되는데 열자는 이와 관련하여 관심을 보이고 있다. 그는 생명체의 생성론에 대해 숫자를 동원하며 다음과 같이 말한다. 기형질氣形質이 갖춰져 서로 떠나지 않음을 혼륜渾淪이라 하는데, 이 혼륜은 보려고 하여도 보이지 않고 들으려고 하여도 들리지 않고 따라가도 붙잡을 수 없다는 것이다. 이것은 역易이기 때문이다. 또 그는 말한다. "역易이 변하여 1이 되고, 1이 변하여 7이 되며, 7이 변하여 9가 되고, 9가 변하여 궁극에 이른다. 이것이 다시 근본으로 돌아가서 1이 된다. 1은 형形이 변하는 시始이다. 그 청淸하고 경輕한 자는 상승하여 천天이 되고, 탁하고 중重한 자는 하강하여 지地가 되며, 충화冲和의 기는 인人이 되고, 천지는 정精을 머금어 만물이 화생한다."[47] 1이 음양 2로 되는데, 이 1은 7로 되고, 7은 9가 되고, 그 9는 다시 일기一氣에 합한다.

구체적으로 열자의 우주 생성론에 대해 언급하여 보자. 그는 역易을 말하여 1을 언급하고 있는데, 그것은 일기一氣이다. 역에서 말하는 일기는 열자의 사상에 있어 음양과 오행으로 이어진다. 곧 열자에 있어 역이란 것은 기운이 본체계에서 순수 동작의 상태로 있다가 형상계에서 일기로 변화하게 된다. 이 일기는 음기와 양기로 변화하고, 이 두 기운은 수화목금토의 오행 즉 오대 원소로 변화하는데, 열자는 이것을 1이 변화하였다가 7로 변화한다고 하였다.[48] 이어서 9로 변화한다는 것은 어떤 사물을 구체적으로 가리킨 것이 아니요, 양의 극수로서 더 이상 변할 수 없는 궁극적 변화라는 것이다.

이처럼 열자의 우주 생성론은 우리에게 흥미를 가져다주기에 충분한 일이다. 그의 생성론을 보면 더욱 우리에게 도가적 사유를 유영하도록 하기 때문이다. 열자는 우주 생성론의 관점을 다음과 같이 정리한다. "생겨나는 것과 생겨나지 않는 것이 있고, 변화하는 것과 변화하지 않는 것이 있다. 생겨나지 않는 것은 무한히 생겨나게 할 수가 있고, 변화

---

47) 『列子』「天端」, 易變而爲一 一變而爲七 七變而爲九 九變者究也 乃復變而爲一 一者 形變之始也 淸輕者 上爲天 濁重者 下爲地 冲和氣爲人 故天地含精 萬物化生.

48) 金敬琢 譯, 『列子』(上), 明知大學校 出版部, 1985, p.29.

하지 않는 것은 무한히 변화하게 할 수가 있다."⁴⁹⁾ 우주 만유가 생겨나는 것은 생겨나지 않는 무궁 불멸의 세계가 있음을 말하며, 이는 변화와 불변의 세계로 전개된다. 우주 생성의 생과 불생不生, 변과 불변이라는 상대 개념에 자유로운 열자였던 것이다.

3. 생사관

인간에 있어 가장 심오하고 중요한 것은 생사에 대한 인식이다. 생사를 어떻게 이해하느냐에 따라 우리 인생관에 확연한 변화가 생기기 때문이다. 열자가 생사를 어떻게 이해하고 있는가를 살피는 것도 이러한 연유이다. 그에 있어 생사의 변화는 도의 변화로 파악하고 있다. 열자는 생이 필연적인 것과 같이 사도 필연적인 것이므로 그것에 집착하여 기뻐하거나 슬퍼할 이유가 없다고 하였다.⁵⁰⁾ 그는 도가의 노자 및 장자의 사유와 크게 벗어나지 않도록 세상을 염세적으로, 혹은 초탈적으로 보는 측면이 있다.

열자가 바라본 생과 사의 세계는 독특하다. 그는 인생의 전반기를 생사의 4단계로 바라보면서 이와 관련한 인식의 폭을 넓히려 하고 있다. 그에 있어 생과 사의 과정은 첫째 영해嬰孩(생후 1, 2, 3세)의 단계가 있고, 둘째 소장小壯(30세 頃迄), 셋째 노모老耄(老는 70, 耄는 80~90세), 넷째 사망의 단계가 거론되고 있다. 그는 다음과 같이 말한다. "인간은 생으로부터 마침에 이르기까지 크게 변화하는 4단계가 있다. 어린아이, 청소년, 노년, 사망이 이것이다."⁵¹⁾ 이처럼 인간이 태어나 죽을 때까지를 구분해서 단계적으로 설명하고 있다.

나아가 열자는 생과 사를 이해함에 있어 죽음과 생을 달리 보지 않았던 점이 주목된다. 일반적으로 생은 생이요, 사는 사라는 이원적 관점이 언급될 수 있겠으나, 열자는 당시 도가류가 사유하는 사생이 하나라는 입장을 견지한다. 다시 말해서 그는 사생일여를 설하여, 생이란 필경 우주의 본체에서의 현상에 불과하다고 보았으며 사란 곧 본체로 복귀

---

49) 『列子』「天瑞」, 有生不生 有化不化 不生者能生生 不化者能化化.
50) 金能根, 『中國哲學史』, 探求堂, 1973, p 113.
51) 『列子』「天瑞」, 人自生至終 大化有四 嬰孩也 少壯也 老耄也 死亡也.

하는 것에 불과하다고 보았다.[52] 이같이 생과 사를 하나의 연장선에서 보아, 죽음의 두려움에서 탈피하려는 도가적 특유의 관점이 견지되고 있다.

열자가 주장하는 사생일여는 불교에서 말하는 생사해탈과 크게 벗어나지 않는 관점이다. 그는 도가적 사유에서 한걸음 더 나아가 불교와 같은 생사 윤회적 입장을 표명하고 있는 바, 다음과 같이 말한다. "죽음과 삶은 한 번 가고 한 번 돌아오는 것이다. 그러므로 여기서 죽은 자가 저기서 태어나지 않는다고 어찌 알 수 있으랴."[53] 생사 이해에 있어 도가인 열자의 사유가 불가의 사유와 상당히 일치하고 있는 점이 여기에서 발견된다. 불가나 도가의 생사 이해는 유가와는 상당히 동떨어진 개념으로 전개된다.

그리고 열자는 한 생명체로서의 나를 이해함에 있어 천지와 연결시키고 있어, 그의 죽음 역시 천지와 연결시키지 않을 수 없는 상황으로 이어진다. 도가에서 말하는 생과 사는 일기—氣의 취산(모임과 흩어짐)이라는 말이 이와 관련된다. 그가 본 생명은 천지와 어떤 관련을 맺고 있는지 다음 견해를 살펴본다. "순임금 왈 '내 몸은 내 것이 아니다.' 누구의 것입니까. '이는 천지가 형形을 쌓은 것이다. 삶도 너의 것이 아니다. 이는 천지가 화和를 쌓은 것이다.'"[54] 그는 분명히 자신의 탄생으로 얻어진 개체적 생명을 천지 일기의 취산聚散 과정에서 나타난 취聚의 측면이라 확인하고 있다.

4. 인간관 및 신비주의

열자에 있어 인간을 바라보는 관점은 어떠한가. 일단 그는 염세적 인간관의 입장에서 출발한다. 생시에는 고생하지만 사후에는 휴식한다고 본 관점이 이것이다. 열자는 이미 밝힌 바 있듯이 인생의 일대기를 4단계로 보아 생사에 구애된 속박보다 이를 초탈하는 심경으로 다가섰다. 이를테면 그에 있어 인간의 일생은 영아기, 소장기, 노쇠기, 사망기라는 4가지의 큰 변화가 있는 바, 최후의 사망기는 인생에 있어 귀천 빈부 질병 노고

---

52) 小林勝人,「列子の硏究」, 三樹彰, 昭和 56年, p.420.
53) 『列子』「天瑞」, 死之與生 一往一反 故死於是者 安知不生於彼.
54) 『列子』「天瑞」, 舜曰 吾身非吾有 孰有之哉 曰 是天地之委形也 生非汝有 是天地之委和也.

훼예毁譽 시비 선악 등 일체의 속박에서 해방되는 휴식의 시기로 이해된다.

해방의 휴식과도 같이 세속적 욕망을 벗어나도록 하는 열자의 인생관은 궁극적으로 도와 합일하는 것을 목적으로 한다. 그는 일체의 세속적 욕망과 이해관계를 끊고 천지간의 공인公人으로 일상생활 전체를 자연에 일임하여 절대의 도에 합치함으로써 수양의 극치를 삼았다.[55] 이러한 생활은 그가 여망하듯이 무심 망아의 인생을 최대한으로 즐기고자 하는 것이다. 그의 인간적인 모습이 여기에 나타난다. 천지의 대자연과 합일하는 초탈 자재의 인간상이 그에 있어 비켜갈 리 없기 때문이다. 그는 정포에서 40년간 거주하며 벼슬아치들은 물론 이웃도 모르게 안빈낙도의 초탈적 삶을 살았던 이유가 여기에 있다.

인간에게는 육체가 존재하는 한 감관의 욕구가 있다고 할 수 있다. 열자는 이러한 감관적 욕구를 굳이 거부하지 않는다. 인간에게는 귀 눈 코 입 몸 뜻 등의 감각 기관이 있어서 현상적 세계에 대한 향유적 본능이 뒤따른다는 사실 때문이다. 『열자』「양주편」에서는 자연으로부터 부여받은 인간의 욕구를 원래 생긴 그대로 충족시킴으로써 삶의 의지生意를 위축시키지 않고 실현할 수 있다고 주장한다.[56] 그가 인간적인 자연 그대로의 삶을 추구하려 했던 것은 욕구에 대해 인위적으로 거부하려 하지 않았기 때문이다.

다음으로 열자의 신비주의적 측면을 살펴보고자 한다. 그의 신비주의는 장자의 저술에도 보이고 있다. 장자가 말하는 열자의 신비 경지를 소개하여 보자. "열자가 관윤에게 물었다. '지인은 금석金石 같은 것에 스며들어도 가로막을 수가 없고 불을 밟아도 뜨거워하지 않으며, 만물의 아득한 위를 가도 두려워하지 않지만 어떻게 그와 같이 되었는지 부디 가르쳐 주십시오.' 관윤이 대답했다. '이것은 순수한 기를 지킨 때문이지. 지식이나 기교, 용기 따위의 탓이 아니다.'"[57] 장자의 우언寓言에 의해 언급되는 열자는 신비적인 삶을 추구하는 인물로 나타나며, 이는 지고의 수양을 통해 가능한 일이다.

따라서 열자의 사상을 이해하는 데는 그의 신비주의의 특성이 있음을 알아둘 필요가

---

55) 金能根, 『中國哲學史』, 探求堂, 1973, p 114.
56) 이강수, 『노자와 장자』, 길, 1997, p.30.
57) 『莊子』「達生」, 子列子問關尹曰 至人潛行不窒 蹈火不熱 行乎萬物之上而不慄 請問何以至於此 關尹曰 是純氣之守也 非知巧果敢之列.

있다. 열자는 노자가 말한 '곡신불사'谷神不死를 언급한 것이나, 노자가 말한 '현빈'玄牝을 주장한 것이 이와 관련된다. "황제 서적에서 말하기를 곡신은 죽지 않으니 이를 현빈이라 한다. 현빈의 문은 천지의 뿌리요, 면면히 상존하여 아무리 써도 수고롭지 않다."58) 곡신은 죽지 않는다는 것부터 신비주의적인 입장이다. 지고의 천제적天帝的 위상과도 같은 곡신이기 때문에 생과 사를 초월하는 신비적 존재가 아닐 수 없다.

열자의 신비주의적인 모습은 다른 데서도 잘 나타난다. 곧 수화水火에도 고통이 없는 열자의 모습이 신비주의의 한 단면이다. 『열자』「황제편」에서, 화서씨의 나라에는 백성은 기욕嗜慾도 없고 자신을 사랑할 줄도 모르고 그저 자연 뿐이라고 하였다. 어려서 일찍 죽는 일도 없고, 수화에도 아무런 고통이 없다고 한 것이다. 또 그는 공중에 날아다니는 것 같고, 운무雲霧로도 시각을 가리지 못하고 번개로도 청각을 혼란케 못한다고 하였던 것이다. 그는 "산골짜기를 걸어가도 넘어지지 않아, 신령으로 갈 뿐이다"59)라고 하여 신비주의적 모습을 드러낸다. 아무튼 열자는 후래 신선 사상에 많은 영향을 미쳤으며, 우화 내지 설화와 민간 처세훈도 상당히 언급하고 있다.

Ⅳ. 장자의 생애와 사상

1. 생애

그토록 자연을 풍미하고 능변의 표현법으로 도가적 사유세계를 휩쓸었던 장자는 어떠한 사람이었는가. 그의 이름은 주周이며, 자字는 자휴子休로서 BC 369~BC 286년의 생애를 살았다. 사마천의 『사기』「노장신한열전」에서 말하는 장자는 몽蒙 지역의 사람이며 이름은 주로 알려져 있다. 그가 태어난 곳은 지금의 하남성 상구현이며, 송宋의 몽인蒙人이다.60) 혹자는 그가 초나라 사람이었다고 하나, 이는 초나라가 몽현에 있어서 속칭 소몽성

---

58) 『列子』「天瑞」, 黃帝書曰 谷神不死 是謂玄牝 玄牝之門 是謂天地之根 綿綿若存 用之不勤.
59) 『列子』「黃帝」, 山谷不躓其步 神行而已.
60) 齊·楚·秦·燕·魏·韓·趙의 7국들과 더불어 宋나라는 약소국가였다.

이라 한데서 기인된다. 그는 양혜왕, 제선왕, 맹자와 동시대인으로 전국 초기에 활동한 인물로 알려져 있다.

그는 일찍이 몽의 칠원리漆園吏를 지냈다. 칠원리는 일종의 정원사를 말하는 것으로 정원을 가꾸는 일꾼으로 이해해도 무방하다. 그는 세속적 벼슬은 하지 않았으며 관직에 들어감으로써 그 자신이 구속받는 것을 원치 않았기 때문으로, 오히려 진흙 속의 한 마리 돼지처럼 살기를 원했다.[61] 그저 자연과 벗을 삼아 대자연의 세계에서 삶의 의식주를 해결하는 것으로 만족하였다. 벼슬이란 그에 있어 아예 거부의 대상이 되었으므로 자연 그대로 신선의 세계를 이상적 삶으로 살았다.

장자의 저술로는 처음에 53편이 있었다고 한다. 진晉의 곽상은 이를 내편7, 외편15, 잡편11 등 33편으로 재편하였다. 여기에서 내편은 장자 저술이라고 하며, 외편과 잡편은 장자 제자나 문인의 작이라는 설도 있다. 장자가 10만여 글이나 되는 책을 저술하였다는 것은 그가 사회와 인생에 대하여 깊은 관심을 가지고 있었음을 말한다.[62] 이처럼 방대한 저술 활동을 한 장자는 세속적 삶을 극복하고 자연과 더불어 사는 삶을 위해 그 나름대로의 사유를 마음껏 펼쳤다고 볼 수 있다.

포부를 마음껏 펼쳐 보인 장자는 어떠한 사유를 통해 우리의 심금을 울려줄 수 있었는지 궁금하다. 장자 사상의 성향을 살펴보면 이를 알 수 있다. 그는 노자를 도맥道脈으로 하고 공자를 비판하였으며, 무위자연의 사상을 주장하였다. 만물이 모두 평등하고 초탈 자재의 의미가 있음을 강조하였고, 또 개성의 해방과 언론의 자유를 강조한 것이다.[63] 이처럼 그가 무위자연의 사상을 주장한 배경은 유가적 유위 내지 인위의 세계를 강력 거부하였기 때문이다.

도가적 초자연의 세계에서 마음껏 유영을 한 장자의 사유세계는 오늘날 전 세계에 널리 알려져 있다. 우리나라의 경우도 장자 사상은 보편적으로 이해되고 있다. 조선조 율곡

---

61) 막스 베버 著, 이상률 譯, 『儒敎와 道敎』, 文藝出版社, 1993, p.259.
62) 陳鼓應, 「關于莊子硏究的幾個觀點」, 『老莊哲學論集』, 齊魯書社, 1987, pp.133-136.
63) 조민환, 『유학자들이 보는 노장철학』, 예문서원, 1996, p.30(陳鼓應, 「關于莊子硏究的幾個觀點」, 『老莊哲學論集』, 齊魯書社, 1987, pp.133-136).

의 『순언』醇言을 통한 노자의 이해는 이의 대표적인 예이다. 또 『장자』 주석의 경우, 한원진은 이를 부분적으로는 부정하고 부분적으로는 긍정하는 모습을 보이지만, 박세당은 매우 긍정적으로 이해하는 모습을 보였다.[64] 홍석주 역시 같은 군에 속한다. 근래 많은 후학들이 노장 사상을 연구하고 있는 모습은 곧 우리나라에서도 장자사상이 노자철학과 같이 철학자들에게 상당한 영향을 미치고 있음을 증명하는 것이다.

2. 천도 및 우주론

동양철학의 연구 방법론에서는 천도론, 우주론, 인성론, 수양론 등이 대체로 거론되는 성향이다. 특히 성철聖哲의 천도론 내지 인성론을 밝히는 것은 동양사상의 핵심을 이해하는 것과도 같다. 천도론을 통해서 인성론과 수양론이 거론되기 때문이다. 『주역』에서는 천도와 인사人事를 하나로 포괄하여 언급하고 있다. 장자는 천도를 밝혀 인간이 추구해야 할 길을 밝히고 있다. 이를테면 천도에 의해 인간 만사가 진행된다고 보아, 천도에서 만물이 생성하게 된다고 하였다. "하늘의 도는 운행하여 멈추는 일이 없다. 그래서 만물이 생성하는 것이다."[65] 그가 말하는 천도는 포괄적으로 우주에 충만된 도를 말한다.

천도론에 유추하여 도론을 언급해 보자. 장자가 강조한 것은 도의 무소부재성이다. 그는 이와 관련하여 대화법을 사용한다. "동곽자가 장자에게 묻기를 '도란 어느 곳에 있는가.' 장자 왈 '있지 않은 곳이 없다.' 동곽자 말하기를 '분명히 한계를 그어서 말해주오.' 장자 다시 말하기를 '땅강아지와 개미에게도 있다.' '왜 저열한 예만 드는가.' 장자 또 대답하기를 '풀씨와 돌피씨 속에도 있다.' '어째서 그렇게 낮아지는가.' '기와나 벽돌에도 있다.' 동곽자 또 말하기를 '왜 그런 것만으로 비유하는가.' 장자 답하기를 '대소변 속에도 있다.'"[66] 이처럼 장자는 도를 이해함에 있어 가장 많이 거론되는 도의 무소부재성을 실제적 대화법을

---

64) 韓國哲學思想硏究會, 『韓國哲學』, 예문서원, 1995, p.101.
65) 『莊子』「天道」, 天道運而无所積 故萬物成.
66) 『莊子』「知北遊」, 東郭子 問於莊子曰 所謂道惡乎在 莊子曰 無所不在 東郭子曰 期而後可 莊子曰 在螻蟻 曰何其下邪 曰在稊稗 曰何其愈下邪 曰在瓦甓 曰何其愈甚邪 曰在尿溺.

통해 전개하고 있다.

무소부재적 도의 모습을 상기하면서 장자가 말한 도의 속성을 몇 가지로 언급해 보자.[67] 첫째, 도의 불가언전不可言詮이다. 도는 가히 볼 수 없고 들을 수도 없다는 입장이 이것이다. 둘째, 도의 광대 심오성이다. 장자에 의하면 도는 광대 심오하여 가히 헤아릴 수 없다고 하였다. 셋째 도의 항존성이며, 넷째 도의 무위성이다. 이러한 도의 본질적 측면을 이해하는 것이 장자가 말하는 천도의 의미를 심도 있게 이해하는 길이다.

천도 내지 도론에 바탕하여 장자의 우주론을 언급하여 보자. 중국의 제자諸子 책에서 우주라는 용어가 『노자』, 『논어』, 『맹자』에서는 사용되지 않다가 『장자』에 3회, 『순자』에 1회, 『여씨춘추』에 3회, 『회남자』에 12회 출현한다.[68] 위에 언급된 저술들은 동양의 우주론을 거론할 때 반드시 인용되어야 할 사항이라 본다. 동양에 있어 우주론은 특히 우주와 인간의 합일정신에서 많이 조명되었으며, 고대로부터 농경사회에서 살아남을 수 있는 바람직한 길도 바로 우주 대자연에 대한 이해를 통해 가능한 것으로 이해하였다.

그리하여 장자는 우주에 대해 다음과 같이 말한다. "실재하면서도 처소가 없는 것이 우宇요, 늘 지속하여 길면서도 시종의 끝이 없는 것이 주宙이다."[69] 우주에서 광활히 노닐기 위해 그는 봉황을 거론하고 있으며, 소요유의 세계를 언급하고 있다. 장자에 있어 우주의 다른 공간 모습으로는 천지, 사방, 사해四海, 구주九州, 천하, 육기六氣, 육극六極, 육합六合 등이 있다.[70] 장자는 이러한 우주에 음양의 기가 충만되어 모든 생명체가 활동하는 것으로 보았다. 그가 이해한 우주의 범주는 오늘날 천문학자들이 거론하는 것과 다소 거리가 있다고 해도 전 생명체의 의지처라는 점에서는 일치한다.

만유의 생명체가 살아 숨 쉬는 우주론은, 장자가 설사 우주라는 개념을 자주 사용하지

---

67) 모두 4조항으로 언급되어 있는데, 다음을 참조하면 된다. 첫째 조항 :「知北遊」, 道不可聞 聞而非也 道不可見 見而非也 道不可言 言而非也이다. 둘째 조항 :『莊子』「天道」, 夫道 於大不終 於小不遺 故萬物備 廣廣乎其无不容也 淵淵乎其不可測也. 셋째 조항 :「大宗師」, 夫道 … 自本自根, 未有天地, 自古以固存. 넷째 조항 :「大宗師」, 夫道 … 無爲無形.

68) 조경현, 「莊子의 宇宙 개념과 그 철학적 의미」, 金忠烈先生 華甲記念『自然과 人間, 그리고 社會』, 螢雪出版社, 1992, p.29.

69) 『莊子』「庚桑楚」, 有實而无乎處者 宇也 有長而无本剽者 宙也.

70) 拙稿, 「莊子의 宇宙觀」, 『道家哲學』 창간호, 韓國道家哲學會, 1999 pp.106-107.

않았다고 해도 음양 2기의 우주적 측면, 일월성신의 우주적 측면, 산하대지의 우주적 측면, 천인합일의 우주적 측면, 자연무위의 우주적 측면이 있음을 무시할 수 없다.[71] 장자는 대도에의 합일을 위해 우주적 접근을 시도하였으며, 무위적 삶의 소박함을 회복하기 위해 자연 무위의 우주론에 관심을 표명하기도 하였다. 우주 생명체의 형성에 있어 기의 취산과 관련한 음양의 기에 대해서도 장자는 깊은 관심을 보였다.

3. 지식론

도가철학에서 지식은 거부되는 성향이 강한데 장자 역시 옛날에는 지식을 쓸 필요가 없었다고 말한다. 우리가 앎을 키워가는 지식이 필요 없다고 말하는 그의 입장은 일면 설득력을 지닌다고 본다. 그는 이에 말한다. "옛날 사람은 혼돈 속에 있으며 모든 세상 사람들과 함께 편안한 고요함을 터득하고 있었다. 이러한 시대에는 음양은 조화되어 조용하고, 귀신은 함부로 움직이지 않으며, 사철은 순조롭고 만물은 손상되지 않으며, 온갖 생물은 천수를 다하고 사람들은 지혜가 있어도 그 지혜를 쓸데가 없었다. 이것을 참된 도와 완전한 일치라고 한다."[72] 고대에는 도와 하나 되는 삶을 살았기 때문에 간교한 지식이 필요 없었다는 것이 그의 입장이다.

장자는 인간에게 고통 주는 네 가지 사항 중의 하나를 지식이라 보았다. 그에 있어 이러한 고통으로는 '사환'四患이라 하는데 명예叩, 탐심貪, 악행很, 독선矜이 그것이다. 그중에서 지식을 내두르며 멋대로 행동하고 남의 것을 침범하여 차지하는 것을 탐貪이라 하며[73] 탐심을 조장하는 것을 지식으로 보았다. 인간의 욕심 세계를 키워가는 것을 지식으로 본 그는 더욱 가식의 지식으로 인해 마음의 고통만 가중될 뿐이라고 한다.

그렇다면 지식이 고통을 주는 원인은 무엇 때문인가. 시비이해의 지식이 생겨나게 되

---

71) 위의 책, pp.101-129.
72) 『莊子』 「繕性」, 古之人 在混芒之中 與一世而得澹漠焉 當是時也 陰陽和靜 鬼神不擾 四時得節萬物不傷 群生不夭 人雖有知 无所用之 此之謂至一.
73) 『莊子』 「漁父」, 專知擅事 侵人自用 謂之貪.

어 우리에게 심적 혼란을 일으키기 때문이다. 부정적 입장에서 장자가 지식을 거부 내지 비판하게 된 동기는 지식 자체의 한계도 있지만, 당시 사상적 갈등을 빚었던 유가 및 묵가의 사상을 비판하는 것과도 연계된다.[74] 그들이 말하는 피아, 선악, 시비, 미추를 구분하려는 데서부터 고통이 시작되었다고 본 것이다. 이러한 차별 관념들이 생겨서 인간의 참된 마음 세계는 편협된 사고로 인해 어지럽혀질 따름이다. 장자는 사물을 변별하는 지식적 가치관을 넘어서서 초연하게 소박 무위의 세상을 바라보았다.

결국 사물을 구별하고 차별하는 고통의 지식을 추구하는 사람들이란 장자에 있어 결코 바람직하지 않은 인물로 여겨진다. 그는 이러한 사람들을 소인이라 하였다. "소인의 지식은 선물이나 편지 따위의 하잘 것 없는 일에서 떠나지 못하고, 정신은 천박한 일에 지치게 만들면서 그래도 도와 하나가 되는 경지에 이르려 하고 있다."[75] 그리하여 그는 소인의 류를 말하며, 슬프게도 많은 학자들은 자기가 뜻하는 쪽으로만 나아갈 뿐 근본으로 돌아올 줄을 모른다(悲夫 百家往而不反)라며 「천하편」에서 탄식하고 있다.

하지만 지식이라도 참된 지식이라면 소인의 지식이 아니고 대인 내지 진인의 지식이 될 수 있다. 그가 진인 이후에 진지眞知가 있다」(眞人而後有眞知)고 『장자』「대종사편」에서 말한 것이 바로 그것이다. 진인의 진지를 말하면서, "참된 지자의 행동이란 백성의 마음을 마음으로 삼고 그들과 같은 정도의 생활을 한다. 그래서 늘 만족하고 있으므로 남과 다투지 않고 무엇을 하려는 생각이 없으므로 아무것도 찾지 않는다"[76]라고 하였다. 소인이 추구하는 세속적 변별지가 아니라 진인이 추구하는 대지大知 곧 진지眞知가 권면되고 있다.

장자가 말하듯이 진지의 세계는 우리가 도달할 수 있는 것인가. 곧 장자의 회의와 부정을 통해 도달된 진지의 세계는 일상적 상대지에 의해 도달될 수 없는 것이다.[77] 현실 세계에서 진지의 세계에 도달하려면 학자들이 추구하는 세속적 변별지를 극복하지 않고

---

74) 拙稿, 「莊子의 知識觀」, 『汎韓哲學』 제16집, 汎韓哲學會, 1998, p.63.
75) 『莊子』「列禦寇」, 小夫之知 不離苞苴竿牘 蔽精神乎蹇淺 而欲兼濟道物 太一形虛.
76) 『莊子』「盜跖」, 知者之爲 故動以百姓 不違其度 是以足而不爭 无以爲故不求.
77) 洪京杓, 「莊子의 道에 대한 得道方法」, 『論叢釋林』 제22집, 동국대학교석림회, 불기 2532, p.171.

는 불가능하다. 고대 무분별의 대자연을 비추어 보는 도, 즉 과학보다는 심학을 주체로
하는 도학의 세계를 그는 강조하고 있기 때문이다.

4. 수양론

　동양철학에서 수양론은 인격 함양에 있어서 핵심으로 언급될 만큼 관심사항이다. 수양
론은 우주론, 인식론과 대등하게 거론되는 양상이기도 하다. 장자 사상의 접근도 이와
다를 것이 없다. 그가 수만 마디의 언급을 쏟아 부은 것 역시 그의 수양론에 백미가 있음
을 알게 해준다. 박대진인博大眞人의 심학에 의한 대 철인으로 알려진 장자는 그의 수양론
을 밝힘에 있어 다음 몇 조항을 거론하고 있다.

　첫째, 심재心齋의 수양론이다. 심재란 마음을 허虛로 향하여 하나로 통일하는 수양법이
다. 그는 심재와 관련하여 다음과 같이 말한다. "너는 잡념을 없애고 마음을 통일하라.
귀로 듣지 말고 마음으로 듣도록 하고, 마음으로 듣지 말고 기로 듣도록 하라. 귀는 소리
를 들을 뿐이고 마음은 밖에서 들어온 것에 맞추어 깨달을 뿐이지만, 기란 공허하여 무엇
이나 다 받아들인다. 참된 도는 오직 허 속에 모인다. 이 허가 곧 심재이다."[78] 그의 심재
론은 허정을 드러내려는 수양 방법론으로 거론되고 있다. 심재 수양을 해야 할 것으로,
부정적 심心의 대상으로는 인심人心, 기심機心, 적심賊心, 성심成心, 심려心慮, 고심刳心, 쇄심
洒心 등을 거론한다.

　둘째, 좌망坐忘의 수양론이다. 좌망은 오늘날 불교에서 하는 좌선과 유사한 개념을 지
니고 있다. 그는 좌망에 대해 다음과 같이 말한다. "안회가 말했다. '저는 얻은 바가 있습
니다.' 중니는 물었다. '무엇 말이냐.' '저는 인의를 잊었습니다.' '됐다. 하지만 아직 미흡
해.' 다른 날 다시 안회가 말했다. '저는 얻은 바가 있습니다.' '무엇 말이냐.' '저는 예악을
잊었습니다.' '됐다. 하지만 아직 미흡해.' 다른 날 또 안회가 말했다. '저는 얻은 바가 있
습니다.' '무엇 말이냐.' '저는 좌망했습니다.' … 중니 왈 '너는 정말 훌륭하구나.'"[79] 그의

---

78) 『莊子』「人間世」, 祭祀之齋 非心齋也 回曰 敢問心齋 仲尼曰 若一志 无聽之以耳而聽之以心 无聽之以心
　　而聽之以氣 耳止於聽 心止於符 氣也者 虛而待物者也 唯道集虛 虛者心齋也.

언급처럼 좌망 수양론은 유교에서 말하는 세속적 이념이나 규범 등을 비판하며 이를 텅 비우고자 하는데 목적을 두고 있다. 곧 마음을 허심 충막한 상태를 이루기 위함이다.

셋째, 제동齊同의 수양론이다. 만물의 재동은 인간을 포함한 만물의 무분별적 평등 일 치론과 관련된다. 장자는 이를 주로 『장자』「제물론」편에서 언급하고 있으며, '천지일지' 天地一指라든가 '만물일마'萬物一馬라는 말이 이와 관련된다. 또 그는 「천지」편에서 '만물일 부'萬物一府라 하는데, 원육숭은 이에 대해 주석하기를 '비록 아주 많은 만물이 모여 있을 지라도 사물과 나는 사이가 없으며 뿐만 아니라 간과 쓸개도 한 몸'[80]이라고 한다. 만물 제동에 있어서 장자는 또한 '사생동상'死生同狀이라 하여 사와 생을 무분별의 일체로 간주 하고 있다.

넷째, 무위의 수양론이다. 장자는 이에 말한다. "당신은 다만 무위에 처하면 사물은 스스로 감화된다"(『莊子』在宥篇, 汝徒處無爲 而物自化). 그의 언급을 보면 사람이 무위 로 살아야 자연과 하나가 된다는 논리이다. 무위적 무용지용無用之用을 이미 언급하였다. 그는 한 나무를 보고 말하기를, 그것이 구불구불하여 마룻대나 들보가 될 수 없으며 또한 널이 될 수 없다고 한다. 그 나뭇잎도 악취가 나서 쓸모없다고 하면서 다음과 같이 말한 다. "이건 정말 재목감이 못되는 나무로군. 그러니까 이렇게 자랐지. 아, 저 신인信人도 이 나무와 같은 쓸모없음으로 인해 스스로의 경지를 지켜가는구나."[81] 이처럼 장자는 무 위에 이어 무용지용의 대용大用을 언급하고 있다.

다섯째, 순자연順自然의 수양론이다. 순자연의 체득법은 순명順命과 존성存性으로 구분 할 수 있다. 장자는 순명의 차원에서 다음과 같이 말한다. "주머니가 작으면 큰 것을 담을 수 없고, 두레박줄이 짧으면 깊은 물을 뜰 수 없다. 바로 이와 같이 생각컨대, 명에는 각기 정해진 바가 있는 것이다."[82] 이는 정해진 명을 따를 수밖에 없는 것이 자연의 도라 는 것이다. 또 장자는 존성을 언급하면서 『장자』「천운편」에서 '성불가역'性不可易이라 하

---

79) 『莊子』「大宗師」, 顔回曰 回益矣 仲尼曰 何謂也 曰 回忘仁義 曰可矣 猶未也 它日復見曰 回益矣 曰 何謂 也 回忘禮樂 曰可矣 猶未也 它日復見曰 回益矣 曰何謂也 曰 回坐忘矣 … 而果其賢乎.
80) 阮毓崧 輯, 『莊子集註』, 廣文書局印行, 中華民國 61年, 「天地」p.24.
81) 『莊子』「人間世」, 此果不材之木也 以至於此其大也 嗟乎 神人以此不材.
82) 『莊子』「至樂」, 褚小者不可以懷大 綆短者不可以汲深 夫若是者 以爲 命有所成.

여 성은 바꿀 수 없다고 했다. 그가 말한 존성은 '새는 산에 키우고, 고기는 물에 키우게 해야 그 성을 온전히 유지한다는 것'으로, 이는 순자연의 세계를 사실적으로 언급한 말이다. 그의 다섯 가지 수양론은 자연과 합일 내지 합류하는 이상적 인간의 모습에 바탕하고 있다.

5. 인간관

『장자』라는 저술에 여러 호칭으로 사람'인'人 자가 나오는 것을 보면 인간에 대한 그의 이해가 다채롭다는 것을 알게 해준다. 다시 말해 장자가 인간에 대해 깊은 관심을 가졌다는 것은 그의 저술에 '인'자가 722회나 나온다는 사실에 기인한다. 여기에 나타난 용어를 세분해 본다면 성인 111회, 지인 28회, 진인 17회, 중인衆人 13회, 고지인古之人 12회, 현인 9회, 대인 9회, 신인 8회, 서인庶人 8회, 금지인今之人 3회, 세인世俗之人, 世之人 3회, 전인 3회, 인인仁人 3회, 전덕지인全德之人 2회, 천인 2회, 민인民人 2회, 세인細人 1회, 산인散人 1회, 상인常人 1회, 악인 1회, 선인 2회, 도인 2회, 군자 36회나 된다.[83] 그 나름의 가치론적 기준에 따라 인간의 세분화된 측면이 구체적으로 드러나 있음을 알 수 있다.

이러한 분류의 인간 중에서 서민적 인간은 다소 미완의 존재로 나타난 반면, 성인의 경우는 완성된 존재로 자리한다. 장자사상에 있어서 대체로 인간은 슬픔 속에 살아가는 존재라는 것이 특징이다. 그는 다음과 같이 말한다. "사람들은 태어나서 근심과 함께 살아간다. 장수한 사람은 흐리멍텅하게 오래도록 근심에서 헤어나지 못하면서 죽지조차 않으니 이 무슨 고생인가."[84] 이처럼 근심이 많은 존재로서 인간을 조망한 장자이다. 그에 있어서 인간은 '몸과 마음을 분주하게 치달리면서 외부 사물에 빠진 존재'徐无鬼篇(馳其形性 潛之萬物)로서 슬픈 존재로 부각되지 않을 수 없다.

고통의 존재로 나타난 인간은 장자에 있어 한계상황에 내몰린 인간의 모습 그 자체이다. 그는 구속된 인간의 모습을 다음과 같이 말하고 있다. "사람은 조그만 한 모서리를

---

83) 李康洙, 『道家思想의 硏究』, 고려대 민족문화연구소, 1984, p.12.
84) 『莊子』「至樂」, 人之生也 與憂俱生 壽者惛惛 久憂不死 何故也.

차지한 것에 지나지 않으니 만물과 비교하면 마치 말의 몸 위에 있는 한 오라기의 털과 같지 않을까."[85] 왜소하기 그지없는 인간의 모습이기에 조그만 모서리에 불과한 인간의 한계가 그에게 그대로 투과된다. 말의 털 오라기 정도에 불과한 인간이란 언급은 더욱 인간의 모습을 초라하기 그지없게 해준다.

장자에 있어서 초라한 인간의 생명이란 인간이 되고자 하는 의사가 없이 주어진 생명성이라는 것이다. 내가 인간으로 태어나겠다는 의지가 배제되어 있다는 것이 이것이다. "이제 어떤 존재가 우연히 사람의 몸을 가지게 되자, '나는 꼭 사람이 되겠다, 사람이 되겠다'고 한다면 조물주는 반드시 그를 상서롭지 못한 사람이라고 여길 것이다."[86] 따라서 인간의 생명을 보면 천지 대자연의 조물주가 인간으로 태어나라고 하면 그대로 인간의 몸을 받게 된다. 그렇지 않으면 절대 인간으로 태어날 수 없다는 자연 순응적 관점을 장자는 드러내고 있다.

인간의 생명론과 관련하여 언급한다면, 인간의 탄생은 기의 취산 작용에 의해 생사의 운명을 부여받고 있음을 장자의 사상에서 알 수 있다. 그는 인간의 구성 실제를 다음과 같이 말한다. "고대의 사람들은 완전히 갖추고 있었지 않았을까. 신명에 배합하고 천리와 더불어 온전하며 만물을 화육하고 천하 사람들과 조화한다."[87] 따라서 천지신명의 정기를 이어받아 천리에 순응하며, 만물의 생명체 형성처럼 인간도 영육이 구성되었다고 추단할 수 있다. 인간의 생명은 우주 만유의 생명체 형성과 큰 차이가 없음을 깨달을 수 있기 때문이다.

여기에서 장자는 인생의 목표를 어디에 두고 있을까가 궁금하다. 그는 그저 평범한 범부와 같은 인간이 아니라 천지 대자연과 더불어 살아가는 진인 내지 천인처럼 대 자유인이 되고자 하였다. 장자가 추구하는 인간의 지상 과제는 자유 획득이며, 그의 철학 정신은 자유를 얻으려는데 있다. 따라서 그는 인간의 궁극 목표가 자유의 실현에 있다고 보는 입장에 서 있는 것이다.[88] 세속을 벗어난 해탈의 자유인처럼 무위의 삶을 소박하게

---

85) 『莊子』「秋水篇」, 人處一焉 此其比萬物也 不似豪末之在於馬體乎.
86) 『莊子』「大宗師」, 今一犯人之形 而曰人耳人耳 夫造化者 必以爲不祥之人.
87) 『莊子』「天下」, 古之人其備乎 配神明 醇天地 育萬物 和天下.

살아갈 수 있는 대 자연인이 되고자 하는 그의 인간상이 이같이 분명하게 설정되어 있다.

88) 李康洙, 『道家思想의 研究』, 고려대 민족문화연구소, 1984, p.127.

제5장

위아의 양주와
겸애의 묵자

I. 양주의 생애와 사상

1. 생애

양주는 어느 시기에 태어난 인물이며, 당시 그와 사상적 교류를 같이한 철학자들은 과연 누구일까. 양주는 생존연도가 분명하지 않지만 묵자(기원전 479~381)와 맹자(기원전 371~289)가 활동하였던 시기였다.[1] 양주는 맹자 당시까지만 하더라도 묵가와 함께 매우 커다란 영향을 미친 인물로 알려졌다. 그의 생몰 연도는 미상이나 BC 440~BC 360년대의 사람이라고 하며, 자는 자거子居로 통한다. 중국 춘추시대 말기의 사상가로서 맹자와 장자보다는 앞서고 공자와 묵자보다는 뒤에 활동하였다.

양주의 사상은 주로 열자의 저서 속에서 언급되곤 한다. 양주 개인의 저술이 남아 있지 않기 때문이다. 『열자』 가운데 양주와 금활리의 문답을 싣고 있는데, 금활리는 묵자의 문인이므로 양주는 아마도 전국시대의 사람이며, 묵자보다 좀 뒤일 것이다.[2] 춘추시대 후 전국시대의 인물로서 그는 공자와 노자를 뒤이은 사상가로서 맹자나 장자, 열자보다 다소 앞선 인물로서 활동하였다.

열자의 저술을 살펴보면 양주의 사상이 어떻게 전파되었는지를 알게 된다. 그의 저작이 직접 전해지지 않은 까닭으로,『열자』의「양주」「황제」「역명」「중니」「설부」,『맹자』의「등문공」하「진심」상,『장자』의「응제왕」「거협」「산목」「우언」,『한비자』의「설림」상·하 편에 양주의 사상적 편린을 엿볼 수가 있다. 양주가 당시 사상가들에게 많이 알려진 것도 사실이다. 그의 사상이 상당한 세력으로 이들에게 전파되었음을 쉽게 알 수 있다.

그렇다면 양주의 저술이 언제 사라지게 되었는가. 아마도 한나라 이후였을 것으로 보인다. 왜냐하면 한나라 이전의 전국시대에는 많은 학자들이 그의 사상을 인용하고 있었기 때문이다. 그의 학설은 비록 한 시대를 풍미했으나 그의 사적은 후세에 전해지지 않았다. 그의 저술도 한나라 이후 이미 유실되었으며, 우리는 다만 전국인戰國人의 인용문 중

---

1) 馮友蘭 著, 鄭仁在 譯,『中國哲學史』, 螢雪出版社, 1986, p.96.
2) 가노 나오키 著, 吳二煥 譯,『中國哲學史』, 乙酉文化社, 1986, p.218.

에서 그의 학설 일부분만을 엿볼 수 있을 뿐이다.[3] 한나라 이후 양주의 저술이 사라져 많은 정보가 부족한 점은, 후대 학자들의 양주 이해가 전국시대 철인들이 기록한 것에 한정되어 있기 때문이다.

2. 노자 제자로서의 양주

춘추전국의 시대는 정치적으로도 혼란했을 뿐만 아니라 사상적으로도 백가쟁명의 혼란스러움이 가중되었다. 전국시대의 이러한 모습은 과도기적 혼란기였다고 할 수 있다. 당시의 사상가들 중에서 공동생활을 강조하며 무너진 사회제도와 도덕을 재건하려는 학파로서 유가와 묵가가 있었다. 다른 하나는 공동생활보다 개인의 중요성을 강조한 사상가들이 있었다. 그들 중 후자는 흔히 소극적 둔세주의자들이라고 불리는데 양주·노자·장자가 여기에 속한다.[4] 이처럼 양주는 노자와 더불어 개인주의적 사유의 노선을 걸었던 인물이다.

그렇다면 노자와 양주는 어떠한 관계인가. 많은 학자들은 노자의 제자로서 양주를 거론하곤 한다. 물론 패沛에서 노자는 공자 외에도 양주를 만난다. 그리하여 둘의 관계는 사제의 관계로 이어지게 되었다. 양주가 노자와 사제 관계를 맺은 것은 기원전 497년경이었는데, 그가 5년 후 다시 노자를 찾아 패로 갔을 때 노자는 이미 그곳을 떠난 뒤였다.[5] 양주는 노자를 양梁에 가서 다시 만나 지중한 사제의 관계를 맺었다.

양주의 인물상은 주자에게서도 거론되고 있다. 주자는 다음과 같이 말한다. "양주는 노자의 제자로서 그 학문은 오로지 자기를 위하는 것이다. … (제자) 질문합니다. 노자는 양주와 더불어 같지 않은 것 같습니다. (주자) 대답하였다. 노자는 천하의 일을 보아 이해하였으나 편의만을 토론하고 편안한 경지에 몸을 두고서 마음을 청정한 상태로 유지하면 스스로 다스려진다고 하니 어찌 양주와 더불어 같지 않겠느냐."[6] 이처럼 주자는 양주와

---

3) 張其昀 著, 中國文化硏究所 譯, 『中國思想의 根源』, 文潮社, 1984, p.289.
4) 이강수, 『노자와 장자』, 길, 1997, p.21.
5) 김충열, 『노장철학강의』, 예문서원, 1995, pp.45-46.

제5장 위아의 양주와 겸애의 묵자 ··· 115

노자의 관계에 대해 사제의 관계로 파악하였고, 사상적 경향도 같은 부류로 폄하시키고 있다.

아무리 사제의 관계라 하더라도 이들 양주와 노자의 사상은 완전히 일치한다고 할 수는 없다. 이러한 입장에 있는 김충열 교수는 다음과 같이 말한다. "노자와 양주의 사상이 다르다. 노자는 무아를 주장하는데 비하여 양주는 위아爲我를 주장하는 점을 들어 사생 관계를 부인하려 한다."7) 개인의 사상이란 일생을 통하여 얼마든지 바뀔 수 있는 이상, 두 사람의 사제 관계를 완전히 부정할 수는 없다. 어쨌든 두 사람의 관계는 같은 계통의 학설에 있더라도 주장하는 논조가 다소 다르게 나타난다. 무아와 위아라는 사유에 있어 '아'我라는 관점을 보면 그 차이가 있는 것이다.

노자와 양주가 도가류에 속해 있다고 해도, 그들은 나름대로의 다른 관점에서 그들의 사상적 유영遊泳을 하였다. 다만 노자와 양주는 사제 관계라는 설이 있어온 만큼 그들의 사상적 교류는 특별했던 것 같다. 이를테면 양주는 자신 내면의 '전성보진'全性保眞이나 '장생구시'長生久視라 하여 타인의 영역을 침해하지 않으려 하였다. 노자 역시 이와 대동소이 하다. 따라서 『노자』는 양주 등에 의해 위탁된 것이라는 주장이 있을 법 한데, 최술이 그 입장에 있다.8) 이는 다소 지나친 견해로 보인다. 아무튼 노자와 양주의 관계는 사상적 공유의 관계라고 해도 큰 무리는 없을 것이다.

3. 위아爲我 이기론

일반적으로 양주는 위아설의 개창자로서 이기주의자라고 이해되고 있다. 전국시대에 위아설을 주장한 인물로는 양주가 꼽히는 바, 그것은 당시 양주에 의해 위아주의가 전면에 내세워진 사실 때문이다. 중국의 근대철학자 풍우란은 도가의 일관된 정신으로 위아

---

6) 『朱子語類』卷60「楊子取爲我章條」, 楊朱乃老子弟子 其學專爲己 … 問 老子似不與楊朱同 曰 老子窺見 天下之事 却討便宜置身於安閑之地 云淸靜自治 豈不是與朱同.

7) 김충열, 앞의 책, pp.45-46.

8) 위의 책, p.28.

주의를 들었다.[9] 양주가 자신만을 위하는 위아 내지 이기주의라고 불리는 배경은 그의 언급이 다소 극단적으로 이해될 소지가 얼마든지 있기 때문이다. 그의 언급은 개인과 국가의 통치에 관련되는 사항이 주를 이루고 있다.

그가 이기주의자로 통칭되는 이유는 무엇인가. 자신 몸의 터럭 하나를 뽑아 나라를 이롭게 하더라도 하지 않겠다는 극단적 견해가 이것이다. 그는 다음과 같이 말한다. "자신의 터럭 하나를 뺌으로써 천하가 이롭게 된다고 할지라도 줄 수 없고, 천하 만물을 다하여 자기를 받든다 할지라도 응하지 않는다. 사람은 누구나 자기의 일호─毫라도 손해를 보려 하지 않고 또 누구나 천하를 이롭게 하는 마음이 없어야 천하는 잘 다스려진다."[10] 그의 사상은 이같이 극단적 표현의 모습에서 이해된다. 자신의 정강이에 난 터럭 하나를 뽑기가 그렇게 어려운가에 대한 일반인의 이해가 그를 이기주의자로 몰고 있다.

정말 그는 자신의 정강이 터럭 하나를 뽑는데 인색하였던 인물이었던가. 그가 터럭을 뽑지 말라는 진정한 이유는 무엇인가. 자신의 이기주의에서 나온 것인지 다음을 보면 알 수 있다. "금활리는 양주에게 묻기를 '그대의 몸의 터럭 하나를 빼버림으로써 세상을 구할 수 있다면 그렇게 하겠냐고 하였다. 양주는 '세상은 터럭 하나로써 구제할 수 없을 것이다'고 답하였다. 금활리는 다시 '가령 구제할 수 있다면 그렇게 할 수 있겠냐'라고 물으니, 양주는 대답하지 않았다."[11] 이는 터럭 하나를 뽑아서 정말로 나라가 구제될 수는 없다는 그의 확신 때문이다. 그는 터럭 하나를 뽑기가 아까워서가 아니라, 터럭 하나를 뽑았다고 해서 치국이 가능하지 않다는 것을 알았기 때문이다.

이를 보면 알 수 있듯이 양주가 단순한 이기주의자는 아닌 것 같다. 우리는 그를 그저 자신의 정강이 터럭 하나라도 뽑지 않으려는 이기주의자로 간주하는 성향이 있는데, 양주는 단순히 터럭을 문제로 삼은 것이 아니라 치국의 한계를 직시하고 있음을 우리는 알아야 한다. 양주의 기본 정신은 "사람들이 각각 자기의 생명을 소중히 가꾸고 부질없이

---

9) 馮友蘭, 『中國哲學史 新編』, 北京, 人民出版社, 第1冊, p.243參照.
10) 『列子』「楊朱」, 古之人 損一毛 利天下 不與也 悉天下 奉一身 不取也 人人不損一毫 人人不利天下 天下治矣.
11) 『列子』「楊朱」, 禽子問楊朱曰 夫子體之一毛 以濟一世 汝爲之乎 楊子曰 世固非一毛之所濟 禽子曰 假濟 爲之乎 楊子弗應.

다른 사람들에게 간섭하려 들지 않으면, 천하는 저절로 안정될 수 있다"는 것임을 알 수 있다.12) 이에 불간섭주의적인 양주는 타인의 생명에 대해 전혀 관심이 없고 오로지 자기의 이익만을 추구하는 단순한 이기주의자는 아니었음을 알 수 있다.

어쨌든 양주가 선뜻 자신의 정강이에 난 터럭 하나만이라도 초연히 뽑아 주었다면 그는 이기주의자로 낙인은 찍히지 않았을지도 모른다. 터럭 하나도 양보하지 않는 양주의 의지가 표현상 극단적이라면 문제일 수 있다. 양주의 사상은 사회를 초탈하는 무관심의 극단적 이기주의이므로 이러한 사상은 무군無君의 결과를 초래한다고 하여 맹자는 그를 금수禽獸의 무리라 비판하였다.13) 양주의 이러한 사상은, '노자의 구제 신비주의는 이기주의'라고 막스 베버가『유교와 도교』저술에서 비난하는 것과 같은 맥락이다.

4. 숙명론 및 쾌락주의

양주에 있어서 인생을 어떻게 보았는가를 보면 그의 숙명론에 잘 나타나 있다. 양주의 숙명론에 의하면 명命에 안분할 뿐 사람은 다툴 필요가 없다고 하였으며, 그것은 그의 염세적 인생관에 기초한다. 곧 그는 인간의 요수夭壽, 시비, 순역, 안위安危란 하늘이 부여하였으므로 사람의 힘으로는 어찌할 수 없다는 입장에서 숙명론을 제창하였다.

숙명론적 발단에서 양주의 수명에 대한 입장은 다음과 같다. "백년을 얻는 사람은 천千의 하나도 없다. 설혹 한 사람쯤 있다고 하더라도 아동에서 노인에 이르기까지 거의 그 반을 차지한다. 밤에 수면할 적에 쉬는 것과 낮에 각성하였을 적에 잃어버리는 것이 또 거의 그 반을 차지한다. 희로애락이 또 거의 그 반의 차지한다."14) 그의 견해를 보아도 이해되듯이 인생의 수명은 백년을 넘기지 못하므로 운명에 편안히 하자는 입장이다. 우리가 억지로 수명을 연장할 수 없고, 단촉할 수도 없기 때문이다.

---

12) 이강수,『노자와 장자』, 길, 1997, p.24.
13) 『孟子』「滕文公」下, 楊朱墨翟之言 盈天下 天下之言 不歸楊則歸墨 楊氏爲我 是無君也 墨氏兼愛 是無父也 無父無君 是禽獸也.
14) 『列子』「楊朱」, 得百年者 千無一焉 設有一者 孩抱以逮昏老 幾居其半矣 夜眠之所弭 晝覺之所遺又同居其半矣 痛疾哀苦 亡失憂懼 又幾居其半矣.

따라서 양주의 생사관은 숙명론적 입장이다. 그는 생명론을 중심으로 그의 사유를 다채롭게 전개하였다. "만물이 서로 다른 것은 생이고 같은 것은 사이다. 생에는 현우賢愚 귀천의 차이가 있으나 사에는 취부臭腐 소멸의 동일성만 있을 뿐이다."15) 이러한 언급을 통해서 그는 10년도 일생, 100년도 일생으로, 형체가 있는 것은 한 번은 죽고야 만다는 숙명론을 주장한다. 물론 여기에는 인자仁者를 포함하여 성인 용사 악인도 다 죽어야 하는 운명을 가졌다는 그의 주장이 깔려 있다. 『회남자』의 「범론훈」 편에서 말하듯이, 묵자가 말한 '비명'非命의 사상을 양주는 옳지 않다고 여겼다.

다음으로 양주는 쾌락주의를 주장한다. 그의 쾌락주의는 절대적 향락설과 개인적 절대자유주의를 주장하는데서 발견된다. 쾌락을 언급함에 있어 그는 인간에게 네 가지 욕심이 있음을 밝히며, 이러한 욕구 때문에 쾌락을 추구함과 동시에 삶의 고통이 뒤따른다고 말한다. 네 가지 욕심의 첫째는 장수하고자 하는 욕구요, 둘은 명예의 욕구요, 셋은 지위의 욕망이요, 넷은 물질의 욕망이다.16) 이러한 욕구는 인생을 즐겁게도 하고 고통으로 나가게도 한다. 이의 적절한 수용은 즐거움이요, 지나친 수용이나 미치지 못함은 고통일 따름이다. 그러나 양주는 세속적 욕구를 초월하고 전성보진全性保眞의 참 즐거움을 찾아 나선다.

그렇다면 양주가 밝힌 쾌락주의의 정체는 무엇인가. 그것은 우리가 감관작용을 통해 느끼는 육체적 기쁨일 것이다. 그는 다음과 같이 말한다. "사람의 생이란 무엇을 하며, 무엇을 즐거워 할 것인가. 미美와 부富를 위할 뿐이요 성聲과 색色을 위할 뿐이다. 그리고 미와 부는 항상 지나치게 만족하여서는 안 되고, 성과 색은 항상 구경하려 들어서는 안 된다."17) 위에 열거한 대상들에 대해 어느 정도는 만족감을 느낄 수도 있으나 싫어할 정도로 만족감을 누려서는 안 된다는 것이 양주의 기본 입장이다. 그가 말하는 참 만족은 성색聲色과 부귀를 누리되 적절히 조절하는 본연의 의지 속에 담겨 있다. 세간의 속박인 명예나 부귀 때문에 심신을 괴롭히거나 법률 형벌 때문에 심신을 노고케 하지 말고, 오직

---

15) 『列子』「楊朱」, 楊朱曰, 萬物所異者生也. 所同者死也. 生則有賢愚貴賤 是所異也. 死則有臭膚消滅 是所同也.
16) 『列子』, 「楊朱」, 生民之不得休息 爲四事故. 一爲壽 二爲名 三爲位 四爲貨.
17) 『列子』「楊朱」, 人之生也奚爲哉 奚樂哉 爲美厚爾 爲聲色爾 而美厚復不可常厭足 聲色不可常玩聞.

'천부'天賦의 생명을 쾌락으로 즐겨야 함을 참 쾌락으로 여기고 있다.

이에 양주의 쾌락주의에 나타난 본질은 우리의 이목구비를 자연 그대로 방임하는데 있다. 그는 자연에 순응하며 이목구비의 방임적 관점을 거부하지 말라고 한다. "귀가 듣고 싶은 데로 할 것이요, 눈이 보고 싶은 데로 할 것이요, 코가 맡고 싶은 데로 할 것이요, 입이 말하고 싶은 데로 할 것이요, 몸이 편안히 있고 싶은 데로 할 것이요, 의지가 행하고 싶은 데로 할 것이다."[18] 자연에 순응하며 하고자 하는 데로 하는 것이 바로 그의 쾌락주의가 추구하는 본연 실체이다. 그러면서도 그가 말하는 절대 자유의 확보는 자행자지가 아니라 전성보진을 하는 것에 한정짓고 있다.

5. 양주를 비판한 학자들

유교철학에서 잘 알다시피 양주는 묵자와 동시에 비판을 받고 있다. 그것은 그들이 춘추전국시대에 용호상박처럼 상호 극단적 관점을 굽히지 않았기 때문이다. 전국시대에 오면 상업이 어느 정도 발달했는데, 당시 맹자가 양주와 묵적을 "아버지의 존재를 무시하고 군주의 존재를 무시한다"無父無君고 비판하듯, 상호 학문교류와 학술토론이 성행했다.[19] 양주의 사상이 묵자의 사상과 같이 대립되는 극단의 측면을 드러낸다는 면에서 당시에 주목을 받은 듯하다.

우선 양주를 맹렬히 비판하고 있는 사람은 맹자이다. 이와 관련한 그의 주장을 살펴보자. "성왕이 나지 아니하고 제후가 방자하며, 처사들이 멋대로 논의하여 양주·묵적의 말이 온 천하에 가득하다. 천하의 말이 양주에게 돌아가지 않으면 묵적에게 돌아간다. 양씨는 나만을 위하니 이는 임금이 없음이요, 묵씨는 겸애를 주장하니 이는 아비가 없는 것이다. 아비가 없고 임금이 없는 것은 금수이다."[20] 이처럼 맹자는 양주를 비판하고 나선다.

---

18) 『列子』「楊朱」, 恣耳之所欲聽 恣目之所欲視 恣鼻之所欲向 恣口之所欲言 恣體之所欲安 恣意之所欲行.
19) 조민환, 『유학자들이 보는 노장철학』, 예문서원, 1996, p.26.
20) 『孟子』「滕文公」上, 聖王不作 諸侯放恣 處士橫議 楊朱墨翟之言盈天下 天下之言不歸楊 則歸墨 楊氏爲我 是無君也 墨氏兼愛 是無父也 無父無君 是禽獸也.

양주가 바로 금수禽獸의 류라는 혹독한 비판 논리가 바로 이것이다.

맹자의 양주 비판은 양주가 이기주의자라는 사실 때문에 나타난다. 맹자의 평가에 따르면 양주는 마치 자기 종아리의 털 한 오라기를 뽑는 정도의 조그마한 수고를 하여 온 세상 사람들이 이롭게 될지라도 하지 않으려 하는 이기주의자로 생각되었다.[21] 맹자가 지적하는 것처럼 양주의 터럭에 대한 언급은 그의 인격 평가에 있어 다소 왜곡을 가져올 수 있다. 하지만 긍정적 입장에서 본다면 양주의 본의는 터럭이 중요한 것이 아니라, 나의 절대 책임을 강조한 말이자, 나로 하여금 타인에게 간섭의 피해를 주지 않으려는 것이 포함되어 있음을 알아야 한다.

다음으로 한비자의 양주 비판을 살펴보자. 한비자는 다음과 같이 양주를 조소적으로 말한다. "위험한 성곽에는 가지 말고, 군대에도 나가지 말며, 천하의 큰 이익이 오더라도 정강이의 한 터럭과 바꾸지 않는다."[22] 이처럼 한비자는 양주가 주장한 '정강이의 터럭'을 문제 삼고 있다. 한비자의 입장에서 본 양주는 정강이 털 하나를 세상의 어떤 이익과도 교환하지 않는 '경물중생'輕物重生의 선비로 평가한 것 같다. 터럭은 일종의 사물이라면, 자신의 정강이는 일종의 생명인 셈이다. 따라서 한비자가 뭐라 한들 양주는 경물중생의 입장을 고수하고 있는지도 모른다.

송대의 이정 역시 양주의 위아설을 통렬히 비판하고 있다. 『근사록』에 보이는 정호의 언급은 양주가 어떻게 이해되었는가를 상징적으로 보여주고 있다 "명도선생이 말하였다. 양주와 묵적의 해로움은 신불해나 한비자보다 심하다. 불교와 노자사상의 해로움은 양묵보다 심하다. … 신불해나 한비자의 학문은 얕고 고루하여 쉽게 알 수 있다. 그러므로 맹자가 양묵만을 물리친 것은 그것이 혹세무민함이 심하였기 때문이다. 불교나 노자사상은 이치에 가까워 양묵이 비할 것은 아니다. 이것이 해됨이 더욱 심한 이유가 된다."[23]

---

21) 이강수, 『노자와 장자』, 길, 1997, p.23. 『孟子』「盡心」上, 孟子曰 楊子取爲我 拔一毛利而天下 不爲也 墨子兼愛 摩頂放踵 利天下 爲之.

22) 『韓非子』「顯學篇, 義不入危城 不處軍旅 不以天下大利易其脛一毛.

23) 『近思錄』卷13,「異端之學」, 明道先生曰 楊墨之害 甚於申韓 佛老之害 甚於楊墨 楊氏爲我 疑於義 墨氏兼愛 疑於仁 … 申韓則淺陋易見 故孟子只闢楊墨 爲其惑世之甚也 佛老其言近理 又非楊墨之比 此所以爲害尤甚.

어쨌든 양주의 학설은 극단적 모습으로 이해되고 있다. 유학자들에 의하면 양주의 학설은 묵자와 더불어 극단적 전개라고 볼 수도 있다.

II. 묵자의 생애와 사상

1. 생애

묵자의 이름은 적翟이다. 그는 대략 주대周代 정왕 원년으로부터 10년에 이르는 사이 (BC 468~459), 즉 공자가 죽은(BC 479) 뒤 10여년 만에 세상에 태어났다. 맹자는 BC 372 년에 태어났으니 묵자는 공자가 죽은 해와 맹자가 태어난 해의 중간쯤 되는 전국시대 초기의 사람이라 할 수 있다.[24] 묵자의 직함은 대부였고, 성을 방위하는 기술에 뛰어났다고 한다. 또 묵자가 태어난 곳은 송宋나라 사람 또는 초나라 사람이라고도 하지만 노나라 사람이라는 설이 유력하다.

이미 언급한 것처럼 묵자는 공자와 동시대인 혹은 이후라 하며 맹자보다는 선배라고 알려져 있다. 주말周末 및 진한시대의 서적에는 공孔·묵墨을 병칭하였으며, 맹자는 양楊·묵을 병칭한 것이 이와 관련된다. 그는 공자와 같은 시대라고도 하고 혹은 공자의 후세 사람[25]이라고 사마천은 말한다. 젊어서 노나라에 유학하여 예학과 공자의 사상을 배웠다. 전통적인 제도와 관행을 비판하고 유가의 이론을 반대하였음은 물론, 전국시대의 사회상을 바로잡고 인심을 수습하는데 전력을 하였다.

다음으로 묵자의 저술에 대해 알아보자. 반고의 『한서』「예문지」에는 『묵자』71편이 있다고 하였다. 『수서』隋書「경적지」의 여러 사람들이 기록한 것에는 모두 『묵자』15권이 있다고 하며, 이 15권이란 권수는 지금 우리가 보는 『묵자』의 권수와 맞는다.[26] 오늘날

---

24) 민국 초기의 학자 梁啓超가 여러 典籍의 기록들을 정리하여 「子墨子學說」 첫머리에 쓴 '墨子略傳'을 위주로 하여 그의 생애와 시대를 소개한다(金學主, 新譯 『墨子』, 明文文堂, 1993, p.13).
25) 司馬遷, 『史記』「孟子荀卿列傳」 參照.
26) 金學主, 新譯 『墨子』, 明文文堂, 1993, pp.16-17.

53편만 전해지고 나머지 18편은 없어지고 말았다. 그 저술의 소실은 안타까운 일이며, 이미 없어진 18편 중에서도 8편은 제목만 남아있고 나머지 10편은 제목마저 없어졌다. 우리가 접하고 있는 『묵자』는 문인이 기록한 것으로 『자묵자』子墨子로 호칭되었다.

다음으로 묵자를 연구한 후기 묵가파에 대해 살펴보자. 묵자 후기에 묵가파가 형성되었는데, 그들은 거자巨子를 지도자로 하여 지연地緣 공동체를 근거해서 강력한 단결을 자랑하였다. 이들 역대의 거자로는 맹승, 전양자 등이 있는 것으로 전해진다. 묵가파에는 공·묵 후에 유는 8파, 묵은 3파(상리씨, 상부씨, 등릉씨)로 나누어져 있다.27) 공맹의 문인이 있고 노장의 문인이 있듯이, 묵자도 후래 문인이 있어 묵자의 사상을 숭경해 온 것으로 알려진다. 다만 진시황의 묵가 탄압에 의해 묵가의 사상은 쇠미해지고 전한 무제에 의한 유교 위주의 정책마저 가해졌다.

묵자 사상의 이해는 다음 10론으로 요약할 수가 있다. 이를테면 겸애兼愛, 비공非功, 상현尙賢, 절용節用, 절장節葬, 비악非樂, 상동尙同, 천지天志, 명귀明鬼, 비명非命 등이 그의 10론이다. 여기에서 한 용어를 풀이하면 '상동'이란 아랫사람이 윗사람에게 순종하는 일, 즉 윗사람의 의견에 같이하는 것을 뜻한다. 그리고 혹자는 노동을 강조하는 묵자의 사상이 동구 공동체에서 많이 읽혀졌다고 하나, 오늘날 동서를 막론하고 서서히 묵자에 대한 관심이 고조되고 있는 성향이다.28) 아무튼 유가사상과 묵자사상, 도가사상은 춘추전국시대에 있어 상당한 영향을 미친 용호상박의 제자백가 군에 있다는 점에서 많은 연구가 필요하다.

2. 겸애 교리설

춘추전국시대에 겸애 교리설交利說이 등장한 배경은 무엇인가. 중국 고대에 법가는 사

---

27) 『韓非子』의 顯學篇 參照.
28) 동구권에서 墨子에 대한 관심의 고조는 共産主義 이데올로기 형성에 묵자사상이 많이 연구되었다는 의미이다. 필자는 1999학년도 1학기 圓光大 대학원 박사과정 東洋哲學 수업시간에 『墨子』를 강의하여, 여기에서 墨子 10論의 본질을 이해하는데 상당한 도움을 받았다.

회 질서를 강조하였고, 유가는 맹자를 중심으로 역성혁명을 내세웠다. 묵가파는 당시 사회 변동의 최대변수였던 전쟁과 거기에서 나타나는 모순을 극복하도록 겸애를 토대로 하여 그들의 논리를 전개하였다.[29] 춘추의 제자백가 난립에 의한 백가쟁명의 시대에 묵자도 한 몫을 단단히 하였던 것이다.

이러한 사회 상황에서 묵자는 당시의 정황을 정확히 인지했고, 그 나름의 경륜을 피력하며 위정자들은 물론 지도자들에게 겸애 교리를 하나의 통치 이념으로 확립코자 하였다. 그는 다음과 같이 말한다. "옛날의 성왕인 우임금, 탕임금, 문왕, 무왕 같은 분들은 천하의 백성들을 아울러 사랑하였고, 그들을 거느리고 하늘을 높이며 귀신들을 섬기어 사람들을 이롭게 하는 일이 많았다. 그러므로 하늘은 그들에게 복을 내리고 그들로 하여금 천자 자리에 오르게 하여, 천하의 제후들은 모두 그들을 공경히 섬기게 되었다."[30] 묵자는 성왕들을 거론하며, 그들이야말로 겸애 교리의 실천자들로 인지하였던 것이다.

그렇다면 묵자가 그토록 강조하는 겸애교리兼愛交利란 무엇인가. 이른바 겸애와 교리란 자신의 몸처럼 타인을 사랑하고, 자신의 부모처럼 타인 부모를 사랑하라는 것에서 출발한다. 아울러 자국을 이롭게 하듯 타국을 이롭게 함은 물론 자신의 형제를 이롭게 하듯 타의 형제를 이롭게 하는 것도 겸애 교리의 핵심 내용이다. "하늘은 사람들이 서로 사랑하며 서로 이롭게 할 것을 바라며, 결코 사람들이 서로 미워하며 서로 해칠 것을 바라지 않는다"[31]라고 말한 묵자는 모두를 가족처럼 애愛·이利를 요구한다. 그것은 묵자의 입장에서 하늘의 뜻이기 때문이다. 여기에서 교리交利는 상호 이익을 주고받는 자리이타를 말한다.

겸애兼愛의 반대되는 말로 별애別愛라는 것이 있다. 묵자에 있어 겸애자는 현군이고 별애자는 폭군으로 등장한다. 묵자는 이와 관련하여 다음과 같이 말한다. "선하지 않은 짓을 하여 화를 입은 사람은 걸왕 주왕 유왕 여왕이 있고, 사람들을 사랑하고 사람들을

---

29) 박재희, 「黃老道家의 형성과 세계관」, 한국도가철학회 1998년도 제3회 학술발표회 《발표요지》, 한국 도가철학회, 1998년 7월 28일, p.21.
30) 『墨子』 「法儀篇」, 昔之聖王禹湯文武兼愛天下之百姓 率以尊天事鬼 其利人多 故天福之使立爲天子 天下 諸侯皆賓事之.
31) 『墨子』 「法儀篇」, 天必欲人之相愛相利 而不欲人之相惡相賊也.

이롭게 함으로써 복을 받았던 사람으로는 우임금 탕임금 문왕 무왕이 있다고 하는 것이다."[32] 이처럼 별애자는 걸왕 주왕 유왕 여왕이 거론된다면, 겸애자는 요순을 포함하여 우탕문무주공의 훌륭한 임금들이 거론된다. 묵자는 국가와 가정을 맡김에 겸애자에게 맡기어야 하며 별애자에게 맡길 수 없음을 강조한다.

그렇다면 우리에게 다가오는 화禍와 복의 분기점은 왜 발생하는가. 이는 애인이인愛人利人하느냐 못하느냐에 달려 있다. 겸애를 할 경우 복이 오고, 별애를 할 경우 화가 온다는 사실 때문이다. "사람들을 사랑하고 사람들을 이롭게 함으로써 복을 받았던 사람도 있었지만, 사람들을 미워하고 사람들을 해침으로써 화를 입었던 사람도 있었던 것이다."[33] 이와 같이 주장하는 묵자는 역사적 안목을 통해 인류에게 화복의 분기점이 무엇인지를 분명히 하고 있다.

묵자가 그토록 겸애 교리를 강조한 이유는 무엇인가. 그것은 아마도 하늘의 뜻이라는 사실 때문이다. 묵자는 천의天意를 거역하지 않으려 했던 인물이라는 점에서 겸애 교리는 하늘의 뜻임을 주장한다. "무엇으로써 하늘이 사람을 서로 사랑하며 서로 이롭게 하는 것을 바라고, 사람들이 서로 미워하며 서로 해치는 것을 바라지 않는다는 것을 아는가. 하늘은 모든 것을 아울러 사랑하고 모든 것을 아울러 이롭게 하는 것으로써 알 수 있다."[34] 이처럼 묵자는 경천애인敬天愛人의 사유로서 하늘에 거역하지 않는 삶을 추구하여 서로서로 사랑할 것을 말한다.

하지만 맹자는 묵자의 겸애설을 통렬히 비판하고 있는 점이 주목된다. 즉 묵자가 말한 겸애의 무차별적인 사랑을 맹자는 비판하고 있다. 맹자에 의하면 묵자는 양주와 더불어 '무부무군'無父無君으로 비판받았으며, 묵자는 본本을 이二로 하고 무부無父에 빠진다고 하였다.[35] 이처럼 묵자는 겸애를 강조하다 보니, 주자도 "묵자의 마음은 본래 측은해 하지만 맹자는 그 폐단을 미루어 무부無父라는데 도달하였다"[36]라고 통렬히 비판하였다.

---

32) 『墨子』 「法儀篇」, 爲不善以得禍者 桀紂幽厲是也. 愛人利人以得福者 禹湯文武是也.
33) 『墨子』 「法儀篇」, 愛人利人以得福者有矣 惡人賊人以得禍者亦有矣.
34) 『墨子』 「法儀篇」, 奚以知天之欲人之相愛相利 而不欲人之相惡相賊也. 以其兼而愛之 兼而利之也.
35) 『孟子』 「滕文公」 下, 楊朱墨翟之言 盈天下 天下之言 不歸楊則歸墨 楊氏爲我 是無君也 墨氏兼愛 是無父也. 無父無君 是禽獸也.

3. 검약 · 절장론節葬論

묵자가 검약론을 주장한 이유는 유가의 사치스런 낭비성을 비판하는 데서 시작한다. 주지하듯이 묵자는 공자의 노선을 따르다가 유가의 예禮가 낭비적이고 비경제적이어서 경제 생산에 힘쓰지 않는다고 비판하였다.[37] 이에 묵자는 근검 절약의 정신을 내놓았다. 실제 당시의 왕공과 대부들은 서민 백성들에게서 착취를 통하여 낭비와 호사스런 생활을 한 것에 대해 그는 고통스럽게 여겨 이의 근절에 전력을 하였다.

후래 사마천도 『사기』 「맹자순경열전」에서 묵자는 절용을 강조한 인물이라고 묵자의 특성을 밝힌 적이 있다. 묵자는 다음과 같이 그의 검약론을 소신 있게 밝히고 있다. "검약하고 절제하면 창성하고, 지나치게 즐기면 멸망한다."[38] 그의 언급에 나타나 있듯이 국가와 사회가 검약 가치를 권면해야만 백성이 풍요로워지고 발전하게 된다는 것을 강조하고 있다. 그러나 절제하지 못하고 사치한다면, 곧바로 국가와 사회는 패망의 길로 나아갈 수밖에 없다는 것을 그는 지적하고 있다.

이러한 절약의 입장을 묵자는 역사적 안목에서 언급하였다. 다시 말해서 『서경』을 인용하면서, 풍요했을 때 절약하면 재앙을 당하더라도 극복될 수 있다는 논조를 전개하였다. "『서경』 하서夏書에 말하기를 우임금 때에는 7년 동안 홍수가 졌다 하였고, 『서경』 상서商書에 말하기를 탕임금 때에는 5년 동안 가뭄이 들었다고 한다. 이토록 그들은 흉년과 기근을 겪었지만 백성들은 헐벗고 굶주린 자들이 없었음은 어째서일까. 그들은 재물의 생산에는 빈틈없는 노력을 하였으나 그 사용에는 절약을 하였기 때문이다."[39] 이와 같이 그는 우임금과 탕임금의 역사적 교훈을 새기면서 절약하지 않을 수 없음을 밝힌다.

따라서 힘써 의식주를 마련해서 절약의 발판으로 삼자는 견해로 일관한 묵자는 구체적으로 어떠한 절약을 강조하였을까. 이의 몇 가지를 거론한다면, 일상생활의 의식주를 절

---

36) 『朱子語類』 卷4, 「性理一」, 墨子之心本是惻隱 孟子推其弊 到得無父處.
37) 김충열, 『노장철학강의』, 예문서원, 1995, p.41.
38) 『墨子』 「辭過」, 儉節則昌 淫佚則亡.
39) 『墨子』 「七患」, 夏書曰 禹七年水 殷書曰 湯五年旱 此其離凶餓甚矣 然而民不凍餓者何也 其生財密其用之節也.

약할 것이요, 의복은 한서를 피할 정도이면 되고, 가옥은 우로를 막을 정도이면 되며, 선거船車는 운송할 정도이면 된다는 것이다. 이러한 그의 주장에는 힘써 생산 활동을 통해 실현 가능한 일이다. 그는 다음과 같이 말한다. "먹을 것에 대하여는 힘쓰지 않을 수 없고, 땅에 대하여는 힘들여 경작하지 않을 수 없고, 쓰는 것에 대하여는 경작하지 않을 수가 없는 것이다."[40] 그는 힘써 노동을 통해 생산 활동을 하고 이러한 생산품은 절약해야 한다고 하였다.

다음으로 묵자의 절장론節葬論에 대해 소개하여 보자. 그는 이 절장론에 대해서도 역사적 교훈으로 삼으며 견해를 표명하고 있다. "지금 옛날 3대의 성왕들이 돌아가신 뒤에 천하의 의로움이 없어짐에 이르러, 후세의 군자들 중 어떤 이는 성대히 장사지내고 오랫동안 상을 입는 것이 어짐이며 의로움이며 효자의 일이라고 여기고 있다."[41] 그는 이와 달리 후장厚葬을 할 경우 그것은 인자함이나 의로움이 아니라는 입장에서 말한 것이다. 이는 장례를 지나치게 성대히 치르는 유가적 입장에 대한 묵자의 반박적 설명이라 본다.

유가처럼 후장을 할 경우 묵자는 여기에 나타나는 문제점을 지적하고 있다. "지금 오직 성대히 장사지내고 오랫동안 상을 치루기를 주장하는 사람들의 말을 따라서 국가를 위하여 일을 한다 하자. 이렇게 하여 임금이나 대신들에게 상을 당한 사람이 생긴다면 그는 관과 덧관을 반드시 여러 겹으로 하고, 매장은 반드시 크게 파서 하며, 죽은 이의 옷과 이불도 반드시 많아야 하며, 무늬와 수도 반드시 화려해야 하고, 봉분도 반드시 커야만 한다고 주장할 것이다."[42] 오늘날 일부 국가의 호화묘지 문제를 보면 묵자의 견해가 상당한 호소력을 지니는 것으로 이해될만 하다. 그래서 묵자는 절장을 통해 성왕의 관은 3촌 크기, 시신에는 삼중三重의 의복, 묘혈은 취기臭氣를 방지할 정도, 표석도 표식을 할 정도에 한정짓고자 했다.

---

40) 『墨子』 「七患」, 食不可不務也 地不可不力也 用不可不節也.
41) 『墨子』 「節葬 下」, 今逮至昔者 三代聖王旣沒 天下失義 后世之君子 或以厚葬久喪 以爲仁也義也 孝子之事也.
42) 『墨子』 「節葬 下」, 今天下之士君子 將猶多皆疑惑厚葬久喪之爲中是非利害也 故子墨子言曰 然則姑嘗稽之 今雖 毋法執厚葬久喪者言 以爲事乎國家 此存乎王公大人有喪者 曰棺槨必重 葬埋必厚 衣衾必多 文繡必繁 丘隴必巨.

유가의 '후장구상'厚葬久喪일 경우에 대해 '박장단상'薄葬短喪을 주장한 묵자였지만, 유가인 맹자가 가만히 있을 리 없다. 맹자가 묵자의 절장론을 비판한 내용을 소개하여 보자. 묵자의 학설을 추종하는 이지가 맹자를 만나고자 하자 맹자는 말하기를, "내가 듣기로 이지는 묵가의 신봉자이며 묵가에서는 장사를 천박하게 지내는 것을 주의로 삼고 있다고 하며, 이지는 묵가의 사상으로 천하를 개혁하고자 한다니 틀림없이 묵가의 주장을 옳다고 믿고 높이고 있을 것이다. 그런데 이지가 자기 부모의 장사를 정중히 모셨다고 하니, 결국 그는 묵가에서 천하게 여기는 유가의 도를 따라 자기 부모를 섬긴 것이라 하겠다"[43]라고 했다. 어쨌든 묵자의 절장론은 유가의 후장구상의 폐단을 지적하는데 급급하여 유가들이 죽은 자에 대한 예가 소홀했다는 비판을 면치 못하였다.

4. 귀신 및 비명론非命論

종교적 신귀神鬼 관념을 등장시키고 있어, 묵자는 귀신 옹호론자처럼 귀신 존재에 대하여 절대적이었다. 그는 유가의 인仁과 충서를 초월하는 노자의 가치중립적인 자연 개념만으로 인성의 타락을 막을 수 없다고 지적하고, 징벌의 힘을 갖춘 종교적 신귀 관념의 회복을 주장하였다.[44] 그러니까 그는 노자사상을 거부하며, 유가사상의 존귀尊鬼 개념을 강조한 인물로 이해할 수 있다. 『묵자』「명귀편」明鬼篇에서 말하듯이 '귀신도 경외의 대상'으로 간주된다.

그리하여 묵자에 의하면 성왕은 귀신의 존재를 증명하기 위해 노력하였으며, 이를 후손에 전해주었다고 한다. 성왕들의 귀신 섬김의 의지가 당위적으로 전수되는 계기를 만들게 된 것이다. "옛날 성왕들은 반드시 귀신이 있다고 하였고 귀신을 위하여 독실히 힘썼다. 또 후세 자손들이 알 수 없게 될까 두려워해서 대쪽과 비단책에 그것을 써서 후세 자손들에게 전하여 주었다."[45] 혹시라도 후세 자손들이 귀신의 존재를 부정한다면 난감

---

43) 『孟子』滕文公 上, 吾聞夷子墨者 墨之治喪也 以薄爲其道也 夷子思以易天下 豈以爲非是而不貴也 然而
夷子葬其親厚 則是以所賤事親也.
44) 김충열, 『노장철학강의』, 예문서원, 1995, p.41.

할 수밖에 없으므로 그는 치세 차원에서도 귀신이 존재함을 분명히 하였다. 이에 그는 귀신의 3가지 종류를 밝혔는데, 이는 천귀天鬼, 산천귀山川鬼, 인귀人鬼이다.

다양한 귀신은 천하가 어지러워질까 두려워하여 상벌을 내린다고 본 것이다. 묵자는 귀신과 상벌의 문제에 대해서 관심을 보였다. 즉 천하가 어지러워진 이유에 대해 그는 말한다. "모두가 귀신이 있고 없는 분별에 의혹을 지니어 귀신이 현명한 사람에겐 상을 주고 난폭한 자에겐 벌을 줄 수 있음을 밝게 인식하지 못했기 때문이다. 지금 천하의 사람들에 있어, 귀신이 현명한 사람들에겐 상을 주고 난폭한 자에겐 벌을 줄 수 있음을 믿게 한다면 곧 천하가 어찌 어지러워지겠는가."[46] 그의 주장처럼 귀신은 어떠한 대선大善 대악, 소선 소악이라도 상벌하지 않음이 없다. 그의 주장처럼 귀신의 벌은 어떠한 부귀 용력勇力 이병利兵이라도 거부할 수 없으며, 유명幽明과 강약을 불문하고 인류를 철저하게 상벌한다.

다음으로 묵자의 비명론非命論에 대해 알아보자. 유가 즉 자사는 '천명지위성'이라 했고, 맹자는 '성야유명언'性也有命焉이라 했는데, 묵자는 전통 유가의 명론을 거부한다. 이에 대해 묵자는 말한다. "명命이 있다고 주장하는 자들은 말하기를, 명이 부하게 되어 있으면 부하게 되고, 명이 가난하게 되어 있으면 가난하며, 명이 많아지게 되어 있으면 많아지고, 명이 적어지게 되어 있으면 적어지며, 명이 다스려지게 되어 있으면 다스려지고, 명이 어지러워지게 되어 있으면 어지러워지며, 명이 오래 살게 되어 있으면 오래 살고, 명이 일찍 죽게 되어 있으면 일찍 죽는다."[47] 명에 구애되어 산다면 무슨 도움이 되겠는가라는 묵자의 견해이다. 이처럼 그는 운명을 주장하는 이들의 허구성을 비난한다.

나아가 묵자는 명을 주장하는 사람이란 어질지 못하다는 입장에서 그들을 혹독하게 비판한다. 터무니없는 논리로 명을 주장하는 자들이야말로 분별없는 행동이라는 그의 사유 때문이다. "그런 말命論로써 위로는 임금과 대신들을 설복시키고 아래로는 백성들이

---

45) 『墨子』「明鬼篇 下」, 古者聖王必以鬼神爲 其務鬼神厚矣 又恐后世子孫不能知也 故書之竹帛傳遺后世子孫.
46) 『墨子』「明鬼篇 下」, 皆以疑惑鬼神之有與無之別 不明乎鬼神之能賞賢而罰暴也 則夫天下豈亂哉.
47) 『墨子』「明鬼篇 下」, 執有命者之言曰 命富則富 命貧則貧 命衆則衆 命寡則寡 命治則治 命亂則亂 命壽則壽 命夭則命.

일에 종사하는 것을 방해한다. 그러므로 명이 있다고 주장하는 자들은 어질지 못한 자들이다. 따라서 명이 있다고 하는 자들의 말에 대하여 분명히 분별을 짓지 않으면 안 된다."[48] 명을 주장할 경우에는 임금과 백성들의 올바른 판단을 흐리게 하고 방해하니, 이야말로 불인不仁한 사람들이 아닐 수 없다. 인仁의 회복을 위해서라도 명을 거부한 묵자이다.

명을 거부하는 비명非命의 입장에서 묵자는 더욱 심각하게 그의 견해를 이어간다. 국민을 통솔할 수 없는 지경이 되는 상황, 즉 국가 패망의 원인으로는 명에 지나치게 의존하기 때문이라는 것이다. 그는 말하기를 "만약 숙명론을 가지고서 천하를 다스리면 위로는 하늘과 귀신을 섬기어도 하늘과 귀신이 따르지 않을 것이며, 아래로 백성들을 부양해도 백성들에게는 이익이 되지 않아 반드시 서로 흩어져 부릴 수가 없게 될 것이다."[49] 명에 집착할 경우 나라를 지킬 수 없는 상황이 되어 결국 하은주 3대의 폭군인 걸왕, 주왕, 유왕, 여왕이 그들의 국가를 잃고 사직을 멸망시켰던 이유가 된다고 했다.

5. 비전非戰과 비악론非惡論

묵자 당시의 춘추전국시대는 전쟁의 회오리 속에 있었다. 그는 전쟁을 중단해야 할 시대적 사명의식을 갖지 않을 수 없었던 것이며, 초왕이 송宋을 침공하려던 계획을 중지하는데 기여하기도 하였다. 당시 전쟁이 많이 일어난 이유 중의 하나로 주말周末은 모두 의전義戰 곧 우의 삼묘三苗 정벌, 탕의 걸桀 탕벌, 무왕의 주紂 탕벌은 주誅가 아닌 침략전의 공攻이라 했는데, 이는 영토 확장 때문이 아닌가 본다. 묵자는 다음과 같이 말한다. "전쟁을 일으키는 자들은 나라를 아우르고 군대를 패멸시키며 만백성들을 해치고 학대하여 성인의 유업을 어지럽힌다. 그런데도 그렇게 함으로써 하늘을 이롭게 하는가."[50] 그의 언급처럼 전쟁으로 하늘의 백성들을 찔러 죽이고 신위神位를 박살내며 사직을 뒤집고 제물로 쓸 짐승들을 죽이는 행위는 거부할 수밖에 없다는 것이다.

---

48) 『墨子』 「明鬼篇 下」, 以上說王公大人 下以駈百姓之從事 故執有命者不仁 故當執有命者之言 不可不明辯.
49) 『墨子』 「明鬼篇 下」, 若以爲政乎天下 上以事天鬼天鬼不使 下以持養百姓 百姓不利 必離散 不可得用也.
50) 『墨子』 「非攻篇 下」, 夫無兼國覆軍 賊虐萬民 以亂聖人之緒 意將以爲利天乎.

그리하여 묵자는 잘못 없는 사람을 죽이면 죄를 범하는 일이니, 전쟁은 불의한 일이라고 하며 전쟁에 대한 반전의 명분을 분명히 하였다. 그는 이에 말한다. "한 사람을 죽이면 그것을 불의라 말하며 반드시 한 사람에 대한 죽을죄를 지게 된다. 만약 이렇게 말해 나간다면 열 사람을 죽이면 열 배의 불의가 되고 반드시 열 사람에 대한 죽을죄를 지게 된다. 백 사람을 죽이면 백배의 불의가 되고 반드시 백 사람에 대한 죽을죄를 지게 된다."[51] 당시 군자들은 이에 대해 비난하며 불의라고 말하지만, 정작 불의의 전쟁에 대해서는 비난할 줄 모르는 것을 묵자는 분개한다. 몇 사람을 죽이는 것은 죄인 줄 알고 비난하지만, 수십만 명을 죽이는 전쟁에 대해 침묵하면 되겠는가라는 것이 묵자의 반문이다.

아울러 전쟁을 일으키면 농사를 할 수 없어 굶어죽을 수밖에 없는 상황을 묵자는 직시하여 반전 운동을 전개하였다. 이와 관련하여 그는 다음과 같이 말한다. "지금 군사를 일으키려 하는데 겨울에 동원하자니 추위가 두렵고, 여름에 동원하자니 더위가 두렵다. 이래서 겨울이나 여름에는 군사를 일으킬 수가 없는 것이다. 봄에 일으키면 곧 백성들의 밭 갈고 씨 뿌리는 농사일을 망치게 되고 가을에 일으키면 곧 백성들의 추수를 망치게 된다."[52] 이처럼 전쟁을 하는데 동하冬夏는 추위 춘추春秋를 택하는데, 그러면 농사는 피폐되고 농민은 빈곤해질 수밖에 없다. 반전을 하지 않을 수 없는 이유이다.

이제 비악론非樂論에 대해 언급해 본다. 과거 묵자 당시의 유가는 화려한 음악을 즐겨 사치스러움을 면하지 못하였다. 유가의 위정자들이 예禮 악樂 사射 어御 서書 수數라는 육예六藝로 교육의 기틀을 삼았는데, 여기에 악樂이 포함되어 예악론이 주로 이에 관련된다. 묵자는 유가에서 강조하는 음악을 거부하고 보다 실리적 입장에 있다. 그것은 당시의 집권자들이 종, 북, 비파 등의 사치스런 음악에 도취하고 유흥을 일삼아 국정에 소홀히 하는 폐습이 있었기 때문이다. 묵자는 다음과 같이 말한다. "만약 큰 종을 두드리고 울리는 북을 치며 금琴과 슬瑟을 뜯으며 우竽와 생笙을 불면서 방패나 도끼를 들고 춤을 춘다

---

51) 『墨子』 「非攻篇 上」, 殺一人 謂之不義 必有一死罪矣 若以此說往殺十人 十重不義 必有十死罪矣 殺百人 百重不義 必有百死罪矣.
52) 『墨子』 「非攻篇 中」, 今師徒唯毋興起 冬行恐寒 夏行恐暑 此不以冬夏爲者也 春則廢民耕稼樹藝 秋則廢民 穫斂.

면 백성들이 입고 먹을 재물이 어디에서 얻어질 수 있겠는가."[53] 이러한 경우 결국 백성은 곤궁의 나락으로 떨어지고 만다.

그렇다면 묵자가 음악을 비난하는 이유는 구체적으로 무엇을 말하는가. 그것은 사치스럽고 백성들의 이익에 전혀 부합되지 않기 때문이다. "비록 몸은 그 편안함을 알고 일은 그 단 것을 알고 눈은 그 아름다운 것을 알고 귀는 그 즐거운 것을 알지만, 그러나 위로 상고하여 볼 때 성왕들의 일에 부합되지 아니하고 아래로 헤아려 볼 때 만백성들의 이익에 부합되지 않기 때문이다. 그러므로 묵자는 말하기를 '음악을 즐기는 것은 잘못이다'고 하였다."[54] 그의 주장처럼 음악이 실제로 백성들에게 이로움을 가져다주지 못하고 이목구비의 관능적 쾌락만 가져다준다는 것이다. 묵자의 관심사는 백성의 삶에 실제 이로움이 더 다가오는 실리에 있다.

따라서 음악을 즐기는 것보다 백성에게 실질적으로 이익을 주는 방향이 주로 거론되고 있다. 예컨대 민생 차원에서 운송 수단이 되는 수레나 배를 만드는 일이 이에 관련된다. 묵자는 다음과 같이 말한다. "만약 악기를 사용하는 것의 비유를 들어 마치 성왕들이 수레나 배를 만드는 것과 같다면 곧 나는 감히 비난하지 않을 것이다."[55] 이처럼 악기를 만들어 사용하더라도 그것이 수레나 배와 같이 백성에게 실제적으로 도움을 가져다준다면 문제가 될 것이 없다는 그의 입장이다. 악사와 악기를 만들려면 인력과 재물이 필요하므로 노동시간을 빼앗기기 때문에 이는 생산력의 허비요 낭비일 수밖에 없다.

---

53) 『墨子』「非樂篇 上」, 然卽當爲之撞鍾 擊鳴鼓彈琴瑟巨吹竽笙 而揚干戚 民衣食之財 將安可得乎.
54) 『墨子』「非樂篇 上」, 雖身知其安也 口知其甘也 目知其美也 耳知其樂也 然上考之 不中聖王之事 下度之 不中萬民之利 是故子墨子曰 爲樂非也.
55) 『墨子』「非樂篇 上」, 然則樂器反中民之利 亦若此 卽我弗敢非也.

법가의 인물과 사상

I. 법가의 출현

법가는 춘추전국시대의 제자백가에 속하는 부류이다. 중국 고대의 법가는 새로운 사회질서를 강조하며 그 세력을 키워 나갔다. 유가는 정통 유학을 주장하며 그 정통성을 유지해 갔고, 묵가는 전쟁의 모순을 극복하려고 겸애설을 주장하였다. 음양가와 도가는 자연을 주체로 삼아 음양오행의 원리에 근원적 접근을 시도하였다. 여기에서 법가는 새로운 사회질서의 객관적이고 보편적인 질서를 강조하여 그 세력을 확장하여 나갔다.[1] 이러한 제자백가의 틈바구니에서 법가는 오로지 사회의 안녕 질서를 강조하면서 다른 학파와 차별화를 기했던 것이다.

이러한 차별화는 법가의 특성을 드러내었다. 제자백가 나름대로의 특성에 따라 법가는 강력한 법치를 주장하게 된 것이다. 이를테면 유가에서는 예치, 묵가에서는 겸애, 도가에서는 무위, 법가에서는 법치를 주장한 것이다.[2] 법가는 이처럼 다른 학파와 차별화를 통해서 그들 나름대로의 강력한 법치의 부국강병책을 꾀하였다. 당시 농업으로 부를 이루고 전쟁으로 강을 이루고자 하는 것이 법가의 부국강병책이었다. 봉건토지의 사유제를 공고히 하고 통일된 군주 국가를 건설하고자 한 법가의 노력이야말로 법치가 강조된 이유가 된 것이다.

법가의 출현은 구체적으로 언제부터였는가. 중국 최초의 형법이 고심 끝에 제정되었던 연대는 BC 6세기였던 것으로 알려진다. 법가학파 자체의 흥기는 BC 4세기에 이르기까지는 볼 수 없었다. 그들은 최초에 북동부의 제齊에서 번성하게 되고 또 한, 위, 조 3국의 계승국가(BC 403년 이후 예전의 진이 분열해서 이룩된 나라)에서 번창하였다.[3] 법가의 형법은 BC 3세기에 진秦나라가 강대국으로 발돋움하는 계기로 이어졌다. 그리하여 법가의 정책은 진의 권력을 신장시키는데 큰 힘이 되었던 것이다.

---

1) 박재희, 「黃老道家의 형성과 세계관」, 한국도가철학회 1998년도 제3회 학술발표회 《발표요지》, 한국도가철학회, 1998년 7월 28일, p.21.
2) 이강수, 『노자와 장자』, 길, 1997, p.78.
3) 조섭 니담 著, 李錫浩 外 2人 譯, 『中國의 科學과 文明』 Ⅱ, 乙酉文化社, 1986, p.291.

이어서 법가 출현의 원인이 된 학파는 제자백가 중에서 어떠한 학파인가. 여기에는 여러 이론이 있으나 대체로 노자의 이론에서 나왔다고 한다. 사마천은 『사기』에서 도·법가인 신불해, 전변, 신도, 환연, 접자, 한비 등의 인물을 '황로학에 근본하여 형명刑名을 주로 하는 인물'이라고 말한다. 송대의 정호는 신불해나 한비자 같은 법가의 이론이 바로 노자에서부터 온 것으로 이해한다.[4] 이런 주장은 많은 자료적 검증을 통해 더욱 거론될 수 있는 문제이다.

또 다른 주장은 유가의 순자 사상에서 법가로 변모했다는 설도 있다. 순자는 예악론을 주장하고 형정刑政을 주장한 면에서 법가의 법술을 거론할 여지를 충분히 제공하고 있다. 곧 유가는 순자에 이르러 그 본원을 상실하고 그 기질이 변화하여 음양 잡가의 사상에 접근하였으니 마침내 법가를 도발시키는데 이른 것이다.[5] 다만 유가가 자연법적 성격을 가진 예禮를 주장했으나, 법가의 경우는 실정법에 의하여 국가를 통치할 법을 주장한 점이 특징이다.

아무튼 법가가 학파로서의 위치를 차지한 배경을 보면, 춘추전국시대에 접어들어 유가의 법이 제후들의 권익을 옹호하였으니, 법가는 백성을 착취 억압하는 유가에 대한 반발 심리로 등장하였다. 법가의 우선 사업으로 봉건제를 폐지하고 군현제를 설립하며, 정전제를 폐지하고자 한 이유가 여기에 있다. 그리고 유학은 그것이 지닌 이상주의적 성격 때문에 진秦이 천하를 통일하는 이념으로 그 영향력을 행사하지 못하였다. 당시의 현실은 국력을 극대화할 수 있는 엄격한 법가적 전제 질서가 요구되었으며, 천하 통일의 이념으로는 법가의 현실론이 차지하였다.[6] 이러한 연유로 법가는 당시 강력한 통치 이념을 등장시키고 법치를 강조하게 되었다.

법치를 강조한 법가의 사상가들로는 어떠한 인물들이 거론되는가. 법가의 사상은 춘추전국의 관중, 자산에서 태동하였다. 그리고 상앙, 신도, 신불해, 한비자 등에 의해 발전되

---

4) 二程遺書, 권 18(曹玟煥, 「朱熹의 老莊觀」, 한국도교사상연구회 編, 『老莊思想과 東洋文化』, 亞細亞文化社, 1995, p.274).
5) 金忠烈, 『中國哲學散稿』I, 온누리, 1990, p.99.
6) 한국철학사상연구회, 『韓國哲學』, 예문서원, 1995, p.33.

었다. 그들은 한결같이 강력한 부국강병책을 촉구하였고, 법을 통해서 세상의 질서가 유지된다고 하였다. 그들 나름대로의 학설을 통해 자신의 차별화를 기하면서 어려운 춘추전국시대의 상황을 탈피하고자 노력을 한 인물들로 평가된다.

II. 관자의 생애와 사상

1. 생애

관자(?~BC 645)는 춘추시대의 제齊나라 사람이다. 이름은 이오夷吾, 자는 중仲이며 시諡는 경敬이라 하여 경중敬仲이라 부르기도 한다. 관자에 대한 이해는 공자의 언급에 잘 나타난다. 공자는 다음과 같이 말하고 있다. "관중은 환공을 보좌하여 제후의 패자가 되게 하였고, 천하를 바로잡았으니 백성들은 지금까지도 그 혜택을 받고 있다. 관중이 없었던들 우리들은 야만의 풍속을 따르게 되었을지도 모른다."[7] 관중은 춘추시대의 사람으로서 공자보다 약간 선배로 공자에게도 잘 알려진 인물이다. 실제 관중은 공자보다 150년 전에 태어났고, 공자가 태어난 것은 그의 사후 약 90년의 일이므로 공자는 관중에 대해 깊이 알고 있었다.

관중은 벼슬로서 BC 685년에 제나라 재상이 되었다. 그는 재상의 지위에 나아가자, 먼저 정치 제도를 합리적인 방향으로 개혁했고, 또 법률을 실정에 맞도록 고쳤다.[8] 나아가 그는 재화 확보에 노력하였고 의식주 자원을 촉진하여 백성들의 삶을 풍요롭게 하는 데 기여하였다. 이는 그가 법도를 세워 나라를 부국강병으로 나아가도록 하는 정책을 폈다는 뜻이다. 이에 제나라는 강국이 되었고 이적을 물리치기도 하였다. 그는 주周 왕실에 대한 충성을 명분으로 해서 제후국들을 묶어 그 지도자가 되는 지혜도 발휘하였다.

관중의 저술로는 『한서』「예문지」에 의하면 『관자』 86편이 있다고 하나, 현존하는 것

---

7) 『論語』「憲問篇」, 管仲相桓公 霸諸侯 一匡天下 民到于今受其賜 微管仲 吾其被髮左衽矣.
8) 李元燮 譯註, 『列子・管子』, 玄岩社, 1981, p.267.

은 76편뿐이다. 이 76편에는 경언經言, 외편外篇, 내언內言, 단어短語, 구언區言, 잡雜, 관자해管子解, 경중輕重의 8장으로 나뉘어 있다. 이들 모두가 관중 자신의 저작으로 되어 있으나, 사실은 한나라의 유향이 564편이나 되던 『관자』에서 중복되는 부분을 제외한 후 『관자』 86편을 편집한 것이다.[9] 오늘날 76편으로 된 것은 관중 문하의 후인들이 편집하였다. 방대한 그의 저술은 관중의 자작이라고 말하기 어렵고, 그것이 한 시대에 이루어진 것이 아님을 알 수 있다.

어쨌든 관자의 전반 사상은 고대 도가사상과 깊은 관련을 지니고 있다. 그는 기론과 우주론에 대해서 많은 관심을 갖고 있다는 사실 때문이다. 곧 관자는 정기精氣, 맹자는 체지기體之氣, 순자는 기氣를 언급하고 있다. '모든 것은 기'라는 말은 관중에 처음 나오며, 『장자』 외편에도 나오는데 왕충이 이를 긍정하였다. 그리고 유종원이 이를 강조하였으며, 왕부지와 대진에 이르러 선양되었다.[10] 『관자』 「주합편」宙合篇에 나오는 '주합'宙合은 우주의 뜻으로 사용되고 있다. 그는 주합 곧 우주의 근본을 도라고 하고 도는 허정 무위 무욕함을 알고 군주도 그것을 본받아야 한다고 하였다. 이 논리가 도가와 밀접한 관계 하에 있음을 알게 해준다.

2. 법령과 패도 정치론

모든 사물에는 형체가 있으며 거기에 명칭이 있다는 의미로 형명학形名學을 거론한다. 관자는 "사물에는 본래 형체가 있고 형체에는 본래 명칭이 있다"고 한다. 이때 명칭은 형체를 따라 오는 것이므로 도에 특정한 형체가 없는 한 '이름을 붙일 수 없는 것'은 당연하다.[11] 형명이 있음으로 인해 각각의 이름과 이의 통치 수단의 법령이 생겨나는 것도 당연한 일이다. 법가의 출현은 바로 이와 무관하지 않으며, 법가 중에서도 온건주의자인 관자가 등장한 것이다.

---

9) 李元燮 譯註, 『列子·管子』, 玄岩社, 1981, pp.267-268.
10) 張岱年 著, 양재혁 外 2人 共譯, 『中國哲學史 方法論』, 理論과 實踐, 1988, p.74.
11) 陳鼓應 著, 최진석 譯, 『老莊新論』, 소나무, 1997, p.20.

관자가 살았던 춘추시대는 나라가 혼란했던 시대로 정부에서는 법령을 만들어 이를 백성들의 상벌 수단으로 삼았다. 법령을 제정한 장본인 관자의 보좌를 받아 춘추시대 최초의 패자로 등장하였던 제 환공이 바로 그러한 노선을 걸은 대표적인 인물이었다. 관자와 다소 다른 노선인 노자가 보기에 이러한 관자 방식의 통치 행위는 사태를 오히려 악화시킬 수 있다.[12] 관자는 설사 도가와 노선이 다르더라도 혼란해진 상황을 무위의 통치가 아니라 법령에 의한 법치로써 국가 평정의 길을 택하였다.

그렇다면 법령에 대한 관중의 언급을 살펴보도록 한다. "일국에 군림하는 제왕의 통치 수단으로서 법령보다 중요한 것은 없다. 법령이 무게를 지니면 군왕의 존엄성이 확보되고, 군왕의 존엄성이 확보되면 나라가 편안할 수 있다. 이와 반대로 법령이 무게가 없고 보면 군왕의 존엄성은 유지될 리 만무하고, 그렇게 될 때에 나라가 위태로울 것은 말할 나위도 없다."[13] 따라서 치국을 위해서 군주의 존엄성이 확보되어야 하고, 이에 법령이 제대로 시행되어야 하는 것은 당연한 일이다. 만약 사회를 혼란하게 하는 자를 법령으로 엄하게 다스리지 못한다면 사회의 혼란은 가중될 뿐이다.

이에 대응하여 관자는 법치를 더욱 강조한다. 그는 말하기를 "법령의 시행을 지연시키고도 벌을 받지 않는다면 이는 군주를 업신여기며 백성들에게 가르치는 것이나 다를 바가 없다. 또 법령을 실행하지 않는 자가 벌을 받지 않는다면, 그대로 실시한 사람은 죄가 있는 것이 되는 바, 이는 백성들에게 법을 지키지 말라고 가르치는 것이나 다를 바 없다."[14] 이에 더하여 관자는 법령이 공포되었는데도, 그것에 시비를 한다면 이는 백성들에게 악을 가르치는 것이나 거의 같다고 했다.

다음으로 법령의 강화와 더불어 등장하는 것이 패도정치이다. 주지하듯이 제도帝道 왕도王道 패도覇道라는 세 가지 정치형태 중의 하나가 바로 패도정치이다. 오패五覇와 관련하여 언급한다면, 제나라 환공, 진나라 문공, 초나라 장왕, 오나라 합려, 월나라 구천을 춘추5패라 일컫는다.[15] 패도가 일어난 것은 당시의 시대에 왕도가 이미 쇠퇴한 시기였기

---

12) 이강수, 『노자와 장자』, 길, 1997, p.81.
13) 『管子』「重令篇」, 凡君國之重器 莫重于令 令重則君尊 君尊則國安 令輕則君卑 君卑則國危.
14) 『管子』「重令篇」, 令出而留者無罪 則是教民不敬也 令出而不行者毋罪 行之者有罪 是皆教民不聽也.

때문이다. 관자는 이에 공리주의에 의한 패도를 세우고자 부심하였다. 곧 그는 패도의 실현을 위해서 부민富民, 교민敎民, 신명을 높이는 사존신명使尊神明이라는 세 원칙을 강조하였다.

이미 언급했듯이 패도정치를 거론함에 있어 춘추오패 중의 하나인 제나라 환공이 다시 임금이 될 수 있었던 것은 관자와 같은 신하 덕택이다. 환공은 춘추시대 오패 중의 한사람으로, 전에 그의 형 양공이 노나라 환공을 죽이고 그의 부인과 밀통을 하며 함부로 사람을 죽이자, 그는 재난을 피하여 거나라로 망명하였다. 환공은 다시 제나라로 돌아와 임금이 되어 관자와 같은 어진 신하들의 도움으로 패자의 지위에 올랐다.16) 이처럼 관자는 제 환공을 패자로 부상시킨 일등 공로자이다. 이러한 패도의 등장은 관자의 강한 법령 제도에 기인한다.

맹자도 패자를 만드는데 기여한 관자에 대해 언급한 바 있다. "탕임금은 이윤에게 배운 이후 그를 신하로 삼아 수고들이지 않고도 왕 노릇을 잘 했고, 제환공은 관자에게 배운 이후에 그를 신하로 삼아 수고들이지 않고도 패자가 되었다."17) 이처럼 관자는 당시 포숙과 더불어 패자인 제 환공을 등극시키고 있다. 패자의 나라는 법가에서 등장하는 것인 만큼 반드시 백성이 편안한 생활을 했다고 할 수는 없다. 오히려 강력한 법령 하에 패자의 패도정치로 인해 백성은 고통을 받기도 하였다.

3. 사유四維와 관포지교

관자가 밝힌 사유四維란 무엇인가. 일유一維는 예禮로서 예가 끊어지면 나라가 기울어진다는 것이고, 이유二維는 의義로서 예가 끊어지면 나라가 위험해진다는 의미이다. 그리고 삼유三維는 염廉으로써 예가 끊어지면 나라가 엎어진다는 것이고, 사유四維는 치恥로써 예가 끊어지면 나라가 멸망한다는 의미이다. 물론 관자의 이러한 4유는 아직 그의 특유한

---

15) 金學主 註解, 『新譯 墨子』, 明文堂, 1993, p.63.
16) 위의 책, p.50.
17) 『孟子』「公孫丑」, 湯之於伊尹 學焉而後 臣之故 不勞而王 桓公之於管仲 學焉而後 臣之故 不勞而覇.

사상이라고 할 수는 없는 바, 그 이유로 유가에 있어서도 백성을 가르치고자 한다면 먼저 이것을 기르지 않으면 안 된다고 설하기 때문이다.[18] 그는 당시 사회의 혼란한 상황에서 올바른 사회를 유지하기 위해 나름대로 체계를 세워 밝혔는데, 그의 4유는 분명하게 이와 관련되어 있다.

그러면 관자는 사유 실행의 결과를 어떻게 언급하고 있는가. "나라가 풍족하면 먼 지방으로부터도 백성들이 모여들며, 토지가 잘 개발된 나라에서는 백성들이 마음 놓고 살아가 도망치는 자가 없다. 살림이 안정될 때 비로소 백성들은 예절을 알게 될 것이며, 의식이 넉넉할 때 비로소 영욕을 가리게 될 것이다. 군주가 재물을 소비함에 있어서 법도를 지키면, 백성은 집안끼리 안정된 삶을 누릴 것이며, 이렇게 생활이 안정되어 4유 즉 예의염치의 덕을 잘 지키게 되면, 군주의 명령은 나라의 구석까지 미치게 될 것이다."[19] 그는 국토와 백성을 지배하는 군자는 사시四時를 통하여 생산 계획을 원활히 진행시켜 경제가 풍족해지도록 유의해야 한다면서 4유를 언급하고 있다.

만일 위정자에게 예의염치라는 사유가 없다면 백성들은 절제 없는 삶을 살 것이며, 사치스런 생활에 탐닉할 것이다. 위정자와 백성이 천신과 귀신을 섬기지 않으며 예절 없는 생활을 하더라도 물론 국가는 도탄에 빠진다. 종묘를 제사하지 않아도 효제가 사라진다고 관자는 말한다. 그래서 그는 "4유가 끊어진다면 나라는 망하게 마련이다"[20]라고 하였다. 국가 도덕의 근본인 예(예절)와 의(의리)를 알고, 염(청렴)과 치(부끄러움)를 아느냐 모르느냐는 곧 국가의 성패를 가름한다고 관자는 말하였다.

다음으로 관포지교管鮑之交란 무엇인가. 이는 우정이 돈독한 친구 사이를 일컫는 말이다. 춘추시대의 제나라 관중과 포숙의 우정이 두터웠던 데서 유래한 것으로, 좋은 친구 사이를 가리킬 때 두 사람의 성을 따서 관포지교라 한다. 관중과 포숙의 우의는 잘 알려져 있다. 주지하듯이 환공의 재상으로서 부국강병의 정책을 펴 환공으로 하여금 패업霸業

---

18) 가노 나오키 著, 吳二煥 譯, 『中國哲學史』, 乙酉文化社, 1986, p.234.
19) 『管子』「牧民篇」, 國多財則遠者 來地辟擧則民留處 倉廩實則知禮節 衣食足則知榮辱 上服度則六親固 四維張則君令行.
20) 『管子』「牧民篇」, 四維不張 國乃滅亡.

을 이루게 한 사람으로 관중과 포숙과의 우의가 유명하다.[21] 오늘날 친구라는 용어가 청소년들에게 익숙한데 좋은 친구사이가 되려면 관포지교가 무엇인가를 알아둘 필요가 있다.

묵자에 의하면 제나라 환공은 관포지교의 주인공들인 관중과 포숙에게 물들었다고 비판하고 있다. 그가 관중과 포숙을 비판한 이유로 패자에 관련된 사실에 기인한다. 묵자는 다음과 같이 말한다. "제나라 환공은 관중과 포숙에게 물들었고, 진나라 문공은 구범과 고언에게 물들었고, 초나라 장왕은 손숙과 심윤에게 물들었고, 오나라 합려는 오원과 문의에게 물들었고, 월나라 구천은 범려와 대부종에게 물들었다."[22] 이 다섯 임금은 제후들 중에서 패자가 되어 공명을 후세에 전하게 되었다는 것으로 묵자는 부귀영달의 패자주의를 비판하고 있다.

다음으로 관포지교의 실제[23]를 살펴보자. 관중과 포숙은 어려서부터 친구였다. 일찍이 두 사람이 동업을 했을 때 관중이 이익금을 많이 차지했지만, 포숙은 친구가 가난함을 알았기 때문에 따지지 않았다. 또 관중이 독립해서 하는 일마다 실패하자 주위에서 그의 무능함을 비웃었을 때 포숙은 시운을 들어 그를 변호하는 등 우의를 두텁게 하였다. 전쟁이 일어났을 때에도 관중이 뒤쳐지자, 포숙은 친구 관중이 노모가 있기 때문이라고 두둔하였다. 환공이 포숙을 후임 재상으로 쓰고자 하니, 관중은 포숙이 적당치 않다고 하며 습붕을 추천하였으나 포숙은 원망하지 않았다. 마침내 냉정했던 관중도 '생아자부모 지아자포자야'生我者父母 知我者鮑子也라 하여 나를 낳아준 자는 부모라면, 나를 알아준 자는 포숙이라고 했다.

---

21) 金學主 註解, 『新譯 墨子』, 明文堂, 1993, p.63.

22) 『墨子』「所染篇」, 齊桓染於管仲鮑叔 晉文染於舅犯高偃 楚莊染於孫叔沈尹 吳闔閭染於伍員文義 越句踐染於范蠡大夫種.

23) 『史記』의 「管晏列傳」에 나오는 말이다. 또한 博英社 출간의 『儒敎大事典』 「管鮑之交」 條 參照해 볼 일이다.

4. 경제론

고대의 철인으로서 누구보다도 경제에 깊은 관심을 보이고 있는 사람으로 관자를 꼽을 수 있다. 그의 전반 경제론을 알 수 있는 것은 다음 「승마편」乘馬篇의 첫 언급이다. "토지는 정치의 기본이다. 정부는 사회 질서의 중심이다. 시장의 시세는 물자의 수급 상황을 보여주는 기준이다. 화폐 가치는 경제적 동태의 척도가 된다. 제후의 영토에서 천승千乘의 나라라고 하는 것은 군비의 기준을 보인 것이다."[24] 그는 이와 같이 국가 통치의 위정자가 지녀야할 것으로 다섯 가지 원리에 대해 잘 알고 있어야 함을 강조한다. 그가 말한 토지, 정부, 시장, 화폐, 영토 등이 곧 경제와 직결된다.

우선 관자는 경제 활성화를 위해 백성의 의식주가 풍요로워야 함을 역설하였다. 그런 까닭에 그는 상업보다는 농업 정책을 강조하여 경제의 풍요로움을 강조한다. "시장의 시세는 물자의 수급 상황을 측정하는 기준이다. 각종 물품의 가격이 떨어지면 상인의 이득이 적어지고, 이득이 적어지면 백성들은 상업 같은 지엽적 사업에서 손을 떼고 국가의 근본인 농업에 힘쓰게 된다. 이같이 대다수의 국민이 농업에 종사하면 사회의 풍조가 검소해져서 국가의 재정이 안정된다."[25] 그리하여 그는 국가에 창고가 가득해야 함을 역설하고, 창고가 가득하여 의식주가 풍요로우면 백성들은 안정되고 여유로운 생활이 가능하다고 했다.

나아가 관자의 토지정책도 관심을 끌고 있다. 그가 경제정책 중에서 상당한 관심을 보이고 그의 치세 경륜을 보이고 있는 것이 바로 토지에 관한 것이기 때문이다. 그는 다음과 같이 말한다. "토지에 대한 평가가 공정치 못하면 행정의 파탄이 온다. 행정이 파탄을 초래하면 생산이 저하되고, 생산이 저하되면 물자가 부족해진다."[26] 그는 이처럼 토지의 올바른 평가를 통해서 백성들에게 세금을 적절히 부과하고 생산 확대를 추구하였다. 그리하여 먼저 토지를 경작지와 불모지로 나누고, 그 지목地目을 소택沼澤(연못), 임수

---

24) 『管子』「乘馬篇」, 地者 政之本也 朝者 義之理也 市者 貨之準也 黃金者 用之量也 諸侯之地千乘之國者 器之制也.

25) 『管子』「乘馬篇」, 市者貨之準也 是故百貨賤則百利不得 百利不得則百事治 百事治則百用節矣.

26) 『管子』「乘馬篇」, 不正則官不理 官不理則事不治 事不治則貨不多.

林藪(숲), 하천지, 준하천지, 산지, 준산지, 삼림 등으로 구분하는 세심함도 보이고 있다.

또한 경제 정책을 제시함에 있어 빼놓을 수 없는 것으로 물자의 관리에 관한 것이다. 관자는 주요 물자를 국가에서 관리해야 한다고 역설하고 있다. "무엇으로 물자가 풍족한 것을 알 수 있느냐 하면, 생산이 순조로운 것을 보면 물자의 풍족함을 단정할 수 있게 된다. 또 무엇으로 생산이 순조로운 줄 알게 되느냐 하면, 물자가 많은 것을 보면 생산이 순조로움을 짐작할 수 있다. 물자가 풍족하고 생산이 순조롭고 보면 타국에 바랄 것이 아무것도 없어진다."27) 풍요로운 물자를 국가에서 잘 관리하고 보존해야 한다고 하였는데, 이의 품목으로 소금, 철, 금 따위가 포함되어 있다.

그리고 관자는 경제 활성화를 위해 화폐 가치를 강조하였다. 그는 「승마편」에서 화폐를 황금으로 표시하고 있다. 이에 관자는 중국 최초로 화폐 가치에 대해 일가견을 피력한 사람이다. 이에 그는 긴축 재정에 있어서는 생산이 저하되고, 재정이 여유가 많을 때는 상품의 가격이 떨어진다고 보았다.28) 재정이 풍부할 때 화폐의 상대적 가치가 올라가므로 투자가 왕성해지고, 상품 생산이 증가하므로 가격이 떨어지게 된다는 등 오늘날 인플레와 디플레를 잘 알고 있었던 경제인이었다.

III. 정자산의 생애와 사상

1. 생애

정鄭나라 자산子産의 출생연대는 정확하지 않으나 추론컨대 양공 8년 조(BC 565)에 보면 그의 출생연대는 BC 584년경에 태어났으며, 노나라 양공 19년(BC 522년)에 죽은 것으로 알려져 있다. 공손公孫은 그의 성이고 이름은 교僑이며, 자는 자산子産이다. 그는 정나라 공족公族으로 태어나 20년간 집정했기 때문에 역사 기록에서는 그를 정자산(정나라 자산)

---

27) 『管子』「乘馬篇」, 何以知貨之多也 曰事治 何以知事之治也 曰貨多 貨多事治 則所求于天下者寡矣.
28) 李元燮 譯註, 『列子·管子』, 玄岩社, 1981, p.270.

이라 부르며, 정나라 목공의 후손으로 아버지는 정나라 간공 때 집정 대부로 활약하던 공자발이다.[29] 정자산은 이처럼 춘추시대의 가풍이 있는 인물로 등장하고 있다.

중국 최초의 법률 조목을 새긴 인물로서 정자산은 더욱 알려져 있다. 이를테면 정나라 간공 30년(BC 536) 때, 정자산이 집권하여 정나라 사람이 솥에 형서刑書를 새겼던 것이 바로 형법의 기원이자 중국 최초의 법률 조문이다.[30] 따라서 자산은 중국 형법의 최초 기록자로 알려진 것이다. 그가 단순히 고대의 사람이라는 시대적 흐름에서의 법가 원류로 부르기보다는, 문헌상 형법의 최초 기록자이므로 법가의 원류로 분류되고 있다. 그는 춘추 중기의 법치자로 칭해지기도 한다.

이처럼 정자산은 법치론의 원류로 분류되고 있는데, 그가 살았던 정나라는 어떠한 면모의 국가였는가. 물론 그는 정나라의 혼란한 사회적 상황에 살았던 인물이므로 법가로 분류되고 있다. 정나라는 상업사회이고 경제가 발달하였을 뿐 아니라 도시가 번영하여 사회관계가 날로 복잡해지고 옛날의 예치만으로는 다스리기에 고충이 있어 성문법의 공포가 불가피했었다.[31] 정나라가 성문법을 공포하자 BC 513년 진나라도 정나라의 영향을 받아 형법을 선포했다. 그를 이은 전국시대의 이극, 상앙 등이 나와 중국의 법가가 형성된 것도 같은 맥락이다.

정자산이 살았던 당시, 그의 동년배들로는 어떠한 인물들이 거론되고 있는지 살펴보자. 춘추 중기는 제자백가의 백가쟁명이라는 난맥상이었던 탓에 유명한 동시대의 철인들이 많이 나타났다. 그리하여 정자산은 노자, 공자, 등석 등과 동시대의 선배 사상가로서 긍정적이건 부정적이건, 유가 도가 법가 명가 사상을 형성해 가는데 있어 직접적인 영향을 준 춘추말기 사상의 선구[32]로 꼽히고 있다. 자산은 당시의 훌륭한 철인들과 사상적 논쟁 속에서 그의 위상을 확고히 정립해 나갔다.

이어서 정자산의 저술은 어떠한 것이 있는가에 대해 살펴보도록 한다. 그는 관자처럼

---

29) 김충열, 『中國哲學史』, 예문서원, 1999, p.315.
30) 張其昀 著, 中國文化硏究所 譯, 『中國思想의 根源』, 文潮社, 1984, p.338.
31) 위의 책.
32) 김충열, 앞의 책, pp.314-315.

저술을 남긴 것은 없으나 『좌전』에 그에 대한 많은 기록이 실려 있다. 공자와 친근했던 관계로 그에 대한 평가가 『논어』 등에 실려 있어 자료에 대한 진위 문제도 믿을만한 것으로 되어 있다.[33] 이는 『맹자』 「만장편」과 「이루편」에도 실려 있다. 「만장편」에서 정자산이 고기를 연못지기에게 방생케 하였는데, 연못지기가 속여 삶아먹고 그를 지혜롭지 못하다고 조소한 것이 이와 관련된다.

아무튼 중국철학사의 정립에서 관자와 더불어 중시해야 할 인물로서 정자산이 있음을 상기할 일이다. 관자와 정자산에 대한 논구에 대해 일반사, 그중에서도 정치사상사를 쓰는 사람은 모두 이들을 대단히 존중하고 중시하지만, 유독 철학사를 쓰는 사람들은 별로 중시하지 않고 그다지 언급하고 있지도 않다.[34] 아마도 정자산이 정치가로 분류되거나, 중국철학자들이 법가에 대해 평가를 절하하는 탓인지 모른다. 하지만 정자산을 관자와 더불어 법가의 선구로 보아 법치주의의 설득력을 더한 인물로 평가된다.

2. 법과 예론禮論

정나라는 당시 혼란한 정국의 상황이었기 때문에 법치가 등장할 수밖에 없었다. 정자산이 법치를 주장하게 된 동기도 시대의 혼란한 상황과 맞물린다. 그는 이에 다음과 같이 말한다. "나라는 작아서 밖으로 열강들에 의해 핍박을 받는데 안으로 부족은 방대하고 총애 받는 이가 많아 다스리기가 어렵다."[35] 그가 언급한 것처럼 정나라는 열강들 사이에 끼여 마치 혼란한 사회 정국과도 같이 법에 호소하지 않을 수 없었음을 밝히고 있다.

그리하여 정자산은 법률을 성문화하여 혼란한 정나라의 정치를 개혁하고자 하였다. 여러 차원에서 정치 개혁을 시도하고자 하였던 것이다. 우선 국가가 제정한 법을 성문화해서 주물에 새김으로써 모든 이가 법을 알고 법에 따라 처신케 하는 것이 그의 아이디어였다. 또 국가도 제정된 법에 따라 일을 처리하여 귀족 계층의 사사롭고 임의적인 법

---

33) 위의 책, p.315.
34) 金忠烈, 『中國哲學散稿』Ⅱ, 온누리, 1990, p.32.
35) 『左傳』 「襄公 30年條」, 鄭子皮 授子産政 辭曰 國小而逼 族大寵多 不可爲也.

제정 또는 집행을 막아서 법이 누구에나 공평하게 적용될 수 있게 하는 것이 주형서鑄刑書였다.36) 법의 엄격한 시행을 통해 신분 고하를 막론하고 법이 공평하게 전개되도록 정치개혁을 단행한 것이다.

이처럼 정나라의 정치를 개혁함에 있어서 자산은 법치 속에 예를 병행해야 한다고 주장하고 있다. 즉 법을 엄정히 수행하는 것도 예를 통해 이루어져야 한다는 것이다. 그리하여 정자산은 치국에 있어서 법과 예를 겸용하고 정사를 할 때에는 관용과 격렬함이 서로 섞여야 된다37)고 하였다. 말하자면 상벌의 엄격한 구별을 주장하면서도 인의와 같은 후덕이 필요하다는 것이다. 법과 예가 아우를 때 내외 겸전의 통치가 가능하다는 판단에서 그는 이러한 병행을 강조하고 있다.

그렇다면 정자산이 말한 예란 무엇인가. 그는 예에 대해 다음과 같이 말한다. "예는 하늘의 운행 법도(원리)이며, 그것에 따라 만물을 기르는 땅의 알맞음이며, 이 하늘의 법도와 땅의 알맞음을 본받는 사람의 행위이다."38) 정자산은 예란 하늘의 법도이자 인간 행실의 표준이라는 의미에서 이러한 언급을 하고 있다. 따라서 인간은 예를 실천함으로써 하늘의 도에 합하고 땅의 도리에 합하자는 것이다. 이는 순수한 법가적 관점을 예로써 드러내는 정자산의 관점이다.

정자산이 말하는 예절은 군자다운 것으로, 후래 한비자와 같은 엄벌주의적 법치에만 호소하는 것과는 사뭇 다르다. 이는 공자가 자산을 평가한 데서도 잘 나타난다. 『논어』「공야장편」에서 공자는 자산을 평하면서 말하기를 "군자의 길이 넷 있는데 자기 자신의 몸가짐을 공손히 하고, 윗사람을 섬기는데 경건히 하며, 백성을 다스리는데 혜택을 주며, 백성을 부릴 때 의義로써 하는 것이다"39)라고 하였다. 이처럼 정자산은 군자와 같이 경건하게 예절을 준수함으로써 세상을 법치로 통어하고자 하였던 것이다.

이에 더하여 법과 예를 병행토록 주장한 정자산의 인물됨에 대하여 『사기』에 기록된

---

36) 김충열, 『中國哲學史』, 예문서원, 1999, pp.323-324.
37) 張其昀 著, 中國文化研究所 譯, 『中國思想의 根源』, 文潮社, 1984, p.338.
38) 『左傳』「昭公 25年條」, 禮 天之經也 地之宜也 民之行也 禮 天地之經緯也 天地之經而民實則之.
39) 『論語』「公冶長」, 子謂子産 有君子之道四焉 其行己也恭 其事上也敬 其養民也惠 其使民也義.

자료를 통해 언급해 본다. 『사기』「정세가」鄭世家에 "공자가 일찍 정나라를 들렀는데 자산과 형제처럼 친했다. 자산이 죽었다는 소식을 듣자 공자는 울며 말하기를 '자산은 옛 사람의 가르침을 따라 사람을 사랑했다'고 하였다"[40]는 기록이 있다. 정자산이 설사 법치를 강조했더라도, 그에게 반드시 인애仁愛의 정신이 스미어 있었음을 알게 해준다. 법가의 소박한 법 개념을 등용한 시원으로 그가 높이 평가받는 이유가 여기에 있다.

IV. 신불해의 생애와 사상

1. 생애

신불해의 생애에 대해 알아본다. 그는 BC 280~BC 233년의 생애를 살았으며, 이름은 불해不害이다. 그는 한韓 소후 8년에 재상이 되어 재상의 직위로서 한나라를 다스렸는데, 15년 사이에 나라가 다스려지고 군대가 강해져 감히 한나라를 범하는 자가 없었다고 한다.[41] 그가 재상으로서 한나라를 다스릴 정도이면 그의 법치 효력을 충분히 지켜보았을 것이다. 법으로 어려운 당시의 상황을 극복하였다면 왕이 그를 무척 신뢰하였으리라 본다. 한나라가 강대국으로 변모한 것도 이를 대변하는 말이다.

신불해의 출신지로는 정나라 경읍 사람이다. 그는 형명刑名 법술을 창안하여 당시의 난세를 평정하고자 한 인물임은 이미 언급하였다. 전 생애에 있어 그가 역할한 분야로는 부국강병책으로 진과 초의 침략으로부터 벗어나게 하는 공을 세워 한나라의 국력을 키워 나갔다. 훗날 많은 형명 학자들이 신불해를 한비자와 함께 법가의 종주로 삼았다.

법가 중에서 관자와 한비자처럼 많은 저술을 남기지 않았지만, 법가의 인물로서 신불해, 신도 외에도 전변, 환연 등이 거론된다. 신도는 조나라 사람이며, 전변은 제나라 사람이고, 환연은 초나라 사람인데 모두 황로黃老 도덕의 술을 배웠다.[42] 다시 말해서 이들은 도가사

---

40) 『史記』卷42「鄭世家」, 聲公五年 鄭相子産卒 鄭人皆哭泣 悲之如亡親戚 子産者鄭成公之少子也 爲人仁愛 事君忠厚 孔子嘗過鄭 與子産如兄弟云 及聞子産死 孔子爲泣曰 古之遺愛也.
41) 가노 나오키 著, 앞의 책, p.239.

상에 그 영향을 받았다는 것이다. 위에 거론된 법가로는 우리에게 설사 잘 알려져 있지 않은 인물이라 하더라도, 법가의 부류에 있어 거론하지 않으면 안 될 인물들이다. 그들의 사상적 영향을 받은 한비자의 사상을 오늘날 구체적으로 접할 수 있기 때문이다.

여기에서 신불해와 신도는 단지 법가의 기본 이념을 충실히 하고 있는 것으로 알려져 있다. 따라서 그들의 법은 실정법으로서의 법이며 법 중에서도 '선정법'先定法이었다. 입법자인 군주는 그의 신변에 '위'威와 '세'勢의 권위를 부여하는데, 이 점은 대개 BC 390년경의 신도에 의해서 강조되었다. 이어서 군주는 치국 경세, 사무 처리 및 사람들을 다루는 '술'術을 구비하지 않으면 안 되는데, 이 점은 BC 351년에 한韓의 재상을 역임하고 BC 337년에 사망한 신불해에 의해서 강조되었다.43) 여기에서 위, 세, 술의 권위를 생각해 봄직하다.

우선 신도에 대해 약술하여 본다. 그의 저술은 많았으나 세월이 흘러가면서 일실되었다. 『사기』에는 신도가 『신자』愼子 12편을 저술했다고 한다. 『한지』漢志에는 42편이라 하였으며 『당지』唐志에는 10권이라 하였으나, 송말에 이르러서는 겨우 다섯 편이 존재한다고 기록되어 있다.44) 현재 그의 저술이 남아있는 것으로는 다섯 편뿐이다. 그러나 그것마저도 명대明代의 사람이 흩어져 남아있던 것을 거두어서 거듭 편차編次한 것(『四庫提要』117)이라 언급되고 있다. 다시 말해서 신도 역시 신불해와 같이 본 저술에 거론될만한 사항이나, 그의 저술이 산실된 탓으로 「신불해」 장에 거론하고 있을 따름이다.

신불해는 한비자와 같이 신도를 극구 칭찬하였다. 『한서』 「예문지」는 『신자』 42편을 법가 속에 나열시켰는데, 구주舊注에서는 "이름이 도到이고 신불해, 한비자보다 앞섰으며, 신불해와 한비자는 그를 칭찬하였다"45)라고 한다. 신불해와 한비자가 칭찬할 정도의 신도이고 보면 선배라는 예우도 있겠으나 그가 법술로서 통치하려는 공로를 인정받고 있는 셈이다. 따라서 신도라는 인물은 신불해와 한비자를 이해함에 있어 깊이 연구되어야 할 과제라 본다.

---

42) 『史記』「孟子荀卿列傳」, 愼到 趙人 田騈接子 齊人 環淵 楚人 皆學黃老道德之術.
43) 조셉 니담 著, 李錫浩 外 2人 譯, 『中國의 科學과 文明』 II, 乙酉文化社, 1986, p.291.
44) 가노 나오키 著, 앞의 책, p.238.
45) 勞思光 著, 鄭仁在 譯, 『中國哲學史』-古代篇-, 探求堂, 1988, p.362.

2. 명실론

당시 신불해의 사상과 같이 하는 사람들로는 어떠한 인물들이 있는가. 사마천의 『사기』에서는 전국시대 도·법가인 신불해, 전변, 신도, 환연, 한비자 등의 인물들을 거론하고 있다. 법가로서 사상을 같이한 신불해는 이들과 사상적 맥이 통한다. 그들은 '황로학에 근본하여 형명刑名을 주로 하는 인물'로 평가되고 있으며, 서한 초기에 청정무위의 정치를 행하였던 문제, 경제, 보후, 장량, 조참 같은 제왕이나 정치가들도 황로를 기본 이념으로 했던 사람들이라고 평하고 있다.[46] 이들 모두가 법사상을 중심으로 사상을 전개한 법가류로 분류되고 있기 때문이다.

신불해 사상의 근간이 되는 저술이 전해지지 않고 있음은 그의 사상이 오늘날 전달되는데 어려움을 접하기 때문이다. 신불해의 저작은 『사기』에서 저서 2편으로 『신자』申子라 호칭하였다 하고, 『한서』「예문지」역시 『신자』6편이라고 기록되었으나 오늘날 이미 전하지 않는다.[47] 이처럼 문헌의 보존과 전수가 얼마나 중요한지 알아둘 필요가 있다. 아무리 그가 혁혁한 공헌을 하였다고 해도, 그의 생애와 사상의 자취가 남겨진 저술이 전수되지 않는다면 공적과 사상을 알 길이 없어 결국 막연한 추론만이 무성할 것이기 때문이다.

신불해의 저술이 세월의 흐름과 더불어 보존 내지 유실되었던 내력을 구체적으로 언급하여 본다. 이미 언급하였듯이 『사기』에는 책 두 편을 짓고 『신자』라 이름 붙였다고 하며, 『한지』에는 6편이라 되어 있다. 『수지』隋志에는 "양대梁代에 『신자』3권이 있었고, 한의 재상 신불해가 찬한 것인데 없어졌다"(『梁有申子』三卷, 韓相申不害撰 亡)라고 하였으며, 『당지』唐志에 이르러 다시 『신자』3권을 기록하고 있다.[48] 이러한 연유는 그의 저술이 양대梁代에 일실되었다가 당대唐代에 이르러 다시 나온 것 같으며, 당唐 이후 다시

---

46) 박재희, 「黃老道家의 형성과 세계관」, 한국도가철학회 1998년도 제3회 학술발표회《발표요지》, 한국 도가철학회, 1998년 7월 28일, pp.23-24.
47) 勞思光 著, 鄭仁在 譯, 『中國哲學史』-古代篇-, 探求堂, 1988, p.356.
48) 가노 나오키 著, 앞의 책, p.239.

일실되어 전해지지 않았기 때문이다.

신불해의 사상은 저술이 전해지지 않은 탓으로 단편적 사상 외엔 구체적인 사상은 알 수 없다. 청나라의 마국한이 여러 책에서 수집하여『신자』한 권을 만들어 이를『옥함산방집일서』玉函山房輯佚書에 넣어 놓았는데, 단편이어서 그 전체를 알기 어렵다[49]고 하였다. 법치의 내용이 어떻게 신불해에게 전개되었는가를 안다는 것은 오늘의 법률 응용에도 도움을 줄 수 있었을 것이다.

다만 여기저기 산견된 내용에서 신불해 사상을 간략히 소개하여 본다. 가노 나오키에 의하면 신불해의 사상을 다음 네 가지로 소개하고 있다. 첫째 그의 학문은 노자에게서 나왔는데 이를 실제에 응용했다는 것, 둘째 그의 학문은 명名에 실實을 책임지우고 형명刑名을 주로 했다는 것, 셋째 정치를 하는데 있어 정실에 구애되지 않고 오로지 법으로써 임한다는 것, 넷째 군권君權을 중히 한다는 것 등이다.[50] 그의 사상을 이해하는데 이처럼 대강 이해하더라도 당시 법가 사상의 주류를 이해하는데 도움이 될 것이다. 여기에서 그의 명실론은 형명을 중시한 법가적 사유에서 강조된다.

그렇다면 신불해의 전반 사상을 포함한 명실론은 어느 경로를 통해서 알 수 있는가. 신불해에 대한 언급은 오늘날 전해지는 저술 즉『순자』의「해폐편」, 한비자의「정법편」, 「외저편」및『옥함산방집일서』등에서 나타난다. 이러한 저술들 속에 소개된 신불해의 사상으로는 황로에 근본을 두고 형명을 주로 하였다[51]는 내용이다. 이는 매우 피상적 소개에 불과하지만, 단편적으로라도 알 수 있다는 것이 다행일지 모른다.

3. 법술론

도가의 수양론이 법가의 술수에 기여한 바가 없지 않다고 본다. 그것은 법가들이 노자의 무위정치를 표방함으로써 그들의 술수를 전개하였기 때문이다. 이는 법가와 도가의

---

49) 위의 책.
50) 위의 책, p.239.
51)『史記』「申不害列傳」, 申子之學, 本訖黃老, 而主刑名.

관계에 있어 한대 이래 사상적 접근이 빈번하였음을 말해준다. 『사기』는 노장신한老莊申
韓을 합하여 전기로 만들었을 뿐 아니라, 전기의 글 중에서도 때때로 법가사상이 도가에
서 나왔다고 분명히 말하고 있다.[52] 이처럼 신불해와 같은 법가는 그의 법치적 술수를
전개함에 있어 도가의 영향을 받고 있음을 알 수 있다.

그러나 법가의 술수가 유가에 의해서 호된 비판을 받기도 하였다. 송대의 이정二程이
그 적절한 예인데, 이정은 법가 신불해와 한비자의 사상이 다소 해롭다고 하면서, 양주
와 묵적에 견주어 설명하고 있다. 아마도 신불해의 사상이 술수에 치우친 성향 때문이라
본다. "명도선생이 말하였다. 양주와 묵적의 해로움은 신불해나 한비자보다 심하다. 불
교와 노자사상의 해로움은 양묵보다 심하다. … 신불해나 한비자의 학문은 얕고 고루하
여 쉽게 알 수 있다."[53] 이들 사상은 송대 이정에게 혹세무민하는 이론이나 고루한 내용
에 불과한 것으로 비판받고 있다.

이정에 이어 주자의 경우도 비판하기는 마찬가지이다. 주자에 의하면 법가 신불해는
술수에 능하다고 하였기 때문이다. '자신이 처한 상황만을 고려하다 보니 사물과 접하려
고 하지 않고 행동하는' 노자의 행위는 한비자, 신불해와 같은 술수에 능한 자가 채택하
였으며, 나아가 병가도 그 학설을 조종朝宗으로 삼았다[54]고 한다. 이처럼 송대의 유학자
들에게 법가인 신불해는 한비자와 마찬가지로 비판을 피할 수 없었다. 그것은 인의예지
를 추구하는 인술에 비해 법가의 법술이 좋게 보였을 리 없기 때문이다.

그렇다면 신불해가 상정한 법이란 무엇인가. 아마도 신불해는 그의 법을 전개함에 있
어 신상필벌과 관련시킨 것으로 이해된다. 신불해의 법이라는 것은 오늘날의 법률과는
그 의미가 다르며, 그 법은 공을 보아 상을 주고 재능에 의하여 관직을 맡기는 것이다.[55]
신불해는 당시 혼란한 사회상을 신상필벌의 정책으로 바로잡고자 한 탓에 엄한 법률주의
를 추구하였다. 그의 법가사상 속에 나타나는 것은 상벌제도이다. 이러한 상벌에 대해

52) 勞思光 著, 鄭仁在 譯, 『中國哲學史』-古代篇-, 探求堂, 1988, p.362.
53) 近思錄 卷 13,「異端之學」, 明道先生曰 楊墨之害 甚於申韓 佛老之害 甚於楊墨 … 申韓則淺陋易見.
54) 『朱子語類』卷 125 參照(曹玟煥,「朱熹의 老莊觀」, 한국도교사상연구회 編, 『老莊思想과 東洋文化』,
亞細亞文化社, 1995, p.277).
55) 金能根, 『中國哲學史』, 探求堂, 1973, p.146.

엄격히 법률을 적용하는 것을 능사로 삼은 자가 곧 신불해였다.

구체적으로 말해서 신불해는 법의 강조와 더불어 '술'術에 중점을 두었다. 그의 법은 임금과 신하를 통어하는 술이라 보아도 무방할 것이다. 이러한 술은 군주가 상벌의 위력으로써 신하에게 그의 능력을 발휘토록 하는 내용이다. "신불해는 다음과 같이 말하였다. 군주의 현명한 것이 보이면 신하는 그것에 대비하고, 군주의 우매한 것이 보이면 신하는 속이고, 군주의 지식이 보이면 신하는 선한 것으로 위장하고, 군주의 무지가 보이면 신하는 그의 나쁜 것을 숨기고, 군주의 무욕이 보이면 신하는 그 틈을 엿보고, 군주의 욕심이 보이면 신하는 농락한다. 고로 군주는 지知를 나타내지 말고 오직 무위로써 신하를 견제할 뿐이다."[56] 군주는 신하에 대하여 친소 후박 호오好惡에 끌리지 않는 술수가 더욱 필요하였다.

아무튼 신불해는 인정에 따르는 정실주의가 아니라 엄하게도 객관적인 법술만을 주장하였다. 이러한 원칙에 따라 그의 법술은 무위자연의 길을 실천하는 구체적 방법이라고 생각된 듯하다. 그에 있어 보편적이고 객관적인 법술은 특수하고 주관적인 지덕知德보다 그 효과가 있다고 보았고, 그것은 노자의 무위자연을 이상정치의 실현에 가장 좋은 비결[57]이라고 하였다. 신불해의 법치주의는 이처럼 노자의 이상주의와 무관하지가 않다.

V. 상앙의 생애와 사상

1. 생애

상앙(BC 390~BC 338)은 어떠한 인물인가. 『사기』에 기록된 내용을 본다. "상앙은 위나라 서자 출신으로 이름은 앙鞅이며 성은 공손씨이다. 그의 할아버지는 본래 희성姬姓이며, 상앙은 어린 시절에 형명학을 좋아했다. 위魏의 재상 공숙좌에게 등용되었다."[58] 상앙

---

56) 『韓非子』「外儲說右上」, 申子曰 上明見 人備之 其不明見 人惑之 其知見 人惑之 不知見 人匿之 其無欲 見 人司之 其有欲見 人餌之 故曰 吾無從知之 惟無爲可以規之.
57) 金能根, 앞의 책.

곧 공손앙公孫鞅은 어린 시절부터 법가가 될 자질을 보이며 형명학을 좋아했던 것으로 알려진다. 또한 그의 신분이 서자출신인 관계로 개혁의 기수가 될 수 있는 기반이 구축되었다.

상앙의 관직 활동에 대해서도 알아본다. 그는 처음에 위의 재상 공숙좌에게 등용되었으나 크게 쓰이질 못했다. 하지만 웅지를 품은 채 진秦에 들어가 효공을 만나 정치를 논하고 강국의 술術을 설하여, 공감을 얻고 등용되어 '변법變法의 정책'을 실행하기에 이른다.[59] 그는 위에서 등용되지 못했으므로 진으로 가서 효공에게 부국강병책을 진언함으로써 재상직에 등용되었던 것이다. 진의 재상으로 있으면서 10년에 종내宗內의 모든 제도를 새롭게 개혁하고 엄한 형벌을 시행하였던 까닭에 진의 종실宗室 귀척의 원한을 사기도 하였다. 당시 진의 효공이 죽자 태자가 즉위하니 상앙은 국외로 도주하였으나, 결국 종실·대신大臣의 무리가 일어나서 모반의 죄목을 씌워 불행하게도 그를 거열형車裂刑에 처했다.

주지하듯이 상앙은 일찍부터 법가를 중용하여 전국시대를 주도한 위魏 출신으로 알려져 있다. 그가 살았던 당시, 위 문후(BC 446~BC 397) 시기에는 오기와 이리 등을 중용하여 잇단 개혁을 통해 정국을 주도하였는데, 그의 사상은 이리 계통의 법가적 영향을 받았다.[60] 그가 법가로서 활동을 한 것은 이러한 이리의 계통에서도 잘 알 수 있었다. 당시의 사회를 개혁하는 기수로서 공헌한 것은 그가 형명학을 좋아하였고, 법가로서의 기질을 보였기 때문이다.

상앙의 저술로는 『한서』「예문지」에 잘 밝혀져 있다. 그의 저서로는 29편이 있었는데, 송대宋代에 3편이 일실되어 26편만이 있었다. 그러나 그 가운데 두 편은 편명만 남아 있으니 현존본은 24편뿐이다. 상앙의 저술 『상군서』는 소왕 만년(BC 256~BC 251)때의 작이라고 한다. 곧 『상군서』는 상앙의 정치사상과 실천, 병학兵學사상을 근본으로 한 상앙

---

58) 『史記』卷 68, 商君者 衛之諸庶孽公子也 名鞅 姓公孫氏 其祖本姬姓也 鞅少好刑名之學 事魏相公叔 座爲
中庶子.

59) 김용옥, 『老子哲學 이것이다』上, 통나무, 1989, p.318(注 30).

60) 李永美, 碩士學位論文「商鞅의 土地政策 연구」, 이화여자대학교 大學院 사회생활학과, 1991, p.23.

후계의 학자 사상과 학설이 약 1세기동안 축적되어 이루어진 상자학파商子學派의 저술로 보아야 하며, 상앙 자신의 사상과 학설을 본 책 속에서 끄집어내는데 여러 어려움이 뒤따른다.[61] 하지만 오늘날 상앙의 저술이 법가서로 널리 읽히고 있다.

학계에서 상앙에 대한 연구로는 어떻게 전개되고 있는가. 중국학계에서는 정치적으로 1960년대 중반의 문화대혁명이 진행되면서 '비공'批孔이 추진되자, 반대로 법가, 특히 그 중심인물인 상앙에 대한 연구가 활발하였다.[62] 공산 이데올로기 혁명을 위해서는 강력한 법의 통치가 필요했던 탓이다. 물론 일본 학계에서도 이미 50년 전인 1950년대 이후로부터 1960년대에 걸쳐 상앙에 대한 연구가 활발하였다. 이는 상앙의 변법에 대한 연구였던 것이다.

2. 인성론

인간은 왜 성품이 여러 상황에 따라 사악해질까에 대해 의심하지 않을 수 없다. 상앙에 있어서도 이러한 고민이 있었다. 그는 「설민편」에서 "사람에게 부를 지나치게 추구하려는 욕심이 있어 악해진다"(民之有欲有惡也)라고 하였다. 그는 백성 개개인에게나 국가에 지나친 부가 축적되는 것을 경계하여 백성들의 근면과 성실한 기풍이 유지될 수 있도록 해야 한다고 강조한다.[63] 부를 지나치게 축적하려 하면 결국 그 욕심을 채우려하기 때문에 죄를 짓고 만다는 것이다.

상앙이 인성에 대해 관심을 가진 것은 과도한 욕심으로 질서를 파괴하는 행위를 근절하도록 하기 위함이었다. 그에 있어 인성에 대한 관심사는, 질서를 파괴하고 안일을 조장하는 이지理知와 정욕의 범위로 제한되고 있긴 하나, 법치를 강조하는 여러 이유 중 인성론이 그중의 한 이유가 된다.[64] 그는 국가의 헌정 질서를 무너뜨리고, 인간의 정욕이나

61) 김용옥, 『老子哲學 이것이다』上, 통나무, 1989, p.319.
62) 李永美, 앞의 책, p.3.
63) 李在龍, 碩士學位論文 「商鞅의 法思想」, 高麗大學校 大學院 法學科, 1985, p.78.
64) 위의 책, p.74.

채우려는 우치한 마음을 가진 사람들이 적으면 적을수록 좋은 세상이 된다는 입장에서 인성에 대한 관심을 가졌다.

정욕을 제어하고 욕심을 근절하는 차원의 인성은 어떠한 성품을 말하는가. 그에 있어 해법은 여러 가지가 묘사될 수 있다. 이를테면 국가는 선으로 다스려야 하며, 그렇게 될 경우 민심은 선한 성품을 간직하게 된다는 것이다. 상앙은 다음과 같이 말한다. "국가가 선민善民으로 간민姦民을 다스리는 것은 반드시 혼란함이 쇠멸하고, 국가가 민치民治로 백성을 선하게 하면 반드시 다스림이 강해진다."65) 그가 말하는 것처럼 선한 성품을 지닌 백성을 본보기로 한다면 간사한 죄악을 절멸할 수 있다는 것이다.

다만 상앙의 성품관에 나타난 인성은 선함도 악함도 아니라는 입장이며, 그리고 무질서를 없애야 악을 벗어나게 된다는 입장이다. 그는 "인성은 선하다, 악하다" 하고 단정을 짓고 있는 것이 아니라, 있는 그 자체로서의 인성을 어떻게 해야 무질서를 조장시키는 악으로 흐르지 않도록 할 수 있는가에 관심을 둔다.66) 그가 「설민편」에서 "선을 드러낸 즉 과실이 숨고, 간사함에 맡긴 즉 죄로 죽임을 당한다"(章善則過匿 任姦則罪誅)라고 말한 내용이 이와 관련된다. 그것은 사회 질서의 유지 차원에서 선함을 드러내는 것 이상이 아닌 것이다.

어쨌든 상앙은 성품설이 성선이니 성악이니 하는 것을 거론하지 않는다. 알다시피 그에 있어 인성론은 인성 그 자체의 본성을 논구한 것은 아니며, 인성의 본래선, 혹은 본래악을 말하고 있지 않다.67) 그가 인성의 선과 악의 본구本具를 언급하지 않고 있기 때문에 그의 인성에 대한 입장이 성선설 혹은 성악설이라는 것으로 몰아갈 수 없다. 인간이 태어날 때부터 선하다, 악하다 하는 설이 있어야 하는데, 상앙은 이 논조를 구체적으로 밝히지 않았다. 성무선무악설에 가깝다고 볼 수도 있는 개연성을 준 것이다.

결국 상앙이 본 인성론은 이성적 측면을 강조하거나 감성적 측면을 강조함으로써 성품 본연의 발현이 아니라는 입장이다. 그의 인성에 대한 입장을 살펴보면, 인성 중 이성적

---

65) 『商君書』, 「去彊」, 國以善民治姦民者 必亂至削 國以民治善民者 必治至彊.
66) 李在龍, 碩士學位論文 「商鞅의 法思想」, 高麗大學校 大學院 法學科, 1985, p.80.
67) 위의 책.

판단에 의한 성향은 실리를 추구하는 데로 기울기 쉽고, 감정적 성향은 편안함과 음일淫逸로 흐르기 쉽다.[68] 따라서 이성적 성품의 성선설이나 감성적 성품의 성악설에 대한 관점을 벗어나 있는 것이 상앙의 인성론이다. 다만 법치를 강조하는 그의 입장은 맹자의 측면보다 순자의 측면에서 인성론에 접근하는 근거를 제시하고 있다. 왜냐하면 그는 사악함을 잠재울 법치를 강조하고 있기 때문이다.

3. 법치주의

법가들에 의해 규정된 법 중에서 상앙이 주장한 법은 어떠한 의미를 지니고 있을까. 그에 의하면 '법이란 백성에 대한 권위있는 원칙'(「정분편」, 法令者 民之命也)이라고 하였다. 그는 제도적 법은 각 가정에서부터 비롯된다고 하며 다음과 같이 말한다. "여러 제도가 각 가정으로부터 이루어지고 관官이 이것들을 행정에 적용하면 행정의 결단도 가정에서 비롯되는 셈이 된다. 그 때문에 제왕이 된 자는 형벌과 시상의 결정을 민심에게서 구했고, 여러 제도의 시행 여부도 가정의 입장에서 결정을 내렸다."[69] 가정에 기반을 둔 법령의 규정에 의해 제도가 시행되며, 이러한 법령은 백성의 권위로서 지켜야 할 명령과도 같다.

백성들이 지켜야 할 명命은 곧 법치로 이루려는 법가 사상의 법에 대한 의미부여가 되는 것이다. 그런데 상앙이 두려워하는 것은 법을 지키지 않는 백성들의 태도이다. 이를테면 상앙의 최대 걱정은 백성이 전통적인 도덕에 관심을 나타내게 되어 그것 때문에 법으로 정해놓은 기준 이외의 행동 기준을 만들어 내지나 않나 하는 것이었다.[70] 그의 관점에서 본다면, 전통 관습이나 도덕적 규율 위에 법이 있음을 알게 해준다. 법이 강조되는 법치는 상앙에 있어 자의적 도덕성 내지 인격의 차이를 고려하지 않는 것이다.

주목할 바, 상앙이 주장한 법치는 법을 시대에 맞게 잘 세우는 일에 관련된다. 그는

---

68) 위의 책, p.75.
69) 『商君書』 「說民」, 器成於家 而行於官 則事斷於家 故王者刑賞斷於民心 器用斷於家.
70) 조셉 니담 著, 李錫浩 外 2人 譯, 『中國의 科學과 文明』 II, 乙酉文化社, 1986, p.295.

다음과 같이 말하고 있다. "세상을 다스리는데 반드시 하나의 길이 있는 것이 아니고, 나라에 편하다면 반드시 옛것을 본받을 필요가 없다. 각각 그때의 상황에 맞추어 법을 세울 것이요, 그 주어지는 일에 따라 예禮를 제정할 것이다.'71) 그가 말하고 있듯이 시대 상황에 적법한 것이어야 그 법이 살아서 법치가 된다는 주장이다. 이러한 주장을 강조한 상앙은 온고지신의 윤리적 통치보다 개혁과 혁신의 법치를 강조하는 모습을 보이고 있다.

법치의 필요성을 강조하면서도 '정분'定分(正名)을 주장하듯이 상앙은 각자의 법치가 잘 된다면 아무리 도둑의 무리라도 믿음을 얻을 수 있다고 하였다. 그러나 법치가 되지 않는 다면 신뢰받는 자도 어쩔 수가 없다고 한다. 이와 관련하여 상앙은 말한다. "형세가 잘못을 저지를 수 없도록 되어 있다면, 비록 도척과 같은 자라도 믿음을 얻을 수 있게 되고, 형세가 간사한 일을 저지를 수 있도록 되어 있다면, 비록 백이와 같은 현인도 의심을 받을 수밖에 없을 것이다."72) 이처럼 법치가 되는 세상이 되어야 누구든 신뢰받는 사회가 된다는 것을 천명하고 있는 자가 곧 상앙이다. 상앙의 관심사로서 법치의 신뢰가 얼마나 중요한지를 알게 해준다.

상앙이 법치를 강조하고 있듯이 법치에는 예외가 없다. 그는 법 앞에 원근친소의 차별을 두지 않았기 때문이다. "자기와 관계가 소원하다고 해서 상이 덜 주어져도 안 되며, 자기와 가깝다고 사사로이 법을 적용해도 안 된다."73) 왕족이거나, 천민이거나를 막론하고 법치는 누구에게나 적용되어야 한다는 상앙의 이론은 법 앞에 평등하다는 원칙을 드러낸다. 그에 있어 아무리 친한 사이라도 범법을 하면 형벌을 받을 수밖에 없다는 것이다. 그에 의하면 태자가 법을 어기자(『史記』, 「商君列傳」法之不行, 自上犯之) 태자를 벌할 수 없다며, 태자의 스승과 보좌관을 벌해야 한다고 주장한다.

상앙의 상벌에 대한 유명한 일화74)가 있다. 그가 처음 진나라의 국정을 잡았을 때, 그의 신상필벌 정책을 백성들에게 알리기 위한 일화가 그것이다. 한 그루의 나무를 성의

---

71) 『商君書』「更法」, 治世不一道 便國不必法古 各當時而立法 因事而制禮.
72) 『商君書』「畫策」, 勢不能爲姦 雖跖可信也 勢得爲姦 雖伯夷可疑也.
73) 『商君書』「修權」, 不失疎遠 不遠親近.
74) 金能根, 『中國哲學史』, 探求堂, 1973, p.148 參照.

남문에 세워놓고 그것을 북문으로 옮겨가는 자에게 10금金을 준다고 백성에게 공표했다. 처음엔 어느 누구도 그의 말을 믿지 않았다. 이어 그가 50금을 준다고 하자 어떤 이가 시험적으로 하니 보기로 그 사람에게 50금을 주고, 그 다음에 변경한 법을 세상에 천명하였다. 이처럼 법의 실천을 강조한 그는 치국의 3요소로서, 법法·신信·권權을 들고 있다. 치국에 가장 중요한 법은 군신君臣이 함께 잡는 것이라면, 신信은 군신이 함께 세우는 것이고, 권權은 군만이 제정하는 것이다.

법치를 이루어 이상사회가 되는 것에 대해 상앙은 상당한 관심을 갖고 있다. 이상사회의 건설에 대한 그의 견해를 소개하여 본다. 곧 법치의 이상사회로서, "전차는 멈추어서서 더 이상 타지 않아도 되었으며, 군마는 양지바른 화산華山에서 마음껏 뛰놀게 되었으며, 소들도 농택農澤에서 유유자적하게 되었고, 아무 거리낌 없이 늙어갈 수 있었다. 다시는 전쟁을 위해 우마를 거두어갈 필요는 없었다. 이는 탕왕과 무왕의 공로이다."[75] 이처럼 법치가 되는 이상사회를 그는 꿈꾸었으나, 결국 그러한 꿈이 지상에 완전히 실현되지는 않았다. 그 뒤 지속적인 전쟁 속에 이루어진 중국의 역사가 평화롭지 못했음이 이를 증명한다.

4. 부국강병의 경제론

세상의 혼탁함 속에서 상앙은 법치를 강조하고 부국강병의 경제론을 꾀하였으나, 결국 상앙은 자신의 엄한 상벌정책으로 죽음을 맞고 말았다. 어쨌든 상앙의 경제 정책은 읍을 중심으로 한 씨족 공동체에서 토지 사유화와 연결된다. 즉 상앙의 변법變法은 읍을 기반으로 한 씨족공동체 안에서 토지 공유에서 사유가 진행되는 가운데, 당시 사회경제 내부의 변동 속에서 나타난 문제 해결을 위한 모색이라는 맥락에서 고찰되어야 한다.[76] 물론 상앙 이전은 공동 경작의 공전제 중심의 사회였다. 상항 이전의 서주西周 이래 씨족 공동체 하에 공동 생산과 공전公田의 토지 공동소유가 이루어졌었다. 그러나 전국시대의 혼란

---

75) 『商君書』 「賞刑」, 車休息不乘 從馬華山之陽 從牛於農澤 從之老而不收 此湯武之賞也.
76) 李永美, 碩士學位論文 「商鞅의 土地政策 연구」, 이화여자대학교 大學院 사회생활학과, 1991, p.14.

상으로 씨족 공동체의 규제를 벗어나게 되자 간척 개간의 사유화가 불가피해진 것이다.

토지의 확보를 위한 간척 개간으로 곡식을 마련하여 국가가 부강해지는 길을 촉구한 상상으로서 먹고 살아갈 양식의 생산은 절대적 과제였다. 그는 소비자만 많고 생산자가 없으면 국가는 결국 해충만 많아질 뿐으로 망하고 만다는 입장에서 다음과 같이 말한다. "무릇 해충들은 봄에 나타나서 가을에 죽지만 그것들이 한 번 나타나면 백성들은 수년간 기아에 허덕이며 고생을 한다. 요즈음 한 사람이 농사를 짓는데다 백 사람이나 먹어대기만 하니, 이들은 해충보다 더 해로운 자들이다."[77] 이처럼 그는 해충이라는 모욕적 용어를 동원하면서까지 모두에게 자급자족적 생산을 독려한다.

생산을 독려하는 경제 정책을 추구하면서도 상상은 빈부 차이를 극복하는 경제 전략을 추구하고 있다. 그는 다음과 같이 말한다. "나라를 다스리는데 중요한 것은 빈자를 부유하게 하고, 부자를 빈자가 되도록 하는 일이다."[78] 이는 오늘의 빈부 문제가 과거에도 심각한 문제였음을 알게 해주는 것이다. 경제 풍요의 고른 분배가 그에게 있어 백성을 향한 진정한 바램이었을 것이다. 서로 빈부를 극복하는 일이 백성들에게 주요 관심사였기 때문이다.

빈부차를 극복하는 것 이상으로 농민에게 의도적으로 지향하는 정책이 또 있었다. 그것은 농민을 우민정책으로 인도하였다는 점이다. 상상에 있어서 인민이 국외에 나가 견문을 넓히는 것을 저지시키고, 인민을 우둔하게(순박하게) 하여 토지에 정착시키고 농경에 전념하게 하는 우민정책이야말로 국가의 이익이라고 말하는 상상의 견해[79]가 바로 그것이다. 그가 우민정책을 추구한 근본 의도는 어디까지나 당시 진국秦國의 상황성과 연결 짓는 것이 필요하다. 그에게는 농민을 바보처럼 우둔하게 하는 것보다, 농민의 순수성을 촉구한 충정이었는지도 모른다.

농민을 위한 충정에서 농본정책을 추진하여 그 효과가 발하게 되었다. 그의 저술을 보면[80] 100인이 농업을 하고 1인이 다른 업종에 종사하는 나라는 천하의 왕이 되고, 10인

77) 『商君書』「農戰」, 今夫螟螣蚼蠋 春生秋死 一出而民數年不食 今一人耕而百人食之 此其爲螟 螣蚼蠋亦大矣.
78) 『商君書』「農戰」, 故貧者益之以刑則富 富者損之以賞則貧.
79) 김용옥, 『老子哲學 이것이다』上, 통나무, 1989, p.318(注 30).

이 농업하고 1인이 타업을 하면 강하고, 10인 중 5인이 농업하고 5인은 타업을 하면 위태롭다고 하였다. 또 그는 「거강편」에서, 예禮 악樂 시詩 서書 선善 수修 효孝 제悌 염廉 변辨의 10사事가 있고서도 임금이 전쟁을 시키지 않으면 그 나라는 반드시 쇠망한다고 하였다. 이처럼 상앙은 변법자강책變法自强策을 실천하여 5년 만에 그 효과를 발하고 큰 공을 세웠으므로 진나라는 상앙을 시켜 상商에 봉하고 상군商君이라 칭송하였다.

아울러 상앙은 부국강병책의 시행에 있어 군주와 국가를 구별해서 시행하도록 하였다. 그 이유로 군주의 이익보다는 국가의 이익을 앞세우려는 부국강병책에 관심이 있었기 때문이다. 그는 부국강병책을, 막대한 권력을 내함內含한 엄중 법치에 의해서 실현시키려 했기 때문에 그에 있어서 법치는 중요한 의미를 지니고 있다.[81] 그가 시도한 강병책으로는 적의 머리 하나를 벤 사람에게는 일계급 승진토록 함은 물론이고, 관리가 되기를 원하면 봉급 50석을 받는 관직을 베푸는 등 파격적인 것이었다. 또 그는 공전公戰에서 승리한 자에게 상을 주었으니, 진군秦軍이 용감무쌍함을 보이는 계기가 되었다.

하지만 부국강병이 되더라도 지족知足을 하지 못하면 그것은 풍요로움을 느끼지 못하게 된다. 이에 지족을 강조한 상앙은 다음과 같이 말한다. "농부가 지나치게 많은 곡식을 쌓아놓고 있으면 만년에 휴가를 보낼 장소나 찾게 되고, 상인도 지나친 이득을 얻어 사치품이나 찾게 되면 분에 넘치게 사치하게 된다."[82] 이처럼 그는 부국강병을 통해 국가를 풍요롭게 하는데 전력하였으며, 또 백성들이 풍요를 누리도록 기여하였다. 반드시 자기 신분에 맞추어 만족을 느끼는 지족을 강조한 그였기에 내외 풍요를 꾀한 그의 의지를 엿볼 수 있다.

---

80) 『商君書』「農戰篇」參照.
81) 李在龍, 碩士學位論文「商鞅의 法思想」, 高麗大學校 大學院 法學科, 1985, p.105.
82) 『商君書』「農戰」, 農有餘食 則薄燕於歲 商有淫利 有美好 傷器.

VI. 한비자의 생애와 사상

1. 생애

한비자(BC 280~BC 233)는 한韓나라에서 태어났다. 그가 태어난 한나라는 토지가 협소하고 제후들이 다투는 요충지와도 같았다. 따라서 온갖 투쟁과 민심의 혼란함이 지속된 지역에서 살았던 것이다. 한비자가 성장하면서 의식구조 속에 나타난 성향은 이러한 성장배경과 관련된다. 그는 주나라 난왕 35년 무렵에 태어나 진나라 시황제 14년에 죽었다. 진시황 당대에 살았던 인물로서 그는 한나라 공자公子였으나 벼슬에 등용되지는 못하였다. 비록 그가 한나라 왕에게 국정에 대하여 여러 번 상서를 올려 간諫하였으나 벼슬에 나설 수 있는 기회를 가질 수 없었다.

불운한 시대인 전국시대 말기의 사상가로서 한비자는 법가이며, 이사와 함께 순자로부터 학문을 배웠으니 그의 스승은 단연 성악설을 주장하였다. 한비자는 비록 말을 더듬었지만 머리가 좋아 저술의 내용에는 뛰어난 바가 있었다. 진시황은 한비자가 쓴 책을 보고 매우 감격하여 그를 초빙하고자 하였다. 진시황이 한나라를 공격하게 되자, 한비자는 한나라 사신으로 진나라에 갔다. 그러나 동문수학한 이사의 시기로 인해 그는 진나라에서 임용되지 못하고 옥중에서 자살하고 말았다.[83] 한비자는 저술에 나타난 사상에서 진시황과 이사 그리고 진나라 2세二世의 존숭을 받았음은 물론이다. 그의 이론이 진나라의 지도이념이 되었던 것은 바로 그러한 연유이다.

한비자가 지은 저술로는 상당수가 있으며, 20권 55편을 저술하였으니 무려 10여만 자로서 법가사상을 전개하였다. 그는 「고분」孤憤, 「오두」五蠹, 「설난」說難 등을 편술하여 치국의 도를 논하였다. 한비자의 저서에 「고분편」과 「오두편」이 진시황의 손에 들어가게 되었는데, 진시황은 크게 감동하여 "이 글의 저자 한비를 만나 보았으면 나는 죽어도 한이 없겠다"고 하였다.[84] 「설난편」은 한비자가 죽을 무렵에 저작한 것이다. 그의 저술이

---

83) 張岱年 著, 김용섭 譯, 『중국의 지혜』, 청계, 1999, p.209.
84) 南晚星 譯註, 『韓非子』, 玄岩社, 1981, p.12.

후래에 전파되면서 당과 송에 많이 읽혀지게 되었다. 곧 당대의 한유를 한자韓子라 부르게 되면서 한비자와 혼동을 막기 위하여 송대 이후에는 한비韓非의 책을 『한비자』韓非子라 부르게 되었다. 한비가 한비자로 호칭된 것은 송대부터이다.

한비자의 저술에 나타난 내용을 보면, 도가의 황로(解老·諭老篇), 법가의 신불해·상앙, 유가의 순자를 수용하면서도 법가를 종통으로 삼았다. 법가의 대표적 인물로서 한비자는 인간의 이기성을 극복하기 위해 법치(法·術·勢)로 다스려야 한다는 입장에 있다. 그는 인간이 본래 자신만의 이익을 추구하며, 군주와 신하, 부모와 자식 그리고 모든 인간관계가 금전 관계 또는 이해관계에 지나지 않는다고 선언함[85]으로써, 인간의 이기성을 법치로 다스리지 않으면 안 된다는 것을 역설하였다.

따라서 한비자는 후래에 '독하고 덕이 적은 인물'이라 평가를 받았다. 이를테면 태사공은 "한비는 법도法度대로 일을 처리하고 사리가 밝으며, 옳고 그름을 판단할 수 있으나 극히 독하고 덕이 적었다. … 나는 한비가 '설난'說難이라고 했으나 진왕秦王을 결국 설득하지 못했다는 것이 비통스럽다"[86]라고 기술하였다. 이처럼 법에 전적으로 기대는 바가 커서 이러한 평가는 당연하다고 본다. 일부 후학들이 그를 부정적 시각으로 보는 것도 그가 인간의 정에 호소하는 것보다 엄한 법에 호소하는 측면 때문이었으리라 사료된다.

2. 도론·인성론

한비자는 노자의 도에 대하여 많은 관심을 가졌다. 기원전 3세기경에 이루어진 『한비자』의 「해로편」解老篇과 「유로편」喩老篇을 보아도 그는 노자사상에 상당히 매료된 듯하다. 그에 의하면 도는 만물과 시비의 근원이라고 한다. "도라는 것은 만물의 시초이며 시비의 기준이다. 그런 까닭에 밝은 임금은 시초를 지켜서 만물의 근원을 알고 기준을 다스려서 선악의 단서를 안다."[87] 한비자는 도론을 전개함에 있어 노자의 도에 많은 영향을 받았

---

85) 張岱年 著, 앞의 책, p.210.
86) 『史記』「老子韓非列傳」,「史記會注考證」, p.860(張其昀, 『中國思想의 根源』, 文潮社, p.362. 再引用).
87) 『韓非子』「主道篇」道者 萬物之始 是非之紀也 是以明君守始以知萬物之源 治紀以知善敗之端.

다. 그는 도를 통해 수양심으로 허虛와 정靜의 세계에 진입하고자 하였기 때문이다.

한비자에 있어 도는 노자의 이희미夷希微 세계처럼 시지불견視之不見과 청지불문聽之不聞의 본체 세계로 전개된다. 그는 다음과 같이 말한다. "도는 있어도 볼 수 없고, 작용이 있어도 알 수 없다. 텅 비고 고요한 채 일이 없으니 그 허물을 볼 수 없다."[88] 그리하여 그는 도의 세계를 언급함에 있어 '보고도 보지 않고, 듣고도 듣지 않으며 알아도 모르는 세계'를 강조하였다. 그가 이夷, 희希, 미微라는 본체적 도론을 전개한 것은 그의 법술法術을 응용하기 위한 것으로 판단된다. 말하지 않고도 알 수 있고, 보지 않고도 볼 수 있는 시지불견과 청지불문의 소식이 통치술에 활용된 것이다.

아울러 한비자는 도에서 리理와 만물로 연결시키고 있다. 도를 통해서 만사의 이치를 파악하고 인간 통솔의 원리를 사유한 한비자였던 것이다. 그는 '도, 이치, 만물'의 3자 관계에 대하여 언급한 바가 있다. 즉 도는 만물을 존재하게 하는 근원이자 온갖 이법이 모여드는 곳이며, '이'理는 이루어진 만물에 갖추어진 모습이며, '만물'은 도에 의해 성립되므로 도는 만물을 이치로서 총괄한다[89]고 하였다. 이처럼 한비자의 도론은 만물의 이치와 인간의 통솔에 있어 응용의 단서가 된다.

다음으로 한비자의 인성론에 대해 알아보자. 그에 의하면 인의와 도덕은 듣기 좋은 개념에 불과하다고 하며, 오히려 인간은 이익만을 추구하는 존재라고 하였다. 인간의 본성에 대해 철두철미 이익만을 추구하는 것이라고 규정한 것은 유교에서 말하는 성선설과는 너무나 상반된 견해인데, 아마 한비의 성악설 주장은 그의 스승인 순자의 영향이 많았을 것이다.[90] 하지만 순자는 유자적 입장에서 성악설을 말하고 이를 교육을 통해 극복하고자 하였지만, 한비자는 인성의 선善을 유도하고자 하는 것이 없다. 이것은 그가 법치를 만능으로 보아 자율적 인성을 전면 불신하였기 때문이다.

따라서 사랑하는 것은 참으로 사랑하는 마음에서가 아니라 자신의 이기심을 채우기 위해서라고 한다. 이 역시 인간의 성품이 이기주의에 바탕하고 있다는 한비자의 소신에

---

88) 『韓非子』「主道篇」, 道在不可見 用在不可知 虛靜無事 以闇見疵.
89) 張岱年 著, 김용섭 譯, 『중국의 지혜』, 청계, 1999, p.212.
90) 南晚星 譯註, 『韓非子』, 玄岩社, 1981, p.13.

서 비롯된다. 그는 다음과 같이 말한다. "사람을 사랑하는 것은 싸움에 쓰기 위함이요, 말을 사랑하는 것은 타고 달리기 위한 것이다. 의사는 사람의 상처를 잘 빨아주기도 하고 남의 피를 머금기도 하는데, 그것은 육친처럼 친애해서가 아니라 돈벌이가 되기 때문이다."[91] 이와 같이 그의 냉엄한 비판은 왕량이 말을 사랑하고 월왕 구천이 사람을 사랑한 내역을 밝히면서 언급한 내용이다.

또한 한비자는 인성의 이기주의적 측면을 의식주와 재산 축적에 관련하여 언급하고 있다. 주인과 일꾼의 계약에 있어, 일꾼은 주인을 위해서가 아니라 곡식을 위해, 주인은 일꾼을 위해서가 아니라 일꾼이 밭을 가꾸도록 하는 이기심에서 고용한다는 것이다. 이어서 한비자는 말하기를 "옛 사람들이 재물을 대수롭지 않게 여긴 것은, 마음이 어질어서가 아니라 재물이 많았기 때문이다. 지금 사람들이 재물을 서로 빼앗으려고 다툼은 마음이 비루해서가 아니고 재물이 적기 때문이다"[92]라고 하였다. 이처럼 그는 철저하게 인성의 이기주의적 속성으로 의식주 및 재물을 탐낸다고 한다.

3. 법치론

인간 본성의 이기심을 통제하는데 한비자는 인의가 아닌 상벌의 법치가 중요하다고 보았다. 악행을 범하고서도 자식이 부모나 스승의 지도를 따르려고 하지 않음에 대해 법치가 효과적이라는 입장을 견지하고 있다. 이러한 현상은 고금古今의 차이 때문이라고 한다. 한비자는 다음과 같이 말한다. "옛날에는 도덕으로 경쟁하였고, 중세에는 지혜와 꾀로 각축하였으며, 지금의 세상에서는 기운과 힘으로 다툰다."[93] 이처럼 옛날과 달리 당시의 세상은 힘으로 통치할 수밖에 없는 사회가 되었음을 냉정하게 판단하였다. 그리하여 한비자는 인간의 악행을 극복하는데 유가적 예보다는 법으로 통어하도록 강조할 수밖에 없었다.

---

91) 『韓非子』「備內篇」, 爲戰與馳 醫善吮人之傷 含人之血 非骨肉之親也 利所加也.
92) 『韓非子』「五蠹篇」, 是以古之易財 非仁也 財多也 今之爭奪 非鄙也 財寡也.
93) 『韓非子』「五蠹篇」, 上古競於道德 中世逐於智謀 當今爭於氣力.

그런데 한비자의 법치론은 누구로부터 사상적 영향을 받았을까가 궁금하다. 그것은 노자의 무위와 허정 사상에서 근거하고 있다. 『한비자』의 곳곳에서 노자의 무위와 허정 사상을 그의 법치설에 원용하고 있음[94]이 발견되기 때문이다. 노자는 처세에 있어 '유약겸하柔弱謙下'라는 방법을 펴지만, 한편으로는 '군주의 통치술'도 언급하고 있는 점이 이와 관련된다. 노자가 말하는 무위의 다스림이 한비자의 법치에 영향을 주었다는 것이다.

법가의 법치론은 당시 귀족정치의 붕괴로 인해 형성된 것이라고 볼 수 있다. 한비자는 귀족 정치의 붕괴로 평민이 해방되고 중앙의 집권정치가 실시되었음을 파악하여, 귀족정치에서 군주의 전제정치로 변화되어야 함을 역설하였다. 이러한 주장은 인仁과 예禮 정치에서 법치로 바뀌었음을 말한다. 한비자는 다음과 같이 말한다. "법은 한결같고 고정되어 백성으로 하여금 이를 알게 하는 것보다 더 좋은 방법은 없다."[95] 한결같이 지켜야 할 법칙이기 때문에 그는 이러한 법치를 더욱 강조하고 있다.

주목해야 할 바, 한비자가 말하는 법法은 술術과 관련해서 이해해야 한다. 그는 법과 술을 같은 맥락에서 말했기 때문이다. 그에 의하면 "이제 신불해는 술을 말하고, 공손앙은 법을 말하였다. '술'이라는 것은 임무에 따라서 벼슬을 주고, 명목에 따라서 실적을 책임지우는 것이다"[96]라고 하였다. 이처럼 그는 법·술의 이해에 있어 신불해와 상앙을 거론하였다. 여기에서 말하는 '법'이란 것은 헌장憲章과 법령이 관부官府에 명백하게 명시되어 있는 것을 말한다. 또 '술'이란 명목에 의해 실적을 책임지게 하는 것인 바, 법은 나타날수록 좋고 술을 나타나지 않는 것이 좋다는 것이다. 그는 법·술의 상관성을 언급함에 있어, 법과 술은 좋지만 어느 하나만으로는 불충분하다고 하였다.

나아가 법은 공평무사, 엄벌주의로 실행해야 하는 것이 포함된다. 다시 말해 법을 시행함에 있어 저울秤로 물건의 무게를 달듯이 공평무사해야 하며 친소와 후박에 끌리면 안된다는 것이다. 한비자는 다음과 같이 말한다. "임금은 공적이 있는 자에게 상을 주되 지체함이 없어야 하고, 죄 있는 자에게 형벌을 내리되 용서함이 없어야 한다."[97] 이처럼

---

94) 이강수, 『노자와 장자』, 길, 1997, p.19.
95) 『韓非子』「五蠹篇」, 是以賞莫如厚而信 使民利之 罰莫如重而必 使民畏之 法莫如一而固 使民知之.
96) 『韓非子』「定法篇」, 今申不害言術而公孫鞅爲法 術者 因任而授官 循名而責實.

엄정한 형벌을 행사함과 동시에 상에는 후해야 한다고 한다. 엄벌주의가 시행되어야 백성들이 황금덩어리라도 함부로 가지려 하지 않는다는 것이다. 또 법을 강하게 받들면 나라가 강해지고, 약하게 법을 받들면 나라가 약해진다는 그의 형벌론이 엄격함을 엿볼 수 있다.

그러나 법의 엄벌주의의 견해를 지닌 한비자에 대해 부정적으로 보는 입장도 있다. 이를테면 한비자는 법치를 상현尙賢, 임지任智와 대립되는 것으로 이해하며, 문화 교육과도 대립되는 것으로 파악하므로 이는 마땅히 비판받을 부분이다.[98] 또 한비자가 노자 사상을 음모와 권모술수로 잘못 이해했다고 하는 것도 그를 비판하는 이유이다. 물론 한비자가 법, 술, 세를 결합시켜 만든 법치 사상에는 우리 현실의 준법정신에서 참고할만 한 내용이 포함되어 있다고 본다.

4. 칠술七術·육미론六微論

법가에서 군신의 관계, 통솔자와 지배자의 입장에서 세상을 통어하고 민심을 이끌어가는 방법들에 대해 깊은 관심을 가질만 하다. 이러한 여러 방법 중에는 한비자의 칠술론七術論 및 육미론六微論이 거론된다. 먼저 7술이란 임금이 신하를 조종하여 사용하는 방법 7가지를 말한다.

첫째는 '중단참관'衆端參觀이며, 이는 특정인의 말만 듣지 말고 많은 사람의 입으로 나오는 말을 참고하라는 뜻이다. 그는 여러 사람의 말들을 종합하여 비교 검토할 것이라고 하였다.

둘째는 '필벌명위'必罰明威로서 법가에서는 형刑9와 상賞1의 중벌주의로 위신을 밝히고 중죄자를 엄벌하는 것이다. 여기에 대해 한비자는 "죄 지은 자는 반드시 벌을 주어서 군주의 위력을 명시할 것이다"[99]라고 하였다. 이처럼 그는 술術의 조목을 분명히 전개한다.

---

97) 『韓非子』 「五蠹篇」, 故主施賞不遷 行誅無赦.
98) 張岱年 著, 김용섭 譯, 『중국의 지혜』, 청계, 1999, p.220.
99) 『韓非子』 「內儲說 上篇」, 一曰衆端參觀 二曰必罰明威.

셋째는 '신상진능'信賞盡能이라 하여 상을 줄 사람은 반드시 주어서 현능賢能의 주主로 하여금 그 힘을 다하도록 하는 내용이다. 이에 대해 한비자는 말하기를, 공이 있는 자에게는 반드시 상을 주어서 그들이 능력을 다하게 하는 것이라고 하였다.

넷째는 '일청책하'一聽責下라 하여 무슨 일이든지 일일이 신하들에게 묻고 각기 책임을 수행토록 해서 그 책임을 지도록 하는 것이다. 그는 말하기를 "신하의 말은 한 사람 한 사람에게서 듣고, 신하의 말에 대하여는 그 실적을 책임지울 것이다"[100]라고 하였다.

다섯째는 '의조궤사'疑詔詭使가 있다. 이는 군주가 어떤 목적을 가지고 있으나 그것을 숨겨두고 다른 일을 신하에게 명령하여 행하게 함으로써 그 목적을 달성케 하는 것을 말한다. "신하에게 의심스러운 명령을 내리고 궤계詭計를 써서 부릴 것이다."[101] 이를테면 한나라 소후가 10손톱을 잘라 하나 감추고 신하에게 엄명해 찾으라 하였다. 신하 한 사람이 자신을 손톱을 몰래 자른 후 소후에게 올리며 그것을 임금의 손톱이라 하자, 소후는 그 간사한 신하를 알아차리게 됐다는 내용이 바로 이것이다.

여섯째는 '협지이문'挾智而問이라 하여 군주가 어떤 일에 숙지하면서도 신하에게 물음으로써 그 신하의 인물의 사邪·정正을 알아낸다는 것이다. 이에 한비자는 말하기를 알면서도 모르는 체하고 신하에게 물을 것이라고 하였다.

일곱째는 '도언반사'倒言反事라 하여 군주가 그 사상과 반대되는 것을 물어서 신하를 시험하는 것을 말한다. 이에 그는 말하기를 "말을 거꾸로 하고 일을 반대로 하여 신하를 시험할 것이다"[102]라고 하였다. 이처럼 그는 술수의 7가지를 조목조목 열거하고 있다.

다음으로 '육미'六微에 대해 언급하여 보자. 군주가 경계해야 할 여섯 가지 모략을 6미라고 한다. 첫째 권력을 남에게 빌려주면 안 된다는 의미에서 '권세를 신하에게 빌려주는 일'이며, 둘째 '임금과 이해利害가 상이한 신하가 외국의 세력을 빌려오는 일'로서 이는 거부되어야 할 일이고, 셋째 '비슷한 일에 의탁하여 간악을 성취하는 일'[103]인 바, 이 역시

100) 『韓非子』「內儲說 上篇」, 三曰信賞盡能 四曰一聽責下.
101) 『韓非子』「內儲說 上篇」, 五曰疑詔詭使.
102) 『韓非子』「內儲說 上篇」, 六曰挾知而問 七曰倒言反事.
103) 『韓非子』「內儲說 下篇」, 一曰權借在下 二曰利異外借 三曰託於似類.

거부되어야 한다. 넷째 '임금과 신하 상호의 이해가 상반되는 일'이며, 다섯째 '바른 것과 비슷한 것이 뒤섞여 내분을 일으키는 일'이고, 여섯째 '적국의 세력이 작용하여 본국의 관리를 임면하는 일'104)이라고 하였다.

한비자의 언설에 나타난 풍자적 표현에는 의미하는 바가 크다. 임금과 신하의 이해관계가 상반되면 나라의 혼란함이 거듭되고 또 내분이 생기거나 외국의 세력을 이용하는 것 역시 고통스런 모습일 따름이다. 이에 한비자는 6미의 부정, 즉 세상을 풍자하는 여러 부정적 측면을 언급하고 있다.

5. 오옹五壅과 오두론五蠹論

우선 오옹五壅이란 무엇인지를 알아보자. 신하와 임금 사이의 다섯 가지 장애가 되는 것을 5옹이라고 한다. 장애되는 여러 항목들을 세심하게 접근해 볼 필요가 있다.

첫째, 신하가 임금의 총명함을 가리어 임금을 어리석게 만드는 것을 말한다. 한비자는 이와 관련하여 말하기를, 신하가 그 임금 앞을 가로막는 것을 옹색壅이라 한다고 하였다.

둘째, 신하가 재리財利를 제어하는 것으로, 이에 임금은 덕을 잃고 만다는 내용이다. "신하가 재리를 제어하는 것을 옹색이라 한다"105)라고 말한 내용이 이것이다.

셋째, 신하가 함부로 명령권을 행사하므로 임금은 이를 제어하지 못하게 되는 것을 말한다. 한비자에 의하면, 신하가 제 마음대로 명령을 내리는 것을 옹색이라 한다고 하였다.

넷째, 신하가 의義를 행하는 것으로, 의는 임금이 행하지만 신하가 이를 가로챘다면 임금은 그 이름을 잃고 만다는 내용이다. 즉 신하가 사의私義를 행할 수 있는 것을 옹색이라 한다는 것이다.

다섯째, 신하가 자기편 사람을 세우는 것으로, 신하가 자기 사람을 세운다면 임금은 자신의 당黨을 잃게 되는 것을 말한다. 이와 관련해서 한비자는 말하기를 "신하가 자기편 사람을 내세울 수 있는 것을 옹색이라 한다"106)라고 하였다.

---

104)『韓非子』「內儲說 下篇」, 四曰利害有反 五曰參疑內爭 六曰敵國廢置.
105)『韓非子』「主道篇」, 臣閉其主曰壅 臣制財利曰壅.

다음으로 오두론五蠹論에 대해 알아보자. 5두란 다섯 가지 좀벌레를 말하는 것으로 나라를 좀먹는 해충의 현상들에 대해 언급한 내용이다. 이에 대하여 하나하나 설명해 본다.

첫째, 선왕의 인의를 이용해 변설이나 늘어놓아 결국 문文으로 법을 현란케 한다. 한비자는 이에 다음과 같이 말한다. "혼란한 나라의 풍속은, 학자는 선왕의 도라고 일컬어 인의를 빙자하며 외형과 복장을 성대하게 꾸며 가지고, 변설을 교묘하게 하여 당세의 법을 의혹하게 만들고 임금의 마음을 어지럽게 만든다."[107] 이처럼 변설자들이 인의를 빙자해 법을 의혹케 하여 임금과 민심을 혼란케 하는 것이다.

둘째, 국가에 이롭지 못한 언론을 일삼는 무리들이 거짓과 사욕으로 자신의 이익을 유지하는 행위이다. 한비자는 말하기를 "논객은 거짓말과 간사한 일컬음으로 외국의 힘을 빌어서 그 사사로운 이익을 성취하고 국가의 이익은 버린다"[108]라고 하였다.

셋째, 협객의 무리로서 사욕에 의한 무력의 투쟁으로 금령이 지켜지지 않는 것이다. 한비자는 「오두편」에서 말하기를 "협객은 칼을 차고 무리를 모아서 협사로운 일을 수행하여 그 이름을 드러내고, 그렇게 함으로써 5官의 금령을 범한다"(其帶劍者 聚徒屬 立節操 以顯其名 而犯五官之禁)라고 하였다.

넷째, 군주의 측근에서 사사로이 권력을 휘두르는 자들이다. 한비자는 말하기를 "근신近臣들은 온갖 뇌물을 다 받아 사재를 축적하고 권력 있는 사람의 청탁은 들어주면서도 싸움터에서 말에게 땀을 흘리게 하면서 수고한 전사의 공적은 물리친다"[109]라고 하였다.

다섯째, 상인과 공인들은 참된 생산자가 아니고 농부의 이익을 빼앗는다. 한비자에 의하면 "상인과 공인들은 일그러지고 품질이 낮은 기물을 만들고, 좋지 않은 재화들을 사모아 두었다가 때를 기다려 농부의 이익을 가로챈다"(其商工之民 修治苦窳之器 聚弗靡之財 蓄積待時 而侔農夫之利)라 하였다. 그에 있어 다섯가지 해충五蠹은 모두 버려야 할 것과도 같은 파렴치의 행위들이다. 좀벌레 같은 행동이 그에게 얼마나 고통스러웠으면

---

106) 『韓非子』「主道篇」, 臣擅行令曰壅 臣得行義曰壅 臣得樹人曰壅.
107) 『韓非子』「五蠹篇」, 是故亂國之俗 其學者 則稱先王之道以籍仁義 盛容服而飾辯說 以疑當世之法 而貳人主之心.
108) 『韓非子』「五蠹篇」, 其言古者 爲設詐稱 借於外力 以成其私 而遺社稷之利.
109) 『韓非子』「五蠹篇」, 其患御者 積於私門 盡貨賂 而用重人之謁 退汗馬之勞.

해충이라는 용어를 동원하였는가를 상기할 필요가 있다.

6. 팔간론八姦論

　팔간八姦이란 개념은 여덟 가지의 간사함이란 의미이다. 이는 신하로서 간사한 계략을 통해 성취하는 8가지 방법을 말한다.

　일간一姦으로는 '동상'同牀이다. 간신들이 군주 부인에게 환심을 사려하는 행위가 이에 관련된다. 한비자는 말하기를 "동상을 이용하니 무엇을 동상이라고 하는가. 귀한 부인과 사랑하는 자녀와 미녀를 호색하는 것 등이 그것이다. 이들은 임금을 매혹한다."110) 임금이 한가한 때를 엿보아 그들이 하고자 하는 것을 강제로 요청한다. 임금이 그들에게 미혹 당하였기 때문이다.

　이간二姦으로는 '재방'在旁이다. 이는 궁중에서 유흥을 돋우는 배우들에 관련되는데, 이들이 군주에게 청탁하는 행위이다. "재방이니 무엇을 재방이라고 하는가. 배우와 광대를 좌우에 가까이 모시어 이에 친숙한 자들을 일컫는 말이다. 이들은 임금이 명령하기도 전에 '네네' 하며, 시키기도 전에 '그렇게 하겠습니다, 그렇게 하겠습니다'라 하고 나서는 자들이니, 임금의 뜻을 먼저 알아차리며 얼굴빛을 살피고 임금의 마음을 먼저 영합하는 자들이다."111) 이와 같이 말하는 한비자의 견해는 오늘날 일부 궁중의 기쁨조에게 유혹 당하는 행위가 아닐 수 없다.

　삼간三姦으로는 '부형'父兄이다. 이는 군주의 지친至親들과 사귀면 영달이 된다고 하는 자들이다. "부형의 은의恩義를 이용한다. 무엇을 부형이라고 하는가. 측근 공자는 임금이 가장 친애하는 자이며, 대신과 정리廷吏는 임금이 더불어 헤아리고 계획하는 자들이다. 이들이 힘을 다하여 의논을 마치면 임금은 반드시 듣는다."112) 그들은 결국 원근친소를

---

110) 『韓非子』「八姦篇」, 一曰在同牀 何謂同牀 曰 貴夫人 愛孺子 便僻好色 此人主之所惑也.
111) 『韓非子』「八姦篇」, 二曰在旁 何謂在旁 曰 優笑侏儒 左右近習 此人主未命而唯唯 未使而諾諾 先意承旨 觀貌察色以先主心者也.
112) 『韓非子』「八姦篇」, 三曰父兄 何謂父兄 曰 側室公子 人主之所親愛也 大臣廷吏 人主之所與度計也 此皆 盡力畢議 人主之所必聽也.

이용하여 임금을 유혹하고 침범한다.

사간四姦은 '양앙'養殃이다. 이는 궁실 등을 장식하고 토목공사를 많이 일으켜서 백성에게 중세를 부과하는 자들이다. 이러한 사간은 신하들이 궁실을 화려하게 꾸미고 환심을 사서 결국 신하들 마음대로 사리를 취하고자 하는 목적을 지닌다.

오간五姦으로는 '민맹'民萌이 거론된다. 이는 신하가 백성에게 사혜私惠를 베풀어 자신에게 호의를 가지게 하고 군주를 배반하도록 하는 자들이다. 이 신하들은 '작은 은혜를 베풀어서 백성의 마음을 취하여'(行小惠以取百姓) 결국 임금을 해롭게 행동한다.

육간六姦으로는 '유행'流行이다. 이는 신하가 자기를 대변할 변사辯士들을 양성하여 여론이 유리하게 만드는 것이다. 한비자는 이에 다음과 같이 말한다. "여섯째 청산유수 같은 변설을 이용한다. 무엇을 일컬어 물 흐르듯 하는 변설을 이용한다고 하는가. 임금은 깊은 궁궐 속에 있어서 담론에 접촉할 기회가 막혀 있으므로 남의 논의를 듣는 일이 드물다. 그러므로 변설에 움직여지기 쉽다."[113] 이는 측근 신하들이 언론의 벽을 치고 교묘한 말로써 임금에게 여론을 호도하는 행위인 셈이다.

칠간七姦으로는 '위강'威强이다. 이는 신하가 자기의 위력을 과시하기 위해 폭력배를 통해 위협하고 암살을 도모하는 것이다. 한비자에 의하면 위력과 강권으로 위협하는 것이 이와 관련된다고 한다. 따라서 '신하된 자가 칼을 찬 식객을 모으고 그를 위하여 반드시 죽기를 맹세하는 선비를 길러'(聚帶劍之客 養必死之士) 자기의 위세를 떨치려 한다.

팔간八姦으로는 '사방'四方이다. 이는 신하가 제후들과 연락하여 그들의 환심을 사둠으로써 군주로 하여금 자기를 두렵게 만드는 행위이다. "외국의 세력을 이용한다. 무엇을 외국의 세력을 이용한다고 하는가. 임금된 이는 나라가 작으면 큰 나라를 섬기고, 군사가 약하면 강한 군사를 두려워한다."[114] 이처럼 외세를 통해 신하들이 임금을 이용하려는 것이다. 식민지의 경험이 있는 나라이거나 신탁통치와 같은 상황이 벌어진 국가들에게는 이를 심각하게 교훈으로 새겨볼만한 일이다.

---

113) 『韓非子』「八姦篇」, 六曰流行 何謂流行 曰 人主者 固壅其言談 希於聽論議 易移以辯說.
114) 『韓非子』「八姦篇」, 八曰四方 何謂四方 曰 君人者 國小 則事大國 兵弱 則畏强兵 大國之所索 小國必聽.

제7장

명가의 인물과 사상

I. 명가의 등장

　명가가 등장한 시대적 배경에 대해 살펴본다. 춘추전국시대의 중기에는 중국인의 논리와 인식의 문제가 대두되었다. 변론으로 자신들의 주장을 강조한 학자들이 있었는데 그들이 변객 내지 명가였던 것이다. 이 변론의 사조가 흥기하게 된 이유를 크게 두 가지[1]로 언급할 수 있다. 첫째, 사회관계가 급격히 변화함에 따라서 옛날의 명名과 새로운 실實이 부합될 수 없으므로 정명正名의 필요성이 요구되었다. 둘째, 성문법의 제정과 유포 등 법률문제에 있어 형명刑名에 대한 개념 분석의 필요성에 따라 개념 규정과 논리 문제의 연구가 촉진되었다. 이처럼 명가는 명실의 문제와 형명의 문제를 논리적으로 이해할 필요가 있음으로 인해 형성되었다.

　명실과 형명의 문제에 관련해 이해하면, 제자諸子들 중에서 법가와 명가의 관계가 어떠한지를 알게 해준다. 법가는 형명가와 같으므로 그 학문은 명을 따져 실을 책임지어 명과 실을 일치시킴을 과제로 삼았다. 이에 명가가 일어나 실實 쪽을 버리고 오로지 명의 개념에 대해 탐구하여 따로 일파를 남긴 것이다.[2] 법치의 원리를 명가가 응용하였다고 하면 틀린 말은 아니다. 또 이들은 명실을 논함에 있어 명의 의미를 매우 강조하였으므로 형명가와 연칭聯稱되는 경우도 있었던 것이다. 이처럼 명가가 관심을 가졌던 분야로는, 명과 실에 있어 명에 초점이 맞추어진다. 당시 명가는 사회의 혼란상이 명실 관계를 분명히 하지 않음에 있다며 명실을 분명히 해야 한다고 하였다.

　그리하여 명가는 무장된 명변名辯으로 유가와 도가를 공격하였다. 다시 말해서 장자 당시, 논리에 강한 학파는 묵가와 명가였는데, 이들은 자신들의 뛰어난 혀를 휘둘러 유가와 도가를 공격하는데 열을 올렸다.[3] 명가의 학문이 전국시대에 노자의 논법을 발전시켰음에도 불구하고 명가는 도가를 공격한 것이다. 유가와 도가를 공격한 이 명가들이 변자

---

1) 侯外盧 主編, 양재혁 譯, 『中國哲學史』(上), 일월서각, 1988, p.125.
2) 名家 중에 법가와 명가 둘다 속하는 경우가 있는데 鄧析子는 『漢書』 「藝文志」에서는 명가에 넣었다면 후세에는 法家에 넣었다.
3) 김충열, 『김충열교수의 老莊哲學 강의』, 예문서원, 1995, p.280.

辯者·찰사察士라 불리었으니, 유향(BC 77~BC 6)이『한서』「예문지」에서 이 학파를 제자
구류諸子九流의 하나로 분류하면서 명가로 칭한 것이 오늘에 이르고 있다. 당시의 명가
7가와 명가라는 학문이 등장하게 되며, 그들은 등석, 윤문자, 공손룡, 성공생, 혜시, 황공,
모공 등이다.

서한 때에 정식 '명가' 호칭이 생겨난다. 이에 나타난 명가 7가들은 신분상 어느 신분에
서 출발하였는가. 반고가『한서』를 저작함에 이르러「예문지」중 명가를 9류 중의 하나
로 열거하면서 말한 내용은 다음과 같다. "명가의 유파는 예관禮官에서 나왔다. 옛날엔
이름과 지위가 다르면 예 역시 등급을 달리 정한다. 공자가 말하기를 '반드시 이름을 바
르게 할지어다. 이름이 바르지 않으면 말이 순조롭지 못하고, 말이 순조롭지 못하면 일이
이루지지 않는다'고 했는데, 이것이 명가의 장점이다. 그런데 헐뜯는 자가 그것을 하면
참으로 깎아당기고 후벼 파고 분석하여 어지럽힐 뿐이다."[4] 이처럼 명가는 공자도 정명
正名을 거론하며 관심을 가진 바 있는데, 명가는 예관에서 유래하였다고 거론되는 이유가
이와 무관하지 않다.

다음으로 명가의 사상적 특징에 대해 알아보자. 명가는 만물 일체의 성향을 지닌 혜시,
개념 분석에 관심을 가진 공손룡 사상의 흐름으로 구분된다. 이어 등석은 법을 말하였으
나 궤변적인 색채가 다소 나타나고, 윤문자는 도道·명名·법法의 3가를 병설하여 일파를
이루었다. 혜시는 순수한 궤변가이나 도·명·법을 말한 흔적이 없으며, 공손룡은 명·실
관계를 분명히 하여 궤변적인 색채는 조금 있으나 도·법을 논한 것은 보이지 않는다.[5]
이처럼 그들은 나름대로의 명가답게 각자의 특성을 지니고 그들 나름의 사상을 전개한
다. 다만 명가들은 대체로 궤변적 성향의 언어를 구사하여 일상적 언어를 벗어난 격외의
논리를 설파한 모습을 보이고 있다.

그로 인해 나타나는 명가의 한계로는 무엇이 거론되고 있는가. 명가들의 논증은 상식
을 벗어난 비합리적 요소가 있음으로 인해 본래의 목적과 달리 궤변으로 흐르게 되었다

---

4) 班固,『漢書』「藝文志」, 名家者流 蓋出於禮官 古者 名位不同 禮亦異數 孔子曰 必也正名乎 名不正則言不
   順 言不順則事不成 此其所長也 及謷者爲之 則苟鈎鈲析亂而已.
5) 金能根,『中國哲學史』, 探求堂, 1973, p.163.

는 것이다. 전국 말기의 유가와 법가에 의해 이들이 궤변론자로 취급당하였던 것이 이와 관련된다. 명가는 궤변과 같은 논리학자로서 명과 실의 동이同異를 바르게 하고 개념을 분명하게 하려 하였다. 그러나 도가에 의해 명의 허구성이 폭로된 뒤에 남는 것은 실밖에 없게 되며, 이 실은 사물의 다른 것과 구별 짓는 명이 없기 때문에 무차별적인 것이다.[6] 노자가 '명가명 비상명'名可名 非常名이라 한 것을 주목해야 한다. 명가는 후래에 중국의 변별 논리학에 영향을 주었던 것은 부인할 수 없는 사실이다.

II. 등석의 생애와 사상

1. 생애

등석이라는 인물은 언제 태어나서 그의 생애를 마쳤는지 정확히 모른다. 생몰 년도가 미상이므로 확실한 연대는 알 수 없으나, 주대周代의 사상가이자 정나라 대부였다는 것만은 사실이다. 『춘추좌씨전』에 "소공 30년 자산子産이 죽고 그 아들 태숙이 다스리던 중, 정공 8년(BC 502년)에 태숙이 죽었다. 사천이 계승하고 다음해 죽형竹刑에 의하여 등석을 죽였다"[7]라고 기록되어 있다. 그러니까 등석은 형벌로 죽임을 당하였다는 것이 기록에 의해 나타나고 있을 따름이다.

등석은 당시 제자백가 중에서 어느 학파에 속해 있었는가에 관련하여 크게 두 가지 설이 있다. 하나는 법가류에 속해 있다는 견해이고, 다른 하나는 명가류에 속해 있다는 견해이나, 명가에 속해 있다는 것이 정설이다. 그의 저술로는 「무후」無厚(형벌을 엄격히 해야 한다)와 「전사」轉辭(辨難한 說) 2편이 전해 내려온다. 다만 금본『등석자』는 위탁이라는 설이 있다. 그가 명가의 창시자일 가능성은 있으나, 당시대에는 도리어 명가가 하나의 독립된 학파를 형성하지 못했다.[8] 아울러 등석의 사상이 법가의 성격으로서 주로 다

---

6) 임채우, 「老莊의 세계이해 방식-整體와 部分」, 『道敎와 自然』, 도서출판 동과서, 1999, p.71.
7) 『四庫全書總目提要』, 藝文印書館, p.1980. 張其昀, 『中國思想의 根源』, 文潮社, 1984, p.339.
8) 侯外盧 主編, 양재혁 譯, 『中國哲學史』(上), 일월서각, 1988, p.126.

루었던 '형명'刑名의 논변은 중국의 논리학 연구에 크게 기여했다.

설사 등석이 법가류에 속했다는 기록이 『사고전서』에 실려 있다고 해도, 『한서』「예문지」에서는 그를 명가로 분류하고 있다. 『한서』「예문지」에 수록되어 있는 바로는 종횡가, 도가, 법가의 말들이 잡다하게 섞여 있으면서도 그 주류는 법가에 가깝다고 볼 수 있는 것이다. 순자의 언급에 의하면 등석은 혜시와 같은 부류로 보아 격외의 언급을 많이 한 소피스트적 인물로 이해하고 있다. 이는 그가 변론가적 명가로 이해되고 있음을 언급해주는 내용이다.

등석이 혜시처럼 괴이한 말을 즐긴 사람으로 평가되어 있다는 것은 사실이다. 『순자』의 「비십이자편」非十二子篇을 보면 혜시와 등석은 괴설과 기이한 말琦辭을 즐겼다고 한다. 순자는 다음과 같이 말한다. "선왕을 본받지 않고 예의를 옳게 여기지도 않으며, 괴상한 설을 다루기 좋아하고 괴기한 말장난을 하였다. 깊이 살피긴 하였으되, 혜택을 입히지 못하였고, 변론은 하였으되 아무 소용이 없었다. 일을 많이 만들면서도 공을 적게 하였다. 이것을 기강 다스리는 것으로 삼아서는 안 된다. 그러나 그것을 견지하는 것은 까닭이 있고, 그것을 말하면 이치가 닿았다. 그래서 어리석은 군중을 속이고 어지럽히기에 충분하였다. 이들은 혜시와 등석이다."[9] 순자에 의하면 등석은 군중을 속이고 어지럽히는 궤변론자로 비추어진 것이다.

등석의 이해에 있어서 고려할 수 있는 것은 정나라 자산과의 관계이다. 등석은 자산과 같은 나라 및 같은 시대의 사람으로, 『형법전』刑法典을 저작한 바가 있고 이 『형법전』을 대나무에 새겼으며, 그러므로 죽형竹刑이라 하였다.[10] 등석과 자산은 서로 사이가 나빴던 것 같다. 그들은 대립적인 입장을 취했으니 자산이 조정에서 일하면 등석은 재야에 있었고, 등석은 그의 현란한 명가적 궤변으로 자산을 곤혹스럽게 하였다.

---

9) 『荀子』「非十二子」, 不法先王 不是禮義 而好治怪說 玩琦辭 甚察而不惠 辯而無用 多事而寡功 不可以爲 治綱紀 然而其持之有故 其言之成理 足以欺惑愚衆 是惠施鄧析也.
10) 張其昀, 『中國思想의 根源』, 文潮社, 1984, pp.338-339.

2. 평등과 명실론

등석의 전반 사상은 무차별적인 평등의 인간관계를 지향하고 있다. 왜냐하면 그는 하늘과 사람, 군주와 백성, 아버지와 아들, 형과 아우를 모두 똑같이 보고 일률적으로 평등해야 된다고 여겼기 때문이다.[11] 이런 무차별적 평등론을 설파한 등석은 그의 명가적 궤변론이 바탕에 깔려있기 때문인지도 모른다. 어쨌든 그는 차별과 분별의 논리를 극복하고 무차별의 격외설과 같은 평등 논리를 설파하고 있다.

무차별의 평등 논리는 어떻게 전개되고 있는가. "동이同異는 구별되어 있지 않고, 시비는 정해져 있지 않으며, 흑백은 나누어져 있지 않고, 청탁은 가려지지 않음이 오래되었다."[12] 이처럼 등석은 분별과 논리성을 벗어나 상즉성 내지 초논리를 설하고 있다. 보편적으로 동이, 시비, 흑백, 청탁은 상대 개념으로 구분되어 이해되고 있으며, 이러한 논리성에 바탕하여 여러 개념이 형성된다. 그러나 등석은 무차별의 논리로 이를 상즉성으로 보면서도 차별을 벗어나 있다.

등석의 무차별적 명변名辨은 우리의 일반적 사고를 벗어나게 한다. 이를테면 천지와 군신, 인간관계에 있어서도 격외의 논리를 전개하고 있다. "하늘은 인간에게 두터운 덕厚이 없고, 임금은 백성에게 두터움이 없으며, 아버지는 아들에게 두터움이 없고, 형은 아우에게 두터운 덕이 없다."[13] 일반적 인식으로는 하늘이 인간에게 두터운 덕을 베풀어 왔고, 임금은 신하에게, 아버지는 아들에게, 형은 아우에게 두터운 덕을 베풀어 왔던 것이 사실이다. 그러나 등석은 차별적인 상식 논리를 거부하고 있다. 그의 무차별적 명교名敎의 논리 때문일 것이다.

동석의 해학적 논법은 다음에도 나타난다. 이를테면 그의 저술 「전사편」에서 "성인은 죽지 않고 큰 도둑은 멈추지 않는다"(聖人不死 大盜不止)라든가, "산과 연못은 고저의 차이가 없어서 다 같이 평평하며, 하늘과 땅은 고저가 없이 같으며, 제나라와 진나라는 같은 지척의 나라이다"(실제는 동과 서의 끝에 있는 먼 나라이다)[14]라는 그의 언급이 이

---

11) 張其昀 著, 中國文化硏究所 譯, 『中國思想의 根源』, 文潮社, 1984, p.339.
12) 『鄧析子』「無厚篇」, 異同不可別 是非不可定 白黑之不可分 淸濁之不可理久矣.
13) 『鄧析子』「無厚篇」, 天於人無厚也 君於民無厚也 父於子無厚也 兄於弟無厚也.

와 관련된다. 성인은 죽기 마련인데 죽지 않는다는 논법이라든가, 천지는 분명 고저가 있는데 없다는 것이 바로 초논리의 논리인 셈이다.

일반적인 논리를 초월한 무차별의 세계에서 바라보는 해학적 언급은 다음에도 잘 나타나 있다. "낚시 바늘에 수염이 있고, 계란에 털이 있다."[15] 왜 등석은 낚시 바늘에 수염이 있다고 했을까. 그것은 고기를 낚아 올리면 고기 수염이 보이기 때문이다. 또 왜 달걀에 털이 있을까. 이 역시 새가 부화되면 털이 난다는 사실에 기인한다. 이처럼 시공을 초월하는 그의 논법은 궤변가다운 격외의 논법임에 틀림이 없다.

그런데 등석은 궤변만이 아니라 온당한 인륜 규범에 대해서도 언급하고 있다. 초현실의 세계만이 아니라 현실의 세계에 대해서도 관심을 갖고 있다는 것을 그는 다음에서 밝힌다. "나가 노닐되 공경하지 않으면 공손치 못하며, 거처하며 사랑하지 않으면 인자하지 못하고, 말하되 실천하지 않으면 신뢰받지 못하고, 구하되 얻지 못하면 비롯이 없으며, 계획하되 기뻐하지 않으면 이치가 없는 것이고, 계획하되 따르지 않으면 도를 잃는 것이다."[16] 공경과 인자함, 신뢰감과 도를 실천해야 한다는 것이다.

아무튼 등석은 명가로서 명실의 문제를 분명히 하고 있으며, 또 법가의 성향을 띠면서 법에 대한 관점도 드러내고 있음을 알아둘 필요가 있다. 그가 말한 명실과 법사상에 대해 소개하여 본다. 그는 다음과 같이 말한다. "명에 따라서 실을 책임짐은 임금의 일이고, 법을 받들어 영令을 베풂은 신하의 직책이다. 신하는 제 마음대로 할 수 없고 임금은 자루柄를 잡고 있으면 다스리지 못할 자가 없다."[17] 이처럼 그는 명과 실의 관계를 분명히 하면서 명가로서의 면모를 보이고 있는 반면, 법가적 성향으로서 법에 대해서도 관심을 보이고 있다.

---

14) 『荀子』「不苟篇」, 山淵平 天地比 齊秦襲.
15) 『荀子』「不苟篇」, 鉤有須 卵有毛.
16) 『鄧析子』「無厚篇」, 夫游而不見敬 不恭也 居而不見愛 不仁也 言而不見用 不信也 求而不能得 無始也 謀而不見喜 無理也 計而不見從 遺道也.
17) 『鄧析子』「無厚篇」, 循名責實 君之事也 奉法宣令 臣之職也 下不得自擅 上操其柄而不理者 未之有也.

III. 혜시의 생애와 사상

1. 생애

그토록 궤변의 대변자로 자처하듯, 온갖 격외의 논리를 설파한 혜시는 과연 어느 시대의 사람이었는가. 혜시는 장자와 동시대인이며, 공손룡보다는 선배이다. 혜시는 대략 주나라 열왕 6년(BC 370) 전후에 태어나 주나라 난왕 5년(BC 310)에 죽었다.[18] 그는 전국시대 중기의 송나라 사람으로서 저명한 정치가로도 알려져 있으며, 특히 공손룡과 더불어 명가의 대표 주자였다. 하지만 혜시는 『사기』에 그와 관련한 전傳이 나타나 있지 않다.

명가이면서도 정치가였던 혜시는 사회 구제의 벼슬 활동을 하였다. 다시 말해 그는 위魏의 혜왕을 섬겨 그 재상이 된 것이다. 이와 관련하여 『여씨춘추』는 언급한 바가 있다. "혜시가 위나라 혜왕(BC 370~BC 319)을 위해서 법을 제정했다. 법을 완성하여 사람들에게 공포했을 때 사람들은 모두 좋다고 여겼다."[19] 혜시는 당시 혜왕을 위해서 법전을 편찬한 일이 있어, 왕과 백성이 환영하였으나 그의 법은 반대자들이 있어서 시행되지는 못하였다.

혜시에 대해서 그 인물됨을 알려면 장자를 통하지 않을 수 없다. 혜시에 대해 가장 많은 언급을 한 인물은 바로 장자이기 때문이다. 혜시는 장자의 친구이기도 하였다. 장자는 혜시에 대해 평가하기를 "혜시는 이것으로써 천하를 크게 꿰뚫어 보고 변자를 훤히 알아보았다. 천하의 변자는 서로 그와 더불어 즐겼다"[20]라고 말한다. 이처럼 장자에게 혜시는 어느 정도 긍정적 인물로 거론되고 있다.

장자와 혜시는 용호상박의 논적이었고, 그 우정 역시 대단히 돈독하였다. 장자의 사랑하는 아내가 죽었을 때 혜시가 문상하였다는 것이 『장자』의 「지락편」에 나온다. 또 혜시가 죽은 뒤 장자는 혜시의 묘를 지나다가, 혜시가 죽고부터 더불어 철학을 토론할 사람이

---

18) 張岱年 著, 김용섭 譯, 『중국의 지혜』, 청계, 1999, p.167.
19) 『呂氏春秋』「審應覽第六, 凡八篇, 卷第十八五曰淫辭」, 惠子爲魏惠王爲法 爲法已成 以示諸民人 民人皆善之.
20) 『莊子』『天下篇』, 惠施以此爲大觀於天下 而曉辯者 天下之辯者 相與樂之.

없어졌다고 탄식하는 것이 『장자』「서무귀편」에 보인다.

혜시의 저술로는 많은 저서가 있었으나 아쉽게 오늘날 전해지지 않는다. 한대에 그의 저술 대부분을 일실하였으며, 『한서』「예문지」에 의하면 저술된 것이 『혜자』惠子 1편에 지나지 않는다고 하였다. 물론 그 1편마저 수·당지에는 실려 있지 않다고 하니 아쉽기만 하다. 오늘날 혜시의 저술은 모두 일실되었으나, 다행히도 『장자』의 「천하편」, 「즉양편」, 『순자』의 「불구편」, 『여씨춘추』의 「응언편」, 「음사편」, 「불굴편」, 『회남자』의 「수무훈」, 「제속훈」 등에 인용한 단편적 기록들이 보인다. 그 외에도 『한비자』의 「내저설편」에도 그의 사상이 남아 있다.

많은 저술을 하였음은 물론 박학다식하였기 때문에 혜시는 언설에 걸리는 바가 없었다. 장자는 이와 관련하여 말한다. "혜시의 학설은 다방면에 걸쳐 있고 그 저서는 다섯 대의 수레에 쌓을 정도이며 그가 말하는 도는 이것저것 뒤섞어서 정리되지 않고 그가 말하는 바는 사물의 도리에 맞지 않는다."[21] 장자는 혜시의 이러한 논법으로는 천하를 달관한다고 할 수 없다는 등 혜시에 대해 평가를 절하하기도 하였다. 장자는 「천하편」에서 "혜시는 남에게 이기겠다는 데에 마음이 있고 도술은 없다"(施存雄而无術)라고 비판한 것도 같은 맥락이다.

2. 역물십사歷物十事의 변론

혜시는 그의 박학다식으로 인해 막힘없이 그의 견해를 밝힌다. 따라서 당시 많은 사람들이 혜시의 변설에 대해 비판을 가한다. 명가로서의 혜시를 예술인과 비유하는 장자의 비판적 비유법이 새롭다. "소씨가 거문고를 뜯는 것과 사광이 북채를 세우고 가락에 귀기울이는 것과, 혜시가 책상에 기대어 변설을 늘어놓는 것, 세 사람의 지식은 거의 정묘한 경지에 달하여 후세에까지 그 이름이 기록되었다."[22] 장자의 입장에서 보면, 후대 혜시의 주장은 궤변으로 보임은 물론 미완에 그쳤다고 할 수 있다.

---

21) 『莊子』「天下」, 惠施多方 其書五車 其道舛駁 其言也不中.
22) 『莊子』「齊物論」, 昭文之鼓琴也 師曠之枝策也 惠子之據梧也 三子之知 幾乎皆其盛者也 故載之末年.

혜시의 저서가 다섯 수레나 된다고 하니 과연 엄청난 지적 축적이 아닐 수 없다. 그렇게 많은 저술이 전해지지 않고 단편적으로 전해짐은 아쉽기만 하다. 후대에는 겨우「역물십사」歷物十事만 전해오며, 『장자』, 『한비자』, 『여씨춘추』, 전국책 등에 혜시의 언론에 관한 고사가 많이 기록되어 있어 혜시 학풍에 대해 대강 짐작할 수 있다.[23) 혜시의 풍부한 저술 실력으로 인해 나타난 궤변의 내용을 대표적으로 10가지만 예시하여 보며, 이를 혜시의「역물십사」라고 한다. 여기에는 혜시의 만물평등, 시공초탈, 무차별의 이해 등이 거론된다.

첫째는 '지대무외'至大無外와 관련한 것이다. 혜시는 다음과 같이 말한다. "지극히 커서 더 이상 그 외부라는 것이 없는 공간을 대일大一이라 한다. 지극히 작아서 더 이상 그 내부라는 것이 없는 극미를 소일小一이라 한다."[24) 이는 내외의 공간, 나아가 대소의 크기마저 넘어서는 무차별의 세계이다.

둘째는 '무후'無厚에 대한 것이다. 그에 의하면 "두께가 없는 것은 축적할 수 없지만, 그 크기는 천리에 이른다"[25)고 하였다. 그의 언급에는 후·박의 차이를 넘어서는 것으로 기하학의 측면과 같다고 이해된다.

셋째는 '천여지비'天與地卑와 관련한 내용이다. 그는 말하기를 "하늘은 땅만큼 낮고, 산은 못과 수평이 같다"[26)라고 하였다. 그의 언급은 무차별의 세계에서 보면 높낮이가 없는 평평한 것이라는 의미이다.

넷째는 '일방중방예'日方中方睨에 대한 것이다. 그는 말하기를 "태양은 정오에 기울고 생물은 생기면서 죽는다"[27)고 하였다. 이는 시간을 초월하는 것이자 공간을 초월하는 내용으로 시공초탈적 논리이다.

다섯째는 '대동이'大同異이다. 같은 점과 다른 점에 관련된 내용이 이것으로, 혜시는 다음과 같이 말한다. "대동大同은 소동小同과 다르다. 이것이 소동이小同異이다. 만물은 어느

---

23) 張岱年 著, 양재혁 外 2人 共譯, 『中國哲學史 方法論』, 理論과 實踐, 1988, p.106.
24) 『莊子』「天下」, 至大无外 謂之大一 至小无內 謂之小一.
25) 『莊子』「天下」, 無厚 不可積也 其大千里.
26) 『莊子』「天下」, 天與地卑 山與澤平也.
27) 『莊子』「天下」, 日方中方睨 物方生方死.

면에서는 모두 같고, 어느 면에서는 모두 다르다. 이것이 대동이大同異이다."²⁸⁾ 곧 대소의 관념을 동원하여 그 동이라는 차별 및 무차별을 극복하자는 논리이다.

여섯째는 '무궁'無窮에 대한 것이다. 그는 말하기를 "남방은 끝이 없지만 그러나 끝이 있다"²⁹⁾라고 하였다. 그의 논지에서 보면 궁窮과 무궁의 차별을 벗어나고자 하는 무한 세계와 상대적 세계가 나타난다.

일곱째는 '금일적월'今日適越에 관한 내용이다. 그는 매우 비논리적 논리를 제시하고 있다. "오늘 월로 출발하여 어제 도착하였다."³⁰⁾ 상식적으로는 미래 즉 내일에 도착하여야 하나 도착하여 보니 이미 지난 과거로 변한다는 논리가 이것으로, 현실의 시간 개념을 극복함이 잘 나타난다.

여덟째는 '연환가해'連環可解에 대한 것이다. 그에 의하면 "연결된 고리는 풀 수 있다"³¹⁾는 내용이다. 연결 고리는 환상의 마술에서 풀 수 있지 어떻게 실제로 풀린다는 말인가. 하지만 연결된 고리는 언젠가는 풀리게 마련이므로, 현재 풀리지 않는 고리라도 결국 풀린다는 사실에서 그는 현실에 국집된 시간의 초탈적 논리를 전개한다.

아홉째는 '아지천하지중앙'我知天下之中央과 관련되는 내용이다. "나는 천하의 중앙을 안다. 연燕의 북, 월越의 남이 그것이다."³²⁾ 천하의 중앙은 하나밖에 없으나, 그의 견해를 보면 천하의 중앙은 연나라의 북에 있든지 월나라의 남에 있든지 상관이 없다는 것이다.

열째는 '범애만물'氾愛萬物에 대한 것이다. 혜시는 다음과 같이 말한다. "만물을 다 같이 사랑하라. 천지는 한 몸이다."³³⁾ 어떻게 천지가 한 몸일까에 대한 것을 생각하여 보면 형형색색의 세계가 하나로 투영되는 혜시의 만물 동체적 사유로 연결된다. 즉 사랑의 세계에서 보면 천지를 차별할 것이 하나도 없다는 사유가 이와 관련되며, 장자의 만물제동과 같은 논리이다.

---

28) 『莊子』「天下」, 大同而與小同異 此之謂小同異 萬物畢同畢異 此之謂大同異.
29) 『莊子』「天下」, 南方無窮而有窮.
30) 『莊子』「天下」, 今日適越而昔來.
31) 『莊子』「天下」, 連環可解也.
32) 『莊子』「天下」, 我知天下之中央 燕之北越之南是也.
33) 『莊子』「天下」, 氾愛萬物 天地一體也.

그 외에도 혜시의 궤변적, 만물초탈적, 시공자재적 논법은 여기저기에서 발견된다. 하나의 예를 더 들면 '윤불전지'輪不蹍地[34]라는 것으로 "바퀴는 땅을 밟지 않는다"는 것이다. 이는 땅이 바퀴를 올려주는지, 바퀴가 땅을 밟는지는 모를 일이다. 여기에서 상식의 고정관념이 벗겨지고 있다. 혜시의 궤변가적 초논리의 논리에는 이처럼 격외의 화두 같은 진리의 심오한 세계가 노정되어 있다.

Ⅳ. 공손룡의 생애와 사상

1. 생애

공손룡은 BC 320~BC 250년경의 사람이다. 그는 명가 가운데 가장 저명한 사람으로, 전국 말기에 활동하였다. 탄생지는 조나라이며 자는 자병子秉이다. 그는 주나라 현왕 44년(BC 325) 경에 태어나 진나라 효문왕 원년(BC 250)에 죽었으며, 혜시와 더불어 유명한 변사辯士였다.[35] 이처럼 그는 전국 말기 명가의 대변론가로서 오늘날까지 잘 알려져 있다.

기원전 279년 무렵 공손룡은 조나라에서 벼슬을 지냈다. 그는 조나라의 재상 평원군으로부터 빈객으로서의 두터운 대우를 받아 그의 무리가 되는 동시에 정략에 이바지하였는데 후에는 물리침을 당했다.[36] 그는 연나라 소왕 29년(BC 283)을 만나 군사력 감축을 논하고 싶어 했다. 또 소왕이 33년에 죽자 공손룡은 연나라에서 조나라로 갔으며, 당시 군주는 혜惠 문왕이었다. 그는 문왕에게 병력 감축을 건의하는 등 치세에 관심을 기울였다.

오늘날 공손룡은 궤변론자로 더 잘 알려져 있다. 위에서 언급한 것처럼 공손룡은 조나라의 혜 문왕(BC 298~BC 266)에게 겸애와 언병偃兵(전쟁 중지)을 말한 일도 있지만 오히려 백마비마론白馬非馬論, 견백석론堅白石論 등을 주장하여 더욱 유명해졌다. 다음과 같이 그는 말한다. "내가 유명해진 것은 바로 백마론 때문이다. 그런데 이제 나한테 그것을

---

34) 가노 나오키 著, 吳二煥 譯, 『中國哲學史』, 乙酉文化社, 1986, p.253 參照.
35) 張岱年 著, 김용섭 譯, 『중국의 지혜』, 청계, 1999, p.179.
36) 金容治 著, 조성을 譯, 『中國思想史』, 이론과 실천, 1988, p.73.

버리라고 한다면 나는 더 이상 가르칠 것이 없다."[37] 물론 『사기』의 「평원군전」에는 공손룡이 견백堅白의 변론에 능하였다고 평하였다.

공손룡의 저서로는 『한서』 「예문지」에 『공손룡자』 14권이 있었다고 한다. 그의 저술로 현존하는 것은 『정통도장』에 실린 「적부」跡府, 「백마비마론」白馬非馬論, 「지물론」指物論, 「통변론」通變論, 「견백론」堅白論, 「명실론」名實論 등 6편이 있다. 곧 『공손룡자』는 고대 중국의 철학적 서술로서 최고봉에 도달한 것이라고 일컬어지고 있으며, 마치 플라톤의 스타일과 흡사한 대화 형식을 보면 대화자의 논의가 항상 진지하였다.[38] 하지만 그의 많은 저술이 한대 이래 대부분 상실되었다는 것은 아쉬움으로 남는다. 『여씨춘추』, 『회남자』, 『별록』別錄, 『양자』楊子, 『법언』法言, 『열자』 등에도 공손룡에 대한 언급이 나타난다.

아무튼 공손룡은 당대의 혜시와 더불어 명가의 쌍벽을 이루었던 대표적 인물이었음에 틀림없다. 그는 혜시와 함께 묵가의 영향을 받기도 하였다. 『장자』 「천하」편에서 공손룡은 혜시의 학문을 신봉하였다고 기록되어 있다. 또 장자가 혜시에게 말하기를 "유儒·묵墨·양楊·병秉으로 넷이며, 공손룡 선생까지 합하여 5이 된다'(儒墨楊秉四 與夫子爲五)라고 하였는데, 병이란 곧 공손룡을 두고 말한 것이다.[39] 다만 혜시나 공손룡의 논리는 후래 크게 발전하지 못했으며, 궤변론에 머무른 한계가 있다.

2. 백마론白馬論

백마비마론白馬非馬論은 공손룡의 논리학 내지 인식론에서의 핵심 논쟁이다. 이는 공손룡이 말을 타고 국경을 지나면서 언급된 것이라 한다. '백마'는 백白과 마馬의 두 개념으로서 마馬라는 개념과는 그 포함하는 범위가 다르므로 백마는 말이 아니라는 것을 논하여 개념의 구별을 명확히 할 것을 주장하는 이론이다.[40] 개념의 혼동에서 벗어나고자 하는

---

37) 『公孫龍子』 「白馬論」, 龍之所以爲名者 乃而白馬之論耳 今使龍去之 則無而敎焉.
38) 조셉 니담 著, 李錫浩 外 2人 譯, 『中國의 科學과 文明』 II, 乙酉文化社, 1986, p.264.
39) 漢書藝文志 考證에 인용된 列子釋文에 의함(가노 나오키 著, 吳二煥 譯, 『中國哲學史』, 乙酉文化社, 1986, p.253).
40) 鄭長澈 譯解, 『荀子』, 惠園出版社, 1992, p.72.

그의 논리적 변설이 바로 명가의 대표답게 백마비마론을 등장시킨 배경이다.

백마론의 본래 의미는 무엇인가. 그것은 우선 "백마白馬는 마馬가 아니다"는 것으로, 특칭特稱과 전칭全稱을 혼동하지 말라는 환기성 발언이다. 다시 말해서 백마의 '마'馬라는 것은 형形에 명名을 붙인 것이고, 백마의 '백'白은 말의 색에 명名을 붙인 것이라는 뜻이다. 여기에서 주의해야 할 것이 있다. 그것은 형形에 명名을 붙인 것馬과 색色에 명을 붙인 것白은 전연 별개라는 의미이다. 따라서 색에 명을 붙인 것白에는 형이라는 개념이 포함되지 않는다. 다시 말해서 이는 백마白馬 중에 포함되어 있는 개념과 마馬에 포함되어 있는 개념과는 차이가 있으니 백마는 말이 아니라는 논리이다.

그러면 백마비마론에 대해 공손룡이 언급한 내용을 소개하여 보자. "백마는 말이 아니다. … 마馬라는 것은 형태를 나타내고 백白은 색을 나타낸다. 색을 나타내는 것은 형形을 나타내지 않는다. 그러므로 백마는 말(그 자체)가 아니라는 것이다."[41] 이처럼 공손룡은 마馬를 구하려는 경우, 황마黃馬나 흑마黑馬를 내놓을 수 있으나 백마白馬를 구하려는 경우에는 황마나 흑마를 내놓을 수는 없다는 논리를 설파한다. 이러한 사실에서 백마는 말 자체, 혹은 말의 본질은 아닌 것으로 그는 파악한다.

또 공손룡은 백마론을 언급함에 있어 흰색이라는 색깔을 가지고 그의 논리를 전개한다. "말은 원래 색을 가지고 있다. 그러므로 백마가 존재한다. 설혹 무색의 말이 존재한다고 하면 말 그 자체만이 존재하는 것으로 된다. 그렇게 되면 어떻게 백마를 입수할 수 있을까. 흰 것은 말이 아니다. 백마는 백白과 결부된 말이다. 그러나 백이 결부된 마馬는 (이미 단순한) 마馬가 아니다. 그러므로 백마白馬는 마馬 자체가 아니라는 것이다."[42] 이처럼 그가 말하는 논지는 '백마비마'白馬非馬의 입장으로, 마馬라는 것은 흰 것을 세세하게 정하지 않은 이상 백마라는 것은 이미 마馬가 될 수 없음을 상정하고 있다.

---

41) 『公孫龍子』「白馬論」, 白馬非馬 … 馬者 所以命形也 白者所以命色也 命色者 非命形也 故曰 白馬非馬.
42) 『公孫龍子』「白馬論」, 馬固有色 故有白馬 使馬無色 有馬如而已 安取白馬 故白者非馬也 白馬者 馬與白也 非馬也 故曰白馬非馬也.

3. 견백론堅白論

견백론堅白論이란 견백동이설堅白同異說과 같은 말이다. 이는 견백석堅白石을 인식하는데 서 거론되는 논란이다. 이를테면 견백동이설은 견백동이지변堅白同異之辯이라고 할 수 있 다. 공손룡이 주장한 논리학의 중심에서 기이한 변론이 벌어진다. 눈으로 돌을 보면 색이 흰白 것은 알 수 있으나, 그 단단함堅은 알 수 없으며, 손으로 돌을 만지면 그 단단함은 알 수 있으나 색은 알 수 없다는 데서 문제가 따른다. 견석堅石과 백석白石은 동일한 돌이 아니라고 하는 것과 같은 논법으로서, 시是를 비非라 하고 비를 시라고 하는 따위, 동同을 이異라고 하는 일종의 궤변43)이 이와 관련된다.

다시 말해서 견백설의 본질을 보면, 『장자』 「추수편」에서 공손룡은 견백을 떠난다고 하는데, 이는 견堅과 백白은 각각 독립한 보편적 사상事象이라는 것이다. 굳고堅 흰白 돌石 이 있다면 그것을 손으로 잡아보면 굳고堅, 눈으로 보면 희고白, 그 물체는 돌石이라는 묘한 논리가 뒤따른다. 견堅의 성질과 백白의 성질과 석石이라는 세 개념의 집합체이므로 이 견백석은 3속성을 가졌지만, 공손룡은 견백석은 3이 아니고 2라 한다. 시각과 촉각의 분석에 의한 그의 주장이다. 왜냐하면 시각에 의하면 석石의 백白은 알 수 있으나 견堅은 알 수 없고, 촉각에 의하면 견堅은 알 수 있으나 백白은 알 수 없기 때문이다.

순자는 이러한 공손룡의 견백동이론을 비판하고 나선다. "그 궤변가 공손룡의 견백동 이론이나 혜시의 유후有厚 무후설無厚說이 세밀하지 아니한 것은 아니지만, 군자가 이것을 말하려 들지 않는 까닭은 이미 자기가 가서 그쳐야 할 목표가 뚜렷하기 때문이다."44) 이처럼 순자는 혜시와 더불어 공손룡을 비판하는데 견백론과 같은 기괴한 사유는 군자가 목표하지 않는다면서, 언어적 희유에 대하여 환기를 요하고 있다.

그렇다면 견백론에 대해 공손룡은 무어라 주장하고 있는지 궁금하다. "견堅, 백白, 석石 은 3이라 해도 좋은가. 좋지 않다. 2라고 해도 좋은가. 좋다. 어째서 그런가. 견堅이 없이 백白을 얻으면 그것은 2로 된다. 백白이 없이 견堅을 얻으면 그것은 2로 된다. … 시각은

---

43) 鄭長澈 譯解, 『荀子』, 惠園出版社, 1992, p.72.
44) 『荀子』 「修身篇」, 夫堅白同異有厚無厚之察 非不察也 然而君子不辯 止之也.

견堅을 지각하지 못하나 견堅이 없는 백白을 얻는다. 촉각은 백白을 지각하지 않으나 백白이 없는 견堅을 얻는다."45) 그의 논리는 보는 것과 보이지 않는 것은 서로 떨어진 것이며, 따라서 어느 것이건 다른 쪽을 만족시키지 못한다는 데서 기인한다. 시각과 촉각의 차이를 논리적으로 응용한 공손룡의 논법이다.

그는 이어서 견백론을 다음과 같이 거론한다. "견堅이란 다만 돌에만 관련되어 견堅하지 못하다. 그것은 다른 물건에도 공통적이다. 그것은 물건과 관련되기 때문에 견堅한 것은 아니다. 그 견堅은 필연적으로 자체가 견堅한 것이다. 돌이나 기타의 물건 때문에 견堅한 것은 아니고 견堅 자체이기 때문에 설혹 이 세상에 견堅한 물건이 전연 존재하지 않는다 해도, 그것은 오직 보존되어 있을 뿐이다."46) 견堅이란 손을 대서 접촉함으로써 지각되며, 지각하는 것은 마음이지 손은 아니라고 한다. 시각과 촉각의 혼동을 극복하는 견백론은 오늘날 개념 인식적 논리학의 엄밀성을 환기시켜주는 예가 아닌가 본다.

4. 지물론指物論

지물론指物論의 본질에 대해 언급하여 보자. 물物은 물체라면, 지指는 물체가 지닌 속성을 말하는 것으로, 존재의 측면에서 물은 개체라면 지는 물성物性을 말한다. 다시 말해서 인식의 측면에서 지라는 '물성'의 인식을 통해 물의 '개체'를 이해하게 된다는 것이 공손룡의 지물론이다. 이러한 논리에 의하면, 우리가 물의 접근을 위해서는 물과 지라는 인식 논리를 요구할 수 있다.

공손룡의 지물론에 대해 조셉 니담은 깊은 관심을 갖는다. 니담에 의하면 오늘날 우리가 이용할 수 있는 부분에서 볼 수 있는 『공손룡자』의 기본 이념은, 서양철학이 구체적 사물과 구별해서 일반 개념이라고 일컬어 왔던 것(예를들면 白, 馬, 堅 등)에 대한 인식47)

---

45) 『公孫龍子』「堅白論」, 堅白石三 可乎 曰 不可 曰 二可乎 曰 可 曰 何哉 曰 無堅得白 其擧也二 無白得堅 其擧也二 … 視不得其所堅 而得其所白者 無堅也. 拊不得其所白 而得其所堅者 無白也.
46) 『公孫龍子』「堅白論」, 堅未與石爲堅 而物兼 未與物爲堅 而見必堅 其不堅石物而堅 天下未有若堅而堅藏.
47) 조셉 니담 著, 李錫浩 外 2人 譯, 『中國의 科學과 文明』 Ⅱ, 乙酉文化社, 1986, p.264.

이라는 입장이다. 이에 공손룡이 '지'指라고 일컬었던 것은 특수의 '물'物과는 다르므로 '지'는 손가락 또는 지명指名의 의미를 지니고 있다. 마치 '달을 가리키는 손가락'처럼, '지정'指定의 일반 공통 요인을 가리키는 것으로 되었다고 조셉 니담은 말한다.

그렇다면 공손룡은 지물론에 대해 어떻게 언급하고 있는지에 대해 소개하여 보자. 그는 다음과 같이 말한다. "세상에 지指가 없는 것은 없다. 그러나 지에는 지가 없다. 만약에 세상에 지가 없으면 물을 물이라고 부를 수가 없다. 만약에 지가 없고 세상에 물이 없다면 지에 대해서 이야기할 수 있을 것인가."48) 지에 지가 없다는 말은 지를 분석한다든지 다른 지로 분별할 수 없다는 뜻이다. 그리고 지가 없으면 물이라 부를 수 없다는 이유도, 물에는 명확한 분석指을 통해 나타나는 속성物이 없는 것으로 되기 때문이다.

이어서 공손룡은 지물론에 대해 다음과 같이 말한다. "지는 이 세상에 존재하지 않는다. 물은 이 세상에 존재한다. 이 세상에 존재하는 것이 이 세상에 존재하지 않는 것이라고 생각하는 것은 불가능하다."49) 그의 언급은 매우 궤변적 논리를 설하고 있어 쉽게 이해하지 못한다. 다만 그는 세상에 물질적으로 지가 존재하지 않아서 물을 지라고 부를 수는 없다는 논리를 전개하고 있다. 또 그에 의하면 물을 지라고 부를 수 없다면 물은 지는 아니라고 말한다. 그런 까닭에 물질적으로 존재하는 지는 없으나 지가 없는 것은 없다고 그는 말하였다. 어쨌든 그의 지물론의 핵심은 '물막비지'物莫非指라는 것이며, 지는 시공의 존재가 아니어서 물과 다르다는 논지이다.

위의 논조와는 다른 면이 있더라도 명가의 백마비마白馬非馬 · 지물指物과 유사하게도 불법의 사유에 맞게 '달을 가리키는 손가락'의 화두가 떠오른다. 참 달을 가리키는 손가락이 있음으로 인해서 달을 우리가 볼 수 있는가. 아니면 가리키는 손가락이 없어도 참 달이 있음을 우리가 아는가. 혹여 세상 사람들은 가리키는 손가락에 집착되어 손가락만 바라볼 뿐 참달을 발견하지 못하는가. "저 원상은 참 일원을 알리기 위한 표본이라, 비하건대 손가락으로 달을 가리킴에 손가락이 참 달은 아닌 것과 같나니라. 그런즉 공부하는 사람은 마땅히 저 표본의 일원상으로 인하여 참 일원을 발견하여야 할 것이며"50)라고 소태산

---

48) 『公孫龍子』 「指物論」, 物莫非指 天下無指 物無可以謂物 非指者 天下無物 可謂指乎.
49) 『公孫龍子』 「指物論」, 指也者 天下之所無也 物也者 天下之所有也 以天下之所有 爲天下之所無 未可.

(박중빈, 1891~1943)은 말하고 있다. 손가락과 달의 표리가 지·물의 관계와 전혀 무관하다고 할 수는 없으리라 본다.

---

50) 『대종경』 교의품 6장.

제8장

제가의 인물과 사상

Ⅰ. 음양가와 추연

음양가는 전국시대 6가의 한 학파이다. 『사기』「태사공자서」에서는 사마담의 학설이라며, 6가로서 음양가, 유가, 묵가, 법가, 명가, 도가를 말하고 있다. 또 서한 때에 유흠(?~AD 23)은 10가를 말하고 있는데, 10가로서 6가 외에 종횡가, 잡가, 농가, 소설가를 거론하고 있다. 6가중의 한 학파로서 음양가는 방사方士에서 나왔다고 한다. 고대의 귀족은 대부분 무축巫祝과 술수의 전문가를 두고 있었는데, 귀족 정치가 붕괴하자 이 전문가들은 '관직을 잃고' 민간에 유랑하며 자신들의 기예를 팔아 생활했으니, 즉 방사가 되었던 것이다.[1] 그들이 바로 음양가로 탄생하는 발단이 되었다.

이 음양오행설은 주말과 전국시대부터 시작되어 한대에 이르기까지 유행하였다. 음양오행론은 『역경』 및 『상서』尙書에 연원을 두는데 후에 기설奇說을 덧붙여 일어난 설이라고 이해하면 별 무리가 없을 것이다. 음양오행설은 전국시대의 추연과 추석의 무리가 주장한 것으로, 그들은 음양오행설에 인의예지를 섞어서 새 학파를 창시하여 유교의 이단이 되었다. 역易과 역법曆法을 참고하여 일년을 4시時, 8위位, 12도度, 24절節로 나누고, 매월 행사를 정하여 놓고 위에 순응하는 자는 흥하고 위반하는 자는 망한다는 논리를 폈다. 또 그 학설을 보면 오행五行은 인사人事와 밀접한 자연현상이므로 제왕은 이를 잘 활용해야 한다는 것이다.

이제 음양가란 무엇인가에 대해 알아보자. 전한서前漢書에서 밝힌 음양가를 소개해 본다. "음양가의 교설은 옛날의 천문관인 희羲와 화和에서 시작하였다. 이 파는 빛나는 하늘과 끊임없이 나타나는 갖가지 상징 및 일월성신을 공경스럽게 따르며 사람들에게 시時를 가르쳤다. 여기에 본받을 점이 있는 것이다. 그러나 이 교설을 아주 엄밀하게, 그리고 글 뜻만으로 까다롭게 해석한 자는 스스로 많은 제약과 쓸데없는 금제禁制에 속박되었다. 그리하여 최선을 다하는 인간적인 노력을 버리며, 귀신에게 의지하려 했다."[2] 음양가에

---

1) 풍우란 著, 박성규 譯, 『중국철학사』(上), 까치, 1999, p.725.
2) 『前漢書』 卷30, 陰陽家者流 蓋出於羲和之官 敬順昊天歷象日月星辰 敬授民時 此其所長也 及拘者爲之 則牽於禁忌 泥於小數 舍人事而任鬼神(조셉 니담 著, 李錫浩 外 2人 譯, 『中國의 科學과 文明』 Ⅱ, 乙酉

대해 매우 구체적으로 언급을 한 것이다. 그들은 천문天文과 역수曆數를 주로 한 제자백가로서 이 천문과 역수, 방위 등으로 길흉화복을 예언하였다.

그리하여 음양가는 그들의 술수로 정치와 사회 변동을 설명해내었다. 이들은 자연 변화와 오행의 원리로 왕조의 교체와 급속하게 진행되던 당시의 사회변동을 설명한 것이다.[3] 추연, 장창, 추석 등이 그들이다. 이들이 활동한 시기는 전국 말기로서 음양오행으로 유가 및 도가, 후세 중국인에게 영향을 미쳐 미신적이나 중국 과학의 원류가 되었다고 전해진다. 자연의 변화 원리에 인사의 미래를 점친 사유는 오늘날 『주역』에 나오는 음양오행의 원리로 세상사를 점치는 것과 유사하다.

이 음양가의 대표자는 단연 추연이다. 그의 정확한 생애에 관하여서는 알 길이 없으나 대략 BC 350년에서 BC 270년 사이에 살다간 인물이다. 비록 그가 혼자서 오행설을 창시한 것은 아니더라도 기껏 100년 안팎에 제齊나 연燕과 같은 동해안의 나라들에서 널리 유포되고 있었던 이 주제에 대한 여러 관념을 체계화하여 확립시킨 것이다.[4] 추연은 봉건 제후를 역방한 인물로 알려져 있고, 그가 환영받았다는 『사기』의 기록도 전해진다.

음양가의 대표로서 추연은 음양오행론에 있어 반 유교적 사유를 한 인물이다. 그를 포함하여 음양가들은 오행에 관하여 반유교적인 한대漢代 사변의 원조였을 뿐 아니라, 또한 연해지대 각 나라들의 방사 자신들은 아니더라도 적어도 그들과 매우 밀접한 관계가 있었다고 할 수 있다.[5] 방사들이 후에 한 무제의 궁전에서 중요한 역할을 수행했던 인물들이다. 추연의 사상에서는 우주 만물이 형形, 질質, 기氣로 성립된다고 하는데, 이것들 중 기는 초감각적인 것으로서 만물에 생명력을 부여한다고 했다.

文化社, 1986, p.355再引用).
3) 박재희, 「黃老道家의 형성과 세계관」, 한국도가철학회 1998년도 제3회 학술발표회 《발표요지》, 한국도가철학회, 1998년 7월 28일, p.21.
4) 조셉 니담 著, 李錫浩 外 2人 譯, 『中國의 科學과 文明』 II, 乙酉文化社, 1986, p.328.
5) 위의 책, pp.339-340.

II. 종횡가와 귀곡자

중국철학사에서 종횡가에 대한 관심은 그렇게 많은 편이 아니다. 이에 종횡가란 무엇인가에 대해 언급하여 보자. 일반적으로 종횡가란 의미는 '남북왈종'南北曰縱, '동서왈횡'東西曰橫이라는 말에서 유래하였다. 특히 전국시대에 활동한 종횡가의 명칭은 우리가 잘 알고 있는 용어, 즉 합종合縱과 연횡連橫이라는 말로 이해하는 것이 편하다. 6국이 진秦에 대항한 것을 합종이라 하고, 진이 6국을 견제한 것을 연횡이라고 한다. 또 6국이 연합해서 진에 항거한 것을 합종이라 하고, 6국을 유세해서 진을 섬긴 것을 연횡이라 한다.[6] 이에 더하여 중약衆弱이 합해서 강국에 항거하는 것을 합종이라 하고, 합종이 흩어져서 강국을 섬기는 것을 연횡이라 말하기도 한다.

다음으로 종횡가는 어디에 연원하고 있는지도 밝혀보자. 보통 종횡가는 고대 행인지관行人之官에서 나온 것에 대해 학자들 간에 의견이 일치하고 있다. 여기에서 행인行人이란 여행인이라 해도 좋을 것이다. 이 행인이란 천하의 일을 주지周知하고 각국의 민정民政, 예속禮俗, 정교政敎, 형금刑禁 및 그 특수한 동태 등을 식별하여 빈객을 응대하고 외교邦交를 돈독히 하는 일을 직책으로 삼는 자이다.[7] 종횡가로서의 행인은 주로 읍양揖讓과 진퇴의 도와 주선周旋 응대를 잘 알아야 했다. 주로 그들은 외교적 일에 관련되어 있기 때문이다. 이 종횡가는 유가와 묵가, 그리고 법가 병가 도가에 대해서도 유연한 접근이 필요하였다.

주지하듯이 종횡가의 대표적 저술로는 『귀곡자』鬼谷子가 있다. 이는 현존하는 것으로 귀곡자가 찬한 것이라고 하지만 귀곡자는 성명이 없으며, 다만 그가 은거하던 곳에 따라 귀곡선생이라고 칭했다는 것이다.[8] 귀곡선생은 어떤 사람인지 잘 모르지만 영주 양성陽城의 귀곡에 은거했으며, 그의 자호를 '귀곡자'라고 하였다. 소진, 장의가 그에게 사사하고 종횡지학縱橫之學을 전수받았다. 이 책은 『한지』漢志에 기록되어 있지 않으므로, 후세에

---

6) 張其昀 著, 中國文化硏究所 譯, 『中國思想의 根源』, 文潮社, 1984, p.454.
7) 위의 책.
8) 가노 나오키 著, 吳二煥 譯, 『中國哲學史』, 乙酉文化社, 1986, p.257.

위서라고 일컬어지기도 한다. 혹 소진이 자찬自撰한 것을 귀곡자의 이름에다 가탁한 것이라는 설도 있지만, 사실 여부를 확인할 길이 없다.

귀곡자의 사상은 노장의 허정 이론에 바탕하고 있다. 그가 노장의 허정주의를 권모權謀에 응용한 것으로는, "마음은 편안하고 고요하기를 바라고, 생각은 깊고 멀기를 바란다. 마음이 평안하고 고요하면 정신 작용이 활발하고, 생각이 깊고 멀면 꾀하는 일이 이루어진다"[9]는 주장에서 발견된다. 아마 그는 세상 평정의 일에 있어 마음의 안정을 중요시하여 우선 순위로 본 듯하다.

아울러 귀곡자는 '모략학'謀略學을 주장하였는데, 모략학의 대체 6가지[10]를 소개하여 보자. ① 일체 사물의 상대 변화의 법칙을 뒤쪽으로부터 파악해가야 한다. ② 진실한 정보를 수집하고 아울러 인류 심리의 약점을 장악한다. ③ 틈을 이용하며 급소를 친다. ④ 형세를 조장하고 구속하며 위협한다. ⑤ 적의 내부에 깊숙이 들어가서 적을 훼멸한다. ⑥ 알지 못하게, 보지 못하게, 헤아리지 못하게(無窮之計) 한다. 이를 보면 그는 권모술수로써 치국 및 외교의 스타일을 변화무쌍하게 전개하고 있음을 알게 해준다.

귀곡자에게서 사사師事한 종횡가의 대표인물로서 소진과 장의는 스승 귀곡자로부터 많은 것을 배운 사람들이다. 이들은 동東으로 제齊에서 스승을 섬겨, 귀곡선생에게서 배웠다[11]고 하였으며, 또 「장의전」張儀傳에서도 귀곡선생에게서 배웠다고 전한다. 그들은 각기 다른 면에서 역할을 수행한 것으로 알려진다. 이를테면 소진이 합종을 주창했고 장의가 연횡을 주창하여 동서로 대치해서 전국시대 국제간의 양대 외교정책이 형성되었다는 것이다. 하지만 소진은 사상 면에서 장의에 미치지 못하였다.

---

9) 心欲安靜 慮欲深遠 心安靜則神明榮 慮深遠則計謀成(가노 나오키 著, 吳二煥 譯, 『中國哲學史』, 乙酉文化社, 1986, p.257再引用).
10) 張其昀 著, 中國文化硏究所 譯, 『中國思想의 根源』, 文潮社, 1984, pp.458-460.
11) 『史記』의 蘇秦傳에 '東事師於齊 而習之於鬼谷先生'라 말하고 있다.

Ⅲ. 농가와 허행

농가란 무엇인가. 순수하게 농업을 종사하는 사람들을 일반적으로 농가라고 하지만, 고대 중국에 제자백가들 중의 하나로 농가라는 학파가 있었다. 농가의 학문은 『시경』에서 나왔는데, 여러 나라의 국풍國風 내용은 서민들의 곤궁함에 대한 신음이고, 살아도 사는가 싶지 아니함에 대한 신음이며, 그것은 왕후, 공경, 대부의 탐욕과 착취를 원망하는 것이 대부분을 차지한다.12) 그리하여 공자가 농가와 관련한 책을 편집하여 경으로 삼고 제자들에게 가르치고 민간에 전파했으며, 이것이 농가의 흥기한 바가 되었다고 한다.

이와 달리 농가의 대표인 허행許行의 사상은 묵가에서 나왔다고 주장하는 학자가 있다. 아마 묵자가 농업이라는 노동을 강조한데 기인한 것 같다. 전목 선생에 의하면 허행은 묵자 제자의 제자인 허범이고, 농가는 묵가에서 나왔다고 본 것이다.13) 그리고 『사기』 「태사공자서」에는 사마담이 서술한 6가, 즉 음양가 유가 묵가 법가 도가 명가가 실려 있는데, 농가는 여기에 속하지 않는다고 한다. 농가는 묵가파에 속했거나 아니면 당시 학파로 형성될 만큼 주목을 받지 못했을 것이다.

농가의 대표들로는 허행, 진상, 진중자가 거론된다. 이들 농가가 주장하는 본의는 군신 모두가 농사에 임해야 한다고 하는 것이다. 다시 말해서 농가학파는 성황聖皇을 받들지 않았고, 임금과 신하 모두 쟁기질해야 한다고 하여 상하의 질서를 어지럽혔다고 말한다.14) 또 『한서』 「예문지」에는 농가가 아홉 있는데, 모두 진한 사이의 사람들이라고 한다. 농가는 모두 농직農稷의 벼슬에서 나온 것으로 백곡을 전파하고 경삼耕森을 권하여 의식을 충족하게 했으며, 식량과 재화를 소중히 하였다. 농가는 또한 평등 호조互助하여 공동생활의 제도를 건립하고자 했던 학파이다.

농가의 대표 학자로서 허행과 진상은 등나라 문공에게 찾아가 농사를 짓고자 하였다.

---

12) 張氣昀 著, 中國文化硏究所 譯, 『中國思想의 根源』, 文潮社, 1984, p.481.
13) 「묵자의 再傳 제자 허행 연구」『고사변』 Ⅳ, p.300(풍우란 著, 박성규 譯, 『중국철학사』(上), 까치, 1999, p.236 注46).
14) 『漢書』 「藝文志」, 無所事聖王 欲使君臣並耕 詩上下之序.

이른바 농가에서 추종하는 신농이 있었는데, 허행이 그의 가르침을 따랐다. 맹자에 나오는 허행 관련 언급을 소개하여 보자. "허행이 초나라로부터 등滕나라에 도착하여 직접 문공을 알현하고 말했다. '저는 먼 지방에서 왔습니다만, 임금께서 인정仁政을 행하신다는 소문을 들었습니다. 집 한 칸 얻어 임금님 백성이 되기를 원하나이다.' 문공이 그에게 집을 주었다. 그의 제자는 수십 명이었는데, 모두 거친 베옷을 입었고, 짚신을 삼고 자리를 짜서 생활했다."15) 그리고 진량의 제자 진상이 그의 아우 진신을 데리고 농기구를 짊어지고, 송나라로부터 등나라에 도착하여 허행에게 농업을 배웠다.

어느날 진상이 맹자를 찾아가 허행의 주장을 설교하고 나섰다. "등나라 임금은 확실히 현명한 임금입니다. 하지만 아직 진실로 도를 깨닫지는 못했습니다. 현자는 인민과 함께 땅을 갈고서야 음식을 먹으며, 손수 밥을 지어먹으면서 국가 업무를 관장합니다. 그런데 지금 등나라는 양곡 창고와 재물 창고를 두고 있은즉, 이것은 바로 인민을 괴롭혀 자신을 보양하는 일입니다. 어찌 현명하다고 할 수 있으리까. … 만약 허행의 학설을 따르면 시장의 가격을 단일화할 수 있으니, 세상에 속이는 행위가 없어집니다. 설령 어린 아이를 시장에 보내더라도 아무도 그 어린 아이를 속일 수 없을 것입니다."16) 이처럼 허행의 제자 진상은 맹자에게 허행의 교설을 설파하고 있다.

주지하듯이 진중자(BC 350~BC 260)를 포함하여 허행과 진상은 『한서』 「예문지」에서 언급되는 농가학파에 속한다. 그중에서 진중자는 부귀를 버리고 오릉에 살면서 자신은 짚신을 삼고 처는 길쌈하며, 형의 봉록과 집은 의롭지 못하다고 여겼다.17) 진중자는 오로지 농사짓는 것을 천직으로 알고, 순박하게 땅에 경작하며 살아가는 것을 낙으로 삼았다. 물론 그의 이러한 견해는 진상이 허행의 가르침에 합류하고자 하는 것과도 통하는 말이다. 진상은 허행의 교설을 매우 중요시했기 때문이다. 요컨대 허행은 초나라 사람으로,

---

15) 『孟子』, 「滕文公 上」, 有爲神農之言者許行 自楚之滕 踵門而告文公曰 遠方之人聞君行仁政 願受一廛而爲 氓 文公與之處 其徒數十人 皆衣褐 捆屨 織席以爲食.

16) 『孟子』, 「滕文公 上」, 陳相見孟子 道許行之言曰 滕君則誠賢君也 雖然 未聞道也 賢者與民並耕而食 饔飧 而治 今也滕有倉廩府庫 則是厲民而以自養也 惡得賢 … 從許子之道 則市賈不貳 國中無僞 雖使五尺之童 適市 莫之或欺.

17) 풍우란 著, 박성규 譯, 『중국철학사』(上), 까치, 1999, p.234.

맹자와 같은 시대의 농가 학자로서 임금과 백성이 함께 농사짓기를 주장했다.

Ⅳ. 잡가와 여불위

잡가雜家의 연원에 대해 알아보자. 『한서』「예문지」의 기록을 보면 이와 관련한 내용이 있다. "잡가 학파는 아마 의관議官(정책의론의 관직)에서 나온 듯하다. 그들은 유가와 묵가를 아우르고 명가와 법가를 조화시켜, 국가에는 이 모두가 필요하다고 인식했고, 왕도정치는 모두를 통합해야 한다고 파악했다. 이것이 바로 이 학파의 장점이다."[18] 하지만 『한서』「예문지」에서 잡가에 대해 비판하기를, 이들이 시도한 경우는 방만하기만 하고 도무지 중심 사상이 없다는 것이다. '잡가'의 온갖 뒤섞임이 바로 부정적 시각으로 비추어지고 있다.

'잡가'의 어의가 그렇듯이 그 책은 방대하고 수려하여 유가와 묵가의 뜻을 모았으며 명가와 법가의 근원을 합해서 만들었다.[19] 이 잡가의 어의는 『수서』「경적지」에서 말하는 바, '잡'雜은 민중의 뜻과 통한다는 것에서 기인된 듯하다. 이를테면 잡가의 대표 저작으로는 『여씨춘추』인데, 여기에는 많은 사상가들이 거론되며, 여불위의 사상적 연원이 되고 있다. 이를테면 공자 노자 장자 묵자 관자 안자晏子 신자申子 한비자 오자吳子 추자鄒子 등이 뒤섞이어 『여씨춘추』에서 용해되고 있다.

잡가로는 두 거두를 드는 경우가 있다. 여불위에 이어 회남자를 거론하는 것이 이것이다. 그러나 이들은 한대의 도가류에 속한다고 볼 수도 있다. 어쨌든 진한 시대의 모든 학파와 모든 철학자들은 잡가적인 색채를 면할 수 없었는데, 『여씨춘추』와 『회남』「내편」은 『한서』「예문지」에서 모두 잡가로 분류하여 다음 세 가지 특징이 있다[20]고 하였다.

---

18) 『漢書』「藝文志」, 雜家者流 蓋出於議官 兼儒墨 合名法 知國體之有此 見王治之無不貫 此其所長也(漢書 p.1742).
19) 張其昀 著, 中國文化硏究所 譯, 『中國思想의 根源』, 文潮社, 1984, p.487.
20) 풍우란 著, 앞의 책, pp.762-763.

첫째 두 책은 모두 그 종주를 내세우지 않았고 어느 한 학파를 위주로 한다고 천명하지 않았던 점이며, 둘째 이 두 책은 또한 일련의 기존 이론에 근거하여 각기 하나의 표준을 만들어 한 곳에 모았고, 셋째 두 책은 모두 통치권자들이 그들의 식객에게 명하여 편찬한 것이다.

하지만 잡가로 대표되는 인물로 오직 여불위가 거론되는 것은, 잡가의 이론적 핵심으로 '도술'道術에 관련되기 때문이다. 잡가가 의거한 이론적 근거의 핵심은 전국시대 말에 생긴 '도술통일설'이다.[21] 유가와 도가 두 학파에 모두 도술통일설이 있었지만 여러 학파에 대한 태도는 뚜렷이 달랐다. 순자의 이론과 장자의 이론이 달랐고, 묵자의 이론도 달랐다. 여기에 더하여 유가의 이론, 법가의 이론도 달랐던 것이다. 그들 나름대로 주장하는 도론에 각 특색이 있었기 때문이다.

잡가의 대표적 저서로서 『여씨춘추』란 무엇이며, 이의 작자 여불위는 어떠한 사람이었는가. 『여씨춘추』는 일반적으로 전국시대 진나라의 승상인 여불위가 문하의 학자들에게 의뢰하여 편찬한 저서로 『여람』呂覽이라고 전해진다.[22] 여불위가 살았던 당대에는 진시황이 26년(BC 221) 즉위하여, 약육강식으로 소용돌이치던 전국시대 말기의 혼란함을 평정하고 천하를 통일하였다. 그러나 군사적인 승리 뒤에는 이 광대한 통일 천하를 정치적으로 어떻게 다스려 나가야 할 것인가 하는 것이 큰 문제였는데, 잡가로서 여불위는 이러한 생명 안위론에 제가諸家의 설을 거론하였다.

이에 잡가 『여씨춘추』의 핵심 사상에는 사회 혼란을 극복하기 위해 개인주의적 성향인 양생, 즉 생명 보호의 문제가 주로 거론된다. 호적선생은 『여씨춘추』가 특별히 중시한 중심 사상으로 개인주의적인 중생重生과 귀기貴己라고 설명했는데, 중생과 귀기는 『여씨춘추』가 중시한 사상이지만, 『여씨춘추』 자체의 고유한 사상은 아니다.[23] 어쨌든 『여씨춘추』에서 양생의 문제를 중시했는데, 이는 귀기貴己와 중기重己의 설이 대표적이다. 이것은 『여씨춘추』가 잡가로서 양주와 묵자의 설을 원용하고 있음을 의미한다.

---

21) 위의 책, p.758.
22) 鄭英昊 編譯, 『여씨춘추』, 자유문고, 1992, p.3.
23) 풍우란 著, 앞의 책, p.765.

따라서 『여씨춘추』의 생명관은 설사 그것이 개인주의적 성향이 있더라도 진한 당시 혼란한 상황을 극복하고자 하는 최선의 방책이었다고 할 수 있다. 『여씨춘추』에서 거론하는 생명관을 소개해 본다. "이제 생명이라는 것은 자기의 것으로서 그 이익에 있어서는 지극히 크다. 귀천의 관점에서 말한다면 작위가 천자라 하더라도 나의 생명에 비할 것이 못된다. 경중輕重의 관점에서 말한다면 세계의 부富를 한 몸에 지녔다고 하더라도 나의 생명에 비할 것이 못된다. 인위安危의 관점에서 말한다면 하루아침에 이것을 잃으면 두 번 다시 손에 넣을 수가 없다."[24] 그의 언급처럼 인간의 생명이란 귀천, 경중, 안위의 측면에서 중요하지 않을 수 없다.

V. 병가와 손무

『손자병법』은 오늘날에도 자주 인용하는 교훈이다. 이 『손자병법』은 '허허실실'의 전법으로 상대방의 허실을 정확히 아는 것이 승리의 지름길이라는 데서 유래하였다. 생존경쟁이 치열한 현대사회에서 어필할 수도 있는 전략이다. 이와 관련하여 또 우리가 자주 사용하고 있는 용어로서 실패는 '병가지상사'兵家之常事라는 말이 있다. 우리는 평화로운 현대사회를 살아가면서도 병가의 용어에 익숙한 것은 난세의 한 흐름 속에 있기 때문인지도 모른다.

고대 병가의 사상은 어디에 연원하였을까를 살펴보도록 한다. '허서실실'虛虛實實이라는 용어가 거론되는 것을 보면 병가는 유약柔弱이라는 술수에 깊은 관심을 가지고 있었던 것으로 보인다. 자신이 행동하는 경우는 부득이한 경우에 한하여 한다는 것도 허허실실이라는 유약론과 관련되는데, 주자는 이런 노자의 행위에 대해 병가도 그 학설을 조종祖宗으로 삼았다고 이해한다.[25] 노자의 "유약이 강강함을 이긴다"(『도덕경』36)는 말이 병

---

24) 『呂氏春秋』, 「孟春紀第一, 凡五篇, 卷第一」, 今吾生之爲我有 而利我亦大矣 論其貴賤 爵爲天子 不足以比焉 論其輕重 富有天下 不可以易之 論其安危 一曙失之 終身不復得.
25) 『朱子語類』, 권 125(曺玟煥, 「朱熹의 老莊觀」, 한국도교사상연구회 編, 『老莊思想과 東洋文化』, 亞細亞

법과 무술에서 효과적으로 활용된 것을 부인할 수 없다.

허허실실의 원리가 축으로 되어 형성된 병가의 책들로는 첫째『악기경』이며, 둘째『육도』이다. 아울러『손자』孫子는 병가서로서 대표적 저작으로 알려져 있다. 이 책은 주나라의 손무가 찬한 것이라고 한다. 혹자는 손무라는 이의 존재를 의심하여 손빈의 작일 것이라고 보는 이가 있으나,『사기』에 전傳이 있고 합려가 "선생의 13편을 나는 남김없이 보았다"(「子之十三篇」, 吾盡觀之矣)라고 하였으니 손무의 저술임이 분명하다.26) 오늘날까지 병법서로써 모두『손자』를 주요 서적으로 삼는 것이다. 조조의 주註를 가장 오래된 것으로 본다.

손무라는 인물에 대해 알아보자. 손무(BC 557~BC 496)는 제나라 대부 진서陳書의 손자로 산동의 내무, 태안 사이의 고래古萊지방 석려산 밑에서 태어났다. 그는 장군의 가문에서 자라나 날마다 보고 듣는 환경의 영향으로 자연히 군사에 대해 각별한 흥미를 갖게 되었다. 손무는 제나라에서 전田·포鮑 양가가 참가한 혁명이 실패하자 오나라로 도망하기도 하였다.27) 손자는 군사 활용에 있어 천재라 할 수 있지만 그렇다고 오만하게 무력을 남용하거나 명분 없는 전쟁을 원하지 않았다. 그는 오왕 합려의 총애를 받는 두 여인의 목을 베어 군기를 바로잡고 여인들도 훌륭한 군사가 될 수 있다고 하였다. 이처럼 그가 병법의 대가로 성공한 것은 잘 알려진 사실이다.

손자가 지었다는『손자병법』에 대해서도 알아둘 필요가 있다. 그것은 고대 병가의 전술과 책략이 다 들어있기 때문이다.『손자병법』은 모두 13편으로 6천언이나 된다. 이 책은 2천 4백년 전에 쓰였으며 전쟁의 준비와 훈련, 그리고 작전의 지휘 등 군사에 있어서의 기본적 요강에 속한 일들에 대하여 두루 섭렵하고 있다.28) 뛰어난 머리로 병법서를 지은 손자는 역사상 흥망성쇠의 교훈을 병가의 원리로 삼았다.『손자병법』은 정교한 병법학으로서 그 문장은 정교하고 요점 정리가 잘 되어 있다.

　　文化社, 1995, p.277).
26) 가노 나오키 著, 吳二煥 譯,『中國哲學史』, 乙酉文化社, 1986, p.258.
27) 張其昀 著, 中國文化硏究所 譯,『中國思想의 根源』, 文潮社, 1984, p.520.
28) 위의 책, p.517.

이러한 병가서에 나타나는 바, 손무의 병법에 거론되는 전쟁의 5요소[29]에 대해 알아본다. 이는 『손자』의 「시계편」에 거론되고 있는 것들이다. ① '도'란 백성들로 하여금 군주와 뜻을 함께 하도록 하는 것이다. ② '천'天은 음양과 한서와 시제時制이다. ③ '지'地는 멀고 가까움, 험하고 평탄함, 넓고 좁음, 지형을 고려한 전반적 상황이다. ④ '장'將(장수)은 지혜롭고 신망이 있으며 인자하고 용감하며 엄정해야 한다. ⑤ '법'이란 전제曲制와 관도官道, 주용主用을 말한다. 이와 같은 5가지 요소를 잘 알아 전쟁에 관련시켜야 함이 『손자병법』에서 거론되고 있다.

이에 더하여 병가에 있어 손자와 병칭되는 것에 오기吳起라는 인물이 있다. 『오자』라는 책은 주나라 오기의 찬이라고 일컬어지지만, 그의 자찬自撰이라고 보는 설과 그의 문인 손으로 되었다는 설과 후인의 위작이라는 설의 세 가지가 있다.[30] 오기는 전국시대 위나라 사람으로, 노나라와 위나라에서 장수로서 공을 세웠지만, 아쉽게도 모함을 받아 초나라로 가서 재상이 되었던 인물이다. 오기는 초나라에서 혁명의 통치를 다했지만 그를 아끼던 도왕이 사망한 즉시 반대파에 의해 수레에 몸이 찢겨 죽었다고 전한다.

---

29) 위의 책, pp.529-531.
30) 가노 나오키 著, 앞의 책, p.258.

제2편 중세철학

제1장

한대의 철학

Ⅰ. 한대철학의 형성

1. 한대의 형성

한나라 이전의 진나라는 물론 고대에 속하지만, 역시 고대에서 중세로 이어지는 초기였다는 점에서 주목할 만하다. 진시황이 누대累代에 6국을 멸하고 천하를 통일할 때 처사의 횡의橫議를 압박하여 인민을 우매하게 만든 정책을 사용하였다.[1] 이때 이사의 정책을 채용하여 일어난 분서(BC 213) 갱유(BC 212))의 무시무시한 사건이 벌어졌다. 이사는 진시황에게 건의하여 민간에 흩어져 있는 서적을 수위에게 제출시켜 불사르게 하고, 유생 460인을 함양에서 산 채로 매장하고 말았다. 하지만 진나라(BC 248~BC 207)는 짧은 기간에 스쳐 지나갔다. 이때는 만리장성(BC 214)을 세운 때이며, 스스로 황제라 칭한 진시황은 BC 216년에 죽었다. 진은 통일 후 15년 만에 멸망하여 학자다운 학자의 활동은 거의 없었다.

한나라부터 중세의 시기가 이루어지는 바, 중국철학사에 있어 중세란 어떻게 구분할 수 있는가에 대한 의견은 분분하다. 일반적으로 중세는 한나라 이전의 진(BC 248~AD 207)을 포함한 한대 및 5대를 말한다. 여기에서 5대는 당(AD 618~AD 906) 이후의 시기로써 AD 907~AD 959 기간을 포함하며, 양후, 당후, 진후, 한후, 주후를 말한다. 물론 중국철학사의 연대를 고대로서 태고~한대라 하기도 하고, 중세를 삼국~당말·5대라 하며, 근세(송~청조)를 이어, 근대 및 현대(중화민국)로 하는 경우[2]가 있다. 대체로 한대에서 당말에 이르기까지 중세로 볼 수 있다. 서양의 경우 중세는 로마 제국에 이어 성립한 봉건사회로 유명론唯名論, 종교개혁, 르네상스가 전개되었다.

구체적으로 한대의 시대 상황을 말하자면 고대를 지나 문명의 발전기로 조심스럽게 접어드는 시기였다. 한민족은 기원전 3세기 후반부터 약 100년에 걸쳐 큰 동란에 의해 천하통일을 하면서, 전국 말의 동란을 거쳐 진의 통일을 이뤘고, 초한楚漢 항쟁 내지 오초

---

1) 韓雲菴, 『中國哲學史思想評』, 昌震社, 1976, p.246.
2) 宮崎市定 著, 曹秉漢 編譯, 『中國史』, 역민사, 1984, p.16.

칠국吳楚七國의 난에서 무제에 의해 명실상부한 통일을 완성하였다.[3] 미완의 진나라를 지나서 한나라에 이르러 그야말로 천하통일의 중국을 이루었던 것이다. 하지만 한대에는 전국시대의 혼란상이 한동안 이루어졌고, 백가쟁명도 그치지 않은 채 유교가 국교로 부상하는 상황을 맞이하게 된다.

한대에는 정치적으로도 변화를 맞이한다. 한나라는 고대의 귀족정치에서 중앙집권제로 바뀌면서 유교가 정치에 이용되는 상황에 접하였다. 다시 말해서 진시황을 거쳐 한대에 중앙집권제가 강화되면서 유교의 근본 사상이 정치에 악용되는 불행을 가져온 것이다.[4] 유교철학은 위정자들의 통치술에 이용되고, 신분제도를 더욱 확고하게 만드는 상황으로 변하여 백성들은 이 신분제에 구애되는 상황이 지속되었다.

한대에 전개되었던 여러 종교의 상황을 간략히 언급해 보자. 당시 유교는 한나라 무제 때에 국가의 정교正敎로 확정(동중서에 의함)되는 중요한 국면을 맞았다. 그리고 황로학은 전한시대에 크게 유행되었으며 황로의 무위정치가 정치에 이용되기도 하였다. 또한 불교는 후한(동한, 25~220) 명제 영평년간永平年間에 전래되는 역사적 상황이 전개되었다. 이어서 법가는 강력한 군주제도로서 한대에 정착하지 못하였다. 또 명가는 궤변론으로 낙인이 찍혀 발전을 이루지 못했다. 묵가 및 양주의 설은 편파적 사유 내지 행동주의라는 것 때문에 비판을 받았다.

주목할 바, 한대의 시대상황 내지 역사를 아는 서적으로는 『한서』「예문지」가 있다. 이 『한서』「예문지」는 주·진에서 전한前漢에 이르는 전적典籍의 총 목록으로서, 현재 선진학술 원류를 고찰할 때의 필독서가 되었다.[5] 이를테면 『한서』는 25사史의 하나로 후한의 사학자 반고(32~92)가 전한의 고조에서부터 왕망까지의 12세世 230년간의 역사를 기록한 사서이다. 이는 사마천의 『사기』와 더불어 한대의 역사를 자세히 알 수가 있다. 같은 맥락에서 후한으로부터 위진 남북조에 이르는 역사는 『수서』「경적지」에 수록되어

---

3) 金容治 著, 조성을 譯, 『中國思想史』, 이론과 실천, 1988, p.110.
4) 金忠烈, 「기조발표-21세기의 미래 사회와 유학의 역할」, 충남대학교 유학연구회 국제학술회의 발표요지 《21세기의 미래 사회와 유학의 역할》, 충남대학교 문과대학 유학연구회, 1998년 5월 22일, p.8.
5) 張岱年 著, 양재혁 外 2人 共譯, 『中國哲學史 方法論』, 理論과 實踐, 1988, p.102.

제1장 한대의 철학 ••• 207

있다. 다시 말해 후한에 이어 위진 남북조의 역사 내지 저작목록을 살피려면 『수서』「경적지」 독서가 권장될만한 일이다.

2. 한대철학의 성향

한의 고조 유방이 진에 이어 중국을 통일한 후 후한의 헌문제가 위나라 문제에게 양위한 시기까지, 즉 전한·후한 약 400년간(BC 206~AD 219)의 기간을 한대라고 볼 수가 있다. 이러한 한대의 흐름에 있어 전한과 후한으로 나누어지는 바, 전한은 서한(BC 206~AD 7)이며 후한(AD 25~AD 220)은 동한이라고 한다. 우선 전한대 경학의 흐름을 살펴보도록 한다.

사실 양한兩漢에 있어 나름대로의 특성을 살펴본다. 삼국시대 촉한 제갈량이 당시 폐하인 유선에게 사뢴 말을 보면, "현신賢臣을 가까이 하고 소인을 멀리한 것은 전한이 흥륭한 소이요, 소인을 가까이 하고 현신을 멀리한 것은 후한이 기울어지고 무너진 소이입니다"[6]라고 했다. 그의 언급처럼 전한과 후한의 특성을 한 마디로 이해할 수가 있다. 이처럼 한대가 전한의 시기에 흥성하였다면, 후한에 이르러서는 쇠망의 길을 걸었던 것이다.

구체적으로 양한을 나누어 종교적 전개 상황에 대하여 살펴보자. 전한(BC 206~AD 7) 즉 서한의 시기에는 유가와 도가가 양립되는 시대였다. 이를테면 서한 초 유가와 도가의 상호 갈등, 대립, 흡수, 지양은 이후 중국철학의 전반에 걸쳐 유가와 도가의 양립을 구성하는 철학사적 의의를 지닌다.[7] 이처럼 한나라 초기에는 도가사상의 영향을 받아 일면 도가가 유지되었고, 또 유가의 국교화가 꾀해지면서 양대 사상이 한나라 초기에 병립되었음을 알 수가 있다.

후한(AD 25~AD 220) 즉 동한에 이르러서는 역시 유가적 우주론이 급부상하게 된다. 동중서에 의해 유교가 국교화된 영향인 듯하다. 황로학의 기화우주론氣化宇宙論의 세계관

---

6) 諸葛孔明, 「出師表」, 『古文眞寶後集』, 親賢臣遠小人 此先漢所以興隆也 親小人遠賢臣 此後漢所以傾頹也.
7) 박재희, 「黃老道家의 형성과 세계관」, 한국도가철학회 1998년도 제3회 학술발표회《발표요지》, 한국도가철학회, 1998년 7월 28일, p.22.

을 유가적으로 변용한 동중서에 의해 구축된 한대의 강상綱常 윤리가 눈에 뜨인다.[8] 그러나 유교적 강상윤리로서의 명교名敎는 동한시대를 지나며 그 힘을 점차 상실하고 말았다. 그 결과로 한대에 흥성한 유교의 우주론이 민중들의 관심을 고전 『주역』이라는 것으로 유도하였다.

우주론의 급부상과 더불어 한대 사상으로는 역학의 발전이 이루어졌다는 점을 상기할 일이다. 이미 역易은 묵가학파의 원류로서 연산역連山易, 노자학파의 원류로 귀장역歸藏易이 거론되었다. 이러한 역의 전개로서, 백서역帛書易의 연구와 더불어 제역齊易과 노역魯易의 관계 문제, 나아가 한대를 풍미한 상수역 등이 있었다.[9] 일반적으로 역은 천지자연의 역, 복희의 역, 문왕과 주공의 역, 공자의 십익 등이 거론될만한데, 한나라 때 이러한 역의 조심스런 전개가 이루어진다. 이는 천리天理에 바탕한 인사人事의 전개, 즉 당시 한나라 사람들의 천입합일적 의식구조가 심화되는 상황으로 이어졌다.

따라서 역의 원리는 바로 천리라는 것에 바탕한 것으로, 인간에게 우주에 대한 인식의 대변환을 가져다주었다. 한대의 유학은 원래 우주론 중심이었는데, 이러한 우주론적 역의 이해를 통해 천인합일의 정신이 심화된 것이다. 흔히 한대의 유학을 우리는 우주론 중심의 유학이요, 실제 내용은 천인상관론天人相關論이라 하는 바, 이러한 상관적 사고는 연상적 사고 또는 동격화의 사고이다.[10] 그와 같은 유교의 우주론은 한나라 경학가에 의해 발전되기도 하였다.

한대 이후의 유가철학은 도덕 중심의 철학으로 전환되었다. 그것은 인륜 중심의 사고가 강화되고 우주에 대한 인식의 범위가 한정되거나 축소된 탓이리라 본다. 이를테면 맹자 순자를 거치면서 인륜 중심의 사고는 점점 강화된 반면 우주에 대한 관심은 상대적으로 희박하게 되어, 결국 한대 이후로 유가철학은 우주론이 결여된 도덕 중심의 철학으로 굳어지게 되었다.[11] 따라서 당시 한나라 사람들의 의식은 우주론적 사유가 한동안

---

8) 金白鉉, 「現代 韓國道家의 硏究課題」, 『道家哲學』 창간호, 韓國道家哲學會, 1999, p.335.
9) 위의 책, p.335.
10) 곽신환, 「儒學의 유기체 우주론」, 93 한국 동양철학회 추계국제학술회의, 『기술·정보화 시대의 인간 문제』, 한국 동양철학회, 1993.10, 別紙 p.5.
11) 김학권, 「朱熹와 李滉의 易哲學 비교연구」, 『汎韓哲學』 제17집, 汎韓哲學會, 1998.6, p.134.

지속되었지만, 후대에 가면서 도덕 중심의 철학으로 변화하게 된다.

아울러 한대에는 경학의 연구 방법으로서 훈고학이 발전하게 된다. 한대의 경학은 금문학파와 고문학파로 나누어지는데, 한나라와 당나라의 유학은 경학의 한 방법론인 훈고학이 주류를 이루었던 것이다. 훈고학이란 경전의 자구 하나하나를 중시한다는 측면에서 장구지학章句之學이라 언급되기도 한다. 구체적으로 훈訓 고詁 두자는 『이아』爾雅에서 따온 것으로, 『이아』를 곽박이 주석하여, "고금의 상이한 문자를 해석하는 것을 고詁라 한다"(釋古今之異言曰詁)라고 하였다.12) 『시경』이나 『서경』이 훈고의 대상이 되었으며 당시 마융, 정현과 같은 석학들이 자의字義를 훈고하였다.

나아가 한대에는 현학, 즉 황로학이 활발하게 전개되었다. 한대 말에 이르러 '현허'玄虛를 숭상하는 풍조가 생기기도 하였다. 황로라는 명칭은 한대인의 입장에서 도가를 지칭할 때 사용하는 개념이라고 할 수 있다.13) 한의 초기는 진秦의 학정과 한초漢楚전쟁 때문에 백성은 피폐한 상태였으므로 그들에게는 휴양이 필요하였기에 그들 스스로 현학에 관심을 가졌던 것이다. 당시 고리타분한 유학에 관심을 갖기보다는 차연에 귀의하는 도가의 설이 민중에게 어필하였다. 이를테면 혜제惠帝 때 군신들이 모두 청정의 무위 정치를 실시하였다고 하는 것도 이러한 도가적 황로학이 발전된 양상이다. 문제文帝도 노자를 높이고 관련 주석가였던 하상공을 존숭하였다.

한대에 유행한 참위설은 음양오행론과 불가분의 관계 속에 있었다. 즉 음양오행설은 그 근원을 『역』 및 『상서』尙書에서 발하였는데 후에 여러 가지 기설奇說을 부회하여 조직한 것이다. 그리고 참위학은 원래 경經에 대하여 이루어진 칠위서七緯書(『易』, 『書』, 『詩』, 『禮』, 『樂』, 『춘추』, 『효경』)에 각 일위一緯를 증전證典으로 하여 일어난 것으로서 경위經緯를 상대하여 세상을 유익하게 하려는 것이었다.14) 이처럼 한나라 때에는 참위학에 이어 음양오행론이 흥성하게 된 것이다. 이는 도가의 허정론에 영향을 받은 탓이다. 실제

---

12) 張岱年 著, 양재혁 外 2人 共譯, 『中國哲學史 方法論』, 理論과 實踐, 1988, p.111.
13) 박재희, 「黃老道家의 형성과 세계관」, 한국도가철학회 1998년도 제3회 학술발표회《발표요지》, 한국도가철학회, 1998년 7월 28일, p.23.
14) 金能根, 『中國哲學史』, 探求堂, 1973, p.175.

음양오행론은 주말 전국시대로부터 이어졌고 한나라 때 신비주의적 사조와 더불어 크게 유행하였다.

　당시의 실상을 대변하듯 한대에는 민중들 사이에 염세주의가 등장하였다. 전국시대를 통과한 한나라였기에 제국간 전쟁의 참화로 생명 손상 등에 염증을 느꼈던 분위기가 지속되었기 때문이다. 아울러 음양 참위학 내지 불교의 유입으로 한대는 염세의 성향이 전개될 수밖에 없었다. 관심을 인생 문제로 돌려 염세주의를 주장하는 황로의 교敎로 귀의코자 하는 한대의 사상이 염세관으로 기울어질 것은 자명한 일이다.[15] 한 무제는 신선 불사약을 구하는 등 인간의 수명에 관심을 기울였다. 하지만 생명의 장수는 인간 마음대로 되지 않는다. 사람들은 좌절 내지 쾌락주의, 현세주의, 찰나주의를 수반한 염세주의 풍조에 사로잡혔던 것이다. 이를테면 『회남자』에서 발견되는 '생기'生寄 '사귀'死歸라는 말은 염세주의의 단면이다.

II. 회남자의 생애와 사상

1. 생애

　『회남자』는 주로 사람 이름으로 알 수도 있는데, 보다 엄밀히 말해 유안이라는 사람이 지은 책명이라고 할 수 있다. 곧 『회남자』의 저자는 전한의 회남왕 유안(BC 179~BC 122)이다. 본 저서를 지은 회남왕 유안은 어떠한 인물인가. 사마천의 『사기』 118권과 반고의 『한서』 44권에 의하면 유안은 한나라 고조 유방의 말자 유장의 장남이자 유방의 손자가 된다.[16] 이에 한 고조인 유방의 손자로서 유안은 오늘날 『회남자』의 저자로 잘 알려져 있는 인물이다.

　유방의 손자였던 회남왕 유안은 어려서부터 호학하는 성격이었다. 그는 독서와 탄금을

---

15) 韓雲菴, 『中國哲學史思想評』, 昌震社, 1976, p.248.
16) 李錫浩 譯, 『淮南子』, 세계사, 1992, p.11.

좋아했던 것이다. 또 그는 수렵 승마 등 이른바 무협적인 면을 싫어했으며, 남에게 음덕을 베풀고 백성들을 따르게 하여 명성을 천하에 떨치고자 했다.[17] 이러한 그의 성격은 투쟁의 싸움보다 우주론과 인생론에 관심을 더욱 갖게 하는 계기가 되었으며, 후에 철학적 심화의 계기를 가져다주었다. 그의 호학적 성격이 오늘날 『회남자』라는 저술 속에 잘 나타나 있다.

유안은 어릴 적부터 생이 불운하였다. 그의 아버지가 모반하다가 죽었고 할머니도 모반 사건에 걸려 억울하게 죽었기 때문이다. 아버지는 문제 때 죄를 지어 촉蜀으로 이송하는 중에 죽음으로 인하여, 당시 문제는 이를 불쌍히 여겨 유안을 회남왕에 봉하였으므로 그를 회남자라 칭하였다. 이른바 회남자라는 명칭은 후대의 양나라 오균의 『서경잡기』에 처음으로 보였으며, 이전에는 『유씨지서』劉氏之書「홍열」 등으로 불리었던 것이다. 그는 무제의 총애를 받아 유명해졌지만, 아쉽게도 후에 모반 죄명으로 자살을 하고 말았다.

유안의 저술에 대해 구체적으로 살펴보자. 『회남자』란 책은 회남왕 유안 혼자 만든 것이 아니다. 그와 빈객들이 편집하여 지은 것이다. 『회남자』의 판본으로는 현존본 내편 21편이며, 맨 끝의 1편은 요략要略이 된다. 전서全書의 후서後序는 전서 내용을 설명하기 위하여 지은 것이므로, 본문은 사실 20편뿐이다.[18] 그리고 『한서』에는 회남왕서淮南王書의 일을 기록하고 있다. 후한의 고유가 쓴 『회남자』 서문에 의하면, "유안이 소비 이상 좌오 전유 뇌피 모피 오피 진창 등 8인과 더불어 대산 소산 등 여러 유학자들과 도덕을 강론하고 인의를 연구하여 이 책을 완성하였다고 한다. 이에 더하여 외편 33편과 중편 8권도 있는데, 그것은 신선술을 말한 것으로서 20여만언이 넘었다고 한다.

한편 회남자 유안을 잡가로 보는 경향도 있으나 사실은 도가학파에 속한다. 그가 잡가로 불리었던 이유로는 『회남자』의 저술이 여러 사람의 손에 의하여 이루어져 공자, 묵자, 신불해, 한비자의 사상도 뒤섞여 있기 때문이다. 그러나 유안 자신은 기본적으로 도가사상의 계승자였다. 그는 한초 황로사상을 발전시킨 인물이자 뛰어난 도가 철학자로서, 원시도가인 노장사상과 신도가인 위진 현학의 다리 역할을 하기도 하였다.[19] 물론 『회남자』라는

---

17) 위의 책, p.15.
18) 勞思光 著, 鄭仁在 譯, 『中國哲學史』-漢唐篇-, 探求堂, 1987, p.129.

저술은 신화 전설과 같은 민속학, 병법, 처세, 정치 등을 거론하고, 유가 도가 묵가 법가 명가 병가의 설도 수용하고 있다. 심지어 한대에 유행한 음양오행설도 보인다. 『회남자』의 저자 유안은 한대 사상에 있어서 동중서에 비길만한 인물이었음에 틀림없다.

2. 우주론

회남자의 우주론은 장자에게서 영향을 받은 것으로 알려지고 있다. 실제 장자의 우주 개념은 노장의 영향을 받고 저술된 『회남자』의 「천문훈」에서 한초 까지의 우주 생성론 중에서는 가장 세련된 형태로 발전된다.[20] 회남자의 저술 속에는 장자의 내용이 많이 가미된 탓이다. 대체로 노자와 장자의 사상을 바탕으로 하여 우주 만물의 생멸 변화를 논하고자 한 회남자는 그의 우주론을 도가적 성향에 접목한 것으로 보인다.

회남자는 우주의 질서와 원인은 도라고 하여 이를 도가의 노자와 장자의 도에 연결시키고 있다. 주로 도를 「원도훈」, 「숙진훈」, 「정신훈」 등에서 거론하고 있는데, 도에 대해 상당한 비중을 할애하여 사상을 심화시켜 나갔다. 그가 본 도는 대大, 태일, 또는 태극이라고 볼 수 있다. 이 도는 무시무종하고 허무불가지虛無不可知이며 무위자연으로 이해되기 때문이다. 또 회남자는 도를 언급함에 있어 '천부지재'天覆地載라 하여 하늘을 덮고 땅을 싣는 근원으로 보았다. 그리하여 도가 우주에 충만함은 물론 천지와 사해四海에 혼재混混汨汨되어 있다.

도를 우주에 연결시키며, 우주 충만의 생생약동한 측면에 대하여 회남자는 다음과 같이 말한다. "무릇 도란 하늘을 덮고 땅을 싣고 사방을 탁 트이게 하며 팔극(팔방)을 열어놓는다. 그 높이는 알 수가 없고 깊이는 측량할 수가 없다. 하늘과 땅을 감싸버리며, 무형無形을 부여해준다. 근원에서 흘러나오는 샘은 용솟음치며, 텅 비면서도 천천히 꽉 채운다. 혼돈되고 물결치며 흙탕처럼 되었다가 서서히 맑아진다. 그러므로 그것을 심어 놓으면 천지를

---

19) 李康洙 外, 『中國哲學槪論』, 한국방송통신대학교출판부, 1995, p.94.
20) 조경현, 「莊子의 宇宙 개념과 그 철학적 의미」, 金忠烈先生 華甲記念 『自然과 人間, 그리고 社會』, 螢雪出版社, 1992, p.29.

꽉 채우고 그것을 가로놓으면 사해에 가득 차게 된다."[21] 우주에 충만한 기운이 육합六合을 덮어버려도 그것을 거두어들이면 한 주먹에도 차지 않는다고 하였다.

아울러 회남자는 우주가 생성되기 이전의 소식에 대해서도 언급하고 있다. 생명체 생성 이전의 혼돈 소식에 대하여 그는 말한다. "하늘과 땅이 아직 형성되지 않았을 때는 왕성하고 무성하며, 질박하고 아무런 형체가 없으므로 태시太始라고 한다. 도는 텅 비고 휑한 데서 생겨났다. 이 텅 비고 휑한 것이 우주를 낳았으며, 우주는 생기를 낳았다. 이 기에는 한계가 있다. 맑고 밝은 것은 가벼이 떠올라 하늘이 되고, 무겁고 흐린 것은 엉켜 붙어 땅이 되었다. 맑고 밝은 것의 합이 펀펀하게 되고 무겁고 흐린 것의 모임이 엉켜 붙었으므로 하늘이 먼저 이루어지고, 땅이 뒤에 정해졌다."[22] 우주를 낳은 도, 생기를 낳은 소식이 이처럼 회남자의 사유 속에 자리하고 있다.

그리하여 우주 만유가 탄생한 근거를 회남자는 음양으로 보았고, 이 음양은 사시四時와 만물을 생성하는 것으로 보았다. 그는 다음과 같이 말한다. "하늘과 땅의 정기를 물려받은 것이 음양이며, 음양이 정기를 오롯이 한 것이 사시이며, 사시가 정기를 흩어놓은 것이 만물이다. 양의 열기를 쌓은 것이 불을 생하고, 화기火氣의 알맹이가 해로 된다. 음의 한기寒氣를 쌓은 것이 물이 되고 후기水氣의 알맹이가 달이 된다."[23] 천지의 정기를 이어받은 음양, 음양의 정기를 이어받은 만유의 생명체 활동이 생생하게 묘사되고 있다.

생명활동의 우주론은 곧 일월성신 등 음양오행론과 통하고 있음을 알게 해준다. 회남자가 밝힌 음양의 기로부터 일월성신을 논하고, 다시 역순逆順과 기휘忌諱 등의 관념으로 내려온 것은 바로 음양오행론과 통한다.[24] 이는 후래 동중서가 말하는 천인상감설과 연결되는 것이다. 이처럼 회남자는 그의 우주론을 언급함에 있어 도와 우주, 음양, 사시, 만물,

---

21) 『淮南子』「原道訓」, 夫道者 覆天載地 廓四方 柝八極 高不可際 深不可測 包裹天地 稟授無形 源流泉浡冲 而徐盈 混混汨汨 濁而徐淸 故植之而塞于天地 橫之而彌于四海.

22) 『淮南子』「原道訓」, 天墜未形 馮馮翼翼 洞洞灟灟 故曰大昭 道始于虛霩 虛霩生宇宙 宇宙生氣 氣有漢垠 淸陽者薄靡而爲天 重濁者凝滯而爲地 淸妙之合專易 重濁之凝竭難 故天先成 而地後定.

23) 『淮南子』「原道訓」, 天地之襲精 爲陰陽 陰陽之專精 爲四時 四時之散精 爲萬物 積陽之熱氣生火 火氣之精者爲日 積陰之寒氣爲水 水氣之精者爲月.

24) 勞思光 著, 鄭仁在 譯, 『中國哲學史』-漢唐篇-, 探求堂, 1987, pp.133-134.

인간 등 소재가 자유자재로 언급하고 있어 충만한 우주론적 일단을 알게 해준다.

3. 윤리·수양론

『회남자』는 풍부한 감성으로 유안의 사유를 비교적 자유자재로 전개하고 있다. 물론 본 저술은 당시 문인들과 더불어 편집한 책이므로 당시의 수준 높은 사유가 곁들여져 있다. 이러한 그의 사유에 의해 나타난 윤리관 내지 수양론을 언급하여 보도록 한다. 우선 윤리관을 보면, 그는 천리에 따르는 가치를 존중한다. 그는 말하기를 "지식이 사물과 더불어 접함에 좋아함과 증오가 생겨나고, 호好·증憎이 형상을 이루어 지식이 외부에 유혹되고 능히 자기를 돌이키지 못하면 천리가 멸한다"25)라고 하였다. 증오나 사랑의 마음을 간직하지 않고 천리에 떳떳한 마음자세를 강조하고 있는 그의 의지는 참 윤리의 가치를 지향하고 있다.

윤리적 관점을 말함에 있어 회남자는 유가적 사유와는 반대적 입장을 분명히 한다. 유가에서는 인의를 실천하고 도덕을 행하는 것을 윤리적 실천의 목표로 삼고 있지만 회남자는 이와 다른 입장에 선다. "그러므로 신명을 안 뒤에 도덕은 행하기가 부족함을 알게 된다. 도덕을 안 뒤에야 인의를 행함이 부족함을 알게 된다. 인의를 안 뒤에야 예악을 닦음이 부족함을 알게 된다. 이제 그 근본을 등지고 말단을 추구하며, 그 요점을 내놓고 자세한 것에서 찾으니, 지극함을 함께 말할 수가 없다."26) 이처럼 그는 노장이 말하는 망인의忘仁義와 망예악忘禮樂의 윤리적 관점을 추구한다.

이어서 회남자의 수양론에 대해 알아보자. 그는 양주와 노장사상을 근간으로 해서 그의 수양론을 전개한다. 즉 보신保身, 귀신貴身, 반정反情 등의 관념은 표면상 양주의 설, 노장의 말과 매우 가까운데, 이것은 『회남자』라는 책이 자인하는 입장을 나타낸 것이다.27) 이처럼 그는 도가적 수양법으로 심신 수양론을 전개하고자 하였다. 그를 잡가로

---

25) 『淮南子』, 「原道訓」, 知與物接 而好憎生焉 好憎成形 而知誘於外 不能反己 而天理滅矣.

26) 『淮南子』「本經訓」, 是故知神明 然後知道德之不足爲也 知道德 然後知仁義之不足行也 知仁義 然後知禮樂之不足脩也 今背其本 而求其末 釋其要 而索之于詳 未可與言至也.

분류하기 보다는 도가로 분류하려는 것이 이와 관련된다.

그런데 완벽한 도가적 인격상을 이루지 못하는 근본적 원인은 무엇 때문인가. 그것은 우리의 감관기관을 상하게 하는 것들인 인위성 때문이다. 인위적으로 이목구비의 활동을 전개한다면 그것은 우리의 인격을 해롭게 한다. "오색五色은 눈을 어지럽게 하여 눈을 밝게 하지 못하고, 오성五聲은 귀를 어지럽혀 총명하지 못하게 하며, 오미五味는 입을 어지럽혀 입맛을 상하게 한다."28) 이처럼 회남자는 오색, 오성, 오미와 같은 인위라는 행동으로 말미암아 본성이 해롭게 된다고 하였다.

구체적으로 회남자는 사람들이 수양에 장애가 되는 바로써, 인성이 어지럽게 되는 이유를 기욕嗜欲 때문이라고 하였다. 이와 관련하여 그는 다음과 같이 말한다. "일월이 밝고자 하나 뜬 구름에 덮이고, 강물이 맑고자 하나 사석沙石이 더럽히며, 인성이 평안하고자 하나 기욕이 방해하니, 오직 성인만이 능히 만물에 접해 자기를 반성한다."29) 기욕이란 인성을 어지럽히는 소유욕의 발동인 바, 그것은 인간의 무한한 욕심 때문이다. 욕심에 가리면 결국 허정의 마음을 발견하지 못한다.

이러한 욕망에 사로잡힌 행동을 극복하고 욕심을 제어한 후 인간은 수양의 구극 경지에 오르고자 한다. 이와 관련하여 회남자는 수양의 경지를 다음과 같이 말한다. "형체는 고목과 같고 마음은 불탄 재(死灰)와 같으며 그 오장을 잊고 그 형해를 덜어낸다."30) 그는 이러한 수양의 이상적 인물로서 지인 진인 성인 대인 대장부라 하였다. 이는 노자와 장자에 거론되는 이상적 인간의 모습들과 같다. 그러한 지고의 인물은 곧 무차별의 경지에서 대자연과 더불어 호흡을 하게 된다.

---

27) 勞思光 著, 鄭仁在 譯, 『中國哲學史』-漢唐篇-, 探求堂, 1987, pp.132-133.
28) 『淮南子』, 「精神訓」, 五色亂目 使目不明 五聲鏵耳 使耳不聰 五味亂口 使口爽傷.
29) 『淮南子』, 「齊俗訓」, 故日月欲明 浮雲蓋之 河水欲淸 沙石濊之 人性欲平 嗜欲害之 惟聖人能遺物而反己.
30) 『淮南子』, 「精神訓」, 形若槁木 心若死灰 忘其五藏 損其形骸.

4. 인생론

인생을 바라보는 관점이 무엇이냐에 따라 회남자가 밝힌 가치관의 대체를 알게 된다. 회남자는 특히 인간의 문제를 천지와 연결시키고 있어 한대의 천인天人관계를 잘 묘합하고 있다. 그는 "머리의 둥근 것은 하늘을 상징하고, 발의 네모난 것은 땅을 상징한다. 하늘에는 사시 오행 구해九解 및 366일이 있으며, 사람 역시 사지 오장 구규九竅 및 365마디의 뼈가 있다. 하늘에는 바람 비 추위 더위가 있으며, 사람에게도 역시 갖는 것, 주는 것, 기쁨, 노함을 가지고 있다"[31]라고 하였다. 그는 인간을 하늘과 밀접하게 관련짓고 있어 중국의 고대사상에서 새롭게 천·인 관계를 설정한다. 그에 있어 인생을 말할 때 하늘을 멀리할 수가 없다고 보았기 때문이다.

인생을 이끌어갈 육체를 언급함에 있어서 회남자는 체계적 관점에서 설명한다. 그는 우주 및 인간의 구성 요소를 다음 세 가지로 언급하고 있다. "대체로 형形이란 생명의 집이고, 기氣란 생명의 충만됨이다. 신神이란 생명의 제어이다. 하나가 자리를 잃으면 세 가지를 상한다."[32] 다시 말해서 회남자는 인간의 형성을 형, 기, 신의 세 가지 요소를 언급하고 있다. 이는 송대에 주자에 의해 거론된 형, 기, 질의 문제와 연결되고 있어 우주 및 인간의 구성 요소에 대한 관점이 한대로부터 비롯되고 있음을 알게 해준다. 나아가 그는 인간의 형성은 기의 정조精粗에 따라 사람과 벌레의 구별이 생긴다고 하지만 생명체의 본질에 있어서 하나라는 입장에 있다.

또 회남자는 인생관에 있어 생사 문제에 관심을 기울이고 있다. 그는 이에 말한다. "나무의 죽음이란 푸르고 푸름이 없어지는 것이다. 대체로 나무를 살게 하는 것이 어찌 나무이겠는가. 마찬가지로 형체를 채워주는 자는 형체가 아닌 것이다. 그러므로 생명을 살게 하는 자는 죽은 적이 없다. 거기서 태어난 것이 죽은 것이다. 사물을 변화시키는 자는 변화된 적이 없다. 거기서 변화된 것이 변화하는 것이다."[33] 이처럼 생사에 대한

---

31) 『淮南子』「精神訓」, 頭之圓也 象天 足之方也 象地 天有四時五行九解 三百六十六日 人亦有四支五藏九竅 三百六十節 天有風雨寒暑 人亦有取與喜怒.
32) 『淮南子』「原道訓」, 夫形者生之舍也 氣者生之充也 神者生之制也 一失位 則三者傷矣.
33) 『淮南子』「精神訓」, 夫木之死也 靑靑去之也 夫使木生者 豈木也 猶充形者之非形也 故生生者未嘗死也

그의 입장은 조화造化의 소장消長 변화에 불과한 것으로 비추어진다. 당연히 그는 생을 좋아할 것도, 사를 싫어할 것도 없다고 한다. 왜냐하면 인생은 적연寂然히 왔다가 적연히 가는 것에 불과하다는 사실 때문이다.

나아가 회남자는 도가의 무위자연이라는 인생의 행동 지침을 설파한다. 이를테면 인간이 어떤 일이든 억지로 하지 않고 부득이할 경우 행하는 무위의 행동이 이와 관련된다. 그는 다음과 같이 말한다. "배우지 않아도 알고, 보지 않아도 보며, 하지 않아도 이루고, 다스리지 않아도 분별 있는 행동이 이뤄지니 감응하고, 닥치면 움직여 부득이 하니 빛남이요 빛의 효용이다."34) 그가 말하는 것은 도가의 무위자연을 통해 인생 목표를 지향하고 있다. 따라서 그에 있어 인간은 현상계의 선악, 미추, 시비와 같은 차별에 구애되지 말아야 한다는 것이다.

온갖 유혹에 노출된 인생의 문제를 정신이 주가 되고 육체가 종이 되는 주종 관계를 분명히 하며, 주체적 인생 설계가 요구되는 것이다. 주종 관계를 분명히 하는 일이야말로 바람직한 인생관을 설정하고, 올바른 인간의 행동을 유발하기 때문이다. 회남자에 있어 만일 정신이 주인이 되지 못하고 형체가 주인노릇을 하게 되면, 형체는 향락을 탐하거나 세력을 추구하거나 안일을 바라게 된다.35) 그런 까닭에 회남자에 있어서 인생론을 언급하려면 인간의 정신세계가 분명히 육체를 주체적 행위로 유도하는 것에 한해서 가능한 일이다.

III. 동중서의 생애와 사상

1. 생애

동중서는 회남왕 유안과 동시대인으로 광천廣川 사람이다. 그는 기원전 179년(한 문제 원년)에 태어나서 기원전 104년(한 무제 원년)에 죽었다.36) 중국 전한의 유학자이며, 호

其所生則死矣 化物者未嘗化也 其所化則化矣.
34) 『淮南子』,「精神訓」, 不學而知 不視而見 不爲而成 不治而辨 感而應 迫而動 不得已而往 如光之燿 如景之效.
35) 李康洙 外, 『中國哲學槪論』, 한국방송통신대학교출판부, 1995, p.100.

는 계암자桂巖子이다. 그가 태어난 곳은 중국 하북성이다. 그는 한나라 각지에서 농민 봉기가 자주 발생하자, 농민들의 권익을 위해 왕에게 건의하는 등 민생을 넉넉하게 하고자 노력한 인물이었다.

한 경제 때 동중서는 「공양춘추」를 익혀 호무생과 함께 박사가 되었다. 다시 말해 그는 『춘추공양전』을 공부하여 경제 때 박사가 된 것이다. 무제 때 동중서는 '천인삼책'天人三策의 현량책賢良策을 왕에게 올려 무제의 총애를 얻어 강도江都 재상으로 임명되었고, 후에는 대중대부大中大夫에 임명되었다.[37] 당시 한 무제가 문화정책을 제정할 때 동중서는 공자를 높이고, 백가를 배척하는 공을 세워 정통 유맥을 추구하였다. 이를테면 그는 한의 무제 때 진헌進獻으로 유교를 국교화한 철학자로 널리 알려져 있는 인물이다.

동중서가 유학자로서 공헌한 것은 경학 연마에도 게을리 하지 않았다는 탓이다. 그는 경학 분야에 있어서 대단히 명망이 높았고 만년에 집에 있었으나 조정에서는 여전히 그에게 사람을 보내 정사를 물었다.[38] 설사 그가 일찍이 권력자의 배척을 당하기는 하였으나, 무제 시대의 가장 대표적인 봉건지주 계급의 이론가로서 활동을 하였다. 한대의 문화를 유교적 문화로 일치시켜 중국에 유교가 상당한 영향력을 행사케 하였던 것이다. 그가 제자백가의 설을 배척한 이유로, 『춘추』의 사상을 대일통大一統 사상으로 삼고, 각파의 대립이 대일통을 저해한다는 사실 때문이다.

이어서 동중서는 통일된 한나라의 공고화에 기여를 한 인물로 알려져 있다. 그는 고대의 인도주의를 기초로 삼은 선진 유자였다. 또 그는 『거현량대책』擧賢良對策에서 일찍이 왕조의 멸망을 초래한 잔혹한 폭정을 비판하고, 한나라 무제에게 인간을 위한 정치를 실행토록 하여 모순을 해결함으로써 대통일의 한 제국을 공고히 하도록 하였다.[39] 그는 사회의 질서를 바로잡기 위해 과거제도를 시행하는데 노력했던 사람으로 국가 기강을 통일시키고 법도를 밝히고자 하였다. 후에 파면돼 중대부中大夫가 되고, 『재이기』災異記에

---

36) 李澤厚 外主編, 權德周 外 共譯, 『中國美學史』, 대한교과서주식회사, 1992, p.596.
37) 侯外盧 主編, 양재혁 譯, 『中國哲學史』(上), 일월서각, 1988, p.186.
38) 위의 책, p.187.
39) 李澤厚 外主編, 앞의 책, p.599.

관계된 필화筆禍까지 겹쳐 사형당할 위기에 있었으나 가까스로 사형만은 모면하였다.

동중서의 저술로는 『거현량대책』, 『춘추번로』 등이 있다. 이러한 저작을 남긴 그는 한대의 유명한 사상가이자 철학가로서 매우 주요한 인물 가운데 한 사람이다.[40] 여기에서 주목되는 바는 『춘추번로』이며, 이것은 17편으로 구성되어 있다. 여기에 그의 모든 사상이 잘 나타나 있다. 그의 천인상감론이나 오상론, 사회 개혁으로서의 역사관도 바로 이 『춘추번로』에 잘 드러나 있다.

2. 천天 · 천인상감론

한나라 때 천인감응론이 유행한 것은 회남자와 동중서의 덕택이다. 여기에서 동중서가 부여한 천天의 위상은 대단하다. "천은 백신百神의 군주요, 왕자가 가장 존경하는 바이다."[41] 덧붙여 그는 '도지대원 출어천'道之大原 出於天이라 언급하였는데, 이 문구는 그의 사상적 근원이 천임을 알 수 있게 해준다. 동중서의 사유에서 보면 세상만사를 주재하는 천은 조화造化의 주체이며, 길흉화복은 물론 상벌까지 주재하는 것으로서의 위상을 차지한다. 그것은 그가 천을 기본으로 하고 『춘추』로서 증전證典을 삼았던 데서도 알 수 있다.

이처럼 동중서의 천론은 한대에 유행한 우주 유기체론으로서 인간과 하나가 되기에 충분하다. 2세기 후에 활동한 동중서는 "천의 상도常道에서 서로 상반되는 사물은 동시에 생길 수 없다"(天之常道 相反之物也 不得兩起)라고 하였으며, 이 숨은 뜻은 우주 그 자체가 거대한 유기체라는 것이다.[42] 하늘과 땅이 하나라고 하는 유기체 우주론으로서 그의 사상에 풍미된 것은 천의 주재적 우주론이 인간에게 다가섰기 때문이다.

따라서 동중서의 천인상감론을 보면, 인간은 우주의 축소판이 아닐 수 없다. 그에 의하면 자연 현상과 정치뿐만 아니라 인간 개인의 신체, 그리고 정감까지도 하늘의 구조와 똑같고, 인간은 우주의 축소판[43]이라는 것이다. 그리하여 천과 인간의 유사성이 유난히

---

40) 위의 책, p.596.
41) 董仲舒, 『春秋繁露』 「郊祭」, 天者 百神之大君也 王者之所最尊者也.
42) 조셉 니담 著, 李錫浩 外 2人 譯, 『中國의 科學과 文明』 Ⅱ, 乙酉文化社, 1986, pp.399-400.

많이 부여되어 있음을 알 수가 있다. 천은 인생의 부父가 되고, 인생은 천의 자子가 된다는 견해도 이와 관련된다. 그에 있어 천의 수 곧 4는 춘하추동의 사시로 보았고, 이와 유사하게 관제官制 배열은 공·경·대부·사로 하였다. 이의 배열이 갖는 합리성 여부는 오늘날 논란의 여지가 있다.

회남자와 유사하게 동중서에 의해 천과 인의 유사성은 다음에 잘 나타난다. "사람 몸의 경우, 크고 둥근 머리는 하늘의 얼굴을 본떴고, 머리털은 별들을 본떴고, 밝은 귀와 눈은 해와 달을 본떴고, 코와 입의 호흡은 바람과 공기를 본떴고, 마음이 앎에 통달하는 것은 (천지의) 신명을 본떴고, 차고 빈 뱃속은 만물을 본떴다."44) 나아가 그는 인간의 작은 뼈마디 366개는 한 해의 날 수, 큰 뼈대의 12개는 달 수, 몸 안의 오장은 오행의 수, 밖의 사지는 사계의 수에 부응한 것이라고 말한다. 그에 있어 주야는 눈을 뜨고 감는 것으로 보았으며, 인간의 강유剛柔는 동하冬夏에 비유하고, 희로喜怒는 음양에 비유하였다.

이에 더하여 동중서는 천인상감의 입장에서 천에 희로애락이 있듯이 인간도 이에 그대로 감응한다고 하였다. 곧 그는 말한다. "천에는 기뻐하고 노하는 기운이 있고, 슬퍼하고 즐거워하는 마음이 있는데 인간과 서로 부합된다. 유類로써 합한다면 천과 인은 하나인 것이다. 봄은 기쁜 기운이므로 살리고 가을은 노한 기운이므로 죽인다. 여름은 즐거운 기운이므로 길러내고, 겨울은 슬픈 기운이므로 감추어버린다."45) 천·인의 관계를 감성의 문제까지 확대하고 있는 그의 모습은 천·인의 관계를 매우 밀접하게 접근시킨 결과이다.

이 같은 천인상감론은 회남자의 사유와 공유하고 있으며, 후래 왕충의 사상과 위진 현학에 많은 영향을 미쳤다. 곧 서한 초에 통합성을 토대로 하는 가치관은 동중서의 천인감응 이론을 반박하는 왕충의 자연주의 사상에 영향을 주었으며, 위진 현학과 도가의 탄생, 또 동양의 의학과 과학 발전에 큰 영향을 주었다.46) 그의 천인관계적 논리가 설사 비합리적

---

43) 곽신환, 「儒學의 유기체 우주론」, 93 한국 동양철학회 추계국제학술회의, 『기술·정보화 시대의 인간 문제』, 한국 동양철학회, 1993.10, 別紙 p.5.

44) 董仲舒, 『春秋繁露』 「人副天數」, 是故人之身 首妢而員 象天容也 髮 象星辰也 耳目戾戾 象日月也 鼻口呼吸 象風氣也 胸中達知 象神明也 腹胞實虛 象百物也.

45) 董仲舒, 『春秋繁露』 「陰陽義」, 天有喜怒之氣 哀樂之心 與人相副 以類合之 天人一也 春 喜氣也 故生 秋 怒氣也 故殺 夏 樂氣也 故養 冬哀氣也 故藏.

인 측면이 있더라도 이는 한대의 사유 성향임을 간파하면, 그 파급력은 대단했다. 다만 천天과 관제를 무리하게 배정함은 다소 견강부회의 성격이 있었음을 무시할 수는 없다.

3. 음양오행론

한나라 때에 음양오행론이 유행하였다. 이는 도가의 기론氣論, 무위자연의 설에 참위론과 같이 신비성을 더한 이론으로 전개되었음을 말한다. 곧 오행설에 음양 참위학이 성행하여 오행재이설五行災異說도 일어났다. 동중서는 천天의 의지 표현이 무엇일까에 대해 많은 고민을 하였다. 그는 천의 의지가 음양오행으로 이어가고 있음을 알았다. 그리하여 음양오행의 생극운전生克運轉은 '천'의 의지 표현이며 봉건 윤상倫常의 뜻이라고 여겼다.[47) 그가 밝힌 천은 살아 있는 의지로 나타나는데, 그것은 바로 음양오행의 기운으로 전개된다는 것이다.

따라서 동중서는 양은 천의 덕이고, 음은 천의 형刑이라는 입장에 선다. 그는 다음과 같이 말한다. "천지의 상도는 음양의 연속이니, 양이 천의 덕이라면 음은 천의 형刑이다. … 천은 양을 신임하지만, 음은 믿지 않는다. 천은 덕을 좋아하지만 형을 좋아하지 않는다."[48) 그가 말하는 것처럼 음양론은 바로 천의 작용에 기인함이 분명하다. 음양오행론에서 천덕을 좋아할 따름이며 천형天刑을 멀리하는 것 역시 천에 대한 의지적 접근이다.

음양오행론에서 밝히는 음양의 기는 우리의 생명수와도 같은 것으로 이해되고 있다. 동중서는 이러한 의미에서 다음과 같이 말한다. "천지 사이에는 음양의 기가 있다. 마치 물고기가 언제나 물속에 잠겨 살듯이 인간은 언제나 기氣 속에 잠겨 살고 있다. 그런데 음양의 기가 물과 다른 점이 있다면, 보인다는 것과 보이지 않는 것일 뿐이다."[49) 우리가

---

46) 박재희, 「黃老道家의 형성과 세계관」, 한국도가철학회 1998년도 제3회 학술발표회《발표요지》, 한국도가철학회, 1998년 7월 28일, p.22.
47) 侯外盧 主編, 양재혁 譯, 『中國哲學史』(上), 일월서각, 1988, p.190.
48) 董仲舒, 『春秋繁露』 「陰陽義」, 天地之常 一陰一陽 陽者天之德也 陰者天之刑也 … 天之任陽不任陰 好德不好刑 如是也.
49) 董仲舒, 『春秋繁露』 「天地陰陽」, 有陰陽之氣 常漸人者 若水常漸魚也 所以異於水者 可見與不可見耳.

공기라는 것을 흡입하는 호흡 작용이 있으므로 살 수 있듯이, 물 속의 물고기도 물을 생명수로 살아간다. 이처럼 그는 음양을 우리의 생명수 바로 그것으로 이해하였다.

음양론에 이어 '오행'에 대한 동중서의 언급도 주목된다. 그는 오행의 상호 관계도 상극과 상생의 입장에서 조망하고 있다. 그가 부여한 오행의 순서는 「홍범」洪範에 있는 순서와 달리 첫째 목, 둘째 화, 셋째 토, 넷째 금, 다섯째 수이다. 각자는 상생 상극하는 바, 목은 화를 낳고, 화는 토를 낳고, 토는 금을 낳고, 금은 수를 낳고, 수는 목을 낳는데 이것은 상생의 순서이다.[50] 이와 역순으로 상극이란 목은 토를 극하고, 토는 수를 극하고, 수는 화를 극하고, 화는 금을 극하고, 금은 목을 극하는 것이다. 이러한 오행 중에서 토는 가장 귀한 것으로 이해되며, 충신의 의義와 효자의 행行은 토에서 얻어진다고 동중서는 말한다.

그리고 음양오행론을 전개함에 있어 음양은 물론 오행과 사시·사방이 같은 순환의 법칙을 따른다고 하였다. 동중서는 말하기를 "천의 도는 세 계절(봄, 여름, 가을)로써 태어나서 이루어지고, 한 계절(겨울)로써 잃고 죽어버린다"[51]라고 했다. 말하자면 봄은 생生에, 겨울은 장藏에 관련된다. 그에 있어 음양가와 마찬가지로 수화목금의 각각 방위는 물론 사시를 주재한다는 입장에 있다. 이를테면 목은 동쪽과 봄을, 화는 남쪽과 여름을, 금은 서쪽과 가을을, 수는 북쪽과 겨울을 주재하고 토는 중앙을 주재하여 사시의 기氣에 도움을 준다는 것이다. 이처럼 동중서는 사시의 운행은 음양의 순환과 마찬가지로 사방에 통하여 이루어진다고 하였다.

4. 인성론

하늘과 인간의 관계를 비교적 자세히 밝힌 동중서는 인간의 성품에 대해서도 지대한 관심을 가지고 있다. 그것은 천지 사이에 인간의 위상을 유기체적으로 밝힌 그의 사유구조에서 인성의 주체성을 확보하려는 의지 때문이다. 그에 있어 인간은 만물 중에서 가장

---

50) 馮友蘭 著, 鄭仁在 譯, 『中國哲學史』, 螢雪出版社, 1986, p.255.
51) 董仲舒, 『春秋繁露』 「陰陽義」, 天之道 以三時成生 以一時喪死.

귀하다고 하여 인성의 우위적 가치가 거론되고 있다. "천지의 알맹이가 만물을 이룬 것 중에서 인간보다 더 귀한 것은 없다."[52] 이처럼 말하는 그의 사유는 인간의 주체적 위상을 밝히면서 지상에서 인간이야말로 가장 소중한 존재임을 확인시키고 있다.

존귀한 인간은 과연 어떠한 성품을 지니고 있는지가 궁금한 일이다. 동중서에 있어 인간의 인성에 인仁과 탐貪의 이율배반성을 동시에 갖고 있다는 견해가 나타난다. 그는 말하기를 "인간에게 참으로 인자함도 있고 탐심도 있다. 인과 탐의 기氣가 둘 다 몸에 있다. 몸의 이름은 천에서 취한 것이다. 천에 음과 양의 두 가지 베풂이 있고 몸에도 역시 탐과 인의 두 가지 성이 있다[53]라고 하였다. 그의 언급에 나타나듯이 인간에게는 선으로 흐르는 인, 그리고 악으로 흐르기 쉬운 탐을 동시에 말하고 있는 점이 주목된다.

성품의 선악 문제를 분명히 하려고 하는 점에서 동중서는 매우 구체적 비유를 든다. "선善은 쌀과 같고 성性은 벼와 같다. 벼가 비록 쌀을 산출하지만 벼를 쌀이라고 할 수 없듯이, 성이 비록 선을 산출하지만 성을 선이라고 할 수 없다. 쌀과 선은 인간이 하늘을 계승하여 후천적으로 양성한 것들이지, 자연의 영향력 내에 존재하는 것들이 아니다."[54] 그는 맹자의 성선설을 부인하고 있다. 이에 더하여 그는 「심찰명호편」에서 고치가 명주실이 아니요, 달걀 속에는 병아리가 될 요소가 있으나 달걀이 곧 병아리는 아니라면서, 인간의 성품은 본래 선이라 하는 것은 틀렸다고 말한다.

성선설을 부인하는 이유로는 동중서의 독특한 성품 이해에 관련되어 있다. 그의 성3품론이 바로 그것이다. 동중서는 인성을 성인지성聖人之性, 중민지성中民之性, 두소지성斗筲之性의 삼품으로 나누었으며, 성을 규정한 이름 이상도 아니고 이하도 아니며 그 가운데서 이름하는 것이라고 인식하였다.[55] 이처럼 그의 성품관은 ① 성인성, ② 중민성, ③ 두소성(쓸모없는 인간의 성)이라는 3가지로 분류하였다. 이는 후래 양웅과 왕충의 성품론 형

---

52) 董仲舒, 『春秋繁露』 「人副天數」, 天地之精所以生萬物者 莫貴于人.

53) 董仲舒, 『春秋繁露』 「深察名號」, 人之誠有貪有仁 仁貪之氣 兩在于身 身之名取諸天 身之名取諸天 天兩有陰陽之施 身亦兩有貪仁之性.

54) 董仲舒, 『春秋繁露』 「實性」, 善如米 性如禾 禾雖出米 而禾未可謂米也 性水出善 而性未可謂善也 未與善人之繼天而成於外也, 非在天所爲之內也.

55) 侯外盧 主編, 양재혁 譯, 『中國哲學史』(上), 일월서각, 1988, p.191.

성에 상당한 영향을 미쳤다.

동중서의 인성론은 공자, 맹자, 순자를 아우르면서도 어느 한편에 서지 않는 특성을 지닌다. 다시 말해서 그는 맹자의 인성론을 위주로 하였으나, 그가 말하는 성은 성인의 성도 못난 사람의 성도 아니요 중민의 성이라는 점에서 공자의 학설도 받아들였으며, 성주聖主의 교화를 기다려야 한다는 면에서 순자의 인성론도 받아들였다.[56] 이처럼 그는 성품의 선함을 부인하고 악함도 부인하지만, 이들을 보충 이해하려는 그의 독자적 사유가 주목된다. 그가 성선설을 부인한 이유 중의 하나로 성선性善이 아니라는 면에서 제왕帝王의 교화를 촉구하고 있기 때문이다.

5. 역사철학

역사의 변화를 내포하는 철학을 전개함에 있어 동중서는 우주론적 법칙과 관련짓고 있다. 국가가 덕치를 추구하고자 하는 것은 최소한의 우주적 관심에서 출발한다는 것이다. 다만 동중서의 우주론이 우주 자체에 대한 관심보다는 국가 차원에서 덕치를 행하고자 하는 동기를 지니고 있었다.[57] 이러한 그의 우주적 관심은 국가의 역사 변천과 관련짓고 있는 양상으로 전개된 것이다.

동중서에 있어 역사철학의 전개는 두 가지 설에 영향을 받은 듯하다. 그것은 '오덕설'五德說과 '삼통설'三統說이다. 풍우란에 의하면, 천인天人 관계는 밀접한 까닭에 동중서와 한나라 사람들의 눈에는 역사의 변화도 천도의 법칙을 따랐는데, 한인들은 역사가 따르는 천도의 법칙을 두 가지로 설명했다는 것이다.[58] 우선 오덕설로서 이 원리는 천지개벽 이래 5덕이 순차로 옮아가며 그때마다 각 덕에 합당한 정치가 존재한다는 추연의 설에 따르고 있다. 이러한 설은 한나라가 수덕水德인지, 토덕土德 혹은 화덕火德인지 하나의 논

---

56) 李康洙 外,『中國哲學槪論』, 한국방송통신대학교출판부, 1995, p.115.
57) 곽신환,「儒學의 유기체 우주론」, 93 한국 동양철학회 추계국제학술회의,『기술·정보화 시대의 인간 문제』, 한국 동양철학회, 1993.10, 別紙 p.7.
58) 풍우란 著, 박성규 譯,『중국철학사』(下), 까치, 1999, p.54.

쟁거리로 부상하였다. 다음으로 삼통설이 있는데, 삼통이란 흑통黑統, 백통白統, 적통赤統을 말하며 이 삼통은 삼정三正이라고도 불린다.

삼통설, 즉 동중서가 본 삼정三正의 의의를 살펴보자. 그는 다음과 같이 말한다. "삼정은 흑통부터 시작한다. 이는 역법상의 정월 초를 영실營室(페가수스자리) 즉 북두의 건인建寅으로 개정하는 것이다. 하늘이 양기를 통솔하여 두루 만물을 화육하기 시작하면 만물은 싹이 트는데 그 색은 흑색이다. … 정백통正白統이란 역법상의 정월 초를 허虛 즉 북두의 건축建丑으로 개정하는 것이다. 하늘이 양기를 통솔하여 만물의 껍질을 벗기고 화육하기 시작하면 만물은 싹이 트며 그 색은 백색이다. … 정적통正赤統이란 역법상의 정월 초를 견우 즉 북두의 건자建子로 개정하는 것이다. 하늘은 양기를 통솔하여 만물에게 베풀어 화육하기 시작하면 만물은 꿈틀거리며 그 색은 적색이다."[59] 이처럼 삼통설은 색깔과 관련한 역사 전개의 법칙을 설하는 내용이다.

하은주 3대의 역사적 전개는 이러한 삼통설의 색깔과 관련되어 있다. 실제의 역사를 놓고 보면, 하夏는 흑통이고 인월寅月(음력 1월)을 정월로 삼고 흑색을 숭상했으며, 상商은 백통이고 축월丑月(음력 12월)을 정월로 삼고 백색을 숭상했으며, 주周는 적통이고 자월子月(음력 11월)을 정월로 삼고 적색을 숭상했다.[60] 주를 계승하는 자는 다시 흑통이 되는바, 역사는 이와 같이 순환 변화하여 국가 발전의 역사적 흐름을 이어간다는 것이다. 이처럼 삼통의 순환이 있듯이 조대朝代를 바꿀 때 반드시 정역正逆과 복색服色을 바꿔야 한다는 것이다. 곧 삼통 교체론을 말한 것은 제왕의 권위에 제한을 가하는 것으로 이해된다. 이러한 삼통(혹 三正)의 변화논리 속에서 동중서는 불변의 '삼교'三敎를 말하여 하의 충忠, 은의 경敬, 주의 문文으로 이어져, 모든 왕조가 이 셋에 근거 삼으며 굳게 지켜간다고 하였다.

아울러 동중서는 넷으로 반복되는 법칙으로 상商, 하夏, 질質, 문文의 법칙을 말하며,

---

59) 董仲舒, 『春秋繁露』 「三代改制質文」, 三正以黑統初 正日月朔於營室 斗建寅 天統其始通化物 物見萌達 其色黑 … 正白統者 歷正日月朔於虛 斗建丑 天統氣始蛻化物 物始芽 其色白 … 正赤統者 力正日月朔於牽牛 斗建子 天統氣始施化物 物始動 其色赤.
60) 풍우란 著, 앞의 책, p.56.

이는 사계처럼 순환하여 3대의 역사가 전개되었다고 하였다. 동중서의 견해를 들어보자. "왕자는 바꾸지 않는 것이 있으며, 둘로 반복되는 것, 셋으로 반복되는 것, 넷으로 반복되는 것, 다섯으로 반복되는 것, 아홉으로 반복되는 것이 있다. … 왕자의 제도는 한 번은 상, 한 번은 하, 한 번은 질, 한 번은 문으로 한다. 상과 질은 하늘을 근본삼고, 춘추는 인간을 근본으로 삼는다."[61] 이처럼 동중서는 상, 하, 질, 문의 법칙을 말하여 순환해 가는 역사의 법칙을 설명하고 있다. 그러면서도 통치의 질서는 변할 수 없음을 말하고, 제왕은 하늘의 대리인이라고 하였다.

역성혁명의 문제에 대해서도 거론되고 있다. 동중서는 이에 말한다. "이른바 새 왕이 반드시 제도를 고친다고 함은 도를 고친다는 것도 아니고 원리를 고친다는 것도 아니다. 하늘에서 명을 받아 역성혁명으로 왕조를 바꾼 것은 앞 왕을 계승하여 왕이 된 경우가 아닌데, 만일 이전 제도를 그대로 따르고 옛 과업을 수행할 뿐 아무것도 고치지 않는다면 이것은 앞 왕을 계승하여 왕이 된 경우와 구별할 수 없게 된다. 천명을 받아 임금이 되었다고 함은 하늘에 의해서 크게 높여졌다는 뜻이다."[62] 그는 역성혁명을 통해 국가의 통치가 바뀌더라도 왕은 바꾸지 않아야 할 것이 있다고 하면서 위의 언급을 하였다. 그의 논리에 나타나듯이 역성혁명보다는 선양의 방법으로 역사가 바뀐다면 천명에 따를 뿐 전왕前王의 인륜기강, 도리, 정치, 교화, 습속을 굳이 바꿀 필요가 없다는 것이다.

---

61) 董仲舒, 『春秋繁露』 「三代改制質文」, 故王者有不易者 有再而復者 有三而復者 有四而復者 有五而復者 有九而復者 … 王者以制 一商 一夏 一質 一文 商質者主天 夏文者主地 春秋者主人.

62) 董仲舒, 『春秋繁露』 「三代改制質文」, 今所謂新王必改制者 非改其道 非變其理 受命於天 易姓更王 非繼前王而王也 若一因前制 修故業 而無有所改 是與繼前王而王者無以別 受命之君 天之所大顯也.

양웅과 왕충의 사상

Ⅰ. 양웅의 생애와 사상

1. 생애

양웅은 서한 말년에 살다간 인물로서 그의 자는 자운子雲이다. 그는 한나라 선제 원년(BC 53)에 태어나 왕망 5년(AD 18)에 죽었다. 사천성蜀郡 성도 사람이며, 서한 말기의 저명한 학자이고 철학자이자 문학가이기도 하다.[1] 그와 동시대인으로 왕망, 유흠(古文經學주창자), 동현 등이 거론된다. 그는 청년시절에 동향 선배인 사마상여의 문장력을 이어받아 뛰어난 문필력으로 사부辭賦 작가로서 활동하기도 하였다.

양웅의 벼슬로는 왕망이 정권을 찬탈한 후, 새 정권을 옹호 찬미하는 문장을 쓰고 대부의 벼슬을 지내었다. 이러한 구실로 송학宋學 이후에는 그가 비난을 받기도 하였다. 사마상여의 사부辭賦를 흠모하여 그의 부체시賦體詩 상당수를 발표하였다. 그 가운데 몇 편이 궁정까지 전해지기도 했는데, 한나라 성제는 양웅의 부체시를 매우 좋아하여 양웅을 수도로 불러들여 그를 황문시랑黃門侍郎으로 대접하였다.[2] 이처럼 양웅은 시랑의 벼슬을 하면서 학적 능력을 한껏 발휘하였다.

양웅의 성격은 사람됨이 간이일탕簡易佚蕩하고 박학하였다. 그의 성격상을 알 수 있는 것은 『한서』「양웅열전」의 기록이다. "양웅은 어려서 학문을 좋아하고, 여러 가지 서적을 두루 읽었다. 그 사람됨은 까다롭지 않고 텁텁하였으며, 말더듬이였으므로 빨리 이야기할 수 없었다. 묵묵히 깊이 생각함을 좋아하였다. 청정 무위하고 기욕嗜欲을 적게 하고 부귀에 급급하지 않고, 빈천을 근심하지도 않았다."[3] 담박한 성격을 지니며 청정 무위적 삶을 살았으며, 만년에 경학에 뜻을 두었으며, 그 스스로 성현이라 자처하였다.

양웅은 호학의 열정으로 인해 심도 있는 저술을 남겼다. 이러한 저술 활동은 당시 유행하던 미신적 참위설과 천인상관설에 반대하는 내용이다. 그의 저술에는 유가와 도가사상

---

1) 張岱年 著, 김용섭 譯, 『중국의 지혜』, 청계, 1999, p.243.
2) 위의 책.
3) 『漢書』「揚雄列傳」, 少而好學 博覽群書 爲人簡易易佚蕩 口吃不能劇談 黙而好深湛之思 淸淨亡爲 少嗜欲 不汲汲於富貴 不戚戚於貧賤.

을 절충한 것이 많다. 『주역』을 모방하여 『태현경』을 쓰고, 『논어』를 모방하여 『법언』을 썼으며, 나아가 『훈찬』 『방언』 『주잠』 등의 책을 저술한 결과 서한 시대에 가장 뛰어난 학자가 되었다.[4] 또 양웅이 지은 「감천」, 「우렵」, 「장양」 등의 여러 사부辭賦 등은 수려한 것으로 평가되며 한대의 훌륭한 작가적 면모를 보였다.

후래 양웅에 대한 평가를 보면, 후유後儒로서 한유는 양웅을 순자와 같이 높이 평가하고, 정·주는 그를 낮게 평가하였다. 송대에 그를 낮게 평가한 것은 왕망이 정권을 찬탈한 것을 그가 미화한 영향 때문이었다. 양웅 평가에 있어 그는 이미 반半유가, 반도가의 입장을 충분하게 표현하였으니, 역시 철학사 연구자가 주목해야 할 인물[5]임에 틀림없다. 어쨌든 양웅이 한때 사부에 심취하다가 후에 문예는 방편임을 알고서, 도덕 인의를 바로 세우는 노력을 하여 한대의 정통 유가가 되고자 하였다.

2. 태현론

양웅은 『태현』太玄을 저술하여 심오한 그의 철리를 드러내는데 정성을 다하였다. 그는 『주역』의 체계를 모방하여 『태현』을 지었는데 그 내용이 깊고 오묘하여 그것을 보는 자는 알지 못하고 그것을 배우는 자는 이루지 못했다고 한다.[6] 이처럼 양웅은 『주역』의 이치를 체득하여 자신의 저술로 심화시킨 것이다. 『주역』의 진리가 심오한 것처럼, 양웅은 그의 심오한 세계를 『태현』이라는 저술에서 구체적으로 밝히고 있다.

태현의 진리를 언급함에 있어 양웅이 밝힌 현玄의 의미를 살펴보자. 그는 다음과 같이 말한다. "대체로 현이란 것은 천도이며, 지도이며 인도이다."[7] 그는 천지인 삼재를 동원하여 바른 길로 현의 세계를 조망하고 있다. 여기에서 하늘은 시始·중中·종終이라면, 땅은 상·중·하, 사람은 사思·복福·화禍로서 이 모든 일이 3단계에서 생성 발전된다는 것이

4) 張岱年 著, 김용섭 譯, 『중국의 지혜』, 청계, 1999, p.244.
5) 勞思光 著, 鄭仁在 譯, 『中國哲學史』-漢唐篇-, 探求堂, 1987, p.140.
6) 李康洙 外, 『中國哲學槪論』, 한국방송통신대학교출판부, 1995, p.119.
7) 揚雄, 『太玄』 「太玄圖」, 夫現也者 天道也 地道也 人道也.

다. 이러한 3단계의 설정은 양웅의 독특한 사유에서 나오며(물론 노자도 道生一, 二, 三을 거론함), 이는 세계의 근원으로서 현이 거론되고, 현은 삼라만상의 발현이 되는 우주의 본체로 파악되었다.

그렇다면 태현은 무엇을 생성의 자원으로 삼는가. 양웅에 의하면 태현은 허무虛無를 자원으로 삼는다는 것을 알 수 있다. 그는 다음과 같이 밝힌다. "현玄이란 만류萬類를 그윽하게 배열離하고, 그 형체를 드러내 보이지 않게 한다. 허무를 밑천으로 삼아 생겨난 것이다."8) 그가 밝힌 허무는 도가의 노장이 밝힌 허무와 같은 것으로, 그는 도가적 사유와 공유하고 있다.

나아가 현의 신묘한 변화 작용은 『주역』의 원리와 통하고 있다. 이러한 우주 생성론적 인식은 태현의 변화 법칙과 연결된다. "현에는 일도一道가 있으니 1로서 3이 일어나고, 1로서 3이 생겨난다. 3으로 일어나는 것은 방方, 주州, 부部, 가家이다. 3으로 생겨나는 것은 삼參, 분分, 양기陽氣이다. 끝에 가서 구영九營이 되며, 이것은 근본을 같이 하면서도 생을 달리 한다. 곧 이는 천지의 경經이다. 위 아래를 방통旁通하며 만물은 병행한다. 구영이 두루 흘러서 시작과 마침이 올바른 것이다."9) 여기에서 그가 밝히고 있듯이, 3의 숫자기원은 현이며, 현에는 일도가 있고, 1은 3으로써 흥기하며, 1은 3으로써 생한다고 하였다. 이처럼 역易에는 음양 2가 있으나, 태현은 1·2·3의 삼원三元(始·中·終)이 있다.

일반적으로 만물이 생성하는 순서를 노자는 1, 2, 3을 말하고, 열자는 1, 7, 9(「天瑞」, 易變而爲一 一變而爲七 七變而爲九), 『역』은 1, 2, 4, 8의 순서를 설명하였다. 양웅은 현玄이 1, 3, 9, 27, 81 등의 순서로 발전한다고 하였다. 이러한 『주역』의 숫자 변화는 곧 양웅의 구천론九天論과도 연결되며, 현의 세계가 중층적인 변화로 언급되고 있다. "9천은 제1단계 중천中天, 제2단계 선천羡天, 제3단계 종천從天, 제4단계 경천更天, 제5단계 수천睟天, 제6단계 확천廓天, 제7단계 감천減天, 제8단계 심천沈天, 제9단계 성천成天이다."10) 그는

---

8) 揚雄 『太玄』 「太玄圖」, 玄者 幽攤萬類而不見其形者也 資陶虛無而生乎.
9) 揚雄 『太玄』 「太玄圖」, 玄有一道 一以三起 以三起者 方州部家也 以三生者 參分陽氣 極爲九營 是爲同本 離生 天地之經也 旁通上下 萬物並也 九營周流 始終貞也.
10) 揚雄, 『太玄』 「太玄數」, 九天 一爲中天 二爲羡天 三爲從天 四爲更天 五爲睟天 六爲廓天 七爲減天 八爲沈天 九爲成天.

9천을 밝힘으로써 태현太玄의 심오한 세계를 천天의 수로 인지하고 있다. 이에 더하여 그는 구지九地가 있고, 구인九人의 등급이 있으며, 구체九體 및 구규九竅가 있다고 하였다.

하지만 태현에 대한 인식은 9라는 숫자를 중심으로 변화한다는 억지 설명과 같은 신비적 측면이 있어 일반인이 이해하기에 다소 어려운 점이 있다. 이와 관련하여 양웅의 태현론에 대한 유향의 평가를 소개해 본다. 이를테면 유향이 양웅의 『태현』을 읽고 말하기를 "헛되이 스스로 괴로워하였다. 오늘날 학자가 녹祿의 이로움이 있는데도 오히려 『주역』을 밝힐 수 없는데, 또 '현'玄은 해서 무엇 하겠는가. 나는 후인이 장 항아리를 덮는데 쓸까봐 걱정이다"[11]라고 하였다. 이에 대해 양웅은 어떠한 반응을 보였을까가 궁금한 일이다.

3. 법언론

양웅이 말한 '법언'法言은 유가를 중심으로 공부를 해야 하며, 각자의 수양도 정통 유맥을 벗어나서는 안 된다는 의미에서 나온 말이다. 이에 양웅의 학이 결국 유가를 위주로 했고 공자를 종宗으로 삼았던 것은 분명하다. 그가 공자를 추존하면서, 그 외에 남아 있는 성인의 글은 『역경』, 『서경』, 『예기』, 『시경』, 『춘추』 등의 경이라며, 후대 사람들이 학설을 수립하려면 유가 경전을 표준으로 삼아야 한다[12]고 했다. 이처럼 그는 유학을 자신 학문과 행동의 근본으로 삼았다.

유가에서 섬기는 바, 성인을 버리지 말라는 의미를 음식과 연결하고 있는 양웅은 표현법을 매우 간절하게 드러낸다. "늘 먹는 진수성찬을 버리고, 색다른 반찬을 좋아하는 것은 어찌 그가 맛을 안다고 보겠는가. 대성인을 저버리고 제자諸子를 좋아하는 것은 어찌 그가 도를 안다고 보겠는가."[13] 식사를 할 경우 편식을 하며 감미로운 맛만을 추구한다면 입맛을 상하는 경우와 마찬가지이다. 여기에서 편식으로 간주되는 것은 공자 외의 잡가들에 해당된다.

---

11) 『漢書』 「揚雄列傳」, 空白苦 今學者有祿利 然尙不能明易 又如玄何 吾恐後人用履醬瓿也.
12) 풍우란 著, 박성규 譯, 『중국철학사』(下), 까치, 1999, pp.119-121.
13) 揚雄, 『法言』, 棄常珍而嗜乎異饌者 惡覩其識味也 委大聖而好乎諸子者 惡覩其識道也.

그리하여 양웅은 공자를 통해 수기치인修己治人해야 한다고 하였다. "어떤 사람이 자기를 다스림에 대하여 물었다. (양웅이 답하기를) 공자의 방법으로 자신을 다스려야 한다."14) 이처럼 공자를 받들어야 함을 강조한다. 이어서 그는 공자처럼 맹자도 모셔야 한다고 하였다. 맹자는 양주와 묵적을 물리치는 공을 세웠기 때문이라는 것이 그의 논리이다. 그러나 그는 순자를 방문지가旁門之家로 보고 있다.

나아가 양웅은 유맥과 다른 도맥으로서 노자와 장자의 견해에 대해서 수용하면서도 배척하는 입장이다. "노자가 도덕을 말한 것을 내가 취한 것이 있으며, 인의를 내던지고 예학을 끊어버린 것을 나는 취한 것이 없다. … 장자는 군신지의君臣之義를 없애버렸다."15) 노자는 물론이고 장자의 사상도 그에게 이단으로 비추어졌다. 유가를 신봉하는 유학자들이 공통적으로 노장·양묵을 배척하였는데, 양웅도 그 예외가 아니다.

양웅은 법가도 이단으로 몰아 배척하고 있다. 법가의 사상은 정통 유가의 법언法言과는 전혀 다른 이단의 소리로밖에 들리지 않는다는 것이다. "어떤 이가 질문하기를, 신불해와 한비자의 법은 법이 아닌가. (양웅 답하기를) 법이란 당우唐虞 성주成周의 법이다. 신불해와 한비자 따위야 어찌 법이겠는가."16) 양웅은 이와 같이 법가의 사상을 물리치고 요순 같은 유가의 정맥을 잇고자 한 유자로 알려지고 있다. 법언이란 유가에 한하여 언급된 것으로 이해하면 좋을 것이다.

4. 성선악혼설

양웅은 인간의 성품에 선악이 섞여 있다고 말한다. 이는 맹자의 성선설과 순자의 성악설에 보충되는 성설이다. 그는 다음과 같이 말한다. "인간의 성품은 선과 악이 섞여 있다. 그 선한 면을 닦으면 선인이 되고, 그 악한 면을 닦으면 악인이 된다."17) 나아가 그는

---

14) 揚雄,『法言』, 或問治己 曰 治己以仲尼.
15) 揚雄,『法言』「問道」, 老子之言道德 吾有取焉耳 及搋提仁義 絶滅禮學 吾無取焉耳 … 至莊周罔君臣之義.
16) 揚雄,『法言』「問道」, 或曰 申韓之法非法與 曰 法者 謂唐虞成周之法也. 如申韓 如申韓.
17) 揚雄,『法言』「修身」, 人之性也 善惡混 修其善則爲善人 修其惡則爲惡人.

선악이 갈리는 이유로 기氣의 유동성을 말하여, 「수신편」에서 '기라는 것은 선악으로 가는 말'氣(善惡之馬)이라고 하였다. 이처럼 그는 성선악 혼混을 말했는데 그의 성품론이 맹순孟荀의 성품론을 포함하는 듯하다.

이에 성품을 악으로부터 벗어나도록 하기 위해 양웅은 호학을 하고 이를 실천에 옮기라고 하였다. 이와 관련하여 다음과 같이 말한다. "학문은 성품을 닦는 까닭이며, 보고 듣고 말하고 용모를 드러내고 생각하는 것은 성품이 가지고 있는 것이다. 학문을 하면 이 모든 것이 바르게 되고 그렇지 않으면 사특하게 된다."[18] 학문을 진지하게 일상생활 속에서 이루어가며 반드시 이를 실천에 옮기도록 그는 당부하고 있다. 이러한 학문의 방법을 등한히 한다면 결국 사도에 떨어지고 만다는 그의 입장이다.

알다시피 선유先儒들의 성품론에 대한 언급은 고대 맹자로부터 송대까지 주요 관심사의 하나였다. 위에 언급한 양웅의 성품설을 칭송한 내용을 소개해 본다. 송의 사마광 등은 양웅의 설을 크게 기뻐하여 "맹자가 선을 길러야 한다고 말한 것과 순자가 악을 제거해야 한다고 말한 것을 양웅은 아울렀다"[19]라고 하였다. 송대에 있어 양웅의 성품론을 칭송한 대표적 인물이 사마광인 셈이다. 하지만 대체로 다른 유자들은 양웅의 성설에 대해 비판하는 입장에 있다.

이러한 맥락에서 주자는 다음과 같이 양웅의 성품설에 대해 비판적으로 평가하고 있다. "순자와 양웅, 한비자 등은 비록 성性은 말했지만, 실제로는 단지 기氣를 말했을 뿐이다. 순자는 단지 좋지 못한 사람의 성만을 보고서 악하다고 말했다. 양웅은 절반은 선하고 절반은 악한 사람을 보고서 선악혼善惡混을 말했다. 한비자는 세상에 다양한 종류의 사람이 있는 것을 보고 성3품설을 세웠다. 세 사람 가운데 한비자의 설명이 비교적 좋다."[20] 이처럼 주자는 양웅의 성설이 기에 다소 치우쳐 언급된 것이라고 하며 평가 절하한다.

그러면서도 주자는 양웅의 성품론을 흐리멍텅하기 그지없다고 폄하한다. 곧 그는 '골

---

18) 揚雄, 『法言』「學行」, 學者 所以修性也 視聽言貌思 性所有也 學則正 否則邪.
19) 如孟子之言長善者也 如荀子之言去惡也 揚子則兼之矣(가노 나오키 著, 吳二煥 譯, 『中國哲學史』, 乙酉文化社, 1986, p.283-284再引用).
20) 『朱子語類』卷4,「性理一」, 荀揚韓諸人雖是論性 其實只說得氣 荀子只見得不好人底性 便說做惡 揚子見半善半惡底人 便說善惡混 韓子見天下有許多般人 所以立爲三品之說 就三子中 韓子說又較近.

골돌돌'鶻鶻突突(애매하고 흐림)이라는 용어를 사용하여 양주의 성품론을 비판하며 다음과 같이 말한다. "성인은 단지 性을 알았을 뿐이다. 여러 학파가 어지럽게 일어난 것은 단지 성이라는 낱말의 의미를 알지 못했기 때문이다. 양웅은 흐리멍텅했고, 순자는 신발을 신은 채로 가려운 발바닥을 긁었다고 말할 수 있다."[21] 주자는 성품론에 있어 맹자의 사상은 물론 순자·양웅의 사상을 보완, 비판하여 성선설과 성악설의 양 측면을 밝힌 이정二程의 성품론을 적극 수용하고 있다.

주자에 이어 중국의 근대 철학자 노사광 역시 양웅의 성품론은 천박하다고 하였다. 노사광이 저술한 『중국철학사』漢唐篇에 의하면, 양웅은 사실 심성의 자각에 통하지 못하였으므로 맹자·순자의 구별을 알지 못하였을 뿐만 아니라, 성을 논할 때에도 전적으로 천박한 말을 썼다[22]는 것이다. 양웅의 성품론은 그의 본래 의도가 맹자와 순자의 성품론을 보충한 최선의 성품설이라 해도, 주자가 말하듯이 본연의 성선설과 기질의 성악설이 별립할 수 있음을 간과하고 있다.

II. 왕충의 생애와 사상

1. 생애

왕충은 후한대의 사람이다. 왕충(AD 27~AD 99)의 자字는 중임仲任이다. 그는 회계 상우上虞(지금의 浙江 上虞)에서 태어났다. 왕의 선조가 일찍이 군공軍功으로 양정陽亭에 봉하였는데, 그는 봉토封土를 잃어버린 뒤에 농업으로 생업을 이어 나갔다. 『후한서』「왕충전」에서는 그에 대해 다음과 같이 소개하고 있다. "왕충의 선조는 위군원성魏郡元城에서 이사를 하였다. 왕충은 어려서 외로웠으며, 향리에선 효자로 칭찬받았다."[23] 그는 가난한 농가에서 어렵게 살림을 꾸려나가는 상황이었다. 또 어린 나이에 낙양에 가서 살았는데,

---

21) 『朱子語類』 卷5, 「性理二」, 聖人只是識得 百家紛紛 只是不識性字 揚子鶻鶻突突 荀子又所謂隔靴爬痒.
22) 勞思光 著, 鄭仁在 譯, 『中國哲學史』-漢唐篇-, 探求堂, 1987, p.145.
23) 『後漢書』「王充傳」, 王充 … 其先自魏郡元城徙焉 充少孤 鄕里稱孝.

집이 가난한 탓으로 책을 사볼 돈이 없어 항상 서점에 들어가 책 읽기를 좋아하였다고 한다.

그는 일찍이 대유大儒인 반표에게 학문을 배웠다. 반표는『한서』를 저술한 반고의 아버지이다. 그러나 왕충은 스승 곁에 오래 머무르지 않고 떠났다. 당시 그는 고문가古文家의 속박을 벗어던지고 소리 높여 말하기를 "원래의 스승을 사양한다"라고 하여, 스스로 일가의 이론을 세웠다.24) 어려서부터 낙양에 유학을 간 이유는 그의 호학 정신에 맞게 태학太學에서 배우고자 하는 의지 때문이었다. 그는 박람을 좋아하고 장구에 구애받지 않았던 후한의 대표학자였다.

또 왕충은 타협을 싫어하는 성격으로 가문의 전통을 계승하여 붓을 무기로 삼아 호족들과의 투쟁을 계속하였다. 그는 군공조郡功曹, 치중治中 등의 벼슬을 역임하였다. 또한 자신이 살았던 현縣, 군郡, 주州, 공조功曹, 종사從事, 치중治中과 같은 종류의 관리를 지냈으며, 마침내 백성의 고통에 관심을 가졌기 때문에 정무政務에 대해 항상 비판적 건의를 올렸다.25) 이러한 그의 소신에 따라 상소를 하는 탓에 왕충은 윗사람의 환심을 사지 못하고, 수차례 배척을 당하곤 했다. 그는 말년에 더욱 암담함을 느끼어 벼슬길은 멀고멀어 뜻이 곤궁하다고 그의 처지를 말하였다.

왕충의 저술로는『논형』論衡이 있다. 그는 가난하여 고통 속에 살면서도 뜻을 게을리하지 아니하며, 외로이 혼자 살면서도 허와 실을 고증하여 적지 않은 저작을 하였는데 세상에 남아있는 것은『논형』한 책뿐이다.26) 그가 저술한『논형』은 85편 20여만 언이나 된다. 그는 흥미로운 논설을 펴는데 정성을 다하였다. 예컨대『논형』에는 용龍이 지상의 나무나 집에 숨어 있는데, 하늘이 용을 승천시키고자 벼락을 쳐 나무를 꺾고 집을 부수는 것으로 알았다는 내용도 수록되어 있다.

후한 유학자로서 왕충이 기여한 바는 여러 가지가 있을 것이다. 그는 우선 후한의 혁신적 유학자로 알려져 있으며, 왕부, 중장통과 같이 후한 삼재三才로 전해진다. 그는 또 경

---

24) 侯外盧 主編, 양재혁 譯,『中國哲學史』(上), 일월서각, 1988, p.208.
25) 張岱年 著, 김용섭 譯,『중국의 지혜』, 청계, 1999, p.259.
26) 侯外盧 主編, 앞의 책, p.208.

학의 훈고에만 그치지 않고 의심나면 문제를 제기하고 비판하였다. 그가 공맹을 비판한 것27)으로도 유명하다. 이를테면 유가의 천도설天道說이 그것이며, 아울러 그는 천인상관, 천인감응, 인과응보 등의 이론을 비판하였다.

이처럼 스스로 유자이면서 의심건이 있으면 왕충은 누구를 불문하였으니, 공맹과 같은 이도 여지없이 비판의 대상으로 삼은 것이다. 이를테면 『논어』의 '무위'無違는 효·예를 어기지 말라는 뜻인데 잘못 알면 어버이의 뜻에 순종하여 이를 어기지 말라는 의미로의 오해가 가능하다는 것이다. 또 그에 있어 맹자는 인의를 설하고 이익을 배척하라 했는데, 이利에도 안길安吉의 이와 화재貨財의 이가 있다며 이를 긍정적인 것으로 받아들인다.

2. 천·인과 자연주의

유가에 의하면 만물은 조물주인 천天의 의사에 의해 창조되었다고 한다. 그러나 왕충은 '천지유의사'天地有意思를 부인하였다. 동중서의 천인상감설에 비해 왕충은 천·인 분리의 자연천自然天을 강조하고 있기 때문이다. 그는 선진철학에서 순자의 천·인을 나누는 학설과 노장 및 기타학파의 정기精氣 이론을 계승하여 그의 천론天論과 기론氣論을 전개하였다. 그가 말하는 천은 인격적·목적론적 의지를 가진 천이 아니라 천문학에서 말하는 자연의 천이다.28) 주재적 천의 입장이 아닌 자연적 천의 입장으로 나아가고 있음이 발견된다.

이러한 자연의 천·인 관계를 살펴봄에 있어, 왕충에 의하면 천지의 한서는 인간이 조작한 것이 아니라 자연 그대로라는 것이다. "봄은 따뜻하고 여름은 더우며 가을은 시원하고 겨울은 춥다. 인군人君이 무사하고 사시는 자연스럽다. 대체로 사시는 정치의 소위所爲가 아닌데 추위와 더위가 홀로 정치에 응한다고 말한다. … 이로부터 말하면 추위, 더위의 천지 절기는 인간이 행한 것이 아님은 분명하다."29) 다시 말해서 봄과 여름은 만물

---

27) 孔子와 孟子를 비판한 내용으로는 『論衡』의 「問孔篇」과 「刺孟篇」을 참조할 것.
28) 李康洙 外, 『中國哲學槪論』, 한국방송통신대학교출판부, 1995, p.127.
29) 『論衡』 「寒溫」, 春溫夏暑 秋涼冬寒 人君無事 四時自然 夫四時非政所爲 而謂寒溫獨應政治 … 由此言之

생장의 의사가 없지만 양기가 자연히 나서 생장生長한다면, 가을과 겨울은 수확의 의사가 없으나 음기가 자연히 나서 만물은 성장成藏한다는 것이다.

나아가 왕충에 있어 사람에 대한 천天이 자연과학적 자연의 천 그대로인 이유에 대해 어떻게 설명하고 있는가에 대해서도 알아본다. "어떻게 천天이 자연임을 알 수 있는가. 그것은 천에는 입과 눈이 없기 때문이다. 어떤 일을 하는 것은 입과 눈을 가진 유類이다. 입은 먹으려고 하고, 눈은 보려고 한다. 기욕嗜欲이 안에 있고 이것이 밖으로 발산된다. 입과 눈이 (그것을) 구하여 얻어 이익이 되기 때문에 그것을 하려고 하는 것이다. 이제 아무런 입과 눈의 욕심이 없으니, 만물에서 구하고 찾을 데가 없다. 그런데 대체로 무엇을 하겠는가."30) 그의 주장처럼 인人에 비해서 상대적으로 천은 이목의 욕심이 없는 것이다. 인과 달리 천의 의지 작용이 없다는 논조가 이것이다.

그리하여 왕충은 자연의 천, 무위의 천이라는 노장의 사상에 근원을 두고 당시 목적 추구의 천인감응설을 반대하였다. "유자儒者가 논하기를, 천지는 일부러 인간을 낳았다고 하였는데 이 말은 허망한 것이다. 대체로 천지가 기를 합하여 인간은 우연히 저절로 생겨난 것이다. 그것은 부부가 기를 합하여 자녀가 저절로 생겨나는 것이나 마찬가지이다."31) 한대 유가들의 필연적 천인감응론에 대해 반박하는 의미에서 그는 인간의 '우연적 탄생'이라는 언급을 하고 있다. 그는 부부가 일부러 자녀를 낳는 것이 아닌 것처럼 천지가 일부러 인간을 낳는 것이 아님을 알 수 있다며, 천지가 기를 합하면 만물이 우연히 저절로 생겨나는 것이라는 자연의 논리를 전개하고 있다.

어쨌든 왕충은 당시 천·인 관계를 재정립하는데 기여하였다. 한대의 유생 또는 일반 지식인들은 서한 초부터 천인상감설을 깊게 믿었지만, 왕충은 홀로 천·인 관계의 설이 허망하여 믿기 어렵다고 생각하였다.32) 그의 저술 『논형』 중에서 「한온」, 「견고」, 「변동」 제편은 천·인 분리의 자연주의를 말한 것이다. 그가 설한 자연은 무위와 통하면서도,

---

寒溫 天地節氣 非人所爲 明矣.

30) 『論衡』「自然」, 何以知天之自然也 以天無口目也 安有爲者 口目之類也 口欲食而目欲視 有嗜欲于內 發之
于外 口目求之 得以爲利欲之爲也 今無口耳之欲 于物無所求索 夫何爲乎.

31) 『論衡』「自然」, 天地故生人 此言妄也 夫天地合氣 人偶自生也 猶夫婦合氣 子則自生也.

32) 勞思光 著, 鄭仁在 譯, 『中國哲學史』-漢唐篇-, 探求堂, 1987, p.158.

합리적 자연의 이해로서 순자 사상을 수용한 것으로 보인다. 그는 '봄에 파종함은 인간의 작위로 하는 것'(因春播種者 人爲之也)이라고 「자연편」에서 언급하고 있기 때문이다. 다만 그는 천·인 관계를 자연 위주로 살폈고 천·인과 관련한 '상관적 가치론'의 이해에는 소홀한 인상을 가져다주었다.

3. 성명론

우선 왕충의 성性에 대한 견해를 살펴보자. 왕충의 성론은 주로 「솔성편」과 「본성편」에서 거론되는데, 그가 주장하는 성에 대한 논지는 유선유악설有善有惡說이다. 이러한 그의 논지는 다음에 나타난다. "인간의 성을 논하면 일정하게 선이 있고 악이 있다. 그 선한 것은 본래 저절로 선하며, 그 악한 것은 가르쳐 이끌어서 힘쓰게 하여 그것을 선하게 할 수가 있다."[33] 그의 주장은 선과 악이 본래 있는 바, 이 악을 선도하면 선으로 변할 수 있다는 것이다. 여기에서 인성의 교화적 측면이 강조된다.

왕충은 이러한 성품론에 대한 주장을 확고히 하고 선현들의 견해에 비판을 가하고 있음도 주목된다. 그는 다음과 같이 말한다. "주인周人 세석世碩은 인성에 선도 있고 악도 있다고 생각하였다. 인간의 성선을 들어서 그것을 기르고 이끌면 선이 자란다. 악성을 기르고 이끌면 악이 자란다. 이와 같으면 성에는 각기 음양을 가지고 있으며, 선악은 길러지는 데에 있는 것이다. 복자천, 칠조개, 공손니자의 무리는 역시 정성情性을 논하였는데, 세자世子와 서로 약간 달랐지만 모두 유선유악을 말하였다."[34] 그는 선현들의 성품 이해에 대해 비판의 입장을 견지한다.

그리하여 맹자의 성선설은 중인 이상, 순자의 성악설은 중인 이하, 양웅의 성선악혼설은 중인을 표준으로 한 것에 불과하다고 보며, 그는 유선유악설을 말하고 있다. 그는 다음과 같이 말한다. "사실인 것은 인성에는 선도 있고 악도 있다. 마치 인간의 재능에 높음

---

33) 『論衡』「率性」, 論人之性 定有善有惡 其善者 固自善矣 其惡者 故可敎告率勉 使之爲善.
34) 『論衡』「率性」, 周人世碩 以爲人性有善有惡 擧人之善性 養而致之則善長 性養而致之則惡長 如此則性各有陰陽 善惡在所養焉 故世子作一篇 密子賤漆雕開公孫尼子之徒 亦論情性 與世子相出入 皆言性有善有惡.

이 있고 낮음이 있는 것과 같다. 높은 것은 내려올 수 없고, 낮은 것은 높아질 수 없다. 성에 선악이 없다고 하는 것은 인간의 재능에 높고 낮음이 없다고 하는 것이다."35) 나아가 그는 성의 선악 전개에 있어, 15세 이후의 아동은 비컨데 백사白絲를 남藍으로 물들이면 푸르게 되고, 단丹으로 물들이면 붉게 되는 것과 같다고 밝힌다.

다음으로 왕충의 명命에 대한 견해를 밝혀본다. 그는 숙명론적 입장에서 명에는 세 가지가 있다고 하였다. 그것은 정명正命, 수명隨命, 조명遭命이다. "정명은 본래 품수받은 것이 저절로 길함을 얻은 것을 말한다. 성의 그러함이 뼈대로 선하므로 조행操行을 빌어 복을 구하지 않는다. 길이 저절로 이르렀으므로 정명이라 하였다. 수명이란 힘을 다하여 조행하여 길·복이 이르고, 정情에 쫓아 욕망을 베풀어 흉화凶禍가 이른다. 그러므로 수명이라 한 것이다. 조명이란 선을 행하였는데도 악을 얻는 것이며, 바라는 바가 아니므로 밖에서 조난을 만나서 흉화를 얻는다. 그러므로 조명이라 하였다."36) 이처럼 정명을 가장 강조하고 있는 왕충이다. 곁들여 그는 공간무대의 명에는 두 종류의 명이 있다고 하여, 그 하나는 국명國命이고 다른 하나는 인명人命이라고 했다.

그리고 정명, 수명, 조명을 접함에 있어 화복은 누구나 자기의 명으로 말미암아 이루어진다는 것으로, 왕충은 숙명의 명을 말한다. 그는 다음과 같이 언급한다. "무릇 사람이 짝을 만나고, 누해累害를 당하는 것은 모두 명으로 말미암은 것이다. 죽고 살고 오래살고 일찍 죽는 명이 있는가 하면, 귀천 빈부의 명도 있다. 왕공에서 서민에 이르기까지, 성현에서 어리석은 사람에 이르기까지 무릇 수목首目의 류, 피를 가지고 이어 붙이는 명을 갖지 않은 것이 없다."37) 그의 입장에서 보면 명이 빈천한데 그를 부귀하게 하여도 화환禍患을 겪고, 명이 부귀한데 그를 빈천케 하여도 복선福善을 만난다. 그래서 수요壽夭 궁통窮通은 한결같이 명에 의해 정해져 있어 인간으로는 바꿀 수 없다는 것이다.

귀천과 빈부도 일종의 시명時命과 숙명宿命에 기인한다. 왕충에 있어 부귀빈천을 자기

---

35) 『論衡』「率性」, 實者 人性有善有惡 猶人才有高有下也 高不可下 下不可高 謂性無善惡 是謂人才無高下也.

36) 『論衡』「命祿」, 正命 謂本稟之自得吉也 性然骨善 故不假操行以求福而吉自至 故曰正命 隨命者 戮力操行 而吉福至 縱情施欲而凶禍到 曰曰隨命 遭命者 行善得惡 非所冀望 逢遭於外而得凶禍 故曰遭命.

37) 『論衡』「命祿」, 凡人遇偶及遭累害 皆由命也 有死生壽夭之命 亦有貴賤貧富之命 自王公逮庶人 聖賢及下愚 凡有首目之類 含血之屬 莫不有命.

의지대로 할 수는 없기 때문이다. 그는 말하기를 "대체로 일에 임함에 있어 현명하고 어리석음, 행실의 깨끗하고 더러움은 성性과 재才인 것이다. 벼슬의 귀천, 재산의 빈부는 명命과 시時이다"[38]라고 했다. 이러한 명에 대해서 인력을 다해도 어쩔 수가 없는 것이다. 예컨대 요순 때에는 평화롭게 잘 다스려졌으나 이는 요순의 공이 아니요, 걸주는 천하를 패망케 했으나 이것도 걸주의 죄가 아니라 시명時命에 의한 것이라 하였다.

요컨대 왕충의 성과 명에 대한 상호 관련성을 알아보자. "성 자체에는 선악이 있고 명 자체에는 길흉이 있다. 명이 길한 사람으로 하여금 비록 선을 행하지 못하게 하더라도 반드시 복이 없어지는 것은 아니다. 흉한 명의 사람이 비록 조행操行에 힘쓰지만, 반드시 화禍가 없어지는 것이 아니다."[39] 그리하여 어떤 때는 성이 선한데 명은 흉하고, 어떤 때는 성은 악한데 명은 길하다는 입장에서 그는 성이란 조행과 선악이요, 명이란 길흉화복이라고 구분하였다. 그의 성론은 유선유악의 입장에 있다면, 명론은 숙명론의 입장에 있다.

4. 무귀無鬼와 반미신反迷信

후한 초기에 참위학이 성행하여 폐해가 심각하였는데, 왕충은 이에 미신적인 것을 비판하고 나선다. 고대사상 가운데 미신적 술수와 관련이 적은 것이 도가여서, 후한과 삼국 교체기에 도가학설 중의 자연주의가 점차 세력을 떨쳤다. 왕충의 『논형』은 바로 이 도가의 자연주의적 관점에서 당시 일반 사람들의 미신을 비판한 것이었다.[40] 다시 말해 그의 저술 『논형』은 미신 타파를 주로하고 있으며, 이는 당시의 미신적 분위기를 극복하고 사실적 사유를 유도하는 업적을 세웠다. 논형의 가치성 여부를 떠나 왕충이 미신적 요소를 일소한 점에서 그 의의가 크다.

우선 재이災異와 관련해서 언급하면 왕충은 사물이 하늘을 움직일 수는 없다는 사실적

38) 『論衡』「命祿」, 夫臨事知愚 操行淸濁 性與才也 仕宦貴賤 治産貧富 命與時也.
39) 『論衡』「命祿」, 性自有善惡 命自有吉凶 使命吉之人 雖不行善 未必無福 凶命之人 雖勉操行 未必無禍.
40) 풍우란 著, 박성규 譯, 『중국철학사』(下), 까치, 1999, p.125.

입장을 전개한다. 당시 일부의 사람들이 사물은 하늘을 움직일 수 있다는 것에 대한 반박성 주장이 이것이다. "재이를 논하는 자는 이렇게 말한다. 즉 재이가 닥친 것은 군주가 정치로 하늘을 움직이고, 하늘은 기를 움직여 이에 응한 것이다. 그것은 마치 물건으로 북을 두드리고, 추로 종을 치는 것과 같다. 북은 하늘과 같고 추는 정치와 같다. 종소리, 북소리는 하늘이 응답하는 것과 같다. 군주가 아래서 정치를 하면 천기天氣는 사람에 따라서 이른다는 것이다. 그렇지만 이것은 또 의심스러운 것이다. 대체로 하늘이 움직일 수 있으나 사물이 어떻게 하늘을 움직일까."⁴¹⁾ 여기에는 절대로 사물이 하늘을 움직일 수 없다는 것으로 천인상감론이 거부된다.

이러한 왕충의 사유는 당시의 제가諸家 사상을 폭넓게 수용, 시비 득실을 따지고 허위의 타파와 거짓을 극복하려는 것으로써, 그의 꼼꼼한 학문 방법에 의미가 있다. 그는 매사의 인식에 있어 다음과 같이 말한다. "『시경』 300편은 한마디로 말하면 생각에 사심이 없음이고, 『논형』 수십 편은 한마디로 말한다면 허위와 거짓에 대한 증오이다."⁴²⁾ 『논형』에서는 미신적인 요소를 극복하기 위한 그의 의지대로 사실적 설명과 증거라는 방법론을 채택한 것이다. 실제 『논형』에서 왕충은 여러 과학적 사례를 들어 낱낱이 사실을 증험해 내는 방법론을 활용하였다.

나아가 왕충은 실제만을 추구하는 무신론자로서, 양한 시대의 가장 위대한 철학자이자 무신론자였다. 그는 '효과와 증험을 중시하고'重效驗 '허망한 것을 싫어하는'疾虛妄 학문의 방법을 채택하는 공로를 세웠다. 그는 다음과 같이 말한다. "대체로 천지 사이에 귀신이 있는 것은 사람이 죽어 정신이 그것을 만든 것이 아니다. 모두 인간의 사념思念이 어떤 사상을 남긴 소치인 것이다. 그런 생각에 이르게 된 것은 무슨 까닭인가, 질병 때문이다. 사람이 병들면 걱정하고 두려워한다. 걱정하고 두려워하면 귀신이 나타난다."⁴³⁾ 이처럼

---

41) 『論衡』 「變動」, 論災異者 已疑於天用災異譴告人矣 更說曰 災異之至 殆人君以政動天 天動氣以應之 譬之以物擊鼓 以椎扣鐘 鼓猶天 椎猶政 鐘鼓聲猶天之應也 人主爲於下 則天氣隨人而至矣 曰此又疑也 夫天能動物 物焉能動天.

42) 『論衡』, 詩三百 一言以蔽之 曰思無邪 論衡篇以十數 亦一言也 曰疾虛妄(佚文).

43) 『論衡』 「訂鬼」, 凡天地之間有鬼 非人死精神爲之也 皆人思念存想之所致也 致之何由 由於疾病 人病則憂懼 憂懼則鬼出.

귀신이 없다는 무신론적 입장을 증명해내기 위해, 설득력 있게 귀신이란 '병'은 나약한 결과라는 사실적 방법을 거론하고 있다.

죽은 사람은 귀신이 될 수 없다는 것을 증거하기 위해 왕충은 실험해 보자는 당찬 발언을 하고 있다. "세인들은 주장하기를, 죽은 사람은 귀신이 되고 지각을 가지고 있어서 사람을 해칠 수 있다고 한다. 그러나 물류物類로 '시험해 보면' 죽은 사람은 귀신이 되지 않고 지각도 없어서 사람을 해칠 수 없다. 무엇으로 그것을 실험하는가. 물物로서 그것을 실험한다. 사람은 물이고 물도 역시 물이다. 물이 죽어도 귀신이 되지 않는다. 그런데 사람이 죽으면 어째서 홀로 귀신이 되겠는가."[44] 마치 과학자처럼 귀신이 없음을 실험해 내고자 하는 그의 의지는 분명 사실주의에 입각한 무신론자와 같다.

무귀론無鬼論의 입장을 주장한 왕충은 결국 사람이 죽어서 귀신이 될 수 없으니, 어느 누구도 해할 수 없다는 입장에서 그의 귀신 극복의 의지가 나타난다. "사람은 죽어도 귀신이 되지 않는다. 지각도 없고 말도 할 수 없다면 사람을 해칠 수 없다. 그것을 어떻게 검증할 것인가. 대체로 사람이 노하면 기氣를 사용하며, 그가 사람을 해칠 때는 힘을 사용한다. … 이제 사람이 죽어서 팔이 썩어버려 칼을 들 수도 없고, 손톱과 이빨이 빠져 다시는 할퀴거나 깨물 수가 없는데 어떻게 사람을 해친다는 말인가."[45] 나아가 그는 사람의 영혼이란 혈맥 가운데 있는 정기와 관계를 갖고 있다고 한다. 그에 있어 영혼이란 것은 정기의 작용 또는 현상이어서 사람이 죽으면 혈맥이 고갈되고 결국 정기는 멸한다는 합리적 사유를 드러낸다.

---

44) 『論衡』「訂死」, 世謂人爲鬼 有知 能害人 試以物類驗之 死人不爲鬼 無知 不能害人 何以驗之 驗之以物 人 物也 物 亦物也 物死不爲鬼 人死何故獨能爲鬼.

45) 『論衡』「訂死」, 人死不爲鬼 無知 不能語言 則不能害人矣 何以驗之 夫人之怒也用氣 其害人用力 … 今人死 手臂朽敗 不能復持刃 爪牙墮落 不能復嚙噬 安能害人.

제3장

위진 남북조의 철학

Ⅰ. 위진 남북조 철학의 전개

1. 위진 남북조의 성립

동한(후한)이 황건적의 난 등으로 망하고 위·촉·오 3국이 성립되기에 이르렀다. 동한 말년 대규모의 농민의거에 의한 큰 타격 속에 유한劉韓 정권은 붕괴되는 상황에 처했다. 이 통치계급의 내부는 사분오열이 되었으며, 지주 호족은 군대를 모아 자립하고, 군웅이 할거하여 한 지방을 제패하였으니 중국에 위·촉·오 3국이 정립鼎立하는 국면에 이른다.[1] 후한 말 환제·영제 때부터 안으로 환신들이 발호하여 정치가 부패하고, 밖으로 군웅이 사방에 할거하여 중국이 혼란에 빠졌으므로 바로 3국 시대를 만든 것이다.

그리하여 위·촉·오 3국시대가 성립되었다. 위의 조조는 기주를 점유함으로써 그 권세가 날로 강성하게 되었다. 당시 천자는 허위虛位를 가진데 불과하였으므로 조조의 아들 비조에 이르러 헌제를 위협하여 그 선양을 받아 제위에 오르고, 국호를 '위'라 하여 낙양에 도읍을 정하였다.[2] 유비는 파촉巴蜀에 의거하여 한통韓統을 계승하여 국호를 '촉'이라 했으며 촉의 수도를 성도로 정하였다. 이때 손권도 왕이 되어 국호를 '오'라고 하여 남경에서 정치 무대를 삼았다. 3국시대는 220년~264년간 지속된 것이다. 3국이 형성된 이후에 촉은 쇠퇴하고, 위와 오는 사마씨에게 멸망하여 결국 3국이 분립되었다. 위·촉·오가 분열된 뒤 60년 만에 사마씨는 이를 통일하여 국호를 진(265~419년, 15主 155년)이라 정하였다.

위·촉·오 3국의 국력은 서로 동등한 비교가 되지는 않았다. 후한은 전국을 13주로 나누고 칙사를 두어 감독시켰지만 위는 중앙의 사예주 외에 유, 기, 청, 서, 연, 예, 병, 양주를 합쳐서 9주를 두었고, 오는 양, 형, 교주의 3주, 촉은 익주 한 주뿐이었다.[3] 촉나라는 영토 면적상 비교가 되지 않았지만, 그곳의 개발 영토는 넓었다. 따라서 오와 촉의 면적이 넓고 개발이 왕성한 토지이므로 주택의 호수는 비교적 많아 동등한 상황으로 발전할 수가 있었다.

---

1) 侯外盧 主編, 양재혁 譯, 『中國哲學史』(上), 일월서각, 1988, p.234.
2) 金能根, 『中國哲學史』, 探求堂, 1973, pp.211-212.
3) 宮崎市定 著, 曹秉漢 編譯, 『중국사』, 역민사, 1983, p.170.

다음으로 위진 시대의 형성에 대해 알아보자. 우선 서진의 형성은 어떠한가. 조조가 위를 건립하고 그 아들 조비가 서기 220년에 한제를 취하였는데 그가 위나라 문제이다. 서기 265년 사마씨가 위제魏帝를 폐하고 서진 왕조를 건립하였으나, 얼마 안가 북방 민족에게 망하였으니(서기 316년), 조비가 한漢을 대신했을 때부터 서진이 망하던 근 100여년의 기간을 위진 시대라고 한다.[4] 위진 시대는 조조의 아들 조비로부터 시작되어 한 세기를 마감하던 때가지 지속되었다.

동진의 형성에 대해서도 살펴본다. 진 왕조는 내부의 장기간 혼란이 가중되었다. 그러한 상황이 몇십 년이 지나자 군소의 통치자들에게 무너지고 말았는데, 진 원제와 일부 세력 있는 귀족들이 남쪽으로 내려가 장강 유역에서 진나라를 세웠던 바, 사서史書는 이를 동진이라 일컫는다.[5] 다시 말해서 오호五胡가 자주 진에 침입하여 진은 건국 53년 만에 낙양으로부터 강남의 건업에 천도하였다. 그 이후를 동진이라 한다.

남북조와 관련하여 언급해 본다. 남조와 북조는 무엇을 말하는가. 당시 송나라에서 진나라에 이르기까지를 남조라 부른다. 남조는 송, 제, 양, 진으로 교체되었으며, 후에 수에 이르렀다. 당시 남조는 송(420~478년, 8主 59년), 제(479~501년, 6主 23년), 양(502~556년, 4主 55년), 진(557~588년, 5主 32년)으로 교체되어 '수隋(589~617년, 3主 29년)에 이르렀다. 3국시대에 강남에 천도한 오, 동진, 그리고 남조의 송, 제, 양, 진 등 4조朝를 합하여 '육조'六朝라 한다. 이에 중국은 다시 진, 북제, 북주의 3국으로 분립되었다.[6] 여기에서 북제·북주의 경우, 남조의 송과 달리 북조의 후위(북위)는 다시 동서로 나뉘어 동위는 북제로 되고 서위는 북주(479~588)가 된 것이다.

이러한 사분오열이 바로 남북조의 혼란한 상황이었다. 즉 남조는 송, 북조는 후위로 나누어 남북 2조로 분립되었고 이때 오호五胡(흉노, 갈, 선비, 저, 강)는 멸망했다. 이는 서진 말부터 생겨난 오호가 100여 년간 서로를 침범한 결과였다. 당시 5호 16국이란 용어가 나타났는데, 5호 16국이란 서진 말부터 남북조에 이르기까지 오호가 세운 13나라와

---

4) 侯外盧 主編, 양재혁 譯, 『中國哲學史』(上), 일월서각, 1988, p.234.
5) 李康洙 外, 『中國哲學槪論』, 한국방송통신대학교출판부, 1995, p.142.
6) 金能根, 앞의 책, p.212.

한족이 세운 3나라이다. 이를테면 전조, 성한, 후조, 전량, 전연, 전진, 후연, 후진, 서진, 후량, 남연, 서량, 남량, 북량, 대하, 북연이 그것이다.

수隋왕조는 강남의 진陳왕조를 통일시킴으로써 남북간 장기 분열의 시대를 마무리 지었는데, 이 3국의 위진 남북조 시대는 조비가 한漢을 이어서 통치한 때(220년)부터 수나라가 진나라를 멸망시킬 때(589년)까지 모두 369년[7]을 가리킨다. 이처럼 위진 남북조의 시대 상황은 수나라 탄생과 더불어 평정되고 만다.

2. 위진 남북조의 유불도 삼교

위진시대의 종교적 활동에 대해서 언급하여 본다. 당시의 종교 상황은 유불도 3교의 정립鼎立으로 변화해 가고 있었다. 우선 유학은 경학 사상으로 명맥을 이어가는 것이 특색이며, 이때 유교는 다소 침체하였다. 하지만 영주英主·석학碩學들이 있어 유교의 침체는 심각하지 않았다. 남송의 문제(424~453)는 유학을 좋아하여 유학관을 세웠다. 제의 고제(479~482)는 국자학을 세워 국자제주國子祭酒를 수행했으며, 양의 무제(502~549)는 오관五館을 열고 『오경』五經을 배우게 하고 오경박사를 각각 한 사람씩 두었다.[8] 그리고 북조 후위(479~588)의 도무제道武帝는 경술經術을 높여 대학을 세우고 오경박사를 두었다. 곧 유학풍은 경학과 도덕절의에서 사부문장詞賦文章, 문예, 재화才華, 풍류를 즐기는 방향으로 나아갔다.

그런데 3국시대로부터 진초까지는 죽림칠현의 탄생이라는 청담파가 성행하였다. 이때에는 양한兩漢 사상계의 영향을 받아 노장사상이 천하를 풍미하였던 바, 그 대표적 일파는 소위 청담의 죽림칠현이다.[9] 당시의 일곱 인물들로는 진유陳留의 완적, 초국의 혜강, 하내河內의 산도, 패국沛國의 유령, 진유의 완함, 하내의 상수, 낭사瑯邪의 왕융이 거론될 수 있다. 그들은 세속의 삶에 대해 거부하고 자연의 소박한 초탈 세계로 돌아가고자 하였

---

7) 李康洙 外, 『中國哲學槪論』, 한국방송통신대학교출판부, 1995, p.142.
8) 金能根, 앞의 책, p.213.
9) 韓雲菴, 『中國哲學史思想評』, 昌震社, 1976, p.274.

으며, 담박하게 현학을 즐기게 되었다.

위진 시대에는 현학이 등장한 것이다. 현학의 배경은 주로 도가와 관련된다. 이를테면 위진 시대에는 『주역』『노자』『장자』의 세 가지 신묘 저술三玄을 중시하는 현학이 유행하였는데, 그들은 대단히 사변적이고 이상적인 경지를 깨달았지만 아직 그것을 일용일상에 통일시키지는 못하였다.[10] 그야말로 신묘한 경지, 초자연의 경지에서 현묘한 현학을 즐겼던 것이다. 여기에서는 우주 대자연의 세계에 인생의 삶을 이입하는 과정에서 나타나는 신비 체험의 현담玄談이 주로 거론되었다.

신비의 현학은 중국에 불교사상의 수용이라는 커다란 공헌을 하게 되었다. 사실 위진 시대에 이르러 인도불교가 중국 불교화된 것이다. 동진 이후의 현학은 한편으로 불교와 합류하여 불교철학의 중국적인 수용에 공헌하였으며, 다른 한편으로 불교의 자극을 받아 종교화하여 신선도교로 발전하기도 하였다.[11] 따라서 불교와 도교의 흥성이 위진시대의 종교적 특색이며, 이에 상대적으로 유교는 다소 침체되는 양상이었다.

3국 중 위와 오에서는 불교가 유행하였는데, 위나라에서는 담마가라, 담무체 등이 계율을 강론하였고, 오나라에서는 지겸과 강승회 등이 활동하였다. 불교가 후한에 들어와 3국 시대를 거치고 진나라에 이르러 불경 번역이 성행해졌던 것도 당시 불교의 흥성을 가져다준 계기가 된다. 후한의 명제 연간에 들어온 불교는 포교승려의 비상한 열정에 의하여 3국으로부터 진나라에 이르러 많은 경론의 번역도 완성되어 그 세력이 세상에 알려지기에 이르렀다.[12] 구마라집은 요진姚秦의 낙양에서 성실종과 삼론종을 열고 역경과 포교에 노력하여 대승불교가 융성하게 하였다. 노장학자의 상당수가 그 문하에서 배운 것도 사실이다. 석조石趙의 불도징·부진, 요진의 도안(312~385)·구마라집, 동진의 혜원 등이 당시 불교의 대가들이었다.

이어서 남북조 때에 인도불교의 중국 불교화는 심화되기에 이른다. 곧 남북조시대

---

10) 김수중, 「양명학의 입장에서 본 원불교 정신」, 제18회 원불교사상연구 학술대회《少太山 大宗師와 鼎山宗師》, 원광대 원불교사상연구원, 1999년 2월 2일, p.36.

11) 李康洙 外, 『中國哲學槪論』, 한국방송통신대학교출판부, 1995, p.146.

12) 韓雲菴, 『中國哲學史思想評』, 昌震社, 1976, p.275.

(222~589)에는 중국 종교계에 커다란 자리이동이 일어났던 것이다. 그때 불교사상이 체계적으로 수입되어 깊은 이해를 가질 수 있었고, 이후 송대 초에 이르기까지 중국의 일류 사상가들은 모두 불학가佛學家였다.[13] 인도불교가 중국인의 사유의식에 맞게끔 사상적 변모를 가미하여 중국 불학으로 나아갔다. 당시 주로 중국에서 거론된 불교사상은 제행무상, 제법무아, 열반적정이라는 삼법인이었다.

사실 중국에서 본격적으로 불교를 수용한 것은 위진 남북조 시기임을 알 수 있다. 그것은 당시가 정치적 혼란기이자 사상적 과도기였기 때문이다. 또 이때는 불교가 유교와 도교에 대항한 시기였기 때문이다. 위진 남북조 시기에서 통일왕조의 등장까지 비교적 짧은 기간에 인도에서 오랜 시간에 걸쳐 형성된 다양한 갈래의 불교사상이 거의 동시적으로 중국에 소개되었다.[14] 중국에서 격의불교가 부상한 것도 이러한 사상적 과도기 과정에서 일어난 것이다.

그렇다면 도교와 불교에 대한 유교의 입장은 어떠하였는가. 즉 남북조시대의 유가는 한유漢儒의 훈고학을 계승하여 경전의 해석에만 몰두하여 한유의 주석에 대한 주注인 소의疏義를 짓는데 힘을 기울였다.[15] 이들 중에는 도가사상을 인용해서 경전을 해석한 자도 있었고, 불교사상을 인용하여 경전을 해석한 경우도 많았다. 그 와중에서 유불도 3교는 신앙 문제로 인하여 상호 배척하였다. 그러나 당시의 유교는 윤리, 정치에 중점을 두었으므로 교리적인 측면에서 도교와 불교 양교와 커다란 충돌은 발생하지 않았다. 그것은 당시의 중국인들이 외방불교를 자국적 상황에 융통성 있게 수용한 덕택이다.

유교와 도교의 접근이 고래로 모색된 상황에서 도교와 불교의 접근이 빈번해졌다. 도교와 유교는 양한兩漢 시대에 자주 접근하였다. 도교와 외방 불교는 육조 초기에 다소의 논의가 있었던 것이 마침내 상호 공통점을 발견하여 융합하기 시작하였다. 이와 관련해서 남제南齊의 장융은 도와 불이 그 극에 달하고 보면 둘이 아니라 하여 드디어 '백성동투본래무이百聖同投 本來無二'(백명의 성인이 함께 하였으니, 둘이 아니다)라 하였다.[16] 당시

---

13) 풍우란 著, 박성규 譯, 『중국철학사』(下), 까치, 1999, p.231.
14) 韓國哲學思想硏究會, 『韓國哲學』, 예문서원, 1995, p.81.
15) 金能根, 앞의 책, p.219.

의 남북조시대는 도가설이 흥성하였으나 불학과 관련한 언급들이 많았는데, 혜원이 『장자』 용어를 인용하여 불교를 가르쳐 격의불교를 설파한 것도 이와 관련된다. 불교가 성하자 도사들은 불교 사찰을 본떠 도관을 세워 전도에 힘썼다.

마침내 위진남북조 시대에는 유불도 3교가 병립할 수밖에 없는 상황으로 나아갔다. 이는 정치적 혼돈기, 사상적 과도기, 중국의 외방 사상에의 융통성 부여 등이 맞물리는 상황 때문이었다. 실제 유교는 한무제 이후 역대 제왕에 의해 크게 장려되었고, 도교는 양한(동한·서한)으로부터 삼국에 걸쳐 실로 세력이 컸으며, 불교도 역시 발흥하여 삼교가 병립하였으므로 상호 교섭이 없으면 안 될 형편에 있었다.[17] 유불도 3교의 정립鼎立은 수나라에 이어 명나라 때에 그 빛을 발하였으며, 오늘날도 그 영향으로 '3교 병립'이 낯선 용어만은 아니다.

II. 위진 남북조 경서의 주석가

1. 왕숙의 사상

경서의 주석은 동한과 서한 시대부터 발흥하였다. 이 풍토는 위진 남북조에 상당한 영향을 미쳤다. 특히 경서의 주석은 양한 시대에 가장 흥성했던 것이다. 3국시대에 이르러 경학은 한대처럼 흥성하지는 않았다. 오에는 『역』의 주석가로서 유명한 우번, 육속 등이 있었으며, 촉에는 초주가 있어 『논어』를 주석하였고, 위는 땅이 넓고 사람이 많았으니 경학 연구의 대표로 왕숙이 있었다.[18] 이처럼 3국시대에는 경학의 연구가 명맥을 잇는 선에서 전개되었으며, 이는 왕숙의 활약상과도 관련된다.

그러면 왕숙(195~256)의 생애에 대해 알아보자. 왕숙의 자는 자옹子雍이며, 낭朗의 아들이다. 낭은 위魏에 출사하여 사도가 되었는데, 그는 학문이 깊어 『역』, 『춘추』, 『주관』周

---

16) 韓雲菴, 『中國哲學史思想評』, 昌震社, 1976, p.277.
17) 위의 책, pp.276-277.
18) 가노 나오키 著, 吳二煥 譯, 『中國哲學史』, 乙酉文化社, 1986, p.307.

官 등의 경서를 주석하였다. 그의 벼슬로는 태수, 산기상시散騎常侍, 광록훈光祿勳 등이었다. 그는 조조의 뒤를 이은 문제가 학교를 일으키고 박사의 인원을 증가시키며 유학의 융성을 계획할 때 활약하였다.[19] 왕숙은 화려한 벼슬활동을 하지는 않았으나, 유학을 발전시키는 등 경학 연구에 공헌한 인물로 알려졌다. 그는 위魏의 신하로 활동하면서도 사마씨司馬氏에게 가담했는데, 위를 찬탈하여 제위에 오른 사마염은 왕숙의 외손자였다.

사실 왕숙은 동한의 정현과 병칭될 정도로 유명한 경학가였다. 그는 공자의 가학家學을 이어, 호학한 덕택으로 당시 대유大儒가 되어 경서 주석에 있어 동한의 정현과 같은 서열에서 거론될 정도였다. 왕숙의 학문으로는 아버지로부터 나온 것이지만, 그가 받들었던 것은 한유漢儒 가규·마융의 설이었고, 정현에 대하여는 극구 비난, 공격을 일삼았다.[20] 정현과 대비될 정도의 경학자라는 면에서 왕숙은 의도적으로 정현의 경학을 비판의 대상으로 삼는다.

왕숙이 정현을 비판한 내용에 대해 살펴본다. 왕숙은 당시 정현의 주석과 신설新說을 비판하였으며, 그가 금·고문今·古文을 절충한 태도는 정현과 같았지만, 매사에 정현을 반대하는 입장이었다. 정현의 금문에 의한 부분은 고문을 가지고, 정현이 고문을 취한 점은 금문을 가지고 비판에 열을 올렸던 것이다. 왕숙은 이처럼 정현과 학설을 달리 했으니, 그가 반대했던 것은 예禮에 관한 견해 안의 일이고, 유교 교리의 가장 중요한 점에 있어 의견을 달리 했던 것은 아니다.[21] 정현에 대한 라이벌 의식이 왕숙에게 잠재했다고 볼 수 있다.

여기에서 상기해 볼 것은 왕숙이 『공자가어』의 위작자였다는 사실이다. 그는 『공자가어』의 위작자로서 알려져 있는데, 『가어』 첫머리에 왕숙의 서序가 있다. 그 서에 의하면 이를 공자의 자손 공맹孔孟의 집에서 발견했다고 한다. 이는 그가 고서인 것처럼 꾸미고 있지만, 『좌전』, 『국어』, 『순자』, 『맹자』, 『이대』二戴 등의 책을 뜯어내어 만든 흔적이 뚜렷하므로 감출 수가 없었다.[22] 하지만 왕숙은 모든 경서에 주석을 할 정도로 박식하였

19) 儒教事典編纂委員會 編, 『儒教大事典』, 博英社, 1990, p.1014.
20) 가노 나오키 著, 吳二煥 譯, 『中國哲學史』, 乙酉文化社, 1986, p.308.
21) 위의 책.

다. 그의 저술 상당수가 일실되었고, 오늘날에는 『오경정의』五經正義나 기타의 책들 가운데 산견되는 것에 의해 그 일부분만을 알 수 있다.

2. 두예의 사상

두예(222~284)의 생애에 대해 알아보자. 두예의 자는 원개元凱이다. 두예는 경조京兆 두릉(지금의 섬서성 서안현) 출신이다. 처음 위를 섬겼고 진이 위를 찬탈하게 되자 진남장군鎭南將軍으로서 오를 평정하여 무제를 위해 통일사업을 이루었으며, 죽어서 정남대장군征南大將軍에 추증되었다.[23] 두예는 진 무제의 아버지 사마소의 처남이요, 진의 일등공신이라는 말이 여기에서 거론된다. 진이 위나라를 찬탈하였는데, 사마소가 천자를 시해한 역적을 거론하고 있는 것도 흥미롭다.

학자로서 두예가 『좌전』을 주석한 것은 유명하다. 그가 오늘날 거론되는 것도 유교 경전의 주석으로 『좌전』을 주석한 덕택일 것이다. 두예는 정치가 또는 군인으로서 유명할 뿐 아니라 학자로도 그 공로가 커서, 그의 『좌전』 주석은 오늘날에도 세상에 행해져 『좌전』을 읽는데 필요불가결한 책이 되었다.[24] 두예는 이러한 『좌전』의 주석에 비교적 꼼꼼하였으며, 후세 참고 주석서가 될 정도로 큰 영향을 미쳤던 인물로 평가된다.

사실 두예의 『좌전』 주석은 가장 뛰어나며, 가장 오래된 주석서로 평가되고 있다. 예로부터 주서注書 가운데 두예의 『좌전주』와 안사고의 『한서주』漢書注가 가장 뛰어나다고 하는데, 두예는 좌씨의 충신이요, 안사고는 한서의 충신이라 한다.[25] 이처럼 그는 『좌전』의 주석가로서 공로를 세웠던 것이다. 그가 좌전의 충신으로 받들어진 근거는, 가장 오래된 『좌전』 주석서를 간행한 인물이고, 뛰어난 『좌전』 주석가였다는 점에 있다.

나아가 두예는 『좌전집해』, 『춘추석례』를 짓기도 하였다. 그는 평소에 『좌전』을 좋아

---

22) 위의 책, pp.308-309.
23) 가노 나오키 著, 앞의 책, p.314.
24) 위의 책.
25) 위의 책.

하였다고 전해진다. 이처럼 『좌전』에 빠져있던 두예였기에 그는 이미 오나라를 평정한 후 제가諸家의 설을 참고하여 『춘추경전집해』를 지었던 것이다. 그리고 『춘추』에 보이는 지명, 역법 등을 해설한 『춘추석례』를 짓기도 하였다. 『좌전』의 기사에 의해 『춘추』 필법을 설명하고 또 『춘추』에 보이는 지명 및 역법 등에 대해 기술한 것이다. 이것은 명대에 이미 일실되어 청초의 학자는 보지 못하였고, 저 유명한 주죽타 같은 학자조차 「경의고」經義考에다 '보지 못했다'고 적고 있다.[26] 이는 건륭년간에 이르러, 『영락대전』과 『좌전정의』에 인용된 바를 덧붙여서 석례釋例를 다시 편찬하였다고 한다. 이 책은 두예의 『좌전주』를 읽을 때 참고해야 할 경서로 권장되고 있다.

그러나 두예 『좌전주』의 오류에 대한 비판이 있는 것도 환기할 일이다. 『좌전주』를 비판하는 내용을 보면, 우선 두예가 비판받은 것은 당시 인정에 아부하여 본문을 곡해했다는 것인 바, 단상설短喪說과 같은 것이며, 또 두예는 지나치게 『좌전』을 믿었다[27]는 오류가 지적된다. 이를테면 『좌전』이란 과연 좌구명이 지은 것이냐 아니냐 하는 논란이 이것이다. 하지만 『좌전』과 『춘추』가 일치하지 않은 바가 상당히 나타나 있어 논란의 여지는 남아 있다.

다행히 두예 『좌전주』를 보충하는 책들이 나오게 되었다. 이는 두예의 『좌전』 주석을 엄정히 평가하여 잘못된 바를 바로잡고자 하는 순수성에서 나온 책들이다. 두예의 『좌전주』를 보완하는 몇 권의 책을 소개하면 명나라 육찬의 『좌전부주』 5권, 부손의 『좌전주해 변오』 2권, 청나라 고염무의 『두해보정』 3권, 혜동의 『좌전보주』 등이 있다.[28] 앞으로 유교의 경전 주석에 있어 특히 『좌전』의 주석을 거론할 때 반드시 두예 주를 보아야 하는 이유가 여기에 있다고 본다.

---

26) 위의 책, p.315.
27) 위의 책.
28) 위의 책, pp.316-317.

3. 황간의 사상

황간(488~545)은 어려서부터 학문을 좋아하였다. 특히 그는 유교 경전에 관심이 많았다. 그가 유경에 관심을 갖고 주석에 노력을 다하였던 것도 이와 관련되며, 오경박사인 하역에게서 사사를 받았다. 그리고 그는 학업에 남김없이 통달하였는데, 삼례三禮와 『효경』, 『논어』에 가장 밝았다.[29] 열정으로 『효경』을 주석하였듯이 그는 부모님에 대한 효심이 있어 사회적 명망이 높았다. 그의 사적은 『양서』梁書 「유림전」에 보인다.

나아가 황간은 중국 남조의 강소성 오군吳郡 출신으로, 경술經術에 많은 관심을 가졌다. 그는 양나라 사람인데, 양이 조금 안정되었고 게다가 무제가 학문을 좋아했던 까닭에, 당시 경술가로서 세상에 알려진 이가 황간 외에도 꽤 많았던 것이다.[30] 그가 관심을 가진 경술 이해는, 『논어』와 『효경』 등을 새롭게 주석하는 것에서 발견된다. 그는 이러한 유교 경전을 이해함에 있어서 노장사상과 연계를 시도하기도 하였다.

황간이 오른 벼슬로는 국자조교國子助教였다. 그는 국자 조교가 되어 수광전壽光殿에서 『예기』를 강론하였으며, 원외산기시랑員外散騎侍郞 등을 지냈다.[31] 그가 찬한 바로는 『논어의』論語義와 『예기의』 등이 있고, 이것들은 어느 책이나 세상에서 중시되었다고 한다. 그는 국자조교의 역할을 하면서 『논어』와 『예기』 등에 대해 세심한 주석을 다는 등 당시 후학들을 위해 많은 공헌을 하였다.

하지만 황간의 저술은 일실되었다. 『논어』에 관하여는 하안 이후 주석을 하는 이가 매우 많았다는 것은 경전 석문釋文이나 수지隋志에 기록된 바에 의해 알 수가 있는데, 모두 흩어져 전하지 않지만 황간의 이 책은 중국에 전하고 있었고 남송대에 민멸하였다.[32] 주자 같은 사람이 『황간』의 『논어』 주석을 참조한 흔적이 전혀 없기 때문이다.

황간의 저술본이 후래 전해졌던 것은 사실이다. 진풍은 이르기를, '황소皇疏는 가장 정확하여, 간간이 본주本注보다도 나은 데가 있지만, 그럼에도 주자의 주를 보면 하나도 취

---

29) 위의 책, p.317.
30) 위의 책.
31) 儒教事典編纂委員會 編, 『儒教大事典』, 博英社, 1990, p.1749.
32) 가노 나오키 著, 앞의 책, p.317.

한 데가 없으니 아마 이것을 보지 못했던 것'(『東塾讀書記』卷2)이라 했다. 우연지(주자 친구)가 그의『수초당』서목逐初堂 書目에 이 책을 수록하고 있는 것을 본다면, 주자 당시에 이 책이 잔존하지 않았다고 볼 수는 없다.[33] 일본인 네모토 하쿠슈根本伯修라는 이가 이를 족리학교足利學校에서 얻어 인쇄하자 비로소 세상에 나오게 되었다.

후에 황간의 저술이 중국에 전해졌는데, 완원은 이를 보고서 육조시대의 진본이라 하여, 『논어교감기』論語校勘記를 짓는데 있어 이를 황소본皇疏本이라 하여 인용하고 있다. 이에 경서『논어』연구에 있어 황간의 주석서를 참조하는 것도 필요하다.『십삼경주소』十三經注疏에 들어있는 송나라 형병의 「소」疏도 이 황소皇疏에서 그 근원을 발하고 있는 것이다.[34] 황간의 소疏에는 이따금 엉뚱한 설이 있어 주周·공孔의 가르침을 외교外敎로 삼는 등, 후세의 학자로부터 논란의 여지가 있는 것도 사실이다. 그러나 당시『논어』, 『예기』, 『효경』의 사상을 이해함에 있어 황간의 주석서를 참고한다면, 위진 남북조의 경학 이해에 큰 도움을 받을 것이라 본다.

III. 위진 남북조의 현학

1. 하안의 사상

삼국지에 소개된 하안(?~249)의 생애를 보면 다음과 같다. "하안은 하진何進의 손자이며, 자는 평숙이다. 어머니 윤씨는 (개가하여) 태조 조조의 부인이 되었다. 하안은 궁성에서 자랐고 공주公主에서 장가들었다. 어려서부터 그는 재주가 뛰어나 이름이 알려졌다. 노장의 말을 좋아하여 '도덕론'을 비롯한 여러 글과 부賦 등 수십 편을 저술했다."[35] 그는 태조의 딸과 결혼하였으며, 벼슬로는 상서부마도위尙書駙馬道尉가 되었다. 당시 도가학자

---

33) 위의 책, pp.317-318.
34) 위의 책, p.318.
35) 『三國志』「曹爽傳」, 晏 何進孫也 裵注云 晏字平叔 母尹氏 爲太祖夫人 晏長於宮省 又尙公主 少以才秀知名 好老莊言 作道德論給諸文賦著述凡數十篇.

로는 하안과 왕필이 있고, 진대에 죽림칠현(226~249)의 무리(완적, 혜강, 산도, 왕융, 향수, 유령, 완함)를 이루었다.

주목할 바, 하안은 위진 남북조 시대에 노장학에 심취한 최초의 인물이다. 그러나 하안의 인거 자료는 그렇게 많지가 않다. 다만 『열자』의 주석서 가운데 자주 하안의 말을 인용하는 경우가 있다. 하안은 비록 한 번 중명重名을 가졌으나 조상曹爽에게 달라붙었으므로 사마의에게 죽임을 당하였고, 그 화禍가 3족에게까지 미쳤으므로 그 저작 역시 유실되었다.[36] 다만 사후 그의 설을 인용, 서술하는 자가 적지 않았으며, 그의 사상이 열자의 주석서에도 산견되고 있다.

그렇다면 『열자』의 주석서에 인용된 하안의 도론은 어떻게 묘사되고 있는가를 살펴보자. "유가 유로 되는 것은 무에 의지한 것이고, 일이 일로 되는 것은 무에 의지한 완성이다. 무릇 설명하려고 해도 설명할 말이 없고 명명하려고 해도 명명할 이름이 없다. 보려고 해도 형체가 없고 들으려고 해도 소리가 없으니 도는 그처럼 온전하다. 따라서 도는 소리와 그 반향을 밝히고, 기氣와 물物을 드러내며, 형체와 정신을 구성하고, 빛과 그늘을 구별하게 한다. 검은 것은 도에 의해서 검어지고 흰 것은 도에 의해서 희어지고 직각자는 도에 의해서 직각이 되고, 원圓은 도에 의해서 둥글어진다."[37] 나아가 그는 원과 직각은 형체가 있지만 도는 형체가 없고, 흑백은 색깔 이름이 있지만 도는 이름이 없다고 하였다. 도에 의해 모든 것이 근거가 된다는 그의 견해가 도가다운 면모를 드러낸다.

하안이 밝힌 도론은 어떻게 규명될 수 있는가. 그의 도론이 지니는 취지를 살펴보면 도 자체는 경험적 성질이 없으며, 단지 경험 사물의 생성근거가 될 수 있을 뿐이다.[38] 그의 도에 대한 이해는 노자가 말한 도 이상의 것은 되지 못하였다. 그가 밝힌 도론은 노자 사상과 크게 벗어나지 않았기 때문이다. 또 하안은 도의 무경험적 성향에 따라 성인에게 희로애락이 없다고 하여 자아에 대한 초월적 심리를 드러내려고 하였다.

---

36) 勞思光 著, 鄭仁在 譯, 『中國哲學史』-漢唐篇-, 探求堂, 1987, pp.196-197.
37) 『列子』卷1「天瑞篇注」, 有之爲有 恃無以生 事而爲事 由無以成 夫道之而無語 名之而無名 視之而無形 聽之而無聲 則道之全焉 故能昭音嚮而出氣物 色形神而彰光影 玄以之黑 素以之白 矩以之方 規以之圓.
38) 勞思光 著, 앞의 책, p.197.

나아가 하안은 노장을 추존하는 인물로서 도로부터 한걸음 더 진보하여 무·무위의 세계를 언급하고 있다. 진서晉書에 밝혀진 그의 소개를 살펴보자. "위나라 정시正始 연간에 하안과 왕필 등은 노장을 추존하는 논의를 수립하여 천지 만물은 모두 무위를 근본으로 삼는다고 여겼다. 무無란 사물을 열고 사물의 본분을 완성시키며開物成務 모든 곳에 두루 존재한다. 음양도 무에 의지하여 화생하고, 만물도 무에 의지하여 형체를 이루고, 현자도 무에 의지하여 덕을 완성하며, 불초자도 무에 의지하여 행실을 유지한다. 따라서 무의 역할은 관작官爵이 없지만 고관대작만큼 고귀하다."39) 도에 의해 만물이 형성되듯, 그는 본체적 무에 의해 모든 형체가 이루어진다고 하여 도와 무를 등위적 관계로 이해하고 있다.

무명론無名論에 대해서도 하안은 일가견을 지녔다. 그는 무명론에 대해 다음과 같이 말한다. "자연이란 도이고, 도는 본래 이름이 없다. 따라서 노자는 말하기를 '억지로 이름을 붙인다'고 했고, 공자는 요임금을 일컬어 '너무 위대하여 이름을 붙일 수 없다'고 한 다음 '얼마나 장엄한가. 그의 업적이여'라고 했으니, 억지로 이름을 붙여 세상의 지식에 근거하여 찬양한 것이다. 만약 이름이 있었다면 굳이 이름을 붙일 수 없다고 하였겠는가. 오직 이름이 없기無名 때문에 천하의 모든 이름으로써 명명할 수 있는 것이지만, 그것이 어찌 이의 명命이겠는가."40) 곧 도란 본체적 무명의 경지에서 발단된다.

한편 하안은 도가인으로서 『논어』를 주석하여 『논어집해』論語集解를 지었다. 그러나 본 저술은 하안 한 사람의 손으로 된 것이 아니다. 몇 사람의 학자가 있어 그들과 더불어 한漢의 공안국 이래 주가注家의 설을 취하여 만약 접합하지 않은 것이 있으면 고치거나 딴 것으로 바꾸어 당시 천자에게 올린 것이다.41) 이처럼 그는 노장 사상으로 유가를 설명하는 방식을 취하기도 하였다. 그런 까닭에 그의 해석에 다소 무리가 있었다. 이를테면 공空의 문제를 유가에서는 그저 비움의 뜻인데, 노장으로 연결하여 형이상학적 허중虛中

---

39) 『晉書』「王衍傳」, 魏正始中 何晏王弼等祖術老莊立論 以爲天地萬物 皆以無爲爲本 無也者 開物成務 無往而不存者也 陰陽恃以化生 萬物恃以成形 賢者恃成德 不肖恃以免身 故無之爲用 無爵而貴矣.
40) 『列子』「仲尼」, 自然者 道也 道本無名 故名氏曰 彊爲之名 仲尼稱堯蕩蕩無能名焉 下云巍巍成功 則彊爲之命 取世所知而稱耳 豈有名而更當云無能名焉者邪 夫惟無名 故可得徧以天下之名名之 然豈其命也哉.
41) 가노 나오키 著, 吳二煥 譯, 『中國哲學史』, 乙酉文化社, 1986, p.310.

·무욕 등으로 해석하곤 하였다.

2. 왕필의 사상

왕필은 어떠한 인물인가. 그의 자는 보사輔嗣이고 위나라 문제 7년(AD 226)에 태어나 제방 10년(AD 249)에 죽었다. 그는 지금의 산동성 금향金鄕 사람이며, 저명한 선비 집안의 출신으로, 어려서부터 총명하여 10여살 때 이미 '노자를 좋아했고 변설에 능하였다.[42] 특히 그는 어렸을 때부터 천재처럼 재주와 학식 및 변설로 세상에 알려졌다. 선배이자 스승격인 하안에게서 학문을 배웠는데, 그의 스승은 마침내 왕필과 더불어 천인天人 관계를 논할 수 있다고 하였다.

왕필의 저술에 대해『삼국지』에는 다음과 같이 기록되어 있다. "(종희)는 처음 채 스무 살이 못 되어弱冠 만나 산양, 왕필과 함께 이름이 알려졌다. 왕필은 유가와 도가를 논하기 좋아하고, 말하는 재능은 변론을 뛰어나게 하였으며『주역』과『노자』를 주석하였고 상서 랑이 되었는데, 나이 스무 남짓하여 세상을 떠났다."[43] 비록 왕필은 24년밖에 살지 못했지만, 그의『주역주』,『노자주』,『논어석의』등의 저술은 학자로서 대단한 면모를 보였다. 그의 탁월한 자질과 심혈을 기울인 저술로서 위진시대 현학의 주요 창시자가 되었다. 그의 노자에 대한 주석본은 현존 최고본의 하나이다.

또한 왕필은 노자 사상에 심취하였는데, 그의 도론은 후래 상당한 영향을 미쳤다. 사실 많은 학자들은『도덕경』의 이해에 있어 왕필본을 자주 참조하고 있는 실정이다. 도는 천지만물 모두를 포함하며 물고기는 또한 물속에 있는 것과 같으니, 왕필은 도의 이러한 성격을 '포통만물包通萬物'(『도덕경』16장의 주석)이라는 말로 표현하였다.[44] 그가『도덕 경』을 주석한 이후 당나라 이래에 근세까지 학자가 반드시 공부해야 할 책으로 알려진

---

42) 張岱年 著, 김용섭 譯,『중국의 지혜』, 청계, 1999, p.283.

43) 『三國志』「魏志」「鍾會傳」, 初會弱冠 與山陽王弼並知名 弼好論儒道 辭才逸辯 柱易及老子 爲尙書郞 年 二十餘卒.

44) 李康洙,「老莊思想과 現代文明」, 창립 20주년기념 제9회 사회윤리 심포지엄『세기의 도전, 동양윤리 의 응답』, 峨山社會福祉事業財團, 1998년 1월, p.101.

왕필본은 이처럼 노자 사상의 심원한 이해 덕택이라 본다.

그리하여 왕필은 노자의 무無와 유有를 다음과 같이 주석한다. "무릇 존재는 모두 무에서 시작한다. 그러므로 아직 형체가 없어 이름이 없을 때 만물은 시작된다. 그런데 그것이 형체가 있고, 이름이 있을 때는 그것도 없고 이름도 없기 때문에 비로소 만물을 이룩한다. 만물은 이것으로써 시작되고 이것으로써 이룩되지만 그 까닭을 알지 못한다. 까마득하고 또 까마득한 것이다."45) 이처럼 무와 유의 노자적 이해의 입장에서 만유 생성론을 거론하고 있다. 즉 만물의 형성이 무에서 시작한다고 그는 말하여 노자 사상을 있는 그대로 수용하는 성향이다.

유와 무를 실상과 비실상으로 이해한 사람이 왕필이다. 이를테면『도덕경』1장의 "무명천지지시 유명만물지모"無名天地之始 有名萬物之母의 해석에 대하여 진대의 왕필은 "무명, 천지지시, 유명, 만물지모"無名 天地之始 有名 萬物之母라 하여 인식론의 실상과 비실상으로 나눠 인식론적으로 이해했다.46) 이처럼 그는 유와 무를 파악함에 있어 실상과 비실상이라는 점에서 이해함으로써 유무의 개념을 이원론적으로 접근하기도 하였다. 이러한 유무관은 노자의 도론 전개와 연계하고 있다.

노자의 도를 통해 정립한 왕필의 성인관에 대해서도 이해할 필요가 있다. 그가『도덕경』29장에 대해 주해한 것이 이와 관련된다. 즉 그는 성인이 도를 본받아 허심하고 무위하면 성인 자신의 사업은 그르치지 않고 반드시 성취하며, 인민과 만물도 각자의 본성에 안주할 수 있게 된다47)고 하였다. 그의 사유 속에 나타난 성인상은 무를 체득한 경지이며, 이는 무위적 삶에서 가능한 것이다. 이러한 성자적 삶은 바로 자연 그대로의 삶이다.

하지만 왕필은『도덕경』을 주석한 것에 비해『주역』의 주해에서는 긍정적인 평가를 받지 못한다. 말하자면 왕필의『주역』풀이는 장씨張氏의 모자를 이씨가 쓰듯 억지로 노자의 관점에서 해설한 것으로,『역』괘효사卦爻辭의 본래 취지와 서로 매우 멀다고 할

---

45) 王弼 注,『老子』1章, 凡有皆始於無 故未形無名之時 則爲萬物之始 及其有形有名之時 則長之育之 亭之毒之 爲其母也 玄道以無形無名 始成萬物 以始以成 而不知其所以 玄之又玄也.
46) 조민환,『유학자들이 보는 노장철학』, 예문서원, 1996, p.23.
47) 勞思光 著, 鄭仁在 譯,『中國哲學史』-漢唐篇-, 探求堂, 1987, p.159.

수 있을 뿐 아니라 『역전』易傳의 사상과도 상당한 거리가 있다.[48] 왕필은 도가의 관념으로 『주역』을 해석하였으니 유가적 『주역』의 이해에 뒤떨어져 있음은 당연한 일이다. 왕필이 『주역』을 주석한 이유는 한유들이 음양재이陰陽災異로 점치고 미신에 빠지는 것을 금하기 위함이었다는 점은 높이 평가할 만하다.

그런 까닭에 왕필은 『주역』을 나름대로 사유를 통해 이해하려는 흔적을 보이고 있다. 그는 『주역』 건괘 단사彖辭를 다음과 같이 주석하고 있다. "변화를 타고 큰 그릇을 제어하며, 고요함에는 오로지 하고, 움직임에는 곧바르다. 큰 조화를 잃지 않으니 곧 이롭고도 길하다."[49] 이처럼 왕필은 『주역』 건괘를 생성 원칙으로 여겨서 만물을 결정하고 만물이 각기 그 성명을 바르게 할 수 있다고 했다. 형이상학의 이치를 생명 존재의 근거로 삼았던 점에서 『주역』의 우주론적 이해와 생성적 측면을 아울렀다고 본다.

3. 곽상의 사상

『장자』를 깊이 있게 해석한 곽상에 대하여 언급해 본다. 그의 자는 자현이다. 위나라 출신으로 위나라 방제 4년(AD 252) 전후에 태어나서 진나라 회제 6년(AD 312)에 죽었다. 그는 주군州郡에서 관리로 추천해도 응하지 않고 문장을 짓는 일만 즐겼고, 나중에 진나라 동해왕 사마월에 의해 초빙되어 태부, 주박主薄이 되었으며 많은 신임을 받았다.[50] 그러나 그는 직무를 맡고 권한을 담당하되, 성실하게 자기의 직무를 수행하지 못했다는 비난을 받기도 하였다.

위진 시대의 곽상은 『장자주』의 저자로 잘 알려져 있는 사람이다. 주지하듯이 위진 시대에는 도가 학설이 성행하였다. 이 시기의 곽상(252~312)의 『장자주』는 접근 가치가 큰 저술이라 본다. 이는 장자 사상의 부연 발전일 뿐만 아니라 곽상의 새로운 견해를 포함하고 있어서 사실상 독립된 저작이고 도가철학의 주요 전적이기 때문이다.[51] 곽상의

---

48) 위의 책, pp.199-200.
49) 王弼 注, 『易』, 乘變化而御大器 靜專動直 不失太和 豈非正性命之情者邪.
50) 張岱年 著, 김용섭 譯, 『중국의 지혜』, 청계, 1999, p.306.

저술은 그 외에도 『비론』碑論 12편이 있지만 현재 유실되어 아쉽게도 전해지지 않는다.

우선 곽상의 이해에 앞서 향수向秀를 소개하여 보자. 혹 곽상과 향수는 같은 서열에서 언급되어 혼동을 줄 수 있는 인물들이다. 『진서』晋書에 기록된 내용을 소개해 본다. "향수는 옛 주해를 벗어나서 의미를 해석했는데 진기한 경지를 신비하게 연역하여 현풍玄風을 크게 창달했다. 오직 '추수편'과 '지락편' 두 편만을 완성하지 못하고 세상을 떠났다. 향수의 아들은 어렸고 향수의 주해는 미약했으나 별도의 판본이 상당히 유통되기도 했다."52) 그리고 향수가 『장자』를 주석한 것으로는 『곽상전』郭象傳에 소개되고 있다.

이처럼 향수의 주해서가 곽상의 주해서와 관련된다. 하남 사람인 곽상은 향수의 『장자주』를 자기의 주해로 삼았던 것이 문제의 발단이다. 『진서』에 또 다음과 같이 곽상에 대해 소개하고 있다. "젊었을 때부터 재능이 있었고 노장을 좋아하여 청담에 능했다. … 이전 시대의 『장자』 주해자는 수십 명이었지만 아무도 그 핵심체계를 밝히지는 못했다. … 그런데 곽상은 사람됨이 야박하여 향수의 주해가 세상에 유전되지 않음을 보고, 마침내 그것을 훔쳐 자기의 주해로 삼았다. 그래서 자신은 '추수편'과 '지락편' 두 편만을 주해하고, '마제편' 한 편은 개작하고, 기타 편은 간혹 문구만 수정했을 뿐이다."53) 곽상의 『장자』 주해가 향수의 그것을 본떴다는 비판이 이것이다.

곽상의 『장자주소』莊子注疏 평가를 보면, 그는 장자 사상의 핵심을 담지는 못했다고 전한다. 중국철학자 노사광이 말하듯이 곽상주郭象注의 사상은 대체로 왕필의 사상에 비하여 명확하고 정밀하지만, 『장자』를 해석하는데 곽상의 주는 단지 '소요유' 1편만을 해석할 때에 장자의 자아 경계와 상응할 수 있었을 뿐이다.54) 이를테면 곽상은 장자 내편의 사상에 대해 엄격하고 정연함을 파악할 수 없었다고 하며, 특히 잘못된 것은 외편·잡편으로 뒤섞인 도가의 시각을 억지로 주해하였다는 것이다.

---

51) 풍우란 著, 박성규 譯, 『중국철학사』(下), 까치, 1999, p.189.
52) 『晋書』「郭象傳」, 向秀於舊注外而爲解義 妙演奇致 大暢玄風 惟秋水至樂二篇未竟而秀卒 秀子幼 其義零落 然頗有別本遷流.
53) 『晋書』「郭象傳」, 郭象字子玄 少有才理 好老莊 能淸言 … 先是注莊子者數十家 莫能究其旨統 … 象爲人行薄 以秀義不傳於世 遂竊以爲己注 乃自注秋水至樂二篇 又易馬蹄一篇 其餘衆篇或點定文句而已.
54) 勞思光 著, 鄭仁在 譯, 『中國哲學史』-漢唐篇-, 探求堂, 1987, p.210.

하지만 곽상의 도가사상은 나름대로 정리된 느낌을 가져다준다. 그의 사상을 대략 말한다면 자연과 천연天然의 사상, 무대無待와 독화론獨化論, 소요유, 무위, 변화와 상반상성相反相成이 거론될만하다. 이 모두가 노장 사상의 대변인데, 여기에서 '자연·도'와 '독화' 두 가지만 소개해 보도록 한다.

우선 자연은 지도至道를 향하고, 지도는 바로 무라는 우주 본체론적 측면으로 나간다. 곽상은 이에 말한다. "누가 물物에 앞설 수가 있는가. 나는 음양이 그것에 앞선다고 생각하는데, 음양이란 것도 이른바 물일 뿐이다. 누가 또 음양에 앞설 수가 있겠는가. 나는 자연이 그것에 앞선다고 생각하는데, 자연이란 즉 물지자연物之自然일 뿐이다. 나는 지도가 그것을 앞선다고 하는데 지도란 지극한 무이다. 이미 무이니까 또 어찌 앞서겠는가."[55] 이처럼 그는 우주 본체적 측면에서 만물에 앞서 음양, 음양에 앞서 자연, 자연에 앞서 지도는 곧 무無라는 입장을 밝힌다.

이어서 곽상은 독화獨化 이론을 밝혔는데, 이는 독생, 독존, 독로獨路 등과 같은 맥락에서 이해할 수도 있다. "만약 그 기대하는 바를 구하고 그 말미암은 바를 찾아가면, 찾아가고 구함이 끝이 없어 기다림이 없는 데까지 이르니 독화의 이치는 분명하다."[56] 이러한 독화의 경지는 무극과 무위자연 사상에 의해 우주의 전 생명체가 자연 그대로 순환한다는 것을 말한다. 억지로 무엇에 의해 생명이 조작될 수 없다는 것이 그의 지론이다. 즉 무극과도 같은 무대無待의 원리는 독화로 거론되어, 지고의 무위 사상으로 연결되고 있다.

곽상 사상은 일면 긍정적 평가가 있음을 부인할 수는 없다. 곽상의 사상은 현학玄學 사조의 발전 중 생겨난 '귀무'貴無와 '숭유'崇有 같은 논쟁들을 결합시켰다. 또 이는 당시 『주역』, 『도덕경』에 대한 연구 이외에 일어난 장자학의 연구를 종합하여 『장자주』를 완성시킴으로써 현학 이론을 높은 위치에까지 올려놓았다.[57] 따라서 곽상의 위상은 난해한 『장자』의 용이한 주석으로 잘 알려져 있으며, 위진현학 시대에 있어 왕필과 승조 사이의

---

55) 郭象, 『莊子注疏』, 誰得先物者乎哉 吾以陰陽爲先 而陰陽者卽所謂物耳 誰又先陰陽者乎 吾而自然爲先之 而自然卽物之自爾耳 吾以至道爲先之矣 而至道者乃至無也 旣以無矣 又奚爲先.
56) 郭象, 『莊子注疏』, 若責其所待 而尋其所由 則尋責無極而至於無待 而獨化之理明矣.
57) 李康洙 外, 『中國哲學槪論』, 한국방송통신대학교출판부, 1995, pp.161-162

인물로서 도가 사상가로서도 높이 평가된다.

4. 위백양의 사상

『참동계』參同契의 저술자는 위백양으로 알려져 있다. 『참동계』는 동한 환제(AD 147~167) 시대에 선인 위백양에 의하여 『역경』 속에 포함되어 있는 상수학을 빌려 저술된 단학丹學 경전이라는 것이 정설이다.58) 이처럼 『참동계』는 단학의 경전으로서 도가사상과 역경사상을 혼용하여 상수학의 측면에서 부각된 위진 남북조 시대의 玄學 경서로 잘 알려져 있다.

『참동계』를 저술한 위백양은 어떠한 인물인가. 그는 동한의 선인仙人이다. 대략 동한 환제 시대를 전후하여 살았다고 추측되며, 오나라 또는 회계 상우上虞 지방의 벼슬 집안에서 태어났다. 일생 동안 벼슬을 하지 아니하고 조용히 산 속에 살면서 성性을 기르고 명命을 닦아서 금단金丹을 이루었으나, 그 스승이 누구인지는 알 수 없다.59) 그에 관련하여 구체적 행적의 글이 없어서 정확하게 그의 면모를 알 수는 없다.

다음으로 『참동계』가 저술된 시대적 배경에 대해서도 살펴보고자 한다. 『참동계』는 도가의 경서와 관련된 점에서 『도덕경』, 『장자』의 무위자연 사상 및 『주역』과 직접 관련이 있다. 그런 점에서 본 저술은 우주론적 상대성 원리가 어울려서 이루어진, 이른바 현학玄學이 바야흐로 태동하는 시기에 이뤄졌다. 본 저술 당시 불로장생을 추구하는 신선사상도 여러 갈래의 유파를 낳으면서 구체화되고 있었던 때로서 회남왕 유안 등이 신선 황백술黃白術을 정립시키고 있다.60) 『참동계』는 이처럼 도가사상이 풍미하던 위진 시대의 현학이라는 시대적 상황과 연계된다.

다음으로 『참동계』의 의미에 대해서 언급해 보자. 위백양이 저술한 『참동계』의 의미는 무엇인가. '참동계'參同契란 말에서 참參은 잡雜, 동同은 통通, 계契는 합合이라는 뜻으로,

---

58) 李允熙 譯, 『국역 參同契闡幽』, 麗江出版社, 1989, p.25.
59) 위의 책, p.27.
60) 위의 책, p.25.

그 사상이 『주역』과 같은 원리로서 뜻이 통하며 대의가 합한다는 것이다.[61] 다시 말해서 '참'이라는 것은 섞여 있다는 '잡'과 유사하며, '동'은 통한다는 의미이다. 그리고 '계'(맺음)는 '합'의 의미와 관련된다. 맺을 계契와 합할 합合의 의미는 서로 통하는 개념이다. 이는 곧 우주의 유기체적 통합 원리에 바탕하여 인간의 수양 및 생명 획득과 관련한 것들이다.

본 『참동계』는 우주론에서 그것의 심오한 사상이 시작된다. 곧 우주의 일월 운행과 사람의 성명性命 이치가 같으므로, 성명을 닦기 위하여서는 우주 특히 해와 달이 운행하는 이치를 본받아야 한다는 입장에서 성명을 닦는 요령을 밝힌 것이다.[62] 『참동계』의 구성은 상중하 3권으로 되어 있고, 상권과 중권은 다시 각각 어정御政, 양성養性, 복식伏食으로 나뉘어 있다. 나아가 하권은 상권과 중권을 보완하는 입장에서 그 논지를 서술하고 있다. 이 모두가 우주론, 심성론, 생명론으로 연결되고 있다.

『참동계』의 내용 구성에서 관심을 끄는 바는 바로 우주론이다. 『참동계』는 '사람이 곧 우주'라는 사상을 바탕삼아 그 내용을 전개한다. 위백양은 다음과 같이 말한다. "건곤은 역의 문호가 되며, 모든 괘의 부모가 되고, 감리坎離는 바르고 크게 비어 있어 수레의 구르는 바퀴통이요 바른 굴대가 된다."[63] 이는 음양의 도가 바로 건곤을 벗어나지 않는 것을 뜻한다. 그 음양은 일음일양一陰一陽하는 것과 같으며 이를 도라고 할 수가 있다. 이 건곤은 성명으로 이어져 우주론에서 수양론으로 전개됨을 알 수가 있다.

우주론에 이어 성명性命의 문제에 대해 위백양은 다음과 같이 말한다. "성을 기르고 명을 늘려 때를 물리치고자 하면 뒤 끝을 살펴서 생각하되 마땅히 그 먼저 것을 염려하여야 한다. 사람이 받은 바의 몸은 그 체體가 일一도 없음에 근본을 두고, 으뜸 되는 정精이 구름같이 퍼져 기炁로 인하여 처음을 시작한다. 그리고 음과 양을 척도로 그에 맞추며 그곳에 혼과 백이 깃들게 되는 것이다."[64] 그가 말하듯이, 성명 쌍수가 거론될만하다. 성명을 아울러 길러서 우주의 대기에 합할 경우, 신선이 누리는 참 영혼의 세계가 펼쳐지

61) 韓國哲學思想研究會, 『韓國哲學』, 예문서원, 1995, p.99.
62) 李允熙 譯, 앞의 책, p.25.
63) 『參同契闡幽』「第1章」, 乾坤者 易之門戶 衆卦之父母 坎離匡廓 運轂正軸.
64) 『參同契闡幽』「第20章」, 將欲養性 延命郤期 審思後末 當慮其先 人所稟軀 體本一無 元精雲布 因炁託初 陰陽爲度 魂魄所居.

게 된다.

5. 갈홍의 사상

『포박자』抱朴子를 지은 갈홍의 생애에 대해 알아보자. 그의 자는 치천이고 호는 포박자이다. 그는 진나라 무제 5년(AD 284)에 태어나 동진 애제 2년(AD 364)에 생을 마감한 것으로 알려져 있다. 갈홍은 동진의 도사, 철학자, 연단술사, 의학자로도 잘 알려진 인물이다. 갈홍은 강남의 유명한 선비집안 출신이며, 어려서부터 학문을 좋아했고 사람들과의 교제에는 별로 흥미가 없었다.[65] 욕심이 적고 권세와 이익을 좋아하지 않아 독서에만 몰두한 인물로 알려져 있다.

갈홍은 성장하여 벼슬 활동도 하였다. 이를테면 장병도위將兵都尉가 되어 석빙石冰의 농민 봉기군을 진압하는데 참여한 전적이 있다. 그리하여 그가 전공戰功을 세워 복파伏波 장군이 되었으며 사마예가 승상이 되었을 때 천거되었고, 나중에 자의諮議, 참군參軍 등의 보좌 직무를 맡게 되었다.[66] 이처럼 그는 의학자, 학자, 연금술사, 장군이라는 여러 가지의 재능을 발휘한 인물이었다.

갈홍은 이러한 재능으로『포박자』를 저술하게 되었으며 신선술의 이론적 근거를 제시하기도 하였다. 동진東晉 때에 이르러 갈홍은『포박자』를 저술하여 도술과 도교의 이론을 정립한 공로[67]가 있으니 그의 재능을 잘 대변해준다. 곧 갈홍은 신선술의 이론적 근거 및 방법을 제시하였다.『포박자』가 그것으로, 여기에는 비교적 구체적으로 신선술이 거론되고 있다. 예컨대 그의 저술은 60여종으로『포박자외편』,『포박자내편』,『주후비급방』肘後備急方,『신선전』이 있다.『포박자』는 내외 양편이며, 이의 내편은 신선 황백黃白에 관한 것을 논했고 외편은 당시의 정치론·풍속을 언급하였다.

주목할 바,『포박자』에 의하면 불사의 신선이 될 수 있다고 말한다. 갈홍은 수련에

---

65) 張岱年 著, 김용섭 譯,『중국의 지혜』, 청계, 1999, p.321.
66) 위의 책.
67) 이강수,『노자와 장자』, 길, 1997, p.12.

열중한다면 진시황이나 한무제 같은 신선만이 아니라 누구나 신선이 될 수 있다는 지론을 편 것이다. 즉 도교의 중요한 요소인 신선 방술을 집대성하여 교의敎義 면에서 기반을 제공했다. 또 그는 불사의 신선이 실재한다고 인정할 뿐 아니라, 이 신선은 보통 인간과 다르지 않으며 누구나 신선이 될 수 있다고 주장한 것[68]이다. 이처럼 그는 신선이란 일부 특정한 인물만의 전유물이 아니라는 모두의 보편적 신선론을 펴고 있다.

신선론에 이어, 갈홍은『포박자』를 저술하여 신묘의 경지를 '현'玄이라는 것과 관련하여 그 의미를 부각시키고 있다. 그는 다음과 같이 말한다. "현이란 자연의 시조이며 만수萬殊의 대종大宗이다. 그 깊은 곳은 작고도 작으므로 미세하다고 일컫는다. 그 먼 곳은 아득하고도 아득하므로 그것을 미묘하다고 일컫는다. 그 높이는 구소九霄(멀고 높은 하늘)를 덮어 가리며, 그 넓이는 팔우八隅(팔방)를 감싸버린다. 해와 달을 빛나게 하며 번개가 내닫듯 이끌린다."[69] 그리하여 세상 사람들은 음악, 향연, 미색을 즐기나, 이는 고통이 따르므로 참된 환희를 얻고자 한다면 현과 일치되어야 함을 그는 강조한다.

구체적으로 갈홍은 「지진편」地眞篇에서 '수일존진 내득통신'守一存眞 乃得通神(守一하여 참이 간직되니 신통을 얻는다)이라 하고, 「지리편」至理篇에서 행기行氣와 방중술도 말하여 장생·신선이 되는 방법을 가르치고 있다. 그는 다음과 같이 말한다. "도가의 가장 신비스럽고 귀중하게 여기는 것은 오래 사는 방법보다 더 나은 것이 없다."[70] 이와 같이 그는 신선의 장생술을 강조하고 있다. 신선을 언급함에 있어 첫째 '천선'天仙으로 육체를 가지고 대낮에 승천하는 자, 둘째 '지선'地仙으로 명산에 노니는 자, 셋째 '시해선'尸解仙으로 허물을 벗고 떠나는 자라는 세 종류의 신선을 말하고 있다. 이러한 행위는 도인법이나 방중술, 금단법 등을 통해 가능한 일이다.

나아가 갈홍은 복약服藥의 외단外丹에 대해서도 확신을 가지고 말한다. 곧 금단을 복용하면 불사한다는 것이다. "대체로 금단이란 것은 그것을 태워서 오래될수록 변화는 더욱

---

68) 韓國哲學思想研究會,『韓國哲學』, 예문서원, 1995, p.96.
69) 『抱朴子』「暢玄」, 玄者 自然之始祖 而萬殊之大宗 眇昧乎其深也 故能微焉 綿邈乎其遠也 故稱妙焉 其高則盖乎九霄 其曠則籠罩乎八隅 光乎日月 迅乎雷馳.
70) 『抱朴子』「勸求」, 道家之所至秘而重者 莫過乎長生之方也.

미묘하게 된다. 황금은 불에 넣어 백번 달구어도 사라지지 않으며 그것을 파묻어도 하늘이 다 없어질 때까지 썩지 않는다. 이 이물二物을 복용하고 사람의 신체를 단련하므로 사람으로 하여금 늙지도 않고 죽지도 않게 할 수 있다.”71) 이처럼 신선이 되기 위해서는 서양의 연금술과 같은 맥락에서 외단의 금단을 복용하도록 말한 것이다. 그러나 이 금단의 복용은 검증되지 못하여 후래 비합리적 수련법으로 평가되는 경향이 있다.

Ⅳ. 위진 남북조의 불학

1. 손작의 사상

위진 남북조 시대에 본격적으로 격의불교가 이루어졌다. 격의불교에서 볼 수 있듯이, 동진 때 인도의 『반야심경』의 번역에서 비롯된 불학佛學의 의리가 중국적 사유로 탐구되었다. 이러한 불경의 연구법으로는 '격의'格義와 '합의'合義의 방법이 있는데, 격의라고 하는 것은 중국 고서중의 술어 · 범주로서 불경 중의 술어 · 범주를 배합한 것이라면, 합의는 다른 역본을 한 문장에 집어넣어 자료로써 대비 연구하는 것이다.72) 이러한 불교 전개의 과정에 있어 주로 위진 남북조 때에 손작, 고환 등과 같은 사람이 불교를 존숭하였다.

여기에서 손작이라는 인물을 거론하지 않을 수 없다. 그의 생애는 진 애제(362~365) 무렵의 사람이다. 자는 흥공이며 그의 문장은 당시 널리 알려졌다. 『천태산부』天台山賦 같은 것은 손작이 가장 자신을 가졌던 것으로써, 일찍이 이를 친구에게 보이며, “경卿이 시험 삼아 땅에 던져보라, 반드시 금석金石의 소리가 날 것이다”라고 자랑했다는 이야기가 본전本傳에 보인다.73) 손작은 이처럼 불교에의 지대한 관심 속에 저술 활동을 해나갔다.

아쉽게도 손작의 저술은 오늘날 전해지지 않는다. 그의 저술로는 『논어』에 관한 석의釋

---

71) 『抱朴子』「金丹」, 夫金丹之爲物 燒之愈久 變化愈妙 黃金入火 百煉不消 埋之畢天下朽 服此二物 煉人身體 故令人不老不死.
72) 侯外盧 主編, 양재혁 譯, 『中國哲學史』(上), 일월서각, 1988, p.261.
73) 가노 나오키 著, 吳二煥 譯, 『中國哲學史』, 乙酉文化社, 1986, p.325.

義가 있었다. 황소皇疏에 30여조를 수록하고 있으며, 그의 설로서 후유後儒에게 채용된 것이 많다.[74] 그는 사마진司馬晉의 경학자로서 문인을 겸하였다고 한다. 그리고 본전에 그가 불교를 믿었다고 하지는 않았으나, 『유도론』喩道論을 지어 당시 그는 유자가 불교에 가한 논박에 대립하여 불교를 위해 변호하였다고 전해지고 있다. 따라서 그는 불교적 입장에 선 인물로 평가받고 있다.

손작은 유교의 입장에서 불교를 위해 변모를 시도하였다. 그가 지은 『유도론』은 문답체로 쓰여 있으며, 유교 입장에서 불교를 위해 새롭게 변호를 시도한 것이다. 여기에서 거론된 논란의 요점은 다음 세 가지[75]이다. 첫째, 불교는 인과보응을 설하고 살생을 경계하나 주周·공孔의 가르침은 살생을 멀리 하지 않는다. 실제로 공자는 소정묘를 벌하였고 주공은 이숙을 주살했다는 것이다. 그러나 손작은 주공과 공자에 대해 말하기를 성인에게 살심殺心이란 없으며, 다만 성인은 사회의 해독을 제거할 목적으로 어쩔 수 없이 살생을 하므로 불교의 자비와 다른 것이 아니라는 것이다.

둘째, 주공과 공자는 세상을 고집했고 부처는 이를 떠났는데, 여전히 부처를 변호한다. "만약 세상을 떠났다면 어떻게 포악한 자를 벌주고 간교한 자를 막아 뭇 백성을 다스릴 수 있겠는가"라는 질문에 대해 손작은 답한다. 이를테면 주공과 공자는 곧 부처요 부처는 곧 주공과 공자이지만, 내외에 따라 이름을 달리 하는 것에 불과하다는 것이다. 그리하여 주공과 공자는 때에 응하여 폐단을 구하고, 부처는 그 근본 도리를 밝힌 것이라고 하며 불교를 적극 옹호한다.

셋째, 주공과 공자의 가르침은 효이므로 신체를 훼손하지 않고 조상의 제사를 지내는 것을 첫째 의무로 삼으나, 불도佛道는 이에 반하여 부모를 버리고 수염과 머리카락을 깎아 용모를 손상하고 제사를 지내지 않는다는 궁금증에 대해 손작은 변호한다. 즉 효가 백행의 근본인 것은 그가 말하는 데로이나 효라는 것은 반드시 부모의 생리적 욕구를 만족시키는 것만은 아니며, 몸을 일으켜 도를 행하여 부모의 이름을 드러내는 것은 효

---

74) 위의 책, p.326.
75) 그가 밝힌 세가지 내용은 後述 括弧속 著書의 간추린 내용이다(가노 나오키 著, 吳二煥 譯, 『中國哲學史』, 乙酉文化社, 1986, p.326).

중에서 큰 것이라는 것이다.

손작의 불교 옹호는 대단히 적극적인 것으로 평가되고 있다. 그러나 아쉽게도 그의 저술은 전하지 않는다. 손작의 책으로 비록 『손자』孫子 12권이 있어 『수당지』隋唐志에 기록되고, 그의 사상이 '태평어람' 등에 인용되어 있으나 전해지지 않고 있다.[76] 그의 불교 이해와 관련하여 체계적 사상을 거론할 수 없는 것은 바로 저술의 부전不傳 때문이다. 다만 위에 언급한 『유도론』에서 그가 불교에 대해 적극적으로 변호한 것을 보면 그의 불교에 대한 애정을 알 수가 있다.

2. 유협의 사상

유협은 위진남북조 시대의 사람으로 양 무제(502~549)와 동시대 사람이다. 그의 자는 언화이며, 문학의 선비로 알려져 있다. 그의 신분은 출가승이다. 그는 초기에 불교신자였는데 뒤에 출가하여 사문이 되어 혜지慧地라고 법명을 받았다.[77] 그가 출가를 하여 불교 교리에 심취하였으며, 나아가 이방 종교인들이 불교를 비판하고 있는 것에 대해 반박의 글을 쓰기도 하였다.

그러한 맥락에서 유협은 『멸혹론』滅惑論을 지었다. 이것은 도교도가 불교에 대해 가한 공격을 반박하는 글이다. 그리고 그는 유명한 『문심조룡』文心雕龍의 저자로도 잘 알려져 있는 바, 이 책은 문체의 원류와 그 교묘함과 서투름을 평한 것이다.[78] 그가 지은 본 저술은 육조시대에 있어 비길만한 책이 없었다고 한다.

언급한 바대로 유협은 도가에 심취한 사람들이 불교를 비판하고 있는 것에 대해 『멸혹론』의 본의를 전하고자 하였다. 이를테면 도가측에서 불교에 대해 가한 공격은 열반에 관한 것이었다. 즉 도교의 요지는 일一을 지켜 죽지 않는데 있다. 그런데 불교에서 열반을 목적으로 하는 것이 있어 본시 오래 사는 도를 구하는 일은 대단히 어렵다고 한다.

---

76) 가노 나오키 著, 吳二煥 譯, 『中國哲學史』, 乙酉文化社, 1986, p.327.
77) 위의 책.
78) 위의 책.

하지만 죽음이란 것은 보통 사람이라면 반드시 맞이해야 할 운명이므로 열반을 구하지 않더라도 반드시 얻게 되는 것이다.[79] 이는 도가에서 도를 구하여 장생하는 것을 목적으로 하는데, 불교는 오히려 허무하게 열반을 목적으로 한다는 것에 대한 비판이다.

이와 관련하여 유협은 불교인의 입장에서 즉각 반박을 가한다. 그는 여기에 응하여 이르기를, 불교는 정신을 단련하고 도교는 형체를 단련하는데, 정신은 무한한 것이어서 선관禪觀 공부에 의해 정묘의 극치에 이를 때 비로소 열반이 얻어지는 것[80]이라고 한다. 그리하여 도사들이 불교의 열반에 대해 잘못 이해하고 있음을 그는 지적한다. 유협에 있어 도교인들이 추구하는 장생의 형체는 극한이 있는 까닭에 음식이나 약 같은 것에 의해 무궁하게 보존하는 따위는 불가능한 일이라는 것이다. 그의 입장에서 본다면 도사들의 장생불사는 '정신 나가게 하는 술'에 불과하다는 입장이다.

나아가 도교의 심취자들이 불교에 대해 비판하는 내용 중의 하나가 불교 승려들이 출가하여 결혼을 하지 않는 것이다. 이를테면 노자가 서역에 들어가 교화했는데 불교 오랑캐는 매우 거칠기 때문에 그 악한 종자를 단절코자 하여, 남자로 하여금 아내를 맞아들이지 못하게 하고, 아내로 하여금 남편에게 시집가지 못하게 한 것이라는 설이 그것이다.[81] 유협은 이를 반박하고 노자의 『도덕경』에는 종교적 요소가 없다고 하며, 오늘날의 도교는 후세 사람이 경전을 위작하여 억지 종교로 만든 것이라 했다. 그리고 불교 승려의 효도는 결혼 외의 정신적 성자가 되는 것이 더 큰 효라고 하며 그는 도교인에게 정면 반박한다.

3. 안지추의 사상

안지추의 자는 개介이다. 그는 양梁의 중대통에서 태어나 수초隋初에 죽었다고 한다. 안지추는 북제北齊에 나아가 황문시랑黃門侍郎이 되었고, 수나라 초에 사망하였으며, 그의

---

79) 위의 책, p.328.
80) 위의 책.
81) 위의 책.

사적은 『북제서』北齊書 본전本傳에 상세하다.[82] 설사 그가 수초에 생애를 마감하였더라도 그의 활동은 위진 남북조 시대에 이루어졌기 때문에 그의 언급은 본 범주에 속해 있다고 볼 수 있다.

저술로서 안지추의 『안씨가훈』이 있다. 중국에서는 모씨가훈某氏家訓이라하여 자손이 지킬 도덕적 훈계를 기술한 것이 많으나, 그중에서 『안씨가훈』은 가장 저명한 것이다.[83] 가훈이란 잘 알다시피 한 가정의 처세훈이자, 자녀 교육의 이념이기도 하다. 가훈이 있음으로써 자녀교육의 방향을 알 수 있기 때문이다. 어쨌든 안지추는 『안씨가훈』을 저술하여 가정의 도덕적 훈계 사항을 서술한 것으로 잘 알려져 있다.

안지추의 사상적 성향은 어떠한가. 그의 저술에서는 입신치가立身治家를 설하고 풍속도 언급했으며 내용이 다양하여 불교에 대한 언급도 있다.[84] 그는 노장 서적도 읽어 보았으나, 양생설과 같은 것에는 별 관심이 없었다. 따라서 그는 노장학설을 배척하였다. 그가 관심을 가졌던 것은 바로 불교였다. 이에 불교 교리에 감화를 받고 불교를 높이 받들었다.

불교에 귀의하면서도 유불도 3교의 조화를 꾀하였던 인물이 바로 안지추이다. 그의 자손은 불법에 귀의해야 한다고 하여 「귀심편」歸心篇을 지었다. 그는 불교 교리가 광대함을 믿고 칠경백자七經百子도 넓다고 할 수 없고, 요순우탕 문무주공이라도 부처에 미치지 못한다고 하였다.[85] 이처럼 그는 부처를 절대 신앙의 대상으로 받들었던 것이다. 당시 요순보다 부처가 더욱 존경받을만한 존재라고 생각하는 것은 여간 어려운 일이 아니었기 때문에 그의 불교 신봉은 대단했던 것으로 평가된다.

그러면서도 안지추는 유교와 불교의 조화를 꾀하고자 하였다. 즉 불교의 교리와 유교 교리의 공통점을 발견하고자 한 것이다. 그는 불교의 오계五戒와 한유漢儒 이래 전해온 오상五常을 동일한 것으로 보았다. 또 그에 의하면 인仁은 불살계不殺戒, 의義는 불도계不盜戒, 예禮는 불사계不邪戒, 지智는 불음계不淫戒, 신信은 불망계不妄戒에 해당한다고 했고, 유

---

82) 위의 책, p.329.
83) 위의 책.
84) 위의 책.
85) 위의 책, p.329.

교가 중시하는 바는 불교도 중시한다고 하였다.[86] 이처럼 그는 교리 상에서 불교와 유교의 유사점을 발견하여 종교간 조화를 도모하였다.

따라서 불교의 석가나 유교의 공자를 모두 공경해야 한다는 것이 안지추의 지론이다. 그는 불교가 고원한 것은 유교의 이상이라 하여, 세상에 유자儒者가 오직 주공이나 공자만을 중히 여기고 석종釋宗에 등을 돌리는 것은 대단히 어리석은 일이라 하였다.[87] 부처를 공자처럼, 공자를 부처처럼 볼 수 있는 종교적 교감이 필요한데, 안지추는 주로 이러한 상호 이해의 측면에서 기여하였다.

당시 학자들이 불교를 비판하는 것에 대해 안지추는 반박하고 나선다. 일반 학자들이 불교에 가한 공격을 몇 가지[88]로 나누어 변호를 시도하며 일일이 답변하였다. 우선 "불교는 세계 밖의 일을 설하고 기적이 많으므로 함부로 믿을 수 없다"는 비판에 대한 그의 항변이 주목된다. 즉 유가는 해를 양정陽精, 달을 음정陰精이라 하였는데 참으로 우주간의 사물을 보건데 기적 아닌 것이 무엇인가라며, 그는 불교가 말하는 바에 기적이 많다하여 이를 비난하는 것은 독실치 못하다고 했다.

다음으로 "불교는 인과응보를 설하나 그것은 사실에 반한다"는 비판에 대한 항변을 보자. 사람의 선악에 보응報應이 있다고 함은 오직 불교에 있어서만 아니라 구류백씨九流百氏가 모두 같이 한다며, 그는 보응을 설하지 않고 권선징악을 하라는 것은 무리라 했다. 또 "승려는 계업戒業을 까다롭게 말하지만, 그들 가운데는 더럽고 탁한 행위를 하는 자가 많다"는 비판에 대한 그의 항변으로, 세상은 악인이 많고 선인은 적은데 어찌 오직 승려가 정결하지 않는 것만을 나무라는가라고 하였다.

아울러 "불교는 사원을 세워 금보金寶를 낭비하며, 또 많은 승려를 공양하므로 국용國用을 축내는 일이 심하다"[89]는 비판에 대하여 그는 항변한다. 즉 내교內教에는 길이 많으며 출가는 그중 하나의 방법에 지나지 않는다고 말한다. 승려들이 너무 많아서 갖가지 폐해

---

86) 위의 책.
87) 위의 책.
88) 위의 책, pp.329-331.
89) 위의 책.

를 만들어 내는 것은 조정에서 이에 대한 제한을 가하지 않은 결과이므로 이를 불교의 죄로 돌리는 것은 부당하다는 것이다.

이어서 "불교에서는 사람이 선을 행하여 그 보답이 없을 때는 내세에 그 보답이 있을 것이라고 하지만, 금세의 나와 내세의 나는 다른 것이다"는 비판에 대한 항변은 다음과 같다. 즉 사람의 형체는 죽는다 할지라도 정신은 여전히 존재하는 것이며, 이들 영혼은 우주에 떠돌다가 윤회 법칙에 의해 다른 형체를 빌어 세상에 나오는 것이라 하였다. 이처럼 그는 당시 유자들 가운데 가장 열성적인 불교인으로 평가된다. 불교에 대한 그의 깊은 관심이 이러한 긍정의 평가를 낳게 하였다.

4. 승조의 사상

승조는 중국 중세 동진東晉의 불교 철학자로서 불경의 대번역가인 구마라집의 제자로 잘 알려져 있다. 그의 본래 성이 장張씨이며, 경조 장안(섬서성의 서안) 사람으로, 동진 효무제 9년(AD 384)에 태어나 동진 안제 10년(414)에 죽었다.[90] 그는 중국 중세불교의 사상을 새롭게 변신하려는 의도에서 도가사상을 수용하는 등 대철학자다운 면모를 보였던 것이다. 격의불교에 기여한 그는 난해한 그의 이론을 설파하지만, 도·불의 양 측면을 고루 이해하였다.

우선 승조의 생애를 살펴보자. 『고승전』에서는 다음과 같이 승조에 대해 소개하고 있다. "승조는 경조 사람이다. 집안이 가난하여 책을 베껴주는 일로 생계를 꾸렸다. 그는 글을 꼼꼼히 써주면서 경전과 역사책을 섭렵했고 고대 전적을 두루 읽었다. 그는 심오한 이치를 애호하여 늘 노장老莊의 핵심 가르침으로 삼았다. 일찍 노자의 덕장德章을 읽으며 '훌륭하다면 훌륭하다. 그러나 신명을 기약하고 번뇌를 벗어나는 방법으로는 아직 완벽하다고 할 수 없다'라고 탄식했다. 그 후 그는 옛 『유마경』을 읽고 머리끝까지 기쁨을 느껴 책을 펴고 완미하며 '비로소 귀의할 곳을 알았다'고 하며 마침내 출가했다."[91] 그리

---

90) 張岱年 著, 김용섭 譯, 『중국의 지혜』, 청계, 1999, p.335.
91) 『高僧傳』249-52쪽, 釋僧肇京兆人 家貧以傭書爲業 遂因繕寫 乃歷觀經史 備盡墳籍 愛好玄微 每以老莊爲

하여 그는 대승경전을 통해 삼장三藏(經律論)에도 통달했던 것이다.

불교에 깊은 지혜를 지닌 승조는 중국 위진시대에 있어 불교의 심원한 사상가라 해도 무리는 아니다. 그는 구마라집의 가르침을 접하면서 깨달음이 더욱 넓어졌다. 『고승전』에 또 승조에 대한 소개가 다음과 같이 전개되고 있다. "『대품반야경』(구마라집 번역)이 나온 뒤에 승조는 「반야무지론」 2000여 글자를 지어 구마라에게 바치자 구마라집은 그것을 읽고 훌륭하다고 칭찬하며 말하기를 '나의 경전 이해는 그대 못지않으나 문장력은 내가 못 따르겠다'고 했다. 당시 여산의 은사 유유민이 승조의 그 논문을 읽고 '설마 승복을 입은 하안이 다시 나오리라 생각 못했다'고 감탄했다. 그리고 그것을 혜원에게 올리자, 혜원은 책상을 어루만지며 '이런 글은 난생 처음 본다'라고 감탄했다."[92] 아쉽게도 그는 31세의 짧은 나이로 진나라 의희 10년(414)에 장안에서 죽었다.

승조를 불교의 심원한 사상가로 칭하는 이유는 그가 밝힌 불교의 「부진공론」不眞空論, 「물불천론」物不遷論, 「반야무지론」般若無知論에 대한 이론에서 기인한다. 그는 이 세 이론에 대해서 완전하고 치밀한 객관 유심주의자로서 해석을 하였다. 여기에서 승조는 대승 불교의 반야적 세계관, 동정관, 인식론을 밝히는 가운데 철저한 유심론적 사상을 관철시켰다.[93] 그는 상대적·부정적 방법을 이용하여 인간의 인식체계 가운데 내포된 모순을 불교적 교리인식에 의해서 드러냈다. 특히 '공'空에 관한 이론을 충실하게 밝혀서 자기의 철학체계를 건립하였다.

그러면 승조가 불교의 이론으로 밝힌 '부진공론'不眞空義은 어떻게 전개되고 있는가를 살펴보자. 그는 다음과 같이 말한다. "만물은 유가 아닌 까닭도 있고 무가 아닌 까닭도 있다. 만물은 유가 아닌 까닭이 있으므로 유도 유가 아니고, 무가 아닌 까닭이 있으므로 무도 무가 아니다. 무도 무가 아니므로 무는 절대적 공허虛가 아니고, 유도 유가 아니므로 유는 참된 유眞有가 아니다. 이렇듯 유가 참된 것은 아니고 무가 자취를 벗어난 것은 아니

心要 嘗讀老子德章 乃歡曰 美則美矣 然期神冥累之方 猶未盡善也 後見舊維摩經歡喜頂受 披尋玩味 乃言 始知所歸矣 因此出家.

92) 『高僧傳』 249-52쪽, 因出大品之後 肇便著 波若無知論凡二千餘言 竟以呈什 什讀之稱善 乃謂肇曰 吾解不 謝子 辭當相挹 時廬山隱士劉遺民見肇此論 乃歎曰 不意方袍 復有平叔.

93) 張岱年 著, 김용섭 譯, 『중국의 지혜』, 청계, 1999, p.337.

라면, 유와 무의 명칭은 달라도 결국 의미는 하나이다."94) 유무의 인식을 통해 상대적 유무 인식을 벗어나고 있다. 즉 '참된 유가 아니므로 공이라는 이론'을 드러낸 것이다.

다음으로 승조는 '물불천론'物不遷論을 밝힌다. 여기에 대해 그는 다음과 같이 말한다. "일반 사람들은 변화(動: 변)에 대해서, 과거의 사물이 현재에 연속되지 않는다는 논거로 '(사물은) 변화하고 정지하지靜 않는다'고 주장한다. 그러나 나는 정지(靜: 불변)에 대해서, 역시 과거의 사물이 현재에 연속되지 않는다고 생각한다. 사물이 변화하고 정지하지 않는다는 (일반인의) 주장은 과거의 사물이 현재에 계속되지 않는다고 본 때문이요, 사물이 정지하고 변화하지 않는다는 (나의) 주장은 과거의 사물은 소멸되지 않는다고 본 때문이다."95) 이와 같이 정지(불변) 측면에서 그는 진리에 어긋난 것이 막힘이고 진리에 합치된 것이 통달이라며, 참된 도를 터득하도록 하고 있다. 그에 의하면 우주에 존재한 어느 순간의 사물物은 하나의 영구불변한不遷 물이므로 현상계라도 무상無常이라 할 수 없다는 것이다.

나아가 승조는 '반야무지론'般若無知論을 설파한다. 그는 이에 대해 언급하고 있다. "반야의 지혜는 신비를 규명하는 직관이 있으나 앎은 가지지 않고, 반야의 신령함은 임기응변하는 작용이 있으나 계산하지 않는다. 반야의 신령함은 계산하지 않으므로 현실세계를 초월하여 홀로 존귀할 수 있고, 반야의 지혜는 세속적 앎이 없으므로 만사를 초월하여 현묘하게 관조할 수 있다. 반야의 지혜는 만사를 초월했어도 만사를 떠난 적이 없고 반야의 신령함은 현실세계를 초월했어도 언제나 세계 안에 머문다."96) 불교의 근본지와도 같은 반야지의 상대적 지식 초탈 곧 무지無知라는 성속상즉의 측면이 밝혀지고 있다.

---

94) 『肇論』(大藏經45, 152쪽), 然則萬物果有其所以不有 有其所以不無 有其所以不有 故雖有而非有 有其所以不眞 故雖無而非無 雖無而非無 無者不絶虛 雖有而非有 有者非眞有 若有不卽眞 無不夷 然則有無稱異 其治一也.

95) 『肇論』(大藏經45, 151쪽), 夫人之所謂動者 以昔物不至今 故曰動而非靜 我之所謂靜者 亦而昔物不至今 故曰靜而非動 動而非靜 以其不去.

96) 『肇論』(大藏經45, 153쪽), 智有窮幽之鑒 而無知焉 神有應會之用 而無慮焉 神無慮 故能獨王於世表 智無知 故能玄照於事外 智雖事外 未始無事 身雖世表 終日域中.

5. 혜원의 사상

승조와 혜원 사상의 비교는 뚜렷하다. 승조가 불교와 노장을 구분하려고 하였던 것에 비해, 혜원은 불교와 유교의 우열에 고심하였다. 하북河北에서 활약하였고 도안의 문하에서 배출된 혜원의 생애에 대해서 알아본다. 혜원(334~416)의 본성은 가씨賈氏이며 오대산의 기슭에 있는 안문 루번현에서 태어나, 13세 때에 중원의 허창과 낙양에 유학하여 『육경』과 노장을 배웠다.[97] 21세 되던 해에 그는 태행항산太行恒山에서 제자 혜지와 함께 도안에게 사사하고 "진실로 나의 스승이로다"(『梁傳』卷6, 慧遠傳)라며 감격하였다고 한다. 그는 도안의 『반야경』 강의를 듣고 유교와 도교 2교를 버리고 출가하였다.

그렇다면 혜원으로서 구마라집, 승조와의 관계는 어떠하였는가. 북방 장안에서 구마라집·승조 일파에 의해 불교 경전이 번역되고 이론으로 정리될 무렵, 혜원은 남방 양자강 연안의 여산에 틀어박혀 유능한 거사·신도들과 더불어 정진, 결재潔齋의 엄격한 구도 생활에 여념이 없었다.[98] 동진의 융안 5년(401)에 구마라집이 장안에 왔을 때 혜원은 그에게 친교를 구하는 편지를 보내어 직접 교류가 시작되었다. 그리고 혜원 문하의 도생, 혜관, 도온, 담익은 장안에 가서 구마라집의 가르침을 받았다.

혜원은 어떠한 저술을 하였는가도 궁금하다. 그는 자신이 이해하기 어려운 것은 구마라집에게 질문을 하기도 하였다. 당시 새로 전래된 대승경전에 대하여 구마라집에게 질문을 하고, 그에 대하여 구마라집이 해답을 전한 것이 『대승대의장』大乘大義章인 바, 혜원은 신역 『대지도론』大智度論을 연구하여 『대지도론초』를 지었다.[99] 이처럼 혜원은 대승기신론과 관련하여 많은 학식을 바탕으로 논리를 전개하였다.

주목컨대 혜원은 자신이 출가하여 승려 직책에 대해 강한 자부심을 가졌다. 이와 관련하여 그는 다음과 같이 말한다. "설령 몸은 왕후의 지위에 있지 않아도 출가자의 도는 이미 제왕이 천하를 다스리는 근본의 도와 일치하여 일체 중생을 도의 세계에서 해방시

---

97) 鎌田茂雄 著, 鄭舜日 譯, 『中國佛敎史』, 경서원, 1985, pp.79-80.
98) 金容治 著, 조성을 譯, 『中國思想史』, 이론과 실천, 1988, p.183.
99) 鎌田茂雄 著, 앞의 책, p.80.

킬 수 있다. 때문에 사문은 안으로 무거운 은애恩愛를 버리고 출가하여도 불효가 되지 않으며, 밖으로 군주에 대한 공경의 예를 결하여도 불경이 되지 않는다."[100] 이처럼 혜원은 사문이라는 성직이 비신도를 능가하는 특수 신분이므로 지상에서 경배하여야 할 것은 없다고 하였다. 또 그에 의하면 '사문'은 속계 군왕의 힘으로도 어찌할 수 없으므로 미세한 고뇌를 치유하는 정신계의 왕자라고 하였다.

다음으로 혜원의 핵심 사상인 '신불멸론'에 대해서 알아보자. 그는 예경禮敬 문제를 거론함에 있어 그의 신불멸론을 강조하였다. 그가 밝히는 '신불멸론'은 부처의 절대성을 설한 법신法身 상주의 설법이다. 이는 예경 문제를 촉발시킨 혜원의 사상적 기반이었음과 동시에 동진말 사상계의 중요한 과제의 하나였던 신멸·신불멸 논쟁에 대한 하나의 해답도 되었던 것이다.[101] 이처럼 그는 유심주의적 입장에서 신은 멸하지 않고 상주한다는 법신 불멸론을 강조하였다.

또한 혜원에 있어 불교와 유교의 공통점이 있음이 강조되고 있다. 그는 다음과 같이 말한다. "내가 항상 생각하고 있는 것은 불교와 유교, 즉 석가와 주공·공자의 가르치는 방식은 다르지만 눈에 드러나지 않는 바에서는 서로 밀접한 관련을 가지며, 세속을 초월하는 것과 세속에 머무르는 것과의 차이는 있지만 귀착하는 바는 결국 같다는 점이다."[102] 당시 유교와 불교의 대립을 극복하려는 그의 의지가 엿보인다. 종교의 근본 진리에서 본다면 불교와 유교는 다를 것이 없으며, 다만 진리에 이르는 방법은 다를 수 있다는 그의 입장이다.

혜원의 공로에 대해서 알아보자. 그는 계율을 실천하고, 염불을 실천하는 행동주의적 불교인이기도 하였다. 이를테면 구마라집의 행실에 파계가 있었던 것에 반하여 혜원은 지계持戒 주의자였던 것이다. 불약다라와 라집에 의하여 역출되던 「십송률」十誦律이 미완성에 그치자 혜원은 이를 안타까이 여겨 제자인 담옹을 담마류지에게 보내어 나머지 부분을 역출토록 간청하였다.[103] 그리하여 「십송율」이 강남에서 전파된 원천은 혜원의 공

---

100) 慧遠, 「沙門不敬王者論」(金容治 著, 조성을 譯, 『中國思想史』, 이론과 실천, 1988, p.184再引用).
101) 鎌田茂雄 著, 앞의 책, pp.81-82.
102) 慧遠, 「答何鎭南」(金容治 著, 조성을 譯, 『中國思想史』, 이론과 실천, 1988, p.185再引用).

덕이라고 할 수 있다. 후세에 연종蓮宗의 조사祖師라고 호칭되고, 또 정토교의 조사가 된 혜원은 정토 원생자淨土 願生者로서 그의 실력을 발휘하였다. 혜원은 원흥 원년(402)에 123인의 동지와 함께 반야대의 아미타불상 앞에서 염불 실천의 서원을 세우기도 하였다.

6. 도생의 사상

도생(355~434)은 위진남북조시대의 유명한 승려들 중의 한 사람이다. 당시 구마라집 문하에서 승조와 도생이 함께 공부하였다. 그리고 도생은 오늘날의 강소성 북부 팽성에서 태어났다. 매우 박식하고 총명하여 말도 잘하는 승려라고 소문이 나서 그가 설법할 때 그 옆에 있는 돌까지 고개를 끄덕였다고 전해진다.[104] 만년에 강소성에 있는 여산에서 불법을 강론하였는데, 그곳은 바로 도안(385년 卒)과 혜원(416년 卒) 같은 위대한 승려들이 강론을 하던 곳이었다.

도생의 본성은 위魏이고 거록(하북성 거록현) 사람이다. 그는 사문 축법태竺法汰에 의하여 출가하였고 15세에 강좌에 등단하여 당시의 명사들을 굴복시켰다. 20세 때 강연에 명성이 높았으며 융안중(397~401)에 여산으로 들어가 7년 동안 깊이 은거하고 백련사의 1인이 되었다.[105] 그는 후에 혜예, 혜엄, 혜관과 함께 장안에 가서 구마라집에게 사사하는 등 많은 사상을 섭렵하고 그의 해박하고 설득력 있는 지혜로 새로운 사상을 제기했다.

그리하여 도생은 새롭고도 혁신적 이론을 제기한 인물로 알려져 있다. 너무나 새롭고도 혁신적인 이론을 많이 제창하였기 때문에 한때 그는 보수적인 승려들에 의하여 남경으로부터 추방을 당한 적도 있었다.[106] 409년에 건강健康에 돌아와 청원사에 거주하였는데, 전통을 그대로 답습하는 것을 극복하였다. 그의 주요 이론은 '선불수보의'善不受報義와 '돈오성불의'頓悟成佛義이다. 그 때문에 주변의 사람들에게 미움을 받은 것은 물론 황당함

---

103) 鎌田茂雄 著, 鄭舜日 譯, 『中國佛敎史』, 경서원, 1985, p.81.
104) 馮友蘭 著, 鄭仁在 譯, 『中國哲學史』, 螢雪出版社, 1986, p.321.
105) 鎌田茂雄 著, 앞의 책, p.82.
106) 馮友蘭 著, 앞의 책, p.321.

을 가져다주었다.

도생의 핵심논리 중의 하나로는 '실유불성'悉有佛性의 설이다. 당시 6권의 『니원경』泥洹經이 건강에 전해오자 도생은 경의 본의를 깊이 궁구하여 경에서는 설하지 않고 있는 일천제一闡提(성불이 가능한 소질을 갖지 못한 사람)도 성불이 가능하다고 하는 천제성불설闡提成佛說을 제창하였다.[107] 그의 주장에 대해 사람들이 경에 반대되는 사설이라 하여 많은 배척을 하였다. 하지만 후에 그들은 도생의 견해가 탁견임을 알게 되었다.

나아가 도생 핵심 사상으로 '돈오설'이 있다. 그는 돈오설을 주장하였기 때문에 당시에 돈오와 점오의 논쟁이 성하게 되어 혜관은 『점오론』漸悟論을 쓰고 담무성은 『명점론』明漸論을 지어 함께 점오를 주창하였다.[108] 도생의 돈오설은 후에 그의 제자들인 도유, 보림, 법보, 사영운(385~433)에게 계승되었다. 이어서 송의 문제, 혜관의 제자 법원(409~489)도 도생의 돈오설을 계승하고 있다.

도생의 돈오설은 사령운(385~433)에게 『변종론』辯宗論에서 다음과 같이 평가되고 있다. "신론도사新論道士 도생의 '거울 같은 고요함은 심원하고 신비하니 단계적 접근을 용납하지 않으며, 배움의 축적은 끝이 없으니 어떻게 저절로 종결 되겠는가'라고 했다. 이제 부처의 점오漸悟를 버리고 그의 능지能至를 취하며, 공자의 태서殆庶를 버리고 그의 일극一極을 취한다. 일극은 점오와 다르고 능지는 태서가 아니다. 따라서 이치에 맞지 않는 것은 각 경우에서 취하더라도 공자와 부처의 뜻에서 벗어난다. 중생 구제에 관한 이 두 논의는 원래 도가가 창안한 득의得意의 설인데 이제 나는 절충하여 신론新論이 옳다고 여긴다."[109] 사령운이 소개한 것처럼 도생의 돈오설은 공자의 일극, 도가의 득의 이론 등을 지향하며 이야말로 지극히 옳다고 주장된다.

---

107) 鎌田茂雄 著, 앞의 책, p.82.

108) 위의 책, p.83.

109) 『廣弘明集』(大藏經 52, 225쪽), 有新論道士 以爲寂鑒微妙 不容階級 積學無限 何爲自絶 今去釋氏之漸悟 而取其能至 去孔氏之殆庶 而取其一極 一極異漸悟 能至非殆庶 故理之所去 雖合各取 然其離孔釋矣 余謂 二談救物之言 道家之唱得意之說 敢以折中 自許竊謂新論爲然.

7. 범진의 사상

범진(450~515)은 불교 신자가 아니라 불교를 비판한 반불교인이다. 그럼에도 불구하고 위진 남북조의 불학佛學에서 그를 거론하는 것은 그가 불교를 배척한 공·과도 역설적으로 보면 당시 불교적 성향과 반성향을 드러낸 것이라는 측면 때문이다.

범진의 활동에 대해 언급해보자. 그의 자는 자진子眞이다. 그는 남향무양(지금의 하남 필양) 사람이다. 어린 시절 그는 고독하였으며 가정이 가난하였고 일찍이 명유名儒 유환으로부터 학습하였다.110) 『양서』梁書의 본전本傳에서는 그를 성질이 곧아서 바른말, 높은 이론을 좋아하고 사우士友의 편한 바를 따르지 않았다고 하였다. 여기서 그가 독립적인 견해로 감히 전통에 반항을 시도하였다. 그는 유환의 문하에서 여러 해 공부하였는데 항상 짚신과 베옷으로 걸어 다녔다고 한다.

그의 저술로는 『신멸론』神滅論이 있다. 이것은 대화체로 쓰여 있고, 내용으로는 인간이 죽으면 정신이 없어진다는 것을 논증하는 일색이다. 그가 이러한 신멸론(정신·영혼의 멸함)을 주장한 것은 반불교 학자로서 불교를 배척하기 위한 것임을 알 수가 있다. 학문의 옳은 것을 추구하는 자세로 비판적 견해를 견지하고 있으며, 그의 비판적 화살이 불교를 향하고 있다.

그렇다면 왜 범진이 불교를 배척하였는가. 그가 살았던 시대의 불교는 급속도로 유행하는 상황이었다. 바로 이 시기, 즉 남북조시대에는 불교의 사원이 수풀같이 들어서고 승려가 크게 불어나 불교 폐해가 나타났다. 양나라의 도성 안에만 불교 사원이 대략 500개 정도 있었으며, 승려도 대략 10만 명을 헤아렸고, 고관과 귀인, 호족들은 내세의 복을 구하기 위해 앞 다투어 거액의 재산을 사찰에 희사했다.111) 당시 양나라 무제 소연은 불교를 지지하기 위해 몇 차례 몸을 던져 사원의 노비가 되기도 하였다.

범진은 이 같은 불교의 폐해를 인지하고 있었으며, 또 유물주의자이자 무신론자였다. 동한東漢의 왕충을 계승한 유물주의 무신론자로서 제나라와 양나라에서 상서중랑尙書中郎

---

110) 侯外盧 主編, 양재혁 譯, 『中國哲學史』(上), 일월서각, 1988, p.268.
111) 張岱年 著, 김용섭 譯, 『중국의 지혜』, 청계, 1999, pp.351-352.

과 상서좌승尚書左丞 등의 관직을 맡았다. 그리고 일찍이 두 차례에 걸쳐 단신으로 제나라의 경릉왕 소자량과 양나라 무제 소연을 우두머리로 하는 불교 신도들과 대 논전을 벌였는데, 그의 주요 철학적 저작인『신멸론』은 1차 대 논전의 산물이자 승리의 기록이었다.112) 범진이 제시하는 유물론의 첫 번째 명제는 형체와 정신은 서로 붙어있다(신멸론)는 것이다. 범진은 정신은 곧 형체이고 형체는 곧 정신이라고 했다.

이러한 유물주의적 관점에서 불교의 영혼불멸과 같은 신불멸론에 대해 그는 비판한다. 당시 불교의 신불멸론에 대한 범진의 비판은 정교하고 체계적인 측면에서 이전보다 한층 발전한 것이다. 그때 동진의 16국과 남북조 시대의 불교 철학자들은 생사윤회, 인과응보, 영혼불멸 등의 불교 교의를 유포하고, 불교의 기본 교의의 초석인 신불멸론을 논증하는 데 최선을 다하였다.113) 이에 대해 범진은 유물주의적 무신론의 입장에서 불교의 기본 교리에 대하여 반박을 가한다.

범진은 불교의 인과응보설을 정면 비판하고 나선 것이다. 남제南帝의 경릉왕 소자량은 독실한 불교 신도였는데, 범진은 그의 면전에서조차 "부처란 없습니다"라고 소리쳤다(『梁書』范縝傳). 이때 소자량이 그에게 물었다. "그대는 인과응보를 믿지 않으면서 어떻게 부귀와 빈천의 차별을 해석하려고 하는가." 범진이 즉시 대답했다. "인생은 마치 나무 위에 피어 있는 꽃과 같아서 바람이 불어오면 땅에 떨어지기 마련입니다. 이것은 저절로 그러한 것입니다."114) 범진은 불교의 필연적 인과를 우연적 현상으로 돌린다. 그의 견해에 의하면 꽃잎이 비단방석에 떨어지는 왕위와 화장실 위에 떨어지는 하급관리직이 인과에 의한 것이 아니라 우연의 소치라는 것이다.

---

112) 위의 책, p.351.
113) 위의 책, p.354.
114) 위의 책, p.358.

제4장

수대의 철학

Ⅰ. 수대의 형성

위진 남북조의 후반에 북제北齊가 멸망하게 되었으며, 북주北周 역시 쇠망하는 운명이
었다. 북주 무제가 사망하고 선제가 재위하여 무천진 출신의 군벌 양견의 딸을 황후로
내세웠다. 선제는 개인적인 방종 생활에 몰두하기 위해 재위 1년만에 정제에게 양위하고
자신을 상황上皇이라 칭했다.[1] 6세기 말, 남조의 멸망은 시간문제로 보였지만 남조 진陳
에게 불행한 것은 선제의 재위 14년을 이어 후주後主가 상속한 것이었다. 도락을 즐기는
청년 천자는 토목사업을 일으켜 궁전을 꾸미고 여색에 빠져 주연에 골몰하며 놀이에 열
중했으니, 이는 천하 통일을 노리는 북방의 수隋에게 놓칠 수 없는 절호의 기회였다.

당시 선제는 상왕으로 된지 1년 만에 방탕생활로 인하여 요절하였다. 그의 외척 양견
이 수왕隋王에 봉해져 어린 군주의 후견자가 되었다. 후견자가 된지 1년만에 수견隋堅이
어린 황제를 폐위하고 즉위했는데 그가 곧 수 문제이다(581년).[2] 수 문제는 진을 침략하
니 마침내 통일의 기회를 잡았다. 강남 공략의 발판으로 삼기 위하여 양자강 주변의 요충
강릉江陵을 점거하고 진에 침입했다. 수나라의 공격으로 진 왕조는 궤멸하여 포로가 되었
다(589). 결국 장기간 남북 분단의 중국은 이에 수 왕조에 의하여 통일을 이루게 되었다.
이는 동진東晉이 자립한지 270여년, 북위北魏의 태무제가 남조 송宋과 대립하게 된 후 120
여년의 세월이 지난 결과였다.

하지만 수나라 역시 단명의 길을 걸었으며 당시 중국은 중세의 분열기에 있었다. 수가
단명으로 멸망하고 또 천하의 대혼란이 일어났으며, 그것이 무천진 군벌의 최후 대표자
당 왕조의 손으로 수습되었던 것이다.[3] 그런데 수 문제의 행동은 좋지 않은 평판을 받았
다. 수의 문제 양견은 북주北周의 우문씨와 더불어 무천진 군벌에 속하지만 그 가문은
그다지 높지 않았고, 의심이 많아 자기의 지위를 안전하게 하기 위해 우문씨 일족을 모조
리 죽여 버렸던 탓이다.

---

1) 宮崎市定 著, 曺秉漢 編譯, 『中國史』, 역민사, 1984, p.195.
2) 위의 책.
3) 위의 책, p.197.

수 문제에 이어 양제가 즉위하였다. 수 문제는 남조南朝 진을 멸망시켜 오랫동안 분열되어 있던 중국을 재통일하는 위업을 이룩하고 재위 24년 만에 사망했다. 양제는 호사를 좋아하고 토목공사를 자주 일으켜 민력을 피폐시켰다. 그는 대운하를 개척하여 북쪽의 백하白河로부터 중간에 황하, 회수淮水, 양자강을 거쳐 전당강에 이르기까지 동서로 흐르는 대하천을 남북으로 연결시켜 교통의 혁명을 일으켰다.[4] 하지만 양제의 군대정책은 실패로 끝났다. 그는 수차에 걸친 고구려 침략에 실패하였고, 양제의 부친 문제조차도 외정에 대한 욕망을 억누를 수 없어서 명분 없는 고구려 침략군과 싸웠다가 실패하고 말았다.

결국 수나라는 이연에게 멸망하는 불운을 겪고 만다. 수나라 양제는 근거지인 수도 장안의 군대가 믿을 수 없음을 살피고 새로이 근위군을 편제하여 대운하를 따라 양주까지 남하하여 여기서 천하의 형세를 관망하는 중 부하에게 피살되었다.[5] 당시에 같은 무천진 군벌에 속하는 이연·이세민 부자가 북변의 전진기지인 진양에서 수도 장안에 들어가 양제의 손자 공제를 세워 천자로 삼았다.

그런데 중국 역사에서 수隋를 역사에 넣기보다 북조北朝의 하나로 하는 경향이 있는데, 그것은 수의 역사가 짧기(581~617) 때문에 일어난 현상이다. 중국의 전통적인 사관에서는 수 왕조는 수·당이라고 하여 뒤로 접속하기 보다는 남북조 중 북조의 하나로 보며, 당의 이연수가 지은 『북사』北史에는 북위로부터 수의 멸망까지의 사실史實을 기록하고 있다.[6] 위진 남북조로부터 수대에 이르자 남북은 합하여 하나로 통일되었지만, 아쉽게 짧은 역사로 무너지는 상황이었다. 따라서 수대의 학자는 대단히 적었으며, 다만 수나라 학자로는 왕통이 두드러진 인물이었다.

---

4) 위의 책, p.198.
5) 위의 책, p.199.
6) 위의 책, p.196.

Ⅱ. 왕통의 생애와 사상

1. 생애

왕통은 문중자文中子라고도 한다. 왕통의 자는 중엄이요, 문중자는 그의 아호이다. 그는 수隋의 개황開皇 4년에 출생하였다. 그가 태어난 곳은 하동 용문인이다. 유년 시절에 비범하여 비상한 노력의 공부로 『육경』을 통하였다. 또 그는 인민을 구할 뜻을 품고 장안에 이르러 수 문제에게 태평책 12가지를 헌상하였으나 태자의 이지異志가 있음을 알고서 향리로 돌아오고 말았다.[7] 당시 수 문제는 그의 12책을 보고 감탄하였으나 공경들의 심한 반대로 왕통에게 벼슬은 허락되지 못하였다. 대업大業 13년에 그는 거연히 졸하였으니 향년 35세였다.

어려서 유가로 가학家學을 계승한 왕통은 『육경』을 닦으며 문인을 가르치기에 힘썼으며, 사실 당나라 창업의 공신은 대개가 그의 문인들이다.[8] 그의 학문은 사방에 명망 높은 유학자들에게서 배워 크게 진보하였다. 왕통은 불교로부터 영향을 크게 받지는 않았다. 그러나 성숙된 자세로 불교를 배척하지 않은 유학자로 알려지고 있으며, 종교 조화의 3교 합일론을 주창하였다.

그리고 왕통의 후학 지도에 대해서도 알아보자. 그는 벼슬 길에 오르지 않고, 속세로 물러나 하河 · 분汾 사이에서 후학들을 가르쳤다. 그러자 왕통의 명성이 사방에 전해져 그의 문하생이 천여 명에 이르렀고, 당나라 명신 위징 · 방현령 · 두여회 같은 사람도 있었다.[9] 벼슬에 시간을 낭비하지 않고 열심히 자신의 학문에 매진하여 그의 학문 정도는 깊어간 때문이다.

왕통의 저술에 대하여 살펴보도록 한다. 그는 스스로 성인임을 자처하고 나섰다. 그것은 스스로 공자의 『육경』을 잇는다는 자부심 속에 싹텄다. 그의 저서로는 『중설』中說이 있으며, 지금 존재하는 『원경』元經은 위서라 하며 기타는 전해지지 않는다.[10] 그는 예론

---

7) 韓雲菴, 『中國哲學史思想評』, 昌震社, 1976, p.277.
8) 위의 책.
9) 가노 나오키 著, 吳二煥 譯, 『中國哲學史』, 乙酉文化社, 1986, pp.332-333.

·악론·속서續書·속시續詩·원경元經·찬역贊易 등 모두 약간의 편을 찬술하였으며, 이를 『왕씨육경』續經이라고 부른다. 아울러 왕통의 유서遺書를 『문중자』라고 한다.

왕통이 지은 『원경』의 내용에 대해 살펴보자. 일반적으로 당시의 많은 학자들은 단순한 경서의 해석을 능사로 삼았다. 그러나 왕통은 속경續經을 지었던 바, 곧 훈고 해석보다는 속경에 관심을 가졌다.[11] 『원경』은 왕통이 『춘추』를 본떠 진으로부터 수나라에 이르기까지의 사실을 적은 경전이다. 근래 많은 학자들은 말하기를, 이는 순전히 본떠 지은 것이며, 송의 완일 손으로 된 것이라고도 전해진다.

다음으로 왕통이 지은 『중설』中說에 대해 살펴보자. 『중설』이란 책에 대해서 위서의 논란이 있는데 왕통이란 인물의 존재를 의심하는 이도 있다. 그의 이름이 정사正史에 실리지 않고 당의 명신인 방현령·두여회 등의 전에도 왕통에게 배웠다는 기사가 없기 때문이다.[12] 『중설』에 의하면 왕통은 문인들로부터 성인처럼 존경받았다고 하지만 정사에 보이지 않아 의심스럽다는 것이다.

2. 정치론

왕통의 정치론은 어떠한 것이 핵심으로 자리하고 있을까. 그것은 아마도 왕도정치일 것이다. 그는 왕도를 높이고 패략覇略을 지양하였기 때문이다. 당의 방현령이 예악에 대해 물으니 "왕도가 성하면 예악은 따라서 흥하나 너의 따를 바가 아니다"[13]라고 하였다. 이처럼 그는 왕도정치를 실현하고자 하였으며, 왕도정치가 행해지지 않음에 대해 꾸짖고, 또 왕도정치를 행하기가 어렵다고 하였다.

이러한 왕도정치에서 예禮가 중시된다. 그에 있어서 예가 없으면 왕도정치가 안 된다는 입장이다. 왕통은 다음과 같이 말한다. "오늘날 정政을 말하는데 화化를 언급하지 않음

---

10) 韓雲菴, 『中國哲學史思想評』, 昌震社, 1976, p.277.
11) 가노 나오키 著, 앞의 책, p.333.
12) 위의 책.
13) 王通, 「事君篇」, 王道盛則禮樂從而興焉 非爾所及也.

은 천하에 예가 없기 때문이며, 성聲을 말하는데 아雅를 언급하지 않음은 천하에 악樂이 없기 때문이고, 문文을 말하는데 리理를 언급하지 않음은 천하에 문이 없기 때문이다. 이러고서야 왕도가 어디로부터 흥하랴."14) 이처럼 정치를 언급함에 있어 예의 왕도정치를 추구한 왕통이었다.

왕통은 왕도정치를 구체적으로 실행함에 있어 관혼상제의 예禮에 대해 관심을 가졌다. 다시 말해서 그가 거론하는 바, 왕도정치의 실천은 이러한 관혼상제의 예를 실천하는 것이었다. 그는 관혼상제로부터 인생의 대도를 삼았으며, 특히 혼례를 바르게 할 것을 주장하여 결혼에 있어 재산의 적고 많음을 논함은 이적의 도라고 배격하였다.15) 나아가 그는 장례에 있어서 유가의 지나친 후장을 비판하고, 절약의 장례로서 묵가의 지나친 절장론도 보충하였다.

정치를 사회에 실행함에 있어 형벌의 법으로 엄하게 통치할 것도 주문한 왕통이었다. 이는 수나라 당시의 사회 상황이 분열되는 양상이었기 때문이다. 그는 법에 의해 통치하되, 신상필벌의 정치를 주장하며 다음과 같이 말한다. "법제法制에 있어 용서 없는 나라는 그 형刑이 반드시 공평하고 다렴多斂의 나라는 그 재산이 반드시 없어진다."16) 이와 같이 그는 형벌의 시행을 엄정히 하고, 백성들에게서 세금을 착취하지 않는 민생의 정치를 촉구하였다.

왕통이 주장한 정치론은 사민四民의 구별과 오등五等의 차서와 같은 계급제도를 시인하고 국민의 여론을 존중하는 것에서 시작된다. 즉 국사를 중의衆議에 의해 결정할 것이며, 복고주의를 제창하고 있는 왕통이다.17) 이상적 지치至治를 언급함에 있어, 그는 노자의 사상을 받아들여 소국과민의 정치를 이상적 목표로 삼았다. 그는 유가의 왕도정치와 도가의 소국과민의 정치를 조화하는 노력을 기울였다. 다만 그의 정치 대본大本은 유가의 예악을 통한 왕도정치였다.

---

14) 『文中子』「王道篇」, 今言政而不及化 是天下無禮也 言聲而不及雅 是天下無樂也 言文而不及理 是天下無文也 王道何從而興乎.
15) 金能根, 『中國哲學史』, 探求堂, 1973, pp.220-221.
16) 『文中子』「王道篇」, 無赦之國 其刑必平 多斂之國 其財必削.
17) 金能根, 앞의 책, p.221.

3. 윤리론

왕통은 인간이 어떻게 행동을 해야 하며, 어떠한 성품을 지녀야 하는가에 관심을 가졌는데, 그것이 바로 그의 윤리관이다. 이와 관련해서 그는 오륜 및 삼강설을 취하고 있다. 그는 의무론에 있어서 삼강오륜을 취하였고, 덕론은 인의예지신의 오상설을 취한 것이다.[18] 오늘날에도 중시되는 삼강오륜을 윤리적 실천 방법으로 적극 채택하고 있는 셈이다.

윤리관은 오상五常, 성性, 도道의 관계에서 더욱 분명하게 나타난다. 왕통은 다음과 같이 말한다. "설수의 인仁, 성, 도에 대한 질문에 대하여 답하기를, 인은 오상의 시작이고, 성은 오상의 근본이며, 도는 오상의 일(一: 性은 善하여 그 道는 하나뿐임)이라고 하였다."[19] 이처럼 그는 오상과 성품론의 관계, 도와의 관계를 유기적으로 밝혀, 오상으로서의 인을 중시하였다. 또 인간이 지니는 성은 선의 입장에서 오상의 근본이라고 그는 언급하였다.

왕통의 성품론은 성3품설로 연결된다. 그에 있어서 사람의 성은 상·중·하의 3품으로 구별할 수 있으나 학문의 결과로 보아 누구를 물론하고 성인이 될 수 있다고 하였으니 그의 성설은 『중용』을 조술하고 있다.[20] 이와 같이 그는 『중용』에 나오는 '생지안행生知安行, 학지이행學知利行, 곤지면행困知勉行'의 설에 유의하여 상중하의 성3품이 있음을 말하고, 학문을 하면 누구나 상근기적 선지자로서 생지안행으로 나갈 수 있다고 하였다.

그러므로 왕통은 학문을 하고 글을 쓰는 목적이란 몸소 실천하는 것에 있다는 취지를 분명히 하고 있다. 그는 다음과 같이 말한다. "학문의 목적은 도를 꿰뚫는데 있고 박학다식에만 있지 않다. 글이란 구차히 작문하는 데만 있는 것이 아니라 반드시 그에 맞게 구제하는데 있다."[21] 실천하지 않는 학문 연마는 옳지 못하다는 입장으로서 그는 궁행躬行 실천가적 유자의 면모를 보인다.

곁들여 왕통의 윤리론은 노장사상을 공유하여 생사일여의 입장을 취한다. 이를테면 그의 윤리설에서는 노장 사상을 혼합하여 생사를 하나로 하고 죽음을 잊는 사람을 지인

---

18) 韓雲翯, 『中國哲學史思想評』, 昌震社, 1976, p.279.
19) 『文中子』, 「述史篇」, 薛收問仁 子曰 五常之始也 問性 子曰 五常之本也 問道 子曰 五常之一也.
20) 韓雲翯, 앞의 책, p.279.
21) 『文中子』, 「天地篇」, 子曰 學者 博誦云乎哉 必也貫乎道 文者 苟作云乎哉 必也濟乎義.

이라 하여, 우리는 좌망의 경지에 이르지 않으면 안 된다고 말하였다.[22) 그의 이러한 유·도의 견해는 곧 노장사상이 성행하던 위진 남북조의 사상적 경향과 같은 맥락이라고 하지 않을 수 없다.

---

22) 韓雲菴, 앞의 책, p.279.

제5장

당대의 철학

Ⅰ. 당대철학의 전개

1. 당대의 형성

당나라 역사는 618년에서 907년 동안 지속된 중국의 시대상에서 이루어졌다. 이때 21명의 천자가 임금의 자리를 거쳐 갔다. 그리고 당대 약 3백년의 역사를 보면 전기와 중기, 후기를 나눌 수 있다. 전기는 고조, 태종, 고종으로서 부자가 서로 뒤이은 후 칙천무후의 찬탈이라는 뜻밖의 단절이 있었고, 이 소동을 진정하여 당을 중흥시킨 자가 현종으로, 여기까지를 전기로 잡는다.[1] 전기에는 당이 중흥의 길을 걸었다고 본다.

당나라를 세운 고조 이연李淵에 대해서도 소개할 필요가 있다. 그는 수나라를 폐위하고 당을 건립하였기 때문이다. 이연은 얼마안가 수 공제를 폐위하여 천자위에 오르니 그가 바로 당의 고조이다. 당시 정통의 천자가 되는 데에는 선양의 형식에 의하지 않으면 안된다는 것이 일반화되어 있었다. 이에 고조의 경우는 특별히 수 왕실을 떠받들 필요가 없었음에도 불구하고 불필요한 수고를 하였다.[2] 당의 이씨는 무천진 군벌중의 가격家格으로는 수 왕실의 양씨보다도 상위에 있었다.

당의 평정에 크게 기여한 공로자로는 이세민이 있다. 당의 고조는 즉위한지 7년간에 천하의 군웅(이밀, 왕세충, 보건덕)을 전부 평정하여 통일을 완성했지만 그때 가장 공적이 있었던 것은 차남 이세민이었다.[3] 고조는 즉위 9년 만에 이세민의 쿠데타로 양위하여 태상황太上皇이 되었는데 새 천자가 희대의 명군이라 칭송되는 태종이었다.

당 초기의 조정 관료에 대해서도 알아보자. 당나라 초기의 조정 관료에는 세 종류의 출신이 있었다. 첫째는 북주 이래의 무천진 군벌 계통의 구 귀족이며(長孫氏로 대표된다), 둘째는 수말 대란에 편승해서 민간에서 일어나 공적으로 고위에 오른 자로서 그 대표는 이적이고, 셋째는 중국적 토착호족 내지는 귀족으로 군망郡望이라 일컬어진 자들이

---

1) 宮崎市定 著, 曹秉漢 編譯, 『中國史』, 역민사, 1984, p.201.
2) 위의 책, p.199.
3) 위의 책, p.204.

다.[4] 이들의 관료들이 내분을 일으키지 않아야 하는 것은 당 초기의 조정 분위기였다. 그러나 당초의 상황은 후래 현종과 숙종 때 안사의 난(현종 때 신흥계급의 진출로 빈부차 확대), 희종의 황소의 난(정부의 소금전매 사건)으로 이어졌다.

이어서 당대 초기의 토지제도를 소개해 본다. 중국 봉건제 사회가 전기에서부터 후기로 향하는 과도기는 당의 덕종 건중 원년(서기 780년) 양세법兩稅法의 시행 시기로서, 시대적 전환점이 되었다. 이때에 균전제 실행으로 인해 봉건 조정은 황무지를 농민에게 분배해 주어 집집마다 '영업전'永業田 20무畝를 소유하고 남자는 18세부터 60세까지 80무의 구분전口分田을 분배받을 수 있었으나, 사람이 죽은 뒤에 구분전은 다시 봉건국가로 환속되었다.[5] 당시 토지의 소유권은 봉건 황제에 의해서 장악되었다.

당 후반기에 대해서도 알아보자. 당 말기에는 5대 봉건할거가 형성되었으며, 907년에서 960년 사이의 50여년 동안 중원에는 양, 당, 진, 한, 주 다섯 왕조가 출현하였다. 이와 더불어 중원 주변에 10개의 소국이 출현했는데, 이를 5대 10국이라 한다. 수와 당 시대에는 생산의 발전과 경제의 번영, 국가의 통일, 빈번한 국제교류, 인쇄술의 발달, 문화와 과학이 발달할 수 있는 조건이 제공되었다.[6] 당 말기 이후에는 서적 인쇄가 발달하였으며 5대 시대에는 조판인쇄가 성행하였다. 당대 후반기에는 결국 중국 문화와 세계 문화가 발전할 수 있었다.

2. 당대철학의 흐름

당대의 상황은 중국 문물이 발달하던 때였으며 노·불학도 성행하였다. 그리고 당시에는 경학 연구가 활발하게 전개된 시대였으며, 유종원, 한유, 이고와 같은 철학자가 나오는 상황이었다. 또 당대는 송대 학문의 선구가 되었고, 한漢과 위魏, 수隋를 지나고 당에 이르러 과거제도가 완성되었으며 많은 문학가들이 출현하였다.

---

4) 위의 책, p.206.
5) 侯外盧 主編, 양재혁 譯, 『中國哲學史』(中), 일월서각, 1988, p.10.
6) 任繼愈 著, 전택원 譯, 『중국철학사』, 까치, 1990, p.270.

당대 초기에는 정통 유학보다는 문장학의 등장으로 시문의 사장학詞章學이 발달하였다. 다시 말해서 한대의 훈고학에 뒤이어 당송대의 사장학적 흐름이 그것으로, 당송 8대가의 탄생을 가져왔다. 한유, 유종원은 당대에, 구양수, 소순, 소식, 소철, 증공, 왕안석은 송대에 나온 인물이다. 당은 육조六朝의 영향을 받아 경서보다 시문詩文으로 진사 채용의 시험을 봤다. 천하 학자는 모두 시문을 배우는데 열중하였고 유학을 소홀하게 생각하여 시문은 크게 발달하였는데, 이백과 두보 같은 큰 시인이 배출됐다.[7] 이때 많은 문장가가 나와서 인생을 노래하며 시를 짓고 글을 쓰는 시대적 풍조였다.

나아가 당대의 유불도 사상의 흐름도 알아본다. 우선 당대에 도가사상이 흥성하게 된다. 노장사상은 당에 이르러 흥성하여 고조는 노자로서 당실唐室의 선조로 삼기도 하였다. 당의 태종은 노자를 석가 위에 두었고 고종은 노자를 태상현원황제太上玄元皇帝로 추존하므로 도교는 조정으로부터 서민에 이르기까지 크게 장려되었다.[8] 당시 각지에 도관道觀이 설립되고 도장道藏이 편집되었다. 노자가 이역에 가서 석가를 제자로 삼았다는 『노자호화경』은 이 시대에 만들어진 것이다. 또 예종 때는 도관이 1680여개에 달하였고, 현종 때는 집집마다 『도덕경』 1부씩 간직하게 하고 관리 채용의 시험 문제를 『도경』道經에서 출제하는 데까지 이르렀다.

당대에 불교 역시 흥성하게 되었다. 당연히 유학자들도 불교를 의식하지 않을 수 없었다. 육조六朝 이래 일세一世를 풍미한 불교는 당나라에 이르러 성대해진 것이다. 종래로부터 행하여 오던 모든 종파 외에 두순의 화엄종이 일어나 사법계관四法界觀을 말하여 오로지 사사무애법계설을 창도하였다.[9] 태종 때에는 현장 삼장三藏이 법상종을 창도하고, 현종 때에는 금강지불공金剛智不空이 밀교를 인도로부터 전하여 '즉사이진 즉신성불설'卽事而眞 卽身成佛說이 널리 알려지기에 이르렀다.

당시 유학자들은 불교의 위세에 밀린 상황에서 고민하지 않을 수 없었다. 뒤늦게 한유가 나타나 위세를 보이는 불교를 비난하고 나섰다. 9세기 초반, 즉 당나라 후반기에 이르

---

7) 韓雲菴, 『中國哲學史思想評』, 昌震社, 1976, pp.280-281.
8) 金能根, 『中國哲學史』, 探求堂, 1973, pp.222-223.
9) 韓雲菴, 앞의 책, p.280.

기까지 불교의 위세에 밀린 유교는 이렇다 할 강력한 비판론을 제기하지 못했다. 불교에 본격적인 비난과 공격을 시작한 자는 당대의 문호로서 새로운 유교의 부흥을 처음으로 시도했던 한유(767~824)였다.[10] 당나라의 유교 철학자로서 한유가 잘 알려진 것도 불교를 비판하고 부터이다.

그리하여 당대 말기에 실천을 추구하는 유가사상이 부흥하기 시작하였다. 당말부터 유학자들은 실천적 성격이 강한 유가사상을 부화된 사회의 지도사상으로 회복시키려는 운동을 전개하기 시작했다.[11] 성품설의 전개를 통한 인성의 회복 등이 이와 관련된다. 아울러 인의를 실천하고자 하는 당시의 유학자들도 이러한 운동에 동참하였다.

유교의 부흥과 관련하여 언급할 수 있는 것은 당대의 유가들에 의해『오경정의』가 발간되는 공적에 관한 것이다. 당 태종(627~649)은 그의 업적으로 경전수집 및 문구교정,『오경정의』100권을 짓게 하였는데, 당시 동참한 사람들로는 공영달, 안사고, 사마재장, 왕공, 왕담, 마가운 등이다.『오경정의』란『오경』五經 주석서를 하나 골라서 뜻을 부연한 것이며, 다른 주석서와 대조해서 변박하고 누구의 주석서가 나은가를 단정하는 것인데, 공영달과 같은 위대한 학자가 이에 큰 공헌을 하였다.[12]『오경정의』의 편집을 통해 규격화된 경서의 이해가 오히려 유학 연구에 어려움을 주었으나, 잡가 내지 이단 사상을 극복하고자 하는 본래의 의미가 있었다.

II. 유종원의 생애와 사상

1. 생애

유종원(773~819)은 당대의 저명한 문학자이자 유물주의 철학자이다. 그는 당대 철학사

---

10) 尹永海, 박사학위 청구논문『朱子의 佛敎批判 硏究』, 서강대학교 대학원 종교학과, 1996, p.8.
11) 김학권,「朱熹와 李滉의 易哲學 비교연구」,『汎韓哲學』제17집, 汎韓哲學會, 1998.6, p.134.
12)『周易』에는 王弼,『書經』은 孔安國,『詩經』은 毛亨·鄭玄,『禮記』는 鄭玄,『春秋左氏傳』은 杜預의 것을 사용하였다(가노 나오키 著, 吳二煥 譯,『中國哲學史』, 乙酉文化社, 1986, p.337參照).

제5장 당대의 철학 ··· 295

에서 중요한 지위를 차지하는 바, 그의 전반적 생애를 살펴본다. 유종원의 자는 자후이며 하동(산서성 영제) 사람이고, 그의 저작은 『유하동집』柳河東集이다.[13] 그는 당대의 철학자로서 한유, 이고와 더불어 빼놓을 수 없는 사람 중의 한 사람이다.

당나라 봉건제에 대한 정치혁신 운동에 참가한 인물 또한 유종원이다. 당시 유우석 (772~842)과 더불어 유물주의 사상으로 당나라 중기의 계급투쟁에 참여한 인물로서 유종원은 잘 알려져 있다. 이때 환관, 대지주, 대관료 귀족들은 봉건통치계급 내부의 보수파로서 대량의 토지를 차지하고 노동 인민들을 잔혹하게 압박하여 심각한 계급 대립과 사회 위기를 조성했으며, 봉건통치 계급에서 각 계층 간의 모순을 심화시켰다.[14] 이에 대항하여 유종원과 유우석은 정치적 혁신운동에 참가하였다.

하지만 유종원의 정치 투쟁은 실패로 끝나고 말았다. 그는 정치적 보수파의 공격과 배척을 받았기 때문이다. 유종원은 「포사자설」捕蛇者說에서 당시 지나친 부역과 세금의 부과가 인민들에게 가져온 재난은 독사보다 무서웠다고 폭로한 바 있다.[15] 어쨌든 그는 정치상의 진보성과 유물주의 사상 및 진보된 역사관을 선보였는데, 이는 혁신의 진보적인 정치 투쟁이 그의 철학에서 반영된 것이다.

불행하게도 유종원은 영주 지역에서 좌천되었다. 당시 좌천의 쓰라린 경험을 겪은 후 그는 저술 활동에 참여한다. 그는 『비국어』非國語 67편을 저술하여 좌구명의 『국어』 중 종교미신 사상을 집중적으로 비판하고 자신의 무신론적 관점을 체계적으로 천명하였다.[16] 이러한 그의 저술 작품이 높게 평가되어 오늘날 철학자들이 그와 관련한 사상을 거론하고 있는 것이다.

결국 유종원은 무기력하게 좌천당함으로 인해 유물주의적 심경에 변화가 생겼다. 즉 불교의 피안에 관심을 갖게 된 것이다. 그는 지주계급 출신의 지식인이었고 정치개혁에 관한 주장이 확고하지 못했기 때문에 환관과 범진을 중심으로 한 보수파와의 투쟁에서

---

13) 任繼愈 著, 전택원 譯, 『중국철학사』, 까치, 1990, p.292.
14) 위의 책.
15) 위의 책.
16) 위의 책, p.294.

연약하고 무기력했다. 특히 그가 좌천된 이후에는 삶에 더욱 비관적인 태도를 갖게 되어 피안(열반)의 세계에서 정신적 위안을 찾고자 했다.[17] 그의 후반 사상이 유물주의에서 불교의 유심주의를 바라볼 수 있는 안목이 열린 것이다.

2. 유물주의의 진보사관

기론氣論의 입장에서 사유를 전개한 철학자들로는 관자, 장자, 왕충, 유종원, 왕부지, 대진 등이 주로 거론된다. '모든 것은 기'라는 말은 관자에 처음 나오며, 『장자』 외편에도 나오는데 왕충이 이를 긍정하였고, 유종원이 강조하였으며, 왕부지와 대진에 이르러 선양되었다.[18] 구체적으로 왕충의 원기론元氣論을 유종원은 유물주의적으로 계승하였다. 그리하여 그는 자연론적 유물주의 전통을 계승, 발전시켰다. 유물주의적 관점으로 '원기'를 통해 바라보는 것인데, 하늘과 음양 모두가 이 원기로부터 비롯된다는 것이다.

유종원의 유물론은 당대 한유의 유심론을 비판하는데서 더욱 그 빛을 발한다. 즉 그의 '천설'天說은 한유의 유심주의 논점에 대한 비판인 바, 한유의 기본 관점은 천天이 의지를 갖고 있으며 인간에게 상벌을 줄 수 있다는 것이다.[19] 그는 한유의 유심주의를 비판하고, 유물주의적 관점을 선보여 천지, 원기, 음양은 모두가 자연 현상으로 구성되어 있음을 밝힌다. 이를테면 그의 유물주의는 천지, 원기, 음양이 채소 및 초목과 같이 자연의 '물'物에 속한다는 입장으로, 이것들은 사회와 다르며 의지를 포함하고 있지 않다고 하였다.

따라서 유종원은 분명하게 천天과 인간을 구분한다. 번식과 재난, 흉년과 풍년은 사회적인 혼란과 다른 것이며 모두가 인간사에 속한다고 유종원은 생각했다.[20] 다시 말해서 공과 화는 자기 스스로에 의해 비롯된 것이며, 자연계가 인간에게 부여한 것이 아니기 때문에 사람들은 하늘에 간청하거나 원망할 필요가 없다는 것이다. 그의 입장에서 본다

---

17) 위의 책, p.296.
18) 張岱年 著, 양재혁 外 2人 共譯, 『中國哲學史 方法論』, 理論과 實踐, 1988, p.74.
19) 任繼愈 著, 앞의 책, p.292.
20) 위의 책, p.293.

면, 하늘에는 창조자가 있는 것이 아니다. 실제 그는 하늘에 양기陽氣의 누적과 같은 어떤 창조자가 있는 것은 아니라고 했다.

나아가 유종원은 미신, 귀신을 비판하고 나선다. 그는 『국어』에 기재된 많은 점복과 신괴神怪의 일에 대해 비판하면서 사람들에게 점복과 같은 미신은 해를 끼칠 뿐 이로움이 없으니 이를 믿지 말라고 하였다.[21] 이처럼 유종원은 미신과 귀신에 대하여 비판을 가했는데, 이러한 비판은 유물주의적 사고가 기저에 깔려 있는 것으로 일면의 가치가 있다고 본다.

그러나 유종원은 불교의 유심주의론을 적극 비판하지 않고 타협하고 있는 점이 주목된다. 그는 불교도의 출가와 기생적인 생활에 찬성하지 않았지만, "부처는 진실로 배척해서는 안 될 것이 있으니 때때로 『역』과 『논어』와 부합한다"라고 했다. 또 그에 있어 불교는 자산의 정화精華를 갖고 있다고 하여 한유가 불교를 배척한 것은 "그 외양에 분노하여 그 알맹이를 버리고 나쁜 점을 알면서 좋은 점은 알지 못했다"라고 하였다.[22] 그는 법의 지극함이란 반야보다 나은 것이 없고 경經의 큼은 열반보다 더한 것이 없다며, 불교철학의 핵심인 반야와 열반에 대해 매우 긍정하고 있다. 이는 그의 유물주의적 사고가 불교의 유심주의에 용해되고 있음을 알게 해준다.

다음으로 유종원의 유물주의적 사관에 대해 알아보자. 그의 역사 변천의 관점은 유물론적 '세'勢에 의해 이뤄진다. 다시 말해서 사회 역사의 발전에 관하여 유종원은 '세'를 중시하는 관점을 제기하였던 것이다. 모든 사회 역사는 자연발전의 과정으로서 자신에게 고유한, 인간의 주관적인 의지에 따라 움직여질 수 없는 객관적이고 필연적인 추세勢를 갖고 있다[23]고 보았다. 곧 그는 봉건제후의 제도적 형성이 고대 역사발전의 객관적이고 필연적인 추세에 따를 뿐이라 했다.

고대 역사의 변천에서 유종원의 입장을 보면 본 하은주의 역사 발전은 부득이한 '세'勢로 변천된다고 보았다. 그는 안정, 혼란, 흥망, 제도의 변혁 등은 역사 발전의 필연적이고

---

21) 위의 책, p.294.
22) 위의 책, p.294.
23) 위의 책, p.296.

부득이한 '세'에 의해 이루어진다고 하였다. 또 상商, 주周 시대에 제후들이 분봉分封 제도를 변혁할 수 없었던 것은 은殷에 속했던 제후가 3천명이었다는 데서 발단한다. 그에 의하면 은나라 탕왕은 이들에게 의지하여 하夏에 반대했으며, 은대 말년에 이르러 무왕은 주周에 속한 800명에 이르는 제후의 힘을 빌어 은 왕조를 물리쳤기 때문에 은, 주가 변혁할 수 없었던 것은 부득이했다고 한다.[24] 그에 있어 봉건제 탄생이 부득이한 세에 의한 것이라고 했다.

Ⅲ. 한유의 생애와 사상

1. 생애

당나라 철인으로서의 큰 위상을 차지한 한유(768~824)의 생애를 살펴보자. 그의 호는 퇴지이고 등주 남양 사람으로 장경 4년(824)에 57세로 세상을 떠났다.[25] 그는 세 살때 아버지를 잃고 형을 따라 영남으로 내려가는 등 안정되지 못한 가정에서 자랐다. 또한 3세에는 고아가 되어 형수 정씨의 도움으로 성장하였다. 한유는 호학의 성격이라 어려움을 극복하면서 후에 많은 경서를 접하여 연마하게 되었다.

한유는 처음에 신뢰받지 못했으나, 호학적 자세로 인해 후반에 크게 유명해졌다. 『한서』에 기록된 한유의 소개를 보자. "진나라에서 수나라까지 도교와 불교가 성행하여 성인의 도儒學는 겨우 명맥만 유지되었고, 유자들도 국가의 이념을 괴이하고 귀신적인 것에 의탁하는 실정이었다. 그러나 한유만은 홀로 탄식하여 성인의 사상을 인증하여 온 세상의 미혹과 싸워 모함과 비웃음을 받았지만 넘어지면 다시 일어나 분투했다. 처음에는 신뢰받지 못했으나 마침내 당시에 크게 유명해졌다."[26] 이처럼 그는 유학을 높이 받들어

---

24) 위의 책.
25) 『漢書』「新唐書」(5255-69쪽), 韓愈字退之, 鄧州南陽人 ⋯ 長慶四年卒, 年五十七.
26) 『漢書』「新唐書」(5255-69쪽), 晋訖隋 老佛顯行 聖道不斷如帶 諸儒倚天下正義 助爲怪神 愈獨喟然引聖 爭四海之惑 雖蒙訕笑 踣而福奮 始若未之信 卒大顯於時.

성자혼을 일깨우려 하였으므로 주변 사람들에 의해 칭송되었던 것이다.

이에 한유는 맹자 및 양웅과 버금가는 인물이라 평가 받았다. 그런 명망에 의해 그는 벼슬을 하게 된다. 벼슬로는 국자사서박사國子四門博士, 감찰어사, 중서사인中書舍人, 형부시랑·이부시랑 등이었다. 또 그는 문장과 시를 통해 당대의 문호로서 명성을 날렸다. 한유는 감찰어사로 있을 때, 옳고 그름을 비평하기를 좋아하여 마침내 덕종 황제의 노여움을 샀다. 이에 광동 양산현으로 귀양갔는데, 이것이 그가 벼슬길에서 당하는 좌절이었다.[27] 게다가 그는 819년 헌종이 불골佛骨을 궁중에 안치한 것을 간하였으니, 결국 조주의 자사刺史로 좌천되었다.

그러나 한유의 공로는 도통설에 있음을 알아야 할 것이다. 맹자가 공자 후계로 계승했다고 주장한 한유의 경우, 그 공적이 있음을 부인할 수 없다. 이것은 송명 이래의 전통적인 견해이며, 한유의 도통론이 그 발단이 되었다. 주진周秦 무렵 유가는 맹자와 순자 양파가 나란히 대립하여 전한시대에는 순자학이 성행했으나, 맹자는 양웅이 상당히 추존했을 뿐 그 후 줄곧 한유에 이르기까지 유력한 후계자가 없었다.[28] 마침내 한유는 도통설에 의해 후래 그 스스로 공자를 이은 사람으로 자부하기에 이르렀다.

다음으로 한유가 지은 저술을 살펴본다. 오늘날 한유 전집으로 알려진 것은『창려집』이다. 이는 한유가 세상을 떠난 후 문인 이한이 한유가 남긴 글을 편집하여『창려선생집』을 만들고 또 서문도 지었다.[29] 한유의 저서는『창려집』외에도『논어집해』,『순종실록』등이 있다.『논어집해』는 위작이라는 설도 있으며, 타인의 작이라고 하는 설이 그것이다.

『창려집』을 편집한 이한은 그 서문에서 한유의 문체 및 그의 성격에 대해 높이 평가하고 있어 주목된다. "한유는 여러 역사서와 제자백가들의 책을 모두 찾아 들추어내어 숨김이 없었다. 물결이 뛰어나게 굽이치듯 하며, 물이 깊고 넓으며 맑고도 깊다. 괴이하게 교룡이 날고, 초목이 무성한데 호랑이와 봉새가 뛰어오르며, 옥이 울리는 소리가 나니 아름다운 녹로鈞가 운다. 일광이 옥같이 깨끗하고 정情을 두루 미치고 생각을 크게 한다."[30] 이처럼

---

27) 張起鈞 外著, 宋河璟 外譯,『中國哲學史』, 一志社, 1984, p.336.

28) 풍우란 著, 박성규 譯,『중국철학사』(下), 까치, 1999, pp.420-421.

29) 勞思光 著, 鄭仁在 譯,『中國哲學史』-宋明篇-, 探求堂, 1987, p.26.

한유의 글은 문장가답게 도통가로서 후세에 칭송받기에 이르렀다.

2. 도론

한유가 주장한 도란 인의를 따라 살아가는 길이다. 그는 도에 대하여 다음과 같이 말한다. "널리 사랑하는 것이 인仁이고 이치에 맞는 행위가 의義이며, 이 인의를 따라 살아가는 것이 도이고, 자신에게 충족되어 있어 바깥에 기댐이 없는 것이 덕이다. 인의는 고정된 이름이고, 도덕은 공허한 자리이다. 그러므로 도에는 군자와 소인이 있고, 덕에는 길흉이 있다."31) 이처럼 한유의 도론은 인의와 도덕을 벗어날 수 없다. 인의와 도덕을 실천하는 그의 도론에 묘미가 가미되어 있는 것이다.

한유가 말하는 도의 근거는 옛 경서들에서 발견된다. "이른바 저 선왕의 가르침이란 무엇인가. 널리 사람을 사랑하는 인, 이치에 맞게 행동하는 의, 이 인의를 따라 살아가는 도, 자신에게 충족되어 있어 바깥에 기댐이 없는 덕이 바로 그것인데, 그 글은 『시경』, 『서경』, 『역경』, 『춘추』요, 그 법도는 예악 형정刑政이다."32) 도가 다른 경서에 있는 것이 아니다. 그것은 바로 유가가 믿고 받드는 『육경』 내에 있다. 그의 도론은 분명히 유가적 도로서 규범을 삼고 있음을 알게 해준다.

한유가 말하는 도는 노장의 도와는 전혀 다르다. 그는 이와 관련하여 다음과 같이 말한다. "이 도란 무슨 도인가. 이 도는 내가 지칭하는 도이지 세상에서 말하는 도교나 불교의 도가 아니다. 그 도를 요임금은 순임금에게, 순임금은 우왕에게, 우왕은 탕왕에게, 탕왕은 문왕 무왕 주공에게, 문왕 무왕 주공은 공자에게, 공자는 맹자에게 각각 전했다. 그런데 맹자가 죽은 이후 그 도가 전수되지 못했다. 순자나 양웅은 그것을 선택했으되 심오하

---

30) 『昌黎集』 「序文」, 諸史百子 皆搜抉無隱 汗瀾卓踔 奫泫澄深 詭然而蛟龍翔 蔚然而虎鳳躍 鏘然而韶鈞鳴 日光玉潔 周情孔思.

31) 『昌黎集』 卷11, 「原道」, 博愛之謂仁 行而宜之之謂義 由是而之焉之謂道 足乎己無待於之謂德 仁與義爲定名 道與德爲虛位 故道有君子小人 而德有凶有吉.

32) 『昌黎集』 卷11, 「原道」, 夫所謂先王之敎者何也 博愛之謂仁 行而宜之之謂義 由是而之焉之謂道 足乎己無待於外之謂德 其文詩書易春秋 其法禮樂刑政.

제5장 당대의 철학 ••• **301**

지 못했고, 논의했으되 세밀하지 못했다."[33] 그의 언급처럼 요순에서 맹자에 이르는 유가적 도통론이 중시되고 있다. 그에 있어 유경儒經이 아니라면 다른 도는 차라리 이단으로 전락된다.

한유의 도통론은 유교를 중심으로 한 교판적 비판의 성격을 지닌다. 한유가 '오소위도' 吾所謂道라고 하여 내 도를 내세움으로써 유학의 재건을 부르짖게 된 데에는 단순한 도통 의식 곧 분파관념 때문만은 아니었다. 여기에는 저들老佛의 도에 문제점이 있고, 그것은 이 도儒道로써만 극복될 수 있다는 사상적 신념이 깔려 있다.[34] 이에 한유의 도통론은 유교를 중심으로 삼은 것이며, 다른 교파의 도를 이단이라 비판하고 있다.

다른 교파에 비교적 배타적이었던 당시의 유가적 도론에 있어 실용적으로 나아간 도덕론이 주목된다. 그것은 유가의 도덕이 원리상에서 뿐 아니라 국가와 사회 백성에게 실질적으로 도움을 줄 수 있는 실용적인 준칙이기 때문에 좋을 수밖에 없다고 한유는 주장한다.[35] 그리하여 그는 노불老佛을 비판하고 유교의 도를 추종하여, 이를 실용적이고 경제적 원칙으로 삼았다. 그가 유교의 사농공상 이외에 비생산적인 승려나 도사의 직업은 권장하지 않았던 것이 이와 관련된다.

그리하여 한유는 유교의 도를 중심으로 한 철저한 유교주의자와도 같았다. 그가 도통론자라는 점으로 인하여 송대 정이천도 그를 칭송하고 있다. 도학자로서 문인을 몹시 싫어한 정이천은 한유를 칭찬해 마지않아, '퇴지退之의 만년에 지은 글은 얻은 바가 매우 많다'退之晩年作文 所得甚多라고 하였다.[36] 이러한 추존적 평가는, 한유의 도통론이 이단의 도를 물리치고 정통 유가적 맥을 추스린데 기인한다.

---

33) 『昌黎集』卷11, 「原道」, 斯道也 何道也 曰 斯吾所謂道也 非向所謂老與佛之道也 堯以是傳之舜 舜以是傳之禹 禹以是傳之湯 湯以是傳之文武周公之傳孔子 孔子傳之孟軻 軻之死不得其傳焉 荀與揚也 擇焉而不精 語焉而不詳.

34) 李康洙 外, 『中國哲學槪論』, 한국방송통신대학교출판부, 1995, p.199.

35) 위의 책, p.200.

36) 가노 나오키 著, 吳二煥 譯, 『中國哲學史』, 乙酉文化社, 1986, p.342.

3. 성삼품론

혼탁한 세상일수록 우리의 성품 즉 본연의 마음을 바르게 쓰고 뜻을 참되게 해야 하지만 사실은 현실생활에서 그렇지 못하는 경우가 많다. 이는 고금을 통하여 나타나는 시대적 혼란상과 관련된다고 본다. 이와 관련하여 한유는 다음과 같이 말한다. "옛날에 이른바 마음을 바르게 하고 뜻을 참되게 한 것은 장차 일을 도모하려는 것이었지만, 지금은 마음을 다스린다며 천하 국가를 도외시하고 하늘의 영원한 이치를 멸했으니, 아들이면서 아버지를 아버지로 여기지 않고 신하이면서 임금을 임금으로 여기지 않게 되었다. … (지금) 오랑캐의 법을 선왕의 가르침 위에 두었으니 모두가 오랑캐가 될 날도 멀지 않을 것이다."[37] 당대唐代 혼탁한 이단의 세상을 한유는 이처럼 '오랑캐'라는 용어로 통렬히 고발하고 있다.

이제 한유의 성3품론에 대해 살펴보고자 한다. 그는 다음과 같이 성품론을 주장한다. "성性은 상중하 3품이 있는데 상품인 성은 선할 뿐이고, 중품인 성은 상하로 이끌릴 수 있고, 하품인 성은 악할 따름이다."[38] 그는 성삼품론을 주장하는데, 그것은 상중하의 성품이 계층적으로 구성되어 있다는 것을 의미한다. 순선純善이 최고의 성품이라면, 순악이 최하의 성품인 셈이다. 그리고 그 사이에 중간의 성품이 거론되고 있다.

한유는 성정性情에도 관심을 가졌으니, 성에는 인의예지신 오상이 있고 정에는 희노애구애오욕의 7정이 있다고 하였다. 오상론은 동중서에 의해 거론된 이래 오늘날도 잘 알려져 있고, 칠정론 역시 고금을 통하여 전해오는 설이다. 조선조 성리학자 퇴율도 이에 상당한 관심을 부여하였다. 어쨌든 한유는 성과 정의 의미에 대해서 깊은 관심을 표명하고 있다. "성이란 태어나면서 생긴 것이고, 정이란 외물과 접촉하여 생기는 것이다."[39] 이처럼 그는 성과 정의 관계를 비교적 명확하게 밝히고 있다. 성은 본유적 맑은 성품이라면, 정은 외물에 대한 희로애락의 감정이 섞여 있다는 것이다.

---

37) 『昌黎集』 卷11,「原道」, 然則古之所謂正心而誠意者 將以有爲也 今也欲治其心而外天下國家 滅其天常 子焉而不父其父 臣焉而不君其君 … 舉夷狄之法而加之先王之敎之上 幾何其不胥而爲夷也.
38) 『昌黎集』 卷11,「原性」, 性之品有上中下三 上焉者善焉而已矣 中焉者可導而上下也 下焉者惡焉而已矣.
39) 『韓愈全集』 卷11,「原性」, 性也者 與生俱生也 情也者 接於物而生也.

구체적으로 한유는 칠정에 대해 다음과 같이 말한다. "칠정에서의 상이란 움직이지만 그 가운데 처하며, 칠정에서의 중이란 정도에 심한 것이 있고 없어진 것도 있지만 그 가운데 합치되는 것을 추구한다. 칠정에서의 하라는 것은 없어짐과 정도에 지나침이 곧바로 정감에 나타나 행해지는 것이다."40) 그가 말하는 칠정 역시 정3품의 칠정론으로 이어진다. 칠정의 상, 칠정의 중, 칠정의 하라고 하는데, 이 논리가 객관적 설득력이 없다고 해도 그의 논리는 성3품론과 정3품론을 대비적으로 언급하고 있으니 더욱 흥미롭다.

후래 한유의 성3품론에 대한 평가는 다소 비판적이다. 주자가 한유의 성품론을 비판한 것이 설득력을 더한다. "순자는 단지 좋지 못한 사람의 성만을 보고 악하다고 말했다. 양웅은 절반은 선하고 절반은 악한 사람을 보고서 선악혼善惡混을 말했다. 한유는 세상에 다양한 종류의 사람이 있는 것을 보고 성3품설을 세웠다. 세 사람 가운데 한유의 설명이 비교적 좋다. 그는 인의예지를 성으로 삼고 희로애락을 정으로 삼았는데, 단지 그 가운데 접목되는 지점에서 기氣라는 낱말을 소홀히 하였다."41) 주자의 논지에 의하면 한유의 성론은 비록 기를 소홀히 한 것이라 해도, 순자나 양웅의 설보다 낫다는 평가를 받는다.

한유의 성3품론은 공자의 "성상근야 습상원야"性相近也, 習相遠也와 "상지하우上智·下愚는 불이不移한다"는 말에 그 근간을 두고 있다. 하지만 성3품론의 근거가 애매함의 절충론이라는 비판이 있는 것도 사실이다. 주지하듯이 성3품의 이론은 후한의 순열舜悅이 이미 제창한 바가 있다. 이른바 맹자의 성선은 한유의 성상性上, 양웅의 선악혼설은 한유의 성중, 순자의 성악은 한유의 성하라는 논리를 생각해 본다면 성3품론은 그렇게 터무니없는 논리만은 아닌 것이다.

---

40) 『昌黎集』 卷11 「原性」, 上焉者之於七也 動而處其中 中焉者之於七也 有所甚 有所亡 然而求合其中者也 下焉者之於七也 亡與甚直情而行者也.

41) 『朱子語類』 卷4, 「性理一」, 荀子只見得不好人底性 便說做惡 揚子見半善半惡底人 便說善惡混 韓子見天下有許多般人 所以立爲三品之說 就三子中 韓子說又較近 他以仁義禮智爲性 以喜怒哀樂爲情 只是中間過接處少箇氣字.

4. 노·불 비판론

한유의 노불老佛에 대한 관점은 '이단'이라는 방식으로 이어진다. 그를 이은 송대의 이학가들은 불교와 도가를 이단으로 파악하는 경우가 대세였다. 이런 이해의 실질적인 시발점은 당나라 한유의 「원도편」에 나타난 불·도에 대한 이단관이라고 할 수 있다.[42] 그들의 공식적 사유방식은 공자의 도덕은 군자이며 길이라면, 노자의 도덕은 소인이며 흉이라는 등식이다.

당시 각파의 사상 난립이라는 시대상을 비판한 한유는 노불에 빠진 사람들을 비판하였다. 그는 다음과 같이 말한다. "주周의 도가 쇠퇴하고 공자가 세상을 떠나니 진에서 서적이 불에 타고 한에는 황로사상에 가려졌고, 불교가 위진 양梁·수隋 사이에 유행하였다. 그들 중에서 도덕 인의를 말하는 자는 양주에 들어가지 않으면 묵적으로 들어갔으며, 노자에게 들어가지 않으면 불교로 들어갔다."[43] 그의 언급에 나타나듯이, 유학자라면 위진시대를 이어 당나라 시대에 특히 흥성해진 불교와 도교에 경각심을 갖지 않을 수 없다.

맹자가 양주 묵적을 비판했듯이 한유는 당시의 사람들이 노불에 빠진 사상적 혼란을 바로잡는 시대적 사명의식에 불타올랐다. 이와 관련해서 한유에 대한 평가는 다음과 같다. "옛날 맹자가 양주·묵적을 배척했을 때는 공자로부터 겨우 2백년밖에 안 떨어진 시기였다. 한유가 노불을 배척하는데 1천년이 지났으므로, 혼란을 바로잡아 정상으로 돌리는 그 공은 맹자와 같았으되 힘은 배로 들여야 했다. 따라서 순황荀況, 양웅을 능가한 면이 적지 않았다. 한유가 세상을 떠난 후 그의 사상은 크게 행해졌고 학자들은 그를 앙망하여 매양 태산 북두北斗 같다고 했다."[44] 한유의 공로가 무엇인지를 알 수 있다.

그렇다고 한유는 노불老佛에 대해서 완강하게 거부했는가 하는 점은 의심스럽다. 그는 기본적으로 불교를 배척했지만 불교에 대해 호감도 있었기 때문이다. 한유는 다음과 같

---

42) 曹玟煥, 「朱熹의 老莊觀」, 한국도교사상연구회 編, 『老莊思想과 東洋文化』, 亞細亞文化社, 1995, p.264.

43) 『昌黎集』 卷11 「原道」, 周道衰 孔子沒 火于秦 黃老于漢 佛于晋魏梁隋之間 其言道德仁義者 不入于楊 則入于墨 不入于老 則入于佛.

44) 『漢書』 「新唐書」(5255-69쪽), 昔孟軻拒楊墨 去孔子才二百年 愈排二家 乃去千餘歲 撥亂反正 功與齊而力倍之 所以過況雄爲不少矣 自愈沒 其焉大行 學者仰之 如泰山北斗云.

이 말한다. "조주에 머물 때 태전이라는 한 늙은 중이 있었는데, 그는 매우 총명하고 도리에도 밝았고 … 실로 육체를 도외시하고 이치로써 자신을 다스려 외물에 의해서 혼란받지 않았다. 서로 대화할 때 완전히 이해하지는 못했어도 하여튼 저절로 흉중에 막힘이 없어지고 시원했다."45) 이처럼 그는 불교를 신앙하는 스님에 대해 매우 호감을 지니고 있다.

한유가 무조건 불교를 비판하지 않았던 점은 불교를 일면 긍정적으로 보았던 탓이다. 그가 불교에 매력을 느낀 부분은 무엇이었는가. 그는 다음과 같이 말한다. "고한高閑 선생은 불교도로서 사생을 하나로 여기고 외부의 속박에서 해탈되어 마음은 고요하여 일렁이지 않았고 세속에 담담하여 탐하는 바가 없었다."46) 불교에서 추구하는 고도의 경지는 바로 생사 해탈이며, 여기에서 세속에 구애되지 않는 초연 담박한 심경이 거론된다. 이에 한유는 불교에 대해 상당한 매력을 느꼈을 것이다.

원칙적으로 한유는 도가와 불교를 배척하는 입장에는 변함이 없었다. 설사 그가 독자의 사상 정립에는 성공하지 못했더라도 노자와 불교 비판에는 철저했던 것이다. 다시 말해서 한유의 사상을 말하면 그 자신이 이론 건립에 있어서는 뛰어나지 못했으며, 경적經籍의 훈고에도 정밀하지 못했으므로 사실 사상계에 영향을 끼칠 만한 이론은 세우지 못했다.47) 이러한 상황에서도 한유가 불교와 노자를 반대하고 유학을 바르게 세우려는 도통론은 당시 대단했던 것으로 평가된다. 한유의 노불 배척론은 「원도편」原道篇과 「불골표」佛骨表에 잘 드러나 있다.

---

45) 『昌黎集』 卷18 「與孟尙書書」, 潮州時 有一老僧 號大顚 頗聰明識道理 … 實能外形骸以理自勝 不爲事物侵亂 與之語 雖不盡解 要自胸中無滯礙.
46) 『韓愈全集』 卷21 「送高閑上人序」, 今閑師浮屠氏 一死生 解外膠 是其爲心必泊然無所嗜.
47) 勞思光 著, 鄭仁在 譯, 『中國哲學史』-宋明篇-, 探求堂, 1987, p.27.

Ⅳ. 이고의 생애와 사상

1. 생애

이고(772~841)의 자는 습지이다. '이오'로 발음하는 경우도 있다. 그는 감소성 농서 출신이다. 『신당서』新唐書에 소개된 내용을 소개해 본다. "이고는 처음 창려昌黎 한유 밑에서 문장을 배웠고, 문투가 소박하고 중후하여 당시의 존경을 받았으므로 문文이라는 시호가 내려졌다."[48] 이고는 「답한시랑서」答韓侍郞書나 「제이부한시랑문」祭吏部韓侍郞文에서 한유를 형이라고 불렀다. 흥미를 끄는 것으로 그는 한유의 조카사위로 잘 알려져 있다.

이고의 벼슬에 대해 언급해 본다. 그는 정원貞元 14년에 진사에 급제, 원화元和 초에 국자박사 사관수찬私館修撰이 되어 제관諸官을 역임하였으며, 산남동도山南東道 절도사에 이르기도 하였다.[49] 또한 그는 벼슬 활동을 충실히 하여 검교호부檢校戶部 상서尚書를 지내기도 하였다. 그러면서도 유학에 깊은 관심을 가졌고 불교에도 호기심을 갖게 되었다.

이고가 성품에 대하여 관심을 가진 것은 논문 「복성서」復性書를 쓴 탓이기도 하다. 이고의 성품은 강직, 논의論議에 굴함이 없었다고 하며, 한유를 좇아 문장을 짓기도 하고 글 멋이 혼후渾厚하여 당시에 칭송을 받았다고 한다. 특히 친구관계에서도 구애 없이 교류하여 불교인과도 밀접한 사이가 되었다. 이고는 평생 고승과 잦은 왕래를 하였다. 그는 낭주에서 칙사로 있을 때 약산과 유엄선사와 사귀어 친밀한 사이가 되자 선종에 대해서도 많은 연구를 한 것이다.[50] 비록 배불拜佛의 관점에서 유가의 도통을 추존하는데 양보가 없었으나 선종 관련의 친구들과 사귐은 두텁게 하였다. 그래서 『거사분등록』居士分燈錄에 의하면 이고는 선학禪學에 조예가 있다고 하며, 낭주의 칙사 때에 당시 걸승傑僧 약산을 보고 도를 물었을 때 "구름이 푸른 하늘에 걸려 있고 물은 병에 들어 있도다"(「雲在青天 水在瓶)라는 싯구로 답했다고 한다.

---

48) 『新唐書』(5282쪽), 始從昌黎韓愈爲文章 辭致渾厚 見推當時 故有司亦諡曰文.
49) 金能根, 『中國哲學史』, 探求堂, 1973, pp.229-230.
50) 張起鈞 外著, 宋河璟 外譯, 『中國哲學史』, 一志社, 1984, p.344.

이고의 저술로는 어떠한 것이 있을까. 『이문공집』李文公集 18권이 있으며 그의 논문「복성서」는 유명하다. 그의 학설은 그가 지은「복성서」에 잘 나타난다. 이「복성서」는 세편으로 나뉘어, 상편은 성性·정情·성인聖人에 대한 총론인데 중편은 성인이 되는 수양 방법을 논했다면, 하편은 인간이 수양에 진력할 필요성을 논했다.[51] 그 외에도「종도론」從道論,「명해」命解 및 학문을 논한 편지 글이 실려 있다.

많은 저술들을 통해서 이고가 당시 공헌한 사상에 대하여 언급해 본다. 그가 제일 처음으로 『중용』을 근거로 하여 유학 이론을 제출한 사람이라는 점이 주목된다. 그는 홀로 『중용』에 근거하여 이론을 세웠는데, 이것은 송나라 유학이 『중용』을 존경하고 믿는 기풍을 열어준 계기가 되었다.[52] 주지하듯이 『중용』은 『예기』의 한 편이었으며, 비록 남조南朝 때에 『중용』을 풀이한 자가 있었지만, 별 관심을 갖지 못한 터였다. 이고가 이에 관심을 가졌던 계기로 송대에 이르러 『중용』이 사서의 하나로 분권된 것은 그의 공로가 없지 않았다고 할 수 있다.

2. 복성론

성性은 성자, 정情은 범부라는 등식을 거론한 이고의 성정론에 대하여 소개해 본다. 그는 다음과 같이 말한다. "사람이 성인이 되는 까닭은 성 때문이다. 사람이 그 성을 미혹되게 하는 까닭은 정 때문이다. 희노애구애오욕의 일곱 가지는 모두 정이 일으킨 행위이다. 정은 이미 어둡고 성은 마침내 숨어버리니 성의 잘못이 아니다."[53] 그리하여 그는 정을 극복의 대상으로 보았고 성을 회복의 대상으로 보았다.

이고는 칠정을 주장했던 바, 이 칠정으로는 본연의 성이 확충될 수 없다는 점을 분명히 하고 있다. 이에 그는 말한다. "일곱 가지 정은 순환하여 번갈아 오므로 성이 확충될 수 없다. 물이 혼탁하게 되면 그 흐름이 맑지 않으며 불의 그을음이 생기면 그 빛이 밝지

---

51) 풍우란 著, 박성규 譯, 『중국철학사』(下), 까치, 1999, p.423.
52) 勞思光 著, 鄭仁在 譯, 『中國哲學史』-宋明篇-, 探求堂, 1987, pp.32-33.
53) 『復性書』上, 人之所以爲聖人者 性也 人之所以惑其性者 情也 喜怒哀懼愛惡欲七者 皆情之所爲也 情旣昏性斯匿矣 非性之過也.

않다. 그것은 물·불의 밝고 맑음의 잘못이 아니다. 모래가 흐려놓지 않으니 흐름이 이에 맑아지고 그을음이 꽉 끼이지 않으니 빛이 이에 밝아진다. 정이 일어나지 않으니 성은 마침내 확충된다."[54] 이처럼 그는 성을 확충하는 방법으로, 맑은 물을 추구하는 우리의 본성처럼 정이 가라앉게 해야 한다는 것이다.

이고는 성과 정의 관계를 항상 고려하면서 인간의 성품 회복에 관한 관심을 극대화한다. 그는 이에 말한다. "성정은 서로 없애는 것이 아니다. 비록 그렇지만 성이 없으면 정이 생길 데가 없다. 정은 성으로 말미암아서 생겨난 것이다. 정은 스스로 정 노릇을 하지 못하며 성으로 인해서 정 노릇을 한다. 성은 스스로 성 노릇을 하지 못하며 정으로 말미암아 밝아진다. 성이란 것은 하늘의 명이며 성인은 그것을 얻어 미혹되지 않는 자이다. 정이란 것은 성의 움직임이며 백성은 그것에 빠져 그 근본을 알지 못한다."[55] 이고는 성과 정의 관계에 있어서 성의 성됨이란 정이 있기 때문이며, 다만 이 정에 구애되지 않는 수양의 자세가 필요하다는 사실을 인지하였다.

그리하여 이고는 성인이란 정情이 있으나 고요함으로 이를 잘 극복해낸다고 하였다. "성인이라고 어찌 정이 없겠는가. 성인은 고요하여 움직임이 없다. 그러나 가지 않지만 도달하고, 말하지 않지만 신령스럽고, 번쩍이지 않지만 빛이 나며, 천지에 참여하여 제작하고, 음양에 합치하여 변화하니 비록 정을 가지고 있지만 아직 정을 가지고 있은 적은 없다."[56] 성인이라도 칠정이 있기 마련이다. 그는 목석이 아니기 때문이다. 다만 이에 적연부동의 자세로 감이수통을 할 수 있는 정도의 수양심이 있느냐의 여부가 범·성으로 나뉜다.

그래서 이고는 복성復性, 즉 성을 회복하려면 깨달음으로 나아가야 함을 밝힌다. 깨달음으로 이어지지 못하면 복성은 불가능한 일이기 때문이다. 그는 이와 관련해서 말한다.

---

54) 『復性書』上, 七者循環而交來 故性不能充也 水之渾也 其流不清 火之煙也 其光不明 非水火清明之過 沙不渾 流斯清矣 煙不鬱 光斯明矣 性斯充矣.
55) 『復性書』上, 性與情 不相無也 雖然 無性則情無所生矣 是正由性而生 情不自情 因性而情 性不自性 由情以明 性者 天之命也 聖人得之而不惑也 情者 性之動也 百姓溺之而不能知其本者也.
56) 『復性書』上, 聖人者 豈其無情邪 聖人者 寂然不動 不往而到 不焉而神 不耀而光 制作參乎天地 變化合乎陰陽 雖有情也 未嘗有情也.

"정의 움직임이 쉬지 않으면 그 성을 회복시킬 수 없고, 천지를 환히 비추어 다함이 없는 밝음이 될 수도 없다. 그러므로 성인이란 사람 중에서 먼저 깨달은 자이다. 깨달으면 밝고, 그렇지 않으면 미혹되며, 미혹되면 어둡다."[57] 정의 조촐함과 더불어 성을 깨닫는다는 것을 인지하자는 것이다. 천지를 밝혀주는 것은 일월의 광명이 있기 때문이며, 범부들의 마음을 깨우치는 것은 복성 즉 성품 회복의 광명이 있기 때문이다. 그러므로 어두움에 사로잡히는 삶은 밝음이 세워지지 않으며 곧 복성은 불가능해진다.

그런 의미에서 이고는 복성의 길이란 예악으로 가능하다고 말한다. "성인聖人과 지인知人의 성은 모두 선하며, 그것을 좇아서 쉬지 않고 성인에 이를 수 있으므로 예를 제작하여 그것을 마디마디 끊고, 악을 만들어서 그것을 조화롭게 하였다. 조화로운 즐거움에 편한 것이 악의 근본이다. 움직여서 예에 꼭 들어맞는 것은 예의 근본이다. … 보고 듣고 말하고 행하는 것을 예에 따라서 움직이는 것은 사람들로 하여금 기욕嗜欲을 잊어버리게 하고 성명性命의 도에 돌아가게 하기 위한 까닭이다."[58] 예악에 교화됨으로 인하여 언행일치가 되며, 기욕에 사로잡히지 않는 삶을 이어가게 된다. 예악이 유교의 교화 방법론이라는 것이 여기에서도 확인된다.

따라서 이고는 예악론을 말해 성인의 교화와 연결시켰다. 그가 말하는 예악론은 성인의 교화를 설명한 것으로, 그 관념은 대략 『악기』樂記 중 예악의 특성을 언급한 말에서 유래한 것이다.[59] 하지만 이고의 복성론 평가는 크게 불교로 기울었다는 설과, 『중용』의 재론에 불과하다는 설이 있다. 이를테면 송유宋儒는 이고의 사상이 선리禪理에 기울었다고 비판하였다. 이정과 주자가 복성 혹은 복초復初라는 용어를 사용한 것을 보면 이고를 비판만 하지 않은 것 같다. 구양수 같은 이는 이고의 「복성서」를 『중용』의 의소義疏에 불과하다고 평하기도 하였다. 『중용』의 진성盡性은 다름 아닌 복성과 같은 것으로 이해되기 때문이다.

---

57) 『復性書』上, 情之動弗息 則不能復其性而燭天地爲不極之明 故聖人者 人之先覺者也 覺則明 否則惑 惑則昏.
58) 『復性書』上, 聖人知人之性皆善 可以循之不息而至於聖也 故制禮而節之 作樂以和之 安於和樂 樂之本也 動而中禮 禮之本也 … 視聽言行 循禮而動 所以敎人忘嗜欲而歸性命之道也.
59) 勞思光 著, 鄭仁在 譯, 『中國哲學史』-宋明篇-, 探求堂, 1987, p.36.

제3편　근세철학

제1장

송대의 철학

Ⅰ. 송대철학의 전개

1. 오대五代와 송의 대세

오대의 흥망과 송대가 시작되면서 중국은 재통일이 시도되었다. 즉 당이 망하고 5대 (907~959)의 시대가 되었지만 전란이 잇달아 전반 분야가 쇠함에 이르렀다. 이에 5대는 정치와 사회사의 측면에서 보면 당에서 송으로 넘어가는 과도기라 해도 틀린 말은 아니다. 5대 후주後周의 뒤를 이어받은 송의 태조 조광윤은 재위 17년간 남방에서 독립해 있던 남당南唐을 비롯하여 촉蜀·남한南漢 등 도합 6국을 평정하였다.[1] 이어서 그의 아우 태종은 북방에 잔존하는 북한北漢, 남방 양자강 입구에 위치한 오월吳越을 멸망시켜 중국을 재통일했다.

결국 5대[2] 후반 후주의 세종이 죽자 그의 부하 조광윤이 송대 태조가 된 것이다. 5대 후주의 세종(재위 954~959)은 5대 제일의 명군으로, 중국 통일을 목전에 두고 아쉽게 40세 이전에 요절하였다. 그를 계승한 자는 부하 귀덕군의 절도사 조광윤이었다. 그는 960년에 부하들에 의해 추대되어 제위에 올랐는데, 그가 바로 송나라 태조(재위 960~976)이다. 절도사와 무인의 압정에 염증을 느낀 그는 군벌을 해체하고 문치文治 정책을 채용하여 중앙집권체제를 확립하였다.

송 태조의 활동은 원활하였다. 그의 활발한 사업 뒷받침은 후주의 명군 세종의 유업을 계승한 때문이었다. 태조가 상속한 유산 중 첫째는 강력한 금군禁軍이었으며, 태조가 후주 세종으로부터 상속한 재산 중의 둘째는 회수淮水로부터 양자강에 이르는 해안 염산지의 제정 수입이었다.[3] 그리고 송 태조는 황제의 권력을 집중하는 중앙집권제를 위해 많은 관료를 채용하는 과거제를 확립했다. 그러나 이는 관료 즉 대지주의 대토지 소유제라는 좋지 않은 결과를 가져오고 말았다.

송 태조를 계승한 왕들은 어떠하였을까. 태조의 사후 천자 위가 태조의 자손으로부터

---

1) 宮崎市定 著, 曺秉漢 編譯, 『中國史』, 역민사, 1984, p.228.
2) 여기에서 五代란 後梁(907~922), 後唐(923~935), 後晉(936~946), 後漢(947~950), 後周(951~959)를 말한다.
3) 宮崎市定 著, 앞의 책, p.228.

아우 태종의 손으로 넘어간 것은 5대의 유풍이 아직 남아 있었다는 것이다. 그러나 다음에 태종으로부터 진종으로 계승된 것은 태종의 후계자 지명권이 상하로부터 승인되어 완전히 중국식의 상속 형식에 의한 것이었다.[4] 그후 북송 170년과 남송 150년을 합하여 320년 동안 천자의 상속은 일찍이 유례를 볼 수 없었을 만큼 안정된 모습으로 나타났다.

다만 태종은 요遼와의 전쟁에 시달리는 고통이 있었다. 태조를 뒤이은 태종(재위 976~997)은 국력을 충실히 하는데 진력했지만, 요와의 전쟁에 실패하여 시달린 꼴이었다. 송은 태종 때에 이른바 연운燕雲 16주州의 회복을 목표로 하여 2회에 걸쳐 요와 싸웠는데, 요의 왕조는 역사가 시작된 이래 최초로 만리장성 밖에서 안정된 정권을 수립한 유목민족 국가였다.[5] 결국 후래의 진종(재위 997~1022) 때에는 중국으로서는 부득이 요와 굴욕적인 강화를 맺는 계기가 되었다. 이때 퉁구스계의 여진족이 침입했다. 당시 송의 황통皇統은 일단 끊어졌으나, 그때 황실에서 한 사람이 강남으로 도주하여 황통을 유지했으므로 끊어지기 이전을 북송, 이후를 남송이라 불린다.

다음으로 송의 행정제도에 대해서 살펴본다. 송의 천자는 행정상에서도 분할통치의 책략을 쓴 것으로 알고 있다. 송의 지방 구분은 전국을 대개 20개 정도의 로路로 나누고 로 아래에 주州가 있으니 이것이 지방정치의 중핵이 되는 것이다.[6] 주 중에서 일부 특별 도시를 부府라고 하며, 주 아래에 현縣을 두었다. 그런데 현은 주의 출장소 역할을 하였다.

환기컨대 송대가 번성한 원인으로는 크게 세 가지가 있다. 첫째 화폐제도, 둘째 대운하 건설, 셋째 인쇄술의 발달이 그것이다. 당시 4대代 인종은 재위 41년을 기록했다. 북송 초기의 호경기는 무엇보다도 화폐 경제의 성행이 그 지표가 되었다. 아울러 화폐 교환의 필요성으로 인해 동서로 달리는 자연하천을 남북으로 가로질러 수로를 결합시키는 역할을 한 것은 바로 대운하였고, 이어서 많은 분량의 불교경전이 인쇄된 일도 있다.[7] 이처럼 송대는 몇 가지 사항으로 인해 안정세를 지속했고, 송대 유학의 발전도 대단하였다. 그

---

4) 위의 책, pp.228-229.
5) 위의 책, p.231.
6) 위의 책, p.229.
7) 위의 책, pp.232-238.

발전은 유교의 경서는 말할 나위도 없고 당대 명인의 저서, 문집에 이르기까지 이익을 목적으로 하여 인쇄, 발매되었기 때문이다.

2. 송대철학의 특징

당의 이단 배척론이 강하게 불어닥치자, 송대에도 이 같은 영향으로 유학이 발달하게 되었다. 당말의 유학자들은 노·불을 비판하였으며, 이는 유학의 부흥을 촉구하는 것이었으므로 송대 유학의 꽃이 발아되는 계기가 되었다. 유학의 발아를 기점으로 한 송대철학의 특성을 다음 일곱 가지로 언급하여 보자.

첫째, 송대철학은 원시유학의 혁신을 통해 심화된 철학이었다. 사실 송나라는 북방의 요·금과 대항했으므로 송학도 민족적 성향을 지닌 중국 고대정신으로의 복귀를 추구하였다. 하지만 그 본질은 유불선 3교를 지양, 통일한 것이므로 자구 해석을 위주로 하는 한당의 훈고학에 비하여 두드러지게 사색적이며, 소박한 원시 유교보다는 철학적이었다.[8] 즉 송대에는 불교와 도교의 발흥에 따라 유학이 자극받아, 원시유교적 성현의 정신을 새롭게 혁신하려는 의지가 강력하게 대두되었다.

둘째, 송대철학은 공·맹의 정신을 직접 잇는 도통 유맥의 전통을 고수하였다. 이를테면 송대의 성리학자들은 맹자의 학설, 특히 성선설을 자신들의 인간론으로 받아들여 맹자를 공자 사상의 정통 계승자로 자리매김하였으며, 『맹자』를 사서의 하나로 규정하여 경전으로 격상시켰다.[9] 이때 『대학』과 『중용』도 사서로 올려졌다. 그러므로 송유는 한당 유학을 뛰어넘어 곧바로 공자·맹자에 접속을 시도하였다. 송학은 공맹 이후로 성인의 학이 끊어졌던 것을 정명도가 1400년 뒤에 태어나 성도聖道를 밝혔으며 이는 정이천과 주자로 전승되었다.

셋째, 송대철학은 학파의 활동이 두드러진 시대적 배경을 지니고 있다. 송대 철학에 영향을 미친 송초宋初의 세 선생으로는 호원(993~1059: 정이천의 스승), 손복(992~1057:

---

8) 金容治 著, 조성을 譯, 『中國思想史』, 이론과 실천, 1988, p.219.
9) 한국철학사상연구회, 『韓國哲學』, 예문서원, 1995, p.32.

범중엄과 程子의 칭송을 받음), 석개(1005~1045: 손복의 제자) 등이 거론될 수 있다. 세 스승들의 영향을 받아 송대에 등장하는 학파의 학자들이 대부분을 차지한다. 이들은 크게는 세상을 어떻게 경영해 나갈 것인가 하는 관점의 차이로 분화와 대립을 보이기도 하고, 작게는 신유학의 철학적 개념들을 어떻게 이해하고 실천해 나갈 것인가 하는 점에서 서로 갈라져 나가는 경우도 있었다.[10] 구체적으로 말해서 송대에는 염濂·낙洛·관關·민閩의 학파가 크게 부각되었는데, 염은 주렴계요 낙은 정명도 정이천이며, 관은 장횡거이며 민은 주자를 말한다.

넷째, 송대철학은 성리학과 이기론이 발흥된 철학이다. 성리학은 중국의 송나라에서 시작되었다고 해서 송학이라고 부르는데, 우리나라에는 고려 말의 정몽주가 시조이며 실질적인 학문으로 정착한 것은 조선조 권양촌, 정삼봉에 의해서라고 할 수 있다.[11] 어쨌든 주렴계에서 시작하여 이정·횡거를 거쳐 주자에 이르러 송대 성리학의 찬란한 꽃이 피게 되었다. 이는 '성즉리'性卽理라는 설의 모태가 되었으며, 또 '천도성명'天道性命 등의 문제가 송대 특유의 철학적 해법으로 전개되었다.

다섯째, 송대철학은 윤리의 근본을 우주론에까지 미치게 하여 주자 이기론의 태동을 가져다주었다. 뭐라 해도 송대철학은 주렴계의 태극도설과 주자의 이기론을 빼놓을 수 없기 때문이다. 어쨌든 송대의 유학은 도교와 불교의 자극으로 발흥했는데, 우주의 원리와 인간의 심성을 연구하는 고상한 철학적 경향을 나타내었다.[12] 주자에 의해 대체로 완성된 이기론은 세계관의 측면을 부각시키고 존재론적 측면에 관심을 부여했다. 여기에서 우주와 심성의 측면이 거론된다.

여섯째, 송대철학은 원대와 명대의 철학에 강한 영향력을 행사하였다. 근대철학(宋初~淸末까지 약 950년간)을 대별하면 송대의 정주학, 명대의 육왕학, 청대의 고증학으로 나눌 수 있으며, 그 축은 송대의 정주 성리학이 기반으로 되어 있다. 명대의 심학心學은

---

10) 위의 책, p.49.
11) 송항용, 「노장철학의 세계」, 한국불교환경교육원 엮음, 『동양사상과 환경문제』, 도서출판 모색, 1997, p.45.
12) 金能根, 『中國哲學史』, 探求堂, 1973, p.233.

내 마음이 곧 이치心卽理라고 보는 사상적 입장을 가리키는 개념으로, 이 입장은 사실 이학理學의 성품이 곧 이치性卽理라는 선언을 비판적으로 전제하고 나타난 사상적 경향이다.[13] 그리하여 송대의 성즉리에 대해 명대의 육왕陸王은 심즉리의 사상을 전개한다.

일곱째, 송대철학은 불교와 도교가 혼재한 상황으로 후래 삼교 합일적 사유에 영향력을 미쳤다. 철학사에서 상식 중의 하나는 송대철학이 주자처럼 도가철학이나 불교철학의 영향을 많이 받았고, 또 스스로의 논리나 체계의 구축을 위해 도가나 불가의 논리를 상당히 도입하였다는 것이다.[14] 이러한 흐름은 위진 남북조 시대의 유불도 3교 혼재가 당대를 이어 송대에도 없었던 것은 아니기 때문이다. 송의 태조는 즉위 초에 유학 장려, 도교 봉대, 불교 권면의 정책(『대장경』 출판)을 취하였다. 이어서 태종은 승려 17만 명을 양성하고 역경원을 설치하였다. 이에 유가의 일부 자제들도 불학佛學을 배웠다. 주자가 불교의 영향을 받은 것도 적절한 예이다.

II. 주렴계의 생애와 사상

1. 생애

주렴계(1017~1073)는 중국 북송의 유학자로서 잘 알려져 있다. 그는 영도현 영락리(지금의 호남성 도현) 출신이다. 그의 생애에 대해 『송사』에 다음과 같이 기록되어 있다. "자는 무숙이다. 도주 영도 사람이다. 원래의 이름은 돈실이었으나 임금의 옛 휘를 피해서 돈이로 개명했다. 외삼촌인 용도각 학사 정향의 덕으로 분녕 주부主簿가 되었다."[15] 그는 15세에 부친周輔成을 잃고 어머니와 함께 외숙 정향의 집으로 옮겼는데, 거기에서 정향은 그를 자식과 같이 여겼다.

주렴계의 '렴계'濂溪라는 호는 그가 살았던 곳의 이름에서 본뜬 것이다. 이와 관련한

---

13) 한국철학사상연구회, 『韓國哲學』, 예문서원, 1995, p.43.
14) 曹玟煥, 「朱熹의 老莊觀」, 한국도교사상연구회 編, 『老莊思想과 東洋文化』, 亞細亞文化社, 1995, p.263.
15) 『宋史』, 周敦頤, 字茂叔 道州營道人 元名敦實 避英宗舊諱改焉 以舅龍圖閣學士鄭向 任爲分寧主簿.

기록을 보자. "주렴계는 병 때문에 남강군으로 옮겨가 그곳의 여산 연화봉 아래에 집을 지었다. 그 앞에는 분강으로 흘러드는 시내가 있었는데, 그는 전에 살던 영도 지역의 시내 이름 '렴계'를 그대로 빌려다 불렀다. … 그는 57세(1073)에 세상을 떠났다."[16] 만년에 여산 연화봉 기슭 시냇가에 거처를 정하여 그곳 시내를 렴계濂溪로 이름하고 렴계서당을 지어 강학하였으므로 세칭 렴계선생이라 하였다.

인품에 있어서 주렴계는 어떻게 평가되고 있는가. 황정견(1045~1104)은 그에 대해서 다음과 같이 평가하고 있다. "그의 인품은 매우 고매하여 성품이 초연하고 대범했으며 마치 광풍제월光風霽月과도 같았다고 말했다. … 태극도를 지어 천리의 근원을 밝히고 만물의 시작과 종말을 궁구했다."[17] 이처럼 광풍제월과 같은 인물로 평가되고 있는 주렴계는 주위사람들에게 성품이 대범한 인물로 인지되고 있다. 도량이 넓은 인품을 소유한 자로서 그는 우주론과 인생론이라는 학문의 세계를 체계화하는데 노력하였다.

주렴계의 저술과 학문성에 대해서 알아보자. 그의 저서로는 『주자전서』周子全書 7권이 있다. 『송사』에서는 그의 저술에 대해 다음과 같이 말하고 있다. "『통서』通書 40편을 써서 태극의 심오한 이치를 분명하게 밝혔다. 참석자는 그의 말은 간략하고 도는 컸으며, 꾸며 주면서도 질박하여 의미가 정확하였다. 또한 공맹의 근원을 얻어 학문에 큰 공적을 가지고 있었다고 하였다."[18] 학문의 성취도가 대단한 그로서는 태극의 심오한 진리를 부각시키는데 노력하였다.

벼슬에 있어서 주렴계의 활동 흔적이 있는데, 그가 활동한 벼슬에 대해서도 살펴보자. 나이 20세에 정향(외숙)의 천거로 벼슬에 오른 그는 순탄한 관직 활동을 했으나 중앙 정계에 큰 업적을 남기지는 못하였다. 45세에 그는 국자박사國子博士로 통판건주通判虔州가 되었다. 언젠가 주렴계가 남안에서 관리로 있었을 때, 나이도 매우 젊어 태수가 알아보지 못했다. 낙양 사람인 정향이 와서 태수의 사무를 대행하게 되자, 렴계의 기품과 용모가 보통 사람이 아님을 보고서 더불어 말해보고 그 학식에 감복하여 도우道友로 맺었다.[19]

---

16) 『宋史』, 以疾求知南康軍 因家廬山蓮花峯下 前有溪 合於溢江 取營道所居濂溪以名之 … 卒年五十七.
17) 『宋史』, 黃庭堅稱其人品甚高 胸懷灑落 如光風霽月 … 著太極圖 明天理之根源 究萬物之終始.
18) 『宋史』, 又著通書四十篇 發明太極之蘊 席者謂其言約而道大 文質而義精 得孔孟之本源 大有功於學者也.

그는 나이 52세 때 정치적 후원자였던 여공저와 조변의 추천으로 광남동로 전운판관轉運判官이 되고, 54세에 우부랑중虞部郎中으로 제점광남동로 형옥刑獄에 발탁되었다. 그는 55세에 벼슬을 그만두고 여산의 렴계에서 57세를 일기로 별세하였다.

송대의 거두로서 주렴계는 성리학의 연원으로 확인되고 있다. 당시 도교나 불교에 대해서도 관심을 가진 바 있었으나 정통 유학자로 활동하였다. 그는 "이윤伊尹의 뜻을 근본 삼고 안자顔子의 학문을 배운다"는 말을 하여, 유학자임을 스스로 천명하였다. 그로 인해 주자는 주렴계의 「태극도설」을 송대 성리학의 연원으로 확인하고, 주렴계 사상을 이정으로 이어지는 성리학의 도통으로 삼았다.

2. 태극도설

유가의 우주론을 도덕 실천의 이론으로 체계화한 이가 바로 주렴계로, 태극도설은 오늘날 철학계에 널리 유행하고 있다. 특히 송대에 이르러서 유가의 우주론을 계발하여 도덕 실천의 완정完整한 이론적 체계화를 꾀하고자 제일 먼저 제시된 것이 주렴계의 태극도설인 것이다.[20] 그는 송대 유가의 우주론에 체계성을 부여하며, 우주론과 심성론의 일치를 추구하였다. 태극도설은 이러한 두 가지 사상에 심층적으로 접근해 있다.

그렇다면 태극도설의 근거 어디에 관련시킬 수 있는가. 후외려는 상수학에, 풍우란은 주역 내지 도교 연단에, 청나라 모기령은 당승唐僧 종밀의 「원인론」原人論에 주목한다. 주렴계는 『주역』 계사의 특정 구절에 발견되는 사상을 연구하고 발전시켜, 그것들을 설명하기 위해서 도가의 도식을 이용하여 태극도라 하고, 그 도식의 해석을 태극도설이라 하였다.[21] 그의 태극도설은 『주역』에 의거하여 천도론과 인도론을 종적으로 연결시킨 것이다.

이에 더하여 태극도설의 전래에 대해서도 거론할 필요가 있다. 『도장』道藏 내의 『상방

---

19) 가노 나오키 著, 吳二煥 譯, 『中國哲學史』, 乙酉文化社, 1986, p.362.
20) 김학권, 「朱熹와 李滉의 易哲學 비교연구」, 『汎韓哲學』 제17집, 汎韓哲學會, 1998.6, p.134.
21) 馮友蘭 著, 문정복 譯, 『중국철학소사』, 以文出版社, 1995, p.354.

대동진원묘경품도』上方大洞眞元妙經品圖에 「태극선천지도」太極先天之圖가 있다. 이는 주렴계의 태극도와 대략 같은 바, 본 경전에 당나라 명황(현종의 시호)이 쓴 서문이 있으므로 송대 이전의 책인 것 같은데, 이것이 혹시 주렴계 「태극도」의 원본이었는지22) 모른다. 주렴계의 태극도설은 이전에 이미 거론된 것을 새롭게 그가 체계화한 것이라는 주장이 풍우란에 의해 제기되고 있다.

태극도는 과연 주렴계의 독창적 작품인가 하는 것은 앞으로 계속적으로 거론될만한 일이다. 『송사』 「유림전」 주진(1072~1138)의 전기에 따르면 "주진의 경학은 깊고 진실했다. 그는 『한상역해』漢上易解에서 선천도는 진단이 충방에게, 충방은 목수에게, 목수는 이지재에게, 이지재는 소옹에게 전했다. 하도낙서는 충방이 이개에게, 이개는 허견에게, 허견은 범악창에게, 범악창은 유목에게 전했다. 목수는 '태극도'를 주돈이에게 전했다"23)라고 하였다. 다시 말해서 그의 태극도는 송초의 도사들인 도남, 진단에게서 이어져 온 것이라는 학설이 있고, 또 불교 학림사의 수애를 사사했으니 동림사의 승려에게 그와 관련한 정좌靜坐를 배웠다는 기록도 있다.

어쨌든 주렴계의 태극도설은 송대 우주론적 철학의 심화를 가져왔다. 이와 관련하여 주자는 주렴계의 '무극이태극'無極而太極에 대해 독창적 해법으로 해석하였다. 즉 주자는 주렴계 「태극도」의 '무극이태극'에 대한 해석에서 '무형이유리'無形而有理라는 관점을 견지하고 있는데, 태극 이외에 무극이란 것이 따로 존재하는 것은 아니라고 본다.24) 주자가 주렴계의 태극도설을 주해하면서 그의 사상을 심화시켰던 것은 다 아는 사실이다.

다음으로 주렴계가 밝힌 「태극도설」의 원문을 제시하고 이를 해석하여 본다. 그리고 「태극도설」의 원문 내용의 난해한 단어는 주자의 주석을 통해서 이해하면 그 의미를 구체적으로 이해할 수 있을 것이다.

無極而太極,25) 太極動而生陽, 動極而靜, 靜而生陰. 靜極而復動,26) 一動一靜互爲其根, 分陰

---

22) 풍우란 著, 박성규 譯, 『중국철학사』(下), 까치, 1999, p.444.

23) 『宋史』(12908쪽), 震經學深醇, 有漢上易解云 陳摶以先天圖傳种放 种放傳穆修 穆修傳李之才 之才傳邵雍 放以河圖洛書傳李漑 漑傳許堅 許堅傳范諤昌 諤昌傳劉牧 穆修以太極圖傳周敦頤.

24) 曹玟煥, 「朱熹의 老莊觀」, 한국도교사상연구회 編, 『老莊思想과 東洋文化』, 亞細亞文化社, 1995, p.281.

分陽,27) 兩儀立焉.

: 무극이면서 태극이다. 태극이 동하여 양을 낳는다. 동이 극하면 정이 그 뒤를 잇고 이 정이 음을 낳는다. 정이 극하면 동으로 돌아간다. 그리하여 동과 정이 교대로 각기 다른 것의 원천이 된다. 음과 양이 나누어지니 양의兩儀가 생겨난다.

陽變陰合, 而生水火木金土,28) 五氣順布, 四時行焉.

: 양이 변하고 음이 그와 더불어 합하여 수화목금토가 생겨난다. 이들의 오기五氣가 조화로운 순서로 흩어지게 되며, 사철의 순차로 진행된다.

五行一陰陽也,29) 陰陽一太極也,30) 太極本無極,31) 五行之生也, 各一其性.32)

: 오행은 하나의 음양이고, 음양은 하나의 태극이다. 그리고 태극은 근본적으로 무극이다. 오행은 각자가 그 고유한 특성을 갖고서 생겨난다.

無極之眞, 二五之精, 妙合而凝.33)
乾道成男, 坤道成女,34) 二氣交感, 化生萬物.35)
萬物生生, 而變化無窮焉.

: 무극의 진정한 실체와 2와 5의 정수가 묘합妙合하여 하나의 통합으로 이어진다. 건의 원리는 남성적 요소가 되고 곤의 원리는 여성적 요소가 된다. 음양의 기가 감응하여 만물이 화생한다. 만물이 다시 생생하고, 그리하여 변천과 변화가 끝없이 계속된다.

---

25) 朱子 註,『周子全書』卷之一,「太極圖解」, 上天之載 無聲無臭 而實造化之樞紐 … 無極而太極 非太極之外 復有無極也.

26) 朱子 註,『周子全書』卷之一,「太極圖解」, 太極之有動靜 是天命之流行也 所謂一陰一陽之謂道.

27) 朱子 註,『周子全書』卷之一,「太極圖解」, 錯而言之 則動陽而靜陰也.

28) 朱子 註,『周子全書』卷之一,「太極圖解」, 有太極 則一動一靜 而兩儀分 有陰陽 一變一合 而五行具 然五行者質於地 而氣行於天者也 以質而語其生之序 則曰水火木金土.

29) 朱子 註,『周子全書』卷之一,「太極圖解」, 五行具 則造化發育之具 無不備矣.

30) 朱子 註,『周子全書』卷之一,「太極圖解」, 陰陽異位 動靜異時 而皆不能離乎太極.

31) 朱子 註,『周子全書』卷之一,「太極圖解」, 太極者又初無聲臭之可言 是性之本體然也.

32) 朱子 註,『周子全書』卷之一,「太極圖解」, 然五行之生隨其氣質 而所稟不同 所謂各一其性也.

33) 朱子 註,『周子全書』卷之一,「太極圖解」, 無極二五所以混融 而無間者也 所謂妙合者也 眞以理言 無妄之謂也 精以氣言 不二之名也 凝者聚也 氣聚而成形也.

34) 朱子 註,『周子全書』卷之一,「太極圖解」, 陽而健者成男 則父之道也 陰而順者成女 則母之道也 是人物之始以氣化而生者也.

35) 朱子 註,『周子全書』卷之一,「太極圖解」, 氣聚成形 則形交氣感 遂以形化.

惟人也得其秀而最靈.36)

形既生矣, 神發知矣.

五性感動, 而善惡分, 萬事出矣.37)

聖人定之以中正仁義, 而主靜, 立人極焉.

: 이들의 가장 뛰어남을 이어받는 것은 단지 인간뿐이다. 그리하여 인간이 가장 지혜롭다.
이에 그의 형체가 생겨나고 그의 정신은 지혜를 발전시킨다. 그의 오성五性이 반응하여
그로써 선악의 구별이 생기고 무수한 행동 현상이 나타난다. 성인은 중용과 올바름과 인의에
의하여 스스로를 규제하고 고요함을 본질로 삼는다. 그리하여 그는 인간의 최고 표준이
된다.

故聖人與天地合其德, 日月合其明, 四時合其序, 鬼神合其吉凶.

君子修之吉, 小人悖之凶.

故曰立天之道曰陰與陽, 立地之道曰柔與剛, 立人之道曰仁與義.38)

: 그러므로 성인은 천지와 더불어 그 덕을 합하고, 일월과 더불어 그 밝음을 합하며, 사시와
더불어 그 질서에 합하고, 귀신과 더불어 그 길흉에 합한다. 군자는 이를 닦아 길하고,
소인은 이에 어그러져 흉하게 된다. 그러므로 천도를 세워서 음양이라 하고, 지도를 세워
서 강유라 하며, 인도를 세워서 인의라고 한다.

又曰, 原始反終, 故知死生之說. 大哉易也, 斯其至矣.

: 또 말하기를 시원을 궁구하고 종말을 돌이켜 보기原始反終 때문에 사생의 이치를 안다고
한다. 위대하다 역이여, 여기에 그 지극한 이치가 있다.

3. 『통서』의 성론誠論

송대의 성리학은 주렴계가 선두로서의 역할을 하고 있다. 이를테면 성론誠論의 경우도

---

36) 朱子 註, 『周子全書』卷之一, 「太極圖解」, 然陰陽五行氣質交運 而人之所稟獨得其秀 故其心爲最靈 而有
以不失其性之全 所謂天地之心 而人之極也.

37) 朱子 註, 『周子全書』卷之一, 「太極圖解」, 然形生於陰 神發於陽 五常之性感物 而陽善陰惡又以類分 而五
性之殊散爲萬事.

38) 列子도 이와 관련하여 언급하고 있다(『列子』「天瑞」, 故天地之道 非陰則陽 聖人之敎 非仁則義 萬物之
宜 非柔則剛).

맹자에서 주렴계로, 주렴계에서 이정으로 이어지기 때문이다. 이와 관련하여 주자는 주렴계에 대해 다음과 같이 언급하고 있다. "맹자가 본성이 선하다고 말한 것, 렴계선생이 순수 지선至善이라고 말한 것, 이정선생이 '성의 근본' 및 '근본으로 돌이켜서 근원을 궁구한 성'을 말한 것이 그렇다. 단지 기질에 의해서 어두워지고 흐려지면 막히는 것이다. 그래서 기질 속의 성은 군자가 성으로 여기지 않는다. 공부하여 그것을 돌이키면 천지의 성이 간직된다고 한다. 따라서 성을 말할 때는 반드시 기질을 겸비해서 말해야 비로소 갖추어진다."39) 이처럼 주렴계는 송대의 성리학에 있어 선두주자에 속하고 있음을 알 수가 있다.

송대 성리학의 주창자들은 유교의 인성론에 이어 우주론으로 연결시키는 등 철학자로서 중대한 역할을 한다. 이를테면 주렴계의 『통서』通書, 장횡거의 『서명』西銘, 정자의 「식인편」識仁篇, 주자의 「인설」仁說과 같은 저작에 보이는 우주론적 확대가 유가의 유기체적 우주론의 완정형으로 나타난다.40) 주렴계와 그 후대 학자들은 성誠을 통한 심성의 유기체적 순화에 관심이 많았으며, 이에 수양론으로 인의 등 실천 덕목을 강조하고 있다.

주렴계의 저술 『통서』에 나타난 성誠의 위상에 대해서 언급하여 보자. 그는 다음과 같이 말하고 있다. "성인은 참될誠 따름이다. 성誠은 오상五常의 근본이며 모든 도덕적 행위의 근원이다."41) 그는 성을 제시하여 성이야말로 오상의 본질이며 도덕 행위의 원천이라 말하고 있다. 『중용』에서 말한 성은 천도와도 같은 것으로 그에게 이해되고 있는 것이다. 그래서 인간이 '성지'誠之함으로써 인도를 실천하게 된다.

주자는 이러한 성誠과 연계하여 주렴계가 말한 성인의 가르침에 대해 언급하고 있다. "주렴계 선생이 '성性은 강선剛善, 강악剛惡, 유선柔善, 유악柔惡의 표준中일 따름이다. 그래서 성인은 가르침을 세워서 비천한 사람도 스스로 자신의 악함을 고쳐 표준에 이르러 머무르게 하였다'고 하였다. 또 진료옹의 '책심'責沈에서 '기질의 영향은 적고 도학의 성과

---

39) 『朱子語類』 卷4, 「性理一」, 孟子所謂性善 周子所謂純粹至善 程子所謂性之本 與夫反本窮源之性 是也 只被氣質有昏濁 則隔了 故氣質之性 君子有弗性者焉 學以反之 則天地性存矣 故說性 須兼氣質說方備.
40) 곽신환, 「儒學의 유기체 우주론」, '93 한국 동양철학회 추계국제학술회의, 『기술·정보화 시대의 인간 문제』, 한국 동양철학회, 1993.10, 別紙 p.7.
41) 『通書』, 聖誠而已矣 誠 五常之本 百行之源也.

는 크다'라 하였다."42) 주자의 언급을 보아 알 수 있듯이 주렴계는 성인의 솔성을 통해 참된 성誠의 세계에 진입할 것을 평소 강조한 것이 보인다.

성誠이 성명쌍수와 관련된 점도 흥미롭다. 주렴계는 다음과 같이 말한다. "성이란 성인의 근본이다. '위대하다. 건원이여, 만물이 그로부터 창시된다'라고 함은 성의 시원을 말한다. 건도의 변화에 의해서 각기 본연의 성명性命이 바르게 될 때 성誠은 수립되며 순수 지선하다. 따라서 한 번 음이 되고 한 번 양이 되는 것이 바로 도이다. 도를 계승한 것이 선이고 도를 성취한 것이 성性이라 했다. 원형은 성誠의 통철함이고 이정은 성의 복귀이다. 위대하다 역이여, 성명의 근원이다."43) 성誠의 지고 가치에 대해서 더 이상 뭐라 할 수가 없다. 성誠은 곧 성인의 근본인 이상 지선인 바, 성명을 쌍수할 때 성誠의 세계에 진입한다는 논리는 매우 확고하게 나타난다.

다음으로 성誠을 강조한 『통서』에서 주렴계가 본래 추구하고자 한 목적은 무엇인가. 그것의 궁극적 목적으로는 무욕의 수양으로 이어진다는 사실이 주목된다. 그는 다음과 같이 말한다. "무욕은 정할 때는 공허를 가져오고, 움직일 때는 솔직함을 가져온다. 움직이지 않을 때의 공허는 깨달음을 인도하고, 깨달음은 이해로 인도한다. (마찬가지로) 움직일 때의 솔직함은 공평함으로 인도하고, 공평함은 보편성으로 인도한다. 사람은 이와 같은 깨달음, 이해력, 공평성, 그리고 보편성을 가질 때 성인이 된다."44) 무욕의 세계에 진입하는 순간 그는 성자로서 성誠을 실현할 것이며, 결국 이는 만인의 사표가 된다.

『통서』에서 성誠에 이어 기幾의 문제도 거론할 수 있다. 주렴계는 '기자 동지미'幾者 動之 微라 하여 기가 선악이 구분되는 근거라고 하였다. 여기에서 '동지미'라는 것은 사람 마음이 동하는 미묘함이란 의미이다. 성은 무위에 바탕한 천도와도 같은 것이지만, 기의 동지미는 성으로부터 마음이 움직이는 조짐이라는 측면에서 관련성이 있다. 동의 지성至誠과도 같은 '미미'微微의 세계가 이와 관련된다.

---

42) 『朱子語類』卷4,「性理一」, 濂溪云性者 剛柔善惡中而已 故聖人立敎 俾人自易其惡 自至其中而止矣 責沈 言氣質之用狹 道學之功大.

43) 『通書』, 誠者聖人之本, 大哉乾元 萬物資始 誠之源也 乾道變化 各正性命 誠斯立焉 純粹至善者也 故曰 一陰一陽之謂道 繼之者善也 成之者性也 元亨誠之通 利貞誠之復 大哉易也 性命之源乎.

44) 『通書』, 無欲則靜虛動直, 靜虛則明 動則通 洞直則公 公則溥 明通公溥 庶矣乎.

이에 더하여 주렴계는 성誠과 신神과 기幾의 상관성에 대해 다음과 같이 말한다. "적연부동한 것은 성이다. 감이수통한 것은 신이다. 움직이지만 아직 형체가 없어서 있는지 없는지 알 수 없는 것이 기이다."[45] 성의 의미를 파악함에 있어 이러한 신과 기의 문제도 거론된다. 미발적 성의 문제, 이발적 신, 그 사이에 있는 것이 기라는 관계를 상정하면 이것들의 상관성이 이해된다. 이들 관계는 『통서』의 성誠을 인식하는 구조적 방편이 되기에 충분하다.

III. 왕안석의 생애와 사상

1. 생애

왕안석(1021~1086)의 자는 개보이고 강서성 임천 출신이다. 그는 송 왕조의 정치 개혁가였다. 그리고 철학자이자 문학자였으며, 농민의 편에 서서 사회 개혁을 실천하려 했던 보기 드문 사회참여의 지성이었다. 설사 그가 사회 개혁을 시도한 노력들에서 어려움을 겪었을지라도 철학자로서 개혁 작업의 참여에 대한 공로는 대단한 것으로 보인다.

하지만 왕안석은 시대적으로 그의 경륜을 펴기에 모순이 너무 많았던 사회에 살았는지도 모른다. 그가 생존했던 시대는 북송의 봉건사회에 커다란 혼란이 발생하지는 않았지만 이미 심각한 사회적 위기에 처해 있었기 때문이다. 그 당시 토지 겸병과 잔혹한 착취로 인하여 농민 폭동이 계속 발생하였으며, 태종 때에는 사천에서 왕소파와 이순이 봉기를 일으켜 처음으로 "빈부차를 없애라"는 구호를 제기하였다.[46] 왕안석이 활동한 당시에는 계급적 모순과 민족 간의 갈등이 서로 뒤섞여 사회의 투쟁 상황이 매우 복잡했다.

시대의 모순이 많은 상황에도 굴하지 않고 왕안석은 새로운 시각에 의해 인종에게 개혁안을 상소하는 대담성을 보인다. 그는 송나라 인종에게 올린 상소에서 '눈앞의 일을

---

45) 『通書』, 寂然不動者 誠也. 感而遂通者 神也. 動而未形有無之間者 幾也.
46) 任繼愈 著, 전택원 譯, 『중국철학사』, 까치, 1990, p.318.

좇지 말고 장기적인 계획을 세울 것'(上時政疏)을 건의하였다.[47] 이처럼 그는 사회 개혁
가, 혁신가로서 당시의 사회 모순과 투쟁하고 사회역사적 조건에 맞는 개혁 방안을 제시
하는 참여자적 지성을 발휘하였다. 그는 20여세 이전에 이미 남북을 둘러보고 지방을
돌아보아 사회의 고통스런 인민들의 상황을 파악하였기 때문이다. 따라서 그의 눈에는
당시 관료와 지주의 안일무사적 행태가 좋게 보이질 않았다. 이러한 부패적 상황은 정치
적인 부패와 쇠퇴의 주요 원인이 된다고 생각하였다. 나아가 그는 신종에게도 상소문을
올려 통치자로서 현실을 직시하지 못하고 개혁을 감행하지 못하면 결과의 예측이 어렵다
고 경고하였다.

다음으로 왕안석은 어떠한 벼슬을 하였는지 알아보자. 그는 1069년 지정사知政事에 임
명되어 1076년 재상을 그만두기까지 8년 동안, 그중에서도 1069년에서 1072년까지 4년간
변법을 시행하고 새로운 정책을 추진하였다.[48] 그가 추진한 변법의 핵심은 대관료 대지
주계급의 농단과 토지겸병을 억제하는 것이다. 그리하여 그는 청묘법靑苗法을 제기하여
춘궁기에 농민들에게 양식을 대여해주고 추수 때 거둬들인 양곡을 갚도록 하여 지주들의
높은 고리대를 피하도록 했다. 하지만 왕안석은 정치개혁에 있어서 관료와 지주들의 보
수적 성향 때문에 실패의 좌절을 겪고 말았다.

한편 왕안석의 지적인 면모를 보면 당시의 철학자 주렴계와 만난 적도 있다. 주렴계는
신법新法의 주창자인 왕안석과 한차례 만난 적이 있으며, 이정자二程子가 어울렸던 장횡거
나 소강절이 그 주변에 있었다.[49] 왕안석은 그의 철학적 관심을 놓지 않고 당시 최고의
철학자들과 교류를 하였던 것이다.

하지만 송대 학자들과 다르게 왕안석은 그의 전반 사상에서 독특한 세계관을 반영하고
있다. 『도덕경』1장의 "무명천지지시 유명만물지모"無名天地之始 有名萬物之母의 해석을 진
대의 왕필은 "무명 천지지시 유명 만물지모"無名 天地之始 有名 萬物之母라 하여 인식론의
실상과 비실상으로 나눠 인식론으로 이해했고, 송대의 왕안석은 "무 명천지지시 유 명만

47) 위의 책, p.319.
48) 위의 책.
49) 유교사전편찬위원회 편, 『儒敎大事典』, 博英社, 1990, p.1430.

물지모"無 名天地之始 有 名萬物之母라고 하여 유와 무를 존재론의 측면에서 파악하였다.[50] 그는 이처럼 남다른 세계관을 반영하고 있다.

왕안석의 저술로는 몇 가지가 전해온다. 그의 저작은 매우 많으나, 그의 의도는 정치 개혁을 주장했기 때문에 보수파의 강한 반대에 부딪쳤다. 보수파가 권력을 장악했을 때 그의 저작이 금지되어 그 일부가 훼손되었는데, 현존하는 저작은 『왕림천집』王臨川集, 『주관신의』周官新義, 『노자주』가 있다.[51] 이러한 저술 속에서도 그는 사회 개혁의 방안에 골몰하였고, 또한 유물주의적 사색을 멀리하지 않았다.

2. 유물주의 철학

왕안석의 철학적 특성은 송대 철학에서 유난히 유물주의를 주장한 사람이라는 데에서 발견된다. 그의 유물주의적 철학사상의 최고 범주는 도이다. 그는 유물론적 입장에서 도를 음미하면서 다음과 같이 말한다. "도에는 체용이 있다. 체라는 것은 원기元氣의 부동함이고, 용이라는 것은 충기沖氣의 천지 사이에 운행하는 것이다."[52] 그의 언급은 바로 도가 원기로 나타나며 이는 유물론의 최고 범주가 되는데 초점이 맞춰진다.

따라서 왕안석의 유물론적 도를 살펴본다면 만유가 도에서 생겨난다는 점이다. 도의 본체는 원기라고 하여 그는 기론에 바탕한 유물론을 주장하고 있다. 다시 말해서 만물은 모두 도에서 생겨난 것이라 했다. 그는 말하기를 "'도자천야 만물지소자생'道者天也 萬物之所自生이다. 도의 본체는 원기元氣이며 도는 천天이다. 천 역시 원기이다. 도가 만물을 생성하는 것은 기가 만물을 생성하는 것이다. 따라서 '생물자 기야'生物者 氣也이다"[53]라고 했다. 이처럼 왕안석의 유물론은 도에서 만물이 형성된다는 것에 기반하고 있다.

구체적으로 만물 생성론과 관련하여 언급해 보자. 왕안석은 도 즉 원기에서 음양, 음양

---

50) 조민환, 『유학자들이 보는 노장철학』, 예문서원, 1996, p.23.
51) 任繼愈 著, 전택원 譯, 『중국철학사』, 까치, 1990, p.318.
52) 王安石, 『老子注』, 道有體有用 體者 元氣之不動 用者 沖氣運行于天地之間.
53) 「洪範傳」 65卷(任繼愈 著, 전택원 譯, 『중국철학사』, 까치, 1990, p.321再引用).

에서 오행, 오행에서 만물이 형성된다고 하였다. 세계 만물의 발생과 발전의 과정에 관하여 그는 말하기를, 도(오행)에서 음양이 분화되고 수화목금토로 구체화되며 이러한 다섯 물질 원소의 변화에 의해 만사만물이 형성된다고 하였다.[54] 이와 같이 그는 만유 탄생의 근원인 오행이 천지간에서 끊임없이 운동하고 변화하면서 만물을 구성한다는 관점을 견지하였다.

그리하여 왕안석은 생명 생성의 원소인 오행과 관련하여 다음과 같이 말한다. "오행은 하늘이 만물에 명한 것이다, 천지 사이를 왕래하면서 다함이 없는 것이므로 행行이라고 한다."[55] 그는 오행의 의미를 분명하게 파악하고 있다. 오행으로 인해 탄생하지 않은 생명체는 없다는 입장에서 이러한 언급을 하였던 것이다. 이것은 주렴계의 태극도설에서 밝힌 생성론과 같은 맥락으로 보인다.

나아가 왕안석은 노자의 무위적 세계관을 비판하고, 유위적 세계관을 보충하고 있어 경세가다운 면모를 보인다. 그는 유물주의적 세계관에서 출발하여 노자의 무위사상에 대해 비판하고 있다. 여기에서 왕안석은 천과 인간을 구별하여 천도 자연은 무언 무위적이며, 인도는 유언 유위적이라고 하여, 노자가 말한 도는 예악형정禮樂刑政을 폐지하려는 것이라고 비판하였다.[56] 다시 말해서 왕안석의 입장에서 본다면, 노자는 본말과 천인天人의 도리를 구별하지 않고 뒤섞어버렸다는 것이다. 무위에 더하여 유위의 가치관을 설하고 있는 왕안석의 사유구조는 유물론자적 모습을 드러내었다.

왕안석은 유물주의 입장에서 미신적 자연관을 타파할 것을 주장한다. 그는 천과 인간을 구별하는 유물주의 사상에서 모든 사유를 출발시킨다. 예컨대 송나라 신종 때 재해가 많았는데, 보수파는 유물론적 관점을 굽히지 않는 왕안석을 파면시킬 것을 주장하고 심지어 가뭄은 왕안석 때문에 생긴 것으로 보아, 그를 제거하면 반드시 비가 내릴 것(『宋史』王安石傳)이라고 했다.[57] 당시의 보수파가 왕안석을 반대한 목적은 신법新法과 개혁을

---

54) 任繼愈 著, 전택원 譯, 『중국철학사』, 까치, 1990, p.322.
55) 『洪範傳』, 五行 天之所以命萬物者也 往來乎天地之間而不窮者 是故謂之行.
56) 任繼愈 著, 앞의 책, p.322.
57) 위의 책, p.323.

반대하기 위한 것이었는데, 왕안석은 자연주의의 유물론적 관점에서 가뭄이 드는 것은 요순도 어쩔 수 없는 것이라는 매우 설득력 있는 논리를 전개한다.

이에 더하여 하늘의 변화는 두려워할만한 것이 못 된다는 입장을 펴고 있는 자가 곧 왕안석이다. 1075년 10월 혜성이 출현했을 때 그는 상소문에서 자연계의 현상과 사회에서의 인간사와는 상관이 없다고 하였다. 그는 인간사를 믿고 자연현상에 대한 미신을 버려야 하며, 천인감응은 단지 상관도 없는 일을 공연히 연관시킨 것으로서 우연한 일이지 믿을만한 것이 못된다는 것이다.[58] 마치 순자가 천·인을 분리하듯, 왕안석의 유물주의 역시 천·인 분리의 자연철학자적 논리를 전개하였다.

송대철학에서 유물주의는 비판되었는데, 송대의 정명도는 왕안석의 유물주의적 도에 반대하였다. 정명도의 입장에서 본다면 왕안석이 도라고 말할 때 그것은 곧 도가 아니다(『河南程氏遺書』 1卷)는 것으로, 정명도가 공격한 것은 바로 왕안석의 도 즉 원기적元氣的 유물주의 사상이었다.[59] 정명도는 정치적으로 보수에 기울어 왕안석의 개혁에 반대했으며, 철학적으로 왕안석의 유물주의를 극력 반대했다. 결국 정명도는 왕안석의 학문은 크게 잘못되었다고 하며, 오히려 노불老佛의 폐해보다 심각하게도 많은 학자들을 버려놓았다고 비판하였다. 이처럼 송대에 왕안석의 유물론이 가져다 준 파장은 생각 이상의 것으로 비추어졌다.

Ⅳ. 소강절의 생애와 사상

1. 생애

소강절(1011년~1077년)의 자는 요부이다. 그의 선조는 범양 사람이다. 아울러 그의 자호는 안락·백천百泉이다. 그의 시諡는 범양인이며, 하북성 공성 출신으로 알려져 있다.

---

58) 위의 책.
59) 위의 책.

그는 송의 진종 대중상부大中祥符 4년생이며, 신종 녕희 10년에 타계하였다. "소옹은 30세에 하남에 떠돌다가 그의 부친을 이수에 장례지내고 마침내 하남 사람이 되었다. 소옹은 어릴 때부터 그 재능이 뛰어났으며, 공명을 세우고자 하는 것에 비분 개탄하였고, 읽어보지 않은 책이 없었다."[60] 이처럼 그는 어린 시절부터 호학의 자세로 일생을 살아온 것이다.

소강절雍의 스승으로는 이지재이다. 그러나 소옹의 학문은 실제적으로 진희이에게서 나왔으며 '선천도'先天圖를 위주로 하였다. 『송사』에 그의 스승에 대한 언급이 다음과 같이 기록되어 있다. "북해의 이지재가 공성의 영을 관할하고 있을 때, 소옹이 학문을 좋아한다는 소문을 듣고, 시험 삼아 그의 오두막집에 찾아가 물었다. '선생도 사물의 이치와 성명性命에 관한 학문을 들어보았습니까.' 소옹이 대답하기를 '가르침을 받으면 다행이겠습니다'라고 하였다. 이리하여 소옹은 이지재를 스승으로 모시고 『하도낙서』와 복희씨의 팔괘 64괘 그림을 전수받았다."[61] 이처럼 그는 북해의 도가 이지재로부터 도서 선천상수圖書 先天常數의 학을 받고 그의 독특한 철리를 내세웠다.

성품으로서의 소강절은 늠름한 기상이었다. 그는 중국 북송의 성리학자로 소시부터 기풍氣風이 있었다고 하며, 마음속에 큰 뜻을 품고 천하를 주유하였다. 소옹이 일생동안 하였던 일의 자취를 살펴보자. 중년에는 사방으로 노닐며 다니다가 낙양으로 되돌아 왔으며 그 뒤로는 낙양에서 오랫동안 살았고, 생활상은 고고한 선비형이었다.[62] 아울러 소옹은 지적 사려가 뛰어났으며, 일을 만나면 앞의 일을 미리 알 수 있었다. 하지만 그의 가정은 비교적 가난한 편이었는데, 그럼에도 불구하고 그의 성품이 고결하여 낙도생활을 하였다고 한다.

일생동안 살아오면서 소강절은 벼슬을 하지 않았으며, 타인의 일에 은악양선隱惡揚善하는 성품을 지녔다. 또 그는 내성외왕의 학적 통찰력을 지녔다. 『송사』에 기록된 그의 소개는 다음과 같다. "그는 희녕 10년에 세상을 떠났으니 향년 67세였다. … 원우년간元祐

---

60) 『宋史』 卷427, 「道學列傳」, 雍年三十 游河南 葬其親伊水上 遂爲河南人 雍小時 自雄其才 慷慨欲樹功名 於書無所不讀.

61) 『宋史』 卷427, 「道學列傳」, 北海李之才攝共城命 聞雍好學 嘗造其廬 謂曰 子亦聞物理性命之學乎 雍對曰 幸受敎 乃事之才 受河圖洛書 宓犧八卦六十四卦圖像.

62) 勞思光 著, 鄭仁在 譯, 『中國哲學史』-宋明篇-, 探求堂, 1987, p.182.

^{年間}에 그에게 강절이란 시호를 내렸다. … 하남의 정호는 처음엔 자기 부친을 모시고 소옹을 알게 되면서, 종일토록 그와 논의하고 물러나면서 탄복하여 말하기를 '요부는 내성외왕의 학이다'라고 하였다."[63] 설사 그가 벼슬은 하지 않았더라도 위정자로서 할 일은 내성외왕이라 한 것이 그의 경세적 측면에서 주목된다.

소강절의 저술로는 『소자전서』 15책 24권이 있다. 이에 대해서도 『송사』에서는 다음과 같이 밝히고 있다. "그가 지은 저서로는 『황극경세』皇極經世, 『관물내외편』觀物內外篇, 『어초문대』漁樵問對가 있으며, 시로는 『이천격괴집』伊川擊壤集이 있다."[64] 그는 저술활동을 통해서 내성외왕적 자세와 황극경세에의 의지를 굽히지 않았다.

그리하여 소강절의 위상으로는 상수학자로 자리매김 되었다. 그가 밝힌 상수학은 황극경세에 역철학을 응용한 것이다. 주자는 다음과 같이 소강절의 상수학에 대해 다소 내키지 않는 마음으로 말한다. "(제자의 질문) 예컨대 상수학파의 학설 가운데 소강절 선생의 학설에서는 모든 것이 일정하여 바꿀 수 없다고 생각하는데, 어떻습니까. (주자) 답하였다. 그것은 단지 음양의 기운이 번성하거나 쇠퇴하고 쓰러지거나 자라나는 이치일 뿐이다. 위대한 상수^{象數}를 알 수 있다. 그러나 성현은 일찍이 그러한 학설을 주장하지 않았다. 예컨대 오늘날 사람들이 강절선생의 상수에 대하여 설명하면서 그가 '모든 일에는 성공하거나 실패할 때가 있다'고 말했는데, 모두 피상적인 논의일 따름이다."[65] 어쨌든 소강절은 물심일여 및 만물일체의 인생관과 숭고한 인격 및 수리적 두뇌를 가진 인물이었다.

2. 태극과 우주의 변화

소강절은 우주 운도론 및 생성 변화에 대해 매우 독특한 견해를 피력하고 있다. 이를테

---

63) 『宋史』卷427, 「道學列傳」, 熙寧 十年卒 年六十七 … 元祐中 賜諡 … 河南程顥 初侍其父識雍 論議終日 退而歎曰 堯夫內聖外王之學也.
64) 『宋史』卷427, 「道學列傳」, 所著書曰皇極經世 觀物內外篇 漁樵問對 詩曰伊川擊壤集.
65) 『朱子語類』卷4, 「性理一」, 因問 如今數家之學 如康節之說 謂皆一定而不可易 如何 曰 也只是陰陽盛衰消長之理 大數可見 然聖賢不曾主此說 如今人說康節之數 謂他說一事一物皆有成敗之時 都說得膚淺了.

면 사상四象은 음양강유이고, 팔괘는 태양, 태음, 소양, 소음, 소강, 소유, 태강, 태유이며, 사상은 수화토석水火土石을 말한다. 매우 독특한 견해를 표명한 그에 의하면, 만물의 생성은 오행이 아닌 사상으로 형성된다는 것이다. 상수학자로서 그 나름대로의 수리 관념에 일가견이 있었던 것으로 평가된다.

우선 소강절이 말하는 태극 내지 역, 음양론에 대해 언급하여 보자. 그는 역과 신神의 의미를 다음과 같이 말한다. "정신神은 방향이 없고 역은 형체가 없다. 한 방향에 막히면 변할 수 없으므로 신이 아니다. 고정된 형체의 존재는 변통할 수 없으므로 역이 아니다. 굳이 역에 형체가 있다면 그 형체란 상象이다. 상을 빌려 형체를 고찰했을 뿐이고 역은 본래 형체가 없다."66) 이는 '신무방역무체'神無方易無體의 『주역』 논리를 그가 이해하고 있는 대목이다.

신神의 생성 주체는 무엇일까. 소강절에 의하면 태극이 신을 발현한다고 하여 태극론을 주장하고 있다. "태극은 움직이지 않음이 성性이다. 그러나 발현하면 그것이 신이다. … 신은 수數를 낳고, 수는 상象을 낳고, 상은 기器를 낳는다."67) 이처럼 소강절은 생성론의 측면에서 태극에 의해 만유 탄생의 근거가 된다고 하였다. 그러면서도 태극을 통한 신과 상을 말하여 기라는 등식으로 연결 짓는 독자적 모습을 드러내고 있다.

구체적으로 태극의 분화에 의한 만물 생성의 관점을 살펴 보도록 한다. "태극이 분화되면 양의가 수립된다. 양이 아래로 음과 교합하고 음은 위로 양과 교합하여 사상四象이 생긴다. 양은 음과 교합하고 음은 양과 교합하여 하늘의 4상을 낳고, 강은 유와 교합하고 유는 강과 교합하여 땅의 4상을 낳는데 여기서 8괘가 이루어진다. 8괘가 서로 섞이게 되면 만물이 생긴다. 그러므로 1은 2로 나뉘고, 2는 4로 나뉘며, 4는 8로 나뉘고, 8은 16으로 나뉘며, 16은 32로 나뉘고, 32는 64로 나뉜다. 즉 음으로 나뉘고 양으로 나뉘면서 교대로 유·강이 작용하여 역의 여섯 위치가 완전히 드러난다. 10은 100으로 나뉘고, 100은 1,000으로 나뉘며, 1,000은 10,000으로 나뉜다. 마치 뿌리에서 줄기가 나고 줄기에서

---

66) 『皇極經世』「觀物外篇」, 神無方而易無體 滯於一方則不能變化 非神也 有定體則不能變通 非易也 易雖有 體 體者象也 假象以見體而本無體也.

67) 『皇極經世』「觀物外篇」 下, 太極 一也 不動 生二 二則神也 神生數 數生象 象生器.

가지가 나고 가지에서 잎이 나는 것과 같다."[68] 이처럼 그는 사상과 강유 등을 드러내어 무한 생성적 수리론을 전개한다.

나아가 소강절은 천지의 형성이 동정에 의한 것이라 하고 음양 및 강유 작용에 대해서도 언급하고 있다. "하늘은 동에서 생기고 땅은 정에서 생겼다. 하나의 동과 하나의 정이 교합하여 하늘과 땅의 도가 완비된다. 동의 시초에 양이 생기고 동이 극에 달하면 음이 생기는데, 하나의 음과 하나의 양이 교합하여 하늘의 작용이 완비된다. 정의 시초에 유가 생기고 정이 극에 달하면 강이 생기는데, 하나의 강과 하나의 유가 교합하여 땅의 작용이 완비된다."[69] 그가 동정에 의해 천지가 생겼다고 하는 것은 동정을 하나의 음양이라는 기 작용으로 본 결과이다. 그는 여기에 강유라는 논리를 독특하게 전개한다.

동정과 사상四象의 생성적 관계에 대해 소강절은 관심을 갖는다. 이에 대해 그는 다음과 같이 말한다. "동의 큰 것이 태양이고 동의 작은 것이 소양이며, 정의 큰 것이 태음이고 정의 작은 것이 소음이다. 태양은 일日이고 태음은 월月이며 소양은 성星이고 소음은 신辰(혹성)인데, 일월성신이 교합하여 천체가 완비된다. 태유太柔는 물이고, 태강太剛은 불이며, 소유小柔는 흙이고 소강小剛은 돌인데, 물 불 흙 돌이 교합하여 지체地體가 완비된다."[70] 그가 말하는 바대로 동정이 사상으로 연결되며, 일월성신이 사상으로 연결되고 있는 점도 상수학자 다운 견해인 것으로 평가된다.

이에 더하여 소강절은 우주의 변화단위 즉 달력 숫자에 대해서 특유 역사전개의 논법을 제시한다. 그는 우주의 운도 변화를 12만 6천 9백년으로 잡았다. 또 그는 '원회운세'元會運世라는 독특한 네 논리로써 천天을 사시四時로 하고, 세월일신歲月日辰으로써 지地를 사

---

68) 『皇極經世』「觀物外篇」, 太極旣分, 兩儀立矣 陽下交於陰 陰上交於陽 四象生矣 陽交於陰 陰交於陽 而生天之四象 剛交於柔 柔交於剛 而生至之四象 於是八卦成矣 八卦相錯 然後萬物生焉 是故一分爲二 二分爲四 四分爲八 八分爲十六 十六分爲三十二 三十二分爲六十四 故曰 分陰分陽 迭用剛柔 故易六位而成章也 十分爲百 百分爲千 千分爲萬 猶根之有幹 幹之有枝 枝之有葉.

69) 『皇極經世』卷11上, 天生於動者也 地生於靜者也 一動一靜交 而天地之道盡之矣 動之始則陽生焉 動之極則陰生焉 一陰一陽交而天之用盡之矣 靜之始則柔生焉 靜之極則剛生焉 一剛一柔交而地之用盡之矣.

70) 『皇極經世』卷11上, 動之大者謂之太陽 動之小者謂之少陽 靜之大者謂之太陰 靜之小者謂之少陰 太陽爲日 太陰爲月 少陽爲星 少陰爲辰 日月星辰交 而天之體盡之矣 太柔爲水 太剛爲火 少柔爲土 少剛爲石 水火土石交 而地之體盡之矣.

유四維(體)로 하였다.[71] 곧 그는 일신一辰의 시간 단위, 일일一日의 12신辰, 일월一月의 30일, 일세一歲의 12월, 360일, 4320신辰으로 삼는다. 이를 천에 관련지으면 30년은 일세一世, 12세는 일운一運, 30운은 일회一會, 12회는 일원一元이 된다. 다시 말해서 일원一元은 12회會, 360운運, 4320세世가 된다. 따라서 일원一元은 12만 9천 6백년이 되며, 일원으로 천지는 개벽一新된다. 그리고 천지는 시종 순환하므로 30원元을 원지세元之世, 12원지세를 원지운元之運, 30원지운을 원지회元之會, 12원지회를 원지원元之元이라 한다. 원지원으로 천지는 또 일신一新한다는 것이다.

3. 성인관

소강절에 있어 성인관 역시 그의 사상적 특성을 이해하는데 도움을 준다. 우선 그는 사람이 만물 중에서 지고의 존재이며, 또 사람 중에서 성인은 지고의 존재라는 입장에 있다. "사람 또한 사물이고 성인 또한 사람이다. … 사람이란 사물 가운데 최고의 존재이고, 성인이란 사람 가운데 최고의 존재이다."[72] 오늘날 인간은 만물의 영장이라고 하듯이, 그는 이를 대변하듯 사람들 중에서 성인이야말로 최고의 존재라는 입장을 견지하고 있다. 아울러 여기에는 사람이 자칫 속물로 떨어질 수도 있음이 드러나 있다.

최령한 존재가 성인이기 때문에 소강절에 있어 이러한 성자적 자세는 바로 성性 그대로 관조하면서 살아가는 자세를 말한다. 주관에 떨어지는 정情이 아니라, 객관적이고 직관적인 성의 체득이야말로 성자가 되는 길이다. 그는 다음과 같이 말한다. "주관에 맡기면 정情을 따르고, 정을 따르면 편견에 빠지고, 편견에 빠지면 어둡게 된다. 그러나 사물에 바탕을 두면 성性을 따르게 되고 성을 따르면 신령해지고, 신령하면 밝아진다."[73] 따라서 사물을 객관적으로 관찰하는 성이어야 하며, 사물을 주관적으로 관찰하는 정이어서는 안된다. 왜냐하면 성은 공정하고 밝은 것이요, 정은 치우치고 어두운 것이기 때문이다.

---

71) 金能根, 『中國哲學史』, 探求堂, 1973, p.246.
72) 『皇極經世』 卷11 上, 「觀物內篇」, 人亦物也 聖人亦人也 … 人也者 物之至者也 聖也者 人之至者也.
73) 『皇極經世』 「觀物外篇」下, 任我則情 情則蔽 蔽則昏矣 因物則性 性則神 神則明矣.

나아가 소강절은 군자에 대해서 언급하며, 군자의 경지가 바로 성인과 같은 경지임을 이해하고 있다. 그는 말하기를 "마음이 전일하여 흐트러지지 않으면 온갖 변화에 대응할 수 있다. 그러므로 군자는 마음을 비우고 동요하지 않는다"[74]라고 하였다. 그가 말하고자 하는 본의는 흐트러지지 않는 전일한 마음을 간직하는 군자가 되는 것이다.

군자와 성인의 위대한 점을 본받으려면 전일한 마음으로 닮아가고자 하는 자세가 필요하다. 곧 하늘과 같은 심법으로 언행을 일치하는 것이 요청된다. 이러한 의미에서 그는 다음과 같이 말한다. "성인은 ⋯ 하나의 마음으로 만인의 마음을 관찰하고, 하나의 몸으로 만인의 몸을 관찰하고, 하나의 사물을 바탕으로 만물을 관찰하고, 하나의 세대를 바탕으로 만세를 관찰할 수 있다. 또 그의 마음은 하늘의 뜻을 대신하고, 입은 하늘의 말을 대신하며, 손은 하늘의 기술을 대신하고, 몸은 하늘의 일을 대신할 수 있다."[75] 이처럼 그는 하늘의 뜻을 대신하는 인간의 의지가 필요하고, 하늘의 말을 대신하는 우리의 언행 일치적 행동이 필요하다고 역설했다.

언행일치적 성인은 천문지리에 능통해 있다고 한다. 다만 수양론적으로 언행을 일치하는 것에만 머물러 있지 않고 인식론적으로도 천문지리를 꿰뚫어보는 지혜가 필요한 것이다. "성인은 ⋯ 위로 천시天時를 인식하고 아래로 지리地理를 꿰뚫고 가운데로 물정에 밝아 모든 인간사에 완전히 통달할 수 있으며, 또 성인은 천지를 두루 관장하고 천지조화에 간여하고 고금을 드나들며 사람과 사물의 겉과 속을 파악할 수 있다."[76] 그가 말하는 성자상은 바로 천문지리를 훤히 내다볼 수 있는 인식의 지혜력에 바탕하고 있다.

결국 성인의 경지는 그가 인식하는 대상에 있어 구애됨이 없고, 행동함에 있어 장애됨이 없이 광대 심원한 경지이다. 이러한 경지에 대해 소강절은 말한다. "무릇 성인이 본 것이 지극히 광대하고, 그가 들은 것이 지극히 심원하고, 그가 논한 것이 지극히 숭고하고, 그의 즐거움이 지극히 큰 만큼, 지극히 광대하고 지극히 심원하고 지극히 숭고하고

---

74) 『皇極經世』 「觀物外篇」 下, 心一而不分則可以應萬變, 此君子所以虛心而不動也.
75) 『皇極經世』 卷11 上, 「觀物內篇」, 聖人 ⋯ 其能以一心觀萬心 一身觀萬身 一物觀萬物 一世觀萬世者焉 又謂其能以心代天意 口代天言 手代天工 身代天事者焉.
76) 『皇極經世』 卷11 上, 「觀物內篇」, 聖人 ⋯ 其能以上識天時 下盡地理 中盡物情 通照人事者焉 又謂其能以 彌綸天地 出入造化 進退古今 表裏人物者焉.

지극히 큰 일을 도모하더라도 그 가운데 하나의 작위도 없은즉 어찌 지극히 신령스럽고 지극히 성스러운 존재가 아니겠는가."[77] 성인의 경지가 더 이상 언급될 수 없을 정도로 지고의 경지인 것이다. 그렇기 때문에 그는 작위가 없는 심오한 경지, 자연 그대로 지극히 즐거운 성자적 경지를 설하고 있다.

소강절에 있어 성인의 경지는 피차의 관념을 넘어서 있다. 그가 강조한 성자상은 다음과 같은 심법의 구유자임을 알게 해준다. "성인에 있어 나는 또 남이고 남은 또 나이니, 나와 남은 모두 같은 존재임을 알게 된다. 그래서 천하 사람의 눈을 나의 눈으로 삼기 때문에 눈으로 볼 수 없는 것은 하나도 없고, 천하 사람의 귀를 나의 귀로 삼기 때문에 귀로 들을 수 없는 것은 하나도 없으며, 천하 사람의 입을 나의 입으로 삼기 때문에 입으로 말할 수 없는 것은 하나도 없고, 천하 사람의 마음을 나의 마음으로 삼기 때문에 마음으로 도모할 수 없는 것은 하나도 없다."[78] 피차 초월적 성인의 경지는 천하가 광대 숭고하고, 심원하며 지락의 세계와도 같다.

4. 경세론

세상을 치유하는 정치적 관점을 조망하는 것은 바로 경세론이다. 이에 소강절은 어떻게 세상을 다스리고자 하였는가를 알아보기 위해 그의 정치철학을 살펴보자. 먼저 그는 경세經世에 있어 '사물의 관찰' 자세를 말한다. "무릇 관물觀物(사물 관찰)이라고 함은 눈으로 관찰하는 것이 아니다. 눈이 아니라 마음으로 관찰하는 것이고, 마음이 아니라 리理로 관찰하는 것이다. 천하의 사물 가운데 그 어느 것도 이가 없는 것은 없고, 성性이 없는 것은 없으며, 명命이 없는 것은 없다. 이란 궁구해야 비로소 알 수 있고, 성이란 모두 발휘해야 비로소 알 수 있으며, 명이란 완전히 이르러야 비로소 알 수 있다."[79] 그는 위에

---

77) 『皇極經世』卷11 下,「觀世篇」, 夫其見至廣 其聞至遠 其論至高 其樂至大 能爲至廣 至遠 至高 至大之事 而中無一爲焉 豈不謂至神至聖者乎.

78) 『皇極經世』卷11 下,「觀世篇」, 是知我亦人也 人亦我也 我與人皆物也 此所以能用天下之目爲己之目 其 目無所不觀矣 用天下之耳爲己之耳 其耳無所不聽矣 用天下之口爲己之口 其口無所不言矣 用天下之心爲 其之心 其心無所不謀矣.

언급한 몇 가지 앎을 얻도록 요청한다. 사물을 마음으로 관조하고, 성정性情의 이까지 관조하는 경세 관점이 필요하다.

경세를 잘 하느냐 못하느냐의 표준은 성군이 존재하느냐, 아니면 폭군이 존재하느냐에 달려 있다. 물론 이는 정의롭고 사악함에 떨어지지 않는 성군의 세계를 강조하며 소강절이 언급하는 말이다. "허위와 정의의 갈림길에는 그 유래가 있다. 성군이 위에 있으면 비록 소인이 있어도 소인되기가 어렵고, 못된 임금이 위에 있으면 비록 군자가 있어도 군자 되기가 어렵다. 그러므로 성군의 전성기는 요임금 시대였는데 군자들이 정말로 많았다."80) 이어서 그는 못된 임금의 전성기로서 걸왕의 시대를 예로 든다. 경세를 하지 못한 걸왕이 살던 당시는 소인이 많았고, 선행보다는 악행이 팽배한 시대였기 때문이다.

경세를 잘 하기 위해서는 당연히 임금의 치세治世 자세가 중요하다. 소강절은 이를 강조하기 위해 임금은 정의를 위하는 성군이 되어야 한다는 입장을 견지한다. 이와 관련하여 그는 다음과 같이 말한다. "하늘과 사람은 서로 안팎의 관계에 있다. 하늘에는 음과 양이 있고 사람에게는 허위와 정의가 있다. 허위와 정의가 생기는 것은 임금이 무엇을 좋아하느냐에 달려 있다. 임금이 덕을 좋아하면 백성은 정의를 택하고, 임금이 위선을 좋아하면 백성은 허위를 택한다."81) 그가 강조하듯 임금에게는 정의를 택하고, 덕을 베푸는 인정仁政과 같은 치세가 요청된다. 사악한 허위의 세계는 폭군의 세상이므로 치세를 하지 못하는 꼴이다.

인정의 성군이 되든, 사악함의 폭군이 되든, 과거로부터 왕도정치나 패도정치가 있어 온 것도 사실이다. 경세가 잘 되던 시절은 바로 성군의 시대였기 때문이다. 그런 정치의 종류에 대해 소강절은 말하기를 "무위로써 정치하면 황皇이고, 은혜와 진실로써 정치하면

---

79) 『皇極經世』 卷11 下, 「觀世篇」, 夫所以謂之觀物者 非以目觀之也 非觀之以木而觀之以心也 非觀之以心而觀之以理也 天下之物莫不有理焉 莫不有性焉 莫不有命焉 所以謂之理者 窮之而後可知也 所以謂之性者 盡之而後可知也 所以謂之命者 至之而後可知也.

80) 『皇極經世』 「觀物內篇」, 邪正之由 有自來矣 雖聖君在上 不能無小人 雖庸君在上 不能無君子 是難其爲君子 自古聖君之盛 未有如唐堯之世 君子何其多耶 時非無小人也 是難其爲小人 故君子多也.

81) 『皇極經世』 「觀物內篇」, 天與人相爲表裏 天有陰陽 人有邪正 邪正之由 繫乎上之所好也 上好德則民用正 上好佞則民用邪.

제帝이고, 공평과 정의로써 정치하면 왕王이고, 지모와 무력으로써 정치하면 패覇이고, 패 이하는 오랑캐의 정치이고 오랑캐 이하는 금수의 정치이다"[82]라고 하였다. 다시 말해서 무위로 경세하는 자를 황이라 하고(化), 도덕공력道德功力으로서 경세하는 자를 제라 한다 (教). 그리고 공정으로 경세하는 자를 왕이라 하고(勸), 무력으로 경세하는 자를 패라 한 다(率).

그리하여 소강절은 『관물내편』觀物內篇에서 유경儒經을 가지고 경세 교화의 측면을 말하 고 있다. 위에서 언급한 화化·교教·권勸·솔率로써 도를 삼는 것은 『역』易, 교화권솔教化勸率 로 덕을 삼는 것은 『서경』書, 교화권솔로 공功을 삼는 것은 『시경』詩, 교화권솔로 력力을 삼는 것은 『춘추』春秋라고 하였다. 이와 같이 황제왕패를 교화권솔에 관련짓고, 이를 다시 『역』, 『서경』, 『시경』, 『춘추』 4경에 짝하여 경세의 4원리를 삼았던 소강절의 경세 논리는 매우 체계적이고 독특하다.

소강절은 경세의 측면에서 역사의 흐름에 대해서도 관심을 표명하고 있다. 경세를 잘 했느냐 하는 역사적 평가도 이와 관련되고 있으니, 그의 경세론은 하나의 역사철학으로 연결된다. 그는 다음과 같이 말한다. "삼황의 시대는 봄, 오제는 여름, 삼왕은 가을, 춘추 오패는 겨울, 전국 칠웅은 겨울의 남은 냉기이다. 한나라는 왕이지만 부족했고, 진나라는 패로써 넉넉했고, 삼국은 패의 영웅, 16국은 패의 무더기, 남南 5대는 패의 빌린 수레, 북北 5조는 패의 주막, 수나라는 진나라의 아들, 당나라는 한나라의 동생이었다."[83] 다소 큰 비약이 한계이지만, 중세 후반까지 전개된 그의 경세 사관은 주목을 받을만하다. 그는 이 원리에 의하여 옛날부터 천하에 군림한 자에게 적합한 4명命 즉 정명正命, 수명受命, 개명改命, 섭명攝命을 말하기도 하였다.

---

82) 『皇極經世』「觀物外篇」下, 用無爲則皇 用恩信則帝也 用公正則王也 用智力則覇也 覇二下則夷狄 夷狄而 下 是禽獸也.

83) 『皇極經世』「觀物內篇」, 三皇 春也 五帝 夏也 三王 秋也 五伯 冬也 七國 冬之餘冽也 漢 王而不族 晋 伯而有餘 三國 伯之雄者也 十六國 伯之叢者也 南五代 伯之借乘也 北五祖 伯之傳舍也 隋 晋之子也 唐 漢之弟也.

V. 장횡거의 생애와 사상

1. 생애

장횡거(1020~1077)는 이름이 재載이며 자는 자후이고 장안 사람이다. 그는 북송의 성리학자로 관학關學의 창시자이기도 하다. 송의 진종 천희 10년에 죽었으며, 그의 전 생애는 향년 58세였다. 실로 당시 송대의 기철학을 흥성시킨 사람으로서 태허론太虛論을 주장하였고 또 일기론一氣論을 주창하였다.

봉상 횡거진 출신으로서 장횡거는 횡거진에서 장기간 강학하였으므로 횡거선생이라 불렀다. 강학을 하면서도 온고지신을 실천하는 유학자였던 횡거선생에 대한 『宋史』의 기록은 다음과 같다. "옛것을 배우고 실행에 힘써 마침내 관중關中 선비들의 종사宗師가 되었다. 세상은 그를 횡거선생이라고 불렀다."[84] 당시 학자들에게 추앙받는 선비라는 칭송을 받을 정도로 그는 학덕을 겸한 인물이었다. 횡거의 학문은 『역』易을 종宗으로 삼고 『중용』中庸을 표본으로 삼으며 예를 실천하고 공맹을 조종으로 삼았다.

당시 그는 유명한 유학자 범중엄을 만나 병가에서 유가로 돌아서는 계기가 되었다. 『송사』의 내용을 보자. "젊어서 병법의 논의를 좋아했다. … 21세 때 범중엄을 편지로 배알했을 때 범중엄은 이내 그의 범상함을 알아보고 '유자들 자신도 즐거워할 명교名敎가 있거늘 왜 병법을 배우려 하는가'라고 경계하면서 『중용』 읽기를 권했다. 장횡거는 그 책을 읽어보았지만 역시 만족하지 못하고, 불교와 도가에 전전하며 여러 해 동안 깊이 연구했으나 결국 소득이 없음을 깨닫고 다시 돌이켜 『육경』을 공부했다."[85] 이처럼 횡거는 병가를 극복하고, 나중에 노불老佛에서 벗어나 유교의 『육경』을 공부하게 되었다.

장횡거의 벼슬로는 1057년 진사가 된 적이 있다. 그는 주로 외관의 직을 역임하고 벼슬 활동을 했다. 그러나 그는 벼슬보다는 강학에 더욱 열을 올린 철학자로 유명하다. 횡거는

---

84) 『宋史』「道學傳」, 載學古力行 爲關中士人宗師 世稱爲橫渠先生.
85) 『宋史』「道學傳」, 少喜談兵 … 年二十一 以書謁范仲淹 一見知其遠器 乃警之曰 儒者自有名敎可樂 何事於兵 因勸讀中庸 載讀其書 猶以爲未足 又訪諸釋老 累年究極其說 知無所得 反而求之六經.

『주역』, 한대의 기氣, 『맹자』, 『중용』 등을 연마하여 송대 수양론의 체를 세웠다. 특히 저술 『서명』西銘에서는 견문의 지식을 넓혀 덕성의 지식으로 확충하고자 하였다.

이어서 장횡거의 저술로는 『정몽』과 『서명』이 주목받는다. 그리고 『이굴』 및 『역설』 역시 중요한 저술이다. 그밖에 문집 및 어록 등이 있다. 그는 『정몽』에 대해 비교적 관심이 많았던 것 같다. "희녕 9년 가을, 선생은 이상한 꿈을 꾸고 홀연히 제자에게 글을 써 보냈는데, 그후 그 글들을 모아 『정몽』이라고 불렀다. 그것을 제자들에게 보여주며 '이 글은 내가 수년간 깊이 생각해서 얻은 결과인데 아마 옛 성인에 부합한 것 같다'고 말했다."[86] 『정몽』을 통해 그는 성자적 경지에 합류하고자 하였다.

당시 송대 철학자들과 장횡거는 어떠한 관계를 유지하였는가. 그는 1056년 경사에서 이정을 만나 도학에 대해 담론하는 등 유자적 면모를 보인다. 그리하여 그는 '오도자족 하사방구'吾道自足 何事旁求(유가의 도가 자족한데, 어찌 다른데서 구하리요)라 하여 이단설을 극복한다. 장횡거는 연령상 주렴계, 소강절에 짝하나, 유가 정학正學으로 들어간 것이 늦어 이정에 짝한다.[87] 『송원학안』에 의하면 횡거선생은 도에 나감이 용감했다고 하는 것을 보면 그는 정통 유자로서 도학에 관심이 깊었다. 왕안석이 신법을 실시하자 그는 이에 반대하여 종남산에 은거하며 저술과 독서에 전념했다.

2. 태허·일기론

주렴계와 달리 장횡거는 일원기一元氣를 주장하고 있다. 곧 주렴계는 다소 사변적이고 형이상학적 사유이나, 장횡거는 일원기를 중심으로 기는 태허太虛의 본체이자 태화太和의 도로 보아 천지만물이 동등한 인仁이라 하였다.[88] 따라서 장횡거는 기를 중심으로 한 그의 철학적 사유를 전개하고 있는 점이 특징이다.

---

86) 『伊洛淵源錄』 卷6, 熙寧九年秋 先生感異夢 忽以書屬門人 乃集所立言 謂之正蒙 出示門人曰 此書予歷年 致思之所得 其言殆與前聖合.

87) 金忠烈, 『中國哲學散稿』Ⅱ, 온누리, 1990, p.280.

88) 우노 세이이찌 編, 김진욱 譯, 『中國의 思想』, 열음사, 1986, p.36.

사실 기일원론氣一元論은 장횡거에 이르러 체계적으로 완성 단계에 이른 것이다. 필자도 그에 의해 체계화된 기론에 대해 관심을 가진 적이 있는데, 이와 관련한 연구의 테마는 「장횡거 기사상의 구조적 성격」[89]이었다. 여기에서는 주로 태허와 태화의 구조에서 본 기, 음과 양의 구조에서 본 기, 신神과 화化의 구조에서 본 기, 심성의 구조에서 본 기가 조망되었다.

근세 유학은 주자의 이학理學, 육상산과 왕양명의 심학, 장횡거와 왕부지의 기학이라는 3학으로 대별된다[90]는 면을 상기할 일이다. 그렇다면 그가 말하는 기란 무엇인가. 그는 "일물양체 기야"(「參兩篇」一物兩體 氣也)라고 하였다. 여기에서 '일'(일)은 신묘한 태극과 같은 것이며, '양'兩은 음양 2기로서 변화하는 기운을 말한다. 기는 일물이자 양체로서 기와 음양의 문제를 거론하고 나선 횡거였다.

장횡거가 밝힌 기를 이해하기 위해서는 기와 태허의 관계에 대해서도 알아둘 필요가 있다. "기가 태허에서 모이고 흩어지면 물에서 얼고 녹음과 같으니, 태허가 곧 기임을 알면 무無란 없는 것이다. 그러므로 성인이 성性과 천도의 궁극을 말하고 뒤섞임의 신묘함을 다한 것은 변역變易일 뿐이다. 제자諸子는 천박하고 망령되어 유와 무의 구분을 두니, 이치를 궁구하는 학문이라 할 수 없다."[91] 그가 밝힌 바처럼 기는 태허에서 취산 작용하는 것이다. 기즉태허氣卽太虛요 태허즉기라는 등식을 설정한다. 기의 형이상학적 언급이 바로 태허로 나타나고 있다.

그런 까닭에 기는 태허에 퍼져 만물의 생성 작용을 주도하는 것이다. 이와 관련해서 장횡거는 다음과 같이 말한다. "기가 모이면 눈으로 볼 수 있는 형체가 생기고, 기가 모이지 않으면 눈으로 볼 수 없는 무형에 머문다. 기가 모인 경우라도 객客이라 하지 않을 수 없고, 기가 흩어진 경우라도 곧바로 무無라 할 수 없다."[92] 그가 언급한 바에 따르면

89) 拙稿, 「張橫渠 氣思想의 구조적 성격」, 『역사 사회 철학』 4輯, 採文學會, 1990, pp.95-126 參照.
90) 김용옥, 『東洋學 어떻게 할 것인가』, 民音社, 1985, p.166.
91) 『正蒙』 「太和」, 氣之聚散於太虛 猶冰凝釋於水 知太虛卽氣 則無無 故聖人語性與天道之極 盡於參伍之神 變易而已 諸子淺妄 有有無之分 非窮理之學.
92) 『正蒙』 「太和」, 氣聚則離明得施而有形 氣不聚則離明不得施而無形 方其聚也 安得不謂之客 方其散也 安得遽謂之無.

기의 취산聚散에서 취聚는 바로 유형이 되고, 산散은 무형이 된다. 그러므로 취의 유형으로 인해 만물이 생성하게 된다.

취산작용을 하는 기와 태허를 깊이 이해함에 있어 태극과 태화太和를 알아두는 것도 중요하다. 그에 있어 태극이 활동하는 모습으로서의 태화가 상정되고 있다. 이에 그는 말한다. "태화는 이른바 도인데, 그 안에는 부침 승강 동정이 상호 감응하는 성性이 내포되어 있고, 태화는 인온絪縕하여 서로 부딪쳐 승부勝負와 굴신屈伸의 시작을 낳는다. … 아지랑이野馬처럼 인온하지 않으면 태화라고 말할 수 없다. 도를 논할 경우 이것을 아는 것이 도를 아는 것이고, 역易을 배울 경우 이것을 통찰하는 것이 역을 통찰하는 것이다."[93] 태화는 바로 도와 같은 것으로, 태허 혹은 기가 우주 만유의 생성작용을 하는 것이다. 다시 말해서 태화는 기의 인온絪縕(활동)하는 것 자체를 말한다.

기의 태화와 같은 생성 활동은 인간에게 비추어볼 경우 '기질'과 연결된다. 횡거는 이러한 기질의 문제를 거론하고 나섰다. 천지에 상응하는 인간의 성품이 바로 기질로 등장하고 있기 때문이다. 주자는 횡거의 기질론에 대해 다음과 같이 말한다. "아부가 물었다. 기질에 대한 학설은 누구로부터 시작되었습니까. (주자) 대답하였다. 그것은 횡거선생과 이정선생으로부터 기원하였다. 나는 그들이 우리의 학문에 위대한 공적을 남겼고 후학들에게도 도움을 주었다고 생각했기 때문에 사람들에게 그들의 작품을 읽혀서 횡거선생과 이정선생에게 깊은 감동을 받도록 하였는데, 그전에는 일찍이 그렇게 설명한 사람이 없었다."[94] 이와같이 주자는 횡거가 유교 기질론의 효시라고 했다. 횡거의 위상이 주자에 의해 확인된다.

3. 우주론

우주 대자연의 구성체인 천지를 부모라고 말한다. 이러한 견해는 곧 장횡거의 우주론

---

93) 『正蒙』「太和」, 太和所謂道 中涵浮沈升降動靜相感之性 是生絪縕 不足謂之太和 語道者知此謂之知道 學易者見此謂之見易.

94) 『朱子語類』卷4,「性理一」, 道夫問 氣質之說 始於何人 曰 此起於張程 某以爲極有功於聖門 有補於後學 讀之使人沈有感於張程 前此未曾有人說到此.

에서 잘 나타난다. "하늘乾은 아버지라 일컫고 땅坤은 어머니라 일컫는다. 나는 여기서 아득하게 작지만 하늘·땅과 한데 섞여져서 그 가운데 있다. 하늘과 땅의 가득찬 것은 나의 몸이고, 하늘과 땅을 이끌어가는 것은 나의 성이다. 백성은 나의 동포이고 만물은 나의 짝이다."[95] 그가 말하듯이 천지 대자연은 곧 나의 생활공간이요, 백성은 나와 같은 동포이며, 만물은 나와 더불어 영원히 살아가는 존재이다.

이러한 우주의 조화造化에 의해 만유가 생명력 넘치는 활동을 하게 된다. 횡거는 다음과 같이 말한다. "조화에 의해서 생성된 산물은 서로 똑같은 것이 하나도 없다. 이로부터 만물이 비록 많지만 실제로 어느 한 사물도 음양이 없는 것이 없음을 알 수 있고, 또 천지의 변화는 이단二端(兩體)일 뿐임을 알 수 있다."[96] 그가 말하는 본의는 음양의 기운 작용을 가져다주는 우주 조화력에 의해 만물이 생성 활동하는 힘을 갖게 된다는 점이다.

우주 대자연의 생명 활동은 다름 아닌 질서가 있어야 하며, 이 질서 속에 만물의 생성이 이루어진다고 장횡거는 말한다. 우주의 질서가 깨지면 결국 생명 활동도 깨지는 셈이다. "사물의 생성에 선후가 있는 것은 천지 대자연의 순서이다. 대소와 고하가 서로 어울려 서로 형상을 이루는 것이 천지 대자연의 질서이다. 자연의 사물 생성은 순서가 있고, 사물 형성은 질서가 있다."[97] 우주의 질서가 사라지지 않는 한, 우리의 생명 활동은 지속되는 것이다.

이러한 우주의 질서 속에 천지 대자연의 풍운우로상설이 형성된다. 이 풍운우로상설은 인간과 만유의 생명 유지를 향한 환경요소와도 같다. 그것이 없다면 우리는 생명을 연장할 수 없기 때문이다. 그는 말하기를 "기는 허실과 동정의 기틀이며, 음양과 강유의 개시이다. 부상浮上하는 것은 청명한 양이고 하강하는 것은 혼탁한 음이다. 그들이 서로 감응하면서 모이거나 흩어지면 비와 바람이 되고, 눈과 서리가 된다. 그로써 이루어진 온갖 사물의 형체, 융합하고 응결된 산과 강, 지게미와 타고 남은 재에 이르기까지 모든 것이 그 이치를 가르쳐주고 있다"[98]라고 하였다. 그의 언급처럼 풍운우로상설과 같은 우주의

---

95) 『西銘』, 乾稱父 坤稱母 豫玆貌焉 乃混然中處 天地之塞吾其體 天地之帥吾其性 民吾同胞 物吾與也.
96) 『正蒙』 「太和」, 造化所成 無一物相肖者 以是知萬物雖多 其實一物 無無陰陽者 以是知天地變化 二端而已.
97) 『正蒙』 「動物」, 生有先後 所以爲天序 小大高下 相並而相形焉 是爲天秩 天之生物也有序 物之旣形也有秩.

생기生氣는 인간에게 있어 호흡 매체와도 같이 소중한 것이다.

우주의 대기가 얼마나 소중한지를 알아서, 체인하느냐는 곧 성자적 삶을 유지하는 것과 관련된다. 횡거가 말하는 성인이란 우주 즉 천지의 변화 현상을 관찰하고 유명幽明의 이치를 깨달은 자이기 때문이다. 이에 그는 말한다. "성인은 하늘과 땅의 모든 현상을 관찰한 다음 다만 유명의 이치를 안다고 말했을 뿐, 유무의 이치를 안다고 말하지 않았다."99) 그런 까닭에 성인의 경지에 이르러 우주 생성의 세계를 깊이 인지하는 관조, 즉 지혜가 필요하다.

다음으로 횡거가 본 우주론에 있어, 천지라든가 일월성신의 세계는 어떻게 묘사되고 있는가를 살펴보자. 그는 우주의 살아있는 생생한 활동이 바로 일월성신의 작용이라고 한다. "땅은 순수한 음기로 구성되어 중앙에 응축되어 있고, 하늘은 떠도는 양기로 구성되어 바깥을 선회하는데, 이것이 천지의 영원한 실체이다. 항성은 스스로 움직이지 않고 순전히 하늘에 매여 떠도는 양기와 함께 끊임없이 선회한다. 해와 달과 오성五星은 하늘의 방향을 거슬러 움직이는데 이것은 땅에 포용되기 때문이다."100) 횡거가 말한 바대로 일월성신의 활동, 천지의 작용은 음양 2기의 작용인 셈이다.

우주의 주야 변천과 한서의 변화에 대해서도 관심을 갖지 않을 수가 없다. 우주론에 있어서 기후 변화에 대한 입장도 중요하기 때문이다. 횡거는 이와 관련하여 다음과 같이 말한다. "땅은 오르내리고, 낮은 길어졌다 짧아졌다 한다. 땅은 응축되어 흩어지지 않는 것이지만, 음양의 두 기가 그 안에서 오르내리며 끊임없이 서로를 따른다. 양이 날로 상승하고 땅이 날로 하강하는 것이 공허이고, 양이 날로 하강하고 땅이 날로 상승하는 것은 충만이다. 이것이 한 해 동안 한서의 기후이다."101) 그에 있어 하루의 밤낮이 차고 텅

---

98) 『正蒙』「太和」, 此虛實動靜之機 陰陽剛柔之始 浮而上者陽之淸 降而下者陰之濁 其感遇聚散 爲風雨 爲雪霜 萬品之流形 山川之融結 糟粕煨燼 無非教也.

99) 『正蒙』「太和」, 故聖人仰觀俯察 但云知幽明之故 不云知有無之故.

100) 『正蒙』「參兩」, 地純陰 凝聚於中 天浮梁 運旋於外 此天地之常體也 恒星不動 純繫乎天 與浮陽運旋而不窮者也 日月五星 逆天而行 幷包乎地者也.

101) 『正蒙』「參兩」, 地有升降 日有修短 地雖凝聚不散之物 然二氣升降其間 相從而不已也 陽日上地日降而下者 虛也 陽日降地日進而上者 盈也 此一歲寒暑之候也.

비우며 오르내리는 것은 바닷물의 밀물과 썰물이 그 증거이다. 그리고 조수 간만이 크고 작은 차이가 있는 것은 일월 삭망의 정기가 상호 감응하는 데에 달려 있는 것이다. 조수 간만의 차, 주야, 한서가 이뤄지는 원리가 이 음양의 기작용 때문이다.

4. 심성론

인간의 심성은 철학자들의 관심사인데 횡거가 추구하는 심성 수양의 성품론은 다소 천도에 치중된 인상이다. 아마도 성품을 중심으로 한 수양론에 관심이 그다지 많지 않았던 때문이 아닌가 본다. 그러므로 그의 성론은 모두 「성명편」誠明篇에 부속되어 있고 전문적인 장章은 없다.[102] 횡거의 성에 대한 이론은 크게 두 가지로 나뉜다. 대체로 그에 있어 성에 대한 관념은 본연지성과 기질지성을 말한다.

횡거는 성에 대해 다음과 같이 위상을 높이고 있다. "성이란 만물의 한 근원이며 내가 사사롭게 얻어지고 있는 것이 아니다."[103] 그가 말하는 '성이란 것은 사람과 만물이 공동으로 얻은 것'人物之所同得이지 자기만이 이것을 가진 것은 아니다. 이는 만물과 인간이 공통으로 성을 가졌다는 의미이다. 이른바 인성과 물성이 그것이다.

성의 의미를 분명히 하는 의미에서 성性과 성誠의 관계에 대해서도 알아보자. 그는 「성명편」에서 '성性과 천도는 합해져서 하나이며 성誠에 간직되어 있음'性與天道合一 存乎誠을 밝히고 있다. 곧 성誠에 성性이 있다는 것을 밝히며 그는 말하기를 "명明으로부터 성誠에 나가는 것은 궁리로 말미암아서 성性을 극진히 하는 것이다. 성誠으로부터 명明에 나가는 것은 성性을 극진히 함으로써 궁리하는 것이다"[104]라고 하였다. 그는 이처럼 성誠과 명明의 작용에서 성性의 체득은 궁리를 통해 가능하다고 하였다. 이러한 궁리는 주자가 밝힌 대로 격물格物 내지 진성盡性과 연결된다.

주자에 의하면 장횡거는 '심통성정'心統性情의 원리를 제공했다고 말한다. 송대의 주자

---

102) 勞思光 著, 鄭仁在 譯, 『中國哲學史』-宋明篇-, 探求堂, 1987, p.215.
103) 『正蒙』, 「誠明」, 性者 萬物之一原 非我之得私.
104) 『正蒙』, 「誠明」, 自明誠 由窮理而盡性 自誠明 由盡性而窮理也.

는 다음과 같이 밝힌다. "성性은 단지 이理일 뿐이다. 기질 속의 성도 단지 거기에서 나왔다. 만약 거기에서 나오지 않았다면 돌아갈 곳이 어디에 있겠는가. 예컨대 '사람의 마음은 위태롭고 도를 간직한 마음은 은미하다'고 말하는데, 도를 간직한 마음이 원래 마음이고 사람의 마음도 역시 마음이다. 횡거선생은 심통성정이라고 했다."105) 즉 횡거는 심과 성정의 관계에 있어 심의 위상을 세워 '심통성정'心統性情(심이 성정을 통어한다)이라는 말을 밝힌 시원이 되었다.

나아가 주자는 횡거선생에 이르러 천지지성과 기질지성으로 분류되었다고 말한다. 주자는 다음과 같이 말한다. "나중에 횡거선생은 '형체가 생긴 뒤에 기질지성이 있다. 그것을 잘 돌이키면 천지지성이 거기에 간직된다. 그러므로 기질지성은 군자가 성으로 여기지 않는다'고 하였다."106) 여기에서 기질지성은 혼탁한 기운을 말한다면, 천지지성을 맑은 기운을 말한다. 따라서 기질지성을 극복하고 천지지성을 체득해야 하는 심성 수양의 논리가 성립된다.

사실 횡거는 송대 수양론의 단서를 적절하게 제공하였다. 『주역』, 『맹자』, 『중용』을 천리天理와 인성人性으로 하여 송대 수양의 단서를 세운 것107)이 이와 관련된다. 그가 수양의 단서를 세웠다는 것은 언급한대로 기질지성을 극복하고 천지지성을 회복하자는 것에서 기인된다. 맑고 고요한 기운 즉 천지지성을 회복하는 것이 바로 송대 수양의 목적이 되고 있기 때문이다.

장횡거의 성품론은 기질 변화를 해야 하는 쪽으로 방향을 정한다. 이에 그는 말한다. "사람에게 있어서 성은 선하지 않음이 없다. 그간 잘 돌이켜 보는가 잘못하는가에 달려 있을 뿐이다."108) 그는 성선설을 강조하면서도, 우리의 언행을 반조하여야 하는 기질 수양론을 말하고 있다. 그래서 기질을 변화시키는 방법으로, 횡거가 말하듯이 허심평기虛心

---

105) 『朱子語類』 卷4, 「性理一」, 性只是理 氣質之性 亦只是這裏出 若不從這裏出 有甚歸着 如云人心惟危 道心惟微 道心固是心 人心亦心也 橫渠言心統性情.
106) 『朱子語類』 卷4, 「性理一」, 後來橫渠云 形而後有氣質之性 善反之 則天地之性存焉 故氣質之性 君子有弗性焉.
107) 金忠烈, 『中國哲學散稿』Ⅱ, 온누리, 1990, pp.280-281.
108) 『正蒙』, 「誠明」, 性於人無不善 繫其善反不善反而已.

平氣로써 인仁에 처하고 의義에 따르는 데에 있다. 이는 구악舊惡을 버리고 신선新善을 취하며 동작이 다 예에 맞게 되면 기질은 자연히 선하게 된다는 것으로, 횡거 수양론의 본질이 바로 그것이다.

VI. 정명도의 생애와 사상

1. 생애

정명도는 송대 하남의 낙양 출신이다. 그의 생몰 연도는 1032~1085년으로서 송의 인종 명도 원년에 탄생하고, 신종 원풍 8년에 몰하였다. 호顥는 정명도의 이름이다. 그의 자는 백순이고 중산에서 대대로 살았으나 후에 개봉에서 하남으로 이사하였다.[109] 그가 죽자 송나라의 재상 문언박이 중론을 채택하여 그의 묘비 제목을 '명도선생'이라 하였다.

인품에 있어서 정명도는 화기와 인덕이 많았던 것으로 알려지고 있다. 그는 처사에 매우 침착하였고 거의 화를 내지 않는 인물로도 알려진다. 『송사』의 내용을 살펴보자. "정호는 자질과 성품이 보통 사람을 넘었으며, 충실히 수양하여 도를 가지고 있었고, 온화하고 순수한 기가 얼굴과 온몸에 넘쳤다. 수십 년 동안 문인들과 사귀는 벗들이 그를 따랐으나 화내고 미워하는 얼굴을 본 적이 없었다고 한다."[110] 이처럼 그는 화기 온화한 얼굴을 지닌 사람으로 후덕한 인물이었다.

정이천은 그의 동생이다. 또 『송사』에서는 다음과 같이 말한다. "아우 정이와 15~16세 때 여남 주렴계가 학문을 논한다는 말을 듣고, 마침내 과거를 위해 배우는 인습을 싫어하고 개탄을 하며 도를 구하는 뜻을 가지고 있었다."[111] 아울러 그는 낙학洛學의 학자이다. 그가 도를 구하는 마음과 호학의 정신이 지대하였으므로 4~5세에 시서詩書를 암송하고

---

109) 『宋史』 卷427 「道學列傳」, 程顥 字伯淳 世居中出 後從開封徙河南.
110) 『宋史』 卷427 「道學列傳」, 顥資性過人 充養有道 和粹之氣 盎於面背 門人交友從之數十人 亦未嘗見其忿厲之容.
111) 『宋史』 卷427 「道學列傳」, 自十五六時 與弟頤聞汝南周敦頤論學 遂厭科擧之習 慨然有求道之志.

12~13세에 서당에서 공부하는 것이 성인 같았다고 한다. 그리고 아우 정이천과 더불어 주렴계를 스승으로 삼아 공부했다.

정명도가 맡은 벼슬은 어떠한 것이었는가. 이에 대하여 「도학열전」에서 자세히 기록되어 있다. "정호는 진사에 급제하여 호 지역에 상원주부上元主簿로 발탁되었다. … 그는 진성령晋城令이 되었다. 3년을 현縣에 있었는데 백성들이 부모와 같이 그를 사랑했다. 희녕 초에 여공저가 천거하여 그는 태자중윤太子中允이 되었고 감찰어사로 활동하였다. 신종이 평소 그 이름을 알고 여러 번 불러다가 만났다. … 앞뒤로 말씀을 올린 것이 매우 많았는데 대체적 요지는 올바른 마음과 욕심을 막는 것으로서 현명한 사람을 구하고 재능 있는 인물을 기르라고 말하였다."[112] 그는 진사에 급제하고 제관諸官을 역임하였으며 백성을 자제와 같이 사랑하여 백성의 신망이 두터웠다. 신종으로부터 인재양성의 명을 받고 장횡거 이하 영재 수십 사람을 천거하여 공선公選의 칭호를 받기도 하였다.

저술로서 정명도는 『명도문집』, 『이정문집』, 『이정유서』, 『이정외서』 등을 남겼다. 이 전체를 합본한 것이 『이정전서』라고 한다. 이는 동생 이천과 합해진 내용이 많다. 실제 저작 방면을 살펴보면 정명도는 평생 이론적인 전문 저서가 없다. 세상에 전하는 학설은 거의 모두가 정문程門 제자의 어록에 의거한 것이고, 간혹 그의 편지글이 있으니 이를 의거할 수가 있다.[113] 그는 심학을 중심으로 하였으니 이학理學을 체로 삼은 아우 정이천의 유자적 이론과 차이점이 있기도 하다.

교우관계를 보면 정명도는 당시 신법을 주장한 왕안석과 교제관계 속에 있었다. "왕안석은 본래 정호와 잘 지내었으며 이에 이르러 마침내 뜻이 합하지 못하였으나, 오히려 그의 충실함과 미더움을 존경하여 심하게 화내지 않았다. 그러나 경서형옥京西刑獄을 점검하는 벼슬을 주어 내보냈으나 정호가 굳이 사양하니 여러 번의 편지를 보내어 쇄녕군 판관鎭寧軍判官에 이르렀다."[114] 그리고 그는 제자학諸家學과 노불老佛을 연구하였으나 이

---

112) 『宋史』 卷427 「道學列傳」, 顥擧進士 調鄠上元主簿 … 爲晋城令 在縣三歲 民愛之如父母 熙寧初 用呂公著薦 爲太子中允 監察御史裏行 神宗素知其名 數召見 … 前後進說甚多 大要以正心窒慾 求賢育材爲言.

113) 勞思光 著, 鄭仁在 譯, 『中國哲學史』-宋明篇-, 探求堂, 1987, pp.234-235.

114) 『宋史』 卷427 「道學列傳」, 安石本與之善 及是遂不合 猶敬其忠信 不深怒 但出提點京西刑獄 顥固辭 致僉書鎭寧軍判官.

보다는 『육경』에 몰두하여 크게 깨달은 바가 있었다. 그는 유교주의의 정치가, 학자, 덕행가로서 송대철학의 인물이 되었다.

2. 천리론

정명도의 철학은 역경에 근거하고 있다. 그러면서도 태극이란 말보다는 우주의 근원으로서 건원乾元이라는 말을 사용하고 있다. 그에 있어 역易의 이해를 보면 태극이 음양 양의를 생하고 양의는 만물을 생한다고 하였다. 또 그는 "천리를 극진히 발휘하는 것이 곧 역이다"[115]라고 하여 천리와 역의 관계를 설정하였다. 그리고 천지의 음양 2기가 인온하여 만물을 화생한다는 것이다. 명도는 천지의 대덕을 생生이라 하면서, 결국 그는 장횡거와 같이 기일원론에 합류하고 있다.

극진히 발휘하는 천리天理란 무엇인가. 이를 음미해 보면 천문天文은 천의 리이고 인문人文은 인의 리이다. 정명도는 다음과 같이 천리에 대해 말한다. "천리란 것은 백가지 리가 모두 갖추어져 있고 원래 줄어듦도 빠짐도 없다. 그러므로 자기를 반성하여 성실하면 단지 얻는다고 말할 뿐이다. 이미 윗 것은 다시는 도일 수가 없는데, 무슨 도인가."[116] 그가 말하는 천리는 온갖 이치가 리 속에 간직되어 있다는 것이다. 그런 까닭에 이 세상에 생존하는 모든 것은 천리를 벗어나 있지 않는 셈이다.

정명도가 말하는 천리는 언제나 존재한다. 리는 멸했다가 다시 생겨나는 것이 아니라 상존하는 것이다. 그는 다음과 같이 말한다. "천리란 것은 하나의 도리가 더욱 깊게 궁구되는 것일 뿐이다. 요임금을 위해 존재하지도 않고 걸임금 때문에 없어지지도 않는다. … 이에 천리에는 아무런 줄어듦과 빠짐이 없으니 백가지 이치가 모두 갖추어져 있다."[117] 그가 말한 것처럼 천리란 훌륭한 임금이 있을 때는 지속하고, 폭군이 있을 때는 멸하는 것이 아니다.

---

115) 『遺書』第2上, 盡天理 便是易.
116) 『遺書』第2上, 天理云者 百理俱備 元無小欠 故反身而誠 只是言得 已上更不可道甚道.
117) 『遺書』第2上, 天理云者 這一個道理更有甚窮已 不爲堯存 … 是佗之無少欠 百理俱備.

아울러 정명도는 천리는 자연 그대로의 것이라 한다. 이 천리를 천지 만물의 리理라고도 하는데, 이와 관련해서 정명도는 다음과 같이 말한다. "천지 만물의 리는 홀로 있지 않고 반드시 그 대립물이 있다. 이 모두는 스스로 그러하여 그런 것이며 인위적으로 안배된 것이 아니다. 한밤중에 이 일을 생각할 때마다 나도 모르게 흥에 겨워 손과 발이 저절로 춤을 춘다."[118) 그가 밝힌 것처럼 천리는 자연 그대로이며, 여기에는 어떠한 인위성도 가미되지 않는다. 이처럼 자연 그대로의 리인 이상 천리의 신묘한 경지를 깨닫는 일은 여간 즐거운 것이 아니다.

이러한 천리는 언제부터 생겨난 것인가. 정명도에 의하면 하늘이 사람을 낳을 때 각기의 이가 구비되어 있다는 것이다. "시詩에 '하늘이 뭇 사람을 낳을 때 사물은 저마다 법칙이 있게 하였다'고 했거니와 … 만물은 모두 각자의 리가 있다. 리에 따르면 순조롭지만 리를 어기면 혼란하다."[119) 그러므로 저마다 자기의 리를 따르면 만사형통이다. 다만 그것을 어길 경우에 한해서 자연의 질서가 파괴되는 것이다. 인간과 만물이 우주에서 그 생명을 유지하는 순간 그는 천리를 구비하게 되는 이상, 리를 감히 거역할 수는 없다고 본다.

이와 관련해서 정명도는 군자라는 인물을 들어서 천리를 거역할 수 없음에 대하여 간곡하게 말한다. "하늘이 낳은 사물은 긴 것도 있고 짧은 것도 있고 큰 것도 있고 작은 것도 있다. 군자는 그중에서 큰 것을 타고난 사람이니 어찌 작은 것을 크게 할 수 있겠는가. 천리란 그와 같으니 어찌 거역할 수 있겠는가."[120) 우리가 소인과 군자 되는 길은 천리에 의해 이루어지는 것이며, 이러한 천리를 거역하는 일은 자연의 질서에 어긋나는 행위이다.

천리를 거역할 수 없음에 대해 정명도는 매우 사실적 비유를 든다. "소는 짐을 끌고 말은 타는데 이는 그들의 본성에 따른 이용이다. 왜 소를 타고 말에게 짐을 끌게 하지 않는가. 리에 합당하지 않기 때문이다."[121) 그가 말하는 본의는 소에게는 소에 합당한

---

118) 『遺書』 卷11, 天地萬物之理 無獨必有對 皆自然而然 非有安排也 每中夜以思 不知水之舞之 足而蹈之也.
119) 『遺書』 卷11, 詩曰 天生烝民 有物有則 … 萬物皆有理 順之則易 逆之則難.
120) 『遺書』 卷11, 夫天之生物也 有長有短 有大有小 君子得其大矣 安可使小者亦大乎 天理如此 豈可逆哉.

리가 있고, 말에게는 말에 합당한 리가 있다는 것이다. 그러므로 소가 말의 리를 따를 수 없고, 말 역시 소의 리를 따를 수 없는 것은 당연하다. 이것이 바로 천리에 순응하는 길이다.

3. 성性·인론仁論

정명도가 밝힌 성론의 근간은 무엇인가. 그는 성품의 본연과 기질을 구별하여 말하지 않고 그대로가 성이라 하였다. 그는 논리적으로 '성즉기 기즉성'性卽氣 氣則性이라며 성과 기는 하나[122]라고 하였다. 아울러 그에 의하면 성은 선악으로 구분하여 판단할 수가 없다고 하였다. 그의 입장에서 성인이라도 선악·정부정正不正의 성을 가지고 있지만, 선악 편정偏正의 차별은 성 자체로부터 말하면 아직 체현된 것이 아니다. 다만 선악의 차별이 후천적인 경우이므로 성을 선악으로 확정할 수 없으며, 성은 본래 선한 것이나 악도 또한 성이라 하지 않을 수 없다는 입장을 고수한다. 그가 악이라고 하는 것은 기질의 편·정으로 말미암아 그 과·불급된 것을 가리킨다.

우리가 소유해야 할 차분한 성품定性을 거론함에 있어 그는 횡거와의 편지에서 견해를 밝힌다. "편지의 가르침을 잘 받았습니다. 차분한 성품도 움직이지 않을 수 없다고 알려 주셨는데 여전히 외물에 얽매이는 것 같습니다. 이것은 현자께서 아주 속 깊이 그것을 생각하셨는데, 오히려 어찌 소자의 말을 기다리겠습니까. 그러나 저는 항상 그것을 생각해 보았습니다. 현자께 이 말씀을 감히 바칩니다. 이른바 차분함이란 것은 움직일 때도 차분하고 고요한 때도 역시 차분하니 보냄과 맞이함도 없고, 안과 밖도 없습니다."[123] 이와 같이 말한 그는 차분한 성, 즉 정성定性을 소유하는 지혜가 필요함을 밝힌다.

그리하여 성인과 군자의 성품은 성을 간직하되 간직했다는 생각을 두지 않고 자연 그

---

121) 『遺書』 卷11, 服牛乘馬 皆因其性而爲之 胡不乘牛而服馬乎 理之所不可.

122) 金能根, 『中國哲學史』, 探求堂, 1973, pp.258-259.

123) 『二程文集』 卷2 「明道先生文」, 承教 諭以定性未能不動 猶累於外物 此賢者慮之熟矣 尙何俟小子之言 然 嘗思之矣 敢貢其說於左右 所謂定者 動亦定 靜亦定 無將迎 無內外.

대로 순응하는 성품이다. 그는 이와 관련해서 다음과 같이 말한다. "무릇 천지의 상도는 그 마음이 만물 속에 두루 들어있지만 자기의 마음이 없다無心. 그러므로 군자의 학문은 확 트여서 크게 공평하니 사물이 와서 순응케 하는 것보다 더 큰 것이 없다."124) 천지의 상도에 따라 성인 군자는 항상 열린 마음, 트인 생각으로 천지 만물에 순응하는 마음을 간직하는 일이 필요하다.

성인 소유의 성품은 도에 맞는다. 설사 그가 기쁨에 넘치거나 부족하더라도 그 감정은 절도에 맞는다. 성인의 본연 성품에서 나오는 희로喜怒의 감정은 도에 맞기 때문이다. 그는 다음과 같이 말한다. "성인의 기쁨은 사물이 마땅히 기뻐해야 하기 때문이며, 성인의 노함은 사물이 마땅히 노해야 하기 때문이다. 성인의 기뻐함과 노함은 자신의 마음에 매어 있지 않고 사물에 매어 있다. 그렇다면 성인이 어찌 사물에 응하지 않겠는가. 어찌 밖을 따르는 것을 그르다 하고, 안에 있는 것을 추구함을 옳다고 하겠는가."125) 이와 같이 그는 자기의 사사롭고 잔꾀를 쓰는 기쁨 및 노함을 가지고 성인의 기쁨 및 노함의 올바름을 노려보는 무모한 행위를 저버리라고 말한다.

만일 무모하게 사사로운 정情에 떨어지면 그는 본연의 성품을 발현하지 못하고 결국 외물에 유혹되고 만다. 정명도는 장횡거에게 이렇게 글을 쓴다. "사람들의 정은 제각기 가리어진 데가 있어 도를 따라갈 수 없습니다. 대체적으로 걱정은 자기의 사사로운 일로 잔꾀를 쓰고 있습니다. 자기가 사사로우면 어떤 행위로써 자취에 응하여 행위할 수 없고, 잔꾀를 쓰면 밝게 깨달음을 자연스러움으로 삼을 수 없습니다. 이제 외물을 미워하는 마음으로, 아무런 사물이 없는 경지를 비추기를 구하니 이것은 거울을 반대로 놓고 비추임을 찾는 것입니다."126) 언급된 바대로 사사로이 잔꾀를 부린다면 그는 본연의 성을 상실하고 사사로운 정에 빠지고 만다.

---

124) 『二程文集』 卷2 「明道先生文」, 夫天地之常 以其心普萬物而無心 聖人之常 以其情順萬物而無情 故君子之學 莫若廓然而大公 物來而順應.

125) 『二程文集』 卷2 「明道先生文」, 聖人之喜 以物之當喜 聖人之怒 以物之當怒 是聖人之喜怒 不繫於心而繫於物也 是則聖人豈不應於物哉 烏得以從外者爲非而更求在內者爲是也.

126) 『二程文集』 卷2 「明道先生文」, 人之情各有所蔽 故不能適道 大率患在於自私而用智 自私則不能以有爲爲應迹 用智則不能以明覺爲自然 今以惡外物之心 而求照無物之地 是反鑑而索照也.

다음으로 정명도의 인仁 사상에 대해서도 언급하여 보자. 그는 오상五常 중에서 인이 가장 근본된 것이라고 말한다. 그는 말하기를 "배우는 이는 반드시 먼저 인을 알아야 한다. 어진자는 만물과 혼연하게 한 몸이 되는 것이다. 의예지신義禮智信이 모두 인이다. 이 이치를 알아서 성誠과 경敬으로써 그것을 간직할 뿐이다."[127] 한대의 동중서 이래로 전개된 오상의 이념이 정명도에 의해 인을 중심으로 해서 실질적으로 생활 속에 실천되어야 함이 더욱 강조된다.

따라서 정명도는 인을 간직해야 함을 완곡하게 말한다. 인이 간직되어야 우주 만유와 더불어 하나가 될 수 있기 때문이다. 그는 말하기를 "반드시 어떤 일을 하되 기대하지 말고 잊어버리지도 말며, 또 조장하지 말라. 아직 어떤 털끝만한 힘도 들인 적이 없었다. 이것이 그 인을 간직하는 길이다. 만약 인이 간직되면 만물과 나는 다시 합해질 수 있다"[128]라고 하였다. 이러한 인을 마음속에 간직하라고 하는 것은 옛 습관을 물리치고 참된 심성을 수양하라는 데서 발견된다. 그는 효제로써 이러한 인의 실천을 도모하고자 하는 의미에서 효제란 인을 행하는 근본이라고 했다.

4. 불교 비판론

정명도는 성장 과정에서 제가諸家의 경서를 읽는 등 학구열이 대단하였다. 그러한 독서의 과정에 있어 그는 유교의 『육경』으로 회귀하는 모습을 보인다. 『송사』에 다음의 기록이 있다. "(정명도는) 여러 학파들의 책을 두루 살펴보고 노자와 석가에 드나든 지 몇십 년 끝에 『육경』을 추구하는 데로 돌아온 뒤에 도를 터득하였다."[129] 이처럼 그는 유교의 『육경』에 그의 학문적 지표를 세워 유자로서의 입장을 분명히 하였다.

정명도는 도교 비판보다는 불교를 더욱 비판하는 입장에 선다. 그는 『유서』에서 다음과 같이 불교를 비판하고 있다. "지금 이교異敎의 해로움 중에서 도가의 설은 더 물리칠

---

127) 『遺書』 卷2上, 學者須先識仁 渾然與物同體 義禮智信皆仁也 識得此理 以誠敬存之而已.
128) 『遺書』 卷2上, 必有事焉而勿正 心勿忘 勿助長 未嘗致纖毫之力 此其存之之道 若存得 便合有得.
129) 『宋史』 卷427 「道學列傳」, 泛濫於諸家 出入於老釋者幾十年 返求諸六經而後得之.

것이 없다. 오직 석가모니의 설이 널리 퍼져 매우 깊이 빠졌다. 오늘날 석가모니 설이 융성하고 도가는 쓸쓸한 모습이다."130) 그는 불교를 이단의 설이라 하고 있으며, 이단의 해로움이 심각함을 지적하고 있다.

그의 불교 비판은 다음에도 같은 논조로 거론된다. "도가의 설은 그 해로움이 마침내 적다. 오직 불학佛學은 지금 사람마다 그것을 말하고, 널리 가득 차서 하늘에까지 넘쳐흐르니 그 해로움이 끝이 없다."131) 여기에서 그는 도가에 대한 비판도 있으나 그 해로움은 극히 적다고 하였으며, 불교의 해로움이 상대적으로 크다고 밝힌다. 그는 도교를 비판하는 측면도 있지만 불교 비판으로 오히려 도교를 옹호한 듯하다.

그렇다면 왜 정명도는 불교를 비판하였는가. 그가 비판한 이유 몇 가지를 거론해 보자. 우선 그는 불교가 자신의 사사로움만을 위하는 것이라 하여 못마땅해 하고 있다. "성인은 공심公心을 다 발휘하여 천지 만물의 이치를 드러내니 제각기 그 분수에 맞는다. 불교에서는 모두 자기의 사적인 일을 위하니 이것이 어찌 같게 될 수 있겠는가."132) 이처럼 그는 불교를 비판하면서 유교의 성인은 바른 이치를 따르므로 사회에 반드시 필요하다는 입장에 선다.

다음으로 정명도는 출세간적 불교를 비판하고 있다. 세간 생활과 거리가 먼 출세간 생활의 불교가 그의 유자적 사유에 거슬릴 수밖에 없었다. "요컨대 결코 그 얕은 꾀를 취함이 없다. 대개 이것은 인륜을 끊는 것인데 세상에 이 이치가 있음을 받아들이지 않는다. 또 그 말은 세상을 떠나감出世을 요구하니 어느 곳으로 떠나가겠는가. 또 그 자취는 반드시 가정을 떠나야出家 한다. 그렇다면 가정이란 임금과 신하, 아버지와 아들, 남편과 아내, 형과 아우가 이러한 일들을 처리하는 것을 모두 임시로 거처하는 집으로 여기는 것에 불과하다."133) 이러한 불교 비판은 유교와 달리 불교가 세속을 초탈하고 현실과 멀리 떨어져 있는 성향 때문이다.

---

130) 『遺書』 第2 上, 今異教之害 道家之說則更沒可闢 唯釋氏之說 衍蔓迷溺至深 今日是釋氏盛 而道家蕭索.
131) 『河南程氏遺書』 第1, 如道家之說 其害從小 惟佛學今則人人談之 瀰漫滔天 其害無涯.
132) 『遺書』 第14, 聖人致公心 盡天地萬物之理 各當其分 佛氏總爲一己之私 是安得同乎.
133) 『遺書』 第14, 要之決無取其術 大槩且是絶倫類 世上不容有此理 又其焉待要出世 出那裏去 又其迹須要出家 然則家者 不過君臣 父子 夫婦 兄弟 處此等事 皆以爲寄寓.

제1장 송대의 철학 ••• 355

정명도가 불교를 비판하는 또 다른 이유로는 불교가 생사로 사람을 두렵게 한다는 사실 때문이다. 그는 이와 관련해서 다음과 같이 말한다. "불교는 단지 삶과 죽음으로써 사람의 마음을 두렵게 할 뿐이다. 괴상하게도 2천년 이래 한 사람도 그것을 깨닫지 못하였다. 이것은 불교에 의해서 두려워 움직인 것이다. … 불교는 삶과 죽음을 두려워하므로 단지 식견이 좁은 설을 쉬지 않을 뿐이다. 아래의 속된 사람들은 본래 대부분 두려워하니 쉽사리 이익 때문에 움직인다."[134] 그러나 유교의 성현은 삶과 죽음을 나의 본분사로 삼아 두려워할만한 것이 없으므로 삶과 죽음을 논하지 않는다고 그는 말하였다.

또 정명도는 불교가 인식론의 측면에서 유교를 따라가지 못한다고 말한다. 그 인식의 대상은 음양, 고금, 주야 등을 포함한다. 그는 다음과 같이 말하고 있다. "불교도는 음과 양, 밤과 낮, 삶과 죽음, 옛날과 지금을 알지 못했다. 어찌 형이상학적인 것이 성인과 같다고 말할 수 있겠는가."[135] 유교의 음양론, 온고지신의 고금古今 이론, 주야 변천의 이론 등을 불교가 어찌 알 수 있겠느냐는 그의 논지이다. 그의 주장이 사실이든 그렇지 않든 유자로서 정통 유가의 면모를 세우려고 발분 노력한 흔적이 여실히 나타난다.

VII. 정이천의 생애와 사상

1. 생애

정이천(1033~1107)의 이름은 이頤이다. 그리고 그의 자는 정숙이다. 송나라의 성리학자로 이천백에 봉封함을 받고 호를 이천이라 하였다. 그는 송의 인종 명도 2년에 태어났으며, 휘종 대관 원년에 사망하였다. 형 정명도와 달리 장엄하고 강직하였으며, 형과 아울러 주무숙에게서 지도받았다. 그의 형 정명도의 사상에 한계 내지 문제가 없었던 것은 아니다. 이천은 이에 보다 근엄하게 세밀하게 분석하는 특징을 지니고 있었다. 또한 그는

---

134) 『河南程氏遺書』 第1, 佛學只是以生死恐動人 可怪二千年來無一人覺此 是被他恐動也 … 佛之學爲怕死生 故只管說不休 下俗之人固多懼 易以利動.
135) 『遺書』 第14, 佛氏不識陰陽 晝夜 死生 古今 安得謂形而上者與聖人同乎.

성리, 인성, 격물 등에 관심을 가졌다.

스승 호원에게서 성인의 학문을 배웠던 정이천은 이와 관련한 기록에 다음의 언급이 있다. "18세 때에 천자에게 글을 올렸는데, 그것은 천자가 세속의 의견을 물리치고 왕도로써 근본을 삼도록 하라는 것이었다. 그가 태학에 다닐 때 호원이 모든 학생들에게 '안자가 좋아한 것은 어떤 학문이었는가'라고 묻는 것을 보고, 이천은 이에 답하기를 '배워서 성인의 도에 이르는 것입니다…'라고 하였다. 호원이 그 글을 보고 크게 놀라 그를 특이하게 여기었다. 그래서 곧 그를 맞아들여 만나보고는 학식學識에 머물게 했다."136) 이처럼 그가 태학에 노닐 때 호원胡安定이 교도敎導를 주장하여 '안자소호하학론顔子所好何學論'을 제생諸生들에게 과거에서 시험하였는데, 이때 호안정은 이천의 논문을 보고 크게 놀라 그를 관학에 머물도록 한 것이다.

정이천의 벼슬은 순탄치만은 않았다. 그의 벼슬에 대한 기록도 있다. "여희철이 제일 먼저 정이천을 스승의 예로써 섬겼다. 치평, 원풍 사이에 대신들이 그를 여러 번 천거하였으나 모두 받아들여지지 않았다. 철종 초에 사마광과 여공저가 함께 그의 행실이 의롭다고 상소하였다. … 그 조칙으로 그를 서경 국자감의 교수로 삼았다. 그러나 이천이 극구 사양하므로 조금 있다가 불러서 비서성교서랑秘書省校書郞으로 삼았다. 이미 그는 입궐하여 철종을 만나서 숭정전설서로崇政殿說書로 발탁되었다."137) 그는 장횡거와 함께 진사에 합격하고 철종조에 시강侍講하였다. 도로써 천자를 봉대하던 중 그는 강직한 성격으로 주저함 없이 천자에게 직언을 고하였다.

정이천의 강직한 직언 등으로 인해 스스로 귀양을 가는 서러움에 처할 수밖에 없었다. 당시 그는 주변 인물들에게도 질투를 받았다. 특히 그는 소식蘇軾과 불편한 관계였으며, 직언이라는 것이 원망으로 왜곡되어 귀양의 서러움을 받았다. "소성(철종 연호) 중에는 그의 적관籍貫을 삭탈하고 부주로 귀양 보냈다. 이청신, 윤락은 그날로 그를 즉시 핍박하

---

136) 『宋史』卷427, 「道學列傳」, 年十八 上書闕下 欲千字黜世俗之論以王道爲心 游太學 見胡瑗問諸生以顔子所好何學 頤因答曰 學以至聖人之道也 … 瑗得其文 大驚異之 卽庭見 處以學識.

137) 『宋史』卷427, 「道學列傳」, 呂希哲首以師禮事頤 治平元豊間 大臣屢薦 皆不起 哲宗初 司馬光呂公著公疏其行義 … 詔以爲西京國子監敎授 力辭 尋召爲秘書省校書郞 旣入見 擢崇政殿說書.

여 쫓아 보내었다. 그는 집에 들어가 숙모와 작별인사를 하고자 했으나 역시 허락되지
않았다. 다음날 은 백냥을 전별금으로 주었으나 이천은 그것을 받지 않았다. 휘종이 즉위
하자 이천은 협주로 돌아왔다. 얼마 되지 않아 그는 관직에 되돌아왔으나 또 숭녕(휘종
연호) 때에 빼앗겼다."[138] 그는 당론黨論 때문에 부주로 유배되었으며, 벼슬 활동에 있어
진퇴를 거듭하였다.

　　다음으로 이천의 학문에 대해 알아보자. 이천은 실천궁행과 성경誠敬을 학문의 골자로
삼았다. 그는 안자의 학문을 배워야 함을 다음과 같이 역설한다. "안자가 홀로 좋아한
것은 무슨 학문이었겠는가. 배워서 성인에 이르는 길이다. 성인은 배워서 도달할 수 있는
것인가. 그렇다. 배움의 길은 무엇인가. 천지가 알맹이를 쌓았는데, 오행의 빼어남을 얻
은 것이 사람이다. 그 근본은 참되고 고요하며, 그것은 아직 발현되지 않았다. 오성五性이
거기에 갖추어 있으니 그것을 인의예지신이라 한다."[139] 정통 유자로서 공맹을 이어 안
자의 학을 배워야 한다는 그의 학문은 이기론과 지식론, 수양론 등에 초점이 있다.

　　이러한 사상을 담고 있는 정이천의 저술로는 『역전』易傳, 『이천문집』, 『경설』經說, 『정
자유서』, 『이정외서』 등이 있다. 그의 저술에 대한 다음의 기록이 있다. "이천은 『역춘추
전』易春秋傳을 지었다고 세상에 전해진다. … 평생 남을 가르치는데 싫증을 내지 않았으므
로 학자가 그의 문하에서 가장 많이 배출되었고 연원淵源에 물들어져 모두 다 이름난 선
비가 되었다."[140] 많은 문인들이 그의 지도에 의해 탄생한 공로가 있다. 주자 역시 정이
천의 학문에 많은 영향을 받았던 것이다.

2. 성즉리설

　　성즉리性卽理라는 말은 송대 신유학의 성리학에 있어 가장 중요한 화두이자 연구 테마

---

138) 『宋史』 卷427, 「道學列傳」, 紹聖中 削籍 竄涪州 李淸臣尹洛 卽日迫遣之 欲入別叔母 亦不許 明日贐以銀
　　百兩 頤不受 徽宗卽位 徙峽州 俄復其官 又奪於崇寧.
139) 『二程文集』 卷7, 然則顔子所獨好者 何學也 學以至聖人之道也 聖人可學而至歟 曰然 學之道爲何 曰天地
　　儲精 得五行之秀者爲人 其人也眞而靜 其未發也 五性具焉 曰仁義禮智信.
140) 『宋史』 卷427, 「道學列傳」, 著易春秋傳 以傳於世 … 平生誨人不倦 故學者出其門最多 淵源所漸 皆爲名士.

였다. 이에 정이천은 성즉리라는 이론을 논리적으로 주장하였다. 그는 다음과 같이 말한다. "성은 곧 리이며 이른바 리란 것이 바로 성인 이것이다. 천하의 리는 그 유래된 곳을 캐어보면 선하지 않은 것이 없다."[141] 이처럼 이천은 성즉리라 하여 맹자와 같이 성의 순선純善을 주장하였다. 이는 후래 왕양명의 심즉리 설에 영향을 미쳤다.

그의 이러한 성즉리의 이론은 심즉성心卽性의 입장에서 성을 말한 것으로 이해된다. 진심盡心의 심이 될 경우 그것은 곧 성을 알 수 있기 때문이다. 이천은 다음과 같이 말한다. "맹자는 그 마음을 다 발휘하면 그 성을 알 수 있다고 하였으니 심즉성이다. 하늘에 있어서는 명命이 되고, 인간에게 있어서는 성이 되며, 그 주인이 되는 것을 논하면 심이 되는데 사실은 단지 하나의 도일뿐이다."[142] 이처럼 그는 맹자의 성선에 바탕하여 진심盡心할 경우 지성知性하게 된다는 이론을 제시하며 심즉성이라 하였다. 이러한 이론들은 성즉리의 변용이다.

그리하여 이천은 성즉리의 논리에 따라 인간의 성품이 선하다는 맹자의 성선설 입장을 견지한다. 그는 이에 말하기를 "맹자가 사람의 성이 선하다고 말한 것이 바로 이것이다. 비록 순자와 양웅은 역시 성을 알지 못하였다고는 하나 맹자가 여러 유학자 가운데에서 뛰어난 까닭은 성을 밝힐 수 있었기 때문이다. 성은 선하지 않음이 없으나 불선不善이 있는 것은 재才 때문이다. 성은 곧 리이며 이러한 리는 요순과 같은 성인으로부터 길거리에 다니는 사람에 이르기까지 한결같다"[143]라고 하였다. 그는 순자의 성악설이나, 양웅의 성선악혼설 등에 대해 반대를 하고 맹자의 성선설을 견지하고 있다.

성품설에 있어서 이천은 맹자의 성설과 고자의 성설에 대한 차이점을 다음과 같이 말한다. "고자는 태어난 그대로 성이라 말했는데, 이것은 사람과 만물을 통틀어서 그것을 말한 것이다. 맹자는 본성이 선하다고 말하였다. 이것은 지극히 근원에 뿌리를 두고 성을 말한 것이다. 태어난 그대로를 성이라고 하는 말은 옳다. 그러나 사람에게는 사람의 성이

---

141) 『遺書』第22上, 性卽理也 所謂理性是也 天下之理 原其所自 未有不善.
142) 『遺書』第18, 孟子曰 盡其心 知其性 心卽性也 在天爲命 在人爲性 論其所主爲心 其實只是一個道.
143) 『遺書』第18, 孟子言人性善 雖荀揚亦不知性 孟子所以獨出諸儒者 以能明性也 性無不善 而有不善者 才也 性卽是理 理則自堯舜至於塗人 一也.

있고, 사물에는 사물의 성이 있으며, 소에게는 소의 성이 있고 말에게는 말의 성이 있는데, 고자는 그것을 하나로 간주하였다."[144] 고자의 '생지위성'生之謂性이라는 말과 맹자의 성선설이 갖는 차이에 대한 언급이 이것이다. 여기에서 이천은 고자의 성론을 비판하고 있는 것이다.

그런데 이천은 성선설의 입장 속에서 성의 실현에 관심을 갖고 있다. 그것은 오상五常을 실천하는 것으로서 가능한 일이다. 그는 "성에서 요컨대 다섯가지 일을 말해야 하는데 그것이 인의예지신이다"[145]라고 하여 참다운 성의 획득은 바로 오상을 실천하는 것이라 하였다. 그에 있어 성이 미발未發될 때에 오성五性이 구유되니 인의예지신이 그것이며, 이발已發이 되면 형체가 생하고 외물이 접촉되어 칠정七情이 출현한다.

성이 이발될 경우 칠정이 생하기 때문에 결국 이천은 기질지성과 천연지성이 구분되고 있음을 밝히고 있다. 그는 성에 기품지성氣禀之性(기질지성)과 천연지성天然之性(본연지성)의 두 종류가 있다고 보았기 때문이다. 여기에서 그는 공자의 '성상근'性相近의 성이나, 고자와 명도의 '생지위성'生之謂性의 성은 다 기질지성이고, 자사의 '천명지성'天命之性은 본연지성으로 간주하였다. 따라서 그는 본연지성과 기질지성을 들어서 성은 선하고, 재才와 정情에는 선도 있고 불선不善도 있다고 하였다. "어떤 사람이 성에 대해 질문하였다. 이천은 그것을 따르면 길하고 거스르면 흉하다고 대답하였다."[146] 이처럼 그는 성에 따르면 길하게 되며, 정에 끌리면 흉하게 된다는 것을 명석하게 밝히고 있다.

정情에 끌리어 악으로 떨어지는 이유로서 곧 성性과 재才가 다르게 나온다는 사실 때문이라 한다. 정이천은 이에 말한다. "성은 하늘에서 나오고 재는 기에서 나온다. 기가 맑으면 재도 맑고 기가 흐리면 재도 흐리다. 재에는 곧 선과 불선不善이 있으며 성에는 불선이 없다."[147] 이에 그의 논리를 보면, 재질로서의 재는 선과 악이 혼재되어 있는데, 탁기에 따르면 그것은 악으로 흐르고 청기에 따르면 선으로 전개된다는 것이다. 다시 말해서

---

144) 『二程全書』「粹言」2, 子曰 告子言生之謂性 通人物而言之也 孟子道性善 極本原而語之也 生之謂性 其言是也 然人有人之性 物有物之性 牛有牛之性 馬有馬之性 而告子一之 則不可也.
145) 『遺書』第15, 仁義禮智信 於性上要言此五事.
146) 『遺書』第25, 或問性 曰 順之則吉 逆之則凶.
147) 『遺書』第19, 性出於天 才出於氣 氣淸則才淸 氣濁則才濁 … 才則有善與不善 性則無不善.

재의 선·불선이 있음은 기에 편·정이 있는 까닭이다.

인간은 재의 불선을 교화해야 마땅하다. 그는 "성은 선하지 않음이 없으며 선하지 않음이 있는 것은 재이다"[148]라고 하여 청기의 재 즉 선이 있어야 한다고 하였다. 그러므로 재의 불선은 교화에 의해 변화시킬 수 있다고 그는 주장하였다. 만일 탁기에 의해 재가 불선할 경우, 정의 욕이 치열함에 따라 성은 손상을 당한다. 청기를 품부받아서 현자가 되지 못한다면 탁기를 품부받아서 결국 우자로 떨어지고 만다는 것이 이천의 주장이다.

요컨대 정이천의 성론은 명命, 리理, 성性, 심心, 정情의 관계와 더불어 이해하면 그 구조를 알 수가 있다. 그는 이와 관련해서 다음과 같이 말한다. "하늘에 있는 것은 명이 되고, 의義에 있는 것은 리가 되고, 사람에게 있는 것은 성이 되고, 몸에서 주인 노릇을 하는 것은 심이 되는 것이니, 그 모든 것은 하나이다. 심은 본래 선하지만 사려에서 일어나면 선도 있고 불선도 있다. 만약 이미 발동한다면 그것은 정이라고 말해야지 심이라고 말할 수는 없다."[149] 그는 성 하나를 이해함에 있어서도 명, 리, 심, 정과 연계하고 있다. 이는 당시 성리학을 이해하는데 있어 심화된 정도를 알 수가 있다.

3. 격물·궁리설

정이천의 인식론 내지 지식 축적의 방법으로 어떠한 것들이 거론되고 있는지 궁금한 일이다. 우선 그는 지식을 넓히는데 도가 있다고 하였다. 이와 관련하여 그는 다음과 같이 말한다. "도를 아는 것은 지혜로서 우선을 삼고, 도에 들어가는 것은 경敬을 근본 삼는다."[150] 지식을 연마하는 목적은 결국 도를 깨달아 아는 것에 있다. 궁극적으로 도와 관련하지 않는 지식 연마는 그에 있어 그다지 중요하지 않은 것으로 이해된다. 그만큼 그에 있어 지식 연마는 도와 밀접한 관련이 있다. 그는 『유서』遺書 제25권에서 '치지필유도'致知

---

148) 『遺書』第18, 性無不善 而有不善者 才也.
149) 『遺書』第18, 在天爲命 在義爲理 在人爲性 主於身爲心 其實一也 心本善 發於思慮 則有善有不善 若旣發 則可謂之情 不可謂之心.
150) 『二程全書』「粹言」1, 識道以智爲先 入道以敬爲本.

必有道라고 하였다.

따라서 만물이 나와 더불어 하나임을 안다면 도를 깨닫게 되는 것이다. 이천에 있어 앎이란 내가 이것我을 알면 저것彼을 알고, 내가 저것을 알면 이것을 아는 것이다. 그러므로 피아의 대상이 하나임을 알아가는 것 역시 도를 깨닫는 길이다. "만물과 나는 하나의 리이다. 이것을 밝히면 저것을 모두 알고, 저것을 모두 알면 이것에 통달하므로 안팎의 도를 합한다."151) 그가 말하는 본의는 인식의 대상에 있어 피아가 하나됨을 아는 것을 강조하는 것이며, 이를 아는 것 역시 도와 합일하는 세계에 진입하는 것이다.

이러한 지식의 인식에 있어 정이천은 견문지見聞知와 덕성지德性知 두 종류를 언급하고 있다. 『이정전서』 권28에서 "견문지지 비덕성지지"見聞之知 非德性之知라고 하였다. 여기에서 '덕성의 지'는 맹자의 소위 양지·양능으로서 선천적으로 사람에게 갖추어져 있는 것이고, 경험으로 얻는 것이 아니라 양지 즉 양심이며 천리 혹은 도심이다.152) 이러한 견문지가 외물에 유혹되어 가리면 덕성지로 확충해야 한다는 것이 정이천의 지식 종류에서 거론되는 핵심 사항이다.

그런데 정이천은 이러한 지식을 연마하는 학문의 대요로써 경敬을 설정하고 있다. 그는 다음과 같이 말한다. "천하에는 나의 헤아림 안에 있지 않는 사물이 하나도 없다. 그러므로 경을 학문의 대요로 삼는다."153) 그가 말하는 것을 보면 이 세상의 모든 현상이 나의 지적 인식작용으로 다 알아낼 수 있는 지혜가 있다는 것이다. 이러한 지식 확대는 바로 공경을 통해 가능하다는 것이 그의 학문 연마법에 있어서 주요 논조이다.

실제 정이천은 지식 축적의 길로서 격물과 치지의 설을 언급한다. 이는 『대학』의 팔조목 중 하나에 해당한다. 그에 있어 격물의 의미에 대해서 알아보자. "격물에 있어 격格이란 이른다는 것이며, 사물의 이치를 끝까지 캐물어서 이른다는 것이다."154) 이처럼 격물이란 사물의 이치를 깨달아 그 물리를 알아내는 것이다. 온갖 사물의 세계가 어떻게 변화

---

151) 『二程全書』「粹言」, 物我一理 命此則盡彼 盡彼則通此 合內外之道也.
152) 金能根, 『中國哲學史』, 探求堂, 1973, p.266.
153) 『二程全書』「粹言」1, 天下無一物非吾度內者 故敬爲學之大要.
154) 『遺書』第22上, 格 至也 言窮至物理也.

되고 전개되는가를 알아내는 것이 바로 격물이기 때문이다.

격물은 치지와 연결되지 않을 수 없다. 왜냐하면 격물치지가 같은 인식 작용의 방법으로 거론되고 있기 때문이다. 정이천은 양자의 관계에 대해 다음과 같이 말한다. "치지가 격물에 있으면 이른바 근본이고 시작이며, 천하 국가를 다스리면 이른바 끝이고 마침이다. 천하 국가를 다스리는 데는 반드시 자신에다 근본을 두어야 하며, 그 자신이 올바르지 않으면서 천하 국가를 다스릴 수 있는 자는 없었다. 격格은 궁窮과 같고, 물物은 리理와 같다. 그 리를 끝까지 캐물어 갈 뿐이라고 말하는 것과 같다. 그 리를 끝까지 캐물어 간 후에야 그것에 이르기가 충분하며, 끝까지 캐묻지 않으면 이를 수가 없다."155) 그가 말하는 인식론의 핵심을 보면 치지는 곧 격물에 있다는 것으로, 근본의 물리를 탐구해가는 격물의 방법을 통해 수많은 지식에 도달하는 치지가 가능해진다는 것이다.

그리하여 정이천은 오늘날과 같은 지식의 획득 방법으로 치지致知를 거론하고 있다. 치지는 포괄적으로 지혜 쌓는 일이기 때문이다. 그는 다음과 같이 말한다. "치지에서 시작하는 것은 지혜의 일이며, 아는 바를 행하여 그 지극함의 끝에 도달하는 것은 거룩함의 일이다."156) 그가 언급한데로 치지는 곧 지혜를 넓혀가는 길과도 같다. 그가 "진학즉재치지"(『遺書』, 第18, 進學則在致知)라고 한 것은 바로 '학문으로 나아가는 길은 치지에 있음'을 언급하고 있는 셈이다.

어쨌든 송대에 강조된 격물이나 치지는 우리의 인식작용을 확대하는 길임에 틀림이 없다. 이 모두는 바로 우리가 일상의 생활에서 궁리窮理의 공부를 게을리 하지 않아야 한다는 뜻이다. 그는 궁리의 필요성에 대해 다음과 같이 말한다. "궁리에 힘쓴다는 것은 모름지기 천하 만물의 리理를 모조리 다 궁구해야 된다고 말하는 것은 아니며, 또한 궁극적으로 하나의 이치를 얻으면 곧 도착한다고 말하지도 않는다. 다만 이것은 쌓고 포갬이 많은 뒤에 자연히 보여질 뿐이다."157) 일상의 생활에서 궁리의 자세로 살아간다면 근본

---

155) 『遺書』 第25, 致知在格物 則所謂本也 始也 治天下國家 則所謂末也 終也 治天下國家 必本諸身 其身不正 而能治天下國家者 無之 格 猶窮也 物 猶理也 猶曰 窮其理而已也 窮其理 然後足以致之 不窮則不能致也.
156) 『二程全書』「粹言」1, 始於致知 智之事也 行所知而極其至 聖之事也.
157) 『遺書』 第24, 所務於窮理者 非道須盡窮了天下萬物之理 又不道是窮得一理便到 只是要積累移自然見去.

적 물리에 터득하는 격물이 되며, 나아가 모든 지식을 섭렵하는 치지가 가능해진다.

이러한 궁리窮理는 곧 진성盡性과 지명至命에 하나되는 길이다. 그것은 지식 연마가 단순한 지식 연마는 아니라는 점이다. 이 모두는 하나 되는 길로서 도를 깨달아가는 길이기 때문이다. 이에 대해 그는 말한다. "궁리와 진성과 지명은 오직 하나의 일이다. 이치를 궁구하자마자 곧 성性을 극진히 발휘하게 되는데 이것이 곧 명命에 이르는 길이다."158) 그가 말하는 바대로 지혜를 터득하고 지식을 확대하는 길은 격물과 치지라는 것에 있으며, 이는 또 궁리를 통해 견문과 덕성의 지식을 아울러 가는 체도體道의 길과 같은 것이다.

4. 인仁과 충서

정이천은 인仁을 강조한 철학자이다. 그가 인에 대해 해석한 것이 새롭게 다가온다. 즉 그는 인을 '공'公과 같은 것으로 보았다. 정명도는 "혼연히 만물과 한몸이다"渾然與物同體라 했고 또는 "천지 만물로써 한 몸으로 삼는다"以天地萬物爲一體는 것으로 인을 해석하였지만, 정이천은 『어록』에서 언제나 공公자로써 인을 해석하였다(仁 只是一箇公).159) 이에 공을 위하고 공평함을 추구하는 것 모두가 인으로 이해될 수 있는 단서가 된다.

이와 관련해서 정이천은 인의 의미를 구체화하고 있다. 즉 그는 인을 인도仁道와 연결하여 다음과 같이 말한다. "인의 도는 요컨대 단지 하나의 공公자를 말하는 것일 뿐이다. 공公은 단지 인仁의 이치일 뿐이다. 그렇다고 공을 곧 인이라고 부를 수는 없다. 공정한 것인데 사람이 이것을 체득하였으므로 인이 된다. 단지 공정하게만 되면 만물과 나는 함께 비추인다. 그러므로 인은 용서恕할 수 있는 까닭이고, 사랑할 수 있는 까닭이다. 서恕는 인의 베풂이고 애愛는 인의 쓰임이다."160) 그는 인이란 공정의 도를 따르는 것이며, 인으로 인해 용서恕가 나오며, 인의 사용으로 인해 사랑愛이 발휘된다고 본 것이다.

---

158) 『遺書』, 第18, 窮理盡性至命 只是一事 纔窮理 便盡性 便至命.

159) 勞思光 著, 鄭仁在 譯, 『中國哲學史』-宋明篇-, 探求堂, 1987, p.297.

160) 『遺書』第15, 仁之道 要之 只消道一公字 公只是仁之理 不可將公便喚作仁 公而以人體之 故爲仁 只爲公則物我兼照 故仁所以能恕 所以能愛 恕則仁之施 愛則仁之用也.

나아가 이천은 인을 의와 관련지어 말하기를, 사람이 짐승과 다른 점은 인의의 실천자이기 때문이라고 한다. "군자가 짐승들과 다른 까닭은 인의의 본성이 있기 때문이다. 단지 마음을 제멋대로 흩트려 놓아두고 돌이켜볼 줄 모른다면 역시 짐승일 뿐이다."[161] 이처럼 그는 사람이 동물과 달리 사람으로서의 역할을 할 수 있는 것은 바로 인의를 추구하는 존재이기 때문에 가능하다고 하였다. 인의를 실천하지 않을 수 없는 인간의 존엄함이 이에 깃든다.

그리하여 인은 최령한 인간을 인간답게 해주는 역할을 한다. 우리는 인과 성聖이 하나로 통한다고 말할 수 있다. 이를테면 그것은 성인이어야 인도仁道에 통한다는 의미이다. "만약에 지금 사람이 혹 하나의 일이 인이라면 역시 그것을 인이라고 말할 수 있고, 인도를 극진히 다한 것도 역시 그것을 인이라고 말한다. … 이것은 또한 오히려 인과 성이 다 같이 큰 것이다. 무릇 인도를 극진히 다한 사람은 곧 성인이며 성인이 아니면 인도를 극진히 다 발휘할 수 없다."[162] 최령한 인간 즉 성인으로서의 행동은 바로 인도를 발휘하는 것이 된다.

인도仁道를 적극적으로 실천하는 길은 없는가. 이천은 말하기를, 효제는 인을 실천하는 근본이라고 하였다. "인을 행하는 것은 효제에서 비롯된다고 말할 수 있다. … 무릇 인은 성性이며 효제는 작용이다. 성 가운데는 인의예지 네 개가 있을 뿐 어찌 효제가 있겠는가. 인은 사랑에서 주가 되며, 사랑은 어버이를 사랑하는 것보다 더 큰 것이 없다. 그러므로 효제란 인을 행하는 근본이다."[163] 위에 언급한 것처럼 인을 행하는 근본으로서 효제를 거론하고 있는 이천이다.

효제를 실천하지 못하는 사회가 된다면 인을 실천할 수 없는 사회나 다름없다. 그래서 이천은 인을 잃으면 질서가 잡히지 않는다고 한 것이다. "인이란 것은 천하의 올바른 리理이며, 올바른 리를 잃어버리면 질서가 없고 회복하지 않는다."[164] 이처럼 올바른 이치를

---

161) 『遺書』 第25, 君子所以異於禽獸者 以有仁義之性也 苟縱其心而不知反 則亦禽獸而已.
162) 『遺書』 第25, 若今人或一事是仁 亦可謂之仁 至於盡仁道 亦謂之仁 … 此又卻仁與聖俱大也 大抵盡仁道者 卽是聖人 非聖人則不能盡得人道.
163) 『遺書』 第18, 謂行仁自孝弟始 … 蓋仁是性也 孝弟是用也 性中只有仁義禮智四者 幾曾有孝弟來 仁主於愛 愛莫大於愛親 故曰孝弟也者 其爲仁之本歟.

실천으로 연결하지 않는다면 그것은 인이 시행되지 못하는 사회이다. 그런 까닭에 혼탁한 무질서만이 난무할 뿐이다.

인의 실천에 이어 정이천은 충서와 신信에 대해서도 강조하고 있다. 그것은 인도仁道가 행해질 수 있는 사회적 기반이 되기 때문이다. 그는 다음과 같이 말한다. "사람은 자기를 극진히 하는 것을 충忠이라고 말하며 물物을 극진히 하는 것을 서恕라고 한다. 자기를 극진히 하는 것을 충이라고 하는 것은 옳지만 물을 극진히 하는 것을 서라고 하는 것은 아직 미진하다. 자기 마음을 미루는 것을 서라고 하며 물을 극진히 하는 것을 신信이라 한다."[165] 그가 말하는 것과 같이 서와 신을 말함으로써 자타 확충의 생활에 충실한 인의 이상 세계가 추구되고 있다.

5. 거경의 수양

수양이란 우리가 완벽한 인격을 지향하기 위해서 필요하다. 특히 동양철학에 있어 수양은 매우 중시되는 과목이다. 이는 인격과 지식을 일치하려는 도인적 동양인의 특성에 기인한다. 이와 관련해서 송대 정이천 역시 수양에 대해 깊은 관심을 부여하고 있다. 대체적으로 이천의 수양 목적은 '거사욕 합천리'去私欲 合天理[166]하는데 초점이 맞추어져 있다. 이는 곧 한사閑邪, 존성存誠, 거경居敬 등의 개념이 주로 거론될만한 내용이다.

이러한 수양론 중에서 정이천이 가장 강조하는 것은 거경居敬의 수양이다. 그는 경敬이라는 것을 강조하여, 경으로써 사특함을 물리치는 방법을 삼았다. 그는 다음과 같이 말한다. "경은 사특함을 물리치는 방법이다. 사특함을 물리치는 것은 성誠(참)을 간직하는 것存誠이다. 비록 두 가지 일이지만 그러나 역시 단지 하나의 일일 뿐이다. 사특함을 물리치면 성性은 저절로 간직된다."[167] 이처럼 그는 거경을 강조하면서도 존성存誠을 언급하였다.

---

164) 『二程全書』「粹言」1, 子曰 仁者天下之正理 失正理則無序而不知.
165) 『遺書』第23, 人謂盡己之謂忠 盡物之謂恕 盡己之謂忠 固是 盡物之謂恕 則未盡 推己之謂恕 盡物之謂信.
166) 金忠烈, 『中國哲學散稿』Ⅱ, 온누리, 1990, p.283.
167) 『遺書』第18, 敬是閑邪之道也 閑邪存其誠 雖是兩事 然亦只是一事 閑邪則誠自存矣.

그가 거경을 밝혔는데, 경敬이란 대체로 내면의 경건한 상태를 유지하는 것으로 이해하고 있다. 경은 내면세계를 경건하게 하는 '경이직내'敬以直內와 같은 공부이면서도 밖을 내버려두지 않는다. 경이 비록 내부 세계의 공부에 속한다 해도 우리들이 다만 경으로 내 속마음을 올바르게敬以直內할 수 있으면 저절로 올바름으로 밖의 일을 반듯하게義以方外할 수 있다.168) 경이직내하면서도 의이방외義以方外할 수 있는 것이 거경의 참 수양이 아닌가 본다.

또 경敬의 수양이란 주일무적主一無適하는 것으로 확대, 이해할 수도 있다. 이와 관련해서 정이천은 언급하고 있다. "이른바 경이라는 것은 마음을 한곳에 주력하는 것主一을 말한다. 하나라고 하는 것은 마음을 다른 데로 가지 않게 하는 것無適을 말한다."169) 이천의 이러한 거경수양에 이어 주자도 경으로 학문을 하도록 하였다. 송대에 이르러 특히 동양의 수양론은 이처럼 경을 매우 중시하는 성향이다.

경의 수양은 정좌靜坐를 통해 이루어지기도 한다. 마치 이는 불교의 좌선과 같은 맥락에서 이해될만 하다. 이천은 정좌로서 수양의 방법을 삼았는데, 이는 주렴계의 주정주의主靜主義와 상통한다.170) 주정主靜의 수양은 마음을 허정으로 이어가는 송대 불교와 유교의 양상이다. 그런 의미에서 정이천은 '경즉자허정'敬則自虛靜(『遺書』15)이라고 하였다. 주정의 수양과 좌선의 수양은 모두가 허정 내지 공허함을 추구하는 심신의 조촐함과 같은 경지라고 볼 수 있다.

경敬에 이어 여타 존양存養의 방법에 있어 정이천은 호연지기를 길러야 한다고 하였다. 이와 관련하여 그는 말한다. "바야흐로 그것이 아직 길러지지 않았으면 기氣는 스스로 기일 뿐이며 의義는 스스로 의일 뿐이다. 그런데 호연지기를 양성하게 되면 기와 의는 합해진다."171) 이와 같이 그는 호연지기를 양성하도록 하여 맹자의 수양론을 그대로 드러내기도 한다. 호연지기의 양성을 통해 의기義氣를 굳건히 하고자 하는 그의 유자적 모

---

168) 勞思光 著, 鄭仁在 譯, 『中國哲學史』-宋明篇-, 探求堂, 1987, p.293.
169) 『遺書』 第15, 所謂敬者 主一之謂敬 所謂一者 無適之謂一.
170) 金能根, 『中國哲學史』, 探求堂, 1973, p.268.
171) 『遺書』 第18, 方其未養 則氣自是氣 義自是義 及其養成浩然之氣 則氣與義合矣.

습이 엿보인다.

아울러 정이천은 심신을 정의롭게 하는 수양 목적을 위해서 악을 제거하고 선을 실행하라고 말한다. 악을 극복하는 수양, 즉 '한사閑邪와 같은 정의행이 이것이다. 그는 말하기를 "선을 제거하면 악이고 악을 제거하면 곧 선이다."172) 한사는 불선不善(악)을 막는다는 뜻이므로 소극적 성향이 없지 않아 보인다. 그렇지만 존양存誠은 선을 구한다는 뜻이므로 적극적이지 않을 수 없다. 그러나 이는 모두 불선을 막는 심성의 수양론이며, 이천의 제반 수양론은 거경居敬에 합해진다는 것을 염두에 두어야 한다.

Ⅷ. 주자의 생애와 사상

1. 생애

주자(1130~1200)는 송대철학의 심화에 있어 크게 영향을 미친 인물이며, 많은 저술활동을 한 사람으로 알려졌다. 그가 그토록 큰 영향을 미친 이유는 무엇일까. 그의 심오한 철학의 이해 및 정립, 공맹 사상의 계승, 이기 철학의 완성, 심성 수양론의 확대 등이 그 원인일 것이다. 그의 자는 원회이고 또 다른 하나의 자는 중회이며 휘주 무원 사람이다.173) 그의 호는 회암晦菴 혹은 회옹晦翁이라고 불린다.

주자를 이해함에 있어 그의 부친 주송(1097~1143)을 생각하지 않을 수 없다. 주자가 훌륭해지기 까지 아버지의 역할이 컸기 때문이다. "주자의 아버지 주송은 자字는 교년이며 진사에 급제하였다. … 주자는 어려서 뛰어나게 똑똑하였다. 겨우 말을 할 수 있을 때 아버지는 하늘을 가리켜 보이면서 '하늘'이라고 알려 주었다. 이에 주자는 '하늘의 위는 어떤 것입니까'라고 질문하였다. 주송은 그것을 특이하게 여기었다. 그에게 『효경』을 주니 한 번 읽어보고 그 위에다 제목을 달았는데, '이와 같지 않으면 사람이 아니다'라고

---

172) 『遺書』第18, 去善卽是惡. 去惡卽是善.
173) 『宋史』卷429, 「道學列傳」, 朱熹 字元晦 一字仲晦 徽州婺源人.

하였다."[174] 이처럼 그의 아버지는 아들이 훌륭한 인물이 될 것을 예언한 것 같다. 주자의 아버지 송은 위재선생이라 불리며, 주자를 민閩의 연평 우계현에서 낳았다.

다음으로 주자의 학풍적 연원을 살펴보자. 부친 주송은 일찍이 시로써 세상에 이름이 알려졌다. 또 주송은 경세經世의 뜻을 품어 뒤에 구산의 문인 나종언에게서 배우게 되자, 그의 영향을 크게 받아 그때부터 도학에 힘쓰게 되었다. 아버지의 영향을 받은 주자의 학풍 연원을 도식화하면 정이천→양구산→나종언(1072~1135)→이동(연평, 1088~1158)·주송→주자[175]로 정리될 수가 있다. 아버지 주송은 주자의 나이 14세에 세상을 떠났는데, 아들을 위한 유언으로 벗인 유면지·유자휘·호헌에게 배우게 하였다. 유언을 들은 친구들은 주자가 재능이 있어 아들이나 조카처럼 지도하였다. 주자가 학문상 가장 영향을 받았던 이는 이연평이었으며, 그에게서 정좌법靜坐法을 배웠다.

이어서 주자는 어떠한 벼슬을 하였는지 살펴보자. 『송사』에 기록된 내용을 소개해 본다. "주자는 18세에 향공에 천거되었으며, 소흥 18년 진사에 급제하였다. … 경원 2년에 심계조가 감찰어사로 되었는데 주자를 무고하여 열 가지 죄를 씌워 관직을 떨어뜨리고 사祠를 파하게 하였다. 문인 채원정 역시 그를 도주 편관編管으로 보내었다. 경원 4년 주자는 나이가 70세에 가까웠다. 그는 벼슬을 그만두기를 애걸하였다. 그는 5년 소청所請에 의해 그만두었으며 다음 해 세상을 떠났는데, 나이 71세였다."[176] 주자의 성품이 강직하여 조금도 기탄하는 바가 없었으므로 소인들은 그를 꺼렸다. 황제 역시 속론俗論에 따라 그를 중앙에 등용하는데 한계를 느꼈으니, 주자는 언제나 지방관으로 지낼 때가 많았다.

주자의 저술로는 상당히 많은 저서가 있다. 그가 지은 책의 목록을 보면 대단한 철학자였음을 알게 해준다. "주자가 지은 책으로는 『역본의』易本義, 『계몽』啓蒙, 『시괘고오』蓍卦考誤, 『시집전』詩集傳, 『대학·중용장구』, 『혹문』或問, 『논어·맹자집주』, 『태극도·통서·서명해』, 『초사집주』楚辭集註, 『변증』 등이 있다. 그가 편집한 것으로는 『논맹집의』論孟集議,

---

174) 『宋史』卷429, 「道學列傳」, 父松 字喬年 中進士第 … 熹幼穎悟 甫能言 父指天示之曰 天也 熹問曰 天之上何物 松異之 就傳 授以孝經 一閱 題其上曰 不若是 非人也.

175) 가노 나오키 著, 吳二煥 譯, 『中國哲學史』, 乙酉文化社, 1986, p.393.

176) 『宋史』卷429, 「道學列傳」, 年十八 貢于鄉 中紹興十八年進士第 … 二年 沈繼祖爲監察御史 誣熹十罪 詔落職罷詞 門人蔡元定亦送道州編管 四年 熹以年近七十 申乞致仕 伍年 依所請 明年卒 年七十一.

『맹자지요』, 『중용집략』, 『효경간오』孝經刊誤, 『소학서』, 『통감강목』, 『송명신언행록』宋名臣言行錄, 『가례』, 『근사록』, 『하남정씨유서』, 『이락연원록』伊洛淵源錄 등이 있어 모두 세상에 간행되었다."[177] 이처럼 방대한 저술을 통해 드러난 주자의 공로는 송대철학에서 지대하다.

주자의 저술은 평생 동안 이뤄진 것이었다. 여타 그의 저술과 관련한 내용을 소개하여 보자. "주자가 세상을 떠나자 조정에서는 그의 『대학』, 『논어』, 『맹자』, 『중용』 해설을 학관에다 세웠다. 또 『의례경전통해』가 있는데 탈고가 되지 않았지만 역시 학관에 있었다. 평생 글을 썼는데 무릇 100권이었고 생도와 문답한 것이 무릇 80권이었으며 별록은 10권이나 된다."[178] 그의 방대한 저술에 의해 많은 후학들이 영향을 받았다. 사후 이종의 보경 3년(1227)에는 태사太師의 추증을 받았음은 물론 휘국공에 추봉되기도 하였다.

학적 영향력에 있어서 주자의 경우는 어떠한가. 그는 이천의 성즉리설과 격치格致 궁리법을 계승하였고, 주렴계와 장횡거 그리고 이정뿐만 아니라 이정이 비교적 소홀히 하였던 소강절과 사마광의 상수역학까지 폭넓게 연구하여 송학宋學을 실질적으로 매듭지었다.[179] 이처럼 주자의 특색을 보면 주렴계와 이정 그리고 장횡거의 도학을 계승하고 있으며, 특히 그는 철학적 사변에 있어 주렴계 이래로 전해 온 사상을 조화시키고, 이에 자신의 독자적 견해를 정립시켰다.

2. 이기론

주자는 이와 기에 대해 어떻게 의미를 부여하였을까. 그의 이기론은 그가 이해한 이기의 개념을 고려하면 그 특성이 파악된다. 그에 있어 이는 형이상의 도이며 기는 형이하의

---

177) 『宋史』 卷429, 「道學列傳」, 所著書有, 易本義, 啓蒙, 蓍卦考誤, 詩集傳, 大學中庸章句, 或問, 論語孟子集註, 太極圖通書西銘解, 楚辭集註, 辨證, 韓文考異, 所編次有論孟集議, 孟子指要, 中庸輯略, 孝經刊誤, 小學書, 通鑑綱目, 宋名臣言行錄, 家禮, 近思錄, 河南程氏遺書, 伊洛淵源錄, 皆行於世.

178) 『宋史』 卷429, 「道學列傳」, 熹沒, 朝廷以其大學語孟中庸訓說, 立於學官, 又有儀禮經傳通解, 未脫藁, 亦在學官, 平生爲文凡一百卷, 生徒問答凡八十卷, 別錄十卷.

179) 李康洙 外, 『中國哲學槪論』, 한국방송통신대학교출판부, 1995, p.244.

기器라고 정의된다. 그는 다음과 같이 말한다. "천지 사이에는 이도 있고 기도 있다. 이란 것은 형이상의 도이며 만물을 생성하는 근본이다. 기는 형이하의 기구器이며 만물을 생성하는 도구이다. 그러므로 사람과 만물의 생성됨은 반드시 이 이를 품수한 연후에야 성性을 가지고 있으며 반드시 이 기를 품수한 연후에야 형체를 가지고 있다."[180] 이처럼 주자가 밝힌 이기의 개념을 이해할 때 본체적 형이상의 이와 현상적 형이하의 기 개념을 분명히 할 필요가 있다.

여기에서 주자의 학문 정도는 이기理氣의 존재 문제에서 더욱 심화된다. 그의 이기론을 살펴보자. 그에 있어 천지가 생겨나기 전에 이가 먼저 있었다고 한다. "천지 사이가 있기 전에 결국은 단지 이 이가 먼저 있었으며, 그리고 곧 천지가 있었다. 만약 이 이가 없었다면 이 천지도 없었을 것이다."[181] 즉 이가 존재하였기에 천지 만물이 형성되었다는 것이다. 실제 그는 어떤 것이든 그것이 생겨나면 이가 그 속에 있다는 입장을 표명한다.

이러한 이기의 관계는 둘이면서 하나라는 등식이 성립된다. 그것은 이기가 따로 떨어져 있는 것 같지만 하나의 세계에서 인지될 수밖에 없다는 뜻이다. 그는 다음과 같이 말한다. "이와 기는 결단코 두 개의 어떤 것二物이다. 그러나 사물 위에서 보면 그것은 나누어지지 않은 채 한 곳一處에 있다. 그러면서도 어떤 것이 각기 하나의 개체로 이뤄짐을 방해하지 않는다. 이理 상에서 보면 비록 아직 사물이 없다 하더라도 이미 어떤 사물의 이는 있다. 그러나 역시 단지 그 이만이 있을 뿐 이 사물은 실제로 없어본 적이 없다."[182] 이는 동양의 일이이一而二라는 등식과 관련시킬 수 있다. 그에 있어 이가 있은 뒤에 기가 있으며, 기가 있으면 반드시 이가 있다는 논리는 바로 일이이라는 원리와 상통한다.

여기에서 이기의 선후 문제를 거론할 수가 있다. 이를 두 가지 각도에서 접근해 보자. 우선 형체 상에서는 기선氣先이라는 점이 한 각도이다. 그는 다음과 같이 말한다. "부여된 것을 논하면, 이 기氣가 존재한 뒤에 이가 따라서 갖추어진다."[183] 그는 『중용장구』에서

---

180) 『朱子文集』 卷8, 「答黃道夫書」, 天地之間 有理有氣 理也者 形而上之道也 生物之本也 氣也者 形而下之器也 生物之具也 是以人物之生 必稟此理 然後有性 必稟此氣 然後有形.
181) 『朱子語類』 卷1, 未有天地之先 畢竟也只是先有此理 便有此天地 若無此理 便亦無天地.
182) 『朱子文集』 卷46, 「答劉叔文書」, 所謂理與氣 此決是二物 但在物上看 則二物渾淪不可分開各在一處 然不害二物之各爲一物也 若在理上看 則數未有物 而已有物之理 然亦但有其理而已 未嘗實有是物也.

말하기를 '기이성형 이역부언'氣以成形 理亦賦焉이라 하여 생명체 형성에 있어서 살펴보면 기가 먼저 거론되며, 이는 기에 따른다고 한다.

나아가 이기론의 선후 여부는 원리론적으로 보면 이선理先이라는 점이 다른 각도이다. "이 이가 존재한 뒤에 비로소 기가 존재한다."[184] 이것이 언급하는 바는 우주의 근원적 원리의 세계를 거론하면 먼저 이가 있었다는 것이다. 그러면서도 그는 『어류』권1에서 "천하에 이 없는 기는 아직 있지 않았으며 또 기 없는 이도 아직 있지 않았다"天下未有無理之氣 亦未有無氣之理는 입장을 표명한다. 이와 같이 이기의 선후 문제는 어느 각도에서 이기를 보느냐에 따라 달라진다.

따라서 이기는 필연적으로 상관관계를 지닐 수밖에 없다. 이가 없으면 기가 따를 곳이 없기 때문이다. 또 기가 없어도 이가 붙일 곳이 없는 것이다. 따라서 주자는 다음과 같이 말한다. "음양오행이 서로 엇갈려 헝클어져도 가닥의 실마리를 잃지 않으면 이것이 곧 이이다. 만약 기가 모여 있지 않으면 이 이 또한 걸쳐놓을 데가 없어진다."[185] 그가 말하듯이 이기의 상관성은 필연적일 수밖에 없다.

다음으로 주자는 이기를 성명性命과 연결짓고 있다. 성은 이의 측면에서 거론할 수 있다면, 명은 기의 측면에서 거론할 수 있기 때문이다. 그는 다음과 같이 제자와의 문답에서 그의 견해를 피력하고 있다. "제자 물었다. 성으로 받은 직분性分과 명령으로 받은 직분命分은 어떻게 구별됩니까. (주자) 말하였다. 성분性分은 이理로 말한 것이며, 명분은 (理와) 기를 겸하여 말한 것이다. 명분은 다과 후박의 차이가 있다. 성분의 경우 모두 동일하다. 그 이는 성스런 사람이나 어리석은 사람, 현명한 사람이나 현명하지 못한 사람이 모두 같다."[186] 이처럼 성의 입장에서 본 리, 명의 입장에서 본 기의 관계가 그에 있어 분명하게 정립되고 있다.

이러한 논리에 바탕하여 이기와 선악의 문제를 거론할 수가 있다. 주자는 이와 관련해

---

183) 『朱子文集』 卷59, 「答趙志道」, 若論稟賦 則有是氣 而後理隨而具.

184) 『朱子文集』 卷58, 「答楊志仁」, 有此理後 方有此氣.

185) 『朱子語類』 卷1, 如陰陽五行錯綜不失條緒 便是理 若氣不結聚時 理亦無所附著.

186) 『朱子語類』 卷4, 「性理一」, 問 性分命分何以別 曰 性分是以理言之 命分是兼氣言之 命分有多寡厚薄之不同 若性分則又都一般 此理 聖愚賢否皆同.

서 다음과 같이 말한다. "제자가 물었다. 이가 선하지 않을 수 없다고 한다면, 기는 어떻게 맑거나 흐린 차이가 있습니까. (주자) 답하였다. 기를 말하면 곧 저절로 차가운 것도 있고 뜨거운 것도 있으며, 향기로운 것도 있고 악취나는 것도 있다."[187] 그의 논리에 있어 이는 선의 측면에서 논할 수 있다면, 기는 선악의 측면에서 논할 수 있다는 것이다. 그래서 주자는 선의 측면에서 천지지성을 논하여 이를 이理와 관련시켜 말한다. 그리고 그는 선악 혼재의 측면에서 기질지성을 논의하여 이기를 섞어 말하고 있다.

3. 태극론

주자가 위에서 언급한 이기론과 태극의 관계에 대해서 알아보자. 기氣 현상을 있게 하는 이理로 볼 때에 우주는 태극이라는 한 이의 체계라고 할 수 있다.[188] 그래서 주자는 『주자문집』 권37에서 다음과 같이 말한다. "이 이가 있으면 즉 이 기가 있고 기는 음과 양 둘 아닌 것이 없다. 그러므로 『역』에서는 '태극이 양의를 낳는다'고 하였다"(『答程可久』第3書, 有是理則有是氣 氣則無不兩者 故易曰 太極生兩儀). 이처럼 이기와 태극의 문제는 상관성을 지니고 있다.

나아가 주자의 태극도설은 『주역』 연구와 관련되고 있다. 사실 주자의 철학도 그 이전 신유학자들의 철학을 집대성한 것이었기 때문에 자연히 「태극도설」을 근간으로 삼게 되었다.[189] 그리하여 주자는 『주역』에 대해 깊은 관심을 가지고 연구에 몰두하였다. 『주역』에 대한 이해 정도가 심화됨에 따라서 그의 이기론이나 태극 이해의 정도가 심도있는 학문을 자아낸 것이다.

그렇다면 주자가 밝힌 태극이란 무엇인가. 이는 진리의 본체적 원리이자 표상으로 나타난다. 그는 다음과 같이 말한다. "천지 만물의 이치를 총괄하는 것이 바로 태극이다. 태극은 본래 이 이름이 없고 단지 하나의 표덕表德일 뿐이다."[190] 태극이란 이처럼 본체적

---

187) 『朱子語類』 卷4, 「性理一」, 問 而無不善 則氣胡爲有淸濁之殊 曰 才說着氣 便自有寒有熱 有香有臭.
188) 尹絲淳, 『韓國儒學思想論』, 열음사, 1986, pp.114-115.
189) 김학권, 「朱熹와 李滉의 易哲學 비교연구」, 『汎韓哲學』 제17집, 汎韓哲學會, 1998.6, pp.134-135.

원리로서 표덕이라는 것이다. 이 표덕을 리라고 할 수도 있다. 그는 『주자어류』 권94에서도 "약태극지당설리"若太極只當說理라고 하여 태극이란 곧 리임을 설하고 있다.

구체적으로 태극은 어떠한 리인가에 대해서 알아보자. 이는 이기와 오행의 이치일 따름이라고 한다면 별 무리가 없을 것이다. 그와 관련하여 주자는 다음과 같이 말한다. "이른바 태극이란 단지 이기와 오행의 이치일 뿐 따로 어떤 것이 태극이 되는 것이 아니다."[191] 그는 태극이란 별 다른 것이 아니라고 말한다. 태극이란 단지 이기와 오행의 이치理일 따름이라는 사실 때문이다.

주자는 태극을 무극과 연결하여 이해하고 있다. 이를테면 주자는 주렴계가 밝힌 '태극도'의 '무극이태극'無極而太極에 대한 해석에서 '무형이유리'無形而有理라는 관점을 견지하는데, 태극 이외에 무극이란 것이 따로 존재하는 것은 아니라고 한다.[192] 무극을 무형으로 파악한 점이 주자의 독특한 이해이다. 그는 태극 외에 달리 무극이 있는 것이 아니라고 하며, 태극理은 물질적 속성으로서의 구체적 형상을 갖지 않는 존재로 파악하였다. 그가 말하듯이 그저 태극은 천지 만물을 형성하는 우주의 근원인 리일 따름이다.

그리고 주자는 태극과 음양의 관계에 대해서도 언급하고 있다. 태극과 음양은 분리되지 않는다는 의미에서 다음과 같이 말한다. "나는 「태극도설해」에서 '이른바 태극은 음양의 기와 분리되지도 않으며, 또한 음양의 기와 섞이지도 않는다고 말해야 한다'고 했다."[193] 이처럼 그는 태극은 음양과 분리되지도 않고 섞이지도 않는 일이이一而二의 상즉적 입장을 밝힌다.

이에 더하여 주자는 태극과 오행의 관계에 대해서도 언급하고 있다. "제자가 물었다. '오행은 태극을 고르게 얻었습니까.' 주자 대답하였다. '고르게 얻었다.' 제자 물었다. '사람은 오행을 모두 갖추었고 외물은 단지 일행一行만 얻었습니까.' 주자 대답하였다. '외물도 오행을 갖추고 있는데, 다만 오행을 치우치게 얻었을 뿐이다.'"[194] 태극에서 생명체의

---

190) 『朱子語類』 卷94, 總天地萬物之理 便是太極 太極本無此名 只是箇表德.
191) 『朱子語類』 卷94, 所謂太極者 只二氣五行之理 非別有物爲太極也.
192) 曺玟煥, 「朱熹의 老莊觀」, 한국도교사상연구회 編, 『老莊思想과 東洋文化』, 亞細亞文化社, 1995, p.281.
193) 『朱子語類』 卷4, 「性理一」, 而某於太極解亦云所謂太極者 不離乎陰陽而爲言 亦不雜乎陰陽而爲言.

기본 요소인 오행이 전개되었다는 논리가 이것이다. 생명체가 오행을 통해 나름대로 형상을 갖추는데, 이 오행은 태극에 근원하고 있다.

주지하듯이 음양과 오행 속에 태극이 각각의 이치로써 들어 있다. 이는 사람에게나 만물에게도 마찬가지이다. 주자는 『주자어류』 권94에서 "사람마다 하나의 태극을 가지고 있으며, 사물마다 하나의 태극을 가지고 있다"(人人有一太極 物物有一太極)고 했다. 그러면서 그는 다음과 같이 말한다. "태극은 하나의 물건이 아니다. 음양으로 나아가면 음양에 있고, 오행으로 나아가면 오행에 있으며, 만물에 나아가면 만물에 있다. 그러므로 단지 하나의 이치일 뿐이다."195) 이처럼 음양과 오행은 태극이라는 형이상학적 이치에 근거지우고 있다.

4. 격물·궁리설

주자의 지식론 내지 인식의 방법은 이천의 인식론과 유사한 면을 지니고 있다. 그는 격물궁리格物窮理를 주장하였기 때문이다. 주자는 우선 성性과 격물 궁리의 관계에 대해서 깊은 관심을 표명한다. "성은 분명하게 볼 수 있는 것이 아니다. 궁리하고 격물하면 성은 본디 그 속에 있으니, 반드시 따로 구할 필요가 없다. 그러므로 성인은 성을 드물게 말하1였다."196) 본래의 마음 즉 성품을 깨달아 알 수 있는 방법으로 주자는 격물궁리의 방법을 동원하고 있다. 그의 인식론적 목적이 무엇인가를 알게 해준다.

그렇다면 주자가 말하는 격물格物이란 무엇인가. "격물이란 이름이 다함이다. 모름지기 이는 사물의 이치에 궁진窮盡해야 하는 것이다."197) 그는 격물에 대해 말하기를, 물리를 깨달아 이르는 것이라고 하였다. 깨달아 아는 정도 역시 궁진의 상태에 이르러야 한다. 따라서 그는 격물을 통해서 사물의 원리적 이치에 대해 완전히 이해하고자 하는 의지를

---

194) 『朱子語類』 卷4,「性理一」, 問五行均得太極否 曰 均 問人具五行 物只得一行 曰 物亦具有五行 只是得五行之偏者耳.

195) 『朱子語類』 卷94, 太極非是一物 卽陰陽而在陰陽 卽五行而在五行 卽萬物而在萬物 只是一個理而已.

196) 『朱子語類』 卷5,「性理二」, 性不是卓然一物可見者 只是窮理格物 性自在其中 不須求 故聖人罕言性.

197) 『朱子語類』 卷15,「大學」, 格物者 格盡也 須是窮盡事物之理.

드러내 놓는다.

격물의 또 다른 이해는 명심明心하는 것에 있다. 마음을 밝히는 것이 이것이다. 주자는 "격물소이명차심"格物所以明此心(『주자어류』 권118)이라 하여, 격물이란 이 마음을 밝히는 것을 목적으로 삼고 있음을 알게 해준다. 그는 다음과 같이 말한다. "격물은 단지 어떤 일에 나아가서 알아차리게 되는데, 앎이 이르면 바로 이 마음이 투철해진다."198) 그가 말하는 본래의 뜻은 격물을 함으로써 마음이 맑아지고 활연관통豁然貫通의 상태에 이르고자 하는 것이다.

격물에 이어서 궁리란 무엇인가. 주자는 이 궁리의 의미에 대해 다음과 같이 밝힌다. "리를 궁구한다는 궁리 두 글자는 사물에 이른다는 것의 간절함만 같지 못하다. 그래서 사물에 나아가서 궁격窮格하는 것이다."199) 궁리란 다름 아닌 사물에 나아가 사물의 이치를 다 파악하는 경지에 이르는 것과 같다. 이는 이치를 궁구하되 궁진窮盡하는 상태와 같은 것이다.

그리고 그는 『대학』의 삼강령 팔조목 중에서 격물과 치지致知에 대해서도 관심을 갖는다. 그는 다음과 같이 말한다. "격물은 물건 하나하나 위에서 그 지극한 이치를 캐물어 가는 것이며, 치지는 내 마음이 알지 못하는 곳이 없는 것이다."200) 언급된 것처럼 격물치지는 다름 아닌 격물 궁리와 같은 지식 획득을 목표로 한다. 다만 격물이라는 것이 사물 원리 획득에 관련된다면, 치지는 주로 일반적 지식 터득 즉 심지心知의 확대에 관련되는 점이 다르다.

그리하여 주자는 격물치지에 있어 치지가 격물에 있다는 입장을 밝힌다. "이른바 치지가 격물에 있다는 것은, 나의 앎을 이루려고 하는 것이 물物에 즉하여 그 이치를 캐물어 가는데 있음을 말한다. 대개 인간 마음의 영특함은 인식 능력을 가지고 있지 않음이 없으며, 천하의 만물은 이치를 가지고 있지 않음이 없다. 오직 이치에 대하여 아직 캐묻지 않음이 있으므로 그 인식 능력이 모조리 다 발휘되지 않은 것이다."201) 치지가 격물에

---

198) 『朱子語類』 卷5, 格物只是就事上理會 知至便是此心透徹.
199) 『朱子語類』 卷15, 「大學」, 窮理二字 不若格物之爲切 便就事物上窮格.
200) 『朱子語類』 卷5, 格物是物上窮其至理 致知是吾心無所不知.

있음으로 인해 우리는 마음의 영특함으로 사물의 이치를 다 관찰해 낼 수가 있다. 우리의 마음으로 물리를 낱낱이 파악할 수 있다면 이보다 좋은 지식 확충이 어디에 있겠는가.

여기에서 격물치지의 마음 자세는 거경居敬 궁리로 이해된다. 다시 말해 성리학을 체계화한 주자에 있어서는 인격교육의 방법론과 격물치지의 방법론으로 거경 궁리가 강조되고 있다.[202) 거경 궁리란 이처럼 격물치지의 구체적 방법이 아닐 수 없다. 그는 격물치지란 수양론적 거경이라는 조항을 더 깊이 새기고 있는 셈이다. 내면의 경이직내敬以直內와 같은 거경으로서 격물치지의 사물 및 지식의 연마가 더욱 가능해진다.

주자의 제자 진북계도 격물치지를 경敬으로 해야 한다고 주장하였다. 북계는 다음과 같이 말한다. "격물치지할 때 경으로 해야 한다. 성의誠意 정심正心 수제치평修齊治平을 행하는 데도 경으로 해야 한다. 경은 일심의 주재이고 만사의 근본이다."[203) 주자에 이어 진북계가 말하듯이, 격물치지는 거경궁리 또는 격물궁리라는 것으로 이해되고 있어『대학』팔조목 인식론을 보다 적극적으로 이해한 면모가 드러나고 있다. 참고로 궁리窮理는 『중용』의 도문학道問學과 『대학』의 치지격물致知格物 등을 포괄한다.

5. 존천리 멸인욕

인간으로서 바르게 살아가는 길에 대하여 주자는 여러 가지로 제시하고 있다. 서로가 존경받고 자부심 있게 사는 가장 대표적인 방법론으로 등장하는 것이 존천리存天理 멸인욕滅人欲이다. 인간의 자부심에 대해 그는 말하기를 "하나의 기운으로부터 말하면 사람과 사물은 모든 기운을 받고 태어났다. 자세하고 거친 것으로부터 말하면 사람은 그 기운의 올바름과 통함을 얻고 사물은 기운의 치우침과 막힘을 얻었다. 오직 사람만이 그 올바름

---

201) 朱熹,『大學章句』, 所謂致知在格物者 言欲致吾之知 在卽物而窮其理也 蓋人心之靈 莫不有知 而天下之物 莫不有理 惟於理有未窮 故其知有不盡也.

202) 이계학,「종교와 심성교육」, 1997년도 춘계학술대회《종교와 청소년의 심성교육》, 한국종교교육학회, 1997년 6월 20-21 원광대학교, p.11.

203)『北溪字義』上卷「敬」, 格物致知也 須敬 誠意 正心 修身也 須敬 齊家治國平天下也 須敬 敬字 一心之主宰 萬事之根本也.

을 얻었기 때문에 이치가 통하여 막히는 데가 없었다"[204]라고 한다. 이는 인간인 이상 사물과 달리 막힘이 없다는 것이다. 다만 주자는 "사람들도 품부받은 바에 맑고 흐린 차이가 있다"(『주자어류』 卷4, 人之所稟而言 又有淸明昏濁之異)고 하였다.

따라서 인간으로 태어난 이상, 사물과 다르게 폭넓은 인지력으로 선행을 할 수 있는 존재로 부각된다. 주자는 다음과 같이 말한다. "사람이 태어날 때는 고요하다. 하늘의 본성으로서 선하지 아니함이 없다. 사물을 느껴 움직이는 것이 성性의 욕망이다. 이 역시 선하지 않을 수 없다."[205] 이처럼 인간의 성품은 선을 지향한다는 의미를 그는 강조하고 있다. 왜냐하면 선은 천리가 유행하는 것(善 是天理之流行處)이라 『주자어류』 卷94에 밝히고 있기 때문이다. 따라서 천리는 우리의 몸에 간직되어야 할 대상이다.

기실 선악으로 분기되는 것은 우리 인간이 천리天理를 간직하느냐 못하느냐에 달려 있다. 그런 까닭에 우리는 천리를 간직하지 않을 수 없다(存天理). 주자는 다음과 같이 말한다. "사물에 이르러 비로소 앎에 도달하며, 그런 뒤에 좋고 나쁜 형태가 생긴다. 좋고 나쁜 것이 마음 안에서 절제함이 없고, 앎이 밖에서 유혹되어도 자신을 돌이켜 볼 수 없으면 천리가 사라진다. 이것이 비로소 악이다. 그러므로 성현은 악惡자를 빠르고 느리게 말할 수 있다."[206] 그가 말한대로 존천리存天理가 아니면 인간은 악행의 유혹에 떨어진다는 것이다. 선악의 분기점이 천리를 간직하느냐 못하느냐의 여부에 달려 있음은 당연하게 여긴다.

우리는 천리에 따라 마음을 안정시켜야 한다. 마음을 안정시키지 못하면 인욕에 사로잡혀 결국 수양의 세계와는 동떨어지고 말기 때문이다. 주자는 말하기를 "천리가 있으면 곧 인욕이 있다. 대개 이 천리에 따라서 모름지기 마음을 잘 자리 잡는 곳이 있어야 한다. 자리 잡힘이 꼭 알맞지 못할 때에 인욕이 생겨난다"[207]라고 하였다. 그가 말하는 것처럼

---

204) 『朱子語類』 卷4, 自一氣而言之 則人物皆受是氣而生 自精粗而言 則人得其氣之正此通者 物得其氣之偏且 塞者 惟人得其正 故是理通而無所塞.
205) 『朱子語類』 卷94, 人生而靜 天之生 未嘗不善 感物而動 性之欲 此亦未是不善.
206) 『朱子語類』 卷94, 至於物至知 然後好惡形焉 好惡無節於內 知誘於外 不能反躬 天理滅矣 方是惡 故聖賢 說得惡字煞遲.
207) 『朱子語類』 卷13, 有個天理 便有個人欲 蓋緣這個天理須有安頓處 才安頓得不恰好 便有人欲出來.

천리를 간직하지 못하면 인욕이 그 자리를 차지하므로 마음은 안정될 수가 없다.

환기컨대 우리가 천리를 보존하지 않을 수 없는 이유가 성자들의 살아온 교훈에서 여실히 나타난다. 그들은 우리에게 천리를 간직하고 인욕을 없애라는 평생의 교훈을 설하며 자신의 모범된 생활을 해나갔기 때문이다. 주자는 성자들의 이러한 자세에 대해 다음과 같이 말한다. "성인들의 천만가지 말씀은 사람들에게 천리를 보존하고 인욕을 없애도록 가르친 것일 뿐이다."208) 이처럼 성자혼을 체받는 길은 존천리存天理와 멸인욕滅人欲의 실천 의지에 달려 있다.

존천리를 하지 못하고 멸인욕을 하지 못할 경우 그것은 탁한 세상에서 벗어나지 못한다. 이는 바로 인성이 인욕에 가리워 흐려지고 말기 때문이다. 주자는 다음과 같이 말한다. "인성은 본래 밝은 것이지만, 마치 흐린 물속에 가라앉은 진주와 같아서 그 밝음이 드러날 수가 없다. 흐린 물을 버리면 진주는 예전대로 저절로 빛난다. 자신이 인욕에 가리었음을 알아낸다면 바로 밝은 곳이다."209) 흐린 세상에서 벗어나지 못하는 삶은 탁류에서 진주는 빛이 날 수 없는 것과 같다. 주자는 이를 잘 인지하고 있었던 것이다. 노자와 석가의 화광동진和光同塵 거진출진居塵出塵으로서 진흙 속에서 피어난 연꽃도 상상해 볼 일이다.

인욕과 같이 물욕이 생기는 이유는 자신을 단속하지 못해 나타나는 현상이다. 주자는 제자와의 대화에서 다음과 같이 말한다. "제자가 물었다. '기운이 맑은 사람은 저절로 물욕이 없어집니까.' 주자 답하였다. '그렇게 말할 수는 없다. 입은 맛보고자 하고 귀는 듣고자 하니, 사람마다 그러하다. 밝고 맑은 기운을 품수 받았다고 하더라도, 자신을 점검하여 단속하지 않자마자 곧 욕심으로 흘러간다.'"210) 물욕을 없애는 것이 다름 아닌 인욕을 없애는 길과도 같지만, 이를 지속적인 수양심으로 단속하지 못한다면 인생살이에 있어 무상한 티끌의 허사를 꿈꾸는지도 모른다.

---

208) 『朱子語類』 卷11, 聖人千言萬語 只是敎人存天理 滅人欲.
209) 『朱子語類』 卷11, 人性本明 如寶珠沉溺水 則寶珠依舊自明 自家若得知是人欲蔽了 便是明處.
210) 『朱子語類』 卷95, 或問 氣淸底人 自無物慾 曰 也如此說不得 口之欲味 耳之欲聲 人人皆然 雖是稟得氣淸 纔不檢束 便流於慾去.

6. 불교 비판론

송대의 이단론 비판의 근거는 당대 한유의 「원도」原道에 나타나는 바, 이는 불·도에 대한 이단관을 크게 벗어나지 않는다. 그리고 중국에 제기된 불교 비판은 주자가 처음 시도한 것이 아니다. 그는 송명 유학자와 마찬가지로 불교의 세속초탈적인 사리정신捨離 精神을 부정하였다. 그가 불교를 비판했던 양송 시대를 보면, 불교 가운데 반야와 유식 같은 인도의 교의 및 천태·화엄 등 중국불교의 교의가 모두 이미 쇠퇴하고 성행한 것은 오직 선종뿐이었다.[211] 이에 주자는 불교 이론, 예컨대 대공大空, 묘유妙有, 진상眞常 등과 같은 것에 다소 무지한 편이었다.

주자가 불교를 비판하는 논조는 유교 우위론에 근거를 두고 있다. 그는 불교를 유교와 대비하며 비판하고 있는 것이다. "불교는 텅 비었는데 우리 유교는 알차다. 불교는 둘로 나누는데 우리 유교는 하나로 만든다. 불교는 사물의 이치를 긴요하지 않게 여기고 알아 내지도 않는다."[212] 이처럼 불교 비판의 교판적 입장에 있는 주자는 불교를 유교보다 미 천한 종교로 폄하하고 있다.

불교를 비판한 주자의 교리적 관점을 보면, 우선 불교의 공空을 비판하고 있다. 그는 이에 대해 다음과 같이 말한다. "석가모니가 공을 설한 것은 곧 옳지 않은 것은 아니다. 그러나 공 속에서도 모름지기 도리를 얻음이 있어야 한다. 만약 단지 도道와 나는 공空이 라고 말할 뿐, 하나의 사실적인 도리가 있음을 알지 못한다면, 오히려 무슨 소용이 있겠는 가."[213] 불교의 공 이론은 유교의 도리를 담아내지 못한다는 주자의 교의적 비판이 이것 이다.

또 주자는 불교 서적이 노자와 열자를 표절했다고 비판하고 있어, 그것이 사실이든 아니든 우리를 당황하게 만든다. 그는 다음과 같이 말하고 있다. "불교의 서적은 그 처음

---

211) 勞思光 著, 鄭仁在 譯, 『中國哲學史』-宋明篇-, 探求堂, 1987, p.364.
212) 清人 篇, 『朱子全書』 卷60, 釋氏虛 吾儒實 釋氏二 吾儒一 釋氏以事理爲不緊要而不理會.
213) 清人 篇, 『朱子全書』 卷60, 「論釋氏部分」, 釋氏說空 不是便不是 但空裏面須有道理始得 若只說道我是個 空 而不知有個實底道理 卻做甚用.

에는 단지 42장경만을 가지고 있었으며, 말한 것도 매우 낮고 세속적이었다. 뒤에 날로 첨가되고 저절로 보태진 것은 모두 중국의 문인 선비들이 서로 도와 편찬하여 모아 놓은 것이다. 대체로 불교는 대부분 노자·열자 사상을 표절하여 변질시키고 바꾸어 추리하여, 그 설을 꾸며낸 것이다. 『대반야경』의 권수가 매우 많아 지리함을 스스로 느끼었으므로 축소시켜 한권의 『심경』을 만들었다."214) 노자와 열자를 표절했다는 식으로 불교 경전을 인식하는 것은 일종의 왜곡이다. 불교 교의에 대한 그의 신랄한 비판이 드러나고 있는 듯하다.

아울러 주자는 불교가 삼강오륜을 폐기한 종교라는 면에서 비판하고 있다. "불가나 노자의 학문은 깊이 변석하여 밝힐 것도 없다. 그들이 삼강오륜을 폐기하는 것 이 한 가지 일만 보더라도 그들은 이미 큰 죄를 지은 것이다. 기타의 것은 더 말할 것도 없다."215) 불교는 다소 사회윤리를 결여하고 있는 것이 사실이라고 가정한다면, 이는 주자의 불교 비판에 타당성이 생긴다. 유교에 비해서 불교는 사회윤리가 부족하다는 것은 유교인들에게 일반적 인식의 틀이기 때문이다.

불교는 주로 출세간주의 때문에 비판의 대상이 되고 있다. 주자 당시의 송나라는 북방 이민족의 침략으로 국운이 위태로운 상황이었다. 그는 사회의 혼란과 국운의 위기가 도덕의 타락과 기강의 문란에서 비롯된 것이라고 판단하였다. 이러한 도덕의 타락과 기강의 문란은 현실의 역사를 외면하는 출세간주의, 즉 불교가 그 원인이라고 보았다.216) 주자가 불교의 출세간적 성향을 강하게 비판한 이유이다.

여기에서 주목할 것은 주자가 도교보다 불교를 더 비판하고 있다는 점이다. "어떤 사람이 질문하였다. '불가사상과 노장사상의 차이점은 무엇이라고 생각합니까.' (주자) 대답하였다. '노장은 의리를 절멸하였으나 완전히 지극한 데까지 이르지 못하였다. 불가사상은 인륜을 멸진하였는데, 선불교에 이르러서는 의리를 멸진하였다."217) 그의 견해에 의하면

---

214) 淸人 篇, 『朱子全書』 卷60, 「論釋氏部分」, 釋氏書 其初只有四十二章經 所言甚鄙俚 後來日添自益 皆是 中華文士相助撰集 … 大抵多是剽竊老子列子意思 變換推衍 以文其說 大般若經卷帙甚多 自覺支離 故節 縮爲心經一卷.

215) 『朱子語類』 卷 126, 佛老之學 不待深辨而明 只是廢三綱五倫 這一事已是極大罪名 其他更不消說.

216) 尹永海, 박사학위 청구논문 『朱子의 佛敎批判 硏究』, 서강대학교 대학원 종교학과, 1996, p.7.

도가와 불교의 경우 의리의 정도를 멸함에 있어 불교가 더 심하다는 것이다.

주자가 불교를 비판한 근본적인 이유는 유교에 의한 도덕 기강을 세우기 위함이었다. 그는 도덕과 기강을 바로 세우기 위해서 공맹 이후로 끊어진 유교의 도통을 회복해서 지속해야 한다고 생각했으며, 그것은 타락과 문란의 원인인 불교를 척결하는 데서부터 시작해야 한다고 굳게 믿었다.[218] 불교 비판을 통한 유교 기강의 확립, 그리고 유교 교리의 체계화에 목적을 둔 것이었다.

IX. 육상산의 생애와 사상

1. 생애

육상산은 남송대의 사람이다. 이름은 구연이고 자는 자정子靜이며 금계(강서성) 사람이다. 그가 태어난 탄생 연대를 알아보자. 양간이 지은 「행장」行狀에 의하면 육상산은 소흥 9년 2월에 태어나서, 소희 3년 11월에 세상을 떠났다. 소희 4년 초하루는 이미 서기 1193년 2월 4일이니까 육상산이 세상을 떠났을 때는 1193년 1월이 된다. 따라서 그의 생졸연대는 1139~1193년이어야 한다.[219] 어쨌든 그는 남송대에 살다간 인물로 알려져 있으며, 특히 심즉리 이론의 선구로도 잘 알려져 있다.

육상산(구연)의 가정은 학문하는 가풍이었다. 그는 6형제 중에서 막내였다. 그의 넷째 형 구소와 다섯째 형 구령은 당시 유명한 학자였다. 육상산은 이러한 가학家學의 충만된 환경에서 자라났던 것이다. 자연히 조석으로 두 형의 훈도를 받게 되었고, 육씨 가문의 심학心學은 구소에 의해 열려지고 구령에 의하여 계승되어 구연에 의하여 집대성되었다.[220] 육구연이 훌륭한 학자가 될 수 있었던 것을 보면 가정적 호학의 환경이 얼마나

---

217) 『朱子語類』 卷 126, 或問 佛與莊老不同處 曰 莊老絶滅義理 未盡至 佛則人倫滅盡 至禪則義理滅盡.

218) 尹永海, 앞의 책, pp.7-8.

219) 勞思光 著, 鄭仁在 譯, 『中國哲學史』-宋明篇-, 探求堂, 1987, p.443.

220) 張起鈞 外著, 宋河璟 外譯, 『中國哲學史』, 一志社, 1984, pp.397-398.

중요한지를 알게 해준다.

육상산은 성장하면서 보통 아이들과 달랐다. 이와 관련한 기록이 『송사』에 다음과 같이 실려 있다. "그가 3~4세 때, 그의 아버지에게 '하늘과 땅은 어디가 끝닿은 곳입니까'라고 질문하였는데 아버지는 웃으면서 대답하지 않았다. 마침내 그는 깊이 생각하여 침식도 잊었다. 총각이 되어 행동거지가 보통 아이와 달라 그를 보는 자는 경외하였다."[221] 아버지와의 대화에서 훌륭한 인물로 성장할 기미를 보인 것이다. 부모의 자녀교육이 중요함을 알게 해준다.

어린 시절 육상산이 홀연히 깨닫게 된 화두는 경전에 가까이 함으로써 얻어진 '우주'라는 대목이었다. 『상산전집』의 내용을 소개하여 보자. "어린 시절에 사람들이 암송하는 이천의 말에 '그 자신이 손상되는 듯한 느낌을 받았다'고 한다. 그래서 사람들에게 '이천의 말은 왜 그렇게 공자, 맹자와는 종류가 다른가'라고 반문했다. … 그 후 옛 책을 읽다가 우주라는 두 글자를 풀이한, '사방과 상하가 우宇이고 고대부터 현재까지가 주宙이다'는 대목에서 홀연히 크게 깨닫고 '우주 안의 일은 곧 내 본분 안의 일이고, 내 본분 안의 일은 곧 우주 안의 일이다'고 말했다."[222] 이를 통해 알 수 있듯이 그에 있어 많은 고전을 접하고, 우주론적 깨달음을 향한 연마는 소중한 것이었다.

육상산의 저서로는 어떠한 것들이 있는가. 육상산의 저작은 『문집』 28권, 『어록』 2권, 뒤에 『정문』程文 3권이 덧붙여졌고 『습유』拾遺 1권, 그리고 부록으로 「행장」, 「시의」謚議, 「연보」 등 2권 모두 36권이 있다.[223] 이를 한마디로 말하면 『상산집』과 『어록』으로 집약할 수가 있다. 저술에서 알 수 있듯이 그는 우주와 관련한 언급이나, 심학 등에 대해 철학자다운 면모를 보이고 있다. 특히 송대에 심학을 기점으로 특유 논리를 선보인 점이 상산 자신을 송대 철학의 새로운 개척자로 만들었다.

---

221) 『宋史』 卷434, 「儒林列傳」, 生三四歲 問其父天地何所窮際 父笑而不答 遂深思 至忘寢食 及總角 學止異凡兒 見者敬之.

222) 『象山全集』 卷 33, 角時聞人誦伊川語 自覺若傷我者 亦嘗謂人曰 伊川之言 奚爲與孔子孟子不類 初讀論語 卽疑有子之言支離 … 他日讀古書至宇宙二字 解者曰 四方上下曰宇 往古來今曰宙 忽大省曰宇宙內事 乃己分內事 己分內事 乃宇宙內事.

223) 勞思光 著, 鄭仁在 譯, 『中國哲學史』-宋明篇-, 探求堂, 1987, p.443.

육상산은 벼슬도 하였다. 그는 34세에 진사에 급제하였다. 순희 2년에 여동래의 알선으로 강서성 신주의 아호사에서 주자와 회합하여 토론을 하였으나 서로 학술상 의견의 일치를 보지 못했다. 그때 주자는 46세였고 육상산은 37세였다. 즉 육상산이 이학理學을 비판함으로써 주자의 사상과는 자연히 마찰을 일으킬 수밖에 없었다. 아호사에서 서로 회담한 후 6년, 그가 남강을 유람할 때 주자는 그를 백록동서원으로 청하여 강학토록 하였다.[224] 육상산은 백록동서원에서 "군자는 의義에 밝고 소인은 이利에 밝다"(君子喩於義 小人喩於利)라는 강론을 하였는데, 이것은 『논어』 내용 중의 1장으로 상산이 특별히 의義를 강조한 것이다.

2. 심즉리설

육상산의 심학은 무엇을 지향하고 있는가. 근세 유학은 주자의 이학理學, 장횡거의 기학氣學, 육상산 왕양명의 심학心學으로 전개되어 왔음을 알 수 있다. 심즉리心卽理에 바탕하여 본심을 밝히고明本心, 그 대大를 세우고자 하는 것은 상산 학설의 핵심이다. 여기에서 '대大자'는 리理를 가리킨 말이다. 그리하여 '심즉리'라는 말은 본심을 갖추고 리를 간직하는 것을 말한다.

그렇다면 육상산의 심즉리 설이 나온 배경은 무엇인가. 그의 심즉리라는 단정은 이재에게 부친 편지에 나타난 것으로 알려지고 있다. 이재가 보내온 편지에 "관용하는 마음은 이질적인 것을 세워주지만, 평온한 마음이 이치에 맡기는 것만은 못하다"(容心立異 不如平心任理)는 내용이 있다. 이에 육상산은 답서에서 먼저 관용하는 마음은 열자에서 나왔으며, 평온한 마음은 장자에서 나왔으니 모두 유학용어가 아님을 지적하고, 맹자의 각 절을 인용하여 마음을 논하고 나서 다시 심즉리라는 주장을 제시하였다.[225] 실제 육상산은 맹자의 설을 자주 인용하면서 심즉리를 강조한다.

그리하여 육상산은 맹자의 말을 인용하면서 심즉리의 설을 구체화한다. 그의 견해를

---

224) 張起鈞 外著, 宋河璟 外譯, 『中國哲學史』, 一志社, 1984, p.400.
225) 勞思光 著, 鄭仁在 譯, 『中國哲學史』-宋明篇-, 探求堂, 1987, pp.444-445.

보자. "맹자는 말하였다. 마음의 기능은 생각하는 것이다. 생각하면 그것을 얻고, 생각하지 않으면 얻지 못한다. 또 그는 말하였다. 인간에게 간직되어 있는 것 중 어찌 어질고 의로운 마음이 없겠는가. 그는 말하였다. 마음에 이르러서 홀로 다같이 그러한 바가 없겠는가."226) 맹자가 말하는 심관心官(마음의 기능)은 바르게 사유하고 결국 인의의 마음을 간직토록 역할을 한다. 따라서 심이란 우주적 자아의 리와 같을 수밖에 없으며 심즉리라는 말이 이와 통한다.

우주적 자아, 즉 우주심宇宙心이 오심吾心인 이상, 군자는 이러한 본래의 마음을 간직한다. 육상산은 다음과 같이 말한다. "(맹자) 또 말하였다. 군자가 보통 사람보다 다른 까닭이란 그가 마음을 간직하고 있기 때문이다. 또 그는 말하였다. 현명한 자만이 이 마음을 가진 것이 아니다. 사람은 누구나 다 이를 가지고 있다. 현명한 사람은 잃어버리지 않을 수 있을 뿐이다. 그는 말하였다. 인간이 짐승과 다른 이유는 거의 없다. 서민은 그것을 버리고 군자는 그것을 간직한다."227) 군자만이 그 본심을 간직하며 서민들은 이를 잃어버린다. 그래서 심즉리에서의 심心은 군자의 본심을 간직해야 하는 당위성으로 이끈다.

이에 육상산은 군자와도 같은 사람을 '대인'大人이라는 용어로 대신 사용하면서, 인간은 사단을 소유하므로 심즉리가 될 수 있다고 하였다. 그는 말하기를 "대인은 그 어린이의 마음을 잃지 않는다고 하였다. 사단이란 즉 이 마음이다. 하늘이 나에게 준 것이란 바로 이 마음이다. 사람은 모두 이 마음을 가지고 있으며, 마음은 이 이치를 가지고 있다. 심즉리이다."228) 맹자의 사단설을 원용하면서 육상산은 심즉리에서의 심은 사단과 같은 것으로 간주하였다. 따라서 그에 있어 사단지심四端之心을 간직하는 대인의 자세가 필요한 것이다.

그러나 일부 학자들이 심즉리가 잘 되지 못한다고 육상산은 비판한다. 그는 이에 말한

---

226) 『象山全集』 卷11, 孟子曰 心之官則思 思則得之 不思則不得也 又曰 存乎人者 豈無仁義之心哉 又曰 至於心 獨無所同然乎.
227) 『象山全集』 卷11, 又曰 君子之所以異於人者 以其存心也 又曰 非獨賢者有是心也 人皆有之 賢者能勿喪耳 又曰 人之所以異於禽獸者幾希 庶民去之 君子存之.
228) 『象山全集』 卷11, 故曰 大人者不失其赤子之心 四端者 則此心也 大之所以與我者 卽此心也 人皆有是心 心皆具是理 心卽理也.

다. "오늘날 학자는 단지 곁가지에만 마음을 쓰고, 알맹이 있는 곳을 추구하지 않는다. 맹자는 말하였다. 그 마음을 극진히 발휘하는 이는 그 본성을 알고, 그 본성을 알면 하늘을 안다. 마음은 단지 하나의 마음일 뿐이다. 어느 누구의 마음, 내 벗의 마음, 위로 천년 백년 전의 성현 마음, 아래로 천년 백년 전의 그대로 성현이 있어 그 마음은 역시 단지 이러할 뿐이다."[229] 이처럼 심즉리의 심, 즉 본심을 구유하지 않는 오늘의 학자를 통렬히 비판하고 있는 육상산인 것이다. 그가 말하는 곁가지의 마음이란 바로 사단의 심과 다른 일종의 유혹적인 요소에 끌리는 마음이다.

결국 육상산이 말하는 심즉리心卽理에서 리는 우리가 추구하는 우주의 이치를 말하며, 이는 바로 나의 심에 구비되어 있음을 알아둘 필요가 있다. 이에 육상산은 말한다. "이 리는 우주 사이에 있는데, 어찌 장애를 받은 적이 있는가. 이것은 너 스스로 가라앉아 묻혀버린 것이며, 스스로 가리워 버린 것이며, 알지 못하게 함정 속에 들어가 있는 것이다."[230] 그의 학문은 이 리를 가리는 것이 아니라 이 리를 밝히는데 있다고 하였으며, 이는 유심적 입장에서의 심즉리이다. 따라서 심외의 리는 없다는 사실을 알고, 천지간에 충만된 리를 아는 것도 필요하다. 그것은 나의 본심을 잃지 않을 때 누구나 이 충만된 리에 합일할 수 있다.

3. 교육론

육상산이 추구하는 학문은 한마디로 말하면 심학이다. 그가 말하는 지식은 도문학道問學의 지식이 아니라 존덕성尊德性의 지혜인 것이다. 상산의 사상은 명심明心, 존인存仁으로 부터 위인爲人에 이르렀으니, 이미 완전히 공맹의 정신을 파악하여 그의 심학 체계를 확립하였다.[231] 그가 위에서 심즉리라고 말하는 것 역시 심학의 인의를 강조하였으니, 그에

---

229) 『象山全集』 卷11, 今之學者 只用心於枝葉 不求實處 孟子云 盡其心者知其性 知其性則知天矣 心只是一
  個心 某之心 吾友之心 上而千百載聖賢之心 下而千百載復有一聖賢 其心亦只如此.
230) 『象山全集』 卷35, 此理在宇宙間 何嘗有所礙 是你自沉埋 自蒙蔽 陰陰地在個 陷穽中.
231) 張起鈞 外著, 宋河璟 外譯, 『中國哲學史』, 一志社, 1984, p.410.

게서 우주적 리와 오심吾心을 일치하려는 의지가 엿보인다.

그리하여 상산이 말하는 학문의 본령도 이러한 심학의 인의仁義를 실천하면서 누리는 기쁨에서 모색된다. 그는 다음과 같이 말한다. "진실로 학문에 본령이 있다면, 앎이 미치는 것이란 바로 이것에 미치는 것이다. 인仁이 지키는 것이란 바로 이것을 지키는 것이다. 때로 익히는 것이란 이것을 익히는 것이다. 기뻐하는 것은 이것을 기뻐하는 것이며, 즐거워한다는 것은 이것을 즐거워하는 것이다. 마치 높은 집의 위에다 암기와를 세우는 것과 같다. 즐거움이 진실로 근본을 알면, 『육경』六經은 모두 나의 정수이다."232) 그가 말하는 것처럼 우리가 인의를 심학의 본령에서 실천하는 것이며, 이의 근거는 바로 『육경』이다.

이러한 맥락에서 육상산의 교육 방법은 인의를 실천함은 물론 방법을 터득하여 본말을 잘 아는 것에 있다. "나의 교육 방법은 대개 그 근본을 언제나 중시하게 하고, 말단에 얽매이지 않도록 하였다"233)라고 그는 말한다. 이처럼 교육의 방법에 대해서도 깊은 관심을 보였다. 차서 없이 공부하는 것이 아니라 근본과 말단을 구별하여 연마하는 공부법을 추천한 것이다. 공부길을 잘못 아는 일부 초심자에게는 여간 소중한 말이 이것이다.

그런 까닭에 육상산은 학문을 하는 방법에 있어서도 차서있게 하는 것을 매우 중시하였다. "어떤 학자가 말을 듣고 반성을 함이 있어 편지를 보내어 말하였다. '선생님의 말씀을 들은 뒤부터 천리千里를 뛰어넘는 것이 마치 흙덩이를 건너뛰는 것 같았습니다.' 때문에 이렇게 말하였다. '내가 발명한 것은 학문을 하는 단서이며, 바로 첫째 걸음이다. 이른바 높은데 올라가는데 아래에서부터 하며, 먼데를 가는 데는 가까운 데로부터이다.'"234) 즉 학문은 차서있게 처음부터 단계를 밟아야 한다는 의미에서 그는 그처럼 말한다. 만약 사사로운 작은 것을 무시하고 광대하게 천리가 되는 데로 나가려고 한다면 잘못이라는 것이다.

또 우리가 교육을 함에 있어 환기할 바, 지도자는 반드시 주의해야 할 것이 있다. 육상

---

232) 『象山全集』 卷34, 苟學有本領 則知之所及者 及此也 仁之所守者 守此也 時習之 習此也 說者說此 樂者樂此 如高屋之上建瓴水矣 樂苟知本 六經皆我註脚.

233) 『象山全集』 卷34, 吾之教人 大概使其本常重 不爲末所累.

234) 『象山全集』 卷34, 有學者聽言有省 以書來云 自聽先生之言 越千里如歷塊 因云 吾所發明爲學端緒 乃是第一步 所謂升高自下 涉遐自邇.

산은 이에 주목하며 다음과 같이 말한다. "학자는 모름지기 뜻을 가지고 있어야 한다. 독서는 단지 글의 뜻만을 이해한다면 뜻이 없는 것이다."[235] 교육을 담당하는 학자는 반드시 참 뜻을 알고서, 이 뜻을 대중에게 전달하는 일이 중요하다. 본래의 뜻을 알지 못하고 옆가지만 잡고서 교육을 한다면 이는 잘못된 교육이라는 것이 상산의 입장이다. 이에 독서를 하는 것도 그 내용의 본 뜻을 이해하고 실천에 옮겨야 하며, 곁가지만 잡고 흔들면 안 된다.

따라서 뜻을 바르게 알고 공부하는 참 공부가 필요하다. 『상산전집』에 다음과 같은 글이 기록되어 있다. "부자연이 이로부터 자기 집으로 돌아왔다. 진정기가 질문하였다. '육상산 선생님은 무엇을 먼저 사람들에게 가르칩니까.' 대답하기를, '뜻을 가려내는 것이다.' 진정기는 다시 질문하였다. '무엇을 가려냅니까.' 대답하기를, '의義와 이利를 가려내는 것이다.' 부자연의 답 같은 것은 절실하고 요긴하다고 할 수 있다."[236] 그는 뜻을 바르게 하는 공부를 강조하는데, 그 뜻이란 의를 벗어나지 않고 사리를 극복하는 데서 바람직하게 음미된다.

---

235) 『象山全集』卷35, 學者須是有志 讀書只理會文義 便是無志.
236) 『象山全集』卷34, 傅子淵自此歸其家 陳正己問之曰 陸先生敎人何先 對曰 辨志 正己復曰 何辨 對曰 義利之辨 若子淵之對 可謂切要.

제2장

명대의 철학

Ⅰ. 명대철학의 전개

1. 원·명대철학의 흐름

원元의 짧은 역사는 90여년의 기간밖에 나라가 유지되지 못했다는데 기인한다. 유라시아를 정복하여 대제국을 건설한 몽고 민족은 세조가 원조元朝의 황제로서 남송을 멸망시켜 중국을 통일한 뒤 93년 만에 지배가 끝났기 때문이다. 원대元代의 무력이 강대했던 만큼 석연치 않은 듯한 느낌을 받지만, 실은 너무 지나치게 무력이 강했던 것이 중국 통치에 실패한 원인이 되었다.[1] 근세의 왕조로서 세조는 비교적 짧은 집권을 하였다. 결국 그는 중국의 통치에 실패하고 말았다.

그러나 엄밀히 말하면 원의 역사는 그 이전의 역사가 있었다. 즉 원 왕조는 세조가 남송을 멸망시켜 천하를 통일한 다음부터 중국에 군림하기 약 90년에 이르렀지만, 그 이전에 징기스칸이 몽고족을 통일한 이후 약 70년의 전사前史가 있다.[2] 이에 세조는 몽고사를 보면 원나라의 창업주는 아니지만, 원대 확대기의 군주라고 하는 것이 적절한 말이다. 몽고의 역사 속에서 금·남송 양 왕조가 멸망된 후, 사회 혼란을 수습하는 중국 통일의 군주로서의 역할을 다하였던 것이다.

역사적으로 원은 송의 철학 벗어나지 못했던 점도 생각해 볼 수 있다. 금이 망하고 원이 이를 대신하였기 때문이다. 원의 철학을 송의 철학에다 비하면, 원유元儒는 다만 송유宋儒를 계승한 데서 그쳤고 그 범위를 벗어나는 일은 없었다.[3] 원은 강남을 취하여 천하를 통일하는 대업을 이루게 되자, 종래 남방에만 성했던 철학이 점차 전국에 퍼졌기 때문이다.

이에 더하여 원대 학술이 성하지 못했던 이유로는 다음 세 가지가 있다.[4] 첫째, 원은 몽고에서 일어나 중국을 정복했지만, 언제나 정복자와 피정복자의 구별을 세워서 장관은

---

1) 宮崎市定 著, 曹秉漢 編譯, 『中國史』, 역민사, 1984, pp.325-326.
2) 위의 책, p.305.
3) 가노 나오키 著, 吳二煥 譯, 『中國哲學史』, 乙酉文化社, 1986, p.441.
4) 위의 책, pp.441-442.

반드시 몽고인으로 임명하였으며, 한인漢人·남인南人은 차관 이상에 오를 수 없게 되었다. 둘째, 몽고인은 원래 무지몽매했음과 아울러 불법을 매우 존숭하였으므로 승려의 세력이 대단히 컸다. 셋째, 원대에 이르러 과거科擧의 규칙에 일대 변혁이 있었는데, 그 변혁으로 원초元初에는 사람을 쓰는데도 몽고인 외의 만족蠻族으로서 무력으로 공을 세운 자를 주로 했다.

아무튼 원대의 철학은 짧은 역사로 인해 미미하기 그지없었다. 하지만 원대의 철학자가 없었던 것은 아니다. 원유元儒 중에 중요한 철학자로는 허형(1209~1281)과 유인(1249~1293), 그리고 오징(1249~1333) 등이 있다. 그들의 사상적 특징은 다음과 같다.[5] 허형은 주자의 『소학』과 『사서』를 존경하고 믿기를 신명神明과 같이 하였다. 유인은 소강절의 사상이 지극히 크고, 주렴계는 지극히 정밀하며, 이정은 지극히 바른데, 주자는 그 큰 것을 지극히 하고 그 정밀한 것을 다하여 바름으로 이를 관통했다고 한다. 오징은 도문학과 존덕성을 말하며 특히 존덕성을 강조한 유자였다.

원대와 명대의 사상적 고리는 어떻게 거론될 수 있을 것인가. 여러 가지가 있겠으나 하나를 말하면 다음과 같다. 즉 사서오경에 대한 주자 및 그 학파의 주석서는 원대에 이르러서 관리의 등용시험에 필수적인 교과서가 되고, 명대에는 『영락대전』『성리대전』이 편집되어 주자학은 관학으로서 확고한 지위를 수립하게 되었다.[6] 언급한 바대로 원대와 명대에는 사서오경에 대한 이해가 심화되었고, 또 송대 때에 성행한 성리학 서적이 체계적으로 편집된 점에서 상호 공통점이 있다.

2. 명대철학의 전개

명(1368~1643)의 역사는 원元의 역사와 정도에 있어 다소 차이가 있으나, 송의 역사를 되풀이하는 수준에 머무른 성향이 있다. 즉 자연의 지리 환경이 그다지 변화되지 않고 문화면에서도 송대에 너무 지나치게 진보한 결과 그 뒤에는 이렇다 할 정도의 혁명적

---

5) 위의 책, pp.443-448.
6) 한국철학사상연구회, 『韓國哲學』, 예문서원, 1995, p.35.

진보가 없었기 때문이다.[7] 하지만 과거를 답습하는 현대의 역사를 보면 이처럼 역사가 반복되는 것은 당연한 결과라고 할 수 있을 것이다. 명대의 역사는 송대의 역사를 되풀이하는 선에서 이뤄졌는데, 그것은 명대의 역사보다는 송대의 역사가 더 화려했기 때문인지도 모른다.

하지만 그 차별화를 모색해 본다면 명대 이후에는 송대에 대한 반대의 철학으로 흘러간 성향을 부인할 수 없다. 그리하여 명대 이후의 중국철학 사상은 점차로 반송명反宋明의 유학을 시도하는 경향이 생겨나게 되었다.[8] 남송의 주朱·육陸 두 사람이 등장한 이래, 학계는 주·육 2파로 나뉘어 대치하는 소동이 벌어지고 있었다. 송대는 주로 정통 유학을 고수하는 송대 성리학의 측면이 강했으나, 명대는 종교적 울을 극복하여 유불도 3교의 조화적 측면이 강조되었다. 나아가 송대의 이학理學에 비해 명대에는 심학心學의 심화가 이루어졌다.

그리하여 명나라 때에 유교적 정서가 한 풀 꺾이기는 했다. 명나라 태조는 원대元代를 대신하여 문무를 겸용해서 유학자들을 불러 인재교육을 시켰지만, 유신儒臣 우대에의 성향은 다소 낮아졌다. 태조는 유교 신하의 유기, 송렴 등을 고문으로 기용했지만 그 지위는 극히 낮은 것이었으며, 유신보다는 실무관을, 실무관보다는 무인武人을 중시하는 것이 태조의 방침이었다.[9] 유신儒臣 유기는 뒤늦게야 태조의 기둥과 같은 신하로 위임받았다. 그리고 명의 태조는 한인漢人으로서 원대를 대신하여 문무 겸용의 방책을 정하고 천하의 노유老儒들을 불러 예악을 닦게 하였으며 국자감을 세워 인재 교육에 주력하였다.

여전히 명나라 당시에도 사서오경의 대전大全이 편집되었다. 주자의 사서오경 주석서가 명대에 이르러 오경사서 대전 등으로 편집된 것이다.[10] 태종은 태조의 유지를 계승하고 학업을 권면하여 유신儒臣 호광 등에 명하여 『오경대전』 117권, 『사서대전』 36권을 찬술케 하였다. 이때 『성리대전』 70권을 찬수撰修하여 정주학의 순수함을 편집해서 학문

---

7) 宮崎市定 著, 曹秉漢 編譯, 『中國史』, 역민사, 1984, p.326.
8) 勞思光 著, 鄭仁在 譯, 『中國哲學史』-宋明篇-, 探求堂, 1987, p.6.
9) 宮崎市定 著, 앞의 책, p.328.
10) 우노 세이이찌 編, 김진욱 譯, 『中國의 思想』, 열음사, 1986, p.39.

의 교재로 쓰게 되었다.

나아가 명나라 때에는 유불도 3교 조화의 사상이 전개되는 특징을 지닌다. 주렴계 이래 원래 신유학 자체가 3교의 상호 영향 하에 성립된 것은 주지의 사실이다. 특히 명대 중기 이후에는 직접적으로 3교 합일을 주장하는 사람들이 생겨났다. 그중 많은 사람들이 왕양명의 제자인 왕심재나 왕용계와 사제관계 혹은 교유관계에 있었다.[11] 승려인 감산대사의 『노자』와 『장자』 주해를 통한 불교와 도가의 접근 등도 유불도 3교 합일을 지향하는 하나의 대표적인 학풍이었다. 감산대사의 『노자』 주해는 불교 입장에서 도가를 이해하는 것이다

명대에 유행한 양명학 속에 이미 3교의 사상이 용해되어 있음을 알 수 있다. 양명학에는 유불도의 지혜가 용해되어 있을 뿐만 아니라 명대 이후의 이른바 근세적인 요소가 포함되어 있다는 주장도 제기되곤 한다.[12] 송·명대부터 중국의 역사는 근세로 접어들고 있었으며, 이때 유불도 3교의 장점이 서로 학적으로 접근되는 등 지혜 발휘가 명대 때에 주로 유행하였다. 유교와 도교의 접근, 불교와 도교의 접근 등에 바탕하여 3교 합일의 정신이 명대 때 특히 유행한 것은 일면 종교간 대화의 측면에서 괄목할만한 일이다.

또 명나라 때 자본주의의 싹이 보인다는 점도 한 특징이다. 이미 언급하였듯이 명대는 근대에 접어드는 시기였다. 중국의 경우, 명대 중기에 이르면서 수공업이 발전하고 고용 노동이 증대하며 상업이 발전하고 고리대업이 흥기하는 등 자본주의 맹아가 나타나기 시작하였다.[13] 이러한 자본주의 맹아가 보이므로 인해 상호 교류가 빈번해지고, 상업의 활성화로 인해 명대는 의식주의 풍요를 기약하는 시기였다.

명말이 되면서 명나라는 쇠퇴의 길을 걷는다. 중국은 명말에 이미 쇠약, 혼란한 시기에 들어갔는데, 그 시기의 가장 두렷한 병통은 제도의 무력함에 있었다. 일체의 제도가 힘을 상실함으로 인해서 대외적으로 이족異族의 침입을 방어할 수 없었고, 대내적으로는 사회

---

11) 김수중, 「양명학의 입장에서 본 원불교 정신」, 제18회 원불교사상연구 학술대회 《少太山 大宗師와 鼎山宗師》, 원광대 원불교사상연구원, 1999년 2월 2일, p.31.
12) 위의 책, p.37.
13) 한국철학사상연구회, 『韓國哲學』, 예문서원, 1995, p.62.

의 질서를 유지할 수 없었다. 이 두 면은 만청滿淸이 환난을 만들고, 도적떼들이 일어나는 데 이용될 수 있는 대표적인 것이다.[14] 아무튼 명대의 사상계는 송대에 비하면 적막하고 단조로운 감이 있었으나 원대·청대에 비하면 융성하였다는 점은 다소 안위할 정도이다.

II. 오여필의 생애와 사상

오여필(1391~1469)은 명대 초기의 철학자로서 자는 자전이다. 그는 또 강재라 부르며, 무주의 숭인 사람이기도 하다. 그의 학문 연원으로 간주되는 숭인이란 곳은 원대元代의 오장려가 태어난 땅이므로, 간접적으로 이들의 영향을 받았던 것은 아닐까 사료된다.[15] 하여간 그의 학문적 연원은 정확하지가 않으며, 다만 그가 주자학에 깊은 관심을 가진 정도로만 알려져 있다.

또 유학에 대한 호학의 정신으로 오여필은 그의 생애를 살았다. 그의 전傳에 의하면 소년 시절에 『이락연원록』을 읽고서 개연히 구도할 뜻이 있었다고 한다. 그는 마침내 과거 공부를 버리고 인간사를 사절하며, 홀로 작은 누각에 처하여 사서오경과 제유諸儒의 어록을 정독하고, 이것을 몸과 마음에 달라붙게 하면서 누각에서 내려오지 않기를 2년이나 했다고 한다.[16] 사서오경의 독서는 그의 성격을 순화하며, 유학을 실천하려는 의지에서 비롯되고 있다.

오여필은 학덕이 있어 따르는 제자가 많았다고 한다. 후에 그를 따르는 제자가 상당히 많았는데 그는 제자를 가르침과 아울러 그들을 이끌고서 농사를 지었으며, 돌아와서는 현미밥을 함께 들며 도를 이야기하는 것을 즐거움으로 삼았다.[17] 그는 제자들과 손수 농사도 지으면서 도학을 공부하는 재미를 누구보다 더 느낀 것 같다. 안빈낙도로서 사제 간의 훈도와 같은 아름다운 모습이 이것이라 생각한다.

---

14) 勞思光 著, 鄭仁在 譯, 『中國哲學史』-宋明篇-, 探求堂, 1987, p.7.
15) 가노 나오키 著, 吳二煥 譯, 『中國哲學史』, 乙酉文化社, 1986, pp.452-453.
16) 위의 책, p.453.
17) 위의 책.

기록에 의하면 오여필이 벼슬을 하도록 요청받았다고 하지만, 그는 벼슬에 연연하지 않고 거절하였다. 천순(영종의 연호) 초에 석향이라는 간사한 신하가 있어, 오여필을 문하에다 두어 명망을 얻고자 하여, 사람을 시켜서 그를 황제에게 천거케 하였다. 황제는 오여필을 동궁시강東宮侍講에 임명하고자 했으나 그 자신이 사퇴하고 물러가, 결국 처사로서 일생을 마쳤다.[18] 호학을 추구하는 오여필이었으므로 벼슬에는 그다지 관심이 없었다.

오여필의 학문은 실천궁행에 초점이 있었다. 많은 유자들이 추구하는 것은 실천을 통해 도를 이루는 것이었는데, 그에게도 이의 예외가 아니었다. 그는 실천궁행을 주로 삼아, 후세의 학자들이 부질없이 경전에서 전주箋注를 하는 것은 유해무익이라 하여 저술을 천시했다.[19] 따라서 그는 저술을 하는 것보다 몸소 실천을 도모하여 제자를 훈도하는 의지가 강하였다.

학문을 하는데 있어 오여필이 즐거움으로 삼았던 이유는 무엇인가. 이에 대해서는 황종희가 말한 내용을 소개해 본다. "오여필 선생의 학문은 각고 노력하여 『오경』五更에 베갯머리에서 땀과 눈물을 흘리다가 얻은 것이 많다. 얻게 되어 즐거워지면 그는 또 손발이 흥에 겨워 춤추는 줄을 알지 못했다. 대저 70년을 하루같이 분해하다가 즐거워하다가 하였으니, 성현 마음의 정수를 홀로 얻은 분이라고 말할 수 있다."[20] 구도하는 과정에서 오는 즐거움을 이처럼 온몸으로 표현하였다. 호학의 정신에서 나오는 즐거움, 실천궁행에서 나오는 즐거움을 그는 온몸으로 표현하지 않을 수 없었던 것이다.

하지만 오여필의 가정 살림은 가난하기 그지없었다. 그의 어록을 보면, "부귀에도 방탕하지 않고 빈천에도 즐거우니 사나이 여기에 이르면 이야말로 멋진 사내이다."[21] 가난함에 대해 전혀 굴함이 없이 유자로서 안빈낙도하는 즐거움을 추구한 셈이다. 그는 부귀나 빈천에 굴하지 않는 여여한 마음을 간직하였던 것이다.

---

18) 가노 나오키 著, 앞의 책, p.453.
19) 위의 책, p.453.
20) 先生之學 刻苦奮勵 多從五更枕上汗流淚下得來 及夫得之而有以自樂 則又不知足之蹈之手之舞之 蓋七十年如一日 憤樂相生 可謂獨得聖賢之心精者(가노 나오키 著, 吳二煥 譯, 『中國哲學史』, 乙酉文化社, 1986, p.453).
21) 富貴不淫貧賤樂 男兒到此是豪雄(가노 나오키 著, 앞의 책, pp.453-454).

맑은 정신 수련과 독서를 함으로써 오여필은 자신의 안빈낙도의 삶을 마음껏 향유하였다. 이를테면 그가 말하듯이, 밥 먹은 후에 동창에 앉아 있으니 그의 사지가 편안하고 정신이 맑았다. 책을 읽으니 더욱 더 진보가 있었으니, 그는 며칠을 이런 상태로 계속한다면 다시 한 관문을 꿰뚫을 것이라고 하였다.[22] 그는 고요함의 명상을 통해 마음을 맑히고, 맑은 마음으로 독서를 즐기며 유자로서 명상의 영성 세계에서 노닐었다.

요컨대 오여필의 학설을 정리해 본다면,[23] 그는 순수한 주자학자로서 첫째, 천리와 인욕을 나누어, 경敬으로써 마음을 수렴하여 전자를 보존하고 후자를 제거하고자 하였다. 둘째, 그는 정과 동으로 나누어 정할 때는 존양을 주로 하고, 동할 때는 성찰을 주로 하고자 하였다. 셋째, 그는 일에 접하여 그것을 마땅히 해야 할 것인가 아닌가를 생각하여 이에 조금도 이해를 계산하지 말 것을 강조하였다.

III. 호거인의 생애와 사상

명유明儒로서 호거인(1434~1484)은 어떠한 인물인가. 그의 자는 숙심이다. 그는 강서성 여간 사람으로 경재敬齋 선생이라 부르기도 한다. 그는 약관의 나이로 성현의 학문에 뜻을 두고서 오강재에게 나아가 배웠으며, 또 사방을 다니면서 여러 명유들과 두루 교제하여 마침내 대유大儒가 되었다.[24] 아울러 그의 저술로는 『호경재집』 및 『거업록』 등이 있으며, 이 『거업록』은 그가 강론하면서 깨달은 심경을 기록하였다. 이는 그의 문인이 편찬한 것으로 총 8권으로 되어 있다.

호거인의 스승으로는 그 스스로가 사사했던 오강재였다. 그의 스승 강재는 주자학파에 속한다. 곧 그는 스승 강재의 설을 굳게 받들어 유자로서 주자학을 계승하였다. 그의 학문은 주자가 강조했던 거경居敬과 관련이 있다. 학문 속에 경敬에 관한 내용이 주류를

---

22) 가노 나오키 著, 吳二煥 譯, 『中國哲學史』, 乙酉文化社, 1986, p.454.
23) 위의 책.
24) 위의 책, p.454.

이루고 있는 것이 그것이다.

호거인의 학문은 경을 요체로 삼고 있는 것이다. 그의 호가 경재敬齋라 불리듯이 그는 경을 매우 강조하였다. 그는 경에 대해 세 종류를 들었다.[25] 첫째, 단장端莊, 정숙整肅, 엄위嚴威, 엄격儼格이란 경의 입구이므로 우리가 위의와 용모를 단정히 하는 것은 경에 들어가는 학문이다. 둘째, 제시환성提撕喚醒(이끌어서 일깨움)은 접속처이니, 우리는 주의하여 경을 환기시키지 않으면 안 된다. 셋째, 주일무적主一無適과 담연순일湛然純一이니, 이를 '경지무간단처'敬之無間斷處라고 한다. 이 경지에 이르러야 조차전패造次顚沛(발을 헛디뎌 아차하고 넘어짐)하여도 경을 떠나지 않는다는 것이다.

이렇게 하여 호거인은 경敬의 상태에 이르고자 하였다. 그는 정신이 말짱하여 흐리멍텅하지 않고, 순수하고 밝아 어지럽지 않으니, 바로 경의 효험이 나타난 상태라 하였다.[26] 곧 경은 마음을 간직토록 하여 마음 가운데 언제나 주재가 있게 하는 소이가 된다. 그렇지 않을 경우 경거망동하며, 마침내는 사사로움에 빠져 의義에 위반되는 행동을 하기 때문이다.

나아가 호거인은 거경居敬을 함에 노·불과 하나 됨을 경계하였다. 그는 세상의 심학을 추구하는 사람들은 정시무심靜時無心을 추구하는 자들이라 하여, 이에 해당되는 자는 무념 무상하여 마음도 없고 리理도 없다고 하니 허공·허무와 같이 잘못되었다는 것이다.[27] 천명天命의 성性은 태어남과 더불어 생겨나 잠시도 떠날 수 없기 때문이다. 유가에서 말하는 리理 역시 안에 온전히 갖추어져 있으므로 언제나 계근공구戒謹恐懼(삼가고 두려워함)하며 이를 존양存養하지 않으면 안 된다는 입장에서 불교의 공空을 비판하고 있다. 그는 후래 불교 내지 육왕의 심학을 추구하는 자들에 대한 모순을 지적한다.

특히 호거인은 노·불 중에서 선가禪家가 도를 해치는 것이 매우 심하다고 하였다. 그는 우선 유교와 불교의 유사한 점을 다음과 같이 상호 대비한다.[28] 그들의 좌선 입정 공부는

---

25) 위의 책, p.455.
26) 惺惺不昧, 精明不亂, 是敬之效驗處(가노 나오키 著, 吳二煥 譯, 『中國哲學史』, 乙酉文化社, 1986, p.455).
27) 가노 나오키 著, 앞의 책, pp.455-456.
28) 위의 책, p.456.

우리 유가의 존심存心 공부와 유사하며, 그들은 마음이 공하다고 하지만 이것은 우리의 허심과 유사하다. 그들에게 정좌靜坐가 있다면 우리에게는 주정主靜이 있고, 그들에게 쾌락이 있다면 우리에게 열락悅樂이 있다. 나아가 그들에게 성주법계性周法界가 있다면 우리에게는 만물일체가 있다고 그는 말하였다.

이같이 외견상의 유사한 점과 달리 유·불의 차이는 분명히 있는 것이다. 그가 말하는 바는 다음과 같다. 유가는 쇄소灑掃(청소하는 것) 응대應待(대인접물)로부터 시서예악詩書禮樂에 이르며, 한 가지 일, 한 가지 사물이라도 언제나 그 리理를 궁구하지 않음이 없지만, 선가禪家는 묵좌성심黙坐誠心하여 생각을 끊고 공적空寂을 구하여 마음이 영통할 수 있게 된다고 한다.[29] 하지만 유교의 경우 이와 달리 마음을 보존하는 것이 더욱 익어지고 이를 살피는 것이 더욱 정밀하게 되면, 마음은 리理와 하나가 된다. 그리고 동정어묵에 천리가 나타나지 않음이 없다고 하니 마침내 유교와 불교에 차이가 크기만 하다.

IV. 설선의 생애와 사상

설선(1389~1464)은 자가 덕온이다. 그는 경헌이라 불리었으며, 산서성 하진 사람이다. 설선은 오강재와 동시에 주자학을 제창하였고, 문인 역시 많아 마침내 하나의 학파를 이루었다.[30] 그의 벼슬은 예부우시랑禮部右侍郞 겸 한림학사에 이르렀다. 이처럼 그는 학문에 매진함과 동시에 벼슬 활동도 하여 당시에 잘 알려진 인물이었다.

설선의 저술은 어떠한 것들이 있는가. 그의 저술로는 문집과 독서록이 있다. 이는 마치 호거인의 『거업록』과 같은데, 사상이란 점으로 논한다면 오히려 호거인보다 뒤지는 듯이 생각된다.[31] 설선은 이러한 저술을 통해 그의 사상을 전개하려는 노력을 다하였다. 그러나 사상에 있어 그의 독자성 여부에 대해서는 그다지 높은 평가를 받지 못했다.

---

29) 위의 책.
30) 가노 나오키 著, 위의 책, p.457.
31) 위의 책.

설선으로서 독자적 학문을 위해서는 당대의 주자학을 뛰어넘든가, 새롭게 전승하는 과제가 있었을 것이다. 설선의 학문은 주자학과 천리 인욕에 관심을 가지고 있다. 그는 주자학자이므로 그 학설 역시 예禮에 따라 동정을 나누고 천리 인욕을 말하였으며, 그리고 복성復性을 그 귀착지로 삼았다.[32] 천리를 간직하고 인욕을 극복하고자 하는 것을 학문의 큰 목표로 삼았으니, 이는 주자의 사상을 답습하고 있음을 알게 해준다.

그리하여 설선은 천리를 간직하고 인욕을 없애는 방법으로 인의에 맞게 행동해야 함을 역설하고 있다. 그는 말하기를, 언제나 어떤 일은 인仁인가 어떤 일은 의義인가를 반성하여, 인의에 맞는 것이라면 이를 활용해야 할 것이라고 하였다.[33] 인의를 실천하는데 공을 들이면 도를 깨달을 수 있으리라 본다.

나아가 설선은 리理와 의義의 문제에 대해서도 관심을 가지고 있었다. 그에 의하면 리理라는 것은 우리가 주관적으로 정한 것이 아니라 사물 그 자체에 존재하고 있으며, 그 사물에 처하여 떳떳함에 맞는 것을 의義라 하므로 선유先儒도 "사물에 있는 것은 리이며 사물에 처하는 것은 의이다"라고 하였다.[34] 리는 객체적인 것을 가리키며, 의는 주체적인 것을 말한다. 이는 명실名實로도 이어진다. 그리하여 이 리는 무엇으로 아느냐 하면, 성현의 책에 실린 것이 곧 그것으로, 책이 말하는 바는 도리의 명이요, 천지 만물이 갖춘 바는 도리의 실이라는 것이다.

어쨌든 설선의 한계점이 없는 것도 아니다. 그는 순수한 주자류의 학자인데, 오직 실천을 중시하여 학문 공부가 지나치게 구속되고 삼감에 빠져 있으므로 왕학가王學家처럼 간단 명료함을 귀하게 여기는 이들은 그를 매우 신통치 않게 여겼다.[35] 누구나 당시의 한계가 있는 것처럼 설선 역시 자신의 한계가 있었다. 학문적 한계가 그것으로, 그는 주자학에 국집되어 있음과 동시에 또 실천에 구애되는 한계에 직면하였다.

설선은 결국 자신의 생애를 다하여서야 도를 깨달았는지도 모른다. 76세에 죽었는데,

---

32) 위의 책.
33) 위의 책.
34) 위의 책.
35) 위의 책, p.458.

시를 지어 "76년 동안 아무 일도 없었는데 / 이 마음 비로소 성性과 천天이 통함을 깨달았네"(七十六年無一事 此心始覺性天通)라고 하였다.36) 그가 깨달음의 세계를 간직하는 데에는 우리 모두가 그러듯이 현실의 삶에서 어려움에 처하는 경우가 많았다. 인생 후반에 우리는 완벽한 인간을 지향하는 경향이 있는데 설선도 그 예외는 아니었다.

V. 진헌장의 생애와 사상

진헌장(1428~1500)의 명은 헌장, 자는 공보이며 광동신회廣東新會의 백사리인, 호는 백사 또는 석재라 칭하였다. 하늘의 별과 같이 또렷하여 어릴 때부터 총명하였다. 그는 광동성 신회현의 백사白沙 마을 사람으로, 보통 백사 선생으로 일컬어졌고 오여필에게서 배운 적이 있다.37) 명明의 선종 선덕 3년생이며, 효종 홍치 13년에 서거하여 향년 73세를 보냈고, 용모가 걸출하여 신장이 7척이나 되었다.

배움에 관심이 많았던 진헌장이 처음 배운 것은 주자학이었고, 나중에 자득한 것은 육상산의 학이었다.38) 인생의 초반기에 주자 공부를 열심히 하였으며, 인생 중반을 넘어서며 심학에 관심이 많았고 수양론에 대해서도 관심이 지대하였다. 그의 저서로는 『백사어요』白沙語要가 있다.

그리고 진헌장은 학문 적공에 대해 관심이 많았다. 다음과 같이 그는 적공에 대해 말한다. "나는 재주가 남만 못하며, 27세가 되어서야 분발하여 오여필 선생에게 배웠다. … 그러나 학문에 들어가는 길을 깨닫지 못했다. 자주 백사 마을로 돌아가 두문불출 오직 공부의 방법을 탐구했다."39) 그가 말하는 것처럼 학문을 하려는 의지가 강하게 나타난다. 두문불출이라는 용어를 사용하면서까지 공부하려는 자세가 숙연하였다.

---

36) 위의 책.
37) 풍우란 著, 박성규 譯, 『중국철학사』(下), 까치, 1999, p.591.
38) 위의 책, p.592.
39) 『陳獻章集』 「復趙提學」, 僕才不逮 年二十七始發憤從吳聘君學 … 然未知入處 比歸白沙 杜門不出 專求所以用力之方.

지적 만족을 위해서 진헌장은 리理의 인식을 강조하고 나선다. 이러한 리理는 그에 있어 본연의 도가 포용하지 않음이 없고 존재하지 않은 곳이 없다는 것과 관련된다. 도와 이의 측면에서 더욱 그렇다. 그는 이에 말한다. "이 리理는 지극히 광대한 간섭을 미쳐서 내외도 없고 시종도 없고 이르지 않는 곳이 없고 잠시도 운행하지 않을 때가 없다. 이것을 알면 하늘과 땅은 내가 세우고, 만물의 모든 조화는 내게서 생기므로 우주는 내 안에 존재한다. 이 지침을 바탕으로 착수하면 무슨 문제가 또 있겠는가."40) 과거로부터 현재까지 모든 것이 한결같이 관철되고 가지런히 정돈되어 어느 때든 항상 충만해 있으니, 모든 것을 이 리理에 맡기면 된다. 이는 존재하지 않는 곳이 없으므로 이른바 성誠과 같은 위상을 지닌다.

나아가 번잡한 공부 방법을 버리고 간략한 방법을 추구하여 오직 정좌靜坐 수행에 힘쓴 진헌장이었다. 그의 수양론은 바로 정좌 수양이라 해도 틀린 말은 아니다. 그는 성인이 되는 길로 정좌라는 방법을 동원하고 있다. "일상생활에서 모든 대응은 내 욕망을 따르더라도, 마치 말을 재갈로 부리듯이 자연스러웠다. … 마침내 스스로 확실한 믿음이 생겨 '성인이 되는 공부는 바로 여기에 있지 않는가'라고 생각하여, 누가 배움을 청하면 곧 정좌를 가르쳤다."41) 이처럼 그는 고요히 앉아서 수양에 몰두하여 마치 불교의 좌선과 같은 경지에 이르고자 하였다. 수양공부에 있어서 정좌, 무욕, 망아를 강조하였다.

이에 더하여 진헌장은 각覺에 대해서도 강조하고 있다. 깨달음의 세계를 추구하고자 한 그였으므로 정좌 수양을 통한 각을 추구하였는지도 모른다. 그는 '단예'端倪로서 '매사를 바르게 보아' 각을 자주 말한 것으로 알려지고 있다. 이 양자는 같은 것을 가리키며, 우리는 각에 의해 '나는 크고 사물은 작으며, 사물이 다하더라도 나는 다하는 일이 없음을 아는 것'이다.42) 그에 있어, 내가 다함이 없다면 시간과 공간을 초월하며 생사도 초탈하고 부귀빈천도 나의 마음을 번거롭게 하지 못하는 것으로 비추어졌다. 초탈 자재적 수양

---

40) 『陳獻章集』「與林郡博第六函」, 此理干涉至大 無內外 無終始 無一處不到 無一息不運 會此則天地我立 萬化我出 而宇宙在我矣 得此覇柄入手 更有何事.

41) 『陳獻章集』「復趙提學」, 日用間種種應酬 隨吾所欲 如馬之御銜勒也 … 於是渙然自信曰 作聖之功 其在玆乎 有學於僕者 輒敎之靜坐.

42) 가노 나오키 著, 앞의 책, p.459.

의 경지가 잘 드러나 있다.

VI. 왕양명의 생애와 사상

1. 생애

『연보』의 기록에 의하면 왕양명(1472~1529)은 명나라 헌종 때의 사람으로, 성화 8년 9월에 태어나서 명나라 세종, 가정嘉靖 7년 11월에 세상을 떠났다. 그는 1486년 15세에 용삼관에 노닐면서 사방을 여행할 뜻을 가지고 있었으니, 그의 포부와 기질이 경생經生의 류가 아님을 알 수 있다.[43] 그의 이름은 수인守仁이다. 그의 자는 백안, 호는 양명陽明이며 절강성 소흥부 여요현 사람이다.

왕양명의 어린 시절을 살펴보도록 한다. 그가 살았던 유년 시절에 대해 여러 전설이 전해지고 있다. 그는 14개월 만에 태어났다고 한다. 또 태어날 때 조모祖母는, 신인이 아기를 구름 속으로부터 보내오는 꿈을 꾸었으므로 그래서 운雲이라 이름 지었는데, 5세까지 말을 못하더니 이상한 스님이 있어 그를 보고서는 "아깝구나, 도가 깨어졌다"라고 하므로 지금의 이름으로 고쳤다고 한다.[44] 전언傳言은 그것이 사실이 아니더라도 당시 그가 큰 인물이 될 것을 기약한 것처럼 보인다.

더욱 양명은 어린 시절에 영특함을 보이며 남을 놀라게 하는 시를 짓기도 하였다. 특히 시문詩文에 뛰어나, 11세에 조부를 따라 북쪽으로 가던 도중, 금산사에 이르러 객에게 대답하여 시를 지어 올렸다. "금산 한점 크기 주먹만한데 / 유양維揚(양주) 물 밑의 하늘을 깨뜨리네 / 취해서 묘고대妙高臺 위의 달에 기대어 / 옥 통소를 부니 동굴 속 용이 잠을 거둔다."[45] 그는 어렸음에도 불구하고 철학에의 심오한 자질을 선보였던 것이다.

---

43) 勞思光 著, 鄭仁在 譯, 『中國哲學史』-宋明篇-, 探求堂, 1987, p.469.

44) 가노 나오키 著, 앞의 책, p.460.

45) 金山一點大如拳 打破維揚水底天 醉倚妙高臺上月 玉簫吹徹洞龍眠(가노 나오키 著, 吳二煥 譯, 『中國哲學史』, 乙酉文化社, 1986, p.460再引用).

왕양명은 17세에 결혼을 하였다. 결혼과 관련해서 그의 재미있는 설이 전해지는데, 결혼하던 날 그는 바로 집을 나가 철주궁에 들어가서 도사를 만나 더불어 이야기하느라고 돌아올 줄 몰랐다고 한다.[46] 도가道家에 대해서 지나치게 흥미를 느낀 나머지 그는 신부와 신혼의 첫날 기쁨도 잊어버린 것 같다. 그가 구도적 열정으로 도사에 관심을 가진 것이 지극했던 탓이리라 본다.

그리하여 양명은 주자학에서 벗어나 도사의 양생론에 많은 관심을 가지고 있었다. 1492년 21세 되던 해, 그는 주자의 설에 근거하여 격물格物의 학에 종사하여 대나무를 연구하였으나, 그 이치를 얻지 못하고 병에 걸리고 말았다.[47] 이어서 27세에 그는 주자학을 연구하였지만, 주자와 뜻을 달리하여 성인과 현인에게 분별이 있음을 말하였다. 성인이 되고자 그는 도사의 양생술을 흠모하였다.

사유의 정도가 특화됨에 따라 양명은 도교와 불교로부터 벗어나게 되었다. 나이 31세 때에 그는 구화九華에 노닐었고, 도사 채봉두를 만났으며 또 지장동의 이인을 방문하기도 하였다. 왕양명은 이때 도교 및 신선가를 지극히 흠모하였으므로 같은 해에 병으로 절강에 돌아와 양명동 속에 집을 짓고, 도인술을 행하여 얻은 것이 상당하였다.[48] 이러한 사유의 과정을 거친 후, 그는 과거를 후회하고 "정신을 희롱하며 노니는 것은 도에 무익하다"며, 불교와 도교의 수련에서 벗어났다.

왕양명은 벼슬도 하였으며 귀양을 간 경험도 있다. 그에게 인생의 역정이 순탄치만은 않았다. 양명은 진사에 합격하여 관직을 얻었던 것이다. 그는 병부주사兵部主事가 되기도 하였다. 이때 마침 환관인 유근이 국가 권력을 움켜쥐고 언관言官들을 투혹하고 말았다. 양명은 이에 항소하여 이들을 구제하려다 유근의 분노를 사게 되었다. 유근은 조칙을 고쳐 그를 귀주의 용장역으로 유배시키고, 게다가 사람을 시켜 도중에 그를 죽이려 했는데 그는 물에 빠진 것처럼 보이게 해서 탈출하여, 마침내 귀양지에 다다랐다.[49] 그가 당

---

46) 가노 나오키 著, 앞의 책, p.460.
47) 勞思光 著, 鄭仁在 譯, 『中國哲學史』-宋明篇-, 探求堂, 1987, p.470.
48) 위의 책.
49) 가노 나오키 著, 앞의 책, p.461.

도한 귀양지에서 영욕의 고락을 맞보며 삶의 의미에 회의를 느꼈다. 하지만 그 후 다시 벼슬에 임용되었는데 남경병부南京兵部 상서尙書에 올랐다.

2. 심즉리설

왕양명의 심즉리心卽理 이론이 등장한 배경과 그 의미를 살펴보자. 양명은 육상산의 학문을 이어받아 대성하였는데, 그의 심즉리 설은 육상산이 수창首唱한 것을 보다 새롭게 한 것이다. 양명이 밝힌 심학은 '내 마음이 곧 이치'心卽理라고 보는 사상적 입장을 가리키는 개념으로, 이 입장은 사실 이학理學의 성품이 곧 이치性卽理라는 선언을 비판적으로 전제하고 나타난 사상적 경향이다.50) 이 심즉리의 이론에 의하면, 곧 물리物理는 오심吾心 밖에 있지 않으니 오심을 밖으로 해서 물리를 구하지 말 것을 강조한다. 이처럼 양명의 학설은 유심론으로서 일체의 실재는 심心의 일원一元에 있다는 논리를 대표한다. 심즉리는 동양의 심학 전개에 심오성을 더해주었다.

왕양명이 밝힌 심즉리에 있어서 주목할 것은, 인간으로서의 도리 즉 리理는 다른 것이 아니라 마음이라는 것이다. 이와 관련하여 그는 다음과 같이 말한다. "예컨대 아버지를 섬기는데 아버지에게 가서 하나의 효도하는 이치를 구한다고 말할 수 있겠는가. 임금을 섬기는데 임금한테 가서 하나의 충성하는 이치를 구한다고 말할 수 있겠는가. 벗을 사귀고 백성을 다스리는데 벗과 백성에게 가서 믿음과 어짊의 이치를 구한다고 말할 수 있겠는가. 모두 다만 이 마음에 있을 뿐이다. 심즉리이다."51) 이처럼 그는 인간으로서 윤리 강상을 예로 들면서 심즉리 이론을 심도 있게 전개한다.

양명이 심즉리를 주장하면서 강조하는 바는 심心 밖에서 리理를 구하지 말라는 것이다. 마음은 곧 이치이기 때문이다. 그는 말하기를 "마음을 밖으로 하고서 이치를 구하는 것은 지와 행을 두 가지로 만드는 까닭이다. 나의 마음에서 이치를 구하는 이것은 성인 문하의

---

50) 한국철학사상연구회, 『韓國哲學』, 예문서원, 1995, p.43.
51) 王陽明, 『傳習錄』上, 如事父 不成去父上求個孝的理 事君 不成去君上求個忠的理 交又治民 不成去友上民上求個信與仁的理 都只在此心 心卽理也.

합일적 가르침이다. 군자가 또 무엇을 의심할 것인가."52) 만일 우리가 마음을 밖으로 하여 이치를 구한다면 결국 앎과 행동에 일치를 얻지 못하는 꼴이다. 마음 자체에서 리理를 인지하는 것 자체가 군자요 성인이 된다는 의미가 이와 관련된다.

구체적으로 이에 대해서 언급해 보자. 이를테면 심心 밖에서 사물의 이치를 구하는 것은 사물의 이치를 무시하는 행위의 입장임을 양명은 밝힌다. 심즉리에 대한 그의 강한 신념에서 이러한 견해가 밝혀진다. "오로지 본심만 추구하여 마침내 사물의 이치物理를 빠트린다고 했는데, 이것은 대개 그 본심을 잃어버린 것이다. 대개 사물의 이치는 나의 마음 밖에 있지 않다. 나의 마음 밖에서 사물의 이치를 구하는 것은 사물이 이치를 무시하는 것이다. 사물의 이치를 빠트리고 나의 마음에서 구한다면, 나의 마음은 또 어떤 것인가."53) 그의 견해에서 보면 사물의 이치가 나의 마음속에 있으므로 마음 밖에서 구하는 행위는 있을 수 없다는 의미이다.

따라서 심心과 리理를 둘로 보아 이를 추구하려든다면 학자들의 큰 폐단이라는 것이 양명의 입장이다. 이에 양명은 말한다. "이치가 비록 만물에 흩어져 있다 하더라도 사실 한 사람의 마음 밖에 있지 않다. 그것이 한 번 나누고 한 번 합치되는 사이가 되면, 이미 학자들에게 마음과 이치가 둘이 된다는 폐단을 열어놓음을 면할 수 없다. 이것이 후세에 오직 본심만을 추구하면 드디어 사물이 이치를 빠트리게 된다는 것을 가지게 된 까닭인데, 바로 심즉리임을 알지 못한 데서 말미암은 것이다."54) 그의 언급처럼 일부의 학자라도 심즉리임을 알지 못하고 학문과 도를 구하는 행위는 참된 학자가 될 수 없다.

후래 심즉리에 대한 평가는 어떠한가. 다시 말해서 왕양명의 심즉리는 정주 이학에서의 성즉리에 비해 화엄이나 선학禪學의 영향을 훨씬 더 받고 있다.55) 이는 왕양명의 심즉

---

52) 王陽明, 『傳習錄』 中, 外心以求理 此知行之所以二也 求理於吾心 此聖門合一之敎 君子又何疑乎.

53) 王陽明, 『傳習錄』 上, 專求本心 遂遺物理 此蓋失其本心者也 夫物理不外於吾心 外吾心而求物理 無物理矣 遺物理而求吾心 吾心又何物邪.

54) 王陽明, 『傳習錄』 上, 理雖散在萬事 而實不外乎一人之心 爲其一分一合之間 而未免已啓學者心理爲二之蔽 此後世所以有專求本心 遂遺物理之患 正由不知心卽理耳.

55) 宋在雲, 『양명철학의 연구』, 思社硏, 1991, p.114. 김수중, 「양명학의 입장에서 본 원불교 정신」, 제18회 원불교사상연구 학술대회《少太山 大宗師와 鼎山宗師》, 원광대 원불교사상연구원, 1999년 2월 2일, p.31再引用.

리 사상이 불가의 사상과 깊은 관련이 있음을 증명하는 것이다. 양명의 이론이 정통 유학의 설에서 비켜나 있는 것으로 생각하는 유학자들이 많이 있다는 사실을 보아도 그가 정통 유학자들에게 이단으로 비추어졌던 것은 부인할 수 없다.

3. 양지론

양지良知의 이론은 원래 맹자의 설이다. 『맹자』의 「진심」 상편에 "불려이지자 기양지야"不慮而知者 其良知也(사려하지 않아도 아는 것은 양지이다)라고 하였다. 맹자의 양지 양능설은 왕양명의 심학으로 이어져 양지설로 발전한다.[56] 이러한 양명의 양지설은 우리 인간들이 마음 수양을 하는 방법으로서 덕성을 함양하는 방법적 원리가 되기에 충분한 것이다.

그런데 왕양명이 양지를 알게 된 나이는 중년기였다. 곧 그의 나이 37세에 용장에서 비로소 격물치지의 뜻을 깨닫고 양지良知를 지知로 삼는 학설이 이로부터 점점 형성되었다.[57] 어린 시절에 도가의 설에 심취하고, 주자학에도 깊은 관심을 가진 뒤에 독자적 이론을 천명한 것은 그의 중년기였다. 중년기의 나이에 그는 사상적 영역을 새롭게 확보에 나선 것이다.

그렇다면 그가 말하는 양지론에서 이 지知란 무엇인가. 그는 이와 관련하여 다음과 같이 말한다. "지란 이치의 영특한 곳이다. 그 주재하는 곳에서 말하면, 곧 그것을 마음이라고 하며 품부한 곳에서 말하면, 곧 그것을 성性이라고 한다."[58] 그가 본래부터 알게 된 지는 다름 아닌 영특한 지혜와 같은 것이다. 그것을 그는 마음이라고 하며, 본체적으로 보아 성품이라고도 하였다.

지知의 인지 각도가 특이한 양명이었다. 이러한 논조에서 그는 양지의 의미를 다음과

---

56) 이계학, 「종교와 심성교육」, 1997년도 춘계학술대회《종교와 청소년의 심성교육》, 한국종교교육학회, 1997년 6월 20-21 원광대학교, p.11.
57) 勞思光 著, 鄭仁在 譯, 『中國哲學史』-宋明篇-, 探求堂, 1987, p.470.
58) 王陽明, 『傳習錄』上, 知是理之靈虛 就其主宰處說 便謂之性.

같이 언급하고 있다. "양지란 맹자가 말한 옳고 그름을 가려내는 마음인데, 사람은 다 그것을 가지고 있는 것이다. 옳고 그름을 가려내는 마음은 사려를 기다리지 않고 알게 되고, 배움을 기다리지 않고 능하게 되는 것이다. 그러므로 그것을 일러 양지라고 하였다."59) 이것은 바로 하늘이 명한 성性이며, 내 마음의 본체라는 것이다. 그 경지는 양지의 선천적 보편성에 의해 만인이 동일하게 구유하고 있다. 그가 밝힌 양지는 도이며, 천리이며 도심과도 같은 등위로 매겨진다.

따라서 그는 양지란 단순한 지식이 아님을 천명한다. "마음의 텅 비고 영특하고, 밝은 깨달음이 이른바 본래 그러한 양지이다. 그 텅 비고 영특하고 밝은 깨달음의 양지가 응하여 느껴서 움직인 것을 일러 뜻이라 한다. 지知가 있은 뒤에 뜻이 있다. 지가 없으면 뜻이 없다. 지의 본체가 아니겠는가."60) 양지의 경지는 마음의 세계가 곧 영특하고 밝은 깨달음의 세계인 것이다. 양지는 초주관적 자아라 할 수 있다. 이러한 양지는 허령명각虛靈明覺의 징심澄心에서 드러난다.

마음이 맑아지는 징심澄心의 세계에서 나의 의지가 발동하여 양지로서 매사를 스스로 알아내는 힘을 갖추게 된다. 그는 이러한 징심을 의념意念의 발동으로 보았다. "무릇 의념이 발동하면 내 마음의 양지는 스스로 알지 못하는 것이 없다. 그것이 선한 것이면, 오직 내 마음의 양지는 저절로 그것을 알아낸다. 이것은 모두 타인에게 주어진 것이 없다."61) 따라서 우리는 항상 마음의 투명한 세계, 징심에서 강한 의지력과도 같은 의념의 세계가 발동하여 물리를 알아낼 수가 있다.

아무튼 양명이 밝힌 양지는 어떻게 평가되고 있는가. 그에 있어서 가장 관심을 불러일으킨 것은 양지의 발현이다. 내 마음의 양지는 양심이며, 외적인 의식이나 심지어 경전조차도 부차적인 수단에 불과한 것으로서 이것은 양명의 사상이 관료화, 형식화된 신유학

---

59) 王陽明, 『大學問』, 良知者 孟子所謂是非之心 人皆有之者也 是非之心 不待慮而知 不待學而能 是故謂之良知.
60) 王陽明, 『傳習錄』中, 而心之虛靈明覺 卽所謂本然之良知也 其虛靈明覺之良知應感而動者 謂之意 有知而後有意 無知則無意 知非意之體乎.
61) 王陽明, 『大學問』, 凡意念之發 吾心之良知無有不自知者 其善歟 惟吾心之良知自知之 其不善歟 亦惟吾心之良知自知之 是皆無所與於他人者也.

에 활기를 넣을 수 있다.[62] 양명의 양지설이 오늘날 육산산과 더불어 부각된 것도 이러한 그의 사상적 평가에 기인된다.

4. 격물·치지·성의론

왕양명이 『대학』의 팔조목을 어떻게 이해하고 있는가를 살펴보면 그가 팔조목을 일체된 하나의 공부로 이해하고 있다. 이와 관련하여 그는 다음과 같이 말한다. "대개 몸, 마음, 뜻, 물物이란 그 공부에서 사용된 조리이다. 비록 역시 제각기 자기 자리를 가지고 있다 하더라도 그 실은 단지 하나의 어떤 것일 뿐이다. 격물, 치지, 성의, 정심正心, 수신이란 그 조리에서 사용된 공부이다. 비록 모두 그 이름을 가지고 있으나, 그 실은 단지 하나의 일일 뿐이다."[63] 팔조목을 그는 공부과목으로 보아 유기적으로 이해하고 있음을 알 수 있다.

여기에서 우선 격물格物의 의미는 어떻게 접근되고 있는지를 알아보자. 왕양명은 격물에 대해서 '격'格을 '바로잡는 것'으로 이해한다. 주자는 '이른다'는 의미로 이해하는 성향이나, 양명은 그와 다르게 이해한다. 양명은 다음과 같이 말한다. "물物이란 일이다. 무릇 뜻이 발동된 곳에는 반드시 그 일이 있다. 의意가 있는 곳의 일을 물이라 한다. '격'이란 바로잡는다는 것이다. 그 바르지 못함을 바로 잡아서 그것을 바른 데로 돌리는 것을 말한다. 그 바르지 못함을 바로잡는 것은 악을 버리는 것을 말하는 것이다. 바른 데로 돌리는 것은 선을 행하는 것을 말한다. 대체로 이것을 일러 바로잡을 '격'格이라고 한다."[64] 이처럼 격물의 의미를 그의 독자적 안목에서 이해하고 있다.

치지致知에 대한 양명의 이해도 독특하다. 그는 치지란 곧 양지良知로 파악되고 있다.

---

62) 김수중, 「양명학의 입장에서 본 원불교 정신」, 제18회 원불교사상연구 학술대회 《少太山 大宗師와 鼎山宗師》, 원광대 원불교사상연구원, 1999년 2월 2일, p.35.

63) 王陽明, 『大學問』, 蓋身心意知物者 是其工夫所用之條理 雖亦各有其所 而其實只是一物 格致誠正修者 是其條理所用之工夫 數亦皆有其名 而其實只是一事.

64) 王陽明, 『大學問』, 物者 事也 凡意之所發 必有其事 意所在之事謂之物 格者 正也 正其不正 以歸於正之謂也 正其不正者 去惡之謂也 歸於正者 爲善之謂也 夫是之謂格.

이 역시 주자와 거의 다르다. 주자는 양지를 양명과 달리 크게 거론하지 않았기 때문이다. "치지라 하는 것은 후대의 유학자가 일컫는 그 지식을 넓히고 채운다는 것을 말하는 것이 아니라 내 마음의 양지를 다 발휘하는 것이다."⁶⁵⁾ 이처럼 그는 치지란 내 마음의 양지를 발휘하는 것으로 보아 심학의 확대 차원에서 이를 설명한다.

물론 치지만이 양지는 아니다. 격물까지도 양지에 해당하는 것으로 양명은 파악한다. 그래서 격물과 치지는 모두 양지에 연결되는 것으로 이해할 수밖에 없다. 이에 그는 말한다. "내가 말하는 치지 격물이란 내 마음의 양지를 각각의 사물에 실현하는 것이다. 내 마음의 양지는 즉 이른바 천리이다. 내 마음속 양지의 천리를 각각의 사물에다 실현시키면, 각 사물은 모두 그 이치를 얻게 된다. 내 마음의 양지를 실현시키는 것이 치지이다. 각 사물마다 모두 그 이치를 얻은 것이 격물이다. 이것은 마음과 이치를 합하여 하나로 만든 것이다."⁶⁶⁾ 치지도 양지로, 격물도 양지로 연결되는 셈이다. 이 양지는 바로 양능良能으로 이어진다는 면에서 격물과 치지는 이에 연결된다.

다음으로 왕양명은 성의誠意에 대해서 설명한다. 본래 뜻이 성실하지 않음이 없다는 의미로 성의가 이해되고 있는데, 그는 심학에 있어 의념意念을 발분하는 것과 같이 성의를 이해하고 있다. "그 마음을 바로 잡으려고 하는 이는 반드시 그 의념이 발동되는 곳에서 그것을 바로 잡아야 한다. 무릇 그것이 한 의념을 발동하여 선하면 그것을 좋아함은 참으로 마치 아름다운 여색을 좋아하듯이 한다. 한 의념을 발동하여 악하면 그것을 미워함은 참으로 악취를 싫어하는 것과 같다. 즉 뜻은 성실하지 않음이 없으니誠意 마음은 바르게 될 수 있다."⁶⁷⁾ 성실한 마음과도 같은 성의는 곧 선악의 분기점에서 선행을 추구하는 정심正心과 같은 것으로 파악한다.

선악을 구분하지 못하면 성의가 되지 않는 것은 당연한 일이다. 왕양명은 이에 다음과

---

65) 王陽明, 『大學問』, 致知云者 非若後儒所謂充廣其知識之謂也, 致吾心之良知焉耳.
66) 王陽明, 『傳習錄』 中, 「答顧東橋書」, 若鄙人所謂致知格物者 致吾心之良知於事事物物也 吾心之良知 卽所謂天理也 致吾心良知之天理於事事物物 卽事事物物皆得其理矣 致吾心之良知者 致知也 事事物物皆得其理者 格物也 是合心與理而爲一者也.
67) 王陽明, 『大學問』, 欲正其心者 必就其意念之所發而正之 凡其發一念而善也 好之眞如好好色 發一念而惡也 惡之眞如惡惡臭 則意無不誠而心可正矣.

같이 말한다. "뜻이 발동된 곳에는 선악이 있다. 이것으로 선악의 구분을 밝힘이 없으면 역시 진실과 허망이 한데 뒤섞인 것이며, 비록 그것을 성실하게 하고자 하나 성실하게 할 수가 없을 것이다. 그러므로 그 뜻을 성실하게 하려는 이는 반드시 앎을 다 발휘하는 데에 있는 것이다."[68] 선악의 구분을 할 줄 모른다면 이 역시 성의가 되지 않는 것이다. 성의란 말 그 자체가 선악의 행위를 변별하여 선행을 추구하는데 성실함을 보이는 것이기 때문이다.

어쨌든 왕양명은 격물, 치지, 성의가 하나의 공부임을 다시 한 번 강조한다. 그러면서도 격물과 치지는 성의에 연결되어야 함을 강조한다. "공부가 어려운 곳은 전부 격물치지 위에 있는데, 이것은 성의의 일이다."[69] 그가 이처럼 성의를 강조하는 것은 심학으로서 아는 바를 지속적 행동으로 일치시키고자 하는 의지가 바탕에 깔려 있기 때문이다.

5. 지행합일설

왕양명이 심학가로서 그 위상이 강조되는 것은 그의 행동 지향적 지식 추구에 있다. 다시 말해서 그는 지행합일이라는 논리를 강조하여 앎과 행동을 일치시키는 심학가 다운 주장을 펴고 있다. 그는 나이 38세에 귀양서원貴陽書院을 주관하고, 지행합일설을 제창하였 으며, 또 지행의 본체란 관념을 제시하였다.[70] 심학을 통해서 인식을 추구하는 인간의 주체성을 깨달았던 것이다. 당연히 그의 논리는 심성론 계통의 개척자가 되기 시작하였다.

이러한 지행합일을 추구함에 있어 양명은 지와 행의 의미에 대해서 관심을 갖는다. 그는 지행의 의미를 다음과 같이 말한다. "지知는 행의 주된 뜻이요, 행行은 지의 공부이 다. 지는 행의 시작이요, 행은 지의 완성이다. 이것을 이해하였을 때는 단지 하나의 지만 말해도 이미 저절로 행이 그곳에 있다. 단지 하나의 행만 말해도 이미 저절로 지가 그곳

---

68) 王陽明,『大學問』, 然意之所發 有善有惡 不有以明其善惡之分 亦將眞妄錯雜 雖欲誠之 不可得而誠矣 故 欲識其意者 必在於致知焉.
69) 王陽明,『傳習錄』上, 工夫難處 全在格物致知上 此卽誠意之事.
70) 勞思光 著, 鄭仁在 譯,『中國哲學史』-宋明篇-, 探求堂, 1987, p.470.

에 있다."[71] 그의 지행에 대한 이해를 보면 행이란 지의 완성이요, 지는 행의 시작이라는 것이다. 그의 이러한 논조는 앎이란 행동을 위한 것이라는 논조에서 비롯된다.

지와 행은 둘로 나눌 수 없다. 인격체라면 당연히 이를 하나로 알고 지행의 일치를 추구해야 하기 때문이다. 그는 다음과 같이 말한다. "지의 진실하고 독실한 곳이 곧 행이며, 행의 명각明覺(밝게 깨달음)과 정찰精察(정확하게 살핌)이 곧 지이다. 지행의 공부는 본래 분리할 수 없다. 단지 후세의 학자가 나누어 두 가지 작용으로 만들어 지행의 본체를 잊어버렸으므로 합일 병진의 설이 생기게 되었다."[72] 그가 말한 것처럼 지와 행은 분해할 수 없는 불가분의 관계 속에 있음을 알게 된다.

이처럼 지행이 하나라는 것은 우리가 무언가 알고서 실행하지 않을 자가 없다는 사실에 기인한다. 특히 양명은 이러한 사실을 강조하고 나선다. 다음의 대화를 소개해 본다. "서애가 질문했다. '이제 어떤 사람이 아버지에겐 효도해야 되고, 형에게는 공경해야 됨을 아무리 알고 있다고 해도 오히려 효도할 수 없고 공경할 수 없다면 바로 지와 행은 분명히 두 가지 입니다.' 양명이 답하였다. '이것은 이미 사욕에 의해 막혀서 끊어진 것이지 지행의 본체는 아니다. 알고서 실행하지 않은 자가 없었으며, 알고도 실행하지 않은 것은 단지 아직 알지 못한 것일 뿐이다.'"[73] 알고도 실행하지 않을 자가 없다는 것은 바로 양지와 양능의 논리로서 생이지지의 심법과 지행합일의 이론을 드러내는 것이다.

지와 행이 분리되지 않는다는 확신에서 양명은 지행의 실천을 유도하며, 우리가 호색好色하듯이 하라고 강조하였다. 호색이라는 용어를 사용하면서까지 그는 지행합일을 권면한다. "『대학』은 참된 지행을 지적하여 사람들에게 보여주었다. 호색을 좋아하듯, 악취를 싫어하듯 하라고 말하였다. 호색은 지에 속하고 호색을 좋아하는 것은 행에 속한다. 단지 그 좋은 색을 보았을 때, 이미 저절로 좋아한 것이지, 그것을 본 뒤에 또 하나의 마음을

---

71) 王陽明, 『傳習錄』 上, 知是行的主意 行是知的工夫 知是行之始 行是知之成 若會得時 知說一個知 已自有 行在 只說一個行 已自有知在.
72) 王陽明, 『傳習錄』 中, 知之眞切篤實處 卽是行 行之明覺精察處 卽是知 知行工夫 本不可離 只爲後世學者 分作兩截用功 失卻知行本體 故有合一竝進之說.
73) 王陽明, 『傳習錄』 上, 愛曰 如今人儘有知得父當孝 兄當弟者 卻不能孝 不能弟 便是知與行分明是兩件 先 生曰 此已被私欲隔斷 不是知行的本體了 未有知而不行者 知而不行 只是未知.

세워서 좋아한 것은 아니다."[74] 이처럼 많은 사람들이 지행합일을 이루도록 하려는 의도에서 양명은 방편적으로 호색을 하듯이, 악취를 싫어하듯이 지행합일을 이루라고 강조한다.

어쨌든 그가 바라본 성인의 인품이란 지행의 일치를 가르치는 최고의 인격자로 접근된다. 그리고 성인은 지행의 일치를 통해 심성의 본래를 회복하는 인격으로 간주된다. 양명은 다음과 같이 말한다. "성인이 사람들에게 앎과 실행을 가르치는 것은 바로 그 본체를 회복하려고 하는 것이지, 너에게 달라붙어 단지 아무렇게나 그만 두는 것이 아니다."[75] 그의 언급에 나타나듯이 성인은 분명 지행의 일치를 강조함으로써 오심吾心의 본체를 회복하려는데 목적을 두고 있다.

---

74) 王陽明, 『傳習錄』上, 大學指個眞知行與人看 說如好好色 如惡惡臭 見好色屬知 好好色屬行 只見那好色 時 已自好了 不是見了後 又立個心去好.
75) 王陽明, 『傳習錄』上, 聖賢敎人知行 正是要復那本體 不是着你只恁地便罷.

제4편 근대철학

제1장

청대의 철학

Ⅰ. 청대철학의 전개

1. 청대의 전개

청조의 중국 지배는 세조의 치세治世에 의해 이루어졌다. 그리고 강희제의 긴 재위 기간 중에 통치조직이 형성되었으니, 청조의 역사는 북방민족 사이에 일어나 중국을 정복한 점에서는 바로 원조元朝의 반복이지만, 그 정치는 훨씬 원조의 정치보다 탁월했던 것이다.[1] 위에 언급한 청조의 태평 성군인 강희제는 재위 61년 동안 삼번三藩의 난을 평정하고 대만을 새 영토로 만들었으며, 밖으로는 준가르부를 궁색하게 만들고 외몽고를 신하로 굴복시키는 등 청조의 발전을 크게 도모하였다.

이에 더하여 청조의 임금 중에서 건륭의 공로도 빠트릴 수 없다. 건륭 60년은 강희 61년과 필적할 만하며, 대외적으로는 조부 이래 과제였던 준가르부와의 항쟁에 종지부를 찍었다. 건륭은 천산 북로를 석권하여 그 지배아래 있던 남로南路의 사막 주변에 있는 이슬람 도시들을 평정하고 남북 양로를 병합하여 신강성으로 삼았다.[2] 나아가 남쪽으로 연결된 청해靑海 즉 티베트는 이미 옹정시대로부터 귀복하였으니, 이에 청조는 본부 18성省과 만滿, 몽蒙, 회回(新疆), 장藏의 번부藩部를 평정하는 탄탄한 국가로 새롭게 탄생하였다.

그러나 강희·건륭의 흥성기가 가경嘉慶 때부터 경제불황으로 이어진 것은 어쩔 수 없는 상황이었다. 건륭제 이후 가경제 시대에 들어가면 갑자기 무역 수지가 역전되어 지금까지 축적되어 온 은銀이 유출하게 되니 바로 이어 나타난 것은 경제상의 불황이었다.[3] 이러한 청조의 불황으로 인해 국민들에게는 실업을 가져다주었으며, 후래 마약 밀거래 등 청조 역사에 부정적 영향을 미치게 되었다.

청대에 있어서 환기되는 것은 백련교의 봉기와 아편전쟁에 관한 것이다. 가경嘉慶 연간에 들어서자 각지에서 반란이 일어나 편할 날이 없었고 청조의 지배에 어두움이 보이기

---

1) 宮崎市定 著, 曹秉漢 編譯, 『中國史』, 역민사, 1984, pp.374.
2) 위의 책, pp.380-381.
3) 위의 책, p.388.

시작한 것도 이와 관련된다. 이 시대의 반란은 흔히 교비敎匪 즉 백련교도의 봉기라고 불리는데, 이 금제禁制가 된 백련교를 감히 신앙하는 것은 실로 아편 밀매업자의 단결을 공고히 하기 위한 편의 수단에 지나지 않았다.4) 이들은 아편의 밀매가 시작됨과 더불어 비밀결사를 성립시켜 그 세력을 신장해 갔다.

그리하여 인종 가경제는 아편 문제로 골머리를 앓았다. 인종 가경제가 25년의 치세를 끝내고(1820) 다음 선종의 도광道光 연간에 들어서자 조정 정치의 중심 문제는 오로지 아편의 처리를 둘러싼 논의였다.5) 이러한 논의는 아편을 근절시키는 것에 대한 국가적 논의들이었다. 즉 이는 어떤 방책에 의해 영국인으로부터 아편 밀수를 막을 것이며, 어떻게 전국에 횡행하는 비밀결사들을 해체시킬 것인가에 대한 것들이었다.

영국인은 아편전쟁으로 중국과 수교를 하는 계기를 마련하였다. 영국인에 있어 '아편은 상품이며 사는 자가 있으니 파는 것'이라며 청조의 항의를 묵살한다. 도광제는 숙고 끝에 강경론자인 임칙서를 양광兩廣 총독으로 임명하고 아편무역의 금지를 도모하게 했으나, 이것이 악화되어 아편전쟁으로 발전했는데 이 무렵 영국은 전면적인 전쟁을 감행하였다.6) 영국의 증강된 함대는 중국에 북상하여 상해, 진강鎭江을 점령하고 남경으로 향하고자 하였다. 이때 청나라 조정은 위기를 느끼고 대운하의 항행이 남북으로 분단될까 봐 두려워 영국과 굴욕적인 남경조약을 조인하고 말았다. 굴욕적 조인식이 1842년 체결되었다.

중국의 아편전쟁은 대륙 개방이라는 결과를 가져온 것이다. 일본의 지나온 전력처럼 중국의 고립주의도 서양의 군사력 앞에 무너지고 말았다. 1839년에서 1842년까지 영국은 중국을 상대로 아편전쟁을 일으켰으니, 19세기 서구 열강의 막강한 힘 앞에서 비서구 사회가 순수 고립주의 전략을 고수하기란 거의 불가능하였다.7) 영국에 의한 아시아 침략의 도발이었던 아편전쟁(1840)으로 동아시아 식민지 쟁탈전이 일어난 것이다.

---

4) 위의 책.
5) 위의 책, p.389.
6) 위의 책, pp.389-390.
7) 새뮤얼 헌팅턴 著, 이희재 譯, 『문명의 충돌』, 김영사, 1997, p.92.

다음으로 청조의 문화를 간략히 언급해보자. 우리는 보통 청대문화를 언급함에 있어 대표적 예술 작품으로 청대 청자기를 생각하게 한다. 청대의 문화는 유럽문화의 영향을 강하게 받았다. 특히 마테오리치가 만력萬曆 시대에 광동을 거쳐 남경에 들어와 당시의 정치인, 문화인과 친교를 맺어 그들 중 어떤 자에게는 예수교로 개종시키고 또 어떤 자에게는 서양의 학술을 전했다.8) 서구종교가 청조에 유입되면서 선교사들이 도래하여 서양문화를 중국에 소개하고 중국문화를 연구하기 시작한 것이다. 이런 과정 중에 중국인이 서구인들에 의해 비로소 자국의 지형과 세계지도의 모습을 알게 되었다.

하지만 역사의 흥망이 있듯이 청대의 패망은 어떻게 이루어진 것인가. 청대의 광서光緒 시대에 들어가면서부터 동치중흥同治中興의 자신감이 차츰 상실되는 사건들이 잇달아 일어난 것이 그 배경이다. 청조는 광서 7년의 이리伊犁 문제에 관한 조약에서 러시아에게 발하시호湖 일대의 땅을 할양했고(1881년), 4년 후의 청불淸佛 전쟁에 패했을 때에 조공국 월남의 프랑스 귀속을 승인했으며, 일본과의 전쟁에 패하여 조공국 조선에서 손을 떼고, 대만을 할양하여 화약和約을 맺은 것이었다(1895년).9) 이처럼 청대는 열강들과의 식민지 관계로 패망의 길을 가지 않을 수 없었다.

청일전쟁에서 패전한 결과 청조는 더욱 쇠망의 길을 걷게 된다. 당시 동서 열국은 다투어 청국에 이권을 요구하여 철도 부설, 광산 채굴 이외에 조차지租借地를 설정했다. 독일의 교주만, 러시아의 여순·대련, 프랑스의 광주만, 영국의 위해위가 바로 그런 곳들이다.10) 식민지적 관계는 중국의 행정을 붕괴의 늪으로 몰아갔으나 한편 서구의 신문화 소개, 보급이란 효과도 있었다. 이러한 시대적 혼란 중에 자국의 강유위 및 쑨원 등 개혁론자들의 혁명에 의해 결국 청국은 쇠멸하고 근대화의 중화민국 시대로 접어들게 되었다.

---

8) 宮崎市定 著, 曹秉漢 編譯, 『中國史』, 역민사, 1984, p.383.
9) 위의 책, p.396.
10) 위의 책.

2. 청대철학의 사조

청대 학문의 유행은 성조聖祖 강희 초년(1662)부터 중화민국 원년(1912)으로 약 250년
을 그 범주로 정할 수가 있다. 그리고 청대철학의 특징을 보면 한당대는 훈고학이라 하
고, 송명대는 성리학이라는 흐름을 통해 볼 필요가 있다. 곧 청조는 고증학이라 그 특성
을 말할 수가 있는 것이다. 청대의 고증학은 송대의 성리학에 대한 반발 심리에서 나온
학문이다.

청대는 전반적으로 평이하고 실제를 추구하는 성향이었다. 그것은 근세에 이르면서
중국 근래의 사조가 이러한 국민의 취향에 따라 그 방향을 추구하고 있었기 때문이다.
곧 청대유학에 이르러서는 평이하고 실제적인 것을 구하였기 때문에 인간의 자연 생명에
근거하고 사회의 일상생활 안에서 성품을 논하였다.11) 청대는 이처럼 합리주의적 실리
성향을 추구하는 인간의 사조와 연결되고 있다.

그런데 청조에 있어 사상적 부흥을 일으킨 사건으로는 건륭의 도서편찬 사업을 빼놓을
수 없다. 건륭제의 도서 편찬사업은 학술의 발전에 있어 대단한 사건이었다. 말하자면
『사고전서』四庫全書의 완성이 그것으로, 건륭의 사고전서는 전국에 명령하여 모든 도서를
바치도록 하고 그 가운데서 가치 있는 것을 전권全卷 수록한 일대 총서이다.12) 이때 청조
는 경사자집經史子集 4부의 책 3,458종 79,224권을 36,383책으로 장정하여 소장하였던 것
이다. 이 목록의 해설이 즉『사고전서』「총목제요」總目提要이며, 이는 그 위상이 불세출의
대단한 국사國事의 문헌 편집으로 격상되었다.

청대의 『사고전서』 편집이 더욱 영향력을 미친 것은 청대에 고증학이 발달했기 때문이
다. 물론 이 고증학이 한학의 훈고풍을 이어 받았으며,13) 고증학의 발달이 있음과 더불어
『사고전서』의 그 많은 편집이 가능했던 것이다. 무려 경사자집 4부를 36,383책으로 편집
하였다는 것은 고증학적 자료의 이해가 없으면 도저히 불가능한 일이었을 것이다.

---

11) 金忠烈, 『中國哲學散稿』Ⅱ, 온누리, 1990, p.202.
12) 宮崎市定 著, 앞의 책, p.381.
13) 金忠烈, 앞의 책, p.171.

그렇다면 이 고증학이란 무엇을 말하는가. 고증학의 방법은 귀납적 방법을 동원하여 글자의 동이同異를 점검하는 것에서 출발한다. 고서의 진위를 대조하고 사실을 추구하는 종합적 연구의 틀을 정해 착오가 없는 것을 목표로 삼는 학이다. 아울러 각자의 주관적 견해가 가능한 고대 성인의 어구로 대신하여 이를 보편화하는 작업도 여기에 따른다. 청대 고증학의 발전은 시대에 맞게 실학적 성향에 따른 실용성의 학문을 지향하고자 한 결과였다.

고증학이 더욱 발달한 이유는 무엇일까. 아마도 고증학에는 서구의 사고와 유사하게 고서古書의 사실적 대조, 합리적 이해, 객관성의 확보 등이 무엇보다 필요하였다. 중국에서는 명·청의 교체를 계기로 하여 경학經學 상에서는 유심적인 양명학이 쇠퇴하고 실증적인 고증학이 일어났는데, 이 새로운 학풍은 당시 유럽문화의 자극에 의해 생긴 것이라고 본다.14) 그리하여 청대 유학의 일반적 경향은 자료를 수집해서 정리하고 문자 용어의 고의古義나 고제古制 등을 세분해서 규명하는데 목표를 두었다.

청대에는 서구사상에 대처하고자 하는, 또 경세치용을 추구하려는 공양학公羊學이 등장하여 눈길을 끌었다. 즉 청대의 통치가 약화되고 서구의 침략이 노골화되면서 이러한 정세에 맞추어 학문의 개혁을 통해 서구 사상에 대처하고자 초기의 금문경학今文經學 전통을 이어받은 공양학이 나타난 것이다.15) 공양학의 학자들의 경우 다음 장에서 보다 구체적으로 논의하고자 한다.

Ⅱ. 고염무(정주학파)의 사상

고염무顧炎武는 원래 이름이 강이었다. 그 뒤 그의 나이 33세 때 이름을 염무로 바꾸었다. 자는 영인이며 강소성 곤산 화포촌 사람이다. 후세에 그를 정림선생이라 칭하였다. 고염무는 명나라 만력 41년에 태어나 청나라 강희 22년에 세상을 떠났으며, 서기로 추산

---

14) 宮崎市定 著, 앞의 책, p.383.
15) 韓國哲學思想研究會, 『韓國哲學』, 예문서원, 1995, pp.35-36.

하면 그의 생졸 연대는 1613~1682년이 된다.[16] 그는 정주학파로서 70세의 생애를 살다간 인물이다.

반청反淸 운동가로서도 고염무는 잘 알려져 있다. 그는 종신토록 반청 활동을 하여 남북을 왕래하였다. 민간에서 여러 가지 규화規畵 조직을 이루어 반청의 힘을 형성하려 하였는데, 67세에 이르러 화음에 거주하면서 비로소 귀은歸隱할 뜻을 가지고 있었고 그 뒤 3년 만에 세상을 떠났다.[17] 고염무는 인생의 절반 이상, 즉 중년에서 만년에 이르기까지 거의 반청 운동에 뛰어든 인물로 알려져 있다.

고염무의 저술로는 여러 가지가 거론된다. 『음학오서』音學五書 같은 것 등은 모두 철학사상과 관련이 없으며, 오로지 『일지록』 중에 철학이론 문제를 언급한 의견들이 상당히 있고, 그 외의 문집 중에는 역시 쓸 만한 자료가 많다.[18] 구체적으로 그의 저술을 나열해 보자. 『일지록』, 『일지록유보』, 『천하군국리병서』, 『조성기』, 『좌전두해보정』, 『구경오자』, 『이십일사』, 『연표오경이동』, 『석경고』, 『음학오서』, 『금석문자기』, 『하학지남』, 『역대제왕택경기』, 『창평산수기』, 『경세편』, 『정림문집』, 『시집』, 『고산수필』 등이 거론될 수 있다.

이처럼 고염무는 방대하게 고증학이라는 청대학술의 영역을 개척한 사람으로 평가된다. 이를테면 음운학, 경학, 역사지리학 등의 영역으로 확장된 고염무의 학문은 도학을 벗어나 고증학이라는 청대학술의 새로운 영역을 개창하는 결과를 가져다주었다.[19] 고증학은 『사고전서』의 편집과 더불어 나타난 청대 학문의 특성이다.

주지하듯이 고염무의 학술적 위상은 대단하다. 그의 중국학술사에 있어서의 중요성은 바로 넓은 의미의 사학史學 관점에서 학문을 연구하는데 있었다. 이러한 의미에서 본다면 청인淸人이 말하는 박학樸學·실학으로 철학을 대체하고자 하였는데, 고염무의 치학적治學的 관점이 곧 그것을 계몽한 점이다.[20] 사학적 안목에 의해 실학이라는 고증학적 연구 방법을 동원한 고염무는 당시 학술적으로 상당한 영향을 미친 인물이었다.

---

16) 勞思光 著, 鄭仁在 譯, 『中國哲學史』-明淸篇-, 探求堂, 1994, p.242.
17) 위의 책.
18) 위의 책, p.244.
19) 한국철학사상연구회, 『韓國哲學』, 예문서원, 1995, p.64.
20) 勞思光 著, 앞의 책, p.243.

고염무의 학문은 정주程朱의 학을 계승하였다. 다만 그는 명대의 심학에 대해 반대의 입장을 취한다. 고염무가 진정으로 심성지학心性之學과 형이상학을 반대한 것은, 그의 학문이 전부 다 통경치용通經致用으로 기본 취지를 삼았기 때문인데 확실히 명대유학의 정신방향과는 전혀 같지 않았다.[21] 그리고 그는 송유에 대하여 단지 주자만을 존중하였다. 주자를 존중한 이유로는 그가 유교의 경학經學을 중시한 인물로 비추어졌기 때문이다.

명유明儒의 학을 비판하고 있는 고염무의 견해를 소개해 본다. "가만히 생각하니 대체로 100여년 이래의 학문을 하는 자는 왕왕 심心을 말하고 성性을 말하지만 막연하게 그 풀이를 얻지 못하였다. 명命과 인仁은 공자가 거의 말하지 않았다. 성과 천도天道는 자공이 아직 얻어듣지 못한 것이다. 성명의 이치는 『역전』에 드러나 있는데 몇 마디로써 사람들에게 말한 적이 없다."[22] 이처럼 그는 명대의 심학가들이 말하는 심성의 문제, 성명의 문제에 인식을 달리하고 있다. 그는 관념학이나 형이상학보다는 실학을 추구하였기 때문이다.

그리하여 고염무는 심학을 강론하는 자에 대해 다음과 같이 비판의 견해를 드러내고 있다. "근본이 없는 사람으로서 공허한 학문을 강의하니, 나는 그가 날마다 성인을 따라서 섬기면서도 그를 버림이 더욱 심하다는 것을 알았다."[23] 심학만을 추구하는 형이상학주의자들이 강론하는 것은 고염무에게 근본을 가르칠 줄 모르는 학자들의 행위로 비추어진 것이다. 청대 실학의 사고방식이 이처럼 형이상학적 심학에 대한 비판이 있었던 점을 부인할 수 없다.

실학의 입장을 강조하면서 고염무는 방대한 양의 이론 보다는 박문약례博文約禮를 주장하고 있는 것은 시대상 당연한 일이었다. "군자는 글文을 널리 배우고 자신에서부터 집, 나라, 천하에 이르기까지 그것을 제정하여 도수度數로 삼고, 그것을 펼쳐내어 목소리와 모습으로 삼았으니 꾸밈 아닌 것이 없다. 이것을 반듯하게 마디 짓는 것을 예禮라 한다."[24]

---

21) 위의 책.
22) 『亭林文集』卷3,「與友人論學書」, 竊歎夫百餘年以來之爲學者 往往言心言性 而茫乎不得其解也 命與仁 夫子之所罕言也 性與天道 子貢之所夫得聞也 性命之理者之易傳 未嘗數而語人.
23) 『亭林文集』卷3,「與友人論學書」, 以無本之人而講空虛之學 吾見其日從事於聖人而去之彌遠也.
24) 『日知錄』上卷,「博學於文」, 君子博學於文 自身而至於家國天下 制之爲度數 發之爲音容 莫非文也 品斯

여기에서 그는 박문과 약례를 강조하고 있다. 글을 널리 배우되 예에 간략히 하는 것을 강조하고 있다.

또한 고염무는 일상의 생활에서 사유四維 즉 예의염치禮儀廉恥가 없으면 패망한다고 하였다. 다시 말해서 예의염치는 생활에 있어 소중한 것이라는 점이 강조된다. "예의는 사람을 질서 있게 만드는 커다란 방법이다. 염치는 사람을 세워주는 커다란 절목이다. 대개 깨끗하지 않으면 취하지 않은 데가 없으며, 부끄러워하지 않으면 하지 않은 것이 없다. 사람이면서 이와 같으면 재화, 실패, 혼란, 패망이 역시 이르지 않음이 없다."25) 이와 같이 그는 일상의 생활에서 예의를 간직하고 염치를 간직하여 질서를 알고 부끄러움을 아는 지성이 되라고 하였다.

부끄러움을 알아서 오탁악세를 극복하는 두 가지 방법이 고염무에 의해 제시된다. 그는 이에 말한다. "오늘날 인심을 변화시켜 더러운 세속을 깨끗이 씻어내는 데는 배움과 청렴을 권장하는 두 가지 일보다 더 급한 것이 없다."26) 그는 배움이 절대 필요한 것임을 천명한다. 또 그는 청렴을 강조하고 있다. 우리가 많이 배워야 하는 것은 당연한 일이며, 일상생활에서 청렴함을 배우는 선비정신이 필요하다는 것이다. 이에 고염무는 우리의 과제와 같은 호학과 청렴이라는 두 가지를 삶의 지남指南으로 상정한 것이다.

Ⅲ. 방이지(계몽학파)의 사상

방이지(1611~1671)는 중국 안휘성 동성 사람이다. 자는 밀지이고 명말明末 때 가풍이 있는 가정에서 태어났다. 증조부 방학점은 학자로서 태주학파에 약간의 연원을 두었다. 그리고 조부 방대진(1558~1628)과 부친 방공소(1591~1655) 등은 모두 명사로서 관리를 지내면서 동림당 사람들과 가깝게 지냈으며 적지 않은 저서를 남겼다.27) 학문의 가풍이

<hr>

節斯之謂禮.

25) 『日知錄』 卷13, 「廉恥」, 禮義治人之大法 廉恥立人之大節 蓋不廉則無所不取 不取則無所不爲 人而如此 則禍敗亂亡亦無所不至.

26) 『日知錄』 卷13, 「名敎」, 今日所以變化人心 蕩滌汚俗者 莫急於勸學獎廉二事.

있는 집안에서 태어난 그의 면모를 드러낸다.

소년시절부터 방이지는 정치 활동에 참여하기도 하였다. 동림東林들과 접하고 복사復社의 맹약을 주도했으며, 진정생, 모양, 후방역 3인들과 함께 당시의 4공자라고 불리었다.[28] 언급한 대로 그는 학문의 가풍 집안에서 태어남과 동시에 어린 시절부터 정치에 관심을 갖고 유명한 인물들과 어깨를 나란히 하였다.

벼슬로서 방이지는 숭정 시기(1628~1644)에 진사에 합격하였다. 그리하여 한림검토翰林檢討가 되었으며 명조가 패망하자 남경의 홍광조로 도주하였다. 또 그는 마사영과 완대성에게서 상처를 입고 화를 피하기 위해 이름을 숨긴 채 남해로 도주하여 약초를 팔면서 생을 영위했다.[29] 그는 영력 시時(1647~1661)에 첨사부좌중윤詹事府左中允이라는 벼슬을 맡았으나 환관 왕곤에게 무고를 당해 쫓겨났다. 다시 영력 제가 정복하자 그는 태학사가 되었지만 정치 사회가 이미 부패했음을 알고 결국 벼슬을 거절했다.

이어서 방이지는 승려가 되기도 하였다. 청나라 군사가 광동에 진입하여 방이지를 잡아들이라고 명을 내렸던 것이다. 그러나 그는 평낙 선회동의 친구 엄백옥의 집에 숨어버렸다. 이후 그는 선종을 받들면서 조동종의 각랑 도성을 스승으로 삼아 법명을 대지大智라 하고 호를 무가無可라고 하였다.[30] 이처럼 그는 불교의 승려가 되어 선종에 관심을 갖고 마음 맑히는 선정을 체험하려 노력하기도 하였다.

사회적 모순이 많던 시대에 살다간 인물로서 방이지는 계몽주의 사상가라고 평가되기도 한다. 그는 끊임없는 내란과 외환의 소용돌이 속에서 살았다. 또 계급적 제한으로 말미암아 태풍에 파도치듯 끓던 당시 농민봉기의 대열에도 투신할 수가 없었으며, 부득이 그는 숨어 살면서 선禪을 닦는 등 전형적으로 비극의 인물이 되었다.[31] 그럼에도 불구하고 사회를 계몽하려고 갖은 노력을 다하며 정계에도 투신하고 농민봉기에도 투신하려고 했다. 그러나 그로서는 세풍과 더불어 뜻이 여의치 못해 고요한 선정의 세계를 지향하였다.

---

27) 侯外盧 主編, 양재혁 譯, 『中國哲學史』(中), 일월서각, 1988, p.250.
28) 위의 책.
29) 위의 책.
30) 위의 책, pp.250-251.
31) 위의 책, p.252.

방이지의 서술로는 상당히 많은 분량이 있다. 그의 인생 초기에 지은 책으로는 『통아』, 『물리소식』, 『부산전집』, 『박의집』 등이 있고, 남쪽으로 내려온 이후에 지은 인생 말기의 책으로는 『약지포장』, 『주역도상기표』, 『역여』, 『동서균』, 『부산후집』, 『유리초』, 『유우초』 등의 여러 종류들이 있다. 이외에도 음운학을 다루고 있는 저작 『사음정본』四韻定本 등이 있고, 의학에 관한 저서인 『내경경로』, 『의학회통』 등 현존하는 책만 해도 모두 20여종이 있다.[32] 그는 방대한 저술을 함으로써 학문적 열정을 불사르게 되었다.

대대로 내려오는 자신의 가풍을 방이지는 충실히 이어받았던 것이다. 그는 방씨 가문 3대의 가학家學을 계승하였고 외조부 오응빈과 왕선으로부터 사사받기도 하였다. 이로 인해 그의 학술은 깊고 넓어 청조학자들의 추앙을 받았으며 주이존 같은 이는 그에 대하여 분분하게 『오경』五經을 논하나 제자백가들과 모든 것이 회통했다하고, 전조망은 그를 평하기를 특히 그의 박학함은 칭찬할 만하다고 했다.[33] 그의 학문적 깊은 정도는 가풍의 영향인 것이며, 그로 인해 그의 지적 안목이 방대해진 것이다.

방이지는 학술 분야에 방대한 관심을 가지게 되었다. 그가 저술한 『통아』通雅와 『물리소식』物理小識에는 천문, 수학, 지리, 생물, 의학, 문학, 예술, 문자언어 등 고금의 지식들이 광범위하게 포괄되어 있다.[34] 그는 실용적인 학문에 관심을 가졌고 오늘날 사실적이고 과학적인 관심을 보다 심도 있게 전개하였다.

학문을 섭렵할 때 방이지는 온고지신의 학문 자세를 취하였다. 그는 말하기를 "고금의 일들은 지식으로 서로 전해지며 나는 그 후에 살고 있다. 옛 일을 살피는 이유는 지금의 일들을 결정하기 위함이나 옛 것에 묻혀 있어서는 안 된다. … 지금의 세상에 살면서 무릇 옛 성현들의 금과옥조 같은 가르침의 뜻을 이어받고, 많은 현자들의 뛰어난 변난辯難들을 잘 가리어, 나는 앉아서도 천고千古의 지식들을 모두 접하고 그 가운데 나은 것을 택하니 어찌 다행이라 하지 않겠는가"[35]라고 하였다. 오늘의 발전된 학문을 계승하려면

---

32) 위의 책, pp.251-252.
33) 위의 책, 1988, p.251.
34) 위의 책, p.253.
35) 「通雅」의 卷頭(侯外盧 主編, 양재혁 譯, 『中國哲學史』(中), 일월서각, 1988, p.253).

고래의 성자 말씀들을 참조하지 않을 수 없다는 입장을 표출한 것이다.

전반적으로 방이지의 학술 성향을 보면 유물론적 세계관을 지니고 있다. 이를테면『물리소식』의 자서에서 "천지 간에 가득 찬 것은 모두 물物이다"라고 한 것은 이미 그의 유물주의적 사상 경향을 잘 나타내 주고 있으며, 더욱 주의할 것은 그가 '영천지간개물'盈天地間皆物(천지 사이에 가득 찬 것은 모두 만물이다)로서 질측質測의 학적 기초로 삼고 있다.36) 천지에서 성명性命에 이르기 까지 물物 아닌 것이 없다고 하며 유물주의적 세계관을 피력한다.

방이지는 상수학에도 관심을 가졌다. 왜냐하면 상수학은 본래 그 가문의 가학家學이었기 때문이다. 그가 관심을 기울인 상수학의 중심은 공인公因, 반인설反因說이다. 이 공인, 반인에 대해 관심을 기울인 그는 「동서균」東西均 중에서 그 의미를 밝히고 있다. "무릇 상인相因하는 것은 모두 상반相反의 반대이다.", "소위 상반, 상인이라고 하는 것은 상승相勝하며 상구相捄, 상성相成하는 것이다."37) 이처럼 주야, 생사, 남녀, 생극生克, 강유 등 서로 대립되는 범주를 끌어내어 서로 부양하는 등 이를 상반·상인이라고 하였다.

Ⅳ. 왕부지(관락민학파)의 사상

왕부지(1619~1692)의 자는 이농이다. 학자들은 그를 선산 선생이라 일컬었으며 호남성 형양 사람이다. 또 왕부지의 호는 강재이다. 청병淸兵이 쳐들어온 후 그는 형산에서 병사들을 일으켜 저항하다가 남명의 영력 정권으로 달아났으며, 나중에 상서湘西의 심산에 은거하여 저술에 종사하였다.38) 그는 은거한 후 많은 저술을 남겨 오늘날 사상적으로 상당한 영향을 미쳤다.

왕부지는 명明 신종 만력 47년에 태어났다. 숭정 15년에 향시鄕試에 합격하고 회시會試

---

36) 위의 책, 1988, p.256.
37) 위의 책, p.260 參照.
38) 위의 책, 1989, p.261.

에 참가할 자격을 갖기도 하였다. 명이 망한 뒤 계왕은 계림에서 정사를 보살피고 있었는데 그때 대학사 구식사가 그를 보좌하였다. 왕부지는 계림에 가서 그들을 따르며 행인관行人官이 되었다가 얼마 후 어머니의 병환으로 인해 사직하고 돌아왔다.[39] 이처럼 왕부지는 벼슬활동을 하면서 그의 포부를 정계에서 펴고자 노력하였다.

하지만 왕부지는 인생 후반기에 은둔생활을 하였다. 74세에 그의 전 생애를 마감한다. 왕부지는 상서의 침, 영, 연, 소 등지를 전전하면서 오랑캐들과 섞여 살다가 나중에는 형양의 석선산에 안주하여 집안에만 틀어박혀서 밖에 나가지 않았던 것이다.[40] 그가 세상을 떠난 것은 청나라 강희 31년(1682)으로 74세였다. 그는 특이하게도 자기가 죽을 후를 생각하여 직접 자기 묘의 이름을 '명나라 유신 왕모지묘'明遺臣王某之墓라고 써 붙이기도 하였다.

왕부지의 저술은 상당히 많다. 그의 저작은 많아서 일백여종에 이르고 그 가운데서 가장 중요한 것으로는 『사문록』, 『주역외전』, 『독사서대전설』, 『장자정몽주』, 『노자술』 등이 있으며 모두 『선산유서』에 편입되어 있다.[41] 이 외에도 『주역내전』, 『주역대상해』, 『주역비소』, 『주역고이』, 『서경비소』, 『상서인의』 등이 있다. 이처럼 그는 일생동안 상당히 방대한 분량의 저술활동을 하였다.

학문의 세계를 보면, 왕부지는 송대 철학자들의 학풍을 두루 섭렵하였다. 그의 학문은 장횡거의 관학關學, 정이천의 낙학洛學, 주자의 민학閩學을 바탕으로 하고 있으며, 자기와 다른 이론은 비방하고 올바른 길로만 나갔다.[42] 이러한 학문적 섭렵 속에 그는 독특한 학문 이론을 발전시켜 나갔다. 송대 철인들의 사유와 교섭할 수 있는 기회가 더욱 많은 저술 활동을 하게 한 계기가 되었다.

왕부지의 학문은 다양하게 전개되었다. 일련의 다채로운 관심 속에 그는 천문학과 서양학에 깊은 관심을 가졌다. 그런 까닭에 그의 지식은 매우 깊고 해박하였다. 그는 자연

---

39) 蔣維喬 著, 고재욱 譯, 『中國近代哲學史』, 서광사, 1980, p.59.
40) 위의 책.
41) 侯外廬 編, 앞의 책, p.261.
42) 위의 책, p.60.

과학 특히 천문 역산曆算에 대하여 자기 나름의 연구를 하였으며, 명말에 들어온 서학西學에 대해서도 또한 평술評述하였다.[43] 나아가 그는 서양의 천문학 등에 대해 합리적으로 접하고 그들의 이론을 취할만하다고 생각하였다.

이어서 왕부지는 경학과 노장 사상에 관심을 기울였다. 그가 경학에 관심을 기울인 것은 『주역』이나 『시경』, 『서경』 등을 주석하는 것도 포함된다. 그는 대부분의 경학에 대한 주석을 통해서 자신의 새로운 관점을 천명하였으며, 아울러 스스로 『육경』六經이 그를 책망하여 새로운 면을 열어주었다고 일컬었다.[44] 그리하여 제자백가에 대한 이해가 깊었으며, 특히 그 나름의 기학氣學을 전개하여 노장老莊 학설에 대해서는 비판과 혁신을 추구하였다.

노장 사상에 관심을 가지면서도 왕부지는 기氣 중심의 유물주의적 관점을 추구한다. 그는 과거 유물주의 학설에 대해 계승하고 발전을 가하여 자주 왕충을 지언知言 혹은 득리得理하였다고 칭송하였다.[45] 이러한 유물주의적 관심 속에서 그의 『초사통석』楚辭通釋에서는 유종원의 「천대」天對의 사상을 계승하기도 하였다. 그리고 그는 자신과 달리하는 당시 학자들의 학설에 대해 비판한 것이 특색이다.

왕부지가 유물주의적 발언을 한 것으로는 '모두가 기'器라는 관점이다. 그는 다음과 같이 말한다. "천하는 오직 기일 뿐이다. 도란 기의 도이며 기란 도의 기라고 말해서는 안 된다. 그 도가 없으면 그 기는 없다고 인류는 말할 수 있다. 비록 그러나 진실로 그 기를 가지고 있으면, 어찌 도가 없다고 근심할 것인가."[46] 그는 도를 파악하면서도 세상의 현상을 물질과도 같은 기로 바라보고 있다. 천하가 온통 기로 가득 차 있다는 그의 논리는 유물주의적 발상이다.

이와 같이 왕부지는 기器가 충만한 세계관에 바탕하여 기론氣論을 전개한다. 장횡거가 말한 바대로 우주의 본원은 기氣이며 만물의 변화는 기의 취산聚散이라고 논증하였는데,

---

43) 위의 책, p.261.
44) 위의 책.
45) 위의 책, 1989, p.261.
46) 『船山全集』第二冊,「周易外傳」卷五,「繫辭上傳」, 天下惟器而已矣 道者 器之道 器者 不可謂之器也 無其道則無其器 人類能言之 雖然 苟有其器矣 豈患無道哉.

왕부지는 이런 명제들을 사유로이 구사하였으며 다시 정교하고 심오한 뜻을 첨가하였다.[47] 이처럼 기氣의 운동 형태에 대하여 정확한 표현을 왕부지는 왕래, 굴신, 취산, 유명幽明이라고 하였다. 그러므로 우주의 현상세계를 기로 파악하여 그는 생멸이나 유무로 일컬을 수 없는 점을 강조하였다.

구체적으로 왕부지는 기氣의 관점을 피력한다. "커다란 태화太和 가운데에 기도 있고 신神도 있다. 신이란 다름 아니라 두 기가 맑게 통하는 이치이다. 상형할 수 없다는 것은 바로 꼴象이다."[48] 우주의 조화작용이 태화이다. 이는 횡거가 이미 말한 바 있으며 왕부지는 이를 계승하고 있다. 그러면서도 왕부지는 이를 기의 관점에서 파악하고 있다. 그것은 태화 속에 기氣와 신神이 있음을 파악하여 체용의 기론氣論을 전개하고 있는 발상과도 같다.

장횡거의 기론을 계승하고 있는 왕부지는 횡거의 『정몽』을 주석하면서 다음과 같이 기氣를 언급한다. "허공은 모두 기이다. 모이면 드러나는데 드러나면 사람은 그것을 유라고 일컫는다. 흩어지면 숨겨지는데, 숨겨지면 사람은 그것을 무라고 일컫는다. 신화神化란 기의 모임과 흩어짐의 예측하지 못하는 묘妙이지만 볼 수 있는 흔적을 가지고 있는 것이다."[49] 횡거의 기론을 분명히 계승하고 있는 점이 돋보인다. 왕부지는 이를 보다 신화의 측면에서 신묘한 세계로 부각시키고 있다. 그러면서 허공이 모두 기라는 관점을 수용하게 된다.

기氣를 말하면서 태극에 대한 견해에 대해서도 왕부지는 구체적으로 피력하고 있다. 태극의 의미 파악에 있어 그는 다음과 같이 말한다. "태太란 그 큼을 끝까지 하여 더 이상 없다는 말이다. 극極은 지극함이다. 도가 여기에 이르러 모조리 다 드러남이 이것이다. 그 실은 음양이 혼합된 것일 뿐인데 그것을 음양이라 이름붙일 수 없다면, 다만 그 끝에 이르러서 아무것도 덧붙이지 못하는 것을 태극이라고 하였다. 태극이란 끝나지 않음이

---

47) 侯外廬 編, 앞의 책, pp. 261-262.
48) 『船山全集』 第十二冊, 「張子正蒙注」 卷一, 太和之中 有氣有神 神者 非他 二氣淸通之理也 不可象者 卽在象中.
49) 『船山全集』 第十二冊, 「張子正蒙注」 卷一, 凡虛空皆氣也 取則顯 顯則人謂之有 散則隱 隱則人謂之無 神化者 氣之聚散不測之妙 然而有迹可見.

없는 것이다. 그리고 어떤 하나의 끝도 가지고 있지 않다."50) 그가 이해한 태극도 궁극에 음양이라 할 수 없으며 단지 그대로의 태극이라고 한다. 이는 그의 기론과 관련시켜 보면 본체적인 입장에서 파악되고 있다.

나아가 왕부지는 성정性情의 문제에 대해서도 언급하고 있다. 기론氣論 외에 인성의 문제를 다루고 있는 왕부지이고 보면 그의 관심은 방대하다. 그는 다음과 같이 말한다. "성과 정은 동정으로 기幾를 달리하였고, 시종은 순환으로 때를 달리 하였고, 체용은 덕업德業으로 자취를 달리하였다. 한데 얽히어 모두 갖추어 있고, 새지도 않고 수고롭지도 않다."51) 이처럼 그는 성정의 문제를 동정이라는 관점에서 설명하여, 인성론의 고요함과 변화세계에 대해 적절한 의미를 부여하고 있는 것이다.

인성론에 있어 성정의 보전에 관련되는 것이 곧 선악의 선택 여부이다. 왕부지는 선악의 문제를 다음과 같이 말한다. "도를 이어가면 선善이요 이어가지 않으면 불선不善이다. 하늘은 이어가지 않은 곳이 없으므로 선은 무궁하다. 사람에게 이어가지 못하는 곳이 있으면 악이 일어난다."52) 선을 추구하는 도의 세계를 그는 바라고 있는 것 같다. 불선은 당연히 여기에서 극복해야 할 대상이다.

V. 황종희(육왕학파)의 사상

황종희(1610~1695)의 자는 태충이다. 그리고 그는 이주 혹 남뢰 선생이라고도 부른다. 그는 절강성 여요에서 태어났다. 그의 아버지 황존소는 명明 희종 천계 연간에 동림당 사건으로 환관에 의해 참살되었다. 이 불행한 사건은 황종희로 하여금 청년 시기에 곧바로 환관에 대항, 투쟁에 참여하도록 재촉하는 계기가 되었다.53) 그는 명나라가 망했을

---

50) 『般山全集』第十二冊, 「張子正蒙注」卷一, 太者 極其大而無尙之辭 極 至也 語道至此而盡也 其實陰陽之 渾合者而已 而不可名之爲陰陽 則但贊其極至無以加曰 太極 太極者 無有不極也 無有一極也.

51) 『周易外傳』卷5, 「繫辭上傳」第十一章, 性情以動靜異幾 始終以循環異時 體用以德業異迹 渾淪皆備 不漏不勞.

52) 『周易外傳』卷5, 「繫辭上傳」第5章, 繼之則善矣 不繼則不善矣 天無所不繼 故善不窮 人有所不繼 則惡興焉.

때 뜻있는 선비를 모아서 청나라 군대를 막고, 위험하고 어려운 사태를 드나들며 여러 차례 죽을 고비도 넘겼다.

황종희의 인생에 있어 반항적 시기가 있었다. 그는 일찍이 난을 당한 동림당원 자제의 신분으로 '복사'復社의 인사들과 연합하여 '계난공게'啓亂公揭를 만들어 간신 완성을 통렬하게 배척하다가 박해를 받았기 때문이다.[54] 당시에 청군이 남하하자 그는 절동 지방에서 세충당世忠營을 조직하여 저항하는 등 그의 인생에 있어 반항의 시기가 도래하기도 하였다.

가정에 있어서 황종희의 두 동생 종염과 종회 역시 재주와 학식이 뛰어났다. 그는 동생들을 교육시켜 함께 이름을 날리기도 하였으며, 그 후 어머니를 모시고 이문으로 돌아가서 저술과 제자 교육에만 전력을 기울였다.[55] 이처럼 그는 가정적인 면모가 있었으며, 동생 보살핌과 어머니 모심을 매우 극진히 하였다.

학문에 있어서 고염무, 왕부지와의 관계에 있어서도 황종희는 상호간 영향을 주고받았다. 황종희는 고염무보다 두 살 더 많지만 그보다 14년이나 더 오래 살았으며 청대 초기에 하나의 커다란 학문적 전통을 세운 사람이다.[56] 그리고 그의 학술적 조예는 그 깊이에 있어 왕부지와 맞먹는다고 보면 될 것이다. 황종희의 학문 깊이가 상당한 것으로 평가되기 때문이다.

황종희의 평가는 그의 저술에도 잘 나타나고 있다. 그의 주요 저작으로는 『명이대방록』과 중국 최초의 학술사상사라 할 수 있는 『명유학안』 및 『송원학안』이 있으며, 해방 후 다시 편찬한 『황이주문집』이 있다.[57] 그 외에도 노력한 결과 얻어진 저술들도 있다. 그가 말년에 청나라 정부의 부름을 거절하고 학술 연구에만 전념하였으므로 그의 학문적 저술의 공이 매우 크다. 그의 학자적 면모가 바로 여기에서 모색된다.

다시 말해서 황종희에 있어 거론되는 저술의 공헌은 대단하다. 황종희의 『역학상수론』 (전 6권)은 호위의 『역도명변』易圖明辨과 함께 우열을 가리기 어렵고, 『하도낙서방위도』

---

53) 侯外盧 主編, 양재혁 譯, 『中國哲學史』(中), 일월서각, 1988, pp.272-273.
54) 위의 책, p.273.
55) 蔣維喬 著, 고재욱 譯, 『中國近代哲學史』, 서광사, 1980, p.35.
56) 위의 책, p.34.
57) 侯外盧 主編, 앞의 책, p.273.

의 잘못된 점을 밝힌 것은 매우 독창적인 학설이며, 그의 『율려신의』律呂新義(전2권)는 특히 율려 연구의 길을 열어 주었다.[58] 이에 더하여 그의 학문에 있어 천문학과 수학은 당시의 선구가 되었다. 다양한 분야에 관심을 갖고 그의 명석한 두뇌의 위력을 크게 발휘하였던 것이다.

황종희의 학설은 어떠한 것들이 있는가. 황종희는 유염대의 수제자인 것으로 알려져 있다. 유염대는 신독愼獨을 학문의 목표로 하였으며, 황종희 역시 신독을 수양하는 양명학자였는데 그 해박한 지식은 애당초 양명학에서 끝나지 않았다.[59] 오늘날 널리 알려진 『명유학안』은 그가 저술한 것인데, 여기에 나타난 그의 역사적 안목은 결코 어느 한 곳에 치우치지 않았다. 그의 객관적 태도가 이 저술에 그대로 드러나 있음을 알게 해준다.

당시 널리 전개된 학설에 있어 황종희는 양명학자 답게 심학心學을 거론하고 있다. 그는 다음과 같이 말한다. "천지를 가득 메운 것은 모두 심心이다. 변화를 예측하지 못하니, 만가지로 달라지지 않을 수 없다. 심에는 본체가 없다. 공부가 이른 곳이 곧 그 본체이다. 그러므로 궁리窮理란 이 마음의 만 가지 다름을 끝까지 캐묻는 것이요, 만물의 만 가지 다름을 끝까지 캐묻는 것이 아니다."[60] 이처럼 그는 천지를 가득 메운 것이 심이라 하여 심학자다운 언급을 하고 있어 양명의 학문을 전승하고 있다.

따라서 황종희는 양명학의 공로를 인정하고 있다. 양명의 공에 대한 그의 입장은 다음과 같다. "대체로 재래의 유학자는 리理를 천지 만물에 돌리고, 명각明覺을 한 개체에다 돌림으로써 갈라놓고 둘로 만들지 않음이 없었다. 이로 말미암아 그 지리한 병폐를 이기지 못하였다. 양명은 양지良知가 곧 천리天理라고 하였으니 천리 명각은 단지 하나의 일일 뿐이다. 그러므로 성학聖學에 공이 있는 것이다."[61] 이와 같이 그는 양명의 양지설을 성인의 학문이라고 칭송하고 있다. 그의 양명에 대한 신뢰가 넘치는 면모를 드러낸다.

58) 蔣維喬 著, 앞의 책.
59) 위의 책, p.36.
60) 『明儒學案』「原序」, 盈天地皆心也 變化不測 不能不萬殊 心無本體 工夫所至 卽其本體 故窮理者 窮此心之萬殊 非窮萬物之萬殊也.
61) 『南雷文定前集』卷四,「答萬充宗論格物書」, 夫自來儒者 未有不以理歸之天地萬物 以明覺歸之一己 岐而二之 由是不勝其支離之病 陽明謂良知卽天理 則天理明覺 只是一事 故爲有功於聖學.

나아가 인심도심설의 잘못을 비판한 황종희는 지각知覺을 강조하고 있는 점도 주목할 사항이다. 순자와 연결하여 인심도심설을 비판하고 있는 그의 견해를 살펴보자. "인심과 도심은 바로 순자 성악설의 근본 취지이다. 오직 위태롭다는 것이 이것으로 성性의 악함을 말하고, 오직 미미하다는 것은 이 리理가 흩어져 따로따로 되고 형상이 없어서 반드시 지극히 정일精一한 것을 택하여야 된다. 그 뒤에야 비로소 나와 하나가 된다. 그러므로 바로잡아 고친다는 이론이 생긴 것이다. 그리하여 마음이 간직하고 있는 것으로는 오직 이 지각일 뿐이다."[62] 이와 같이 그는 인심도심설이 잘못된 것들이라고 비판을 가하였다. 비판의 핵심은 인심 도심의 구분이 그르다는 것이다.

한편, 정치적 입장에서 법을 강조하고 군신론君臣論에 관심을 기울인 황종희는 그의 사상적 특색을 잘 드러낸다. 그는 다음과 같이 말한다. "옛날 천하의 사람들이 자기의 군주를 아껴서 추대한 것은 마치 아버지에 그를 비교하고, 하늘처럼 그를 생각하였는데 참으로 지나친 것이 아니었다. 그런데 오늘날 천하의 사람들이 자기의 군주를 원망하고 미워하며 그를 마치 도둑이나 원수같이 보아 그를 독부獨夫라고 이름 지었으니 진실로 마땅하다."[63] 당시의 시대상은 혼란했음이 반증된다.

황종희는 예禮에 대해서도 강조하고 있다. 『육경』六經의 의미 파악과 예절의 실천은 그에 있어서 일상생활의 지침과도 같았다. 그는 다음과 같이 말한다. "『육경』은 모두 도를 실은 서적이며 예는 그 절목이다. 당시에 하나의 예를 들면 반드시 하나의 거동이 있었다. 요컨대 모두가 관사官司가 전한 것이며 역대로 행한 것이고 사람마다 그것을 알 수 있으며 성인이 홀로 행한 것이 아니다. 크게는 천자가 제사지내고 제후 나라를 돌며 시찰함에 이르기까지 모두 실제 다스림이 되었고, 적게는 나가고 물러가며 절을 하는 예절이 모두 실행되었다."[64] 그의 언급처럼 예절을 일상의 삶에서 실천하는 자세가 필요

62) 『南雷文定三集』卷一,「尙書古文疏證序」, 人心道心 正是荀子性惡宗旨 惟危者以言性之惡 惟微者 此理散殊 無有形象 必擇之至精 而後始與我一 故矯飾之論生焉 於是以心之所有 唯此知覺.

63) 『明夷待訪錄』「原君篇」, 古者 天下之人愛戴其君 比之如父 擬之如天 誠不爲過也 今也 天下之人怨惡其君 視之如寇讐 名之爲獨夫 固其所也.

64) 『南雷文定前集』卷一,「學禮質疑序」, 六經皆載道之書 而禮其節目也 當時擧一禮必有一儀 要皆官司所傳 歷世所行 人人得而知之 非聖人所獨行者 大至類禋巡狩 皆爲實治 小而進退揖讓 皆爲實行也.

하며, 사회의 예절이 갖추어지면 국민이 안정된다는 것이다.

Ⅵ. 염약거(고증학파)의 사상

염약거(1636~1704)의 자는 백시이다. 그리고 그의 호는 잠구회남이며, 명나라 의종 숭정 9년생이다. 청나라 성조聖祖 강희 43년에 서거하였으니 향년 69세였다. 또 그는 비범한 재질과 정력를 지녔고 고염무에 의해 개척된 고증학을 확립한 공을 세웠다.[65] 그가 비범하고 꼼꼼한 재질로 인해 철저한 고증을 세워 후래 고증학의 정립자로 평가를 받고 있다.

어린 시절에 염약거는 호기심 많게도 열심히 물어 배우는 자세를 견지하였다. 그가 젊어서 열정의 자세로 공부하던 시절에 "한 사물을 알지 못하는 것도 깊이 부끄럽게 여겨서 사람을 만나면 물어 보느라 한가한 날이 적다"라는 구절을 골라서 이를 기둥에 걸어 두었다고 한다.[66] 이처럼 그는 앎에 대한 애착을 가지고 자기의 의심을 해결하기 위해 온갖 열정을 발산하였다.

그리고 염약거는 『고문상서』古文尚書에 관심을 기울였다. 동진東晉에 나온 『고문상서』 16편과 동시에 출현한 공안국의 『상서전』尚書傳은 문장으로 보아 위서로 의심을 받아 주자 이래로 논변의 대상이었다. 이에 염약거는 20세에 『고문상서』를 읽다가 의심을 품고 30년간 연구하여 128조를 들어 그 모순을 지적하여 위서임을 확인하였다.[67] 이러한 것을 논증하여 집성한 책이 바로 『고문상서소증』古文尚書疏證 8권이다.

고증학자답게 『공전』孔傳은 위작이라고 말한 것이 주목된다. 그 증거로 한 예를 든다면 『상서』 우공의 이른바 『공전』에 적석산은 금성현에 있다고 하였는데, 금성현이 설치된 것은 한漢의 소제 때여서 공안국이 죽고 난 후의 일이라는 논증이다.[68] 그리하여 염약거

---

65) 金能根, 『中國哲學史』, 探求堂, 1973, p.315.
66) 一物不知 以爲深恥 遭人而問 少有寧日(가노 나오키 著, 吳二煥 譯, 『中國哲學史』, 乙酉文化社, 1986, p.520).
67) 金能根, 앞의 책.

는 자신의 고증으로 『고문상서』 및 『공전』은 위작이라고 단언하였다. 그의 정밀한 고증은 오로지 꼼꼼하고 철저한 자신의 성격에 의한 것이라고 한다. 난해한 문장에 부딪치면 반복해서 탐구하여 반드시 그 해답을 얻고서야 그만두는 성미를 지녔기 때문이다.

염약거의 저술로는 상당히 많이 있다. 이를테면 『고문상서소증』, 『사서택지 삼경석지여론』, 『맹자생졸연월고』, 『수교곤학기문』, 『공묘종사말의』, 『모주시설속』, 『주자상서고문의』, 『일지록보정』, 『상복익주』, 『송사가일사』, 『박호장록』, 『잠구답기』 등이 그것이다.[69] 그는 비판이 예리하고 다방면의 독서 및 저술과 더불어 고증에 정밀하였다. 당시의 시문詩文은 염약거의 감정을 거치지 않으면 안 될 정도였다고 한다.

그리하여 염약거는 고증학의 대가로 우뚝 섰으며, 공양학파에도 상당한 조예가 있었다. 철학자는 아니라도 청조 고증학의 대가로서 중국 학술을 연구하는데 확실한 자료와 진정한 지식을 얻는 법을 제시했는데, 이러한 그의 정신은 고증학은 물론 청말 공양학파에도 영향을 끼쳤다.[70] 고증학자로서 청대의 고증학은 물론 공양학에도 상당히 영향을 미치고 있다는 것은 그의 방대한 저술에서도 잘 나타난다.

그렇다면 염약거가 고증한 사례들 몇 가지[71]를 살펴보자. 특히 『주자집주』의 오류나 불완전한 점을 바로 잡은 것이 많다. 예컨대 그가 『주자집주』에 밝혔듯이 소백(환공)을 형이라 하고 자규를 동생이라 하였지만(『논어』 「헌문편」의 주자주), 손자가 아니라 아들이라고 고증하였다. 또한 증서曾西는 증삼의 손자라고 하였지만(『맹자』 「공손추 상」의 주자주), 손자가 아니라 아들이라는 것도 그가 고증했다. 또 그에 의하면 문왕·무왕으로부터 당시에 이르기까지 7백여 년은 마땅히 850년으로 고쳐야 한다는 것 등을 고증하고 있다.

염약거의 꼼꼼한 고증은 다음에도 있다. 이를테면 그의 저술 『맹자생졸년월고』가 그것이다. 맹자가 태어난 나라인 추鄒는 공자의 출생지인 추읍이 아니라는 고증, 또 『맹자』라

---

68) 가노 나오키 著, 吳二煥 譯, 『中國哲學史』, 乙酉文化社, 1986, p.524.
69) 金能根, 앞의 책, p.315.
70) 위의 책, pp.315-316.
71) 가노 나오키 著, 앞의 책, p.525.

는 책은 맹가孟軻가 스스로 지은 것이지 문인이 편찬한 것은 아니라는 논증 등이 가장 볼 만한 설이다.[72] 그가 말하는 바처럼 고대 고전에 관련한 고증, 고대 인물에 대한 고증 등은 그의 꼼꼼한 성격에 의해 이루어졌다고 보아도 좋을 것이다.

어쨌든 염약거는 주자를 공자 사상의 전승자로 칭송하고 있는 점을 보아, 송대 주자사상에 많은 영향을 받은 것 같다. 그는 주자학자답게 "하늘이 송유宋儒를 낳지 않았다면 공자는 긴 밤과 같았을 것이다"(天不生宋儒 仲尼如長夜)라든가, 또 "주자는 3대 이하의 공자이다"(朱文公 三代以下孔子乎) 등으로 말하여 주자에 대해 크게 존숭의 뜻을 표했다.[73] 이처럼 그는 송학宋學을 이으면서도 고증학자로서 실력을 유감없이 발휘하였다.

VII. 안원(실용학파)의 사상

안원(1635~1704)은 자가 혼연이고 호는 습재이다. 그의 자는 이직이라고도 불린다. 그는 직예 박야현의 북양촌 사람이다. 탄생 연도는 명의 의종 숭정 8년생이며, 청의 성조 강희 43년에 자신의 생애를 마감하였다. 당시 그의 나이는 향년 70세였다.

안원이 살았던 생애 당시의 시대적 상황은 혼란스러웠다. 나이 세 살 때에 청병이 쳐들어와 약탈을 자행하다가 아버지를 포로로 잡아갔으므로 어머니는 재혼하였다.[74] 그는 20여세가 되어 이를 알고서 양가養家를 떠나 관關 밖으로 나가 아버지를 찾으려 하였다. 그러나 삼번三藩의 난이 일어나 아쉽게 그의 소원은 이루어지지 못하였다. 그에게는 가정적으로 불우한 상황이었다.

그리고 안원은 거의 고향을 떠나지 않고 살았다. 그가 관외에 나갔을 적을 제외하고는 직예남부와 하남을 한 번씩 여행하였을 뿐이다. 63세 때 비향肥鄕의 장남서원으로부터 초청을 받고 그곳에 가서 가르친 적도 있었다고 한다. 자신이 이상적으로 생각하는 교육

---

72) 위의 책, p.528.
73) 위의 책, p.520.
74) 李康洙 外, 『中國哲學槪論』, 한국방송통신대학교출판부, 1995, p.360.

436 ••• 제4편 근대철학

정신과 방법을 그곳에서 실험하려고 4개의 교실을 열어 문사文事, 무비武備, 경사經史, 예능藝能을 가르치고자 하였으나 장수의 둑이 무너져 서원이 침수되는 바람에 뜻을 이루지 못하고 다시 고향으로 돌아갔다.[75] 그의 소박하고 다부진 포부가 실현되지 못한 점은 역시 그의 생애로 보아 매우 불우했던 것이다.

실용학파 안원이 살았던 당시에는 기라성 같은 유학자들이 즐비하였다. 이를테면 왕중은 '육유송'六儒頌으로 곤산의 고염무, 덕청의 호위, 성의 매문정, 태원의 염약거, 원화의 혜동, 휴령의 대진 등 여섯 사람을 거론하였다. 이들 6인과 어깨를 나란히 하고 같은 대열에 들어갈 수 있는 사람으로 여요의 황종희, 형양의 왕부지, 무석의 고조우, 대흥의 유헌정이 있고, 이들 외에 안원이 있는데 그는 매우 특이한 학설을 주장했다.[76] 그리고 안원의 제자로는 이공이 있어 훌륭한 제자를 두는 공을 세웠다.

어린 시절부터 안원은 노력하는 학자로 잘 알려져 있었다. 8세에 학교에 들어갔으며, 보통 사람들과는 달리 대단히 노력하였으므로 그의 학문은 날로 발전했다.[77] 학문이 성숙되어가는 중, 나라 일이 날로 잘못되어 가는 것을 그는 개탄하였다. 당시 일어난 전쟁에 있어서 그는 수비와 공격에 대하여 연구하는 등 다방면에 관심을 보였다.

다방면에 관심을 보였으므로 안원으로서는 군사학은 물론 청년 시절에 사학, 의학까지 연구에 깊이 몰두하였다. 그의 철학사상은 도학의 영향을 받았으며, 뒤에 점점 도학에 대하여 회의적인 태도를 품다가 마침내 그것과는 결별하였다.[78] 그리하여 그는 도학에 대하여 결별을 선언하고 당시 유명한 학자들인 왕부지, 황종희, 고염무 보다 더욱 철저하게 이를 비판하였다.

안원의 저술로는 상당히 많은 것들이 거론된다. 그는 21세 때에 침식을 잊을 정도로 열심히 『자치통감』을 읽었으며, 24세 때는 집안에 사설학교를 열고 자제들을 가르쳤다고 전해진다. 그는 처음에 「존지편」存知篇을 쓰고, 다음 해에는 「존성편」存性篇을 썼으며, 계

---

75) 위의 책.
76) 蔣維喬 著, 고재욱 譯, 『中國近代哲學史』, 서광사, 1980, p.92.
77) 위의 책, p.93.
78) 侯外廬 編, 양재혁 譯, 『중국철학사』(中), 일월서각, 1989, p.290.

속하여 「존학편」存學篇을 써서 자기 학설의 근본을 수립했다.79) 그 뒤에 또 「존인편」存人
篇과 「존치편」存治篇을 썼으며, 아울러 그의 저술로 『기보총서』에 있는 『안이유서』가 있
고, 이밖에도 『안씨유서』가 있다. 이에 더하여 제자들이 편집한 『사서정오』, 『사존편』,
『주자어류평』, 「습제기여」 등이 있다.

   안원의 학풍은 복고적 도학에 관심을 기울인 탓에 그는 고대 성자들의 가르침을 성실
하게 수용하였다. 그는 소위 요순, 주공, 공자의 구도舊道, 삼사三事(正德, 利用, 厚生), 삼
물三物(六德, 六行, 六藝)의 성학聖學을 빌어서 송명의 도학에 대항했는데, 이것은 형식상
으로 보면 복고적인 것 같지만 실제로는 고대 유가 경전의 말을 빌어서 자기의 관점을
논술하고 있다.80) 이처럼 온고지신의 자세로 그는 고대의 경전에 나오는 소중한 말씀들
을 학문으로 섭렵하였다.

   그리고 안원은 실용주의적 관점을 추구한다. 이와 관련해서 승려를 불러 그는 다음과
같이 말한다. "나는 그대에게 산업을 가진 승려라면 서둘러서 재물을 모아서 절을 나와
결혼하여 가정을 이루고 아들을 낳기를 권한다. 산업이 없는 승려도 서둘러서 승복을
벗어버리고 장사를 하든가 공예를 하고, 기술이 없는 사람은 남에게 고용살이를 하여
처자를 위해 돈벌이하여 가정을 이루도록 하라."81) 이처럼 그는 매우 실용적 입장에서
불가의 탈세속적인 삶을 비판하고 있다. 그의 현실주의적 실용관이 이처럼 불교 비판의
입장에서 잘 나타난다.

   따라서 감각적 작용을 중시하고 기질을 강조하고 있는 안원은 감각적 육체관에 관심을
보인다. "이목구비, 수족, 오장육부, 근육, 혈육, 모발은 모두 수월하게 갖추어진 것으로
사람의 질質이니, 비록 어리석다 할지라도 오히려 물物과는 다른 것이다. 호흡을 하고 건
강이 유지되는 것이 오관백해五官百骸에서 운용되는 것이다. 순수하고 신령한 것이 사람
의 기氣이니 비록 어리석다 할지라도 물物과 다르다. … 그러므로 사람은 모두 요순과
같은 성인이 될 수 있다고 하는 것이다. 그 신령하고 능히 하는 것이 곧 기질이다."82)

---

79) 蔣維喬 著, 앞의 책, p.93.
80) 侯外廬 編, 앞의 책, p.290.
81) 위의 책, p.291(번역문 참조).

감각적 육체의 활동을 눈여겨보고 있으며, 특히 그의 기질론에 대한 인식은 철학자로서의 사유 본령을 찾은 듯 심도가 있다.

이에 안원은 기질이 아니면 성性이 될 수 없으며 기질이 아니면 본성을 깨달을 수도 없다는 입장에 서 있다. 그러면서도 "기질이 이 성性을 구속한다. 곧 기질로부터 성을 밝혀 이 기질의 발發로부터 이 성을 쓰는 것이다. 무엇 때문에 기질을 없애며 또 무엇으로써 제거한다는 것인가"[83]라고 하였다. 위의 언급에 나타나듯, 안원은 기질과 성性의 관계가 밀접함을 지적하면서도 기질을 통해 성을 밝히도록 한다. 기질을 잘 발하는 것이 바람직하며 기질을 제거해서는 안 된다는 입장이 그의 기질론이다.

안원의 전반적 학풍 성격을 보면 성론性論, 동적인 철학, 왕도론 등을 거론할 수 있다. 그의 성론을 보면, 양성養性으로 기질을 변화하는 것은 옳으나, 기질의 악을 변화하여 복성復性하는 것은 옳지 않다는 입장이다. 이어서 그의 동적인 철학을 보면, 천하의 화禍는 노자의 무와 불교의 공과 오유吾儒의 주정主靜보다 더 심한 것은 없으니, 우리의 몸을 양養하는데 있어 동動에 익숙한 것보다 더 좋은 것은 없다는 입장이다. 그리고 그의 왕도론에 의하면, 3대의 치적을 참고하여 정치를 실시하므로써 비록 일민일물一民一物이라도 다 안생安生의 길을 얻도록 하는 것이 왕도라고 하였다.

Ⅷ. 대진(실사구시학파)의 사상

대진은 자가 동원이고 안휘의 휴녕 사람으로 청나라 옹정 1년(1723년)에 태어나서 건륭 42년(1778)에 죽었다. 소년 시절에 특히 호학의 정신이 강하였다. 그리하여 어린 시절부터 『설문』說文을 다루었고 겸하여 『이아』,『방언』 및 한인漢人의 전주傳注를 고찰하였으며, 고증학과 훈고학에도 일찍이 기초를 가지고 있었다.[84] 그는 기철학자이자 정감주의

---

82) 『存性編』第一卷「性理評」(侯外廬 編, 양재혁 譯,『중국철학사』(中), 일월서각, 1989, p.292(번역문 참조).
83) 侯外廬 編, 앞의 책, p.292(번역문 참조).

자로서 뜻을 세워 고고석문考古釋文으로 경전을 연구하는 것은 물론 참 도를 밝히는데 적극 노력하였다.

참 도를 향한 호학의 정신을 지닌 대진은 그의 인생을 두 시기로 나누어 학술을 새롭게 변모시켜 나가고 있음을 알 수 있다. 즉 그의 학술 사상은 나이 40세를 경계로 하여 전후 시기로 나눌 수 있다. 전기는 적극적으로 한학漢學을 제창하였으나 송학宋學을 배척하지 않은 시기이며, 후기는 홀로 경서經書의 새로운 뜻을 표방함으로써 송학에 대하여 적극적으로 공격을 가한 시기이다.[85] 그의 이러한 전·후반기의 인생을 살펴보면, 결국 그는 송학을 배척하여 그 나름의 학술을 전개시키고 있다.

그처럼 대진은 송유宋儒를 비판하고 나서는 이유가 있다. 그는 송의 선비들이 노자나 불교 사상을 뒤섞어서 공맹에 의지하고 달라붙으며, 욕망을 버리고 리理만을 말하고, 정情을 배척하고 성性만을 고집하는 견해는 잘못이라고 배척했다.[86] 성·정의 문제, 지知·정情·욕欲의 문제에 대해 관심을 가진 후, 그는 이를 심心의 3대작용으로 상정하였다. 그리하여 그는 무조건 정욕을 금지해서는 안 되므로 이를 합당하게 왕도정치에서 잘 실현하는데 관심을 가졌다. 도의에 어긋나지 않는 정情의 활용을 통해 적절한 욕망을 달성코자 하는 의지를 천명한 것이다.

대진은 송유를 비판하는 것과 관련해서 다음과 같이 말한다. "나는 17세부터 문도聞道에 뜻을 가지고 있었다. 『육경』에서 그것을 구한 것이 아니면 공맹은 얻지 못하고, 자의字義, 제도, 명물名物에 종사함이 아니면 그 언어를 통할 방법이 없다고 말하였다. 송유는 훈고학을 비웃으며 언어 문자를 경시하였는데 이것은 마치 강을 건너면서 배와 뗏목을 버리는 것과 같고, 높이 오르려고 하면서 사다리를 없애는 것과 같다. 30여 년을 그것을 위하더니, 고금 치란의 근원이 이곳에 있음을 환히 알게 되었다."[87] 이처럼 그는 송유를

---

84) 勞思光 著, 鄭仁在 譯, 『中國哲學史』-明淸篇-, 探求堂, 1994, p.481.

85) 侯外廬 編, 앞의 책, p.314.

86) 蔣維喬 著, 고재욱 譯, 『中國近代哲學史』, 서광사, 1980, pp.73-74.

87) 『戴東原戴子高手札眞蹟』「與段玉裁論理欲書」, 僕自十七歲時 有志聞道 謂非求之六經孔孟不得 非從事於字義制度名物 無由以通其語言 宋儒譏訓詁之學 輕語言文字 是猶渡江河而棄舟楫 欲登高而無階梯也 爲之三十餘年 灼然知古今治亂之源在是.

일면 비판하며 고증학자적 실사구시의 입장을 드러내고 있다.

실사구시를 추구하는 대진은 우리에게 고증학의 대가로 잘 알려져 있다. 그는 고증학의 대가로서 시대의 영향을 받아 평생을 여기에 전력했으며, 그 넓고 크며 철저한 정신은 역시 고증학의 범위를 넘어서서 깊은 사색의 세계로 들어가게 했다.[88] 고증학에서는 주로 고전 자구 등에 대한 시비를 분명히 하여 사실에 바탕한 경학經學을 정리해 낸다. 그것은 마치 훈고학과도 같은 역할을 하였는데, 대진은 이를 이어 고증학의 대가가 되었다.

고증학자로서 대진은 이론 중시를 극복, 실사구시의 과학정신을 드높이고 있다. 형이상학적 관념론에 빠지지 않고 개인적 소견에 치우치지도 않는다. 이에 대진은 오직 실질적인 일實事을 구하고 어느 한 학파에 머물지 않는다는 과학 정신에 의해 옛날의 책을 읽고 해석했다.[89] 이와 같이 대진은 과학정신을 높이 사고 실사구시적 학풍을 진작시켰다.

대진의 저술로는 무엇이 있을까. 『원선』原善 전3권, 『맹자자의소증』 전3권이 있어서 공맹 사상의 진면목을 드러내 보이려고 했는데, 이책들은 『대씨유서』 4질 가운데 수록되어 있다.[90] 기타 저술로는 문자, 음운, 역산, 여지輿地 등에 대한 논저들이 있다.

일생 저술한 활동상에 대한 대진의 견해는 다음에 있다. "내가 평생 저술한 가장 큰 것은 『맹자자의소증』孟子字義疏證이라는 저서이다. 이것은 사람의 마음을 바로잡는 요점이다. 오늘날 사람들은 정사正邪를 막론하고 모조리 다 의견을 잘못 이름붙여 '리'理라고 하는데 이 백성들에게 화를 준다. 그러므로 소증疏證을 짓지 않을 수가 없었다."[91] 그는 맹자 사상에 상당한 관심을 가졌다. 그의 저술로서 중요한 역작으로는 맹자와 관련한 저술인 것이다. 그는 맹자 정신으로 정正・사邪를 구분하는 요체로 삼았다.

윤리적 각도에서 대진은 천하의 거울로는 선善이라 하였으며, 이에는 인仁, 예禮, 의義라는 세 가지가 있다고 하였다. 그는 이에 다음과 같이 말한다. "선은 인이요 예요 의이다. 이 세 가지는 천하의 큰 거울이다. 위로는 천도에 드러나는데 이것을 순順이라 한다. 실지

---

88) 蔣維喬 著, 고재욱 譯, 『中國近代哲學史』, 서광사, 1980, p.73.

89) 위의 책.

90) 위의 책, p.74.

91) 『戴東原戴子高手札眞蹟』, 僕生平著述最大者 爲孟子字義疏證一書 此正人心之要 今人無論正邪 盡以意見 誤名之日理 而禍斯民 故疏證不得不作.

로 밝혀 명덕明德이 되는 것인데 이것을 신信이라 한다. 그것에 따라서 그 분리分理를 얻는 데 이것을 상常이라 한다."92) 그에 있어 선은 최상의 거울인데, 이러한 양심의 거울을 밝히기 위해 인의를 실천토록 하는 것이 유도된다.

나아가 대진은 성명性命에 대한 이해도 심도 있게 하였다. 그는 천지의 분화에 대해 관심을 갖고 이 성명의 문제를 거론하고 있다. "성性은 천지의 변화에 근본을 두고, 나뉘어서 품물品物이 된 것을 말한다. … 나누어진 것에 한정된 것을 명命이라 하고 그 기류氣類를 이룩한 것을 성이라 한다."93) 성은 천지 변화에 근본을 두고 나누어진 것 자체를 의미한다. 그리고 나누어져 한정된 상황을 명이라고 할 수 있다. 그의 입장은 성의 분分에 의한 명의 한정됨이 바로 성과 명에 대한 상관적 이해라는 것이다.

또한 대진은 리理와 의義에 대해서도 관심을 가지고 있다. "마음이 다 같이 그러할 바를 비로소 리理라 하고 의義라고 하였다. 그러면 다같이 그러함에 아직 이르지 않고, 그 사람의 의견에 간직되어 있으면 이도 아니요 의도 아니다. 무릇 한 사람이 그러하다고 생각하였는데, 천하 만대가 다 이것을 바꿀 수 없다고 말하면 이것을 일러 다 같이 그러함이라고 한다."94) 그가 말한 바대로 심心의 당연한 그대로의 모습을 리라 하고 의라 한다는 것이다. 이러한 인간의 심心에 근거하지 않는 것은 리나 의가 아니라고 그는 말한다.

한걸음 더 나아가 대진은 인성과 물성의 차이에 대해서도 고증학자답게 거론하고 있다. "천도天道는 음양오행일 뿐이다. 나누어서 그것을 가짐으로써 성性을 이룬다. … 사람은 비록 그 온전함을 얻었으나 그것이 사이가 벌어지면 명암, 후박이 있어 왕왕 한 모퉁이에 한정된다. 그러나 그 모퉁이는 온전해질 수 있다. 이것이 인성과 물성의 차이이다."95) 인성은 가장 뛰어난 기氣를 품부받아 태어난 것이라면, 물성은 어둡고 박한 기를 받고

---

92) 『原善』 卷上, 善 曰仁 曰禮 曰義 斯三者 天下之大衡也 上之見乎天道 是謂順 實之昭爲明德 是謂信 循之而 得其分理 是謂常.
93) 『原善』 卷上, 性 言乎本天地之化 分而爲品物者也 … 限於所分曰命 成其氣類曰性.
94) 『疏證』 卷上「論理」, 心之所同始謂之理 謂之義 則未至於同然 存乎其人之意見 非理也 非義也 凡一人 以爲然 天下晩歲皆曰 是不可易也 此之謂同然.
95) 『原善』 卷上, 天道 五行陰陽而已矣 分而有之以成性 … 人雖得乎全 其間則有明闇厚薄 亦往往限於一曲 而其曲可全 此人性之與物性異也.

태어난 것이라 한다. 이는 당연히 천명에 의해 이루어진 것들이다.

인간으로 태어난 이상, 대진은 이 세상에서 가장 좋은 공부를 하도록 권유한다. 그가 전하는 바, 가장 좋은 공부란 무엇인가. 그는 이에 다음과 같이 말한다. "사私를 제거함은 힘써 용서함보다 더 좋은 것이 없다. 가리움을 풀어버림은 배움보다 더 좋은 것은 없다. 주로 삼은 것을 얻음은 충신忠信보다 더 좋은 것은 없다. 그칠 데를 얻음은 명선明善보다 더 좋은 것이 없다."96) 그가 말하는 바는 사私보다는 공公, 가리움보다는 배움과 충신 및 명선의 소중성을 강조하는 것으로, 이보다 더 좋은 공부는 없다는 것이다.

IX. 완원(훈고학파)의 사상

완원(1764~1849)은 자가 백원, 호가 예태이다. 그는 강소성의 의정 사람으로 일찍이 절강, 강서, 하남의 순무巡撫와 호광, 양광, 운귀의 총독을 역임했으며 아편전쟁이 일어난 9년 후에 세상을 떠났다.97) 그는 생전에 여러 곳을 주유하면서 다양한 활동을 전개하였다.

구체적으로 완원이 여러 곳을 주유하면서 활동한 벼슬을 살펴보자. 그는 건륭 54년에 진사가 되었고, 한림편수翰林編修를 거쳐 첨사詹事가 되었으며, 후에 또 산동·절강의 학정學政이 되었고, 후에 두 번 절강의 순무가 되었는데 해적을 소탕하여 큰 공적을 세웠다.98) 그 후 그는 다시 경관京官이 되었다. 위의 언급처럼 그는 강서·하남의 순무를 거쳐 호광·양광·운귀 등의 총독으로서 역할을 하였던 것이다. 그의 활동 역량이 대단했음을 알 수가 있다.

완원의 학문 활동으로는 한학漢學을 대성한 사람으로 알려져 있다. 실제 그의 학문 활동은 18세기 말에서 19세기 초에 걸쳐서 건乾·가嘉 한학 사조에 속해 있음을 알 수 있다. 그는 절강순무 시절에 허숙중과 정강성 두 선생을 모시는 고경정사詁經精舍를 세웠다. 여

---

96) 『原善』卷下, 去私莫如强恕 解蔽莫如學 得所主莫大乎忠信 得所止莫大乎明善.
97) 侯外盧 主編, 앞의 책, p.347.
98) 가노 나오키 著, 吳二煥 譯, 『中國哲學史』, 乙酉文化社, 1986, pp.573-574.

기서 크게 한학을 선양시켜 10년이 되지 않아 벼슬을 버리고 수양을 하며 한학에 통달했다. 그를 찬술하여 일가를 이룬 자가 이루 셀 수 없었고, 동남東南의 인재가 극성했다는 사가史家의 기록을 남겼다.[99] 그가 살았던 청대의 중엽에 건가乾嘉 한학은 19세기 초기에 이르러 봉건시대의 종말과 함께 퇴조하였다. 이에 그는 당시 한학 사조의 종결을 이룬 대표적 인물로 평가되고 있다.

완원의 한학에 대한 공로는 다음과 같다. 즉 그는 『경적찬고』經籍纂詁를 편찬하였는데, 저명한 한학자 왕인지가 이 책을 논하여 '일운一韻을 펼치면 여러 자字가 반드시 갖추어지며, 일자一字를 찾으면 여러 훈訓이 모두 있으며, 일훈一訓을 찾으면 원서原書를 읽을 수 있다'고 칭찬하였다.[100] 이처럼 그는 건乾·가嘉 한학을 총 집결시킨 업적을 지니고 있고, 한학을 심도 있게 이해한 인물로 평가된다.

저술에 있어서 완원은 평소 지녔던 학문에 관심을 전해준다. 그는 강서에 있을 때 일찍이 『십삼경주소』를 간행하였는데, 이것은 역대 학술계에서 선본善本이라 공인되기도 하였다. 그는 광주에서 학해당學海堂을 세우고 청대 학자의 고전문헌 연구의 중요 업적을 수집하여 청대 한학을 집대성한 『황청경해』皇淸經解를 간행하였다. 또 그는 자신의 저작을 모은 『연경실집』과 당시 한학가漢學家의 천문, 수리 연구를 모은 총괄적인 『주인전』을 편찬하였다.[101] 이처럼 그는 학문적 관심과 더불어 소중한 저술 활동을 하여 오늘의 학계에 많은 영향을 미쳤다.

그리하여 완원의 학적 위상을 고려해 보면 그의 학문 정도를 이해할 수가 있다. 그는 비록 부분적으로 한학대사漢學大師인 대진의 전통을 계승했으나 사상의 깊이와 창조성에 있어서 대진과 비교하면 큰 격차가 있다. 완원은 경학가이며 사상가로서 학술활동은 주로 경전을 해설하는데 있으며, 그의 사상도 경학의 훈고와 고증을 거쳐 표출해낸 것이다.[102] 그가 고증해낸 학문은 초순의 주장과 같다고 하며, 여기에서 자신의 사상을 새롭

---

99) 侯外盧 主編, 앞의 책.
100) 위의 책, p.347.
101) 위의 책.
102) 위의 책.

게 표출하고자 노력하였다.

완원의 치학治學 방법에 대해 소개하여 보자. 그의 치학 방법은 훈고로서 경의經義를 통하는 것임은 주지의 사실이다. 그의 기본 논점은 대체적으로 아래와 같이 개괄할 수 있다.[103] 첫째, 의리는 훈고로부터 시작한다. 둘째, 훈고는 한유漢儒를 준칙으로 삼아야 한다. 셋째, 훈고의 방법은 실사구시이다. 넷째, 훈고의 작용은 경經을 통해야 할 뿐 아니라 또한 정치의 근본이 되어야 한다. 그의 치학 방법은 위에 언급한 데로 네 가지 각도로 이해할 수 있다.

나아가 완원은 고증학에 의하여 '성'性 이해를 분명히 하고자 하였다. 그는 고문헌의 고증에 근거하여 말하기를 "성 가운데는 미, 색, 성, 취, 안일의 욕欲이 있다. 그러므로 반드시 그것은 절제해야 한다. 고인은 다만 절성節性을 말하고 복성復性은 말하지 않았다. 군자의 도는 즉 인의로 우선하고 예절로서 제制하고, 성性과 욕欲으로 구차히 구하지 않는다"고 하였다.[104] 그는 고증 내지 훈고로서 성에 대한 이해를 새롭고도 독특하게 전개하고 있다.

이에 더하여 완원은 고증학적 방법을 통해 공자의 '일이관지'를 새롭게 이해하고 있다. 완원은 공문의 일관一貫과 격물格物을 모두 '행사'行事로 해석한 것이다. 그는 일관을 해석하여 "관貫은 행이고 사이다. … 공자는 증자를 불러 얘기하기를, 오도吾道는 일이관지라 했다. 이것은 공자의 도가 모두 행사에서 나타나는 것이지, 단지 문자를 교敎로 하는 것은 아니라는 말이다"[105]라고 하였다. 그가 말하는 것, 곧 일이관지란 공자의 말씀을 실제 생활에서 실천으로 나타내는 것으로 이해되고 있다.

다음으로 완원의 업적에 대해서 언급해 보자. 그는 문화사의 정리와 고증학적 접근이라는 면에서 공로가 대단한 것으로 알려져 있다. 그가 고의훈古義訓을 인증引證하는데 있어 모든 명사 개념에 대해 문자 원류로부터 말하는데, "자字는 이처럼 사실대로 만들고, 사事 또한 사실대로 얘기한다"는 것이다.[106] 그의 주요 사상적 공로는 모두 고대철학 개

---

103) 위의 책, p.348.
104) 위의 책, p.350(飜譯文 再引用).
105) 위의 책, p.351.

념 즉 성명性命 인심仁心을 통해 훈고·고증을 함으로써 그 본래면목을 회복하는 노력 가운데서 나타난다.

그리고 훈고 및 고증학 뿐 아니라 천문天文, 역산曆算 학문을 계승한 것도 완원의 학술적 기여라 볼 수 있다. 그는 대진의 훈고와 고증을 계승하였고, 또 대진의 천문, 역산의 학문을 계승했기 때문이다. 완원은 천문과 역산을 깊이 연구하여 『주인전』을 편찬하였으니, 당시 한학가로서 중국의 수리화학적 지식수준을 대표해서 지금까지 계속 참고할 가치를 지니고 있다.[107] 이러한 그의 공로를 상기하면서 그가 청대에 미친 사상적 영향력이 지대하였음을 알 수 있다.

---

106) 위의 책, p.349.
107) 위의 책, p.352.

I. 위원의 생애와 사상

위원魏源은 1794년에 태어나 1877년에 서거하였다. 그는 증기택 등이 지은『청사고』, 「문원전』,『위묵심선생입사향현품고청책』 등에서는 함풍 6년에 죽었다고 하며, 자는 묵심, 호남성 소양 사람으로 되어 있다.1) 근대 중국 사상의 개방적 측면에서 많은 활동을 한 인물로 전해지고 있다.

이에 위원은 세상에 나서서 많은 벼슬 활동을 하였다. 그는 1822년 향시鄉試에 급제하여 회시會試에 응시하였으며, 1826년 내각의 중서직中書職을 돈으로 샀다고 한다.2) 그리고 1844년에 진사가 되었다. 또 그는 지주知州로서 강소에 발령을 받고, 이어서 동대현과 흥화현에 서리로 임명되었다. 이보다 조금 뒤에 고우주의 지주직知州職에 임명되어 많은 활동을 하였다.

위원이 처한 시대적 상황을 보자. 양호학파가 한차례 공양학을 제창하고부터 그는 다른 지방의 학자들에게도 상당한 영향을 주었다. 그로 인해 동한東漢 고문가古文家의 설을 배척하고 서한 경사經師의 유설遺說을 근본으로 하여, 공자의 미언대의微言大義를 천명한다고 자부하는 이가 꽤 많았다.3) 당시의 학자를 보면 호남에는 위원이 있었고, 항주에는 공자진이 있었다. 이들은 모두 경술經術에 훌륭한 문장가로 잘 알려졌다.

다음으로 위원의 저술을 보자. 그는 임칙서의 편에 속해 있었으므로 격정과 분개 속에 임칙서가 택한『사주지』四洲志에 의거하여『해국도지』 60권을 짓고, 1849년에 다시 100권으로 확충하여 이를 간행하였다.4) 그는 일찍이 유봉록을 좇아 공양춘추公羊春秋를 배웠다. 공양학을 배운 후 방대한 양의 저술 활동에 전력을 하였던 것이다.

위원의 저술에 나타난 바, 학술이 현실과 관련된 경세치용이 되어야 함을 강조한다. 그리하여 그는 학술을 연구할 것과 아울러 이를 현실의 정치와 사회의 실제에 연계시켜

---

1) 李康洙 外,『中國哲學槪論』, 한국방송통신대학교출판부, 1995, p.387.
2) 위의 책, pp.387-388.
3) 가노 나오키 著, 吳二煥 譯,『中國哲學史』, 乙酉文化社, 1986, p.620.
4) 李康洙 外, 앞의 책, p.388.

야 할 것을 주장하고 경세치용을 제창하였다.5) 이처럼 그가 저술활동을 할 수 있었던 것은 1826년부터 내각중서직內閣中書職에 있었는데 한직이었기 때문이라고 한다.

이와 관련하여 현실과 관련한 그의 학문적 견해를 보자. 그는 『황조경세문편』皇朝經世文篇의 서문에서 현실적 안목을 피력한다. 즉 무슨 일이든 잘 설명하기 위해서는 반드시 사실에서 증명을 하여야 한다고 하였다. 이어서 그는 사람을 잘 이해하려면 반드시 객관적인 기준에 의거하여야 하며, 과거를 잘 설명하려면 반드시 오늘에서 증거를 취하여야 하고, 나의 성실함을 인정받으려면 반드시 물物에서 힘을 입어야 한다6)고 제안하였다. 그리하여 매우 사실적이고 현실적인 입장에서 학문을 전개하고자 하는 노력을 선보였다.

나아가 위원의 저술 내용을 살펴보면 서방학문을 배워야 한다는 것이다. 그의 저술 『해국도지』海國圖志에서 중국이 서방의 진보된 국가로부터 배워야 한다는 것을 주장, 제안하고 있는데, 이는 중국의 많은 변법變法을 추구하는 사상가들에게 영향을 준 바가 크다.7) 이러한 개방적 사유는 후래 중국이 개방의 물결을 가속화하는데 다소 기여하였을 것이다.

덧붙여 위원은 외래 침략에 대항하되 개혁을 하지 않으면 안 된다고 하였다. 그런 의미에서 위원은 외국의 지리와 당시의 역사적 상황을 연구하고 외국인의 장점을 배워서 외래의 침략에 저항할 것을 주장하였다.8) 이러한 그의 주장은 실제에 연계된 사상과 정치개혁적 희망이 밀착되었기 때문에 설득력을 더하고 있다.

개혁적 마인드를 가진 위원은 외국의 공업 기술을 익혀야 한다고 하였다. 개방가적 학자답게 그는 개방의 물꼬를 트고 있다. 위원은 공업이 발전한 서방 국가들에게서 생산 기술을 배울 것을 요청하였는데, 이는 중국이 후에 공업개량에 힘쓰게 되는 방향 설정에 상당한 영향을 주었다.9) 개방 물결이 중국에 조금만 더 빨리 왔더라도 동양의 기술 문명은 크게 발전하였을 것이다.

---

5) 위의 책.
6) 위의 책.
7) 위의 책.
8) 위의 책, p.388.
9) 위의 책, p.389.

진보적 경세치용가로서 알려져 있는 위원의 학문은 반드시 현실과 관련해야 한다는 입장에 있다. 그는 전통 사대부의 교양을 지니고 관직생활을 영위한 사람이었다. 따라서 그는 고래의 전통과 학술사상을 당시의 사회 현실과의 관련 아래 재검토하여 개혁시켜 나갈 것을 주장하는 진보저인 지식인의 면모를 갖고 있었다.[10] 진보직 개방주의자로서 역할이 두드러진 면모가 이것이다.

II. 공자진의 생애와 사상

청대에 위원과 나란히 공양학파의 학자로서 알려진 이는 공자진이다. 공자진 (1792~1841)의 생애를 간략히 말하면 그의 다른 이름은 공조이며, 자는 정암이다.[11] 공양 학파의 학자로서 그는 근대에 들어 학문적 발전을 보다 새롭게 가속화시켰다.

공자진이 활동한 벼슬을 살펴본다. 그는 도광 기축(1829) 때에 진사에 급제하였고, 내 각중서內閣中書와 예부랑중禮部郎中이 되었다.[12] 이처럼 벼슬을 얻어 경륜을 펴도록 노력 하였다. 그의 아버지 여정은 자가 암재라 하며 학문으로서 당시 저명하였다. 어머니는 유명한 단옥재의 딸이었으므로 공자진은 부모의 영향을 받으면서 학문을 섭렵하였다.

따라서 공자진의 가학家學 학풍으로 보면 공양학자라는 것은 이미 말한 바 그대로이다. 그의 아버지는 단옥재를 스승으로 하여 배웠기 때문에 그 학풍은 동한학자東漢學者의 설 을 존숭하는 일반 한학자들과 다를 바는 없었다.[13] 아들인 공자진은 단독재의 외손에 해당하여, 그는 위원과 마찬가지로 유봉록의 영향을 받아 공양학을 발전시킨 인물이다.

공자진의 저술로는 다음과 같다. 경학쪽으로는, 문집 속에 「오경대의종시론」, 「오경대 의종시답문」 등의 논문이 있으며, 또 저술로는 『태서답문』, 『공양결사비』 두 책이 있 다.[14] 이러한 저술을 통해서 그는 공양학파로서의 다양한 학적 섭렵을 성실히 하였다.

---

10) 위의 책.
11) 가노 나오키 著, 앞의 책, p.626.
12) 위의 책.
13) 위의 책.

그러나 공자진은 심오한 학문을 섭렵하는 것에는 별 관심이 적었던 것 같다. 그는 사장학자 내지 수사학자로도 불리었다. 공자진은 경학자로서보다는 오히려 사장가辭章家로서 유명하였다. 그의 문장을 모은 『정암문집』을 보면 광채가 있고 기백이 있어 참으로 청나라 제일류의 문인이라 할 수 있다.[15] 그의 머리는 상당히 좋았던 것으로, 재능이 문장이나 수사修辭라는 것에 더욱 발휘되었다.

공자진은 불교에도 관심을 가졌던 것으로 보인다. 공자진은 공양가이지만 오히려 문사文辭 쪽에 장점을 지니고 있어서 경학 쪽에는 그다지 정리된 것이 없다. 그가 불교에 흥미를 가졌던 것도 건乾·가嘉 시대의 학자와는 크게 취지를 달리하는 것이다.[16] 문장학이나 수사학에 관심을 가진 그는 또 불교의 선학禪學 등에 관심을 기울여 불교학에 그의 실천적 관심을 드러내 보였다.

Ⅲ. 대망의 생애와 사상

대망(1837~1873)의 자는 자고이며, 절강 덕청 사람이다. 그는 양호陽湖학파의 학자인 송상봉을 따라 다니며 영향을 받고 공양학을 공부하였다.[17] 이와 같이 그는 청대의 공양학을 이은 학자로서 근대 중국의 개방적 물결에 합류한 사람으로 알려져 있다.

대망은 또한 융통성이 없는 곧고 비판적인 성품을 소유하였다. 성품이 오만하여 문호의 편견이 매우 굳었고, 학문을 논하되 합하지 않을 때는 극력 비판하고 공격하여 마지않았다고 한다.[18] 이처럼 대쪽과 같은 성품을 지녔으므로 주변의 인물들은 그를 싫어하였다. 그로서는 자신의 사유와 맞지 않으면 공격하는 등 강직한 성격이었기 때문이다.

학자답게 대망은 출판에 관계하였다. 그는 후에 발적髮賊의 난이 있은 후 금릉에 서국

---

14) 위의 책.
15) 위의 책, p.626.
16) 위의 책, p.627.
17) 위의 책, p.627.
18) 위의 책.

이 열렸을 때 당국자의 초빙을 받아 여러 가지 서적의 출판에 관계하고 있었다.[19] 그러나 학문적 재지에도 불구하고 그는 병을 얻어 일찍 죽었다. 학문적 조예가 있었는데, 오래 살았다면 후에 학적으로 많은 기여를 하였을 것이다.

대망의 저술로는 무엇이 있을까. 그가 지은 것은 『논어주』 20권이다. 그는 『논어』에 대한 이해의 정도에 있어 상당히 방대한 편이었다. 이 책은 유봉록의 「논어술하」論語述何와 같은 생각으로 쓰인 것이다. 그가 말하는 바에 의하면, 『논어』라는 책은 중궁, 자유, 자하 등이 공자의 미언微言을 편찬한 것으로서, 공자가 제법가制法家로서 자처했다는 것은 『논어』에 실린 공자의 말에서 엿볼 수 있다.[20] 그가 『논어』를 중심으로 그토록 많은 저술을 한 것을 보면 공자에 대해 상당히 존경하고 있었던 것으로 보인다.

나아가 『논어』 편목에 대한 대망의 관점을 살펴보자. 대망은 『논어』의 첫 편목인 「학이편」을 첫 머리로 삼은 것은 공자의 미언微言을 바탕으로 삼은 것이라 했다. 이 「학이편」은 공자가 어지러운 것을 다스려 바른 것으로 돌이키는 데는 학문을 일으키는 것을 근본 삼고자 함을 보인 것이니, 이는 춘추의 첫 머리에 원년元年이라 써서 근본을 바로잡아 만사를 다스릴 것을 보인 것과 같다고 했다.[21] 이처럼 그는 「학이편」에 대해 상당한 의미를 부여하고 있다.

이에 더하여 대망의 『논어주』 저술에서 성세관盛世觀이 나타나고 있어 주목된다. 즉 대망은 또 『논어』 편목에 있어 「요왈편」이 있는데, 이것은 공자로 하여금 요·순·탕·무와 같이 천하의 임금이 되게 한다면 태평 시대가 출현할 것임을 시사한 것이다.[22] 이처럼 요순시대의 성왕들처럼 역할을 하면, 세상은 태평시대가 된다는 것이다.

요컨대 대망의 저술에서 덧붙일 것은 그가 간직한 『안씨학기』顔氏學記에 대한 것이다. 이는 청초에 나온 대유大儒 안습제라는 사람의 유서遺書를 편차한 것으로, 대망에 이르러 그의 선조가 소장했던 안선생 유서를 발견하고 편차하여 『안씨학기』라고 이름 지었던

---

19) 위의 책, pp.627-628.
20) 위의 책, p.628.
21) 위의 책.
22) 위의 책.

것이다.23) 근래 중국에서 안씨의 학문이 더욱 전파된 것은 대망이 그것을 소개한 덕택이다.

Ⅳ. 정관응의 생애와 사상

정관응(1841~?)은 광동성 향산현(현재 중산현) 사람이다. 그의 원명原名은 관응이고 자는 도제이다. 그는 끊임없이 문장을 짓고 신문에 발표하였다. 1862년에는 이를 한데 모아 『구시게요』救時揭要를 엮었으며, 1871년까지 속집을 내고 상하 두 권으로 나눠서 『역언』易言이라 책명을 고치고 홍콩에서 출판하였다.24) 그 후 4년이 지나서 친구들의 요청에 의해 전 36편을 20편으로 간추리고 역시 『역언』이라 하였다. 다음으로 1893년 그는 이를 또 보충하고 정옥헌, 진차량, 오한도 등에게 교정을 보게 하여 비로소 『성세위언』盛世危言이라 이름을 고쳤다.

정관응의 저술 『성세위언』의 『용서』庸書를 쓴 진직이 다음과 같이 말한다. "정관응은 남다른 자질과 경세의 재능을 관찰하여 중국과 서양을 아울러 관철하고 고금을 저울질하여 『위언』危言 8권을 지으니, 학문이 넓고 깊으며 인품 또한 아담히 드러나 사람의 마음을 움직이는 바가 있다. 세상에 이 책이 있으니 나는 새삼 더 쓸 것이 없다."25) 이러한 칭송을 보아도 그가 당시 존중을 받았던 학자였고 또 인품도 아름다워 학덕이 있는 자로 알려졌다.

합리적 사유 속에 인재를 등용할 것을 요청한 정관응은 승진도 원칙에 맞게 하도록 하였다. 그는 다음과 같이 말한다. "무릇 일을 맡은 사람은 반드시 그 일을 치밀하게 처리하여야 하고, 문관은 반드시 관료 양성학원을 나와야 하며, 무관은 반드시 무관의 학당을 나와야 하고, 승진함에는 원칙에 흐트러짐이 없어야 하며, 각기 그 장점을 다하게 하여서

---

23) 위의 책, pp.628-629.
24) 李康洙 外, 『中國哲學槪論』, 한국방송통신대학교출판부, 1995, p.392.
25) 鄭觀應, 『盛世危言』, 陶齊觀察 資兼人之稟 負經世之才 綜貫中西 權量今古 所著危言八卷 淹雅翔實 先得我心 世有此書 而余亦可以無作矣.

명실이 부합되게 하여야 한다."[26] 이처럼 그는 인재양성을 위해 학원의 역할이 필요함을 밝혔으며, 승진에 있어서도 명실에 맞도록 하였다.

나아가 정관응은 서구와의 개방적 차원에서 외국어를 배우는 등 외국인과 직접 교유하기도 하였다. 1861년 영·불 연합군이 북경에 침입하였다. 이때 그는 민족의 위기를 깊이 느끼고, 마침내 과거를 포기하여 상업을 경영하면서 서방의 말과 글을 열심히 배웠으며, 여러 번 바다를 건너 멀리 나가서 외국인과 교유를 하였다.[27] 이처럼 그는 선각자적 역할로서 중국이 서양과의 개방 자세가 소중함을 알고 손수 이에 다가선 인물이다.

외국과의 개방적 사고에 대해 정관응은 다음과 같이 말한다. "그 습속과 자랑거리를 살피며, 그 정치와 교육을 찾아 묻고, 그 풍속에 내재하는 이해, 득실, 성쇠의 까닭을 곰곰이 생각한다. 그리고 그 치란의 근원과 부강의 근본이 선박을 만들어 해외에서 이익을 긁어모으는데 그치는 것이 아니라, 상하 양원兩院의 민주적 운영에 있음을 알고 그 대책을 깨닫게 되었다."[28] 이처럼 말하는 그는 부국강병을 위해서는 서양의 풍속을 살피고, 민주적 정치와 교육에 관심을 갖도록 하였다.

평소의 신념에 따라 정관응은 계몽교육과 중농·중상정책을 강조한다. 이에 그는 다음과 같이 말한다. "학교를 일으키고 서원을 넓히며, 기술을 존중하며, 특별 채용제도를 실시하여 사람마다 그 재능을 다하게 하며, 농학을 강론하고 수로를 만들어 토박한 땅을 좋은 경작지로 만들어 땅마다 그 효용을 다하게 하며, 철로를 놓고 전선을 가설하고, 세수를 줄이고 상업을 보호하여 물자의 유통을 원활하게 한다."[29] 그가 말하는 데로 계몽적으로 교육을 해야 하며, 기술을 개발하고 농업도 새롭게 전개하며 상업의 유통도 확장해야 한다. 이는 중국의 개방을 강력하게 권하는 그의 총체적 견해라 본다.

아무튼 정관응은 동서를 아우르는 개방적 지식인의 면모를 유감없이 발휘한다. 즉 그는 부국강병을 관철하기 위해 서양의 학술을 배우도록 동양의 도와 서양의 기器 양자를

---

26) 『盛世危言』 初刊本 自序(李康洙 外, 『中國哲學槪論』, 한국방송통신대학교출판부, 1995, p.392).
27) 李康洙 外, 『中國哲學槪論』, 한국방송통신대학교출판부, 1995, pp.391-392.
28) 『盛世危言』 初刊本 自序(위의 책, p.392).
29) 『盛世危言』 初刊本 自序(위의 책, p.392).

결합시키고자 하였다. 그는 말하기를, 도는 기를 통과한 뒤라야 광명정대해질 수 있고 궁극에 이를 수 있다고 하였다.[30] 중국의 주체적 사유에 따라 서구의 문물을 개방하고 발전시키고자 하는 그의 혁신적 논리가 돋보인다. 그의 개방적 사유에 바탕한 안목이 중국의 근대화에 상당한 영향을 미쳤다.

---

30) 李康洙 外, 앞의 책, p.393.

제3장

공양학과 개혁사상가

I. 공양학의 전개

『춘추』삼전三傳으로는 어떠한 것들이 있는가. 『춘추』는 공자가 평생 힘을 들여 쓴 역저인 바, 공자가 저술한 이『춘추』경전이 주석되어 내려온 것으로는『좌씨전』,『공양전』,『곡량전』이라는 세 종류가 있다. 한대 초기에는 공양전에 관한 학문이 성행했지만, 선제와 원제 때가 되어『곡량전』학관이 함께 세워졌다. 그리고『좌씨전』은 서한 말기쯤 세상에 나와서 동한 때가 되어 비로소 유행하기 시작했으며,『공양전』은 공자의 제자인 자하의 학통이 공양고에게 전해진 것이다.[1]『공양전』은 서한 초에 금문今文으로 쓰였다. 그리하여 공양학파는 금문학의 연구자들로 이해되고 있는 것이다.

그렇다면 공양학파와『공양전』의 관계는 어떻게 접근될 수 있는가. 공양학파의 주장과『공양전』은 같은 맥락에서 이해된다.『공양전』은 공자 문하생 자하의 제자 공양고가 지은 춘추전으로서 그 전주傳注는 동한의 하휴가 해석한 것이며, 장존여 및 유봉록 등은 이 전傳에 대하여 연구하였기 때문에 공양학파라고 불린다.[2] 이들은 고문학이 아닌 금문학을 연구하는 측면에서 상호 관련이 있다고 본다.

공양학파는 청대 말기에 일어난 커다란 사조임에는 틀림이 없다. 이는 서양 민주사상과 손을 잡고 공화 혁명의 정신을 고취시킴으로써 '신해혁명'의 원동력이 되었기에 공양학파라 불리게 되었다.[3] 본 공양학파의 사상은 오늘날 사회철학과 비슷하며 옛날 사상에서 찾아본다면 묵가 및 법가 사상과 통하는 점이 있다고 추론할 수 있다.

다음으로 후래 공양학의 발생에 대해서 알아보자. 곧 청대의 통치가 약화되고 서구의 침략이 노골화되었다. 이러한 정세에 맞추어 학문의 개혁을 통해 서구사상에 대처하고자 한대 초기의 금문경학의 전통을 이어받은 공양학이 나타났다.[4] 공양학이 나타남으로써 서세동점에 맞추어 서구 사상에 대처하고자 하는 공양학파들의 노력이 지대하였다.

---

1) 蔣維喬 著, 고재욱 譯, 『中國近代哲學史』, 서광사, 1980, p.111.
2) 위의 책, p.112.
3) 위의 책, p.109.
4) 韓國哲學思想硏究會, 『韓國哲學』, 예문서원, 1995, pp.35-36.

구체적으로 공양학파가 탄생한 동기를 살펴보자. 공양학파가 등장하게 된 동기로, 고증학 분야에서는 더 이상 발전의 여지가 없었음을 당시 학계의 뛰어난 학자들은 알게 되었다. 그들은 오랜 인습을 타파하고 새로운 분야를 개척하려고 한 결과, 서한西漢의 금문학이 다시 방향을 바꾸면 내외의 민주사상을 채용할 수 있을 뿐 아니라 실제에 응용하면 사회혁명의 도구가 될 수 있음을 발견했다.[5] 주지하듯이 민국 공화정이 성공하게 된 것은 공양학파의 선구적 고취와 관계가 있었던 것이다.

그러한 시대적 영향을 고려해 본다면, 공양학자들이 동한의 고문학에 대해 한계를 갖고 서한의 금문학을 통해 사회 혁신의 학적 도구로 삼았다는 것을 알게 해준다. 실제 동한의 고문학은 유흠이 왕망을 섬기기 위해 관학으로 만들어 조사와 편집을 맡은 것에서 출발한다. 그 결과 당연히 고문학은 믿을만한 경전이 될 수 없었으며, 진정한 경전은 서한의 금문에서 찾아야 한다고 생각하게 된 것으로, 그래서 청대에 금문학파가 일어나게 되었다.[6] 중화민국의 혁명적 출발을 위한 모티브가 이러한 금문학과 연계되고 있다. 다만 민국의 출발과 더불어 금문학파의 활동은 별 기대를 얻지는 못했다.

고래의 역사를 돌이켜 보면 고문학자들에 비해 금문학자들의 활동은 실상 대수롭지가 못했다. 고문학파의 대학자인 복건, 마융, 정현 등은 모두 당대의 이름난 학자들이었으며, 그 가운데 정현과 같은 사람은 더욱 넓은 학식을 지니고 있었으므로 동중서, 하휴 등의 주관적 이상주의 금문학파도 결코 그의 적수가 되지 못했다.[7] 후래 진대의 두예와 왕숙 등도 고문학을 계승함으로써 서한의 금문학 경전은 자취를 감추고 말았다. 쇠퇴의 길을 걷던 금문학파는 겨우 하휴가 주석한 『공양전』만이 세상에 유행하여 그 명맥을 지켜가고 있었을 따름이다.

고래 금문학이 쇠퇴한 원인은 고문학에 압도당했던 데에 기인한다. 아울러 서한 금문학자는 대부분 진대秦代의 옛날 유학자들로서 그들의 사상은 많은 점에서 방사화方士化했

---

5) 蔣維喬 著, 앞의 책, p.109.
6) 위의 책, p.110.
7) 그후 唐의 공영달이 『13經註疏』를 편찬함으로서 동한의 고문학은 더욱 존중받게 되었다(蔣維喬 著, 고재욱 譯, 『中國近代哲學史』, 서광사, 1980, p.110).

고 신비적이고 미신적인 경향도 있어 이 경전의 정통을 획득했다고는 말할 수 없었다.[8] 실제로 서한 14박사의 금문 경전은 서한 말기 당시에 유행하던 고문 경전에 위압 당했던 것이다.

그럼에도 불구하고 금문학을 추스리고자 노력한 청대 공양학파의 등장에 흥미를 더한다. 쉽게 말해서 청대의 공양학파는 하휴의 주注에 전력을 쏟음으로써 드디어 하휴의 암시 및 예언에 일종의 취미를 느끼고 그것을 윤색하여 하나의 새로운 생명을 창조하려고 했다.[9] 이러한 시도의 노력들이 청대 공양학파가 등장한 기원이며, 이에 하휴의 주는 이 학파의 소중한 근거가 되었다.

청조에 이르러 고증학이 일어나서 동한의 고문학, 즉 주소학注疏學은 침잠의 상태로 들어갔다. 이어 혜동 계열의 한학자로부터 대동원, 단옥재, 왕인지, 왕념손에 의해 방향이 바뀌어서 무진의 장존여는 결국 공양학에 주목하게 되었는데 같은 지방의 유봉록도 그것을 함께 발전시켰다.[10] 이들에 의하면 동한의 고문학은 정현 계열의 이론에 불과하다면, 서한의 금문학은 정통성이 있어서 선왕들의 정신을 얻기 위해서는 금문학에 관심을 갖지 않을 수 없다고 하였다.

고증학이 아닌 공양학이 등장한 이유에 대해서도 살펴보자. 종래의 고증학은 다만 명물名物, 훈고 등을 위주로 하였다. 이 때문에 옛날 책이 내포하고 있는 커다란 의미에 대해서는 늘 소홀히 하였으므로 그들의 학문은 모두 부분적인 연구에 속했지 전체 사상은 아니었다.[11] 이에 학문하는 정신은 그 방향을 바꾸어 주요 의미를 찾는 것을 목표로 했는데 『공양전』이 귀중했던 이유가 여기에 있다. 다시 말해서 고증학은 단순한 의미 소통의 측면이라면 공양학은 경전의 의미 부분을 강조하는 학문이라는데 가치를 더 두었다.

청대의 사조에 있어 금문학에 기저한 공양학이 발전했는데, 이를 발전시킨 사상가들은 상당수가 있다. 그들은 근대 청조의 개방과 더불어 많은 학술적 활동을 하였다. 이들 공

---

8) 蔣維喬 著, 앞의 책, p.110.
9) 위의 책, p.111.
10) 위의 책, p.112.
11) 위의 책.

양학의 선구자들을 보면[12] 다음과 같다. 장존여(1719~1788), 장술조(1750~1866), 유봉록 (1776~1829), 송상봉(1776 ~1860) 등이 바로 그들이다. 또 여기에는 위원(?~1856), 공자진 (1792~ 1841), 대망(1837~1873), 능서(1775~1829), 진립(1809~1869) 등이 거론된다. 아울러 진수기(1771~1834), 진교종(1809~1869), 피석서, 요평 등이 있으며, 강유위는 이들의 대표자로 알려져 있다.

II. 공양학파의 인물

1. 강유위의 생애와 사상

강유위(1858~1927)는 자가 광하이고 호는 장소이다. 그는 광동성 남해현 사람으로 청나라 함풍 8년에 태어났다. 또 그는 무술년(1898)에 청나라 덕종의 변법變法에 조력하였으나 성공하지 못하였다.[13] 이에 낙향하여 사숙을 열고 후학 교육에 힘썼으며, 양계초와 진천추 등은 그의 문인으로 잘 알려져 있다. 아쉽게 그는 개방기의 민국 16년에 세상을 떠났다.

강유위는 금문 경학을 주장한 인물로 알려져 있다. 그의 경학은 한편으로는 고문 경학파의 경학을 유흠의 위작이라고 공격했고, 한편으로는 공자가 개제했다는 설을 주장하여 금문 경학파의 경전은 모두 공자의 저작이라고 여겼다.[14] 이처럼 그는 금문경학에 관심을 갖고, 또 공양학의 후미에 섰다.

인품과 성격에 있어서 강유위는 천성이 충성스럽고 문재文才가 비범하였다. 국가를 위하는 정신도 그에게 강하게 나타났다. 그는 고향 광동지방에서 백인 선교사가 번역한 정치 법률서를 읽고 세계의 조류에 출항할 선도자로 자임하였다. 31세 때에 그는 구국의 경륜을 상소하여 주변을 놀라게 하였다. 저술로는『신학위경고』,『맹자미』,『춘추필삭대

---

12) 가노 나오키 著, 吳二煥 譯,『中國哲學史』, 乙酉文化社, 1986, pp.607-638.
13) 풍우란 著, 박성규 譯,『중국철학사』(下), 까치, 1999, p.674.
14) 위의 책.

의미고』,『공자개제고』,『대동서』,『춘추공양전주』,『맹자대의술』 등이 있다.

이러한 저술을 통해 강유위는 다양하면서도 새로운 논리를 개발하였다. 그가 본 생명체의 탄생과 만물의 영장인 인간에 대해 다음과 같이 말한다. "무릇 사물은 거친 것이 쌓여야 정미한 것이 생기고, 천한 것이 쌓여야 귀한 것이 생기며, 우매함이 쌓여야 지혜가 생기고, 흙과 돌이 쌓여야 초목이 생기며, 곤충이 쌓여야 짐승이 생긴다. 사람은 만물의 영장이니 가장 늦게 탄생했다. 홍수가 온 지구에 있었으니, 인류의 탄생은 홍수 이후에 있었다. 따라서 대지에 민중이 번영한 것은 하나라 우왕 시대의 일이다."[15] 이처럼 그는 온갖 우주의 생명체가 신비롭게 탄생하는 것에 관심을 갖고 만물의 영장인 인간 탄생에도 관심을 가졌다.

강유위는 공자를 가장 존숭한 성자관을 지녔다. 공자는 제자백가들 중에서 최고의 성자라는 의미에서 그는 다음과 같이 말한다. "온갖 제자諸子들의 활동이 왕성했으나 그중에서 특히 신성한 공자가 뭇 사람을 귀의시켜 대일통大一統으로 결집하여 마침내 만세의 모범을 세웠던 바,『논형』에서 공자를 제자諸子의 으뜸으로 찬양한 것이 어찌 사실이 아니겠는가. 천하 모두가 공자에 귀의하자 대도는 마침내 합당해졌고, 그에 따라 한나라 이후로는 제자가 없어졌다."[16] 이른바 제자백가 중에서 공자를 가장 훌륭한 성자로 모신 강유위였다.

흥망성쇠의 역사관을 피력하는데 있어 강유위는 공자를 인용하여 공자의 예언력을 칭송하기도 하였다. "공자는 『춘추』를 지어 3세를 펼쳐 거란세據亂世에서는 자기 나라를 중심으로 삼고 중국의 다른 나라는 제외했고, 승평세升平世에서는 중국의 모든 나라를 중심으로 삼고 오랑캐의 나라는 제외했으며, 태평세에서는 원근과 대소를 막론하고 하나로 여겼는데, 진화의 이치를 추론하여 지은 것이다. 공자는 거란세에 살았으나, 지금은 지구가 소통되고 구미歐美가 대변동을 하여 승평세로 진입했다."[17] 그는 미래에 지구의 대소원

---

15) 康有爲,『孔子改制考』, 凡物積粗而後精生焉 積愚而後智生焉 積土石而椒目生 積蟲介而禽獸生 人爲萬物之靈 其生尤後者也 洪水者大地所共也 人類之生皆在洪水之後 故大地民衆 皆蘆萌於夏禹之時.

16) 康有爲,『孔子改制考』, 積諸子之盛 其尤神聖者 衆人歸之 集大一統 逯範萬世 論衡稱孔子爲諸子之卓 豈不然哉 天下咸歸依孔子 大道逯合 故自漢以後無諸子.

17) 康有爲,『論語注』, 孔子之爲春秋 張爲三世 據亂世則內其國而外諸夏 升平世則內諸夏 外夷狄 太平世則遠

근을 막론하고 하나같이 되면 국경은 없어지고 인종도 분리되지 않으며 풍속과 교화가 똑같아져 모두 태평해질 것임을 공자는 미리 알고 있었다고 주장한다. 이처럼 그는 공자를 인용하여 그의 3세 진화적 역사관을 전개하고 있다.

근대 개방적 지식인에 걸맞게 강유위는 앞으로의 세상에는 낡은 제도를 개혁하고 새로운 민주제도를 만들어야 한다고 하였다. 이에 그는 말하기를 "현재는 승평升平의 시대에 해당되는 만큼 응당 자주·자립의 사상과 의회제도와 입헌의 정치를 실현해야 하거늘, 제도를 개혁하지 않으면 큰 난리가 발생하게 된다"[18]라고 하였다. 그는 자주와 자립의 국가를 이루기 위해 민주주의적 의회제도를 주창하였다. 봉건사회에 대해 민주사회를 갈망한 그의 주장은 미래안적 정치관에 바탕한다.

미래의 밝은 사회를 위해 강유위는 대동세계의 건설을 주장하였다. 대동大同과 관련한 그의 견해를 살펴보자. "공자의 고충은 오로지 시대의 폐단을 구제하는 데에 있었음을 알 수 있다. 공자는 3천년 후에 반드시 성인이 다시 일어나 대동의 새 가르침을 선양하리라는 것을 미리 알았지만, 승평升平과 태평의 궤도를 도외시하거나 난세를 다스리려 소강小康에 이르는 과정을 그르다고 여기지 않았다."[19] 이러한 대동을 주장하면서도 공자를 예로 들어 반드시 고통이 없는 세계를 건설하고자 하려는 그의 의지가 강하게 나타난다.

사실 유교의 많은 지식인들은 강유위처럼 대동사회 실현을 꿈꾸었다. 교육, 문화, 행정을 주도하는 유교 지식인들은 '민생'의 보장을 실현해 내려는 사회적 화합에 초점을 맞추면서, 이른바 대동사회의 실현을 그 이상적 목표로 삼았기 때문이다.[20] 따라서 유교의 신지식인들에게는 대동세계의 건설을 위해 자신의 사욕을 제어하고 공익의 실현에 봉사하는 높은 도덕의 자질이 필요하였던 것이다.

近大小若一 蓋推進化之理而爲之 孔子生當據亂之世 今者大地旣通 歐美大變 蓋進至升平之世矣.

18) 康有爲,『中庸注』, 當升平世而仍守據亂 亦生大害也 譬之今當升平之時 應發自主自立之義 公議立憲之事 若不改法 則大亂生.

19) 康有爲,『中庸注』, 苦衷可見 但在救時 孔子知三千年後 必有聖人復作 發揮大同之新敎者 然必不能外升平太平之軌 則亦不疑夫撥亂小康之誤也.

20) 송영배,「세계화 시대의 유교적 윤리관의 의미」,『새로운 21세기와 유교의 禮』, 전남대 인문과학연구소, 1999. 10, p.78.

이에 강유위는 최고의 정치란 대동이라고 하였다. "세상의 법도를 두루 살피건대, 산 사람의 고통을 구제하고 큰 낙을 구하려고 할 경우 대동의 도를 버리고는 아마 그 길이 없을 것이다. 대동의 도는 지극히 평등하고 지극히 공정하고 지극히 어질어서 정치의 정점이니 아무리 선한 도라도 그것을 능가할 것은 없다."[21] 그는 이토록 대동사회의 건설 이야말로 인류가 추구하는 가장 이상적 목표이자 희망임을 서슴없이 말한다. 중국의 염 원이자 유교의 염원, 아니 온 인류의 염원과도 같은 이상사회의 이념이 바로 대동세계임 을 강조하고 있다.

2. 담사동의 생애와 사상

담사동(1865~1898)은 자가 복생이고, 호남성 유양현 사람이다. 입교변법入敎變法 운동 에 참여했다가 무술정변 때 살해되었는데, 그때 그의 나이는 33세였다.[22] 그의 호는 장비 이며, 청의 목종 동치 4년에 태어나 아쉽게도 33세에 그의 주의를 위하여 살다가 삶의 꽃을 피우지 못하고 살해되고 말았다.

전장에서 언급한 강유위와 담사동의 관계는 어떠한가. 담사동은 강유위의 입교변법 운동에 동참하였으나 사상 면에서 자립하였다. 담사동은 경학 방면에서 강유위의 혁혁한 실적에는 미치지 못했지만, 사상 방면에서 보면 그의 저서 『인학』仁學에서는 강유위보다 치밀하게 대동사상을 발휘했다.[23] 담사동은 양계초와 사귀었으며, 강유위의 종지와 경륜 을 듣고 그 학문의 영향을 받았던 것은 사실이다.

또한 담사동은 자신의 저술 『인학』에 대한 자부심은 대단했다. 그는 다음과 같이 말한 다. "무릇 인학은 불경의 경우 『화엄경』과 심종心宗과 상종相宗의 서적에 통하고, 서양의 경우 신약과 수학, 과학, 사회학의 서적에 통한다. 중국의 경우 『역경』, 『춘추』, 『공양전

---

21) 康有爲, 『大同書』 「甲部」, 徧觀世法 舍大同之道 而欲救生人之苦 求其大樂 殆無由也 大同之道 至平也 至公也 至仁也 治之至也 雖有善道 無以加此矣.
22) 풍우란 著, 앞의 책, p.687.
23) 위의 책.

』,『논어』,『예기』,『맹자』,『장자』,『묵자』,『사기』 및 도연명, 주렴계, 장횡거, 육구연, 왕양명, 왕부지, 황종희의 글에 통한다."24) 본인 스스로 이렇게 자신의 저술에 자부심을 가진 것은 그의 독자적 영역을 확보하려는 노력의 결과이다. 그의 저술로는『인학』,『문집』,『시집』,『쟁의』 등이 있다.

그리하여 담사동은 다양한 사상을 섭렵하였다. 다만 그의 사상은 여러 방면에서 잡다하게 취하여 혼합한 것이므로 그 안에는 조화롭게 관통되지 못하는 점도 있었으나, 그 시대 사상계의 최고 대표임에 틀림없었다.25) 풍우란은 담사동이 설사 잡학과도 같이 다양한 학문을 섭렵했더라도 그를 당시의 최고 지성 중의 한사람으로 거론하고 있다.

당시 최고의 지성으로서 담사동의 핵심적 사상은 무엇인가. 그의 인仁 사상과 원형이정의 관계에 대해 다음과 같이 말한다. "인과 불인의 구별은 통하느냐 막혔느냐에 있다. 통하고 막힘의 근본은 오직 그것이 인이냐 불인이냐에 있다. 통함은 마치 전선이 사방으로 통하여 아무리 멀어도 도달하고 다른 모든 지역도 역시 한 몸처럼 여기는 것과 같다. 따라서『역』의 첫머리에 원元을 논했고 계속해서 형亨을 말했는데, 원은 인仁의 뜻이고 형은 통함의 뜻이다. 인은 자연히 통하지 못하는 바가 없고 또 오직 통해야 인의 역량은 완성될 수 있다. 그로부터 자신을 이롭게 하고 남을 이롭게 하여 영원히 바르고貞 곧게 된다."26) 모든 것을 통하게 해주는 인을 취할지언정 불통하는 불인은 취하지 말라는 담사동의 견해가 이것이며, 이 인의 실천이야 말로 원형이정으로 연결된다.

근대의 지식인답게 담사동은 인 사상과 물질 즉 에테르에 대해 밝힌 견해가 독특하다. 이와 관련해서 그는 다음과 같이 말한다. "물질적 현상계, 허공의 공간, 중생 세계에 지극히 크고 극히 미세하여 모든 곳에 붙고 모든 곳을 관통하고 모든 곳에 연결되어 충만한 한 물질이 있다. 눈은 그 색을 볼 수 없고 귀는 그 소리를 들을 수 없으며 입과 코는 맛보고 냄새를 맡을 수 없어서 호칭할 방법이 없는데, 그것을 에테르라고 한다. 그것이

---

24) 譚嗣同,『仁學』, 凡爲仁學者 於佛書當通華嚴及心宗相宗之書 於西書當通新約及算學格致社會學之書 於中國書當通易春秋公羊傳論語禮記孟子莊子墨子史記 及陶淵明周茂叔張橫渠陸子靜王陽明王船山黃梨洲之書.

25) 풍우란 著, 앞의 책.

26) 譚嗣同,『仁學』, 仁不仁之辨 於其通與塞 通塞之本 惟其仁不仁 通者如電線四達 無遠弗居 異域如一身也 故易首言元 卽繼言亨 元 仁也 亨 通也 苟仁自無不通 亦惟通而仁之量乃可完 由是自利利他 而永以貞固.

작용으로 드러난 것을 일컬어 공자는 인仁 혹은 원元·성性이라 불렀다."27) 그가 말하는 에테르는 모든 생명체의 에너지와도 같다. 이러한 에너지의 역할은 바로 인의 살아있는 모습으로, 물질이나 허공 및 중생도 이 에테르에서 생겨났다.

이 에테르와 관련시켜 담사동은 사물에 대한 견해도 피력하고 있다. 그는 사물에 자성自性은 없고 에테르는 불생불멸하다는 과학자적 입장을 표명하고 있다. 즉 모든 사물의 경우 화학적 원소가 취합하여 생성된 것이므로 자성이 없다고 여겼으며, 에테르는 불생불멸하고 원소는 늘지도 줄지도 않으므로 우주 간에는 단지 변역만 있고 존망存亡은 없다고 했다.28) 사물은 화학적 원소가 모아진 것이므로 인간과 같은 자성은 없으며, 또 에테르의 항존성이 이에 잘 나타나 있다.

강유위와 마찬가지로 담사동은 미래의 대동세계를 추구하고 있다. 그는 대동세계의 건설에 대해 강한 열망을 갖고 다음과 같이 말한다. "국가가 없으면 국경이 사라지고 전쟁이 종식되고 시기가 없어지고 권모술수가 폐기되어 남과 나의 구별도 없어져 평등이 출현하니, 천하가 있어도 없는 것과 같아진다. 그리하여 군신 관계는 폐기되고 귀천은 평등해지고 공리公理가 천명되고 빈부가 균등해져, 천리만리의 사람들이 한 집안 사람처럼 되어 자기의 집은 잠시 머무는 여관으로 여기고 남들을 동포로 여긴다."29) 이처럼 그는 미래의 이상사회야말로 균등한 대동세계 바로 그것이라고 하였다.

한편 담사동의 주장에서 특이하게 종교 교조론이 거론되고 있어 주목된다. 그는 종교 교조들의 경우 앎을 중시할 뿐 행위를 중시하지 않는다고 하면서 그들을 비판적 입장에서 거론하였다. "모든 교주와 교도는 공언空言을 세상에 펼쳤고, 직접 행하는 데는 이르지 못했으며, 후세 사람들의 욕과 비난과 능멸을 당하더라도 돌아보지 않았다. 예수는 살신했으며 그의 12제자들도 다 제명에 죽지 못했다. 공자는 겨우 살신은 면했으나 그의 70제자들 중 영달한 자는 적었다. 부처와 제자들은 모두 굶주림과 곤궁 속에서 걸식하며 고행

---

27) 譚嗣同,『仁學』, 徧法界 虛空界 中生界 有至大 至精微 無所不膠粘 不貫洽 不筦絡 而充滿之一物焉 木不得而色 耳不得而聲 口鼻不得而臭味 無以名之 名之曰以太 其顯於用也 孔謂之仁 謂之元 謂之性.

28) 풍우란 著, 앞의 책, pp.690-691.

29) 譚嗣同,『仁學』, 無國則畛域化 戰爭息 猜忌絕 權謀棄 彼我亡 平等出 且雖有天下 若無天下矣 君主廢 則貴賤平 公理明 則貧富均 千里萬里 一家一人 視其家 逆旅也 視其人 同胞也.

으로 끝마쳤다."[30] 그리하여 그는 모세와 무하마드가 권력을 가지고 그 가르침을 실행한 것은 군주의 역할이었지 어찌 교주의 역할이었겠는가라고 비판했다. 후래 중국의 무신론적 공산주의자들처럼 그의 종교에 대한 입장이 다소 격하되어 있음을 잘 알 수가 있다.

3. 양계초의 생애와 사상

양계초(1873~1929)는 자가 탁여이고 호는 임공이다. 그를 부르는 별명이 상당히 많았다. 이를테면 창강, 신민자, 애시객, 중국지신민, 신사씨 등의 별호를 썼고 음빙실 주인이라고도 불렀다.[31] 그는 1873년 1월 26일 광동성 신회현 서강 어구의 웅자도 다갱향에서 태어났으며, 청의 목종 동치 12년생으로, 민국 18년에 생애를 마쳤으니 향년 57세를 살았다.

어린 시절 양계초는 총명하여 과거에 급제하는 등 주변의 촉망을 받는 학동이었다. 어려서부터 남달리 총명하여 9세 때에 이미 일천자 정도의 문장을 써낼 수 있었고, 12세 때에 수재 시험에 합격했으며, 17세에 거인擧人 시험에 합격했다.[32] 이처럼 어린 나이로 과거에 합격한 것은 그의 재능이 뛰어났음을 말해준다.

재능이 뛰어난 양계초는 학문의 기초를 16세에 굳건히 세우는 계기가 되었다. 이때부터 그는 광주 학해당의 고과考課에 응시하였다. 학해당은 완원이 창립한 것으로 『황청경해』를 각인해낸 곳이기도 하여 장서가 많았으며, 양계초의 경학, 문자학, 문장학의 기초는 이때에 이루어진 것이다.[33] 그는 나이 18세 때에 「영환지략 및 제조국」에서 번역해 낸 서양서적을 읽기도 하여, 일찍 동서사상에 대해 두루 섭렵하는 기회를 가졌다.

양계초의 스승은 강유위이며, 스승에게서 다양한 학문을 배웠다. 곧 1890년에 상경하여 회시會試에 응하였으나 실패하고 고향에 돌아와 친구 진천추의 소개로 임금에게 상서했다. 그러나 그는 자신의 뜻대로 안되어 광주에 돌아와 있던 강유위에게 사사師事하여

---

30) 譚嗣同, 『仁學』, 凡敎主敎徒 皆以空言垂世 而不克及身行之 且爲後世詬詈戮辱而不顧也 耶殺身 其弟子十二人 皆不得其死 孔僅免於殺身 其弟子七十人 達者蓋寡 佛與弟子 皆飢困乞食 以苦行終.

31) 李炳漢, 「梁啓超 解說」, 『康有爲 · 梁啓超』-중국사상대계 全10卷, 大洋書籍, 1972, p.66.

32) 위의 책, p.66.

33) 위의 책.

육왕심학, 사학, 서학에 대한 강론을 들었다.[34] 스승에게서 많은 지식을 섭렵하였음은
물론 그가 관심을 가졌던 경학은 경세치용적 공양학이었다.

하지만 양계초는 스승 강유위의 일을 돕다 실패하고 말았다. 1898년 그는 북경으로
돌아와 스승 강유위의 보국회保國會 결성을 위하여 분주히 활동하였지만,[35] 일은 뜻대로
되지 않았던 것이다. 그는 스승 강유위를 보좌하여 무술 혁신을 추진하다가 실패하고서
일시 일본에 망명하기도 하였다. 거사에 실패한 그의 스승 강유위 역시 영국인의 도움으
로 홍콩으로 망명하고 말았다.

일본 망명 후 양계초는 구국을 위한 노력에 성의를 다하여 애국적 언론 활동을 개시하
게 된다. 그곳 화교들의 지지와 후원에 의해 1898년 10월 요코하마에서 「청의보」를 창간
하여 2년에 걸쳐 100호를 발간했다. 본 내용은 주로 정치에 대한 비평, 국제정세의 소개
외에 변법과 입헌정치를 주장하는 논설 등이었다.[36] 여기에서 그는 군주입헌제를 역설하
고 다방면에 걸쳐 신사상을 제창하였다.

이러한 언론활동을 하면서 양계초는 다음의 이론들을 제시하였다. 즉 「변법론」을 보
면, 법이 왜 변하지 않으면 안 되는가의 이유는 천지간에 있는 만물과 만상은 변하지
않는 것이 없기 때문이라고 한다. 아울러 그는 무술신정운동(1898)에 실패하고 망명한
후, 중국 구제의 방법으로 「청의보」, 「신민총보」 등을 간행하여 언론활동을 전개하였다.
「신민설」, 「국민십대원기론」, 「십종덕성상반상성의」, 「중국적약소원론」과 같은 것들 역
시 그의 지대한 구국과 민생에 관련된 이론이다.

고국으로 귀국한 후 양계초는 정치활동을 시작하였다. 1911년 신해혁명으로 청제淸帝
가 퇴위하고 원세개 체제가 확립된 1912년 10월, 양계초는 일본 망명지에서 귀국을 단행
하였다. 원세개는 그를 대총통부大總統府의 고문으로 명하였으며, 양계초는 이때 민주당
을 조직하였다.[37] 그때가 그의 나이 40세로, 정치재개의 활동은 14년 동안이나 망명생활

---

34) 李炳漢, 「梁啓超 解說」, 『康有爲·梁啓超』-중국사상대계 全10卷, 大洋書籍, 1972, p.66.
35) 위의 책, p.67.
36) 위의 책, p.68.
37) 위의 책, pp.69-70.

을 마친 후 이뤄진 귀국 활동들이다.

양계초의 저술로는 『음빙실문집』飮氷室文集 40책이 있다. 그의 작품은 그의 생전에 네 번, 그의 사후에 한 번 간행되었으며, 이는 비교적 완전한 전집 형식으로 간행되었다. 예컨대 『음빙실문집』(1902년 10월), 『중편음빙실문집』(1905년 6월), 『음빙실총저』(1919년), 『음빙실전집』(1925년), 『음빙실합집』(1932년) 등이 그것이다.[38] 그의 저술에서 볼 수 있듯이 그는 정치, 철학, 윤리, 사학, 문학, 종교, 교육, 서구사상 등 신사상을 섭렵, 계몽사상가로서 역할을 하였다.

양계초의 저술에 나타난 학풍을 보면, 특히 중국의 개방시기에 맞게 '자유'에 대한 관심이 드러나 있다. 그는 다음과 같이 말한다. "제재라는 말은 자유라는 말의 상대어이다. 제재를 하는 주체가 있으면 거기에는 복종하는 객체가 있기 마련이다. 복종한다 했으니 거기에 무슨 자유가 있겠는가. 그러나 일찍이 내가 보아온 바, 세계 각국의 관례로는 이들 가운데 자유를 가장 존중하는 민족일수록 그들에게 주어지는 제재도 가장 많으니 이는 어찌 된 영문인가. 자유의 개념인즉 사람마다 모두 자유를 누리되 남의 자유를 침범하지 않는 것을 한계로 한다는 것이다."[39] 이처럼 그는 자유를 누리되, 의무도 다하는 제재론을 거론하며 자유와 제재의 양면을 부각시키고 있다.

나아가 양계초는 학문과 인격에 대해서도 관심을 갖고 다음과 같이 말하였다. "여러분에게 한 말씀 묻겠습니다. 학교는 무엇 하러 다닙니까. 이러한 물음에 대하여 사람마다 모두 한결같이 학문하기 위하여 다닌다고 대답할 것으로 압니다. 다시 물어보겠습니다. 당신은 무엇 때문에 배우려 합니까. 이러한 물음에 대하여 아마 사람마다의 답이 아주 다를 것이고, 혹은 답을 하지 못할지도 모릅니다. 여러분, 제가 한마디 답을 하지요. 학문을 하는 것은 사람이 되기 위한 것이라고."[40] 이처럼 그는 학문을 하더라도 인격을 완성

---

38) 위의 책, pp.75-76.
39) 梁啓超, 『十種德性相反相成義』, 制裁云者 自由之對待也 有制裁之主體 則必有僕從之客體 旣曰僕從 尙得爲有自由乎 顧吾嘗觀萬國之成例 凡最尊自由權之民族 恒卽爲最富於制裁力之民族 其故何哉 自由之公例曰 人人自由 而以不侵人之自由爲界.
40) 이글은 작자가 1921년 南京의 東南大學에 초빙되어 강의에 나갔을 때 강연한 원고이다(李炳漢, 「梁啓超 解說」, 『康有爲·梁啓超』-중국사상대계 全10卷, 大洋書籍, 1972, pp.301-302번역문).

하기 위한 학문이어야 한다고 하며 조목조목 이에 대하여 역설했다.

우국충정의 애국자답게 양계초는 다음과 같이 중국인들에게 환기를 요하고 있다. "아, 오늘날 중국의 허약함이 그 극도에 달하였도다. 오늘날 중국이 약해졌다는 것을 모르고 흐리멍텅하게 살아가는 자가 있다면 그야말로 머리가 텅 빈 사람이라 할 것이며, 이런 판국에 살면서 아무 걱정도 없이 중국의 약한 점을 구할 생각도 하지 않는 자가 있다면 그야말로 피가 마른 자라 할 것이다."[41] 이것은 그의 나이 27세 때 강연한 것으로, 그는 해태해진 자국인을 환기시켜 자립토록 했다.

III. 개방시기의 사상가들

1. 엄복의 생애와 사상

엄복(1853~1920)은 자가 우릉 또는 기도이다. 그는 복건성 민후 사람이다. 청나라 함풍 3년(1853)에 태어났으며, 7세에 비로소 선생으로부터 교육을 받게 되었다.[42] 그는 재능이 뛰어나기도 하였다. 동치 5년(1866) 마강학당에서 해군에 대해 배우도록 하는 시험을 보았는데, 그때 엄복은 1등으로 합격하는 영광을 가졌다.

19세부터 엄복은 견문을 넓혀 외국 등지에 유람을 하였다. 1871년 19세에 최우등으로 마강학당을 졸업하고 상해 건위 범선 연습생으로 파견되었다. 그 뒤에 그는 양무 군함에서 복무하며 황해 및 일본의 각 관문을 돌아다녔고, 대만에 갔을 때는 원주민들과 일본 어선의 활동 상황을 조사했다.[43] 그의 나이 23세가 되자 영국에 연구차 파견되었으며 그리니치 해군대학을 졸업하고 귀국하였다. 이어서 그는 선정학당 교원이 되었다.

이처럼 엄복은 중국에 서구문명을 수용코자 노력을 다한 사람으로 알려져 있다. 그는

---

41) 이 글은 양계초 나이 27세때인 1900년에 발표한 글로 『飮氷室文集類編』上에 있는 글을 옮긴 것이다 (李炳漢, 앞의 책).
42) 蔣維喬 著, 고재욱 譯, 『中國近代哲學史』, 서광사, 1980, p.155.
43) 위의 책.

서양서적을 번역하는 일에 거의 일생을 매달렸다. 광서 갑오년(1894) 중일전쟁 때에 중국이 패하자 엄복은 중국의 허술함을 통찰하였다. 이에 중국 패망의 근본은 학술에 있다고 생각하여 번역 사업에 전력을 기울여 헉슬리의『진화와 윤리』를 번역했다.[44] 이것이 엄복의 첫 번역 작품으로 중국인들로서는 번역을 통한 새 학설이 나오자 학자들의 귀와 눈은 변모되기 시작하였다.

엄복의 번역은 여기 머무르지 않고 또 전개되었다.『원강』,『구망결론』,『벽한』등의 글을 써서 천진의『직보』에 실었으며 그 후에는 다시 아담 스미스의『국부론』및 스펜서의『사회학』을 번역하였다.[45] 아담 스미스가 지은『국부론』의 번역은 그의 심정 속에 중국의 번영을 위해 서구 학문을 소개하고자 하는 열망이 가득 차 이뤄진 것이다.

나아가 엄복은 또 J.S. 밀의『자유론』에 깊은 관심을 가졌다. 광서 23년(1897) 천진에서 동지들과 함께『국문보』를 창간한 엄복은 무술년(1898)에 다시 번역에 힘을 쏟아 J.S. 밀의『자유론』을 번역했다.[46] 당시 정변이 일어나 그는 수도를 떠나 천진으로 돌아왔으며, 불행하게도『국문보』역시 정간당하고 말았던 차에 이를 새롭게 번역한 것이다.

엄복의 번역에 대한 욕구는 여기에 멈추지 않았다. 그에게는 서구 문물을 흡입하려는 열망으로 넘쳐 있었기 때문이다. 광서 26년 경자년(1900)에 의화단의 난이 일어나자 엄복은 재빨리 천진에서 상해로 피신하여 밀의『논리학』을 번역했고, 1902년에는 옌크스(E. Jenks)의『정치사』를 번역했다.[47] 서구 문명에 대해 매료되지 않고서는 그가 이처럼 방대한 양의 번역을 할 수 없었을 것이다.

엄복은 광서 30년, 편역국의 일을 사임하고 상해로 돌아갔다. 그 후 몽테스키외의『법의 정신』과 제번즈의『논리학』을 번역했다.[48] 중화민국 원년(1912) 원세개가 총통이 되었을 때 그는 북경대학의 총장으로 초빙되었지만 곧 사직했다. 그는 중화민국 10년(1921), 천식을 앓게 되어 동년 9월 민원에서 69세의 나이로 세상을 떠나고 말았다. 개방

---

44) 위의 책, p.156.
45) 위의 책.
46) 위의 책.
47) 위의 책, pp.156-157.
48) 위의 책, p.157.

기에 접해 번역 등을 통하여 서구문명을 중국에 그토록 수용하고자 한 그의 노력은 죽음 앞에 허무하게도 사라졌다.

2. 왕국유의 생애와 사상

왕국유(1877~1927)는 자가 정안이고, 만년의 호는 관당이다. 그는 절강성 해녕 사람으로 청나라 덕종 3년(1877)에 태어났다. 그의 나이 4세 때에 어머니는 세상을 떠나고 말았다. 7세 때 서당에 공부하러 다녔고, 10세가 지나며 매일 밤 학교에서 돌아오면 꼼짝도 하지 않고 집안에 있는 장서를 펴놓고 두루 살펴보았다.[49] 그가 평생 남긴 저서는 모두 4집으로 그 제목은 『해녕왕충각공유서』이다. 51세가 되던 해에 그는 세상이 무상한 것을 보고 스스로 이화원의 곤명지에 몸을 던져 죽었다.

청소년 시절부터 왕국유는 많은 공부를 하였고, 이방의 학문에도 관심을 가져 일본어를 배우기도 하였다. 16세 때 이미 박사의 제자가 되었다. 이때 많은 경을 읽었으며 병문騈文과 산문도 공부했고, 18세 때 중일전쟁을 치른 후 세상에 신학문이 있다는 사실을 알았다.[50] 상해의 동방학사에서 초빙된 일본인으로부터 그는 일본어를 배웠다. 그때가 왕국유의 나이 22세였다. 이러한 이방의 학문을 수용하면서 외래 문물에 눈을 뜨기 시작했다.

나아가 왕국유는 서방의 학문에 대해서도 더욱 관심을 갖게 되었다. 그는 영어를 적극적으로 배우자 하였다. 23세 때 왕국유는 동방학사 교사인 일본인에게서 영어를 배웠다.[51] 영어를 배우는 과정 중 25세 때에 일본으로 유학을 떠나 동경 물리학교에 입학하였다. 입학 후 그는 이과의 기하학 공부가 어렵다는 것을 알았고, 건강이 악화되어 각기병으로 인해 배우고자 하는 포부를 접고서 귀국하고 말았다.

귀국한 후 왕국유는 번역과 더불어 서양 학문을 본격적으로 읽기 시작하였다. 그 당시

---

49) 위의 책, p.164.
50) 위의 책.
51) 위의 책.

그는 나진옥을 위해 『농학보』 및 『교육세계잡지』를 번역하여 많은 글을 썼고, 이때부터 철학을 공부하고 사회학, 심리학, 논리학 등의 서양 원서를 읽기 시작했으며, 일어 번역본을 참고로 하여 그 내용을 완전히 꿰뚫었다.[52] 여기에서 제반 학문을 깊이 섭렵하고 그 나름의 학문에 대한 관점을 세웠던 것이다.

고고학 등에도 관심을 가진 왕국유는 이에 흥미를 느껴 결국 외국에까지 그의 이름을 날리기도 했다. 고고학에 흥미를 느끼기 까지 30세가 지난 뒤에 그는 스스로 철학에 싫증을 느껴 문학으로 옮겨 가는 등 우여곡절이 있었다. 35세가 지난 뒤에 그는 다시 고고학으로 바꾸었으며, 만년에는 은허殷墟의 서계문書契文을 연구하여 중국은 물론 외국에까지 그 이름을 떨쳤다.[53] 그가 서양에까지 알려진 것은 서구사상에 대한 그의 깊은 관심과 관련되었다.

한편 왕국유는 자국의 철학자인 맹자와 순자 성품설의 모순을 비판하였다. 그는 다음과 같이 말한다. "맹자는 사람의 본성이 착하므로 그 잃어버린 양심을 찾기만 하면 된다고 했다. 그렇다면 방심하게 하는 자는 누구란 말인가. 순자는 사람의 본성은 악하며 그 착한 것은 인위에 의한 것이라고 말했다. 그렇다면 인위를 할 수 있는 것은 어째서인가. … 인성이 되는 것이 이와 같다면 본성이라고 하는 것은 사실 우리들의 지식을 초월하여 있는 것이라고 보지 않을 수 없다."[54] 이처럼 그는 나름대로 지식을 초월해 있는 성품에 대해 이해를 왈가왈부하는 것은 철인들의 모순되는 바라고 하였다.

왕국유의 지식관은 당연히 선천적 지식관과 후천적 지식관으로 이어진다. 이에 그는 다음과 같이 말한다. "내가 알 수 있는 것은 하나는 선천적 지식이고 또 하나는 후천적 지식이다. 선천적 지식은 공간 시간의 형식 및 오성의 범주와 같은 것으로 이것은 경험하지 않아도 얻어지는 지식이며, 후천적 지식은 경험에 의해 내가 배우는 것으로 모든 경험할 수 있는 사물이 이것이다."[55] 그에 있어 이 두 가지 지식은 모두 확실성이 있는데,

---

52) 위의 책, p.164.
53) 위의 책, p.165.
54) 『靜庵文集』 「論性篇」(蔣維喬 著, 고재욱 譯, 『中國近代哲學史』, 서광사, 1980, pp.165-166 번역문).
55) 『靜庵文集』 「論性篇」(위의 책, p.165 번역문).

전자는 보편성 및 필연성에 대한 것이고 후자는 그렇지 않다는 것이다. 이처럼 지식에 대하여 엄격한 구분을 통해서 사물과 인성을 이해하고자 하였다.

그리고 왕국유는 서구 사상가들의 철학에 대해 관심을 기울인다. 우선 칸트와 쇼펜하우어의 서양학문에 대한 그의 이해를 살펴보자. "내가 철학을 연구하기 시작한 것은 1901~1902년 사이이다. 계묘년 봄에 처음으로 칸트의 『순수이성비판』을 읽었는데 너무 이해하기가 어려워서 절반쯤 읽고 그만두었으며, 이어서 쇼펜하우어의 책을 읽고 그를 매우 좋아하게 되었다. 1903년 여름부터 1904년 겨울까지는 거의 쇼펜하우어의 『지식론』을 읽었고, 칸트의 학설도 이로 인해 이해할 수 있었다."[56] 여기에서 그는 칸트의 저서를 이해하는데 어려웠음을 호소하고 있다. 그러면서도 그의 쇼펜하우어에 대한 이해는 상당하였다.

칸트의 이해에 이어서 왕국유는 니체의 학문도 수용하고 있다. 그는 다음과 같이 말한다. "곧 쇼펜하우어의 학설이 절반쯤은 그의 주관적 기질에서 나왔고 객관적 기질과는 관계없음을 깨달았는데, 이러한 것은 쇼펜하우어 및 니체의 문장에서 비로소 성장하고 발전되었다. 금년 봄(1905)에 다시 칸트의 책을 읽었고, 이 이후는 계속 수년간 힘을 기울여 칸트를 연구하려 하는데 나중에 조금이라도 진전하게 되면 앞에서 말한 것들을 다시 읽는 것에 하나의 즐거움이 될 것이다."[57] 쇼펜하우어의 학설은 주관적 사유에서 나온 것이라는 그의 견해가 주목된다. 그러면서도 니체의 사상도 같은 맥락에서 이해된다. 그의 폭넓은 사상에서 볼 때 서양철학에 대한 이해가 자유로웠다.

주지하듯이 니체는 서구 사상가들 중에서 쇼펜하우어의 사상을 극히 존숭하고 있다. 왕국유는 쇼펜하우어의 철학사에서 차지하는 위치를 고대 희랍의 플라톤과 근세 독일의 칸트에 비교하는 등 서구 철학의 이해가 상당하였다. 여기서 그는 플라톤의 진리가 신화적인 면에 가리어져 있다면 쇼펜하우어는 그렇지 않으며, 칸트의 지식론이 파괴적이라면 쇼펜하우는 건설적이라고 했다.[58] 그는 쇼펜하우어를 대단히 칭송하고 있다.

---

56) 『靜庵文集』「自序」(위의 책, p.172 번역문).
57) 『靜庵文集』「自序」(위의 책, p.172 번역문).
58) 蔣維喬 著, 앞의 책, pp.177-178.

나아가 왕국유는 니체와 쇼펜하우어 두 사람을 비교하고 있다. 그는 "쇼펜하우어와 니체 두 사람은 의지를 인성의 근본이라고 한 점에서는 같다. 그러나 쇼펜하우어는 의지의 소멸을 자기 윤리학의 이상으로 삼고 의지는 동일하다는 가설로부터 절대적 박애주의를 부르짖었다. … 니체의 학설은 완전히 쇼펜하우어 미학의 천재론을 자기의 윤리학에 응용한 것은 틀림없는 일이다."[59] 그가 이해한 니체 역시 쇼펜하우어의 철학에서 발단한 것이라 하여 그의 쇼펜하우어에 대한 맹종 비슷한 태도를 보인다. 그가 칸트, 니체, 쇼펜하우어를 이해하는 모습에서 서구 사상을 폭넓게 수용하여 중국의 개방주의적 시기를 앞당겼다.

---

59) 『靜庵文集』(蔣維喬 著, 고재욱 譯, 『中國近代哲學史』, 서광사, 1980, p.172 번역문).

제4장

민국과 혁명기

I. 민국의 문화혁명과 근대사상

중국의 문화 혁명기는 수구냐 개방이냐, 보수냐 진보냐 하는 격변의 시기였다. 전통사상을 혁신하는 문화혁명이 진전된 시기는 한편 중국이 국제적으로나 국내적으로 정치·경제의 측면에서 격심하게 변동하는 시기였음을 부인할 수가 없다.[1] 이를테면 혁명 자체만으로도 격변을 나타내는 말이다.

이러한 문화혁명을 통해 중국은 낡은 사조를 부정하는데 초점을 맞추었다. 무엇이든 혁명을 완수하기 위해서는 나름대로 대의와 명분이 있어야 한다. 이에 문화혁명은 우선 낡은 전통사상과 구래의 정치사회 체제의 굴레를 철저히 부정하려는 심정에서 출발하였다.[2] 그와 같은 명분 속에서 문화혁명은 전국적으로 이루어졌던 것이다.

우선 문화혁명이 가속화되면서 중국 혁명가들은 전통정신의 축이 되어온 공자를 비판하기 시작하였다. 실제 중국학계에서는 정치적으로 1960년대 중반의 문화 대혁명이 진행되면서 '비공'批孔(공자 비판)이 추진되자, 반대로 법가, 특히 그 중심인물인 상앙에 대한 연구가 활발하였다.[3] 공자를 비판하고 나선 것은 전통의 구습을 타파하고 새로운 사조를 필요로 하는 하나의 시대적 요청이었기 때문이다.

혁명가들이 유교를 비판한 근본 이유는 유교를 부각시키던 원세개 등의 군벌과 탐관오리에 대한 증오심 때문이었다. 즉 유교에 대한 비판은 '철저하게 비타협적인 반봉건주의'에 관련하였다. 이에 공자의 이름 아래 유교의 교의를 내세운 원세개 등 군벌과 탐관오리가 황제제皇帝制 운동과 암흑정치를 행하였기 때문에 그들에 대한 증오심이 그대로 공자와 유교로 향하였던 것이다.[4] 그 당시 유교의 해독은 "홍수와 맹수에 못지않다"든가, 예교禮敎는 "사람을 잡아먹는다"는 것으로, 이러한 비난이 유교에 더욱 드세게 가해졌다.

유교 비판의 타당성을 보면 유교가 봉건사회의 이데올로기로서 노예 도덕에 불과하다

---

1) 金容治 著, 조성을 譯, 『中國思想史』, 이론과 실천, 1988, pp.374-375.
2) 위의 책, p.369.
3) 李永美, 碩士學位論文 「商鞅의 土地政策 연구」, 이화여자대학교 大學院 사회생활학과, 1991, p.3.
4) 金容治 著, 앞의 책, p.379.

는 것이었다. 당시 진독수와 오우(1874~?) 등은 유교를 일방적인 의무 내지 불평등한 도덕을 강요한 것으로 보았다. 이들은 유교에 대해 존비尊卑를 구별하고 귀천을 분명하게 하는 가르침이라 단정하고, 2천년 이래의 전제정치, 가족제도를 옹호하여 온 것은 봉건시대의 노예도덕이라고 비판하였다.[5] 심지어 공자의 이름인 공구孔丘는 '도둑 구'丘로 해석하는 등 공자가 땅에 떨어진 것도 문화 혁명기에 일어난 일이다.

문화혁명은 정치 불신이 전통과 문화 부정으로 이어진 결과이기도 하였다. 당시 널리 유행하던 말로 표현해서 '국민성의 개조'를 지향한, 보통 '5·4문화혁명'이라 불리는 이 혁신운동은 표면상 정치를 말하지 않았다. 정치로부터 관계를 단절하면서도 실제로는 당시 정치의 부패와 혼란이 심한 만큼 정치에 대한 강렬한 증오가 폭발되었다.[6] 이러한 증오가 정치에 쏟아지진 않았으나 간접적으로 정치의 불신이 전통적인 정신과 문화 일체를 부정하는 측면으로 전개되었던 것이다.

문화혁명의 또 다른 이유는 전통사상을 부정하고 서구사상을 수입하려는 일부 사조와 맞물려 있었다. 그리하여 전통사상의 부정은 그 이면에 서구의 근대사상을 전면적으로 긍정하고 수용하려는 중국 최초의 공공연한 서구화의 주장을 수반하였으니, 19세기 이후 서구의 근대사상이 단기간에 신속하게 도입되었다.[7] 그러면서도 급속히 서구사상을 이식하는 가운데 세계사조의 흐름을 타면서 사회주의 사상을 주도하는 혁명운동이 발발했다.

다음으로 문화 혁명기에 이루어졌던 주요 운동들을 살펴보자. 가족제도를 비판하고 가정에서의 독립과 더불어 결혼의 자유, 남녀의 평등, 여성해방과 같은 문제가 거론되었다. 교육에서는 평민교육의 필요성이 제창되었고, 종교적으로 공문孔門의 학설과 도교의 요언妖言을 기재한 한문의 폐기가 가장 근본적인 해결책이라 하여 유교와 구문화의 표현 수단인 고문에 대한 도전이 나타났다.[8] 문학계도 사회문학·국민문학·사실문학의 창조를 부르짖는 문화혁명 운동이 격렬한 논쟁을 통하여 활발하게 전개되었다.

---

5) 위의 책, p.375.
6) 위의 책, p.374.
7) 위의 책, pp.369-370.
8) 위의 책, p.375.

아무튼 문화혁명의 주요 논점 두 가지를 보면 다음과 같다. 그 하나는 구도덕에 대한 논점이요, 그 둘은 구문학을 비판하는 논점이다. 실제 문화혁명 운동은 뒤에 마오쩌둥이 구도덕에 반대하여 신도덕을 창안하였는데, 유교 비판과 더불어 구문학에 반대하여 신문학을 제창한 문화혁명이 5·4 문화혁명의 가장 중요한 논점의 하나로 보인다.9) 이러한 혁명에 섰던 선봉주자는 노신 등이었다.

문화혁명의 진척은 한동안 노신과 이대쇠 등의 공헌으로 이뤄졌으며, 그것이 신문화혁명과도 같은 5·4혁명의 물결로 연결된 것이다. 5·4 문화혁명 때 노신과 이대쇠가 가진 사상의 고투가 이러한 것이었다.10) 그들에 이어 진독수 역시 격렬히 전통을 부정하며 신·구사상의 대격전으로 나아가는 계기가 되었다. 이들은 유교에 대해 비판적 공격을 가하면서 이에 대한 대응 무기로서 민주와 과학을 채택하였다.

그렇다면 5·4운동의 발생원인은 무엇인가. 5·4운동은 민국혁명 특히 세계대전 후에 강화된 열강, 그중에서도 일본의 중국에 대한 정치·경제적 압박과 이에 결탁한 군벌정부의 횡포에 대한 젊은 세대의 반항심이 새로운 시대의 사조에 부응하여 직접 행동으로 폭발한 데서 비롯된다.11) 이 운동이 폭발하게 된 것은 중국의 여론을 무시하고 산동성에 대한 일본의 특권을 인정하는 1919년 파리평화회의의 조인 때문이었다.

결국 5·4운동은 문화혁명에서 정치혁명으로 이어지는 계기가 되었다. 즉 5·4운동은 중국의 새로운 청년과 지식인들이 문화혁명에서 정치 비판으로 전환하고 혁신에의 요구를 진전시켜 직접적인 정치운동으로 이행한 것을 의미한다.12) 여기에 참여한 사람들은 북경 학생과 지식인, 시민과 노동자 등 일반 민중이었다. 5·4운동 후 혁명운동은 보다 활발해져 사회주의 사조는 더욱 고양되며, 신민주주의라는 혁명 물결을 이루었다.

---

9) 위의 책.
10) 위의 책, p.370.
11) 위의 책, p.381.
12) 위의 책, p.382.

Ⅱ. 쑨원의 삼민주의와 국민혁명

쑨원은 중화민국의 초대 총통이 된 역사적 인물이다. 알다시피 1912년 1월 1일 쑨원을 임시 대총통으로 하는 중화민국이 탄생하였다. 중화민국의 탄생으로 중국의 왕조정치가 물러나고 민주공화국이 수립되었다. 이때 쑨원의 삼민주의가 등장한다. 이 삼민주의 혁명의 과정 속에서 청조淸朝를 타파함으로써 민족혁명의 '민족주의'가 수립된다. 이어 봉건정치를 뒤집어엎어 민주공화국이 수립되는 정치혁명 즉 '민권주의'가 이미 실현되었으며, 남아있는 것은 사회혁명 즉 '민생주의'였다.13) 쑨원은 이러한 삼민주의를 국가사회주의라고 규정하고 부국을 향해 상공업을 발전시키고자 하였다.

쑨원이 밝힌 삼민론 중에서 민권과 민생의 두 가지를 알아보자. 우선 그의 민권론을 살펴보자. 쑨원의 민권주의는 몽테스키외의 삼권분립설과 루소의 인문주권론을 수용하고 있다. 그리고 이 삼권분립론은 맹자의 민본주의 및 선지선각先知先覺, 후지후각後知後覺, 부지불각不知不覺을 구별하는 기능분리론과 결합되어 이해되고 있다.14) 이러한 이론에 바탕한 민권론은 인민이 주체가 되고 그들에게 권한이 많아야 한다는 것으로 인민에 의한 정치를 추구하는 틀이 되었다.

그러면 쑨원의 민생론은 무엇인가. 그의 민생주의는 헨리 조오지의 토지 단세론單稅論이 원용되고 있다. 이것도 중국 고대부터 시행된 정전제와 한전제를 참고로 하여 태평천국의 천조전무제도天朝田畝制度를 이상으로 하는 평균지권平均之權으로 이해되고 있다.15) 그것은 민생을 위해 실질적으로 인민들이 평등하게 부를 가져올 수 있는 혁명을 꾀하자는 것이었다. 그 일환으로 토지제도의 균등 분할이 포함되었다.

중국 혁명의 아버지로서 쑨원이 삼민주의를 표방한 것은 1905년의 일이었다. 이는 1905년 중국혁명동맹회를 결성할 무렵이었다. 하지만 쑨원의 혁명운동이 실패로 돌아가자 잠시 그는 일본에 망명하는 상황도 있었다. 일생을 혁명의 도정에서 살았으나, 일시

---

13) 위의 책, p.371.
14) 위의 책, p.392.
15) 위의 책.

성공한 것처럼 보였던 민국혁명을 포함하여 쑨원의 혁명운동은 모두 실패로 돌아가고 말았다.16) 실패의 여러 이유는 중화민국이 성립한 뒤 민국혁명이 즉각적인 원세개의 배반 때문에 좌절되었던 것으로, 결국 그는 1913년 일본으로 망명하고 말았다.

하지만 다시 쑨원은 혁명을 재기하려고 노력을 다하였다. 고국에 돌아온 그는 1914년 중화혁명당을 결성하여 혁명운동의 재기를 꾀하였던 것이다. 그 후 1923년 혁명이 새로운 방침으로 전환하기까지 쑨원은 소수의 당원을 중심으로 정객과 관료, 나아가 군벌 및 미국의 원조에 기대하려고 하는 종전과 거의 동일한 혁명방식 아래 군벌에 대한 무장투쟁을 계속하였다.17) 그러나 이 혁명운동은 군벌전쟁의 소용돌이에 말려 결국 실패하고 말았다.

다시 쑨원은 궤도수정을 통해 혁명의 기수를 정치의 측면에서 학술로 바꾸어 나갔다. 이를테면 그는 1918년 광동군 정부 수립에 실패한 후 국민정신의 일신을 꾀하는 심리心理건설이 필요하다고 통감하고, 문화혁명에서 분리되어 사상 혹은 정신의 혁신을 혁명 수행의 근본 문제로 보기에 이른다.18) 중국의 전통사상을 비판적으로 흡수하면서 독자의 철학적 혹은 인식론적 사색을 심리건설 혹 쑨원학설로 종합하면서 이를 민중에게 계몽하였던 것이다.

이러한 학술에의 관심으로 쑨원은 지행난이知行難易의 설을 주장하는 등 사상운동에 박차를 가한다. 그는 지행난이에 의해 국민에게 삼민주의 혁명의 지知를 계몽하였고, 국민의 새로운 심리를 건설하기 위해 1919년 『건설』과 『성기평론』星期評論이라는 두 잡지를 창간하여 활발한 사상운동을 시작하였다.19) 여전히 이러한 혁명 운동이 성공할 것이라는 확신을 했지만 성공의 여부는 미지수였다.

한편 쑨원은 5·4운동을 목격한 후 공산주의 수용과 노동운동의 측면으로 나아간다. 그는 1919년의 5·4운동을 목격하고 러시아혁명 후 중국에서 사회주의 사조의 고양과 노

---

16) 위의 책, p.390.
17) 위의 책.
18) 위의 책, pp.390-391.
19) 위의 책, p.394.

동운동의 급진화를 주시하고, 혁명운동이 노동자 농민을 조직화하는 민중적 기반 위에 재편성되지 않으면 안 된다는 것을 인식하였다.[20] 그의 이러한 인식으로 인해 1923년 소련과의 연합, 용공容共, 노농원조와 같은 세 가지 국민혁명을 표방하면서 새로운 정치운동을 시작하였다.

그러나 아쉽게도 쑨원은 신삼민新三民의 혁명 완수를 보지 못한 채 죽고 말았다. 그가 주장한 소련과 연합聯俄, 용공, 노농원조의 3대정책은 1924년 1월 중국국민당 제1차 전국 대표대회에서 발표되었다. 이 대회는 삼민주의 혁명의 목적이 군벌을 타도하고 제국주의에 반대하여 인민을 해방시키는데 있다고 선언함으로써, 국공 합작의 기치 아래 국민혁명을 한걸음 진전시켰다.[21] 안타깝게도 쑨원은 대회 다음해인 1925년 3월 전국적 혁명운동의 개시를 보지 못하고 북경에서 일생을 마치게 되었다. 1925년에 "혁명은 아직 이루어지지 않았다"고 유언하면서 죽기까지 쑨원은 삼민주의 혁명을 학수고대하였다.

Ⅲ. 장제스과 전통주의

쑨원이 죽고 뒤를 이어 새 혁명이 발생하였는데, 국민혁명 정부의 장제스는 이를 십분 이용하였다. 쑨원이 죽은 후 1925년 5월 30일 상해에서 5·30사건이 발생한 것이 바로 본 혁명이다. 데모중인 중국인 학생과 노동자에게 영국경관이 발포하였는데, 이 사건은 돌연 전국적인 반제운동으로 확대되어 홍콩, 광주에서 1년여에 걸쳐 대규모의 데모가 지속되었다. 이에 광동의 국민혁명 정부는 이들의 노동운동을 지도, 원조하면서 당조직을 확대하고 국민혁명군을 강화하여 혁명전쟁의 준비를 갖추었다.[22] 1926년 국민혁명군의 총사령관 장제스는 북벌전쟁을 개시하였다.

장제스의 힘을 얻은 북벌혁명군은 노동자와 농민의 무장봉기에 힘입어 진격에 진격을

---

20) 위의 책, p.391.
21) 위의 책, p.398.
22) 위의 책, pp.399-400.

계속하였다. 1926년 9월에는 한구漢口를, 다음해 3월에는 상해, 남경을 점령한 것이 이것이다. 장제스는 상해 점령 직후인 1927년 4월 12일 돌연 쿠데타를 일으켜 노동자와 공산당원 다수를 체포하고 학살하였는데, 이것이 4·12쿠데타이다.[23] 그가 일으킨 쿠데타는 반제反帝·반봉건을 지향해 온 이제까지의 국민혁명의 성격을 일변시켰다.

그리하여 장제스은 독재정권의 강화와 공산주의 타파에 노력하였다. 그는 국민당 내의 반대파를 억누르며 독재정권을 강화하고 지방 군벌을 무력으로 제압하여 국내 통일에 힘쓰는 동시에, 한편으로는 최대의 적이 된 공산당에 대한 군사 토벌과 사상 탄압에 주력하였다.[24] 이처럼 그는 유독 공산주의를 강력하게 공격하였다.

공산주의를 반대하고 전통 유교주의를 신봉한 장제스의 제반 주장은 군사행동과 더불어 진행되었다. 이에 더하여 그는 사상·문화 면에서도 유교주의적으로 해석된 삼민주의를 신봉하면서 민족정신의 부활을 부르짖고 신생활운동과 오항五項 건설운동을 벌여 좌익운동을 탄압하고 국내를 독재적으로 지배하려고 하였다.[25] 이처럼 그는 공산당을 도적이라 하고, 그들이야말로 전통문화를 파괴하는 무리라고 비판한다.

증국번을 스승으로 모시고 장제스는 이와 관련한 혁명운동을 전개하고 있었다. 증국번의 주장처럼 장제스는 공산당이 외래의 마르크스주의를 받들어 중국의 전통문화와 민족정신을 파괴하고 있다고 공격하였다. 그리하여 장제스는 증국번을 스승으로 하고, 삼민주의를 대의명분으로 삼아 그의 혁명을 더욱 가속화시킨다. 그는 증국번의 사상에 의지하면서도 삼민주의를 대의명분으로 내걸었던 것이다.[26] 하지만 전통사상을 계승하는 측면은 일반적으로 유교주의적 색채가 짙은 것이었다.

장제스는 삼민주의를 다음과 같이 이해하고 있다. 그가 이해한 삼민주의 혁명의 진의는 민족정신의 결정인 성誠, 혹은 쑨원이 말하는 충효인애신의화평忠孝仁愛信義和平의 8덕을 실현하는 것이다. 또 이는 그가 근래 극력 제창하고 있는 예의염치의 사유四維와 같은

---

23) 위의 책, p.399.
24) 위의 책, p.399.
25) 위의 책.
26) 위의 책, p.400.

민족적 덕성을 역행하는데 있으며, 성誠의 실천은 살신성인과 천성을 다하는 양지良知를 이루는 것이고 양지양능을 밝히는 것이다.[27] 이처럼 그는 삼민주의를 유교의 이상적 이념과 연계하여 이해하고 있었던 것이다.

그렇다고 장제스는 유교 전통의 고수라는 수구주의를 채택한 것만은 아니었다. 한편으로 그는 서구문명도 수용하여 현대화를 지향하였다. 외국의 과학과 기술을 배우지 않으면 안 된다고 하여 전 국민의 현대화를 요망하고 신생활운동을 제창하였다.[28] 이러한 주장은 그의 스승 증국번 등 청말 양무파洋務派가 중체서용론의 입장에서 유교주의에 의한 서구주의를 수용한 틀을 크게 벗어나지는 않았다.

장제스는 그의 혁명적 의지가 꺾임을 맛보았고 결국 패망하고 만다. 그가 대만으로 망명한 것이 이와 관련된다. 장제스의 정치는 독재에 따르는 부패를 심화시켜 점차 민중의 지지를 잃게 되어 제2차 대전 후 그 강대한 군사력·경제력에도 불구하고 국공내전에서 패하여 결국 그는 대만으로 망명하게 되었다.[29] 섬나라 대만으로 망명한 그의 통일을 이루지 못한 한恨은, 그의 유골이 지상에 있듯이 대만이 존재하는 한 여전히 남아있을 것이다.

Ⅳ. 마오쩌둥의 등장과 공산주의

5·4운동 이후에 중국 공산주의가 본격 등장하였다. 5·4운동 후 1919년에서 1921년에 걸친 몇 가지 논쟁을 경유함으로써 중국 공산주의운동은 사상적으로나 정치적으로 급속히 발전하여, 1921년 7월에는 중국 공산당이 정식으로 발족해서 상해에서 제1차대회가 열렸다.[30] 1922년 7월에는 제2차 대회가 열려, 여기에서 중국 사회가 반식민지·반봉건사회이며 중국 혁명의 목표는 반제·반봉건의 민족민주혁명이라고 규정하고 있다.

27) 『中國之革命』, 1943(위의 책, p.400).
28) 위의 책, pp.400-401.
29) 위의 책, p.402.
30) 위의 책, p.387.

이러한 공산주의의 등장과 마오쩌둥의 관계는 불가분의 일이다. 그의 공산 혁명이 이와 관련되기 때문이다. 물론 국공분열에서 항일전쟁에 이르는 10년 동안 마오쩌둥에게는 고난의 시기가 오기도 하였다. 그러나 그는 국민당의 대군과 끊임없이 전투를 계속하는 동시에 당내와 좌우 공식주의자公式主義者들로부터 비난을 받으면서 혁명을 진행하지 않으면 안 되었다.[31] 그 후 마오쩌둥은 1927년 10월 무장봉기에 실패하여 소수의 패잔병을 이끌고 정강산에 들어가 겨우 혁명 근거지를 차지하는데 급급했다.

그 당시는 마오쩌둥이 힘들게 싸웠던 시기였다. 1928년 11월 여전히 혁명 정세를 낙관하고 있던 당 중앙에게 그는 당시의 정황을 다음과 같이 보고하였다. "우리는 이 1년 동안 각지로 전전하면서 싸웠으나 혁명의 물결이 전국적으로 퇴조하였음을 통감한다. … 우리는 깊은 적막감을 느낀다."[32] 이러한 고백처럼 그의 고통스런 혁명의 시기가 있었던 것이다. 그럼에도 불구하고 그는 농민혁명의 경험에 입각하여 작은 혁명의 불씨를 일으켜 세웠다.

마오쩌둥이 농민혁명 운동에서 중시하였던 것은 그 스스로가 농민의 아들로 태어나 토착성이 강한 삶을 살아왔던 것에 기인한다. 그는 중국 공산당이 창립되자 처음에는 노동운동에 힘썼으며, 이어서 1926년 광동 국민정부의 농민강습소 소장이 되면서 국민혁명의 중심 과제는 농민 문제에 있다[33]고 보았다. 이러한 그의 사유가 결국 농민혁명의 성공을 기약하였는지 모른다.

농민운동은 마르크스와 레닌의 이론을 답습하는 상황으로 이어졌다. 실제 마오쩌둥의 농민혁명론은 그가 중국 당원인 까닭에 마르크스주의 이론의 영향을 받았던 데에다 부르조아 민주주의 혁명의 기초를 농민 문제로 본 레닌의 노동동맹론과, 민족 문제의 실제는 농민 문제라고 한 스탈린의 식민지 해방 이론을 학습한 위에서 전개된 것이다.[34] 그의 공산주의 이론의 답습으로 후래 중국이 공산주의 국가를 이루는데 성공하게 되었다. 사실

---

31) 위의 책, p.409.
32) 위의 책, p.409.
33) 위의 책, p.410.
34) 위의 책, p.411.

그가 농민혁명을 성공한 것은 인민의 무한한 힘을 믿었기 때문이다. 인민의 힘이야말로 역사를 움직이는 유일한 힘이라는 확신이 그의 머리에서 떠나지 않았던 것이다.

그리하여 마오쩌둥 사상의 특징은 인민을 혁명에 동원하는 '대중노선'이었다. 여기에서 인민을 혁명에 동원하고 인민과 더불어 혁명을 진전시키기 위한 이른바 대중노선이 혁명의 기본 방침으로 채택되었다. 그는 이 방침을 관철시키기 위해 먼저 인민에 봉사하는 혁명적 인격의 창조에서 혁명운동을 출발시켰다.[35] 인민을 위한, 인민의 창조적 국가를 건설하려는 그의 구상은 당시의 시대적 상황에 적절한 것이었는지 모른다.

아울러 마오쩌둥이 장제스 국민군과의 투쟁에서 성공했던 요인 중의 하나로 유격술이었다. 그는 이때 '무장투쟁론'을 주장하여 인민전쟁과 유격전을 통해 국민당군과 숫적 열세에도 불구하고 싸워 승리한 공로는 그 나름의 유격술에 있었다. 그의 유격술은 "적이 진격해 오면 아군은 퇴각하고, 적이 주둔하면 아군은 적을 교란하며, 적이 지치면 아군은 적을 공격하고, 적이 퇴각하면 아군은 적을 추격한다"(敵進我退 敵駐我擾 敵疲我打 敵退我追)[36]는 것으로, 내용의 '16자결'字訣은 유격전의 기본 원칙이었다.

마오쩌둥은 인민의 동조를 얻는 것과 관련하여 대동大同의 공산주의를 슬로건으로 내걸었다. 다시 말해 그는 거대한 농민의 이 혁명적 에네르기의 사상적 원천을 반제 반봉건의 과학적인 사회주의 혁명이론 가운데에 전면적으로 수용하여 대동의 이상은 호조론互助論, 합작사合作社에서 인민공사를 거쳐 공산주의사회를 지향하는 혁명운동에 두었다.[37] 그가 더욱 인민의 신뢰를 확보하고 인민의 힘을 얻었던 것도 공산주의의 이상국가인 대동사회를 추구한데 기인한다.

대동사회의 건설과 같은 이론을 추구함에 있어 마오쩌둥의 사상에서 빼놓을 수 없는 것은 신민주주의론이다. 그는 『신민주주의론』(1940.1)에서 이제까지 써왔던 여러 논문을 총괄하고 5·4운동 이후의 혁명운동 경험에 기초하였다. 나아가 오랜 중국 역사를 고찰하여 당시의 중국사회를 식민지·반식민지·반봉건사회로 규정하였다.[38] 이러한 그의 사유

---

35) 위의 책, p.412.
36) 이강수, 『노자와 장자』, 길, 1997, p.36.
37) 위의 책, p.413.

속에는 혁명적인 프롤레타리아의 공산주의라는 노선 없이는 혁명할 수 없다는 지론이 자리하고 있었다.

이에 더하여 그는 역사 발전론에서 『실천론』(1937.7)과 『모순론』(1937.8)으로 그의 사상 전체를 총괄하고 있다. 모순론은 대립물의 통일 법칙에 관한 것으로, 좌우 주관주의자들이 복잡한 모순을 분석하는데 게을러 중국의 혁명을 그르쳐 왔다는 것을 기조로 한다. 마오쩌둥은 『모순론』에서 "우리는 역사 발전에서 물리적인 것이 정신적인 것을 결정하고 사회적 존재가 사회적 의식을 결정한다"고[39] 주장하였다. 그가 생각한 유물론적 역사의 전개에 있어 중국의 미래를 꿈꾸었는지도 모른다.

이러한 마오쩌둥의 여망으로 중화인민공화국의 탄생이라는 시대적 혁명이 오늘의 중국 역사에 큰 획을 그었다. 당시 중국의 시대 상황을 보면 1945년 오랜 고투 끝에 항일전쟁이 끝났고, 1946년 7월 전면적 국공 내전이 전개되었다. 국공 내전 초반에서 국민당의 우세는 1948년이 되면 급속히 붕괴하여 1949년 1월에는 북경과 천진이, 4월에는 남경과 상해가 함락되고, 1949년 10월 북경을 수도로 하고 마오쩌둥을 주석으로 하는 중화인민공화국이 탄생하였다.[40] 이것이 중국 공산주의의 기반이 된 시대적 전환점이었다.

아무튼 미래의 석학 헌팅턴이 마오쩌둥을 평가한 것을 보면 흥미를 더한다. "레닌, 마오쩌둥, 호치민은 마르크시즘을 자신들의 목적에 맞게 수정하여 서구 세력에 맞서고자 인민을 동원하고 자신들의 민족적 정체성과 국가적 자존심을 지키는데 활용하였다."[41] 공산주의자들의 기수가 가진 국가적 자존심은 이처럼 프롤레타리아 혁명의 공산주의에 기초를 두고 성장하였다. 하지만 이제는 이러한 민주·공산이라는 양극의 이데올로기 시대가 저물고 경제 제일주의의 실리주의가 싹트고 있으니 그들의 공산주의에 대한 자존심은 빛바랜 것으로 사라지고 있다.

앞으로 거대 중국이 탄생할 것이라는 것은 일반적 지론이다. 이를테면 세계 10대 인구

---

38) 위의 책, p.417.
39) 李載昌 外 共著, 『현대사회와 불교』, 한길사, 1981, p.293.
40) 金容治 著, 조성을 譯, 『中國思想史』, 이론과 실천, 1988, p.413.
41) 새뮤얼 헌팅턴 著, 이희재 譯, 『문명의 충돌』, 김영사, 1997, p.63.

대국 가운데 1위가 중국인 셈이다. 중국의 총인구는 근래의 11억 3천만에서 2025년에는 15억명 정도로 증가할 것[42]이라고 한다. 아울러 향후 가장 성장 잠재력이 큰 아시아 국가로 중국, 일본, 싱가포르, 한국 등이다. 한국과 중국 그리고 일본은 이처럼 21세기에 거대한 용龍처럼 대망의 아시아 선진국가로 부상할 것이다.

여기에서 고려해 볼 것은, 자존심 강한 대륙적 기질의 나라가 바로 중국이라는 점이다. "중국은 적어도 아시아에서의 영향력을 확실히 해두려는 의도가 있다. … 1998년 겨울, 국가주석 짱저민은 일본 수상과의 정상회담에서 역사 문제에 대해 사과를 요구했으나 받아들여지지 않자 공동성명 서명을 거부해버렸다. 쓸만한 배짱이다."[43] 이처럼 중국인들은 대륙적 기질 탓에 배짱 좋은 속성으로 광대한 영토의 무한 에너지를 뿜어내고 있으며, 세계의 경제대국으로 부상하기에 이른 것이다.

이미 미국에 이어 일본을 체치고 중국이 강자로 부상할 조짐을 보여왔다. 20세기 후반부터 개방의 물꼬를 튼 중국은 21세기의 강자로 부상하고 있는 것이다. 다음의 새뮤얼 헌팅턴이 말한 중국의 가망성에 대한 견해를 소개해 본다. "먼 훗날 중국이 서구를 제치고 세계를 주도하는 문명으로 올라선다면 영어는 국제어로서의 지위를 중국어에게 물려줄 수밖에 없을 것이다."[44] 중국과 더불어 한국, 일본 역시 동아시아의 강대국으로, 유불도 삼교를 조화시켜온 국가로 웅비할 날이 동트는 21세기인 것이다. 여기에 덧붙여 남북한의 통일에 중국의 긍정적인 역할이 기대되는 것도 빼놓을 수 없는 일이다.

---

42) 폴 케네디 著, 邊道殷 외 1인 譯, 『21세기 준비』, 韓國經濟新聞社, 1999, p.41.
43) 김경일, 『공자가 죽어야 나라가 산다』, 바다출판사, 1999, pp.20-21.
44) 새뮤얼 헌팅턴 著, 앞의 책, p.79.

| 저자 소개 |

□ 哲山 **류성태**

　現 원광대학교 원불교학과 교수　　　　　現 원광대학교 동양학대학원장

□ **주요 저서**
- 원불교와 동양사상(1995)
- 성직과 원불교학(1997)
- 정보사회와 원불교(1998)
- 지식사회와 원불교(1999)
- 중국철학사(2000)
- 정산종사의 교리해설(2001)
- 원불교인, 무얼 극복할 것인가(2003)
- 대종경풀이(상~하)(2005)
- 정산종사법어풀이(1~3)(2008)
- 정전변천사(2010)
- 원불교와 깨달음(2012)
- 원불교와 한국인(2014)
- 중국철학사의 이해(2016)

- 동양의 수양론(1996)
- 경쟁사회와 원불교(1998)
- 지식사회와 성직자(1999)
- 21C가치와 원불교(2000)
- 정산종사의 인품과 사상(2000)
- 원불교인은 어떠한 사람들인가(2002)
- 소태산과 노자, 지식을 어떻게 보는가(2004)
- 원불교 해석학(2007)
- 정전풀이(상~하)(2009)
- 장자철학의 지혜(2011)
- 견성과 원불교(2013)
- 원불교 100년의 과제(2015)

중국철학사의 이해

초판 인쇄　2016년　8월　12일
초판 발행　2016년　8월　19일

지 은 이 | 류 성 태
펴 낸 이 | 하 운 근
펴 낸 곳 | 學古房

주　　소 | 경기도 고양시 덕양구 통일로 140 삼송테크노밸리 A동 B224
전　　화 | (02)353-9908　편집부(02)356-9903
팩　　스 | (02)6959-8234
홈페이지 | http://hakgobang.co.kr/
전자우편 | hakgobang@naver.com, hakgobang@chol.com
등록번호 | 제311-1994-000001호

ISBN　　978-89-6071-606-3　　93150

값 : 28,000원

　　이 도서의 국립중앙도서관 출판예정도서목록(CIP)은 서지정보유통지원시스템 홈페이지
(http://seoji.nl.go.kr)와 국가자료공동목록시스템(http://www.nl.go.kr/kolisnet)에서 이용하실
수 있습니다. (CIP제어번호 : CIP2016019455)